刑事訴訟法

第2版

宇藤 崇・松田岳士・堀江慎司

YUHIKAKU

第2版はしがき

　本書の初版の刊行は，2012（平成24）年12月のことであった。それから5年がすぎた。この間，幸いにも，多くの読者の方々に支えられて，第2版の刊行を迎えることができた。このことは，著者一同にとって大きな喜びである。

　改訂にあたっても本書執筆の基本方針は変わらない。また，本書が主たる読者として念頭におくのは，法科大学院で刑事訴訟法を本格的に学びたい人や，法科大学院への進学準備のために勉強をしている人である。

　その上で，今回の改訂では次の3つのことを念頭においた。第1に，本書を，初版はしがきで示した基本方針により則したものとすることである。そのため，学部生，院生を中心とする読者の方々から本書に寄せられた質問や意見をも参考にしながら，全体にわたって記述を見直した。

　第2に，2016（平成28）年に成立した「刑事訴訟法等の一部を改正する法律」を反映することである。その改正の内容は，被疑者取調べの録音・録画，刑事免責，協議・合意等の新たな制度の導入のほか多岐にわたるものである。改訂にあたっては，これらをそれぞれ関連する箇所に組み入れる形で記述した。なお，刊行時には一部規定は未施行であるが，文中の条文番号はすべて改正後のものである。

　第3に，初版刊行以降に示された重要な判例を反映したものとすることである。最高裁判例では，GPS捜査についての最高裁大法廷判決（最大判平成29・3・15）までのものを取り上げている。なお，この間，井上正仁＝大澤裕＝川出敏裕編『刑事訴訟法判例百選』が改訂され，第10版（2017年）となったため，本書の判例索引で掲記する項目番号も第10版のものに改めた。

　当初の予定より作業は大きく遅れてしまったが，それでも何とか今回の改訂を実現できたのは，読者の方々の励ましのゆえである。第2版が本書を手に取っていただいた方々の期待にこたえるものとなっていれば幸いである。

i

第 2 版はしがき

　最後に，改訂作業を辛抱強く見守り，励まし続けていただいた有斐閣京都支店の柳澤雅俊さんに，心よりの感謝を申し上げたい。

　2018 年 1 月

著者を代表して

宇 藤　　崇

初版はしがき

　本書は，将来法律家になることを目指し現行刑事訴訟法を学ぶ人を対象にした教科書である。主として法科大学院で刑事訴訟法を本格的に学んでいる人や，法科大学院への進学準備のために勉強している人を読者として念頭においている。

　執筆にあたっては，次のような2つの基本方針をとった。1つは，刑事訴訟法(学)を支える制度・概念について正確に理解できるよう記述することである。とくに重要な制度・概念は，当然の前提としてあまり示されていない（しかし，省略されているために往々にしてわかりにくくなってしまう）背景的な考え方を踏まえ丁寧に記述することを旨とした。もう1つは，個々の論点を学ぶにあたっても，論点ごとに断片的な知識を得るにとどまらず，その論点がなぜ論点として成立しているのかや，刑事訴訟法(学)の全体でどのように位置づけられるのかということと，関連付けて理解できるように記述することである。

　このような方針のもと，本書の記述では具体的に次のような工夫をしている。まず，記述全体として，さまざまな制度や概念，考え方につき，できる限り刑事訴訟法の条文から説き起こすようにしている。考え方が対立するような論点については，刑事訴訟法(学)の全体像を見失うことのないよう，学習上不可欠となる主要なものに絞って検討している。また，この検討にあたって，関連する判例・学説を網羅的に紹介することを旨とせず，むしろ考え方が分かれる背景や，具体的な結論の相違点を記述するよう心がけた。

　そのうえで，このような記述全体の工夫を支えるものとして， **Outline**
判例 **Column** の各項目（欄）を設けている。

　まず，各章の冒頭に， **Outline** を挿入している。各章で記述される制度等が，刑事訴訟法(学)の全体の枠組みや刑事手続の進み方の中でどのように位置づけられるかということとともに，各章内の見取り図を簡単に示している。本書での学習中，いったい自分はどこを学習しているのか，全体での位置づけが気になったとき，随時参照してもらいたい。

iii

〈判例〉には，重要な論点の展開にあたり鍵となるような裁判例につき，【事実】と【判旨】（または【決定要旨】）を示している。いずれも，学説上の対立に1つの決着を示したり，その後の学説の進展を促すような問題提起的なものであったりと，刑事訴訟法を理解するうえで不可欠なものばかりである。そのため，紙幅の限界はあるものの，【判旨】は可能な限り引用に近い形でまとめている。当該〈判例〉の分析や評価は，本項目が判例評釈を旨とするものではないことから，この項目には示していないが，先のような趣旨で掲載しているので，【判旨】の前後に，その位置付けを示したものもある。若干面倒かもしれないが，読者には必ず読んでもらいたい。

Column には，発展的な事項を示している。おおむね次の2種類のものがある。1つは，本文中に記述されている事柄を発展的に検討したものである。もう1つは，直接本文には触れていないが，読者にいずれ学習してもらいたい事項である。初めて刑事訴訟法を学ぶ人にとっては，歯ごたえのある項目なので，難しいと思えば，全体を一読したのちに立ち返って読んでもらえればよい。自分の学習段階に応じて読み進めてほしい。

なお，本書では，読者の学習の用を考慮し，全体の分量が増えすぎることのないよう努めたこととの関係で，削らざるを得なかった記述も少なくない。判例・学説をもう少し網羅的に学習したいという方には，判例集や注釈書等を本書とあわせて読まれることをお勧めする。また，本書の判例索引には，井上正仁＝大澤裕＝川出敏裕編『刑事訴訟法判例百選〔第9版〕』（2011年）の項目番号も掲げているので，適宜参照してほしい。

本書の企画は，司法制度改革により刑事訴訟法が改正され，法科大学院という教育制度が開始された2004（平成16）年にさかのぼる。この間，公判前整理手続制度，ひきつづき裁判員裁判制度が施行されるなど，刑事訴訟法および刑事手続それ自身が変わるほか，それを取り巻く環境も変わった。さらに，現在，先の改正により導入された諸制度の検証・見直しが検討されているほか，「新時代の刑事司法制度」として何が望ましいのかの検討も開始されている。このような変化のなか，本書の執筆も難航をきわめ，かなりの時間を費やすこととなってしまった。それでも，一書をまとめることができ，著者一同，安堵して

いる。これからも，刑事訴訟法は変化していくであろうが，読者が刑事訴訟法
を考えるうえで，本書が一助となれば大いに幸いである。

著者3名は，いずれも京都大学において鈴木茂嗣先生のもと研究生活を開始
した。それ以来，先生にはさまざまにご指導をいただいている。この長年月の
ご指導がなければ，本書がここに存在することはなかったであろう。その尽き
ない学恩に対して，謹んで御礼を申し上げたい。

最後に，有斐閣書籍編集部の土肥賢さん，伊丹亜紀さんのお二人には，遅々
として進まぬ執筆を辛抱強く見守っていただき，本書の刊行に至るまで様々に
ご尽力いただいた。著者一同，深謝の意を表したい。

2012年11月

著者を代表して

宇藤　崇

目　次

序　章 1

第1節　刑事手続・刑事訴訟法の役割 1

1 刑事司法制度と刑事手続……………………………………………1

(1) 刑事司法制度 1　(2) 刑事実体法と手続法 2

2 手続法定主義と適正手続……………………………………………3

(1) 手続法定主義 3　(2) 適正手続（デュー・プロセス）4

3 刑事訴訟法の法源……………………………………………………5

4 刑事訴訟法の適用範囲………………………………………………6

(1) 場所的適用範囲 6　(2) 時間的適用範囲 6

第2節　刑事手続に関する諸理念と現行刑事手続の構造 6

1 実体的真実主義………………………………………………………6

(1) 実体的真実主義 6　(2) 積極的真実主義と消極的真実主義 7

2 糺問主義と弾劾主義…………………………………………………7

3 当事者主義と職権主義………………………………………………8

(1) 当事者追行主義と職権追行主義 8　(2) 当事者対等主義 9

4 現行刑事手続の基本構造とその運用………………………………10

(1) 沿　革 10　(2) 現行刑訴法の特徴 11　(3) 現行刑事訴訟の基本構造 12　(4) 捜査と公判の関係 —— 公判中心主義 12

第3節　手続関係者 14

1 裁判所…………………………………………………………………14

(1)「裁判所」の意義 14　(2) 受命裁判官・受託裁判官・受任裁判官 15　(3) 裁判所の組織 16　(4) 裁判官の種類・身分保障 16　(5) 裁判所の職員 16

2 検察官…………………………………………………………………16

（1）検察官の職務　*16*　　（2）検察組織　*17*　　（3）検察官同一体の原則と職務の独立性　*17*　　（4）検察庁の職員　*18*

3 被告人・被疑者とその弁護人・補佐人 ……………………………………*18*

（1）被告人・被疑者の意義と地位 —— 無罪の推定と防御権の行使主体　*18*
（2）黙秘権　*19*　　（3）弁護人制度　*22*　　（4）補佐人　*25*

4 犯罪被害者 ……………………………………………………………………*26*

第1章　捜　査　*28*

第1節　捜査法の基本枠組み　*28*

1 捜査の意義・主体・理由 ………………………………………………………*28*

（1）捜査の意義　*28*　　（2）捜査の主体（捜査機関）　*29*　　（3）捜査の理由　*33*

2 捜査に関する一般規範 …………………………………………………………*35*

（1）捜査の必要性と相当性 —— 捜査比例の原則　*35*　　（2）強制処分法定主義　*38*　　（3）任意捜査の原則　*46*　　（4）令状主義　*46*

第2節　捜査の端緒　*50*

1 捜査の端緒 ………………………………………………………………………*50*

2 検　視 ……………………………………………………………………………*50*

（1）意　義　*50*　　（2）方　法　*51*

3 告訴・告発・請求 ………………………………………………………………*51*

（1）告　訴　*51*　　（2）告発・請求　*54*

4 自　首 ……………………………………………………………………………*54*

5 職務質問 …………………………………………………………………………*54*

（1）職務質問　*54*　　（2）職務質問のための停止・同行　*56*　　（3）職務質問の付随行為 —— 所持品検査を中心に　*57*　　（4）職務質問の要件確認のための質問の許否 —— 自動車検問を中心に　*63*

第3節　逮捕・勾留　*67*

1 逮　捕 ……………………………………………………………………………*67*

(1) 逮捕の意義と目的　*67*　(2) 通常逮捕　*68*　(3) 現行犯逮捕　*71*
(4) 緊急逮捕　*73*　(5) 逮捕後の手続　*75*　(6) 逮捕に対する不服申立て　*77*

2 勾　留 ……………………………………………………………………78

(1) 勾留の意義と目的　*78*　(2) 勾留の手続　*78*　(3) 勾留の期間・場所　*81*　(4) 勾留理由開示　*83*　(5) 勾留の取消し・執行停止　*83*
(6) 勾留に対する準抗告　*84*

3 逮捕・勾留をめぐる諸問題 ………………………………………85

(1) 逮捕と勾留の関係　*85*　(2) 事件単位の原則　*87*　(3) 一罪一逮捕一勾留の原則　*88*　(4) 再逮捕・再勾留の禁止　*90*　(5) 別件逮捕・勾留　*93*

第4節　取　調　べ　等　*97*

1 取調べの意義・手続 ………………………………………………98

(1) 取調べの機能　*98*　(2) 取調べと黙秘権　*98*　(3) 取調べと調書
100　(4) 取調べの録音・録画　*101*

2 身体拘束中でない被疑者の取調べ ……………………………104

(1) 取調べのための被疑者の出頭確保　*104*　(2) 任意取調べの限界
105

3 身体拘束中の被疑者の取調べ …………………………………109

(1) 取調受忍義務　*109*　(2) 余罪の取調べ　*112*

4 被疑者以外の者の取調べ等 ……………………………………114

(1) 被疑者以外の者の取調べ　*114*　(2) 証人尋問請求　*115*
(3) 照　会　*115*

5 協議・合意制度 ……………………………………………………116

(1) 制度の趣旨　*116*　(2) 合意・協議の手続　*116*　(3) 合意の効果
等　*117*

第5節　捜索・押収・検証等　*118*

1 捜索・押収 …………………………………………………………119

(1) 捜索・押収の意義　*119*　(2) 令状による捜索・差押え　*120*
(3) 令状によらない捜索・差押え　*139*　(4) 領　置　*146*

2 検　証 ………………………………………………………………147

目　次

(1)　検証の意義　*147*　　(2)　令状による検証　*147*　　(3)　身体検査 *148*　　(4)　令状によらない検証　*150*　　(5)　実況見分　*151*

3　鑑定・通訳・翻訳 ……………………………………………………………*152*

(1)　鑑定（等）嘱託　*152*　　(2)　鑑定に伴う強制処分　*152*

4　体液等の採取 ……………………………………………………………………*154*

(1)　尿の採取　*154*　　(2)　血液等の採取　*160*

5　通信・会話の傍受 ……………………………………………………………*162*

(1)　秘密傍受の法的性質　*162*　　(2)　通信傍受法　*167*

第6節　その他の捜査方法　*172*

1　人の容貌等の写真撮影，秘密録音等 ……………………………………*173*

(1)　人の容貌等の写真撮影・ビデオ撮影　*173*　　(2)　当事者録音・同意 傍受　*177*

2　追跡・監視（尾行・張込み，GPS 捜査等） ……………………………*178*

(1)　尾行・張込み　*178*　　(2)　電子機器を用いた追跡・監視──いわゆる GPS 捜査を中心に　*179*

3　おとり捜査，泳がせ捜査 …………………………………………………*180*

(1)　おとり捜査　*180*　　(2)　泳がせ捜査──コントロールド・デリヴァリー を中心に　*184*

第7節　被疑者の防御　*186*

1　起訴前段階における被疑者の防御活動 ………………………………*186*

(1)　被疑者の防御活動の意義　*186*　　(2)　被疑者の権利・防御活動の種 類　*187*

2　弁護人の援助を受ける権利（弁護権） ………………………………*187*

(1)　被疑者の弁護権の意義　*187*　　(2)　弁護人の選任　*188*

3　身体拘束中の被疑者の接見交通権 ……………………………………*191*

(1)　弁護人以外の者との接見交通　*192*　　(2)　弁護人との接見交通　*192* (3)　接見指定　*194*

4　違法捜査に対する対応 ……………………………………………………*201*

(1)　刑事手続内での対応　*202*　　(2)　刑事手続外での対応　*203*

ix

第8節　捜査の終結　*203*

1 警察における事件の処理 ……………………………………………*203*

(1)　検察官への事件送致　*203*　　(2)　検察官送致がなされない場合　*204*

2 検察における捜査と事件処理 ……………………………………………*205*

(1)　検察官による捜査　*205*　　(2)　検察官による事件処理　*205*

3 起訴後の捜査 ……………………………………………………………*207*

(1)　第1回公判期日前の捜査　*207*　　(2)　第1回公判期日以後の捜査
208　　(3)　被告人の取調べ　*208*

第 2 章　公訴権の行使と訴訟条件　*210*

第1節　公訴に関する基本原則　*210*

1 公訴（権）の意義と主体 ………………………………………………*210*

(1)　公訴権の行使 —— 公訴の提起と維持　*210*　　(2)　不告不理の原則　*211*
(3)　国家訴追主義・起訴（訴追）独占主義　*211*

2 起訴便宜主義と訴追裁量 ………………………………………………*212*

(1)　起訴便宜主義・起訴変更主義　*212*　　(2)　一罪の一部訴追　*213*
(3)　不起訴処分・公訴取消しの効果　*214*

3 起訴独占主義・起訴便宜主義の抑制・特例等 ………………………*215*

(1)　告訴人等に対する処分通知制度　*215*　　(2)　検察審査会　*215*
(3)　付審判手続（準起訴手続）　*217*　　(4)　不当な起訴処分に対する抑制
218　　(5)　少年事件の扱い　*218*

第2節　公訴提起の手続・効果　*219*

1 公訴提起の手続と起訴状記載事項 ……………………………………*219*

(1)　公訴提起の手続と起訴状記載事項の意義　*219*　　(2)　被告人の特定
220　　(3)　公訴事実の記載と訴因の特定・明示　*220*　　(4)　罪数評価と
訴因設定　*230*　　(5)　訴因の補正・訂正　*231*　　(6)　罪名の記載　*232*
(7)　訴因・罰条の予備的・択一的記載　*232*

2 起訴状一本主義 …………………………………………………………*233*

目　次

(1)　起訴状一本主義と予断排除　*233*　　(2)　書類その他の物の添附・引用　*234*　　(3)　余事記載　*235*

3　公訴提起の効果 ………………………………………………………………*235*

第3節　訴因・罰条の変更　*236*

1　訴因・罰条変更制度の概要 ……………………………………………………*236*

(1)　訴因・罰条変更制度の意義　*236*　　(2)　訴因・罰条変更の手続　*237*

2　訴因変更の限界（可否）――「公訴事実の同一性」 ………………………*238*

(1)　訴因変更の限界（可否）と「公訴事実の同一性」の意義　*238*
(2)　「公訴事実の同一性」の判断基準　*241*　　(3)　訴因変更の可否の判断
方法　*248*

3　訴因変更の許否 …………………………………………………………………*249*

(1)　問題の所在　*249*
(2)　現訴因について有罪の心証が得られる場合の訴因変更　*249*
(3)　訴因変更権限の濫用――時機に後れた訴因変更　*249*

4　訴因・罰条変更の要否 …………………………………………………………*250*

(1)　問題の所在　*250*　　(2)　訴因変更の要否の判断基準・方法　*251*

5　罪数変化と訴因変更 ……………………………………………………………*258*

6　訴因・罰条変更命令 ……………………………………………………………*260*

(1)　訴因・罰条変更命令の制度趣旨　*260*　　(2)　訴因・罰条変更勧告・
命令義務の有無　*261*　　(3)　訴因・罰条変更命令の効力　*261*

第4節　訴訟条件　*262*

1　訴訟条件の意義と分類 …………………………………………………………*262*

(1)　形式裁判事由と訴訟条件　*262*　　(2)　訴訟条件の分類　*263*

2　管轄違い …………………………………………………………………………*263*

(1)　裁判所の管轄――刑事裁判権の分配　*263*　　(2)　固有管轄　*263*
(3)　関連事件の併合管轄・審判の併合　*265*　　(4)　管轄違いの裁判　*266*

3　免　　訴 …………………………………………………………………………*266*

(1)　免訴事由　*266*　　(2)　公訴時効　*267*

4　公訴棄却 …………………………………………………………………………*270*

(1)　公訴棄却の決定　*270*　　(2)　公訴棄却の判決　*270*

xi

目　次

5　非典型的訴訟条件論と手続打切り論……………………………………………………*271*

⑴　非典型的訴訟条件論と手続打切り論の意義　*271*　　⑵　非典型的訴訟条件ないし手続打切り事由　*273*

6　訴訟条件に関する手続上の諸問題……………………………………………………*279*

⑴　訴訟条件の審査方法・時期　*279*　　⑵　複数の訴訟条件が競合的に欠ける場合の措置　*279*　　⑶　訴訟条件の追完　*280*

7　訴因と訴訟条件……………………………………………………………………………………………*280*

⑴　問題の所在　*280*　　⑵　訴訟条件と訴因変更の許否　*280*　　⑶　訴因と心証とで訴訟条件を異にする場合の措置　*281*

第3章　公判手続　*286*

第1節　公判手続の原則と構造　*286*

1　公判の基本原則……………………………………………………………………………………………*286*

⑴　公開主義　*286*　　⑵　直接主義・口頭主義　*288*　　⑶　迅速な裁判　*289*

2　公判手続の構造……………………………………………………………………………………………*291*

⑴　公判の構成・用語　*291*　　⑵　裁判所　*293*　　⑶　被告人　*299*　⑷　弁護人　*303*　　⑸　被害者参加制度　*305*

第2節　公判準備　*306*

1　公判準備の意義……………………………………………………………………………………………*306*

⑴　公判準備の定義　*306*　　⑵　継続審理・集中審理と狭義の公判準備　*307*

2　公判期日を開く前提となる手続…………………………………………………………*307*

⑴　事件の配付　*307*　　⑵　起訴状謄本の送達　*308*　　⑶　弁護人選任権等の告知　*308*　　⑷　公判期日の指定・変更　*308*

3　被告人・証人等の出頭確保…………………………………………………………………*308*

⑴　召喚・出頭命令・同行命令　*308*　　⑵　勾　引　*309*　　⑶　被告人の勾留と保釈　*309*

4　公判期日外における証拠の収集保全……………………………………………*312*

目　次

(1) 捜索・押収・検証 *312*　(2) 鑑　定 *313*　(3) 公務所等に対する照会 *314*

5 狭義の公判準備と証拠開示 ……………………………………………*314*

(1) 事前準備手続（従来型の公判準備手続）*314*　(2) 従来型の証拠開示 *315*　(3) 公判前・期日間整理手続 *317*　(4) 証拠開示の弊害防止策等 *321*

第3節　公判における審判手続　*322*

1 公判期日における審判手続 ……………………………………………*322*

(1) 公判期日における審判の流れと各段階の関係 *322*　(2) 冒頭手続 *323*　(3) 証拠調べ *324*　(4) 犯罪被害者等による心情その他の意見陳述 *336*　(5) 弁論（訴訟関係人等による意見陳述）*336*　(6) 判決の宣告 *337*

2 弁論の併合・分離および区分審理 ……………………………………*338*

(1) 弁論の併合・分離 *338*　(2) 区分審理・部分判決制度 *339*

3 公判手続の停止・更新，弁論の再開 …………………………………*340*

(1) 公判手続の停止 *340*　(2) 公判手続の更新 *341*　(3) 弁論の再開 *341*

4 犯罪被害者・証人等の保護・被害回復等 ……………………………*342*

(1) 犯罪被害者・証人等関連情報の保護 *342*　(2) 訴訟記録の閲覧・謄写 *343*　(3) 刑事和解 *343*　(4) 損害賠償命令制度 *343*

第4章　証拠法　*345*

第1節　証拠法序説　*346*

1 刑事訴訟における事実認定の特質と「証拠」の意義 ………………*346*

(1) 事実認定・心証形成・証明 *346*　(2) 証拠による事実認定 *346*
(3) 証拠の様々な分類 *347*

2 証拠能力と証明力 ………………………………………………………*350*

3 証拠裁判主義 ……………………………………………………………*352*

(1) 証拠裁判主義の意義 *352*　(2) 厳格な証明と自由な証明 *353*

xiii

目　次

4 証明の必要 ……………………………………………………………… *356*

第2節　証拠の関連性　*357*

1 関連性の意義 ……………………………………………………………… *357*

(1) 自然的関連性と法律的関連性　*357*　　(2) 証拠と事実の関連性，事実と事実の関連性　*358*

2 類似行為の事実（類似事実）の立証 …………………………………… *359*

(1) 類似事実による犯人性の推認　*360*　　(2) 類似事実による主観的要素の推認　*363*

3 科学的証拠 ………………………………………………………………… *364*

(1) 科学的証拠の意義と問題性　*364*　　(2) 科学的証拠の証拠能力　*365*
(3) 科学的証拠の証明力　*369*

第3節　伝聞証拠の証拠能力　*370*

1 供述証拠の性質と伝聞法則の意義 ……………………………………… *370*

(1) 供述証拠の性質　*370*　　(2) 伝聞証拠の性質　*373*　　(3) 刑訴法と伝聞法則　*374*　　(4) 憲法と伝聞法則　*376*

2 伝聞と非伝聞 ……………………………………………………………… *377*

(1) 供述の存在自体が直ちに主要事実となる場合　*379*　　(2) 供述の存在自体を情況証拠として他の事実の推認に供する場合　*379*　　(3) 弾劾証拠としての自己矛盾供述　*380*　　(4) 行為と一体化した供述　*381*
(5) （供述当時の）心理状態の供述　*381*　　(6) 犯行計画に関する供述　*384*

3 伝聞例外の根拠 ── 一般的要件 ……………………………………… *386*

4 供述（代用）書面の証拠能力 …………………………………………… *387*

(1) 供述書と供述録取書 ── 署名押印の意義　*387*　　(2) 被告人以外の者の供述を内容とする書面　*388*　　(3) 被告人の供述を内容とする書面　*400*　　(4) 特に信用すべき書面（特信書面）　*402*

5 伝聞供述の証拠能力 ……………………………………………………… *404*

6 再　伝　聞 ………………………………………………………………… *404*

7 任意性の調査 ……………………………………………………………… *405*

8 当事者の同意した書面・供述 …………………………………………… *405*

xiv

目　次

(1)　同意の性質　*406*　　(2)　同意の手続　*407*　　(3)　擬制同意　*408*

9　合意書面 ………………………………………………………………………*408*

10　証明力を争うための証拠 ……………………………………………………*409*

(1)　限定説と非限定説　*409*　　(2)　増強証拠・回復証拠　*411*

11　写真・録音媒体・録画媒体 …………………………………………………*412*

(1)　写真撮影・録音・録画の性質と現場写真・現場録音・現場録画　*412*
(2)　供述録音・供述録画（供述ビデオ）　*413*　　(3)　犯行（被害）再現写
真・同ビデオ　*414*

第4節　違法収集証拠の証拠能力　*416*

1　違法収集証拠排除の根拠と基準 ……………………………………………*416*

(1)　排除法則の根拠　*417*　　(2)　排除の基準　*418*　　(3)　判例の立場
421

2　違法な手続と証拠との関係 …………………………………………………*424*

(1)　不可避的発見の法理　*424*　　(2)　先行手続の違法の影響　*425*
(3)　証拠収集後の違法　*429*

3　その他の問題 …………………………………………………………………*431*

(1)　被告人以外の者の利益を侵害して得られた証拠，排除の申立適格
431　　(2)　違法収集証拠に対する同意　*431*　　(3)　私人が収集した証拠
432

第5節　自白の証拠能力と証明力　*432*

1　自白の意義 ……………………………………………………………………*432*

(1)　自白とその類概念　*433*　　(2)　自白に対する規制の概要　*434*

2　自白の証拠能力 ………………………………………………………………*435*

(1)　自白法則の根拠　*435*　　(2)　自白と違法収集証拠排除法則　*438*
(3)　自白の証拠能力が問題となる類型　*440*　　(4)　任意性の立証　*448*

3　自白の証明力 …………………………………………………………………*448*

(1)　自白の信用性評価　*448*　　(2)　補強法則　*449*

第6節　証拠の評価・心証の形成　*457*

1　証拠評価・心証形成のあり方 ………………………………………………*457*

(1)　自由心証主義　*457*　　(2)　合理的心証主義　*458*

XV

目　次

2 心証の程度 —— 証明の水準 ………………………………… 459

3 挙証責任と推定 …………………………………………… 460

(1) 挙証責任の概念 *460*　(2) 挙証責任の所在 *462*　(3) 推　定 *468*

第5章　裁　　判　*471*

第1節　裁判の意義・成立・構成　*471*

1 裁判の意義と種類 ………………………………………… 471

(1) 裁判の意義 *471*　(2) 裁判の種類 *472*

2 裁判の手続と成立 ………………………………………… 472

(1) 裁判の手続 *472*　(2) 裁判の成立 *475*

3 裁判の構成 ………………………………………………… 475

(1) 主文と理由 *475*　(2) 有罪判決の構成 *476*　(3) 無罪判決の構成 *477*

4 罪責認定と刑の量定 ……………………………………… 477

(1) 罪責認定の方法と範囲 *477*　(2) 「罪となるべき事実」の判示方法 *478*　(3) 概括的・択一的な判示・認定の可否 *478*　(4) 量刑理由 *483*

第2節　裁判の効力と執行　*484*

1 裁判の確定とその効力 …………………………………… 484

(1) 裁判の形式的確定と内容的確定 *484*　(2) 執行力 *486*
(3) 拘束力 *486*

2 一事不再理効 ……………………………………………… 491

(1) 一事不再理の根拠 *491*　(2) 一事不再理効の発生原因・時期 *493*
(3) 一事不再理効が及ぶ範囲 *495*

3 裁判の執行 ………………………………………………… 500

(1) 総　説 *500*　(2) 刑の執行 *501*　(3) 裁判の執行に関する申立て *502*

xvi

目　　次

第6章　簡易化された審判手続　503

第1節　簡易公判手続・即決裁判手続　503

1　簡易公判手続 ……………………………………………………………503

(1)　制度の概要と利用状況　503　　(2)　簡易公判手続の内容　504
(3)　簡易公判手続決定の取消し　504

2　即決裁判手続 ……………………………………………………………504

(1)　即決裁判手続の導入　504　　(2)　即決裁判手続の申立て　505
(3)　即決裁判手続による審判の決定および審判　505　　(4)　即決裁判手
続による審判の決定の取消し　507

第2節　略　式　手　続　507

(1)　制度の概要　507　　(2)　略式命令請求（略式起訴）　509
(3)　審判手続　509　　(4)　通常手続への移行　509　　(5)　略式手続にお
ける被告人の確定　510

第7章　上　　訴　512

第1節　上訴制度の概要　512

1　上訴制度の意義・体系 …………………………………………………512

(1)　上訴制度の体系　512　　(2)　その他の不服申立制度　513

2　上訴権とその行使 ………………………………………………………513

(1)　上訴権者　513　　(2)　上訴の利益　515

3　一　部　上　訴 ……………………………………………………………515

4　上訴権の発生・消滅・回復 ……………………………………………516

第2節　控　　訴　516

1　控訴審の役割と構造 ……………………………………………………516

2　控訴の申立て ……………………………………………………………518

xvii

目　次

　(1)　申立ての手続　*518*　　(2)　申立ての効果　*519*

3 控訴理由の明示 ……………………………………………………………*519*

　(1)　控訴趣意書の差出し　*519*　　(2)　控訴理由　*519*

4 控訴審の審理 ……………………………………………………………*522*

　(1)　審理の手続　*522*　　(2)　控訴理由の調査　*523*

5 控訴審の裁判 ……………………………………………………………*527*

　(1)　控訴棄却　*527*　　(2)　原判決破棄　*528*　　(3)　未決勾留日数の通算
　等　*530*

第3節　上　　告　*530*

1 上告審の役割と構造 ……………………………………………………*530*

2 上告の申立て・上告理由の明示等 …………………………………*530*

　(1)　上告の申立て・上告理由の明示　*531*　　(2)　上告理由　*531*
　(3)　「法令の解釈に関する重要な事項」――上告受理　*531*

3 上告審の審理 ……………………………………………………………*532*

4 上告審の裁判 ……………………………………………………………*533*

　(1)　上告棄却　*533*　　(2)　原判決破棄　*533*

5 訂正の判決等 ……………………………………………………………*534*

第4節　抗告・準抗告　*534*

1 抗　　告 ……………………………………………………………………*534*

　(1)　一般抗告　*535*　　(2)　特別抗告　*536*

2 準抗告 ………………………………………………………………………*537*

　(1)　準抗告の意義　*537*　　(2)　準抗告の手続　*538*

第8章　非常救済手続　*539*

第1節　再　　審　*539*

1 再審制度の意義 …………………………………………………………*539*

目　次

2 再審請求審理手続 ··540

 (1)　再審請求　*540*　　(2)　再審理由　*541*　　(3)　請求審の審理　*545*
 (4)　請求審の裁判　*545*

3 再審公判手続 ··546

 (1)　公判審理　*546*　　(2)　再審の裁判　*546*

第2節　非常上告　*547*

1 非常上告制度の意義 ··547

2 申立ての手続 ··547

3 非常上告の審判 ··547

 (1)　非常上告の審理　*547*　　(2)　非常上告の裁判　*548*

事項索引　*549*
判例索引　*565*

xix

Column 目 次

序 章

- 0-1 「刑事訴訟法」と「刑事手続法」 *3*
- 0-2 当事者処分権主義 *9*
- 0-3 適正手続，実体的真実主義，当事者主義の関係 *11*
- 0-4 客観義務 *17*
- 0-5 行政法規上の報告義務等と憲法 38 条 1 項 *20*

第 1 章

- 1-1 行政警察活動と司法警察活動──警察活動における捜査の位置づけ *30*
- 1-2 捜査構造論 *33*
- 1-3 将来犯罪と捜査 *34*
- 1-4 「新しい強制処分」説 *39*
- 1-5 強制処分性の本質 *44*
- 1-6 令状主義の趣旨 *48*
- 1-7 強制処分法定主義と令状主義・捜査比例の原則の関係 *49*
- 1-8 行政警察活動を規制する一般規範 *55*
- 1-9 緊急逮捕の合憲性 *75*
- 1-10 逮捕後手続の時間制限の趣旨 *77*
- 1-11 「代用監獄」問題 *82*
- 1-12 取調べの可視化・適正化のための様々な方策 *100*
- 1-13 取調べの録音・録画制度導入の背景と今後の展望 *102*
- 1-14 承諾捜索 *119*
- 1-15 郵便物等の差押え *121*
- 1-16 別件捜索・差押え（押収） *134*
- 1-17 プレイン・ヴューの法理 *135*
- 1-18 逮捕する場合の被疑者の捜索 *140*
- 1-19 「証拠存在の蓋然性の高さ」の意味と根拠 *144*
- 1-20 人の身体に対する強制処分の種類 *149*
- 1-21 通信傍受法の問題点 *172*
- 1-22 当番弁護士制度と被疑者国選弁護制度 *190*
- 1-23 面会接見 *193*

第 2 章

- 2-1 起訴猶予とディヴァージョン *213*
- 2-2 広義の訴追裁量 *214*
- 2-3 訴因制度と審判対象論──訴因と公訴事実の関係 *221*
- 2-4 識別説と防御権説──共謀共同正犯の訴因の記載方法をめぐって *229*
- 2-5 訴因の特定・明示に関する義務的求釈明と裁量的求釈明 *231*
- 2-6 「公訴事実の同一性」の機能と刑訴法 312 条 1 項の趣旨 *240*

目 次

2-7 公訴事実の「狭義の同一性」と「単一性」の分析の意義 *247*

2-8 縮小認定（「大は小を兼ねる」の理論） *255*

2-9 管轄の調整 *264*

2-10 公訴時効制度の見直し論と刑訴法 250 条の改正 *268*

2-11 公訴権濫用論 *272*

2-12 嫌疑不十分の起訴と手続打切り *274*

第3章

3-1 裁判所が保管する訴訟書類・証拠物等の閲覧等 *316*

3-2 立証趣旨の拘束力 *325*

3-3 刑事免責制度の導入と協議・合意制度との関係 *330*

3-4 公判期日外の証人尋問 *331*

3-5 「真の分離」と「仮の分離」 *339*

第4章

4-1 証明の方法，証明の程度，証明の責任 *353*

4-2 共同被告人の公判供述 *377*

4-3 要証事実・立証事項・立証趣旨 *378*

4-4 犯行計画メモの証拠能力 *384*

4-5 共同被告人の公判外供述 *402*

4-6 実務における書証への同意の意義 *407*

4-7 写しの証拠能力 *416*

4-8 衡量の「臨界点」としての「重大な違法」 *420*

4-9 「証拠許容の不相当」の意味 *430*

4-10 自白への排除法則適用の基準 *440*

4-11 公判廷自白と憲法上の補強法則，有罪答弁制度 *451*

4-12 疫学的証明 *458*

4-13 証拠提出責任と説得責任 *465*

第5章

5-1 無罪判決後の勾留 *474*

5-2 公訴権消耗論 *493*

5-3 免訴判決の性質と一事不再理効 *494*

第6章

6-1 在庁（待命）方式 *508*

6-2 交通事件処理の迅速・簡易化 *508*

第7章

7-1 検察官の上訴 *514*

7-2 控訴審の構造 *517*

第8章

8-1 総合判断の方法 *544*

〈判例〉目次

第1章

1-1 最決昭和51・3・16刑集30巻2号187頁 *40*

1-2 最大判平成29・3・15刑集71巻3号13頁 *42*

1-3 最判昭和53・6・20刑集32巻4号670頁 *59*

1-4 最判昭和53・9・7刑集32巻6号1672頁 *61*

1-5 最決平成8・1・29刑集50巻1号1頁 *73*

1-6 金沢地七尾支判昭和44・6・3刑月1巻6号657頁 *95*

1-7 最決昭和59・2・29刑集38巻3号479頁 *105*

1-8 最決平成14・10・4刑集56巻8号507頁 *127*

1-9 最決平成6・9・8刑集48巻6号263頁 *131*

1-10 最判昭和51・11・18判時837号104頁 *133*

1-11 最決平成10・5・1刑集52巻4号275頁 *137*

1-12 最大判昭和36・6・7刑集15巻6号915頁 *142*

1-13 最決昭和55・10・23刑集34巻5号300頁 *155*

1-14 最決平成6・9・16刑集48巻6号420頁 *159*

1-15 最決平成11・12・16刑集53巻9号1327頁 *164*

1-16 最大判昭和44・12・24刑集23巻12号1625頁 *175*

1-17 最決平成16・7・12刑集58巻5号333頁 *182*

1-18 最大判平成11・3・24民集53巻3号514頁 *195*

第2章

2-1 最決昭和56・4・25刑集35巻3号116頁 *225*

2-2 最決昭和63・10・25刑集42巻8号1100頁 *246*

2-3 最決平成13・4・11刑集55巻3号127頁 *256*

2-4 最決昭和55・12・17刑集34巻7号672頁 *276*

第3章

3-1 最決平成7・2・28刑集49巻2号481頁 *302*

第4章

4-1 最判平成24・9・7刑集66巻9号907頁 *361*

4-2 最決平成12・7・17刑集54巻6号550頁 *367*

4-3 最決昭和62・3・3刑集41巻2号60頁 *368*

4-4 最判昭和30・12・9刑集9巻13号2699頁 *381*

4-5 最判平成7・6・20刑集49巻6号741頁 *392*

4-6 最判平成18・11・7刑集60巻9号561頁 *410*

4-7 最決昭和59・12・21刑集38巻12号3071頁 *413*

4-8 最決平成17・9・27刑集59巻7号753頁 *415*

4-9 最判昭和53・9・7刑集32巻6号1672頁 *421*

4-10 最判平成15・2・14刑集57巻2号121頁 *428*

目　次

4-11　最決平成 8・10・29 刑集 50 巻 9 号 683 頁　*430*

4-12　最判昭和 41・7・1 刑集 20 巻 6 号 537 頁　*441*

4-13　最大判昭和 45・11・25 刑集 24 巻 12 号 1670 頁　*443*

第 5 章

5-1　札幌高判昭和 61・3・24 高刑集 39 巻 1 号 8 頁　*481*

5-2　最大判昭和 41・7・13 刑集 20 巻 6 号 609 頁　*483*

5-3　大阪地判昭和 49・5・2 刑月 6 巻 5 号 583 頁　*487*

5-4　最判平成 15・10・7 刑集 57 巻 9 号 1002 頁　*498*

第 7 章

7-1　最大決昭和 46・3・24 刑集 25 巻 2 号 293 頁　*524*

第 8 章

8-1　最決昭和 50・5・20 刑集 29 巻 5 号 177 頁　*542*

xxiii

凡　例

① 法令名の略記

■「**刑事訴訟法**」（昭和 23 年法律 131 号）は，原則として**条数のみ**を記し，他の法令との混同を避ける等，必要に応じて，「**刑訴法**」（本文解説中），「**刑訴**」（かっこ内引用中）の略記を用いることとした。

■「**刑事訴訟規則**」（昭和 23 年最高裁規則 32 号）は，本文解説中は「**刑訴規則**」，かっこ内引用中は「**規**」と略記した。

■「**刑事訴訟法**」（大正 11 年法律 75 号）は，本文解説中は「**旧刑訴法**」，かっこ内引用中は「**旧刑訴**」と略記した。

■　その他の法令をかっこ内で引用する場合には，以下の通り，有斐閣『六法全書』巻末の「法令名略語」によった。

医師：医師法
恩赦：恩赦法
関税：関税法
刑：刑法
警：警察法
刑事収容：刑事収容施設及び被収容者等の処遇に関する法律
警職：警察官職務執行法（警職法）
憲：日本国憲法
検察：検察庁法
検審：検察審査会法
公選：公職選挙法
裁：裁判所法
裁判員：裁判員の参加する刑事裁判に関する法律
少：少年法

所税：所得税法
捜査規範：犯罪捜査規範
通信傍受：犯罪捜査のための通信傍受に関する法律
独禁：私的独占の禁止及び公正取引の確保に関する法律
犯罪被害保護：犯罪被害者等の権利利益の保護を図るための刑事手続に付随する措置に関する法律
不正競争：不正競争防止法
弁護：弁護士法
法廷秩序：法廷等の秩序維持に関する法律
麻薬：麻薬及び向精神薬取締法
民訴：民事訴訟法
労調：労働関係調整法

凡　例

2 判例，判例集・雑誌名の略記

■ 判例の略記

最判平成 18・11・7 刑集 60 巻 9 号 561 頁

→ 最高裁判所平成 18 年 11 月 7 日判決，最高裁判所刑事判例集 60 巻 9 号 561 頁登載

最大判 (決)：最高裁判所大法廷判決 (決定)

最　判 (決)：最高裁判所判決 (決定)

高　判 (決)：高等裁判所判決 (決定)

地　判 (決)：地方裁判所判決 (決定)

■ 判例集・雑誌名の略記

刑　集：大審院刑事判例集または
　　　　最高裁判所刑事判例集

集　刑：最高裁判所裁判集刑事

民　集：最高裁判所民事判例集

高刑集：高等裁判所刑事判例集

下刑集：下級裁判所刑事裁判例集

刑　月：刑事裁判月報

高刑特：高等裁判所刑事裁判特報

判　特：高等裁判所刑事判決特報

東高刑時報：東京高等裁判所刑事判決時報

判　時：判例時報

判　タ：判例タイムズ

本書のコピー，スキャン，デジタル化等の無断複製は著作権法上での例外を除き禁じられています。本書を代行業者等の第三者に依頼してスキャンやデジタル化することは，たとえ個人や家庭内での利用でも著作権法違反です。

著者紹介

宇 藤　　崇 (うとう・たかし)

神戸大学大学院法学研究科教授

《第7章・第8章　執筆》

松 田 岳 士 (まつだ・たけし)

大阪大学大学院法学研究科教授

《序章, 第1章第1・2・6節, 第2章, 第3章, 第5章, 第6章　執筆》

堀 江 慎 司 (ほりえ・しんじ)

京都大学大学院法学研究科教授

《第1章第3〜5・7・8節, 第4章　執筆》

序章

第1節 刑事手続・刑事訴訟法の役割
第2節 刑事手続に関する諸理念と
現行刑事手続の構造
第3節 手続関係者

> **Outline** 罪を犯した者には，刑法の定めに従い，国家によって刑罰が科されることが予定されている。しかし，実際に刑罰を科すためには，刑法が犯罪として定める行為が本当に行われたのか，そして，犯人が誰かを確認する必要がある。そのための手続を刑事手続といい，その内容を定めるのが本書の扱う刑事訴訟法である。ただ，ひとくちに刑事手続といっても，その内容は，時代によって，また，地域・国によっても違いがある。
>
> 本章では，刑事手続の役割と仕組みを理解するための基本的な知識および視点を紹介する。

第1節　刑事手続・刑事訴訟法の役割

1 刑事司法制度と刑事手続

(1) 刑事司法制度

犯罪が発生したとの情報を得ると，警察や検察がその事実関係を解明し，犯人を特定するために，捜査を開始する。捜査が一応の終結をみると，検察官が起訴・不起訴の決定を行う。起訴された場合には，事件について裁判所で審理が行われ，有罪・無罪の判決が言い渡される。有罪判決が確定すると，「犯人」とされた者は，言い渡された刑に服することになる。**刑事司法**とは，このように，犯罪が行われた場合に，その犯人を処罰する国家の作用に関する制度をいう。

1

ところで，他人や社会に対して有害な行為を行った者は，その「責任」を問われることになるが，その方法は様々である。たとえば，芸能人であるXが，交通事故を起こしてVに重傷を負わせたとしよう。この場合に，Xは，事故を起こしたことについて記者会見を開いて謝罪をするとともに，芸能活動をしばらく自粛して，「社会的責任」をとるかもしれない（Xが政治家であれば，さらに，議員や役職を辞したりして「政治的責任」をとることになるかもしれない）。しかし，Xがこの行為を行ったことについてとるべき「責任」はこれに尽きるわけではない。同人には，同時に民事責任や刑事責任といった「法的責任」も生ずることになるからである。すなわち，Xには，まず，「加害者」として，被害者Vが被った損害を主として金銭により賠償する責任（民事責任）が生ずるが，それと同時に，その行為が，過失運転致傷罪，危険運転致傷罪等，刑罰法規（自動車運転死傷行為処罰法）が定める「犯罪」に当たる場合には，Xには，その「犯人」として，懲役，禁錮，罰金といった刑罰が科されることになる。刑事司法とは，国家が，このように，犯罪を行った者に刑を科すことによってその**刑事責任**を追及する制度のことをいうのである。

刑事責任は，刑法が定める「犯罪」が実際に行われることによって発生する（いくら罪を犯す可能性が高い人でも，それを現実に行わないかぎりは処罰の対象にはならない）。したがって，刑事司法は，基本的に，過去に起こった具体的な犯罪事件（これを，**刑事事件**という）の事後処理を行う制度であるということができる。他方，「犯罪」は，それが起こる前に防止したり，起こってもすぐに鎮圧したりして，被害の発生を未然に回避し，あるいは最小限にとどめることも重要であるが，このような犯罪の予防ないし鎮圧のための公的活動は，「行政」作用に属するものとして，同じ「犯罪」に関する活動でも，過去に起こった具体的な犯罪事件の事後処理を行う刑事「司法」とは概念上区別される（⇨30頁 Column 1-1 ）。

(2) 刑事実体法と手続法

刑事司法が成り立つためには，まず，その対象となる「犯罪」とは何か，そして，それに対してどのような刑罰が科されるかが定められる必要がある。その役割を果たすのが，**刑事実体法**，すなわち，**刑法**である。

第1節 刑事手続・刑事訴訟法の役割

しかし，それだけでは，刑事司法は「画にかいた餅」にすぎない。なぜなら，刑法は，同法が「犯罪」として定める行為（たとえば，「殺人」）が，実際にこの世の中で何者かによって具体化されて（たとえば，Xが殺意をもってVをピストルで殺して）はじめて適用されるのであり，しかも，ある者をその犯人として処罰するためには，刑法が定める「犯罪」に該当する行為が本当に行われたのか否か，そして，その者が犯人なのかを，処罰主体である国家自身が責任をもって確認する必要があるからである。

このように，刑法適用の前提となる犯罪事実および犯人を確認するための手続を**刑事手続**といい，その具体的内容を定めるのが，本書が扱う**刑事手続法**あるいは**刑事訴訟法**（刑訴法）である。

> **Column 0-1** 「刑事訴訟法」と「刑事手続法」
>
> わが国では，刑事手続の基本的内容を定めるのは「刑事訴訟法」という名称の法律である。これに対して，「刑事手続法」の語は，その刑事司法における役割に着目して，「刑事実体法」の対概念として用いられるのが通常である。
>
> もっとも，「訴訟」という用語は，厳密には，訴えが提起され，判決が確定するまで（刑事手続では起訴から判決確定まで）の，一般に「裁判」とよばれる手続を意味するものとして用いられる。ところが，「刑事訴訟法」には，このような「訴訟」の手続のほか，それ以前の段階で行われる捜査や起訴，また，（有罪）判決確定後に行われる刑の執行に関する諸規定も含まれている。そのため，「刑事訴訟法」という法律名も，「刑事手続法」に変更すべきであるとの指摘もある。

2 手続法定主義と適正手続

(1) 手続法定主義

憲法31条は，「何人も，法律の定める手続によらなければ，その生命若しくは自由を奪われ，又はその他の刑罰を科せられない」と定める。民事事件は，訴訟手続によることなく，当事者間の話合いで解決することもできるが，刑事事件の解決は必ず「法律の定める手続」によらなければならないのである。

犯罪事件に関する事実関係の解明と犯人の処罰は，事件の当事者だけでなく，国民全体の関心事に属する事柄である。また，刑罰権の行使をその場その場の判断にゆだねるのは不公平かつ危険であるから，あらかじめ定められた手続に

よらなければならない。したがって，刑事手続は，国民の代表機関である国会により制定され，かつ，すべての人・事件に平等に適用される「法律」によって定められていなければならないのである。

ところで，憲法77条は，最高裁判所およびその委任を受けた下級裁判所に，「訴訟に関する手続」について規則を定める権限を与えている。しかし，上述の憲法31条の趣旨からすれば，規則にゆだねられるのは，基本的に手続に関する技術的で，被告人等の重要な利害に関しない事項に限られ，また，規則が法律と抵触する場合には，法律が優位すると考えるべきであろう。

(2) 適正手続（デュー・プロセス）

憲法31条は，刑事事件はかならず「法律の定める手続」によって解決することを要請しているが，それにとどまらず，その手続が，一定の適正性ないし公正性を備えていることをも要求しているものと解されている。これを，**適正手続（デュー・プロセス）の保障**という。

では，「適正手続」とは，どのような手続を意味すると考えるべきか。「適正手続」の語は，「（とりわけ，被疑者・被告人の）人権の尊重」を意味するものとして用いられることもある。たしかに，刑事手続の基本枠組みを定める憲法の諸規定の内容からすれば，手続上の人権保障およびその尊重が「適正手続」の重要な内容を占めることに疑いはない。しかし，憲法31条が要請する適正性の内容は，単なる「人権の尊重」ではなく，むしろ，人権尊重と犯人必罰の要請の間の（憲法の理念に則った）衡量に求めるのが妥当であろう。すなわち，憲法31条が要請する「適正手続」とは，同法32条以下の諸規定が定める諸原則に則り，かつ，個人の権利の尊重と犯人必罰という「公共の福祉」の間の，同法13条に従った――「個人として」の「権利」を，「公共の福祉」に反しないかぎり「最大」限に「尊重」した――衡量を具体化する手続を意味するものと解されるのである。刑訴法が，その目的として定める，「刑事事件につき，公共の福祉の維持と個人の基本的人権の保障とを全うしつつ，事案の真相を明らかにし，刑罰法令を適正且つ迅速に適用実現すること（1条）」も，このような意味において理解されなければならない。

したがって，適正手続のもとでは，（手続的権利保障を内容とする手続を遵守し

た結果，真犯人が有罪とされ，処罰される場合のように）人権尊重と犯人必罰の要請がともに満たされる場合には問題はないが，両立不可能な場合には，後者の要請を犠牲にすることが要求されることもある。判例も，刑訴法 1 条を引用しつつ，「事案の真相の究明も，個人の基本的人権の保障を全うしつつ，適正な手続のもとでなされなければならない」として，違法に収集された（としても，証拠価値は変わらない）証拠物について，裁判所が事実認定のために用いるための資格が否定されるべき場合があることを認めている（最判昭和 53・9・7 = 判例 4-9 〔⇨ 421 頁〕）。

3 刑事訴訟法の法源

　刑事手続に関する規定を定める法令を，刑事訴訟法の法源という。

　日本国憲法は，とりわけ 31 条以下に刑事手続に関する一連の規定を置いており，わが国の刑事手続の基本的骨格を定めている。これを受けて，刑事手続の具体的内容を定める主要な法律が，「刑事訴訟法（昭和 23 年法律第 131 号）」である。

　そのほか，刑事手続に関する規定を置く法律としては，たとえば，裁判所法，検察庁法，弁護士法，裁判員の参加する刑事裁判に関する法律，検察審査会法，警察法，刑事収容施設及び被収容者等の処遇に関する法律，総合法律支援法，警察官職務執行法，犯罪捜査のための通信傍受に関する法律，法廷等の秩序維持に関する法律，刑事訴訟費用等に関する法律，刑事確定訴訟記録法，少年法，刑事事件における第三者所有物の没収手続に関する応急措置法，犯罪被害者等の権利利益の保護を図るための刑事手続に付随する措置に関する法律等がある。

　また，最高裁判所が制定した規則で，刑事手続に関するものとして，刑事訴訟規則のほか，犯罪捜査のための通信傍受に関する規則，裁判員の参加する刑事裁判に関する規則，犯罪被害者等の権利利益の保護を図るための刑事手続に付随する措置に関する規則等が挙げられる。そのほか，刑事確定訴訟記録法施行規則等の法務省令や，犯罪捜査規範等の国家公安委員会規則など，刑事手続に関係する一定の行政規則も，広い意味での刑訴法の法源に含められよう。

序　章

4 刑事訴訟法の適用範囲

(1) 場所的適用範囲

　刑事訴訟法は，日本の捜査・訴追・裁判機関が取り扱うすべての刑事事件（日本の刑法が適用されるすべての事件）に適用される。したがって，理論上は，日本の捜査・裁判機関が外国で活動を行う場合にも適用されることになる。もっとも，実際には，日本の捜査・裁判機関が外国で活動することは当該国の主権を侵すことになるので，その国の承認がなければ適用できない。なお，国内であっても，日本の刑事裁判権が及ばない者に対しては強制処分を行うべきではなく，また，起訴されても公訴棄却が言い渡されることになる（338条1号。⇨270頁(2)）。

(2) 時間的適用範囲

　刑事訴訟法には，（刑法のような）遡及適用の禁止は妥当せず，法律の改廃があった場合には，その施行後に開始される刑事手続については，原則として新法が適用される。新法施行時に進行中の手続についても，施行後は新法を適用すべきであろう。もっとも，法改正にあたっては，手続の安定等を考慮して特別の定めが置かれることが多い（⇨268頁 Column 2-10 ）。

第2節　刑事手続に関する諸理念と現行刑事手続の構造

1 実体的真実主義

(1) 実体的真実主義

　「刑罰法令」を「適用実現」するためには（1条），刑法が「犯罪」として定める事件が実際に起こったか否か，起こったとすればその犯人は誰かを確認しなくてはならず，この意味での「(実体的) 真実発見」が刑事手続の目的の1つであることは否定できない。しかし，真実発見といっても，人間が行うものである以上，誤りの入り込む余地を完全に排除することは困難である。また，刑事手続による「真実」解明においては，（たとえば，歴史学における真実解明等と

第2節　刑事手続に関する諸理念と現行刑事手続の構造

比べても）費やすことのできる時間や労力には限度があり，また，関係者の権利・利益への配慮も不可欠であるなど，様々な制約があることも否めない。**実体的真実主義**とは，このような現実を前提としつつも，「真実発見」という目的を重視し，刑事手続は，あくまでその「手段」にすぎないものとして，その制度の内容および運用を考察するにあたり，できるかぎり真実発見の障害にならないようにしようという考え方である。

(2)　積極的真実主義と消極的真実主義

ひとくちに「実体的真実主義」といっても，①「犯人必罰（犯人は一人たりとも逃さず罰すること）」を重視し，万が一にも誤った無罪判決が言い渡されるのを避ける方向で真実発見を強調するか（**積極的真実主義**），それとも，②「無辜の不処罰（無実の者は一人たりとも罰しないこと）」を重視し，万が一にも誤った有罪判決が言い渡されるのを避ける方向で真実発見を強調するか（**消極的真実主義**）によって，刑事手続のあり方に対する考え方は大きく異なってくる。

もちろん，理想は「犯人必罰」と「無辜の不処罰」をともに実現することであるが，実際にはこの2つの要請の両立は困難であり，とりわけ積極的真実主義のもとでは消極的真実主義が犠牲とされることも少なくない。「犯人不処罰」が正義に反することに変わりはないが，「無辜の処罰」はより大きな不正義というべきであろう。適正手続の要請からしても，現行刑訴法においては消極的真実主義が重視されなければならない。

2　糺問主義と弾劾主義

刑事手続においては，刑事責任の「追及」（訴追）とその有無についての「判断」（審判）が行われるが，これら2つの役割の配分の仕方については，**糺問主義**と**弾劾主義**という2つの型がある。糺問主義とは，同一の主体に刑事責任の追及者（訴追者）と判断者（審判者）の役割をともにゆだねる手続形式をいうのに対し，弾劾主義とは，これらの役割をそれぞれ異なる2つの主体に付与する手続形式をいう。

糺問主義的な訴訟においては，審判者が訴追者の役割を（あるいは，訴追者が審判者の役割を）兼ね，原則として審判者自らが（第三者の訴えによらずに）訴訟

7

序　章

を開始する。すなわち，糺問訴訟においては，刑事責任を追及する者が自らその対象者を裁くのであり，手続は，「訴追者＝審判者」と「被訴追者」が直接向き合う二面構造をとることになる。このような訴訟形態は，とりわけ中世のヨーロッパ大陸の刑事訴訟において広く採られたとされる。

　これに対して，弾劾主義的な訴訟においては，審判者の役割は訴追者とは別の主体にゆだねられ，審判者は，訴追者の訴えがなければ審判を開始することはできないものとされる（**不告不理**）。ここでは，被訴追者が直接向き合うのは訴追者であり，審判者の役割はこれらの当事者とは別の主体に割り当てられるため，手続は三面構造をとることになる。このような訴訟形態は，審判者の第三者性あるいは公平性を担保するのに適しており，近代以降の刑事訴訟は弾劾主義的な三面構造を採るのが一般的である。適正手続の要請が妥当する日本の刑事訴訟も，審判者の役割を「裁判所」に，訴追者の役割を「検察官」にそれぞれゆだねる弾劾主義的な訴訟形態をとっている。

３ 当事者主義と職権主義

（1）当事者追行主義と職権追行主義

　当事者主義および職権主義の語は，まず，（弾劾主義的な）訴訟の進行における裁判所と当事者（検察官および被告人）の関係ないし役割のあり方に関する原理を意味するものとして用いられる。訴訟進行の主導権を裁判所にゆだねるのが**職権（追行）主義**であり，当事者にゆだねるのが**当事者（追行）主義**である。

　当事者主義的訴訟においては，当事者がそれぞれの立場から主張・立証を行い，裁判所は第三者的な立場からその当否を判断するのに対して，職権主義的訴訟では，裁判所が，（当事者の参加のもとでではあるが）積極的に審理を主導し，真実発見に乗り出す。また，当事者主義のもとではいかなる証拠を調べるかは当事者の請求に基づいて決められるのに対し，職権主義のもとでは裁判所が自ら決める。証拠の調べ方，たとえば，証人尋問についても，当事者主義のもとではまず当事者が尋問を行う（交互尋問制）のに対して，職権主義のもとでは主として裁判所が尋問を行う（職権尋問制）。

　当事者主義の長所は，裁判所が受動的な判断者の役割に徹することができるため，その中立性・公平性がより実質的に担保されること，および当事者の手

8

続的な権利保障の充実が図られることに求められる。他方，短所としては，当事者の能力により訴訟の帰趨が左右される（たとえば，有能な弁護人を依頼できる被告人は真犯人であっても無罪を勝ちとることができ，そうでない被告人は無実であっても有罪とされるといった事態が生ずる）おそれが指摘される。職権主義の長所・短所は，これと裏腹の関係にあり，当事者の能力が訴訟の帰趨に与える影響は限定的である反面，裁判所が積極的に審理に関与することになるため，その第三者性・公平性（の外観）が損なわれるおそれが指摘される。

このように，当事者主義と職権主義には一長一短があるが，その評価にあたっては，これらがそれぞれ英米法と大陸法という異なる司法文化・伝統のもとで発展してきた訴訟形態であり，その背後には，訴訟の存在意義や発見されるべき「真実」に関する基本的な考え方の差異がある（英米法では訴訟を当事者間の紛争解決の場として，大陸法では実体的真実の発見の場として捉える傾向が強い）ということにも注意しなければならない。

(2) 当事者対等主義

当事者主義の語は，上述の当事者追行主義のほか，**当事者対等**主義の意味で用いられることもある。当事者対等は，「武器対等」ともよばれ，第一義的には，訴訟において，当事者，すなわち，訴追者（検察官）と被訴追者（被告人）が攻撃・防御を展開するうえで対等の手段が与えられること（**形式的当事者対等**）を意味する。

しかしながら，刑事手続においては，検察官側は，法律により認められた権限や利用可能な人的・物的資源等において被告人と比べて圧倒的に優位な状況にあり，単に形式的に訴訟において両当事者に同一の攻撃・防御手段を認めるだけでは，かえって「当事者対等」の趣旨が損なわれるおそれがある。そこで，より実質的に「当事者対等」あるいは「武器対等」を実現するためには，たとえば，被告人に弁護人の援助を保障し，捜査機関が収集した証拠を被告人側に開示するなどの調整が必要となる（**実質的当事者対等**）。

> **Column 0-2　当事者処分権主義**
>
> 「当事者主義」の語は，上に挙げた当事者追行主義や当事者対等主義のほか，**当事者処分権主義**の意味で用いられることもある。

当事者処分権主義とは，事件の処理を当事者の判断にゆだねる制度をいう。たとえば，アメリカ合衆国の刑事司法では，裁判所が被告人に起訴事実の認否を求める「アレインメント」とよばれる手続において，「有罪の答弁」が行われる場合には，証拠調べを経ることなく有罪とし，直ちに量刑の手続を行うことが認められているが（さらに，被告人が「有罪の答弁」や捜査協力等を行うのと引換えに，検察官が起訴事実をより軽い罪に変更したり，より軽い刑を求刑したりする「答弁取引」も行われている），これは当事者処分権主義の表れとされる。

　わが国の刑訴法は，起訴便宜（裁量）・変更主義を採用し，被告人を訴追するか否か，どのような犯罪事実で訴追するかの判断について検察官に一定の裁量を認めると同時に，訴因制度を採用し，裁判所の事実認定は検察官の主張に拘束されるものとしており（⇨ 221 頁 Column 2-3），その限りにおいては，検察官による事件の処分が認められているということができる（もっとも，検察審査会や訴因変更命令等，その抑制のための制度がないわけではない）。2016（平成 28）年改正により設けられた協議・合意制度（⇨ 116 頁 **5**）も，この意味での「検察官処分権主義」を前提とするものといえよう。もっとも，被告人が「起訴された犯罪について有罪であることを自認」したとしてもそれだけで有罪を言い渡すことはできないものとされており（319 条 3 項），その意味では当事者に完全な処分権が与えられているわけではない。

4 現行刑事手続の基本構造とその運用

（1）沿　革

　刑事手続に関するわが国最初の基本法典としては，1880 年にフランス法の影響のもとに成立した「**治罪法**」（明治 13 年太政官布告第 37 号）が挙げられるが，その後，明治憲法の制定を受けて，はじめて「刑事訴訟法」という名の法律が登場することになる（明治 23 年法律第 96 号）（「旧々刑訴」または「**明治刑訴**」とよばれる）。1922 年には，わが国の法制度全般においてドイツ法の影響が強まったのを受けて，新たな「刑事訴訟法」（大正 11 年法律第 75 号）が成立した（「旧刑訴」または「**大正刑訴**」とよばれる）。第 2 次世界大戦後は，「日本国憲法の施行に伴う刑事訴訟法の応急的措置に関する法律」（昭和 22 年法律第 76 号）（「応急処置法」）による旧刑訴法の修正を経た後，アメリカ法の影響のもとで，1948 年に，現行の「**刑事訴訟法**」（昭和 23 年法律第 131 号）が誕生する。

　現行刑訴法は，施行後，50 年以上にわたり大きな改正を免れてきた。しかし，1999（平成 11）年に通信傍受法が成立したのを皮切りに，犯罪被害者等の

保護・参加，国民の司法参加（裁判員制度），刑事裁判の充実・迅速化，被疑者・被告人の公的弁護，検察審査会の一定の議決への法的拘束力の付与，公訴時効の一部廃止，さらには，被疑者取調べの録音・録画，捜査・公判協力型協議・合意，刑事免責等に関する重要な関連立法が相次いでなされるに至っており，わが国の刑事手続は，とくに今世紀に入ってから変革の時期を迎えている。

(2) 現行刑訴法の特徴

　現行刑訴法には，以上のような歴史的経緯を反映して，重層的な特徴が認められる。まず，法典の全体構成について，第1編に「総則」を置いたうえで，第2編以降に，捜査，公訴，第1審公判，上訴，再審といった個別の手続に関する諸規定を置く方式（パンデクテン方式）を採る点では，旧刑訴法と共通する。また，個々の規定にも，旧刑訴法から引き継がれたものは少なくない。

　しかし，現行刑訴法は，旧法下で採られていた予審制度（予審判事という裁判官が捜査を行う制度）を廃止するとともに，憲法31条以下の要請もあり，令状主義，起訴状一本主義，訴因制度，伝聞法則等，（主としてアメリカ法に由来する）新たな制度を大幅に導入した。このことは刑事手続の基本的性格・構造の変換を意味した。すなわち，わが国の刑事手続は大幅に「当事者主義化」されることになったのである。

Column 0-3　**適正手続，実体的真実主義，当事者主義の関係**

　「適正手続（デュー・プロセス）」の概念については，これを，実体的真実主義と対置し，適正手続は当事者（追行）主義を，実体的真実主義は職権（追行）主義をそれぞれ訴訟構造として予定するとの指摘もある。この見解によれば，訴訟形態の理念型としては，「実体的真実主義＝職権主義」型と「デュー・プロセス＝当事者主義」型が対置されることになる。

　たしかに，歴史的・法文化的には，実体的真実主義的な発想の強い大陸法において職権主義的な訴訟形態が，適正手続の要請を重視する英米法において当事者主義的な訴訟形態が，それぞれ発展してきたことは事実である。しかし，上述のように，「適正手続」の要請は必ずしも真実発見の要請と対立関係にあるわけではなく，むしろ，手続的人権保障を全うしつつ刑事事件の真相解明を実現する手続こそ「適正」というべきであろう（⇨4頁(2)）。その意味で，適正手続を実体的真実主義の対立概念として理解するのは妥当でないように思われる（実体的真実主義に対立する概念があるとすれば，それは，真実解明よりも手

続遵守を常に優先する「手続至上主義」ということになろう）。

　現行法の立法者が当事者（追行）主義を選択したのは，それが，このような意味での「適正手続」を具体化するのにより適した訴訟形態と考えたからであろう。しかし，だからといって，当事者主義を採れば自動的に適正手続の要請が満たされることになるわけではない。真の「適正手続」を実現するためには，当事者主義・職権主義の長所と短所を慎重に見極めながら，具体的にどのような手続・訴訟形態が，手続的人権保障・尊重と犯人必罰の要請の間の適正な——憲法の理念に則った——衡量を具体化するものなのかを慎重に検討していく必要があろう。

(3)　現行刑事訴訟の基本構造

　現行刑訴法は，弾劾主義を徹底し，当事者主義を基調とするものとされる。

　現行刑事手続においても，いったん開始されることが決まった訴訟の進行役（訴訟指揮）は，基本的に裁判所に任されている。しかしながら，現行法は，裁判所が自ら訴訟を開始する可能性を一切排除した（弾劾主義）だけでなく，「訴因制度」を採用し，裁判所の役割を，基本的に，訴追された事件に関する検察官の主張内容の当否の判断に限定して，不告不理を徹底した。また，「起訴状一本主義」が採用された結果，裁判所は，審理開始時には事件についての予備知識を持たなくなったこともあり，証拠調べの主導権は当事者にゆだねられることになった。すなわち，いかなる証拠を取り調べるかは，当事者の請求に基づいて決定し，また，証人尋問も，（刑訴法304条の規定の体裁にもかかわらず）当事者が主導する交互尋問により行う運用が定着したのである（当事者追行主義）。

　もっとも，他方で，現行刑訴法は，裁判所に，検察官に対して訴追の対象事実の内容や適用罰条の変更を命ずること（訴因・罰条変更命令）や，職権で（すなわち，当事者の請求によらず，自ら）証拠の取調べを行うこと（職権証拠調べ）を認めている（312条2項・298条2項）。しかしながら，これらの権限は，当事者の訴訟追行に任せていては真実発見に顕著な支障が出るような場合に，あくまで例外的に行使されるべきものと解されている。

(4)　捜査と公判の関係——公判中心主義

　刑事手続は，基本的に捜査と公判という2つの手続の組合せによって構成さ

れる。

　捜査と公判は，刑事事件に関する事実関係の解明を目的とする点では共通するが，その手続的性格・構造は対照的である。すなわち，公判での審理は，公開の法廷において，公平・中立な裁判所の面前で，検察官と被告人の対等かつ同時の参加のもとに行われる（**対審構造**）。これに対して，捜査は，（いかに，その「弾効化」が進んだとしても）多かれ少なかれ捜査機関による「一方的」な事件調査活動としての性格を持つことは否定できない。このことは，たとえば，捜査と公判において，事件の目撃者から供述を採取する場合を考えてみれば明らかである。すなわち，公判における「証人尋問」は，公開の法廷で，裁判所の面前で当事者の対等かつ同時の参加のもとに行われるのに対し，捜査目的で行われる「参考人取調べ」は，通例，捜査官のみによって行われるのである。

　実際，捜査において公開性・対審性を保障することには限界がある。捜査は，被疑者が特定されていない段階からも行われるため（被疑者を特定すること自体が，捜査の目的の1つである），対審が成立するために必要不可欠な「当事者」の特定がそもそも不可能である場合も少なくない。また，捜査内容が常に公開されるとすれば，関係者の名誉やプライヴァシーを害するおそれがあるだけでなく，被疑者の逃亡や罪証隠滅を許すことになりかねず，犯罪事件に関する事案解明はおぼつかないであろう。しかし，捜査の結果（のみ）に基づいて人を有罪とし，処罰することは，その対象者を，非公開の一方的な手続により，充分な告知と聴聞の機会を与えることのないまま有罪とし，処罰することを意味し，適正手続の観点からは到底許されない。そのため，公判という公開性・対審性の保障を伴う「公明正大」な審理を受ける機会が保障されなければならない。その意味で，捜査と公判はともに刑事手続に必須の構成要素であるが，処罰およびその前提となる事実認定の公正性・適正性を保障するには，公判手続が（捜査の結果を単に確認し，それに追従する場ではなく）刑事事件の真の決着の場として刑事手続の中軸に置かれる必要がある（**公判中心主義**）。

　では，この公判中心主義を具体化するためには，捜査と公判はどのように組み合わせられるべきであろうか。旧刑訴法のもとでは，公訴提起とともに捜査資料が裁判所に引き継がれ，公判は，裁判所が，捜査の結果を前提として，被告人の参加のもとにその当否を検討しながら真実を発見する場として捉えられ

ていた。これに対して，現行刑訴法は，「起訴状一本主義」を導入し，公訴提起に際して検察官が捜査資料を裁判所に提出することを禁止すると同時に（256条6項），裁判所が事実認定に用いるための証拠に厳格な資格を要求し，とりわけ，公判外で採られた供述証拠（捜査機関により採取された供述を含む）については，「伝聞法則」を採用して，そのような資格を原則として否定した（320条1項）。これらの制度の採用により，公判はもはや捜査結果の事後的検討の場ではなくなった。すなわち，現行法は，公判においては捜査の結果をいったん白紙に戻して，公開の法廷において，裁判所の面前で当事者の対等かつ同時の参加のもとで改めて取り調べられた証拠に基づいて事実を認定し，判決を言い渡すものとしたのである。

第3節　手続関係者

　狭義の訴訟の成立には，訴追者・被訴追者・審判者の三者が不可欠であり，これを**訴訟主体**とよぶ。刑訴法は，訴追者の役割を検察官に，審判者の役割を裁判所にそれぞれ割り当てており，被訴追者を被告人とよんでいる。このうち，訴追者たる検察官と被訴追者たる被告人を**（訴訟）当事者**という。そのほか，訴訟には，訴訟主体の補助者として，裁判所書記官，検察事務官，弁護人・補佐人が関与する。また，証人や鑑定人等として一般人が刑事訴訟に関与する場合もあり，最近では，犯罪被害者にも一定の範囲で訴訟への参加が認められるに至っている。さらに，公訴の提起によって訴訟が成立する前の段階においても，捜査機関（検察官・検察事務官・司法警察職員），裁判官，被疑者・弁護人のほか，参考人，鑑定受託者等として一般人が刑事手続に関与することがある。

　本節では，とくに裁判所，検察官，被疑者・被告人および弁護人の一般的な手続上の役割，権限・権利および義務等について概説するとともに，犯罪被害者の保護・参加に関する制度の概要を紹介する。

1　裁判所

(1)　「裁判所」の意義

　刑事裁判権を行使する権限は，**裁判所**に属する（憲76条1項，裁3条1項）。

第3節 手続関係者

図表 0-1 「裁判所」の意義

官庁としての裁判所	司法（裁判）作用の主体	訴訟法上の意義の裁判所
	司法行政・立法（規則制定）作用の主体	国法上の意義の裁判所
官署としての裁判所	裁判官その他の職員，庁舎等	

刑事裁判権とは，刑事事件について審理・裁判する権限（審判権）およびこれに付随する権限（訴訟指揮権，法廷警察権，強制処分権等）をいう。

「裁判所」という語は，裁判官のみならずその他の職員，あるいは，その庁舎等をも含めた物理的存在としての「**官署としての裁判所**」の意味で用いられる場合と，一定の権限行使主体としての「**官庁としての裁判所**」の意味で用いられる場合とがある。「官庁としての裁判所」は，さらに，（裁判所の権限が，純粋な司法〔裁判〕権限とそれ以外の司法行政または規則制定権限に分類されるのに対応して）「**訴訟法上の意義の裁判所**」と「**国法上の意義の裁判所**」に分類される（なお，「国法上の意義の裁判所」の語は，「官署としての裁判所」の意味で用いられることもある。⇨**図表 0-1**）。

「裁判所」の語は，裁判所法等においては，「官署としての裁判所」あるいは「国法上の意義の裁判所」の意味で用いられることもあるが，刑訴法上は，主として「訴訟法上の意義の裁判所」の意味で用いられる。なお，起訴された事件の配付を受けて，その審判を担当する訴訟法上の意義の裁判所のことを，**受訴裁判所**という。

(2) 受命裁判官・受託裁判官・受任裁判官

合議制裁判所（複数の裁判官ないし裁判員によって構成される裁判所）は，その構成員たる裁判官に特定の訴訟行為をさせることがある（43条4項・163条等。⇨294頁(b)）。この裁判官を，**受命裁判官**という。

受訴裁判所は，他の裁判所の裁判官に一定の訴訟行為を行うことを嘱託することができる（43条4項・163条等）。この嘱託を受けた裁判官を，**受託裁判官**という。また，個々の裁判官が，（捜査機関の請求により令状を発付したり，防御側の請求により証拠保全手続を行うなど）受訴裁判所とは独立に訴訟法上の権限を行使することもある。これを**受任裁判官**という。

15

(3) 裁判所の組織

官署としての裁判所には、最高裁判所、高等裁判所、地方裁判所、家庭裁判所、簡易裁判所がある（憲76条1項、裁1条・2条）。高等裁判所、地方裁判所および家庭裁判所には、支部が置かれる場合もある。

(4) 裁判官の種類・身分保障

裁判官には、最高裁判所長官、最高裁判所判事、高等裁判所長官、判事、判事補および簡易裁判所判事がある（裁5条）。裁判官は、その職務の性格上、任命資格が厳格であり、また、司法権の独立を担保するために、強い身分保障が認められている（憲78条・79条、裁48条）。

(5) 裁判所の職員

裁判所には、裁判官のほかに、裁判所調査官、裁判所事務官、裁判所書記官、裁判所速記官（もっとも、1998〔平成10〕年度以降、速記官の新規採用・養成は停止されている）、裁判所技官、廷吏等の職員が置かれる（裁57条〜63条）。このうち、**裁判所書記官**は、事件に関する記録その他の書類の作成・保管、証拠調べの補助、事前準備への協力等を行うほか、裁判官の命を受けて、法令・判例その他必要な事項の調査の補助等も行う（同60条1項〜3項）。

2 検察官

(1) 検察官の職務

検察官は、「刑事について、公訴を行い、裁判所に法の正当な適用を請求し、且つ、裁判の執行を監督し、又、裁判所の権限に属するその他の事項についても職務上必要と認めるときは、裁判所に、通知を求め、又は意見を述べ、又、公益の代表者として他の法令がその権限に属させた事務を行う」とともに（検察4条）、「いかなる犯罪についても捜査をすることができる」（同6条）。検察官は、法秩序の維持を任務とし、捜査、公訴、公判、刑の執行等、刑事手続のすべての場面において重要な役割を果たす。その役割は、処罰主体である国家を代表して刑罰権の実現を求める「当事者」としての側面と、被疑者・被告人等の利益のためにも行動すべき「公益の代表者」としての側面を併せ持つ。

第3節　手続関係者

> **Column 0-4**　**客観義務**
>
> 　検察官は，単なる「当事者」ではなく，「公益の代表者」として真実解明に努め，有罪方向だけでなく，被疑者・被告人等の利益のためにも行動すべき義務を負うものとされ，伝統的には，これを**客観義務**とよんできた。
>
> 　もっとも，これに加えて，捜査の過程において，警察捜査の批判者としてその適法性を統制する義務をも客観義務の一内容として強調する見解もある。この見解は，検察官を「適正手続の擁護者」として位置づけ，とりわけ検察官の訴追裁量に対する司法的統制を理論的に根拠づけるという実践的な狙いのもとに主張された。しかし，これに対しては，検察官の起訴・不起訴の処分や主張・立証について，その「当事者性」よりも，むしろ，「客観性」を肯定することにつながり，ひいては，その意図に反して，検察捜査の詳密化・糺問化といった事態を招来することになるのではないかとの批判もある（⇨271頁**5**）。

(2)　検 察 組 織

　検察官の行う事務を統括するところを**検察庁**といい（検察1条），検察官はいずれかの検察庁に属して検察権を行使する（同5条）。検察庁としては，（最高裁判所以下の裁判所に対応して）最高検察庁，高等検察庁，地方検察庁および区検察庁が置かれている（同1条2項・2条）。

　検察官は，検察権を行使する独任制の官庁であり，検事総長，次長検事，検事長，検事および副検事の5種類の官名がある（同3条）。検事正（同9条）や上席検察官（同10条）は法律に定められた官名ではなく，職名にとどまる。検察官の任命資格には，裁判官に準ずる厳格な要件が求められており（同18条〜20条），また，裁判官に準じた身分の保障がある（同22条〜25条）。

(3)　検察官同一体の原則と職務の独立性

　検察官は，対外的には，独任制の官庁として，それぞれが独立して検察権を行使する（一般の行政官庁のように，その長から委任された権限を行使したり，長の権限を代理行使したりするのではない）。しかし，検察官は，検察庁内部においては，検事総長を頂点とする全国的に統一的・階層的な組織をなし，常に一体として検察事務を行う（**検察官同一体の原則**）。すなわち，検事総長，検事長，検事正等には，それぞれの下級職員を指揮監督する権限や（検察7条〜10条），事務引取・事務移転等の権限も認められている（同12条〜13条）。そのため，検

察官には除斥・忌避等の制度（⇨ 295 頁(c)）も設けられず，また，他の検察官が取扱い中の事務を引き継いだとしても，その検察官が最初から行ったのと同じ効力を有する（そのため，たとえば，公判の途中で検察官が交替しても，公判手続を更新する必要はない。⇨ 341 頁(2)）ものとされる。

　検察庁は，行政官庁として法務大臣を長とする法務省に属する。そのため，法務大臣には，「検察官の事務に関し，検察官を一般に指揮監督する」権限が与えられる。しかし，検察権の行使が政治的圧力により直接左右されてはならないとの配慮から，法務大臣は，「個々の事件の取調又は処分については，検事総長のみを指揮することができる」にとどまるものとされている（同 14 条）。

(4)　検察庁の職員

　検察庁には，検察官のほか，検察事務官（検察 27 条），検察技官（同 28 条）その他の職員も置かれる。検察事務官は，検察官の指揮を受けて捜査を行うこともできる（191 条 2 項）。

3　被告人・被疑者とその弁護人・補佐人

(1)　被告人・被疑者の意義と地位——無罪の推定と防御権の行使主体

　被告人とは，公訴を提起された者をいう。これに対して，公訴提起前において，捜査機関等から犯罪を行ったとして嫌疑をかけられている者のことを**被疑者**という。

　被疑者・被告人には，「**無罪の推定**」が妥当する。すなわち，手続の全過程において，可能なかぎり一般の市民と同じように扱われなければならない。たしかに，被疑者・被告人は，捜査機関ないし訴追機関から罪を犯したものとして嫌疑をかけられた者であるが，そもそも刑事手続の目的は，その真偽を確認することにあるのであるから，その過程において（有罪判決が確定するまでは）同人を「犯人」扱いすることはできない。もちろん，被疑者や被告人は，刑事手続上，逮捕・勾留をはじめとする様々な処分の対象となり得るが，それに伴う権利・利益の制約は必要最低限にとどめられなければならない。

　さらに，被疑者・被告人は，より積極的に，刑事手続上，**防御権**の行使主体として位置づけられる。すなわち，被告人は，検察官と対等の主体的地位を持

18

つ訴訟当事者として，公判手続において訴追側の主張・立証に対して反論・反証を行うために認められた様々な手続上の権利を行使する（⇨ 299 頁(3)）。また，被疑者は，「訴訟当事者」ではないが，公訴提起を回避するための活動を行うと同時に公訴が提起された場合に備えて訴訟準備を行う（⇨ 186 頁**第7節**）。さらに，逮捕・勾留等，同人を対象とする諸処分については，弁解を行い，また，その適否ないし当否を争うための手段も一定の範囲で認められている。もっとも，これらの具体的な諸権利を実質的に保障するためには，黙秘権および弁護権（弁護人の援助を受ける権利）の保障が不可欠となる。

(2) 黙 秘 権

(a) 黙秘権と自己負罪拒否特権　　憲法 38 条 1 項は，「何人も，自己に不利益な供述を強要されない」と定める。判例は，同規定の「法意は，何人も自己が刑事上の責任を問われる虞ある事項について供述を強要されないことを保障したものと解すべきであることは，この制度発達の沿革に徴して明らかである」とする（最大判昭和 32・2・20 刑集 11 巻 2 号 802 頁）。このように「自己が刑事上の責任を問われる虞ある事項について供述を強要されない」権利のことを，一般に，（狭義の）**自己負罪拒否特権**とよぶが，この権利は，被疑者・被告人だけでなく，証人等にも保障される。

これを受けて，刑訴法は，証人については，「何人も，自己が刑事訴追を受け，又は有罪判決を受ける虞のある証言を拒む」ことができるとする（146 条。⇨ 329 頁(イ)）。他方，被告人については，「終始沈黙し，又は個々の質問に対し，供述を拒む」ことができるとし（311 条。なお，291 条 4 項も参照），被疑者については，取調べに際し，「自己の意思に反して供述をする必要がない旨を告げなければならない」と定め（198 条 2 項），「自己に不利益」であると否とを問わず，いかなる供述をも強要されない権利を保障する。すなわち，被疑者・被告人には，証人の場合と異なり（証人は，自己負罪拒否特権を行使するにはその理由を述べなければならない〔規 122 条〕），**包括的黙秘権**が保障されているのである。

(b) 黙秘権の内容　　黙秘権が，法律により供述義務を負わせることの禁止を意味するものであることについて争いはない。これに対して，拷問・脅迫等による供述の強要は，制度の沿革上，自白法則（⇨ 435 頁**2**）の問題として扱

序　章

われてきたことから，黙秘権に，このような事実上の供述強制の禁止の趣旨も当然に含まれるといえるかについては議論がある。いずれにしても，刑訴法は，被告人だけでなく，被疑者にも包括的黙秘権を保障している。

実務上，捜査機関は，被疑者が黙秘権を行使する意思を示した場合でも，取調べに応ずるよう「説得」するのが一般的である。また，公判において被告人が黙秘権を行使する意思を示しても，被告人質問それ自体は行われるのが通常である。しかし，これに対しては，黙秘権が行使された場合には，その時点で取調べまたは質問は中断されるべきだとする見解もある。質問等に応ずるよう「説得」することが全く許されないとまではいえないとしても，たとえば，「被告人が明確に黙秘権を行使する意思を示しているにもかかわらず，〔検察官が〕延々と質問を続けるなどということはそれ自体被告人の黙秘権の行使を危うくする」（札幌高判平成 14・3・19 判時 1803 号 147 頁）というべきであろう。

通説は，黙秘権ないし自己負罪拒否特権は，「供述」以外の証拠の採取，たとえば，指紋・足型の採取，身長の測定，写真撮影，身体検査等には及ばないものと解している。判例も，当時の道交法 67 条 2 項（現 67 条 3 項）による警察官の呼気検査は，「酒気を帯びて車両等を運転することの防止を目的として運転者らから呼気を採取してアルコール保有の程度を調査するものであって，その供述を得ようとするものではないから，……検査を拒んだ者を処罰する……道路交通法の規定〔120 条 1 項 11 号（現 118 条の 2）〕は，憲法 38 条 1 項に違反するものではない」とする（最判平成 9・1・30 刑集 51 巻 1 号 335 頁）。ポリグラフ検査（一定の質問に対して返答する際の被検者の呼吸，脈搏，皮膚電気反応等の生理的反応を記録し，これによってその返答の真偽等を判断する検査）については，証拠として用いられるのは被検者の回答の供述としての真実性ではなく，その際の生理的変化にすぎないから黙秘権の問題ではないとする見解と，生理的変化は発問との対応関係で意味を持つ以上，黙秘権の問題に含まれるとする見解が対立する。

> **Column 0-5　行政法規上の報告義務等と憲法 38 条 1 項**
> 　道路交通法は，交通事故を起こした車両の運転者等に，「当該交通事故が発生した日時及び場所，当該交通事故における死傷者の数及び負傷者の負傷の程度並びに損壊した物及びその損壊の程度，当該交通事故に係る車両等の積載物

第3節　手続関係者

並びに当該交通事故について講じた措置」について警察官に報告することを義務づけており（72条1項），これを怠った者は，3月以下の懲役又は5万円以下の罰金に処すると定める（119条1項10号）。道交法以外にも，行政法規上，一定の者について報告・記帳・申告・届出義務等およびその違反に対する罰則が定められる例は少なくない（たとえば，麻薬37条〜40条・70条11号，所税120条・241条，医師21条・33条の2等）。これらの諸規定は，一定の行政目的達成のために定められた行政法規としての性質を持つものとされるが，実際には刑事責任追及のための資料の取得収集に直結することもあり，その場合には，「自己が刑事上の責任を問われる虞ある事項について供述を強要」することにならないか。

　判例は，憲法38条1項の規定による供述拒否権の保障は，純然たる刑事手続以外の手続においても，実質上刑事責任追及のための資料の取得収集に直接結びつく作用を一般的に有する手続にはひとしく及ぶものとするが（最大判昭和47・11・22刑集26巻9号554頁，最判昭和59・3・27刑集38巻5号2037頁），道交法上の報告義務については，警察官が交通事故に対する処理をなすにつき必要な限度を超えて「刑事責任を問われる虞のある事故の原因その他の事項」にまで及ぶわけではないから，「憲法38条1項にいう自己に不利益な供述の強要に当らない」とする（最判昭和37・5・2刑集16巻5号495頁）。また，医師法が死体を検案した医師に異状死体に関する届出義務を課していることについても，「これにより，届出人と死体とのかかわり等，犯罪行為を構成する事項の供述までも強制されるものではない」こと等を理由として，憲法38条1項に違反するものではないとする。

(c) **氏名等の黙秘**　　被疑者・被告人は，氏名・住居等を黙秘することができるか。刑訴法上は，被疑者・被告人には包括的な黙秘権が認められているので，氏名等も黙秘権の対象となるが，憲法38条1項の自己負罪拒否特権の保障が氏名等に及ぶか否かについては議論がある。

　判例は，（氏名を黙秘してなされた弁護人選任届が却下されたため，弁護人選任の必要上氏名を開示するに至ったという事案について）憲法38条1項は，「何人も自己が刑事上の責任を問われる虞ある事項について供述を強要されない」ことを保障するものであり，「氏名のごときは，原則としてここにいわゆる不利益な事項に該当するものではない」とする（前掲最大判昭和32・2・20）。したがって，判例のもとでは，自己負罪拒否特権は，原則として氏名には及ばないが，たとえば，氏名によって被告人と犯人の同一性が認められる場合や，前科が判明し累犯加重や常習犯の成立が認められる場合等には，例外的に氏名がその対象と

なり得るものと解される。もっとも，これに対しては，被疑者・被告人の場合には，証人と異なり，憲法上も包括的黙秘権が認められているとして，氏名等も当然にその対象となるとする見解もある。

(d) **不利益推認の禁止**　たとえば，被告人が黙秘し，質問に答えることを拒否した場合に，裁判所は，それは，被告人にうしろめたいところがあるから，あるいは，犯人であるため合理的な説明や弁明をすることができないからだと推認することは許されるか。通説は，このように，黙秘または供述拒否の態度から犯罪事実について被告人に不利益な事実を推認すること（いいかえれば，黙秘の態度を，犯罪事実の存在に関する被告人に不利な情況証拠として用いること）は禁止されるものと解している（**不利益推認の禁止**）。不利益推認を許せば，事実上，黙秘権行使に対する制裁を科すことになり，「被告人に黙秘権，供述拒否権が与えられている趣旨を実質的に没却することになる」（前掲札幌高判平成14・3・19）からである。もっとも，罪責認定においてではなく，量刑において自白したことを有利に扱う反面として，黙秘した者が相対的に重い刑を科されることになるのは，やむを得ないものと解されている。

(3) 弁護人制度

(a) **弁護人の援助を受ける権利（弁護権）**　被疑者・被告人は，刑事手続上，自ら防御権を行使することができる（**自己防御**）。実際，刑訴法は，被疑者および被告人自身に，黙秘権をはじめとする様々な手続的権利を保障している。しかし，一般に，被疑者・被告人は，法律に関する専門的知識においても，また，（とりわけ，身体を拘束されている場合には）情報・証拠の収集能力等においても，捜査機関や訴追機関に圧倒的に劣っている。そのため，当事者対等（⇨9頁(2)）の見地からも，また，被疑者・被告人の防御権の保障を全うするためにも，専門的知識を備えた者の補助・援助が不可欠となる。

そこで，憲法は，「何人も，……直ちに弁護人に依頼する権利を与へられなければ，抑留又は拘禁されない」とするとともに（憲34条），「刑事被告人は，いかなる場合にも，資格を有する弁護人を依頼することができ」，「被告人が自らこれを依頼することができないときは，国でこれを附する」と定め（同37条3項），被抑留・拘禁者および被告人に，**弁護人依頼権**を保障している。刑訴法

は，これを受けて，「被告人又は被疑者は，何時でも弁護人を選任することができる」（30条1項）として，**弁護人選任権**の保障を被疑者全般にまで及ぼした。ここに弁護人を「依頼する」権利，「選任する」権利とは，上記のような弁護人の存在意義にかんがみれば，単に「依頼」「選任」するだけでなく，「依頼」「選任」した弁護人から**実質的な援助を受ける権利**をも含むものと解される（⇨187頁**2**）。

(b) **弁護人の資格**　憲法37条3項は，被告人に，「資格を有する弁護人を依頼する」権利を保障する。そのため，弁護人は，原則として，**弁護士**の中から選任しなければならない。ただし，簡易裁判所または地方裁判所においては，裁判所の許可を得て，弁護士でない者を弁護人に選任することもできる（ただし，地方裁判所においては，ほかに弁護士の中から選任された弁護人がある場合に限る。31条2項）。これを**特別弁護人**という。なお，起訴前（被疑者）段階には，特別弁護人の制度はない。

(c) **弁護人の選任**　弁護人の選任には，私選と国選の2種類がある。被疑者・被告人，またはその法定代理人，保佐人，配偶者，直系の親族，兄弟姉妹によって選任される弁護人のことを，**私選弁護人**という。これに対して，裁判官，裁判所または裁判長が選任する弁護人のことを，**国選弁護人**という。**国選弁護制度**は，当初，被告人のみを対象とするものであったが（36条・37条），起訴前から公判段階まで一貫した公的弁護を保障する必要性から，2004（平成16）年の刑訴法改正により，その対象が，一定の重大犯罪について勾留状が発せられている被疑者に及ぼされ，さらに，2016（平成28）年改正により（事件の重大性にかかわらず）勾留状が発せられたすべての被疑者にまで拡大されるに至った（37条の2。⇨190頁 Column 1-22 ）。

私選・国選を問わず，公訴提起前にした弁護人の選任は，第1審においてもその効力を有するが，公訴の提起後における弁護人の選任は，審級ごとにしなければならない（**審級代理の原則**。32条）。弁護人の選任ないし解任の手続については，⇨188頁(2)，304頁(c)。

(d) **弁護人の権限・義務**　(i) **弁護人の権限**　弁護人の権限は，私選と国選とで差異はない。弁護人は，被疑者・被告人の正当な利益の保護者として，とくに明文の規定がなくても，被疑者・被告人のなし得る行為で代理に親しむ

ものについては，本人の明示・黙示の意思に反しないかぎり行うことができる（**包括的代理権**）。もっとも，特別の定めのある（刑訴法が「弁護人」を主語として定める）場合には，弁護人は，独立して訴訟行為をすることもできる（41条）。これを**独立行為権**という。

弁護人の権限は，**代理権**（その性質上，代理の許される権限）と**固有権**（代理に親しまない性質の権限）に分類することができる。代理権は，さらに，明文の規定があって被告人の明示または黙示の意思に反しても行使し得るもの（**独立代理権**）と，明文の規定はないが，弁護人の有する包括的代理人としての地位から，本人の黙示または明示の授権と追認により行使し得るもの（**従属代理権**）に区別される。固有権および独立代理権は独立行為権に，従属代理権は包括的代理権に対応する権限であるということができよう。

(ii) **弁護人の義務**　弁護人は，被疑者・被告人に有利な事実を可能なかぎり広く調査するとともに，その保護者として弁護活動を行う義務を負う（**調査義務・弁護義務**）。この義務を果たすにあたっては，弁護人は，「基本的人権を擁護し，社会正義を実現することを使命と」し，その使命に基づき「誠実にその職務を行」う必要がある（弁護1条）。

すなわち，弁護人は，調査義務・弁護義務を果たすにあたっては，被疑者・被告人との間に信頼関係を築くよう努力し，その意思に沿った弁護活動を行わなければならない（**誠実義務**）。したがって，たとえば，控訴審の国選弁護人が，原審記録を調査したのみで被告人の言い分も聞かず，卒然として「被告人の行為は戦慄をおぼえるもので控訴する理由はない」旨の控訴趣意書を提出するようなことは許されない（東京地判昭和38・11・28下民集14巻11号2336頁）。もっとも，判例は，被告人が公判審理の途中から（殺人・死体遺棄の）公訴事実について全面否認に転じた場合に，弁護人が有罪を基調とした弁論を行ったとしても，「証拠関係，審理経過を踏まえた上で，その中で被告人に最大限有利な認定がなされることを企図した主張をした」等の事情があれば，訴訟手続に被告人の防御権ないし弁護人選任権を侵害する違法があるとはいえないとする（最決平成17・11・29刑集59巻9号1847頁）。

他方，弁護人は，「社会正義を実現する」ために，真実発見に協力する義務（**真実義務**）を負うものとされる。とはいえ，弁護人が実現すべき「社会正義」

とは，あくまで被疑者・被告人の保護を通じての正義であるから，弁護人は，裁判所の真実発見に積極的に協力すべき義務を負うわけではなく，真実を歪めるような行為をしてはならないという意味でのいわば消極的な真実義務を負うにとどまるというべきであろう。もっとも，これに対しては，被疑者・被告人は真実義務を負わない以上，同人に雇われた「武器」である弁護人にもおよそ真実義務は発生し得ないとする見解もある（**真実義務否定説**）。

　弁護人の真実義務を肯定する場合には，誠実義務との間に緊張関係を孕むことになる。より具体的には，弁護人は，ⓐ自ら被告人の有罪を確信する場合であっても，無罪の弁論をすることができるか，ⓑ被告人が身代わり犯人であることを知ったときには，被告人の意思に従い有罪の主張・立証をすべきか，それとも，無罪の主張・立証をすべきか，ⓒ被疑者・被告人に黙秘権の行使を勧めてよいかが問題となる。

　ⓐについては，弁護人は，自ら被告人を裁いたうえで活動するべきではなく，また，刑事手続において重要なのは，あくまで適正な手続を経て確認された事実であるから，このような場合にたとえば証拠不十分による無罪の弁論をすることは何ら差支えなかろう。ⓑについては，真犯人の身代わりとなることは被告人の正当な利益であるということはできず，弁護人は，被告人が無罪であると信じるときは，本人の意思にかかわらず，無罪の主張・立証に努めるべきであろう。ⓒについては，黙秘権は法律が被疑者・被告人に認める正当な権利であるから，その行使を勧めることは何ら差支えないというべきであろう。これに対して，積極的に虚偽の供述を勧めることは許されないものと解される。

　以上のような弁護人の義務は，国選と私選で変わりはない。

(4) 補 佐 人

　被告人の法定代理人，保佐人，配偶者，直系の親族および兄弟姉妹は，何時でも**補佐人**となることができる。補佐人は，原則として，被告人の明示した意思に反しないかぎり，被告人がすることのできる訴訟行為をすることができる（42条）。

序　章

4 犯罪被害者

　従来，**民刑分離**を建前とする裁判制度のもとで，刑事訴訟の当事者は訴追者である検察官と被訴追者である被告人のみであるとされ，**犯罪被害者**は，刑事手続上，単なる（参考人，証人といった）「情報提供者」としてしか扱われてこなかった。しかし，近年，犯罪被害者は，「事件の当事者」として，一般に，刑事事件の審判にも深い関心を有するものであり，他方で，刑事手続に関与することによって，二次的被害を受けているといった問題が認識され，刑事手続における被害者の「保護」や「参加」の必要が指摘されるようになった。

　そこで，2000（平成12）年に，いわゆる**犯罪被害者保護二法**（「刑事訴訟法及び検察審査会法の一部を改正する法律」および「犯罪被害者等の保護を図るための刑事手続に付随する措置に関する法律」）が制定され，①被害者が証人として証言する際の負担軽減措置（付添人，遮へい措置，ビデオリンク方式。⇨ 331頁(工)，②性犯罪等の告訴期間（⇨ 52頁(i)）の撤廃，③被害者等による心情意見陳述制度（⇨ 336頁(4)），④被害者の遺族への検察審査会の審査申立権の付与（⇨ 215頁(2)），⑤被害者等の傍聴に対する配慮（⇨ 287頁(b)），⑥被害者等による公判記録の閲覧・謄写（⇨ 343頁(2)），⑦民事上の争いについての刑事訴訟手続における和解（刑事和解）（⇨ 343頁(3)）に関する規定が設けられた。

　しかし，その後も，多くの犯罪被害者が被害から回復して平穏な生活に戻るためには依然として種々の困難があることが指摘され，2004（平成16）年には，犯罪被害者等のための施策に関する基本理念等を定める**犯罪被害者等基本法**が成立し，その翌年には，政府が実施すべき具体的施策を定めた**犯罪被害者等基本計画**が閣議決定され，2007（平成19）年には，これを受けて，「犯罪被害者等の権利利益の保護を図るための刑事訴訟法等の一部を改正する法律」により，刑訴法および「犯罪被害者等の保護を図るための刑事手続に付随する措置に関する法律」の関連規定が改正された（その際，後者は，「犯罪被害者等の権利利益の保護を図るための刑事手続に付随する措置に関する法律」に改称された）。これにより，①被害者等が刑事裁判に参加する制度（**被害者参加制度**），②被害者等による損害賠償について刑事手続の成果を利用する制度（**損害賠償命令制度**），③被害者等の氏名等の情報を保護するための制度が創設されるとともに，④公判記

録の閲覧・謄写の範囲を拡大する等の法整備が行われた（⇨342頁**4**）。さらに，2016（平成28）年には，ビデオリンク方式による証人尋問の拡充や，証人の氏名・住居の開示に係る措置および公開の法廷における証人の氏名等の秘匿措置の導入を内容とする法改正が行われ（⇨331頁(エ)，342頁(1)），被害者が証人として証言する場合の保護がよりいっそう図られることになった。また，2017（平成29）年には，（刑法の改正により）性犯罪が非親告罪化されるに至っている。

第 1 章

捜　　査

第 1 節　捜査法の基本枠組み
第 2 節　捜査の端緒
第 3 節　逮捕・勾留
第 4 節　取調べ等
第 5 節　捜索・押収・検証等
第 6 節　その他の捜査方法
第 7 節　被疑者の防御
第 8 節　捜査の終結

Outline　刑事手続は捜査によって始まる。捜査は，警察や検察といった捜査機関が，犯罪の発生についての嫌疑を抱くことによって開始され，検察官が起訴・不起訴の事件処理をすることによって一応の終結をみる。捜査は基本的に非公開で進められ，その実施に際して（たとえば，逮捕，捜索・差押え，通信傍受等を考えてみれば明らかなように）個人の権利・利益が制約・侵害されることも少なくないこともあり，捜査機関が権限行使の仕方を誤るとその弊害は非常に大きなものとなる。そのため，捜査規制の主たる関心は，捜査機関による権限の行使をその正当な目的の達成に必要最低限の範囲内にとどめ，濫用を防止することに向けられる。
　本章では，捜査法の具体的内容を，実務の現実にも触れながら見ていくことにする。

第 1 節　捜査法の基本枠組み

1 捜査の意義・主体・理由

(1) 捜査の意義

捜査は，公訴（訴追）の準備活動である。公訴とは，特定の刑事事件につい

28

て裁判所に審判を求める意思表示を意味するが，捜査とは，検察官がこの公訴を提起するか否かを決定し，提起した場合にはその対象事件の存在を裁判所の前で主張・立証してこれを維持（追行・遂行）するために，当該事件に関する情報および証拠を収集・保全するとともに，犯人と疑われる者（被疑者）を特定し，必要な場合には，その身体を拘束する活動をいうのである。

捜査は，捜査機関によって行われる公訴の提起ないし維持の準備活動であるから，被疑者ないしその弁護人によって起訴前に行われる防御活動や公判準備活動は，（「起訴前手続」の概念には含まれるとしても）「捜査」の概念には含まれない。また，職務質問，独占禁止法違反の調査，税務調査等の行政調査は，その内容に捜査と類似するところがあるとしても，一定の行政目的達成のために行われるものであり，公訴の準備活動ではないから，厳密には捜査ではない。

(2) 捜査の主体 （捜査機関）

犯罪捜査の権限と職責を有する主体を捜査機関という。捜査機関には，司法警察職員，検察官，検察事務官の３種がある。

(a) **司法警察職員** (i) **意 義** 犯罪捜査と聞いてまず頭に浮かぶのは，警察官であろう。しかし，刑訴法は，捜査の権限主体を「警察官」ではなく，「司法警察職員」と定めている。たとえば，刑訴法199条1項は，（検察官，検察事務官のほか）「司法警察職員」に，被疑者を逮捕する権限を認めている。もっとも，「司法警察職員」という官名または職名が存在するわけではなく，これは，刑訴法上の捜査権限の行使主体としての資格を意味するにすぎない。

(ii) **一般司法警察職員と特別司法警察職員** では，「司法警察職員」として逮捕等の捜査権限を行使する資格は，誰に与えられるのであろうか。刑訴法は，「警察官は，……司法警察職員として職務を行う」と定め（189条1項），この資格をまずは「警察官」に与えている。

警察の職務には，犯罪の予防・鎮圧，交通取締等の行政警察活動に加えて，「犯罪捜査」が含まれるが（警2条1項），警察官は，「司法警察職員」として刑訴法上の捜査権限を行使することによってこの職務を遂行するのである。

29

第1章 捜　査

> **Column 1-1**　行政警察活動と司法警察活動——警察活動における捜査の位置づけ
>
> 　警察の職務は，「個人の生命，身体及び財産の保護に任じ，犯罪の予防，鎮圧及び捜査，被疑者の逮捕，交通の取締その他公共の安全と秩序の維持に当ること」にあるが（警2条1項），その活動は，大きく，特定犯罪の犯人訴追の準備活動として行われる**司法警察活動**と，犯罪の予防・鎮圧，交通取締り等の**行政警察活動**の2つに分類される。すなわち，司法警察活動とは，警察官による捜査活動を意味し（司法警察活動とは，警察活動の種類という観点からみた「警察捜査」の別称である），刑訴法の定める捜査権限を「司法警察職員」として行使するかたちで行われるのに対して，行政警察活動は，それ以外の公共の安全と秩序の維持を目的とする警察活動をいい，警察官職務執行法をはじめとする行政法規に則って行われる。
>
> 　犯罪への対処の仕方としては，司法警察活動は，基本的に既に起こってしまった犯罪の事後処理的な性格を持つのに対して，行政警察活動の主眼は，将来発生する可能性のある犯罪を予防し，あるいは現に起こっている犯罪を鎮圧することによって，直接的に個人の生命，身体および財産を保護することに置かれる。したがって，両活動の内容は基本的に異なり（犯罪の訴追準備のために必要な措置と，その予防・鎮圧のために必要な措置とではおのずとその内容に差異がある），そのために法律により認められる具体的な権限の内容も異なるが，実際上は，両目的をともに念頭に置いて警察活動が行われることも少なくない。たとえば，警察官が，これから犯罪が行われるとの情報を得たとき，それを防止すべきか，それとも実行されるのを待って犯人を検挙すべきかの判断は，その犯罪の内容や周囲の状況等によって変わってくるであろう。また，行政警察活動の一環として職務質問（⇨54頁**5**）が行われる際に，特定の犯罪の存在が明らかになり，その時点から捜査が開始される（あるいは，事後的に，捜査が開始されたと認められる）こともある。

　もっとも，司法警察職員として捜査権限を行使する資格は，警察官にのみ認められるわけではない。すなわち，刑訴法は，「森林，鉄道その他特別の事項について司法警察職員として職務を行うべき者及びその職務の範囲は，別に法律でこれを定める」ものとしており（190条），これを受けて，司法警察職員等指定応急措置法またはその他の個別の法律により，森林管理局職員，刑事施設の職員，皇宮護衛官，労働基準監督官，海上保安官，麻薬取締官・同取締員等にも，その職務に密接に関連する犯罪について，「司法警察職員」として捜査を行う権限が与えられているのである。これらの者に刑訴法上の捜査権限を行使する資格が与えられたのは，その職務遂行に際して関連犯罪を発見する機会

が多く，また，そのような犯罪については職務上の知識を活用する方が，捜査目的の達成にとってより実効的だと考えられたことによる。

警察官以外の者が司法警察職員として捜査権限を行使することが認められる範囲は，その本来の職務に密接に関連する犯罪に限定されるのに対して，警察官たる司法警察職員には，犯罪全般について捜査を行う権限および職責が認められている（したがって，両者に競合的に捜査権が認められる場合もある）。そのため，警察官が司法警察職員として捜査権限を行使する場合を**一般司法警察職員**とよび，それ以外の者が司法警察職員として捜査を行う場合の**特別司法警察職員**と区別する。

(iii) **司法警察員と司法巡査**　　司法警察職員は，さらに，縦の関係で，**司法警察員**と**司法巡査**に分類される。司法警察員は，責任者として捜査を実行し，その一応の締めくくりをする役割を持つのに対して，司法巡査は，これを補助し，事実的捜査行為を行うという関係にある。刑訴法は，各種令状の請求，告訴・告発・自首の受理や事件の送致等，とくに慎重を要する一定の行為については，司法巡査を権限主体から除外している（⇨50頁**第2節**以下）。

（一般司法警察職員として捜査を行う）警察官については，警視総監，警視監，警視長，警視正，警視，警部，警部補，巡査部長，巡査の9階級があるが（警62条），原則として，巡査部長以上は「司法警察員」，巡査は「司法巡査」とされる（昭和29年国家公安委員会規則5号）。

(b) **検察官・検察事務官**　　検察官は，必要と認めるときは，自ら犯罪を捜査することができる（191条1項）。また，検察事務官は，検察官の指揮を受け，捜査をしなければならない（同条2項）。検察庁法も，検察官は，いかなる犯罪についても捜査をすることができ（検察6条1項），検察事務官は，その補助機関として，検察官を補佐し，または検察官の指揮によって捜査を行う（同27条3項）ものとしている。

(c) **司法警察職員と検察官の関係**　　旧刑訴法のもとでは，検察官が捜査を主宰し，司法警察職員は「検察官ノ輔佐トシテ其ノ指揮ヲ受ケ」て捜査を行うものとされていた（旧刑訴248条）。これに対して，現行法のもとでは，（捜査権限が検察に一本化されることに伴う弊害を回避するため）むしろ，司法警察職員が第1次的で主要な捜査機関とされ，検察官は補充的・補正的に捜査を行うもの

とされた。刑訴法は，司法警察職員は，「犯罪があると思料するときは，犯人及び証拠を捜査するもの」とするのに対して（189条2項），検察官は，「必要と認めるときは，自ら犯罪を捜査することができる」（191条1項）と定め，このことを予定するものと解されており，実際上も，司法警察職員が捜査を開始し，一応の目途がついたところで事件を検察官に送致し（⇨203頁**1**），その後，検察官が公訴の提起・維持の観点から警察捜査の内容を補充ないし補正しつつ捜査を行うという道筋をたどるのが通例である。

　もっとも，検察官が自ら情報を収集し，捜査を行う場合がないわけではない（⇨205頁(1)）。とりわけ，大規模な経済事件や脱税事件，政治事件など，高度の専門的・法律的知識を要し，または政治的独立性を求められる場合や，告訴・告発等が検察官になされた場合等については，検察官が直接捜査に乗り出すことがある。これを**独自捜査**といい，東京・名古屋・大阪の3地検の「特別捜査部」や横浜・京都等の10の地検に設置された「特別刑事部」がその任にあたっている。

　検察官と司法警察職員は，独立・対等の捜査機関として互に協力しなければならない（192条）。しかし，検察官が，公訴の提起・維持の観点から，警察捜査に一定の指針を示し，警察の協力を得つつこれを指揮して捜査を行うべき場合もある。そこで，刑訴法は，検察官に，司法警察職員に対する**一般的指示権**，**一般的指揮権**および**具体的指揮権**を与えている（193条）。

　一般的指示は，司法警察職員捜査書類基本書式例，道路交通法違反事件迅速処理のための共用書式，微罪処分の対象事件と記載例等，「捜査を適正にし，その他公訴の遂行を全うするために必要な事項に関する一般的な準則を定めること」によって行われる（同条）。これに対して，一般的指揮は，検察官が，具体的な事件につき自ら捜査を行う場合に，捜査方針や計画を立て，司法警察職員一般に協力を求めるためこれを指揮することをいう。具体的指揮も，警察に検察捜査への協力を求めるものであるが，（独自捜査や送致事件の捜査を行うにあたり）個別の司法警察職員に命じて捜査の補助をさせることをいう。司法警察職員は，これらの指示・指揮に服従する義務を負い，正当な理由がないにもかかわらず従わない場合には懲戒または罷免の訴追を受けることがある（194条）。

第1節　捜査法の基本枠組み

Column 1-2　**捜査構造論**

　捜査の制度上の目的や捜査に関与する主体間の関係をめぐっては，**捜査構造論**とよばれる議論がある。捜査構造論を代表するのは，**糺問的捜査観**と**弾劾的捜査観**という2つの「捜査観」を対置する見解である。これによれば，糺問的捜査観のもとでは，捜査は，本来捜査機関が被疑者を取り調べるための手続であって，強制が認められるのもそのためであるが，その濫用を避けるために，裁判所または裁判官による抑制が行われるものとされる。これに対して，弾劾的捜査観では，捜査は捜査機関が単独で行う準備活動にすぎず，被疑者もこれと独立に準備を行うものとされ，強制処分は将来行われる裁判のために（すなわち，被告人・証拠の保全のために）裁判所が行うだけであり，当事者はその結果を利用するにすぎないとされる。そして，基本的にどちらの捜査観を前提とするかにより，令状の性質（許可状か命令状か），逮捕の必要性の判断権者（捜査機関か令状裁判官か），逮捕・勾留の目的（被疑者の取調べか公判廷への出頭確保か）等についての考え方に差異が生ずるとされる。

　学説の多くは，若干の修正を加えながらも基本的に弾劾的捜査観を支持し，それに基づく解釈論・立法論を展開したが，これに対しては，実務家を中心として，捜査は，密行性を本質とし，（弾劾的捜査観からは捜査機関の対立当事者として位置づけられる）被疑者の特定それ自体を行う手続であるから，（三面構造を前提とする）「弾劾的」構造論にはなじまないとの批判もなされた。

　また，これとは異なる観点から，捜査は，全体として，検察官が起訴・不起訴を決定するために（嫌疑の有無だけでなく，情状等も含めた）事実関係の有無を明らかにすることを目的とする，公判とは独立した手続であり，検察官を判断者として司法警察職員と被疑者・弁護人が相対立する訴訟的構造の手続であるとする**訴訟的捜査構造論**も提示された。しかし，これに対しては，（とくに弾劾的捜査観の立場から）起訴・不起訴の慎重なふるい分けは情状を含めた綿密な捜査を前提とすることになり，捜査権限の強化や公判中心主義（⇨12頁(4)）の形骸化につながりかねないとの批判が向けられた。

　捜査構造論については，捜査手続の理論的・構造的理解を可能にしたとの評価がある一方で，捜査の目的論と構造論，理念型の捜査観と実定型の捜査観といった視点が混在しているといった問題点や，議論の方向性を示唆する道具としては有用であるが，そこから直接的に解釈論・立法論上の帰結が導かれるわけではないといった限界も指摘されている。

(3)　捜査の理由

　捜査は，捜査機関が「犯罪があると思料するとき」に行われる（189条2項参照）。捜査を行うためには，刑事事件，すなわち，（実質的意義の）刑法が定める特定の犯罪構成要件に該当する具体的事実があると思料する「理由」が存在し

第1章 捜 査

なければならない。また，特定の人や場所・物が捜査の対象とされる場合には，その人や場所・物と当該犯罪との間に関連があると思料する「理由」が要求される。ここに「理由」とは，具体的には，これらの事実の存在を合理的にうかがわせる客観的な事情ないし資料を意味する。

　この意味での「理由」は，捜査機関が一定の人や場所・物等を対象として捜査を行う目的の正当性を問題とするものであるから，捜査を行うに先だって存在していなければならず，捜査を行った結果認められるのでは足りない。捜査はあくまで「理由」に基づいて行われなければならないのであり，反対に，捜査機関が，合理的な「理由」もなく特定の個人や場所を狙い撃ちにしたうえで，何らかの犯罪に関する資料や情報がないかを渉猟的に探索するような「理由を探すための捜査」や，捜査機関が自ら創出した，あるいはねつ造した「理由」に基づく捜査は許されないのである。

> **Column 1-3　将来犯罪と捜査**
>
> 　人は，犯罪行為を行うことによってはじめて処罰の対象となるのであり，いかに犯罪を行うおそれのある者でも実際にこれを犯さないかぎりは処罰されない。捜査も，国家刑罰権の実現に向けた刑事手続の一環として，基本的には，既に犯されたと思料される犯罪を対象として行われる。では，将来，特定の犯罪が発生することが見込まれるが，いまだこれが行われていない段階で捜査を行うことは許されるか。この問題は，189条2項の「犯罪があると思料するとき」の解釈や，捜査と行政警察活動の区別の意義（犯罪発生との時間的な前後関係によるのか，その目的によるのか）をめぐっても議論されるが，実質的な争点は，①将来犯罪は（行政警察活動の対象ではなく）捜査の対象となり得るか，そして，②将来犯罪は，とりわけ強制処分を行う「理由」となり得るかの2点に集約することができる。
>
> 　「将来犯罪の捜査」を否定する見解は，①将来犯罪は，防止・阻止されなければそれにより被害が生ずることになるから，行政警察活動の対象とはなっても捜査の対象とはなり得ず，また，犯罪が行われることが予測される場合に，あえて実行されるまで放置して検挙することは手続的正義の見地から許されないとし，②将来犯罪は，それが行われるか否かはあくまで予測にすぎず，事情が変わって発生しないこともあるから，とりわけ，強制処分を行う「相当な理由」とはなり得ないとする。これに対して，肯定説は，①将来犯罪を防止・阻止すべきか，それとも，その実行を待って検挙すべきかは政策的な当否の問題であり（人の生命・身体に危害が及ぶおそれのある犯罪については防止・阻止を優

34

第1節　捜査法の基本枠組み

先すべきだが，たとえば，スリ等について疑わしい者を監視し，犯行に及んだところを現行犯逮捕することなどは許される場合がある），また，将来犯罪が発生した場合の訴追に備えて証拠や情報を収集・保全する必要がある場合も考えられるとする。また，②過去の犯罪についても，強制処分の「理由」の存否の判断は，犯罪が行われた蓋然性の判断であることに変わりはなく，後になって実は行われていなかったと判明することもあり得る一方で，将来犯罪についても，同種の犯罪行為が繰り返し行われているとか，信頼できる情報の提供がある等の事情のもとでは，それが行われる蓋然性が充分に認められることもあり得るとする。

　判例は，一定の要件のもとで，おとり捜査やビデオカメラ監視といった捜査を許容している（最決平成16・7・12＝ 判例 1-17 〔⇨182頁〕，東京高判昭和63・4・1判時1278号152頁）ことから，将来犯罪を対象とする（任意）捜査を許容する立場に立つとも解される。また，現行法上，将来犯罪を「理由」とする強制処分を認める規定の例として，通信傍受法3条1項2号・3号が挙げられることがある（⇨167頁(2)）。他方，逮捕および捜索・差押え・検証については，関連規定（199条1項，規156条1項）の文言上，将来犯罪を理由とする令状の発付は予定されていないとする見解が有力である（もっとも，捜索・差押え・検証については，現行法のもとでも将来犯罪を理由とする令状の発付が許されるとする説もあり，また，いずれにしても，立法によって将来犯罪を理由とするこれらの処分を認めることが許されるとする見解も有力である）。

❷ 捜査に関する一般規範

(1) 捜査の必要性と相当性——捜査比例の原則

　公の機関の権限は，その制度上の目的達成のために必要最低限の範囲で行使されなければならないが（**比例原則**），捜査も，個人の権利・利益の制約をはじめとする様々な弊害を伴い得るものである以上，その正当な目的を達成するために「必要」かつ「相当」な範囲で行われなければならない（憲13条参照）。これを，**捜査比例の原則**という。刑訴法197条1項が，「捜査については，その目的を達するため必要な取調をすることができる」と定めるのも（ここに「取調」とは，事件に関する調査活動一般を意味する），捜査権限の行使にこのような意味での目的合理性を要求する趣旨を含むものと解される。

　(a) 必要性　捜査権限は一定の制度目的の達成のために捜査機関に付与されるものであるから，それ以外の目的で，あるいは，無目的に行使することは

35

第1章 捜 査

許されない。制度上の目的を逸脱した権限の行使は，（たとえば，嫌がらせや差別，宗教的・政治的弾圧を目的とする捜査権限の行使を考えてみれば明らかであるように）その濫用に当たるというべきだからである。したがって，捜査権限の行使が正当化されるには，まず，それが，捜査の正当な目的達成のために「**必要**」であることが合理的に説明できなければならない。

では，捜査の制度上の目的とは何であろうか。この問題に関しては，捜査一般に妥当する（すべての捜査行為に共通する）目的と，逮捕・勾留，押収・捜索・検証といった個別類型の行為に固有の目的とを区別することができる。

まず，捜査一般の目的は，公訴の（提起ないし維持の）準備に求められる。したがって，たとえば，最初から公訴提起の可能性がないことが明らかな事件については，捜査の必要性は認められない。もっとも，被疑者が死亡したことや被疑者が刑事未成年であることが明らかな場合に（⇨270頁**4**，218頁(5)），当該事件について捜査を行うことが許されるか否かについては議論がある。被疑者死亡の場合の捜査の許容性については，これを否定する見解もあるが，公訴提起の可能性がなくても，例外的に検察官による事件処理に必要な範囲での事案解明のための捜査が認められる場合があるとする見解も有力である。刑事未成年の場合は，警察官による調査（少6条の2）は可能であるとしても，刑訴法に基づく捜査はできないとされる。これに対して，親告罪について告訴がない場合（⇨52頁(c)）のように，現在は訴訟条件を欠いている（⇨262頁**1**，270頁(2)）としても，将来具備する可能性がある場合には，そのときに備えて捜査を行う必要性は否定されないが，当該犯罪が親告罪とされている趣旨に配慮して慎重に捜査を進めるべきであろう。また，これまでの捜査によって，既に当該事件について公訴を提起・維持するのに充分な証拠が収集・保全されるに至ったときには，さらなる捜査の必要性が否定されることもあろう。

次に，個別の捜査行為については，捜査一般の目的達成のための必要性に加えて，さらに，処分類型ごとに，制度上の正当な目的達成のための必要性が認められるか否かが検討されなければならない。たとえば，通説によれば，逮捕・勾留は，被疑者の逃亡または罪証隠滅を防止するための処分であるから，逃亡ないし罪証隠滅のおそれのない被疑者については，いくら取調べの必要があっても，それだけではこれらの身体拘束処分の対象とすることはできない

（⇨ 67頁(1)，78頁(1)）。

必要性は，その有無のほか，程度も問題とされる。必要性の程度は，事件の性質・重大性，嫌疑の程度，当該行為によって得られることが見込まれる情報や証拠の価値・重要性，当該行為に至るまでの捜査の進展状況等，事件に関する具体的事情を考慮して判断される。なお，広義の「必要性」には，当該行為を行うことが捜査目的達成のために欠かすことができないという「不可欠性」や，他の方法によっては捜査目的を達成できないという「補充性」も含まれ，捜査行為の内容・性質によっては，これらのより高度な「必要性」が求められることもある。また，「緊急性」も，時間的な意味で（「いまやっておく必要がある」という意味で）の「必要性」として理解することができよう。

(b) 相当性　捜査は，さらに，その正当な目的達成のために「**相当**」と認められる限度において行われなければならない。捜査は，個人の権利・利益の制約ないし侵害をはじめとして，様々な「弊害」を副作用的に伴うことが多い（なお，個人の権利・利益の制約・侵害以外の「弊害」が問題とされる例として，⇨ 108頁(c)，182頁(ii)）。たとえば，捜査機関が，個人の住居内で犯罪の証拠物を捜索する場合を考えてみよう。この場合には，必然的に当該個人の住居の平穏やプライヴァシー等の権利・利益が制約ないし侵害されることになるが，捜索の目的はあくまで証拠物の発見にあり，住居の平穏やプライヴァシー等の制約・侵害それ自体にあるのではない。つまり，これらの権利・利益の制約・侵害は，証拠物の発見という捜索の「本作用」の実現に「副作用」的に伴うにすぎないのである。したがって，一定の行為を行うことが捜査目的達成のために「必要」であるとしても，（「本作用」と釣り合わないほど大きな「副作用」を伴う薬が使用されるべきではないのと同様に）それによって実現される具体的な捜査目的と，その「副作用」として生ずる個人の権利・利益等の制約・侵害等の「弊害」の間には，合理的な均衡が保たれていなければならない。

そうであるとすれば，同一の捜査目的達成のために同様に有効な手段が複数考えられるときには，できるかぎり弊害の小さな手段が選ばれなければならないであろう。また，犯罪が軽微である場合や，そうでなくても，それによって得られる証拠や情報がそれほど重要なものではない場合には，個人の権利・利益を大幅に制約するような捜査手段は採られるべきではない。また，場合によ

第1章 捜　査

っては，弊害を軽減するために積極的な措置を採る必要が生じることもある。

　他方，いかに必要性が高くても用いられるべきではない手段もある。たとえば，麻酔分析（アミタール等の薬物を静脈内に注射し，相手方を半睡半覚の状態にして質問し，回答を引き出す方法）のように，人格の尊厳それ自体を侵害する手段は，いかに捜査目的達成のために必要であっても，供述採取の方法として用いられるべきではない。同様に，カテーテルによる強制採尿についても，人格の尊厳を侵害するものとして絶対に許されないとする見解もある（⇨156頁(i)）。

(2)　強制処分法定主義

　(a)　**意義・趣旨**　　捜査目的を達成するために「必要」な行為であっても，それが「強制の処分」に当たる場合には，「この法律に特別の定のある場合でなければ，これをすることができない」（197条1項但書）。これを，**強制処分法定主義**という。

　強制処分法定主義については，これを，現行法が認めた強制処分は，規定されるような仕方でしか許されない，あるいは，法定の要件と方式に従って行われねばならないという意味に解する見解もあるが（⇨ Column 1-4），通説は，197条1項但書の文言通り，法律の根拠規定がないかぎり，捜査機関が強制処分を行うことは許されないという意味に解している（ 判例 1-1 〔⇨40頁〕も，「捜査において強制手段を用いることは，法律の根拠規定がある場合に限り許容される」とする）。その趣旨について，有力説は，強制処分を，相手方の意思に反して行われ，その重要な権利・利益に対する実質的な侵害ないし制約を伴う処分と定義したうえで，197条1項但書は，憲法31条の考え方（手続法定主義。⇨3頁(1)）を受けて，捜査目的達成のためにこのような処分を行うことを捜査機関に許すか否かは，国民自身が，その代表で構成される国会を通じて意識的かつ明示的に選択すべき事柄である旨定めるものと説明する。

　(b)　**強制処分法定主義に照らしての捜査行為の適否**　　捜査機関が行った行為について，強制処分法定主義に照らしての適否を判断するにあたっては，その前提として，当該具体的処分が，（197条1項但書の適用対象となる）「強制の処分」に当たるか否かを検討しなければならない。当該処分が強制処分に当たる場合には，次に，それを許す「特別の定」があるか否かが問題となる。

38

第1節　捜査法の基本枠組み

　（ⅰ）　**強制処分に当たるか否かの判断（強制処分と任意処分の区別）**　　刑訴法は，「強制の処分」について何らの定義も示していないので，その判断基準については解釈にゆだねられることになるが，かつては，①強制処分とは，強制力を用いる場合をいうものとし，これには，物理的な強制だけでなく，観念的な義務を負わせる場合も含まれるとされてきた。

　しかし，とりわけ物理的強制を伴うか否かという点については，一方で，物理力（有形力）の行使を伴う場合であっても，相手方を呼びとめるためにその肩や腕に軽く手をかける行為のように「強制」とまではいえない場合もあるとされ（そのため，強制と任意の間に説得のための「実力」という中間領域を認めるべきだとする見解もあった），他方では，物理的強制を伴わない場合であっても，写真撮影や電子機器を用いた通信・会話の傍受のように，その対象者のプライヴァシー等の権利・利益に重大な影響を及ぼすような手段について，法律の根拠規定がなくてもこれを行うことが許されるとするのは妥当ではないのではないかとの疑問も示された（⇨162頁(a)，173頁 **1**）。そこで，学説上，②（直接強制が行われる場合または間接強制を伴う場合に加えて）同意を得ずに個人の法益を侵犯するような場合も強制処分に含めるべきだとする見解が提示されるに至った。

> ┃ **Column 1-4**　「新しい強制処分」説
> ┃　②説は，刑訴法197条1項但書（強制処分法定主義）の意義について，通説と異なり，「既成の強制処分は各々の規定のとおり法定の令状主義に従う」という意味の「令状主義の重要性にてらしてとくに設けられた総則・確認規定」として理解する（⇨前頁(a)参照）。これによれば，立法当時規定が予定されていなかった「新しい強制処分」については「端的に規定がないこと」になり，処分の性質に見合った規制が要求されるところ，「強制処分である以上，実質的な令状主義の精神は，197条1項但書の趣旨にてらし，妥当すべきである」とされる。たとえば，「（肖像権がからむような個人の容貌等の）写真撮影」については，厳格に法律規定は要求されないが，法定主義の背景にある令状主義の精神は妥当することになる —— 写真撮影は緊急事態における即時的処分として行われるのが常態なので，無令状で行う場合が原則となり，その場合の令状主義の精神を具体化するなら，最大判昭和44・12・24＝ ◀ **判例 1-16** ▶（⇨175頁）の示した要件に至るとされる —— のに対して，「盗聴」については，それが許容されるためには国民的討議を経たうえでの立法府による決断を要し，とくに厳しい令状発付のための要件・手続があらかじめ法定されている必要があるとするのである。

第1章 捜　査

　この見解は，「捜査科学の発展に伴って，従来の枠では律しきれない新しい
タイプの強制捜査が誕生しつつあり，しかもこれらを一概に違法とは断じがた
い」との問題関心のもとに，197条1項の解釈は「若干弾力的にならざるをえ
ない」と説く。しかしながら，これに対しては，既成の強制処分が法定の要
件・手続に則って行われるべきことは同規定を待つまでもなく当然であり，他
方，「新しい強制処分」は法律の根拠がなくてもできる場合があるというのは，
強制処分に対する民主的・法律的統制の意義を軽視するものであり，妥当でな
いとの批判も強い。

　判例は，警察官が呼気検査に応じるよう相手方の左手首を両手でつかんだと
いう事案について，次のような判断を示した。

> 判例 1-1 **最決昭和51・3・16刑集30巻2号187頁**
> 【事実】Xは，道路端のごみ箱などに自動車を衝突させる物損事故を起こし，
> 間もなく現場に到着したP，Q両巡査から運転免許証の提示と呼気検査を求め
> られたが，いずれも拒否した。警察官は，道交法違反の被疑者として取り調べ
> るためXをパトカーで警察署まで任意同行したが，その際，Xの顔は赤くて
> 酒の匂いが強く，身体がふらつき言葉も乱暴で，酒に酔っていることがうかが
> われた。その後，Xは，警察署内の通信指令室で取調べを受け，運転免許証の
> 提示要求にはすぐに応じたものの，呼気検査には応じなかった。警察署に到着
> 後1時間が経過した頃，両巡査の要請でXの父親が来署して説得したが聞き
> 入れず，かえって反抗的態度に出たため，父親は，説得をあきらめ，母親が来
> れば警察の要求に従う旨のXの返答を得て，自宅に母親を呼びに戻った。両
> 巡査は，なおも説得をしながら母親の到着を待っていたが，マッチの借用を頼
> んで断られたXが「マッチを取ってくる」と言いながら急に椅子から立ち上
> がって出入口の方へ小走りに行きかけたので，Pは，Xが逃げ去るのではない
> かと思い，同人の左斜め前に近寄り，「風船をやってからでいいではないか」
> と言って，両手でXの左手首をつかんだ。
> 【決定要旨】「捜査において強制手段を用いることは，法律の根拠規定がある場
> 合に限り許容されるものである。しかしながら，ここにいう強制手段とは，有
> 形力の行使を伴う手段を意味するものではなく，個人の意思を制圧し，身体，
> 住居，財産等に制約を加えて強制的に捜査目的を実現する行為など，特別の根
> 拠規定がなければ許容することが相当でない手段を意味するものであって，右
> の程度に至らない有形力の行使は，任意捜査においても許容される場合がある
> といわなければならない。ただ，強制手段にあたらない有形力の行使であって
> も，何らかの法益を侵害し又は侵害するおそれがあるのであるから，状況のい
> かんを問わず常に許容されるものと解するのは相当でなく，必要性，緊急性な
> ども考慮したうえ，具体的状況のもとで相当と認められる限度において許容さ

40

れるものと解すべきである。」

　本件Pの行為は，「呼気検査に応じるよう……〔X〕を説得するために行われたものであり，その程度もさほど強いものではないというのであるから，これをもって性質上当然に逮捕その他の強制手段に当たるものと判断することはできない」。また，同行為は，上記情況のもとで「……〔X〕が急に退室しようとしたため，さらに説得のためにとられた抑制の措置であって，その程度もさほど強いものではないというのであるから，これをもって捜査活動として許容される範囲を超えた不相当な行為ということはでき〔ない〕」。

　このように，判例は，「有形力の行使」の有無は「強制手段」性を認めるための決定的な基準とはならないこと，そして，少なくとも，「個人の意思を制圧し，身体，住居，財産等に制約を加えて強制的に捜査目的を実現する行為」は，「特別の根拠規定がなければ許容することが相当でない手段」であり，「強制手段」に当たることを明らかにした（「強制処分」とは，ここにいう「強制手段」を用いて行われる処分を意味するものと解されよう）。

　判例は，その後，当事者のいずれの同意も得ないで行われた電話傍受について，「通信の秘密を侵害し，ひいては，個人のプライバシーを侵害する強制処分である」とし（最決平成11・12・16＝ 判例 1-15 〔⇨164頁〕），また，宅配便業者のもとにある荷物に（荷送人・荷受人の承諾なく）エックス線を照射してその内容の射影を観察した行為につき，「内容物に対するプライバシー等を大きく侵害するものであるから，検証としての性質を有する強制処分に当たる」としている（最決平成21・9・28刑集63巻7号868頁。⇨147頁(1)）。

　学説においても， 判例 1-1 を参考にしつつ，「強制の処分」を，③相手方の意思に反して行われ，その重要な権利・利益に対する実質的な侵害ないし制約を伴う処分とする見解が有力となっている。この見解は，人の権利・利益の侵害・制約を伴う点に強制処分性の本質を求めつつも（⇨44頁 Column 1-5 ），「重要な」とか「実質的な」といった修飾語を加えることによって強制処分性が認められる場合を②説よりも限定する点に特徴がある。

　もっとも，これに対しては，④任意処分と強制処分を区別する視点は一つではないとし，強制処分には，有形力の行使の程度が「強制」にわたるもののほか，有形力の行使を予定しない捜査方法ではあるが，制限される人権の性質・程度からして法律の具体的な根拠を必要とし裁判所の統制がなければ許されな

第1章 捜　査

いものとがあるとする見解もある。また，判例の立場についても，⑤当該処分
が，（◀判例 1-1▶のように）直接対象者に向けて行われる場合には，主として
行為の方法・態様に着目して，（意思に「反する」にとどまらず）意思を「制圧」
する程度に至っているか否かを判断基準とするのに対し，（◀判例 1-15▶〔⇨164
頁〕のように）対象者が気づかないうちに行われる場合には，侵害された権
利・利益の質に着目して，対象者の（推定的な）意思に反した重要な権利・利
益の制約を伴うか否かによって判断しているとする理解も示されている。しか
し，「強制処分」概念にこのように性質の異なる複数の指標をもちこむのは，
その本質的ないし統一的な解釈を放棄するのに等しいとの批判も可能であろう。

　このような中，最高裁は，車両に秘かに GPS（衛星利用測位システム）の端末
を取り付けてその位置情報を検索し把握する捜査手法（「（装着型）GPS 捜査」）
の現行法上の許容性について，次のような判断を示した。

◀判例 1-2▶ 最大判平成 29・3・15 刑集 71 巻 3 号 13 頁

【事実】警察官らは，X（被告人）が複数の共犯者と犯したと疑われる窃盗事件
に関し，組織性の有無・程度や組織内における X の役割を含む犯行の全容を
解明するため，約 6 か月半の間，X，共犯者のほか，X の知人女性も使用する
蓋然性があった自動車等合計 19 台に，承諾なく，かつ，令状を取得すること
なく，GPS 端末を取り付けた上，その所在を検索して移動状況を把握すると
いう方法による GPS 捜査を実施した。

【判旨】「(1) GPS 捜査は，対象車両の時々刻々の位置情報を検索し，把握す
べく行われるものであるが，その性質上，公道上のもののみならず，個人のプ
ライバシーが強く保護されるべき場所や空間に関わるものも含めて，対象車両
及びその使用者の所在と移動状況を逐一把握することを可能にする。このよう
な捜査手法は，個人の行動を継続的，網羅的に把握することを必然的に伴うから，
個人のプライバシーを侵害し得るものであり，また，そのような侵害を可
能とする機器を個人の所持品に秘かに装着することによって行う点において，
公道上の所在を肉眼で把握したりカメラで撮影したりするような手法とは異な
り，公権力による私的領域への侵入を伴うものというべきである。

　(2) 憲法 35 条は，『住居，書類及び所持品について，侵入，捜索及び押収を
受けることのない権利』を規定しているところ，この規定の保障対象には，
『住居，書類及び所持品』に限らずこれらに準ずる私的領域に『侵入』される
ことのない権利が含まれるものと解するのが相当である。そうすると，前記の
とおり，個人のプライバシーの侵害を可能とする機器をその所持品に秘かに装
着することによって，合理的に推認される個人の意思に反してその私的領域に

42

侵入する捜査手法である GPS 捜査は，個人の意思を制圧して憲法の保障する重要な法的利益を侵害するものとして，刑訴法上，特別の根拠規定がなければ許容されない強制の処分に当たる〔最決昭和 51・3・16 ＝〈 判例 1-1 〉参照〕とともに，一般的には，現行犯人逮捕等の令状を要しないものとされている処分と同視すべき事情があると認めるのも困難であるから，令状がなければ行うことのできない処分と解すべきである。

　(3)　……GPS 捜査は，情報機器の画面表示を読み取って対象車両の所在と移動状況を把握する点では刑訴法上の『検証』と同様の性質を有するものの，対象車両に GPS 端末を取り付けることにより対象車両及びその使用者の所在の検索を行う点において，『検証』では捉えきれない性質を有することも否定し難い。仮に，検証許可状の発付を受け，あるいはそれと併せて捜索許可状の発付を受けて行うとしても，GPS 捜査は，GPS 端末を取り付けた対象車両の所在の検索を通じて対象車両の使用者の行動を継続的，網羅的に把握することを必然的に伴うものであって，GPS 端末を取り付けるべき車両及び罪名を特定しただけでは被疑事実と関係のない使用者の行動の過剰な把握を抑制することができず，裁判官による令状請求の審査を要することとされている趣旨を満たすことができないおそれがある。さらに，GPS 捜査は，被疑者らに知られず秘かに行うのでなければ意味がなく，事前の令状呈示を行うことは想定できない。刑訴法上の各種強制の処分については，手続の公正の担保の趣旨から原則として事前の令状呈示が求められており（同法 222 条 1 項，110 条），他の手段で同趣旨が図られ得るのであれば事前の令状呈示が絶対的な要請であるとは解されないとしても，これに代わる公正の担保の手段が仕組みとして確保されていないのでは，適正手続の保障という観点から問題が残る。

　これらの問題を解消するための手段として，一般的には，実施可能期間の限定，第三者の立会い，事後の通知等様々なものが考えられるところ，捜査の実効性にも配慮しつつどのような手段を選択するかは，刑訴法 197 条 1 項ただし書の趣旨に照らし，第一次的には立法府に委ねられていると解される。仮に法解釈により刑訴法上の強制の処分として許容するのであれば，以上のような問題を解消するため，裁判官が発する令状に様々な条件を付す必要が生じるが，事案ごとに，令状請求の審査を担当する裁判官の判断により，多様な選択肢の中から的確な条件の選択が行われない限り是認できないような強制の処分を認めることは，『強制の処分は，この法律に特別の定のある場合でなければ，これをすることができない』と規定する同項ただし書の趣旨に沿うものとはいえない。

　以上のとおり，GPS 捜査について，刑訴法 197 条 1 項ただし書の『この法律に特別の定のある場合』に当たるとして同法が規定する令状を発付することには疑義がある。GPS 捜査が今後も広く用いられ得る有力な捜査手法であるとすれば，その特質に着目して憲法，刑訴法の諸原則に適合する立法的な措置

第1章 捜　査

が講じられることが望ましい。」

　< 判例 1-2 > は，「GPS 捜査」について，「個人の意思を制圧して憲法の保障する重要な法的利益を侵害するものとして，刑訴法上，特別の根拠規定がなければ許容されない強制の処分に当たる」としたが，ここでは，とくに< 判例 1-1 > との対比において，相手方の「承諾なく秘かに」行われる処分も，（合理的に推認されるその意思に反するものとして）個人の意思を「制圧」するものとされていること，そして，「GPS 捜査」が侵害する「法的利益」として，令状主義を定める憲法 35 条が保障する「『住居，書類及び所持品』に限らずこれらに準ずる私的領域に『侵入』されることのない権利」が想定されている点が注目される（⇨ 179 頁(2)）。とくに後者の点は，憲法上の令状主義の適用対象となる処分が，刑訴法 197 条 1 項但書の法定主義の適用対象となることを確認する意味を持つものとも解されるが，そうであるとすれば，令状主義が保護する身体，住居，書類および所持品等の個人に固有の支配領域ないしそれに準ずる「私的領域」に対する侵犯・干渉があれば（これらの「領域」は，いわば個人の「権利・利益の束」であるから，これに対する侵犯・干渉は，その対象・態様により種々の権利・利益の制約ないし侵害を伴い得るが），そのことだけで——その結果，他の重要な権利・利益の侵害を伴わなくても——「強制の処分」該当性が根拠づけられるということになろう（⇨ 48 頁(c)）。

> **Column 1-5　強制処分性の本質**
>
> 　「強制」の語は，日常用語としては，その対象者の「意思にかかわりなく」という意味で用いられる。また，捜査行為に伴う個人の権利・利益の侵害ないし制約は，当該行為の目的とするところではなく，あくまで一定の捜査目的達成の過程で生ずる「副作用」にすぎない。ところが，最近の有力説は，強制処分性の本質を権利・利益の侵害・制約に求める傾向にあり，相手方の「意に反して」行われることも強制処分性を認めるための一指標とするものの，実質的にはこれを権利・利益の侵害・制約の問題の一環として扱っている。たとえば，③説は，相手方の同意・承諾がある場合に強制処分性が否定されるのは，同意・承諾は権利・利益の放棄を意味し，この場合にはその侵害・制約がそもそも問題とならないからであると説き，④説や⑤説も，有形力の行使を予定しない捜査方法については，侵害・制約される権利・利益の性質・程度を強制処分性の指標とするのである。

第1節　捜査法の基本枠組み

そこで，改めて同意・承諾の意義を考えてみると，それは，権利・利益放棄の意思表示というよりも，むしろ，直接的には，捜査機関が（自己の利害に関わる）一定の行為を行うことについての同意・承諾なのであり，ただ，そこには，当該処分に伴う自己の権利・利益の侵害・制約を受忍する旨の意思表示が含まれるにすぎないというべきではないか。すなわち，ここで問題とされているのは，（自己の権利・利益の侵害・制約を受忍して）捜査に協力するか否かの意思なのである。たしかに，個人の「捜査協力」が問題となるのは，証人尋問のように，個人の積極的な協力行為が求められる場合か，あるいは，捜査が個人の支配領域ないし私的領域に踏み込んで行われるために，それに不可避的に伴う権利・利益の侵害・制約の受忍という意味での消極的協力が必要とされる場合のいずれかであるから，その意味で，個人の権利・利益の侵害・制約を伴うことが，当該処分に強制処分性を認める前提条件の１つとなることは否定できない。しかし，強制処分の「強制」たるゆえんは，あくまで，相手方の捜査に協力するか否かの（「意思に反して」ではなく）「意思にかかわらず」行われる点に求められるというべきではないか。この問題に関する考え方は，相手方の同意・承諾によって行われる捜査行為の比例原則に照らしての適否の判断方法にも影響を与えるものであり（⇨49頁 Column 1-7 ），強制処分性の本質については，より綿密な理論的検討が求められる。

　なお，いずれの見解によるにせよ，捜査機関の行為が相手方の同意・承諾に基づいて行われる場合には，強制処分には当たらないものとされるが，そのようにいうためには，同意・承諾が自由な意思によりなされたものでなければならないことはいうまでもない。しかし，実際には，その判断が困難であることも少なくない。

(ii)　**法律の根拠規定があるか否かの判断**　捜査機関が行った行為が「強制の処分」に当たるとされる場合には，次に，当該処分に関する法律の根拠規定があるか否かが問題となる。その判断のためには，そのような目的・内容の処分を，強制手段を用いて行う権限を捜査機関に認める規定が存在するか否かが検討されなければならず，これが否定されるならば，捜査機関の行為は197条1項但書に反し（反対に，根拠規定がある場合には，法定主義違反を問題とするまでもなく，その規定に照らしての適法性を問題とすれば足りよう），違法と評価されることになる（⇨172頁**第6節**）。

　判例は，「体内の尿を強制的に採取する行為」について，「捜索・差押の性質を有する」とし，また，「電話傍受」について，「通話内容を聴覚により認識し，それを記録するという点で，五官の作用によって対象の存否，性質，状態，内

第1章　捜　査

容等を認識，保全する検証としての性質をも有する」とした上で，それぞれ，一定の条件を付した「捜索・差押許可状」および「検証許可状」により行うことも許されるとした（⇨155頁 判例 1-13 ，164頁 判例 1-15 ）。これに対し， 判例 1-2 は，「（装着型）GPS捜査」について，情報機器の画面表示を読み取って対象車両の所在と移動状況を把握する点では「検証」と同様の性質を有するものの，対象車両に端末を取り付けることにより対象車両及びその使用者の所在の検索を行う点においては「検証」では捉えきれない性質を有するとした上で，これを解釈により刑訴法上の強制処分として許容するとすれば，裁判官が発する令状（検証許可状ないし捜索許可状）に様々な条件を付す必要が生じるが，このように，「事案ごとに，令状請求の審査を担当する裁判官の判断により，多様な選択肢の中から的確な条件の選択が行われない限り是認できないような強制の処分を認めること」は，刑訴法197条1項但書の「法定主義」の趣旨に沿うものとはいえないとした。このことからすると，判例は，①基本的には，行為の「性質（内容）」を基準としつつ，②その処分類型につき（「条件」付であるにせよ）現行法が予定する（令状の）手続により当該処分権限の濫用防止に対応可能であるかという点を補充的に考慮して「特別の定」の有無を判断してきたといえよう。

(3)　任意捜査の原則

強制処分を用いて行う捜査を**強制捜査**といい，それ以外の手段による捜査を**任意捜査**というが，捜査は，なるべく任意捜査の方法によって行わなければならない。これを，**任意捜査の原則**という。

学説上，刑訴法197条1項は，強制処分（法定主義）について但書で扱っていることからこの原則を採用するものとする見解も有力であり，犯罪捜査規範99条も任意捜査の原則を明定している。いずれにしても，強制処分は，個人の権利・利益の侵害・制約を伴うため，これをできるかぎり回避するという意味で，捜査比例の原則からもこの原則が導かれるとされる。

(4)　令　状　主　義

(a)　**意義・内容**　　　憲法33条は，「何人も，現行犯として逮捕される場合を

46

除いては，権限を有する司法官憲が発し，且つ理由となつてゐる犯罪を明示する令状によらなければ，逮捕されない」とし，同35条は，「何人も，その住居，書類及び所持品について，侵入，捜索及び押収を受けることのない権利は，第33条の場合を除いては，〔権限を有する司法官憲によって〕正当な理由に基いて発せられ，且つ捜索する場所及び押収する物を明示する令状がなければ，侵されない」と定める。捜査機関が「逮捕」や「住居，書類及び所持品」についての「侵入，捜索及び押収」等の処分を行うには，一定の場合を除いて，あらかじめ「司法官憲」が発付する令状によらなければならないとするもので，**令状主義**とよばれる。

令状発付の権限主体である「司法官憲」は，捜査機関から独立した中立的・第三者的な機関であることが求められる。憲法制定当初こそ，検察官や司法警察員も「司法官憲」に含まれ得るとの見解もあったが，現在では，裁判機関にしか令状発付の権限は認められないものと解されており，刑訴法も「裁判官」にのみこの権限を付与している。

令状は，正当な「理由に基いて」発せられなければならない。したがって，裁判官は，令状を発付するにあたっては，当該処分を行う正当な「理由」の存否について審査しなければならない。ここに「理由」とは，①刑法が定める犯罪構成要件に該当する具体的な犯罪事実が存在し，かつ，②当該犯罪事実と処分の対象との間に一定の結びつき（その内容は処分ごとに異なる）が認められると合理的に判断するに足りる資料ないし事情があることを意味する。そのため，捜査機関は，令状請求の際にこれらの事情の存在を裏付ける資料（疎明資料）を提出しなければならない。加えて，裁判官は，当該処分を行う「必要性」の有無についても審査を行い，明らかにその必要がないときには令状を発付すべきではないとされる。

令状には，処分の対象（被逮捕者，「捜索する場所」「押収する物」）が明示されなければならない（**一般令状の禁止**）。捜査機関に処分対象の範囲を自覚させ，権限濫用を防止するためである。他方，処分の理由については，「逮捕」の場合には憲法33条がその明示を要求しているが，「侵入，捜索及び押収」の場合については，判例は，憲法35条は「その令状が正当な理由に基いて発せられたことを明示することまでは要求していない」とする（最大決昭和33・7・29刑

集 12 巻 12 号 2776 頁）。

(b) **趣　旨**　令状主義が以上のような要請を意味するとすれば，その趣旨は，捜査機関による「逮捕」や「侵入，捜索及び押収」等が「正当な理由」に基づいて行われることを保障する —— 言い換えれば，「正当な理由」のない（すなわち，「不合理」な）「逮捕」や「侵入，捜索及び押収」を防止する —— とともに，明らかに必要のない権限行使を抑制することに求められよう。

> ### Column 1-6　令状主義の趣旨
>
> 　令状主義が，「理由」のない（あるいは，「不合理」な）「逮捕」や「住居，書類及び所持品」についての「侵入，捜索および押収」を防止するための制度であることについては争いはない。もっとも，このような理由のない逮捕，侵入，捜索および押収の防止が要請される根拠については，①対象者の人身の自由や住居の平穏・プライヴァシー等の実体的権利・利益の不当な侵害を防止するためだとする説明と，②これらの処分が，合理的な根拠もなく特定の個人や場所を狙い撃ちにし，何か犯罪に関する情報や資料がないかを渉猟的に探索すること（「**一般的探索**」）に利用されることを防止するためだとする説明とがあり得る。いずれの説明を採るかによって，令状主義の射程範囲や，令状主義違反の場合の違法収集証拠排除法則の根拠・基準等についての考え方（⇨ 416 頁**1**）にも差異が生じ得るものと考えられる。

(c) **適用範囲**　憲法 33 条および 35 条は，それぞれ，「逮捕」および「住居，書類及び所持品」についての「侵入，捜索及び押収」を令状主義の対象としているが，これらの文言の意義は，上述の令状主義の趣旨に照らして実質的に解釈されなければならない。たとえば，憲法 35 条は，「住居，書類及び所持品」等の個人の「固有領域」について「侵入，捜索及び押収」されることのない権利を保障するが（憲法 33 条の「逮捕」も，個人の固有領域たる「身体」への侵犯・干渉を内容とするものといえよう），判例は，同条項の保障対象には，これに準じて，「私的領域」（プライヴァシー）に「侵入」されることのない権利も含まれるとする（⇨ 42 頁 **判例 1-2** ）。刑訴法は，「捜索及び押収」だけでなく，「検証」や「電気通信の傍受」も令状主義の対象とする一方で，「押収」のうち（「差押え」は令状主義の対象としているが）「領置」については，その対象外に置いている（憲法上の「押収」は刑訴法上の「差押え」を意味するものと解されている。⇨ 119 頁**(1)**）。

第1節　捜査法の基本枠組み

Column 1-7　強制処分法定主義と令状主義・捜査比例の原則の関係

　強制処分法定主義と令状主義の関係については，強制処分法定主義の意義・趣旨の理解の仕方によってその捉え方が異なる。すなわち，「新しい強制処分」説によれば，強制処分法定主義と令状主義は「同義異語にほかならない」とされるが（⇨ 39 頁 Column 1-4），通説のもとでは，強制処分法定主義は，そもそも刑事手続上当該処分を用いることが一般的に許されているか否かを問題とするものであるのに対し，令状主義は，それが許されるとした場合に，その条件と個々具体的な処分についての許否の手続を規律するものであるという意味で，それぞれ独自の意義を持つ別個の規範として理解される。

　強制処分法定主義と捜査比例の原則も，趣旨を異にする別個の規範であり，刑訴法 197 条 1 項も，捜査は，一般に（強制処分に当たると否とにかかわらず），その目的達成のために必要・相当な範囲で行うことができるが（本文），たとえその範囲内であっても，「強制の処分」は，法律の根拠規定がなければすることができない（但書）旨定めるものと理解することができる。そのため，捜査機関により法律の根拠規定のない処分が行われた場合には， 判例 1-1 （⇨ 40 頁）にもみられるように，①まず，当該処分が「強制の処分」に当たるか否かを判断し，当たる場合には 197 条 1 項但書に照らして違法であるが，②当たらない場合であっても，とりわけ個人の何らかの法益が侵害されまたは侵害されるおそれがある場合には，必要性，緊急性などをも考慮したうえ，具体的状況のもとで相当と認められなければ，やはり違法とされることになる。

　このような判断枠組みに対しては，「相当でない任意処分」という範疇を認めることによって令状なしに行使できる処分の範囲を不当に拡大するもの（であり，「相当でない任意処分」の多くは強制処分とみるべき）だとする批判もある。しかし，両規範は趣旨を異にする規範であるから，それぞれの適否の判断にずれが生じ得るのは当然であろう。

　また，②の判断に関しては，当該処分が相手方の同意・承諾に基づいて行われた場合には妥当しないとの指摘もある。すなわち，相手方の同意・承諾がある場合には，同人の権利・利益が放棄されているのであるから，その侵害は問題とならないとして，当該（任意）処分の比例原則に照らしての適否を判断するにあたっても，その「弊害」として相手方個人の権利・利益の制約を考慮に入れる余地はないとするのである。しかし，対象者の同意・承諾は，捜査目的達成に不可避的に伴う権利・利益の侵害ないし制約を受忍する旨の意思表示として理解されるべきであり（⇨ 44 頁 Column 1-5），また，いずれにせよ，捜査目的達成のために不必要ないし不相当な行為を行うことは，正当な目的を逸脱した権限行使となるため，相手方の同意・承諾があったとしても許されないというべきであろう。

49

第2節　捜査の端緒

1 捜査の端緒

　捜査は，捜査機関が「犯罪があると思料」したとき，すなわち，特定の犯罪事件の発生について嫌疑を抱いたときに開始される（189条2項参照）。

　捜査機関が「犯罪があると思料」するには，その前提として，犯罪発生に関する情報が何らかのかたちで現実に捜査機関のもとに到達する必要があるが，その方法等については，法律上何ら制限はない。犯罪捜査規範59条は，警察官は，「新聞紙その他の出版物の記事，インターネットを利用して提供される情報，匿名の申告，風説その他広く社会の事象に注意するとともに，警ら，職務質問等の励行により，進んで」犯罪に関する情報収集に努めなければならないとしており，このような警察の情報収集活動によって犯罪が発覚することも少なくない。また，捜査機関が他の犯罪の捜査を進めていく過程で新たな犯罪事実の存在が明らかになることもある。もっとも，統計上は，被害者からの届出（**被害届**）をきっかけとして捜査が開始される場合が圧倒的に多い。

　このように，捜査機関が特定の犯罪事件の存在に関する嫌疑を抱くきっかけのことを**捜査の端緒**というが，以下では，この捜査の端緒となり得る行為のうち，法律がその手続等についてとくに規定を置くものについて概説する。

2 検　視

(1) 意　義

　検視とは，**変死者**または**変死の疑のある死体**がある場合に，その死亡が犯罪によって生じたものであるか否かを判断するために死体の状況を見分することをいう（229条1項参照）。「変死者」とは，老衰や疾病等の自然死ではなく，犯罪による死亡ではないかと疑われる死体をいい，また「変死の疑のある死体」とは，不自然死による疑いが残り，かつ犯罪によるものかどうかも不明な死体をいう（したがって，結局，犯罪によるものでないと断定することができない死体はすべて検視の対象となる）。検視の結果，死亡が犯罪によるものであるとの疑いが

残る場合には，捜査が開始される。

　検視を行うことは，検察官の権限であると同時に義務でもある（229 条 1 項は，「検察官は，検視をしなければならない」と定める）。もっとも，検察官は，検察事務官または司法警察員に検視をさせることもでき（同条 2 項），実際上はこの**代行検視**によることが多いとされる。

　このように，犯罪による疑いがあるか否かを確認するために刑訴法に基づいて行われる検視を**司法検視**といい，行政法規に基づいて犯罪と無関係な死体を見分する**行政検視**と区別される。行政検視は，死体がある旨の届出や報告を受けた警察署長等が，公衆衛生，死因・身元確認，死体の処理等を目的として行うが（死体取扱規則 4 条参照），その結果，変死の疑いが生ずるときには，検察官に通知をしたうえで，司法検視へと移行することもある。

(2) 方　　法

　検視は，五官の作用によって死体の状況を見分（外表検査）する処分である。検視については令状を要しないが，その際，死因を明らかにするだけでなく，死者の特定，死亡時期，死亡場所等の調査のために，写真撮影，指紋・足型採取，所持品の調査等も行うことができると解されている。もっとも，死因を特定するために必要であっても，医師による死体の解剖は，鑑定に必要な処分として，鑑定処分許可状の発付を得てはじめて行うことができるものと解される（⇨152 頁(2)）。他方，検視のための他者の住居への立入りについて，通説は，一種の緊急処分として令状によらなくても許されるとするが，住居主の同意を要するとする見解も有力である。

3 告訴・告発・請求

(1) 告　　訴

　(a) **意　義**　**告訴**とは，犯罪の被害者その他一定の関係者が，捜査機関に対して犯罪事実を申告し，犯人の訴追ないし処罰を求める意思表示をいう。犯人訴追を求める意思表示を含んでいる点で被害届（⇨前頁**1**）と区別される。告訴をすることができるのは，被害者とその法定代理人のほか，一定の場合の被害者の親族等である（**告訴権者**。230 条〜233 条）。

第1章　捜　査

(b)　手　続　　告訴は，書面または口頭で，検察官または司法警察員に対してしなければならないが，口頭でなされた場合には調書が作成される（241条）。告訴は，公訴の提起があるまでは取り消すことができるが，取り消した者はさらに告訴をすることができない（237条）。告訴およびその取消しは，代理人によって行うこともできる（240条）。

告訴を受けた司法警察員は，速やかにこれに関する書類および証拠物を検察官に送付しなければならない（242条）。また，検察官は，告訴のあった事件について起訴・不起訴の処分をしたとき，公訴を取り消したときまたは事件を他の検察庁の検察官に送致したときは，速やかにその旨を告訴人に通知しなければならず（260条），不起訴処分にした場合には，請求があればその理由も告知しなければならない（261条）。

(c)　親告罪の告訴　　一般には告訴は捜査の端緒の1つにすぎないが，刑法は，一定の犯罪については，告訴がなければ公訴を提起することができないものとしている。このような犯罪を**親告罪**というが，刑訴法は，親告罪については告訴がなされることが訴訟条件であることから（⇨262頁**第4節**），特別の定めを置いている。

(i)　告訴期間　　親告罪の告訴は，犯人を知った日から6ヵ月を経過したときには，これをすることができない（235条1項本文）。ただし，外国君主等に対する名誉毀損等の罪については，告訴期間は制限されない（同但書）。

「犯人を知った」の意義について，判例は，「犯人が誰であるかを知ることをいい，……犯人の住所氏名などの詳細を知る必要はないけれども，少くとも犯人の何人たるかを特定し得る程度に認識することを要する」とする（最決昭和39・11・10刑集18巻9号547頁）。また，親告罪について告訴権者が複数ある場合には，1人の期間の徒過の効力は，他の者に対しては及ばない（236条）。

(ii)　告訴不可分の原則　　親告罪の告訴の効力が及ぶ範囲については，**告訴不可分の原則**が妥当するとされる。これには，**事実的（客観的）不可分**と**人的（主観的）不可分**がある。

㋐　事実的（客観的）不可分　　明文の規定はないが，1個の犯罪事実の一部についてなされた告訴またはその取消しの効力は，その他の部分について告訴またはその取消しがなくても，犯罪事実の全部に及ぶものとされる。

52

第2節　捜査の端緒

告訴の**事実的（客観的）不可分性**は，一般に，単純一罪や包括一罪の一部についての告訴に妥当する（たとえば，器物損壊の被害物品の一部についてなされた告訴の効力は，全部の被害物品に及ぶ）ものとされるが，科刑上一罪（刑法54条が定める観念的競合または牽連犯）の一部に対する告訴にも妥当するかは問題である。通説は，告訴の不可分性は科刑上一罪についても妥当するとしたうえで，①科刑上一罪の各部分がともに親告罪であるが被害者を異にする場合や，②被害者を同じくする親告罪と非親告罪の科刑上一罪について告訴が非親告罪に限ってなされた場合等には，例外的に可分性を認めるべきであるとする。これによれば，たとえば，①1通の文書で数名の名誉を毀損し，被害者数名に対する名誉毀損の観念的競合が認められる場合に，被害者1人がなした告訴の効力は他の被害者に対する犯罪事実には及ばず，また，②住居侵入と器物損壊の間に牽連犯関係が認められる場合に，（非親告罪である）住居侵入に限ってなされた告訴の効力は（親告罪である）器物損壊には及ばないとされることになる。もっとも，これに対しては，科刑上一罪については一般的に告訴の可分性を認めたうえで，告訴人の訴追意思の合理的解釈を通じて妥当な解決を目指すべきであるとする有力な見解もある。

　(ｲ)　**人的（主観的）不可分**　親告罪について共犯者の1人または数人に対してした告訴またはその取消しは，他の共犯者に対してもその効力を生じる（238条1項）。告訴は，特定の者の訴追を求めるものではなく，特定の犯罪事実を指摘しその犯人の訴追を求めるものだからである。このような扱いは，共犯者間の公平という観点からも正当化されよう。

　ただし，（犯人と被害者の間に一定の身分関係がある場合にかぎり親告罪となる）いわゆる相対的親告罪については，身分関係が重要性を持つため，非身分者に対する告訴の効力は，身分関係のある共犯者には及ばないとされる（これに対して，身分関係のある数人の共犯者間では不可分の原則が妥当する）。たとえば，窃盗事件について，共犯者たる非親族に対する告訴の効力は，親族相盗例が適用される親族には及ばない。もっとも，この場合には，非親族のみを指示した告訴は「親告罪について」なされた告訴に当たらないということもできよう。

(2) 告発・請求

告発とは，告訴権者および犯人以外の者が捜査機関に対して犯罪事実を申告し，その犯人の訴追を求める意思表示をいい（239条参照），**請求**とは，特殊な犯罪について一定の機関により行われる同内容の意思表示をいう。これらも，一定の犯罪については，訴訟条件とされる（告発については，独禁96条1項，公選253条2項，関税140条1項等，請求については，刑92条2項，労調42条等）。告発・請求の手続・効果等は，特段の定めのないかぎり告訴の場合に準ずるが（237条3項・238条2項・241条〜243条・260条〜262条・183条），代理人によることができず，また，告発・請求期間に制限がない点等において告訴と異なる。

4 自　　首

自首とは，犯罪事実または犯人が誰であるかが発覚する前に，犯人が自ら捜査機関に自己の犯罪事実を申告し，その処罰に自己をゆだねる意思表示をいう。刑法上は刑の減免事由とされるが，訴訟法上は捜査の端緒とされるにすぎない。その方式・手続は，告訴・告発に準ずる（245条）。

5 職務質問

(1) 職務質問

(a) 意義・要件　　警察官職務執行法2条1項は，警察官は，異常な挙動その他周囲の事情から合理的に判断して，①何らかの犯罪を犯し，もしくは犯そうとしていると疑うに足りる相当な理由のある者，または，②既に行われた犯罪について，もしくは犯罪が行われようとしていることについて知っていると認められる者を停止させて質問することができる旨定める。

これを**職務質問**といい，「犯罪の予防，鎮圧等を目的とする行政警察上の作用」として位置づけられる（最判昭和53・6・20＝ 判例 1-3 〔⇨59頁〕）。職務質問を行う「理由」としては，「異常な挙動その他周囲の事情から合理的に判断」して，「何らかの犯罪」に関する**不審事由**があれば足りるものとされ，犯罪の具体的内容が特定される必要はない。また，質問の理由となる犯罪は，これから行われようとしているものであるか，または既に行われたものであるかを問わない。また，質問の対象も，その容疑者的立場にある者（上記①）であ

るか，第三者的立場にある者（上記②）であるかを問わない。

　職務質問は，行政警察活動の一環として（⇨ 30 頁 Column 1-1 ），これから行われようとしている犯罪については，内容を確認し，その防止に必要な措置をとることを目的として，また，既に行われた犯罪については，その内容を特定し，嫌疑の有無・程度を確認するとともに（なお，犯罪が特定されれば，司法警察活動が開始されることになる），被害者の救護その他被害の拡大防止のための措置を講じ，新たな犯行や自傷行為等を防止することを目的として行われるのである。

Column 1-8　行政警察活動を規制する一般規範

　行政警察活動も，比例原則に則り，その正当な目的達成のために「必要」かつ「相当」な範囲で行われなければならないことについては，捜査と変わりはない（**警察比例の原則**）。警職法も，職務質問をはじめとする同法に規定する手段は，その正当な「目的のため必要な最小の限度において用いるべきもの」であり，「いやしくもその濫用にわたるようなことがあつてはならない」旨定める（1 条 2 項）。ただし，比例原則は目的合理性を要求するものであるから，捜査と行政警察活動とでは，制度上の目的の差異に応じてその必要性・相当性判断の内容にはおのずと差異が生ずることになる（犯罪の防止のために必要・相当な行為と，訴追準備のために必要・相当な行為の内容は異なり得る）。

　さらに，行政警察活動には，**法律留保の原則**も妥当する。これは，行政機関が一定の活動を行うには法律による授権を要するというものであり，いかなる活動がその対象となるかについては議論があるが，通説である侵害留保説によれば，私人の財産・自由の侵害を伴うような行為については法律の根拠が必要とされる。法律留保の原則は，公的機関による一定の活動に対する民主的統制の要請という点では強制処分法定主義と共通するが，その対象は，必ずしも強制処分に限定されるわけではなく，より広く私人の財産・自由の侵害を伴う行為全般に及ぶものと解される（したがって，職務質問も，強制処分ではないとしても，私人の自由の制約を一定程度伴うものとして，法律の根拠規定を要し，法定の要件のもとでのみ行うことが許されるものと解するべきであろう）。

　さらに，行政手続であっても，実質的に「逮捕」，「住居，書類及び所持品」についての「侵入，捜索又は押収」に該当するような行為については，憲法 33 条ないし 35 条による令状主義の要請が妥当するものと考えられ，また，「実質上刑事責任追及のための資料の取得収集に直接結びつく作用を一般的に有する手続」には，憲法 38 条 1 項によるいわゆる自己負罪拒否特権の保障が及ぶことにも注意しなければならない（⇨ 20 頁 Column 0-5 ）。

(b)　質問の方法・態様　　職務質問は，犯罪の予防・鎮圧等の目的達成のた

め「必要な最小の限度」において行われなければならず（警職1条2項），質問の結果，当初の不審が解消されるに至った場合には速やかに質問を終了しなければならない。また，職務質問の対象者は，その意に反して答弁を強要されることはない（同2条3項）。したがって，相手方の答弁するか否かの意思を抑圧するような威圧的ないし脅迫的な質問を行うことは許されない。他方，そのかぎりにおいては，職務質問は，犯罪の予防・鎮圧等のために行われるものである以上，相手方が回答を拒んだ場合には直ちに質問を断念しなければならないというわけではない。ただし，（相手方の意思を抑圧するに至るほど）過度に執拗な質問は許されないというべきであろう。

(2) 職務質問のための停止・同行

(a) **法律の根拠**　警察官は，職務質問を行うために，その対象者を**停止**させることができるほか（警職2条1項），その場で質問することが本人に対して不利であり，または交通の妨害になると認められる場合においては，付近の警察署等への**同行**を求めることができる（同条2項）。もっとも，その相手方は，刑事訴訟に関する法律の規定によらないかぎり，身柄を拘束され，またはその意に反して警察署，派出所もしくは駐在所に連行されることはない（同条3項）。

(b) **停止・同行の許否・適否**　職務質問のための「同行」は，一般に「（行政警察目的の）任意同行」とよばれ，強制手段を用いることが許されないことは警職法2条2項および3項の文言上明らかである。これに対して，「停止」については，同法2条1項が（「停止することを求めて」ではなく）「停止させて」と定めていることもあり，身体拘束に至らないかぎりは強制手段を用いることも許されると解する見解もある。しかしながら，「停止」についても，その目的である職務質問自体が「犯罪予防または鎮圧のために認められる任意手段」である以上，あくまで任意の処分であり，「威嚇的に呼び止め或いは本人に静止を余儀なくさせるような有形的動作等の強制にわたる行為は許されない」というべきであろう（東京高判昭和49・9・30刑月6巻9号960頁）。

もっとも，このことは，職務質問のための停止において，有形力の行使が一切許されないということまでを意味するものではないとされる。すなわち，一般に，「停止」については，職務質問が，犯罪の予防・鎮圧等を目的とする行

政警察上の作用であり，専ら「口頭で呼びかけ若しくは説得的に立ち止まることを求め」ることしか許されないというのでは，その目的を達成することは困難であるから，「口頭の要求に添えて本人に注意を促す程度の有形的動作」であれば，許される場合があるとされるのである（前掲東京高判昭和 49・9・30）。

いずれにしても，職務質問のための停止・同行は，比例原則に則り，目的達成のため「必要な最小の限度」において行われなければならないことに変わりはない。したがって，有形力の行使が許される場合があるとしても，それは，その正当な目的達成のために当該手段を用いる必要性の程度と，それに伴う個人の権利・利益の制約等の弊害を衡量し，具体的状況のもとで相当と認められる限度においてであることに注意しなければならない。

判例には，職務質問のための停止について，駐在所で職務質問中に突然道路に飛び出した対象者を約 130 メートル追跡し，背後から「どうして逃げるのか」と言いながらその腕に手をかけた警察官の行為を適法としたものがある（最決昭和 29・7・15 刑集 8 巻 7 号 1137 頁）。また，酒気帯び運転の疑いが生じたため，酒気の検知をする旨告げたところ，対象者が急激に反抗的態度を示し，エンジンのかかっている自動車の運転席に乗り込んで，ギア操作をして発車させようとしたため，自動車の窓から手を差し入れてエンジンキーを回してスイッチを切った警察官の行為や，覚せい剤使用の嫌疑があり，幻覚の存在や周囲の状況を正しく認識する能力の減退など覚せい剤中毒をうかがわせる異常な言動が見受けられ，かつ，道路が積雪により滑りやすい状態において自動車を発進させるおそれのあった者の運転車両のエンジンキーを取り上げた警察官の行為について，職務質問を行うため停止させる方法として必要かつ相当な行為である（のみならず，道路交通法 67 条 3 項に基づき交通の危険を防止するため採った必要な応急の措置に当たる）として，適法としたものがある（最決昭和 53・9・22 刑集 32 巻 6 号 1774 頁，最決平成 6・9・16 ＝ 判例 1-14 〔⇨ 159 頁〕）。これらの判例は，警察官による停止行為が，身体拘束ないし強制手段には当たらないとの判断を前提に，その比例原則に照らしての適否を判断したものと解される。

(3) 職務質問の付随行為——所持品検査を中心に

(a) 職務質問の付随行為　　職務質問のための停止・同行が許されるのは，

第1章 捜 査

それが，職務質問を適切に実施するために必要な手段だからである。そうであるとすれば，法律留保の原則のもとでも，（警職法が明文で定める）停止・同行以外であっても，職務質問の適切な実施の確保や妨害排除のための措置を講じることが許される場合があるのではないか。

　判例は，警察官が「質問を継続し得る状況を確保するため，〔ホテル客室の〕内ドアを押し開け，内玄関と客室の境の敷居上辺りに足を踏み入れ，内ドアが閉められるのを防止した」行為について，「警察官職務執行法2条1項に基づく職務質問に付随するものとして，適法な措置であったというべきである」としており（最決平成15・5・26刑集57巻5号620頁），学説上も，警察官が質問を適切に実施するために必要な一定の行為を行うことは，**職務質問に付随する行為**として，警職法2条1項により，職務質問と併せて許容されており，別個の根拠規定を要しないとする見解が有力である。もっとも，職務質問に付随して**所持品の検査**を行うことができるか否か，できるとすればいかなる場合ないし限度においてかについては議論がある。

　(b) 所持品検査の法的根拠　　警察官が職務質問を行う際に，相手方が携行している所持品に不審を抱く場合には，その検査が行われることがある。もっとも，ひとくちに**所持品検査**といっても，その態様には様々なものがあり得る。たとえば，所持品について口頭で質問し，あるいは，その任意の提示を求める程度であれば，「質問」の一内容に含まれるということもできるかもしれない。これに対して，（「捜索」や「押収」に当たる場合はいうまでもないが，そこまでいかなくても）相手方の着衣や携帯品を外側から手で触れて調べたり，鞄を開披したり，鞄の内容を検査したり，あるいは，着衣のポケット内部から物を取り出したりするような行為は，もはや「質問」の内容に含まれるとはいえないというべきであろう。

　ところで，人が携行している物の「捜索」ないし「押収」には，憲法35条が定める令状主義が妥当し（⇨46頁(4)），後述のように，刑訴法は，捜査目的で行われる「捜索」および「差押え」についてはこれを具体化する規定を置いている（218条以下。⇨120頁(a)）。また，警察官には，警職法2条4項により，「逮捕されている者」については，「その身体について凶器を所持しているかどうかを調べる」権限が，また，銃砲刀剣類所持等取締法24条の2により，「銃

砲刀剣類等を携帯し，又は運搬していると疑うに足りる相当な理由のある者」について，「異常な挙動その他周囲の事情から合理的に判断して他人の生命又は身体に危害を及ぼすおそれがあると認められる場合」に，「銃砲刀剣類等であると疑われる物を提示させ，又はそれが隠されていると疑われる物を開示させて調べる」権限が認められている。しかしながら，それ以外の場合に警察官に所持品検査の権限を認める一般的な規定は存在しない（それどころか，1958〔昭和33〕年には，警察官に所持品検査の権限を一定の範囲で認める旨の警職法の一部改正案が国会に提出されたが，不成立に終わっている）。にもかかわらず，判例は，これらの規定が定める要件に該当しない場合であっても，所持品の検査を職務質問に付随して行う可能性を認めている。

> ◁ 判例 1-3 ▷ 最判昭和 53・6・20 刑集 32 巻 4 号 670 頁
>
> 【事実】岡山県警の警察官らは，無線により，米子市内で猟銃とナイフを所持した4人組による銀行強盗事件が発生し，その犯人が600万円余を奪って逃走中であることを知り，緊急配備検問を行ったところ，手配人相に似たX・Yを乗せた乗用車が来たため，停止させ，職務質問を開始した。
>
> 　X・Yはともに黙秘したため，疑いを深めた警察官らは，2人を下車させ，住所・氏名を質問するとともに，所持していたボーリングバッグおよびアタッシュケースの開披を求めたが，X・Yはこれに応じなかった。そこで，警察官らは，両名を警察車両に乗せ，警察署に同行して再度質問を行ったが，X・Yは依然として黙秘を続けた。その過程において，P巡査長が，Yに対し，ボーリングバッグおよびアタッシュケースを開けるよう何回も求めたが，Yがこれを拒み続けたので，その承諾のないまま，ボーリングバッグのチャックを開けたところ，大量の紙幣が入っているのが認められた。次いで，アタッシュケースの鍵をドライバーでこじ開けたところ，その中にも大量の紙幣が入っており，被害銀行の帯封のある札束も見えた。そこで，警察官らは，Yを強盗の容疑で緊急逮捕し，その場でボーリングバッグ，アタッシュケース，帯封1枚，現金等を差し押さえた。
>
> 【判旨】「警職法は，その2条1項において同項所定の者を停止させて質問することができると規定するのみで，所持品の検査については明文の規定を設けていないが，所持品の検査は，口頭による質問と密接に関連し，かつ，職務質問の効果をあげるうえで必要性，有効性の認められる行為であるから，同条項による職務質問に附随してこれを行うことができる場合があると解するのが，相当である。所持品検査は，任意手段である職務質問の附随行為として許容されるのであるから，所持人の承諾を得て，その限度においてこれを行うのが原則であることはいうまでもない。しかしながら，職務質問ないし所持品検査は，

59

第1章 捜 査

犯罪の予防，鎮圧等を目的とする行政警察上の作用であつて，流動する各般の警察事象に対応して迅速適正にこれを処理すべき行政警察の責務にかんがみるときは，所持人の承諾のない限り所持品検査は一切許容されないと解するのは相当でなく，捜索に至らない程度の行為は，強制にわたらない限り，所持品検査においても許容される場合があると解すべきである。もつとも，所持品検査には種々の態様のものがあるので，その許容限度を一般的に定めることは困難であるが，所持品について捜索及び押収を受けることのない権利は憲法35条の保障するところであり，捜索に至らない程度の行為であつてもこれを受ける者の権利を害するものであるから，状況のいかんを問わず常にかかる行為が許容されるものと解すべきでないことはもちろんであつて，かかる行為は，限定的な場合において，所持品検査の必要性，緊急性，これによつて害される個人の法益と保護されるべき公共の利益との権衡などを考慮し，具体的状況のもとで相当と認められる限度においてのみ，許容されるものと解すべきである。」

本件ボーリングバッグを開披したPの行為は，「猟銃及び登山用ナイフを使用しての銀行強盗という重大な犯罪が発生し犯人の検挙が緊急の警察責務とされていた状況の下において，深夜に検問の現場を通りかかったX及びYの両名が，右犯人としての濃厚な容疑が存在し，かつ，兇器を所持している疑いもあつたのに，警察官の職務質問に対し黙秘したうえ再三にわたる所持品の開披要求を拒否するなどの不審な挙動をとり続けたため，右両名の容疑を確める緊急の必要上されたものであつて，所持品検査の緊急性，必要性が強かつた反面，所持品検査の態様は携行中の所持品であるバッグの施錠されていないチヤックを開披し内部を一べつしたにすぎないものであるから，これによる法益の侵害はさほど大きいものではなく，上述の経過に照らせば相当と認めうる行為であるから，これを警職法2条1項の職務質問に附随する行為として許容されるとした原判決の判断は正当である。」

しかし，このような判例の立場に対しては，学説上，職務質問に付随して行うことが許されるのは，あくまで質問の適切な実施の確保に必要な行為に限られるのであって，所持品検査を職務質問に付随して行い得る場合があるとしても，それは，たとえば，相手方が凶器を所持しているおそれが認められるような場合にそれによる危害を排除する目的で行われる等の場合に限られ，いかに「口頭による質問と密接に関連し，かつ，職務質問の効果をあげるうえで必要性，有効性の認められる行為」であっても，犯罪の嫌疑解明を目的とする所持品検査までをも許容することはできないとする批判も強い。

(c) **判例による所持品検査の適否の判断枠組み**　上記の判例の立場を前提とする場合には，所持品検査の適否の判断はどのようになされるか。

60

第2節　捜査の端緒

　判例は，まず，所持品検査は，任意手段である職務質問の付随行為として許容される以上，「相手方の承諾を得て行うのが原則である」が，承諾がなくても，「捜索に至らない程度の行為」は，「強制にわたらない限り」，許容される場合があるとする。すなわち，所持品検査は，相手方の承諾を得ずに行うことが許される場合も例外的にはあり得るが，それが，「捜索」に該当するか，または，「強制にわたる」場合には，違法とされることになるのである。

　このうち，警察官の行為が「強制にわたる」か否かについては，判例が，相手方の承諾の有無にその判断基準を求めていないことは明らかであるが，それ以上に，その一般的な判断基準が示されているわけではない。他方，具体的にどのような態様の所持品検査が「捜索」に当たるかの判断基準も，必ずしも明らかではない。判例は，①相手方が「携行中の所持品であるバッグの施錠されていないチャックを開披し内部を一べつした」行為（⇨ 判例 1-3 ）や，②「床に落ちていたのを拾ってテーブル上に置いておいた財布について，2つ折りの部分を開いた上ファスナーの開いていた小銭入れの部分からビニール袋入りの白色結晶を発見して抜き出した」行為（前掲最決平成 15・5・26）については，「捜索」に当たるか否かについて言及することなく適法とする一方で，③相手方の「上衣左側内ポケットに手を差し入れて所持品を取り出したうえ検査した」行為については，次にみるように，（「捜索に至る」とはしていないものの）「その態様において捜索に類するもの」としている。

　判例 1-4 　最判昭和 53・9・7 刑集 32 巻 6 号 1672 頁
【事実】P 巡査らは，深夜，覚せい剤事犯や売春事犯の検挙例の多い地帯をパトカーで警ら中，自動車に乗り，遊び人風の男らと話していた X（被告人）に不審な挙動が認められ，売春の客引きの疑いもあったことから，同人に対する職務質問を開始した。X の落ち着きのない態度，青白い顔色などからして覚せい剤中毒者の疑いもあったため，P は X を降車させ，所持品の提示を求めたが，X は「見せる必要はない」と言って拒否した。また，遊び人風の男も近づいてきて「お前らそんなことする権利あるんか」などと罵声を浴びせ，挑戦的態度に出てきた。そこで，P らは他のパトカーの応援を要請したが，応援が来るまでの 2，3 分間，X は落ち着かない態度で所持品の提示を拒んだ。応援の警官が来て後，X はぶつぶつ言いながらも右側内ポケットから目薬とちり紙を取り出して P に渡した。P は，他のポケットを触らせてもらうと告げ，何も言わなかった X の上衣とズボンのポケットを外から触ったところ，上衣左側内ポケ

第1章 捜　査

ットに「刃物ではないが何か堅い物」が入っている感じでふくらんでいたので，その提示を要求した。Ｘが黙ったままだったので，Ｐは，「いいかげんに出してくれ」と強く言ったが，それにも答えないので，「それなら出してみるぞ」と言ったところ，Ｘは何かぶつぶつ言って不服らしい態度を示していたが，ＰがＸの上衣左側内ポケット内に手を入れて取り出してみると，それは「ちり紙の包，プラスチックケース入りの注射針1本」であり，「ちり紙の包」を開披してみると，「ビニール袋入りの覚せい剤ようの粉末」が入っていた。試薬を用いて粉末を検査した結果，覚せい剤であることが判明したので，Ｐは，Ｘを覚せい剤所持の現行犯人として逮捕し，粉末等を差し押さえた。

【判旨】 ◁ 判例 1-3 ▷ が所持品検査の許容性について示した一般論を引用したうえで，本件所持品検査について，「Ｐ巡査が……〔Ｘ〕に対し，……〔Ｘ〕の上衣左側内ポケットの所持品の提示を要求した段階においては，……〔Ｘ〕に覚せい剤の使用ないし所持の容疑がかなり濃厚に認められ，また，同巡査らの職務質問に妨害が入りかねない状況もあつたから，右所持品を検査する必要性ないし緊急性はこれを肯認しうるところであるが，……〔Ｘ〕の承諾がないのに，その上衣左側内ポケットに手を差し入れて所持品を取り出したうえ検査した同巡査の行為は，一般にプライバシイ侵害の程度の高い行為であり，かつ，その態様において捜索に類するものであるから，……本件の具体的な状況のもとにおいては，相当な行為とは認めがたいところであつて，職務質問に附随する所持品検査の許容限度を逸脱したものと解するのが相当である」とした。

　これらの判例からは，携帯品等の所持品検査について，「捜索に至らない程度の行為」であるというためには，それを開披するにとどめるか，あるいは，せいぜい中に手を差し入れて所持品を取り出し，検査するところまでが限界であって，その内部を探索するような行為は「捜索」に至るものとして，許されないということになるものと考えられる（なお，自動車内の探索について，相手方の承諾がないかぎり，職務質問に付随して行う所持品検査として許容される限度を超えたものというべきとする判例として，最決平成7・5・30刑集49巻5号703頁参照）。

　次に，判例は，「捜索に至らない程度」にとどまり，かつ，「強制にわたらない」所持品検査であっても，「状況のいかんを問わず常に……許容されるもの」ではなく，「限定的な場合において，所持品検査の必要性，緊急性，これによつて害される個人の法益と保護されるべき公共の利益との権衡などを考慮し，具体的状況のもとで相当と認められる限度においてのみ，許容される」とする（⇨59頁◁ 判例 1-3 ▷）。この判示は，所持品検査の比例原則に照らしての適否

62

を問題とするものと解され，したがって，その判断は事案ごとの具体的な個別事情によることになるが，ここでの所持品検査の「必要性」としては，職務質問の適切な実施のための必要性だけではなく，犯罪の嫌疑解明のための必要性も問題とされていると解されること，そして，所持品検査によって「害される個人の法益」について，判例は，警察官の行為の態様を問題とし，上記①の行為については「これによる法益の侵害はさほど大きいものではな」いとするのに対し，③の行為については，「一般にプライバシイ侵害の程度の高い行為」であるとしていることに注意しなければならない。

(4) 職務質問の要件確認のための質問の許否──自動車検問を中心に

(a) **職務質問の要件確認のための停止・質問**　警職法2条1項は，職務質問およびそのための停止を行うための要件として，その対象者に，「異常な挙動その他周囲の事情から合理的に」判断して，不審事由の存在が「認められる」ことを要求している。

　法律留保の原則のもとでは，警察官が職務質問およびそのための停止を行うには，法律の根拠規定を要するものと解されるから（⇨55頁 Column 1-8 ），その権限は法定の要件を充足する場合にしか行使することはできないはずである。また，実質的にも，警察官による停止・質問は，一定の合理的な理由に基づいて行われるべきであって，警察官が恣意的に対象者を選んで停止を求めたうえで，何か不審な点がないかを一般的に探索するような質問をすることは許されないというべきであろう。

　しかし，とりわけ自動車に乗車している者に関しては，警察官が，不審事由等が認められると否とにかかわらず，一定の場所を通行する者を停止させ，質問する「検問」が行われることがあり，その法的根拠や許容性の要件が──その比例原則に照らしての許否・適否とともに──問題となる。

(b) **自動車検問の許否・適否**　職務質問は，自転車や自動車に乗っている者に対しても，歩行者に対するのと同様に行われ得る。したがって，警察官は，警職法2条1項に定める不審事由が認められる場合には，自動車を停止させ，その運転者や同乗者に質問することができる（⇨56頁(2)）。また，道路交通法は，道路における危険防止のために，危険車両や違反車両等を停止させる権限

を警察官に認めている（道交58条の2・61条・63条・67条1項）。他方，現に具体的な犯罪の実行や逃走等に用いられ，ナンバーの割れている車両など，特定の犯罪事件との関連が外見上確認できる車両を停止させ，運転者等に質問することは，犯罪捜査の一環として，刑訴法により許される場合がある。これらは，いずれも，その外観上不審事由や道交法違反，具体的犯罪の嫌疑が認められる自動車を個別的に対象とするものだからである。

　ところが，自動車は犯罪に利用されることが多い反面，高速で移動するものであり，内部も外からはよく見えないため，その外観から不審事由等の有無を判断するのが困難であることも少なくない。そこで，不審事由等が認められると否とにかかわらず，一定の場所を通過する自動車に無差別に停車を求めて質問するという措置がとられることがある。これを，**（一斉）自動車検問**という。自動車検問は，職務質問の要件である不審事由等が認められる以前の，そもそもその要件が認められるか否かを確認するための停止および質問であるから，その法的根拠を警職法2条1項に求めるのは困難である。

　ところで，自動車検問は，①交通違反の取締りを目的とする**交通検問**，②不特定の一般犯罪（交通違反以外の犯罪，たとえば，窃盗事件や強盗事件等の一定類型の犯罪）の予防・検挙を目的とする**警戒検問**，③特定の犯罪（具体的な犯罪，たとえば，A銀行B支店における強盗事件）が発生した場合の犯人検挙と情報収集を目的とする**緊急配備検問**という3つに分類され，各目的によって，その法的根拠についての考え方にも差異が生ずることになる。

　①の交通検問の許容性を論ずる前提として，最決昭和55・9・22刑集34巻5号272頁は，「警察法2条1項が『交通の取締』を警察の責務として定めていることに照らすと，交通の安全及び交通秩序の維持などに必要な警察の諸活動は，強制力を伴わない任意手段による限り，一般的に許容される」旨判示する。このことから，判例は交通検問権限の法的根拠を警察法2条1項に求めるものと解する見解もある。しかし，これに対しては，警察法は，警察の組織のあり方を定める組織規範であって，具体的な権限の根拠規定とはなり得ないとし，上記判示も，交通検問の権限の法的根拠を同法2条1項に求める趣旨ではなく，交通検問が警察の責務の範囲内の活動であることを確認したにすぎないとする理解も有力であり，これによれば，判例は，交通検問については法律の

64

根拠規定は存在しないことを前提としてその許容性を認めていることになる。

学説上は，警察法2条1項は，組織規範として警察の所掌事務の範囲を定めるだけでなく，所定の責務を遂行すべきことを規定したものであるとして，同規定に交通検問の法的根拠を求める見解や，自動車は，その性質上，停止させなければ職務質問の要件の存否が確認できないにもかかわらず，警職法は自動車利用者をその対象から除外していないことを理由として，同法2条1項に根拠を求める見解もある。しかし，交通検問を認める法律の根拠規定は存在しないとの理解の方が一般的である。

交通検問についての根拠規定は存在しないとの前提に立つ見解の中には，立法的措置がとられないかぎり，交通検問を行うことは許されないとするものもある。しかし，これに対しては，警察官が，「交通違反の予防，検挙のための自動車検問を実施し，同所を通過する自動車に対して……短時分の停止を求めて，運転者などに対し必要な事項についての質問などをすること」は，「相手方の任意の協力を求める形で行われ……る限り」においては（前掲最決昭和55・9・22），法益の侵害，権利自由の制約はないから，特別の根拠規定がなくても許されるとする有力な見解がある。

「任意の協力」によるならば法益の侵害，権利自由の制約がないといえるか（あるいは，判例がそのような理解を前提としているか）については議論の余地があるが（むしろ，「協力」とは，権利自由の制約の受忍を内容とするものというべきであろう。上記見解も，「任意の協力」による場合に，運転者に運転継続ないし移動の自由が短時分害されるという「迷惑」が生ずることは否定しないが，この程度の「迷惑」は，判例のいうように，「自動車の運転者は，公道において自動車を利用することを許されていることに伴う当然の負担として，……交通の取締に協力すべきものであること，その他現時における交通違反，交通事故の状況など」により，正当化され得るとする），いずれにしても，交通検問を行うことに理由があり，その実施が必要かつ相当であるというためには，検問は，「交通取締の一環として交通違反の多発する地域等の適当な場所」において，その目的達成のために「合理的に必要な限度で」行われなければならない。

②警戒検問については，その地域で続発していたタクシー強盗の予防・検挙のために検問が行われたという事案に関連して，警職法2条1項は，警察官に，

職務質問の要件の存否を確認するため自動車利用者に停車を求め，質問する権限をも認めるものであるとしたうえで，その権限行使の条件として，ⓐ停車行為は任意の手段でなければならず，障害物設置等の方法を用いないこと，ⓑ罪を犯し，もしくは犯そうとしている者が自動車を利用しているという蓋然性が認められること，ⓒ公共の安全と秩序の維持のために自動車利用者の自由を制限してもやむを得ないものと認められること（具体的には，自動車を利用する重要犯罪の予防・検挙のために行われること，他の方法ではその犯罪の予防・検挙が困難であること，当該犯罪の予防・検挙の手段として効果が期待できること，自動車利用者の自由の制限が最小限度にとどめられること）を挙げる裁判例がある（大阪高判昭和38・9・6 高刑集16巻7号526頁）。

　警戒検問は，交通検問と異なり，運転者の交通取締への協力義務とは無関係である一方で，「職務質問の要件の存否を確認するため」の停止・質問を内容とするものであるから，その法的根拠を交通取締協力義務や警職法2条1項に求めるのは困難である。そのため，学説の中には，現行法制のもとでは，その許容性を否定せざるを得ないとする見解もある。しかし，これに対しては，警戒検問も，犯罪の予防・検挙という警察法2条が定める警察の責務の範囲内の目的で，相手方の自由な意思に基づく任意の承諾・協力により行われるのであれば（したがって，職務質問のための停止と異なり，有形力の行使等は許されない），そこには何らの法益の侵害，権利自由の制約はないから，特別の根拠規定がなくても，許容されるとの見解も有力である。ここでもやはり任意の協力によるからといって，何ら法益の侵害，権利自由の制約がないということになるかは疑問であるが，いずれにしても，具体的場面において警戒検問を行うことに理由があり，また，それを実施することが必要かつ相当であるというためには，（ⓐの要件だけでなく）最低限，上記裁判例の挙げるⓑおよびⓒの要件が満たされる必要があろう。

　③の緊急配備検問は，具体的な犯罪の嫌疑に基づいて行われるものであるため，対象車両が特定できていない場合であっても，刑訴法197条1項に基づく任意捜査の一環として行うことが許されるものと解されている。

第3節　逮捕・勾留

　捜査の目的は，犯罪の嫌疑を解明して，公訴提起（起訴）するか否かの判断を行うとともに，起訴後の公判活動の準備を行うことにあるが，起訴・不起訴の判断や公判活動（立証）に必要な証拠が被疑者によって隠滅されたり，また被疑者が逃亡したりすれば，この目的は十分達成し得なくなる。そこで，法は，被疑者の逃亡や罪証隠滅を防止しつつ捜査を遂行するための手段として，一定の場合に被疑者の身体を拘束することを認めた。これを**逮捕**および**勾留**という。

　しかし，逮捕も勾留も，人の移動・行動の自由の剥奪という重大な権利制約を伴うことから，濫用にわたらないよう慎重な配慮がなされている。すなわち，憲法の規定に基づき，いずれについても令状主義の規制を及ぼして，正当な理由なき身体拘束を防止しているのに加え，刑訴法は，それぞれにつき厳格な時間制限を定め，しかも比較的短時間の拘束である逮捕をまず行い，その後さらに拘束の必要がある場合に限って，より長期間の拘束である勾留へと移行するという仕組みにすることで，不必要に長期にわたる拘束を避けようとしている。

1 逮　捕

(1)　逮捕の意義と目的

　逮捕は，被疑者を比較的短時間拘束する強制処分である。逮捕の語は，狭義では，被疑者の身体を拘束して所定の場所（警察署等）に引致するまでを指す。この意味での逮捕が，憲法33条の「逮捕」に当たる（なお，同条の「逮捕」には，被告人等の勾引〔刑訴58条等参照〕も含まれる）。もっとも，被疑者を拘束・引致した後，さらに一定期間拘束を継続すること，すなわち**留置**をも含めて逮捕ということも多い（被疑者が逮捕中である，という場合など）。この留置は，憲法では34条の「抑留」に当たる。他方，引致や留置を含まず，当初の身体拘束行為のみを逮捕という場合もある（刑訴法220条1項2号にいう逮捕はこの意味で理解されることが多い。⇨143頁(c)）。

　逮捕の目的は，被疑者の逃亡や罪証隠滅を防止する（そうして捜査を遂行する）ことにあると解される。後述の通り，刑訴法・刑訴規則の規定からは，た

67

とえば逃亡や罪証隠滅のおそれがないにもかかわらず，専ら被疑者を取り調べること，あるいは被疑者の再犯を防止することを目的として，逮捕を行うことは許されない。

(2) 通 常 逮 捕

(a) **逮捕と令状主義の意義**　　憲法 33 条は，「何人も，現行犯として逮捕される場合を除いては，権限を有する司法官憲が発し，且つ理由となつてゐる犯罪を明示する令状によらなければ，逮捕されない」と定める。これを受けて刑訴法は，「裁判官のあらかじめ発する**逮捕状**」による逮捕の手続を定める（199条 1 項。令状逮捕，**通常逮捕**）。捜査機関からは独立の第三者たる裁判官が，事前に，特定の対象者を逮捕するだけの「理由」があるか否かを公正で中立的な立場から審査し，かつそのような「理由」（たる犯罪）を明示して発付される令状を通じ，逮捕の根拠と対象を捜査官（逮捕者）に明確に認識させることによって，捜査機関の権限濫用を防ぎ，もって正当な理由に基づかない身体拘束を防止しているのである。もっとも，現行法は，通常逮捕のほかに，事前の令状によらない逮捕として，**現行犯逮捕**と**緊急逮捕**という 2 つの制度も設けている（⇨71 頁(3)，73 頁(4)）。3 種の逮捕の関係については，これを並列的に捉える考え方もあり得るが，一般には，通常逮捕が令状主義に則った「原則」型であり，他の 2 つは令状主義の「例外」であると位置づけられている。

(b) **令状の請求**　　逮捕状は請求に基づいて発付される。請求できるのは，検察官または司法警察員（警察官については公安委員会の指定する警部以上の者）に限られ（199 条 2 項），検察事務官と司法巡査は請求権者に含まれない。これは，逮捕による権利侵害の重大さにかんがみ，請求に慎重を期するためである。請求は，請求者の所属に対応する管轄地方裁判所または簡易裁判所の裁判官に対し（規 299 条 1 項），被疑者の氏名（不明のときは人相・体格その他の事項により特定する）と年齢・職業・住居（これらが不明のときはその旨），罪名・被疑事実の要旨，被疑者の逮捕を必要とする理由，その他所定の事項を記載した請求書（規 142 条）を提出するとともに，逮捕の理由および逮捕の必要があることを認めるべき資料（疎明資料。規 143 条参照）を提供して行う。また，逮捕の蒸し返しによる不当な身体拘束を防ぐため，同一の犯罪事実について当該被疑者に対

68

し前に逮捕状の請求または発付があったときはその旨を裁判所に通知しなければならない（199条3項。現に捜査中の他の犯罪事実についても同様である。規142条1項8号）。

(c) **令状の発付**　逮捕状の請求を受けた裁判官は，下記の逮捕の要件が備わっているか否かを審査する。その際，裁判官は，請求者の出頭を求めて陳述を聴き，または書類その他の物の提示を求め（規143条の2），その他「事実の取調べ」（43条）をすることができる。

通常逮捕（逮捕状発付）の要件は，第1に**逮捕の理由**である。憲法33条は「理由となつてゐる犯罪」の存在を前提としているが，これは，特定の犯罪があり，その犯罪と被逮捕者が一定の結びつき（関連性）を有する蓋然性が認められることを含意する。刑訴法は，これを受けて，「被疑者が**罪を犯したことを疑うに足りる相当な理由**がある」ときに，逮捕を認める（199条1項）。すなわち，特定の犯罪の存在，および被逮捕者（被疑者）がその犯罪を犯したという意味での関連性（すなわち犯人性）が，相当程度の蓋然性で認められなければならない。

第2の要件は**逮捕の必要**である。刑訴法は，裁判官が上記の「相当な理由」があると認めるときは逮捕状を発するとしつつも，「明らかに逮捕の必要がないと認めるとき」はこのかぎりでないとし（199条2項），これを受けて規則は，「被疑者の年齢及び境遇並びに犯罪の軽重及び態様その他諸般の事情に照らし，**被疑者が逃亡する虞がなく，かつ，罪証を隠滅する虞がない**等明らかに逮捕の必要がないと認めるとき」は逮捕状請求を却下しなければならないと定める（規143条の3）。つまり，消極的な形ではあるが，被疑者の逃亡の防止または罪証隠滅の防止の目的のため逮捕が必要であることが要件とされている（なお，被疑者の取調べや再犯防止は，少なくとも規定の明文上は「逮捕の必要」の要素とはされておらず，それらは逮捕の直接の目的とはし得ないことが読み取れる）。また，この「逮捕の必要」は，逮捕によって得られる（逃亡・罪証隠滅の防止という）捜査上の利益の程度と逮捕によって生じる権利利益侵害の程度とが明らかに均衡を欠く場合（たとえば被疑者が高齢・病弱であるため，逮捕によって著しい法益侵害が生じ得る場合など）には否定されるべきであり，その意味で**相当性**（利益衡量）を含む概念である。以上のような「逮捕の必要」の要件は，比例原則に基づくもの

であり，究極的には憲法13条に由来するが，憲法33条の内容としても含まれているとみることは可能であろう。

なお，30万円（刑法犯等以外は2万円）以下の罰金，拘留または科料に当たる罪については，逮捕できるのは，被疑者が住居不定の場合，または正当な理由なく出頭の求め（198条1項）に応じない場合に限られる（199条1項但書）が，これは，比例原則の観点から，事件の軽微さに照らして必要性の要件を加重したものである。そのほか，国会の会期中の国会議員の不逮捕特権につき，憲法50条，国会法33条等参照。

以上の要件を満たす場合に，裁判官は逮捕状を発する。逮捕状には，被疑者の氏名（不明のときは人相・体格等で被疑者を特定すれば足りる）・住居（不明のときは記載不要），罪名，被疑事実の要旨，引致すべき官公署その他の場所，有効期間（原則として7日）等を記載し，裁判官が記名押印しなければならない（200条）。罪名と被疑事実の要旨の記載は，憲法33条にいう「理由となつてゐる犯罪を明示する」ことに当たる。被疑者の特定もこれに含まれるといえよう。

(d) **令状の執行**　　逮捕状の執行すなわち逮捕行為の主体は，検察官・検察事務官・司法警察職員，すなわち捜査機関全般である（199条1項）。逮捕するには，原則として被疑者に**逮捕状を呈示**しなければならない（201条1項）が，逮捕状を所持しないため呈示できない場合で急速を要するときは，被疑者に対し被疑事実の要旨および逮捕状が発せられている旨を告げて逮捕することができる（**緊急執行**。ただし，その後できるかぎり速やかに逮捕状を呈示しなければならない。201条2項・73条3項）。

逮捕に際しては，それを完遂するために必要かつ合理的な実力行使は当然に許される。具体的にどのような措置が許されるかは，事案ごと，そのときの状況により様々であり，基本的には比例原則に従って判断されよう。場合によっては武器を使用することもできるが，逮捕のためにほかに手段がないと信ずるに足りる相当な理由がなければ，人に危害を与えてはならない（警職7条参照）。逮捕の妨害に用いられ得る凶器や逃走具を発見するため，逮捕現場で捜索を行うことも許される（なお，これを220条1項2号に基づくものとみるか，逮捕自体の効力として許されるものとみるかは争いがある。⇨141頁）。被疑者を発見するために，捜査機関は，人の住居または人の看守する邸宅・建造物・船舶内に入り捜

索することもできる（220条1項1号。⇨140頁 Column 1-18 ）。

(3) 現行犯逮捕

(a) 現行犯逮捕と令状主義　　憲法33条が「令状によらなければ，逮捕されない」とするのは，「現行犯として逮捕される場合を除いて」である。これを受けて刑訴法は，「**現に罪を行い，又は現に罪を行い終つた者**」を現行犯人とし（212条1項），「現行犯人は，何人でも，逮捕状なくして」逮捕できるとする（213条）。この**現行犯逮捕**は，一般には，令状主義の例外と位置づけられる。このような例外が許されるのは，犯行または犯行の終了を逮捕者が現認するという直接的・類型的事情から，特定犯罪の存在およびそれと被逮捕者との結びつき（犯人であるという意味でのそれ）が明白であるため，令状手続（裁判官の事前判断）を経なくても，正当な理由なき逮捕がなされるおそれが小さいことに加え，現行犯の状況においては，直ちに逮捕しなければ犯人が逃亡するおそれが大きいため，令状を取っている余裕がないという意味での緊急の必要性が一般的に認められるからである。

(b) 現行犯の意義（現行犯逮捕の要件）　　上記の現行犯人の定義は，主に次の2つの要素に分析され，これが現行犯逮捕の要件とされる。第1に，犯罪の存在および被逮捕者の**犯人性が明白**に認められることである。これは，原則として，被逮捕者による犯行または犯行の終了を逮捕者が**現認**したという事情によるのでなければならないが，必ずしも犯行または犯行の終了を現認していなくても，現場や被害者の身体・衣服の状況，被逮捕者の挙動等，犯行直後の客観的状況を逮捕者が認識することで，犯人性の明白さが認められるのでもよいとする見解も有力である。さらに，被害者や目撃者の供述など，間接的な情報のみによって，犯人性の明白さを認めて現行犯逮捕することも許されるとする説もあるが，疑問である。もっとも，その種の情報を一切考慮してはならないか，それとも補充的には考慮してよいかについては，さらに見解が分かれ得る。行為の現認はあるが，それが犯罪であることが外観上明らかでなく，逮捕者が別途入手していた情報を考慮してはじめて犯罪行為（たとえば賄賂の授受）であると認められる場合などは，犯人性の明白さの要件を満たすとしてよいであろう。

第1章 捜　査

　第2に，犯行中または犯行の直後に逮捕行為が開始されること，すなわち犯行と逮捕との**時間的接着性**が必要である。犯行直後の状況下にあるからこそ，前述の緊急の必要性が認められるのである。したがって，たとえ犯行の現認があり，対象者の犯人性が明白であっても，たとえば数時間経過した後に現行犯逮捕を行うことは基本的には許されない。なお，学説上，時間的接着性とあわせ，場所的近接性も現行犯逮捕の要件とされ，かつこれらは犯人性の明白さの徴表とされることも多いが，犯行と逮捕との接着性は，犯人性の明白さとは別に，逮捕の「緊急の必要」を基礎づける要素として要求されるものとみるべきである（しかも，その点では，場所よりも時間の接着性が重要であろう）。

　なお，以上の2要件を満たしていても，通常逮捕の場合と同様（ただし，ここでは明文規定はない），明らかに逮捕の必要（逃亡・罪証隠滅のおそれ）がないときには，現行犯逮捕は許されない（大阪高判昭和60・12・18判時1201号93頁参照）。また，30万円（刑法犯等以外は2万円）以下の罰金，拘留または科料に当たる罪については，犯人の住居もしくは氏名が不明の場合，または逃亡のおそれがある場合でなければ，現行犯逮捕はできない（217条）。

　(c) **準現行犯人**　212条2項は，①犯人として追呼されているとき（1号），②贓物または明らかに犯罪の用に供したと思われる兇器その他の物を所持しているとき（2号），③身体または被服に犯罪の顕著な証跡があるとき（3号），④誰何されて逃走しようとするとき（4号），のいずれかに当たる者が，「罪を行い終つてから間がないと明らかに認められるとき」は，「現行犯人とみなす」とし，無令状で逮捕することを許している（**準現行犯人**）。現行犯人と比較した場合，犯行終了から「間がない」と認められることで足りるから，犯人性の明白さは要求されているものの，犯行または犯行終了の現認（ないし犯行直後の状況の認識）という事情による必要はないという点で緩和されており，また，犯行と逮捕との時間的接着性も，犯行の直後である必要はないというかぎりで，やはり緩和されている。その代わり，各号の類型的事情の存在が，犯人性の明白さを担保すると同時に，令状なしで逮捕すべき緊急の必要性を補強するものといえよう。このように，同項柱書による現行犯要件の緩和を，各号の類型的事情が補うという関係にある（そして，各号の事情が犯人性の明白さや緊急の必要性を担保・補強する度合いは，必ずしも一様ではない）から，逆に，柱書の要件

第3節 逮捕・勾留

（「間がない」「明らか」）が満たされる具体的基準は，当該事案において各号のどの（またいくつの）事情が認められるのかによって変わってこよう。なお，判例には次のような場合に準現行犯と認めたものがある。

> **判例 1-5** 最決平成8・1・29刑集50巻1号1頁
> 【事実】大学内での過激派内ゲバ事件につき，犯行現場から直線距離で約4キロ離れた派出所勤務の警察官が，本件に関する情報を受けて警戒中，本件犯行の約1時間後に，雨の中で傘もなく着衣をぬらし靴も泥で汚れた姿で通りがかったXに，職務質問のため停止するよう求めたが，逃げ出したのでこれを追い掛け，その際Xが腕に籠手を装着しているのを認めたため，準現行犯として逮捕した。また，本件に関する情報を受け警戒中の警察官らが，犯行現場から直線距離で約4キロ離れた路上で，本件犯行の約1時間40分後にYおよびZを発見し，職務質問のため停止するよう求めたが，逃げ出したのでこれを追い掛け，その際YおよびZの髪はべっとりと濡れて靴は泥まみれで，Zは顔面に新しい傷跡があり血の混じったつばを吐いていたため，両名を準現行犯として逮捕した。
> 【決定要旨】「本件各逮捕は，いずれも刑訴法212条2項2号ないし4号に当たる者が罪を行い終わってから間がないと明らかに認められるときにされたものということができる」。

(d) **現行犯逮捕の実行** 現行犯逮捕は，「何人でも」，したがって捜査機関に限らず私人でも行える。犯行（ないし犯行直後の状況）を現認した者以外の者が，現認者の依頼により逮捕行為を行うことは，それが現認者による逮捕に対する補助ないし協力といえるかぎり許されよう。逮捕の完遂のために現場でとり得る措置は，前述の通常逮捕の場合と基本的に同様であるが，現行犯の場合は一般的に緊急性が高いため，比較的強度の実力行使が認められやすいであろう。

私人が現行犯人を逮捕したときは，直ちにこれを地方検察庁もしくは区検察庁の検察官または司法警察職員に引き渡さなければならない（214条）。司法巡査が現行犯人を受け取ったときは，逮捕者の氏名・住居，逮捕の事由を聴き取ったうえ，速やかに犯人を司法警察員に引致しなければならない（215条）。

(4) **緊 急 逮 捕**

(a) **緊急逮捕の意義** 憲法が明文で事前の令状によらない逮捕を認めるの

73

第1章 捜　査

は，現行犯の場合のみであるが，現行犯ではなくても，犯罪および犯人性の高度の嫌疑が認められ，また逮捕するために令状を取っている余裕がない緊急の必要性が存する場合は考えられる。そこで刑訴法は，このような場合に事前の令状なしに逮捕したうえで，事後に令状審査を行う制度を設けた。これを**緊急逮捕**といい，現行犯逮捕と同様，一般には令状主義の例外と位置づけられる。

(b)　**緊急逮捕の要件**　　緊急逮捕を行える対象犯罪は，死刑または無期もしくは長期3年以上の懲役もしくは禁錮に当たる罪に限定されており（**犯罪の重大性**），捜査機関は，被疑者が対象犯罪を「犯したことを疑うに足りる充分な理由がある場合」で（**嫌疑の充分性**），「急速を要し，裁判官の逮捕状を求めることができないとき」に（**緊急性**），逮捕状なしで逮捕を行える（210条1項）。「充分な理由」とは，通常逮捕の場合の「相当な理由」よりも高度の嫌疑を意味するが，現行犯逮捕のように，犯行の現認等の直接的・類型的事情から犯人性が明白に認められる必要はない。また，犯行と逮捕との時間的接着性も要求されない。なお，明文にはないが，通常逮捕の場合と同様，「逮捕の必要」すなわち逃亡または罪証隠滅のおそれも要件となるものと解される。

(c)　**緊急逮捕の手続**　　緊急逮捕は，検察官・検察事務官・司法警察職員，すなわち捜査機関全般が行えるが，現行犯逮捕と異なり私人は行えない。捜査機関は，上記の要件を満たすときには，緊急逮捕の「理由を告げて」被疑者を逮捕できる。ここで「理由」とは，犯罪の充分な嫌疑と緊急性の双方である。

逮捕行為の後，「直ちに」裁判官の逮捕状を請求しなければならない（210条1項）。通常逮捕の場合と異なり，請求権者の範囲に限定はない。これは請求が迅速に行われるようにするためである。請求を受けた裁判官は，逮捕時において上記の要件が具備されていたか否かのみならず，令状審査の時点において通常逮捕の要件が具備されているか否かも審査すべきである。これらの要件が認められれば，裁判官は逮捕状を発する。その記載事項は通常逮捕の場合と同じである（210条2項・200条）。明文はないが，発付された逮捕状は被疑者に呈示すべきであろう。逮捕状が発せられないときは，被疑者は直ちに釈放されなければならない。

第3節　逮捕・勾留

Column 1-9　**緊急逮捕の合憲性**

　憲法が明文で事前の令状によらない逮捕を認めるのは現行犯の場合のみであるため，緊急逮捕の制度については**違憲説**もみられるが，判例はこれを合憲としている（最大判昭和30・12・14刑集9巻13号2760頁）。学説上，緊急逮捕を合憲とする説は，その理由づけにおいて以下のように分かれる。①**令状逮捕（類似）説**は，事後とはいえ逮捕に接着した時期に裁判官の令状が発せられるかぎり，全体として令状による逮捕とみてよいとする。②**現行犯逮捕（類似）説**は，急速を要し，かつ犯罪の嫌疑が明白であるため裁判官の判断を待つまでもないという現行犯逮捕の理論的根拠は，緊急逮捕の場合にも当てはまるとする。しかし，①説に対しては，令状主義の本旨は事前の司法審査の要求にあるとか，事後に令状が発付されなかった場合の説明が困難である，といった批判がある（ただし，後者の点については，憲法のいう「令状によ〔る〕」とは，裁判官の審査を受けることを意味する，との反論がある）。また，②説に対しては，緊急逮捕では，犯行の現認等の直接的・類型的事情による犯人性の明白さも，犯行と逮捕との時間的接着性も要求されないから，現行犯逮捕とは同視できない，等の批判がある。ほかに，③実質的に社会治安上の必要を考えれば，緊急の状況のもとで重大犯罪につき令状主義の例外を認めてよいと説く見解（**緊急行為説**）もあるが，理論的説明として成功しているかは疑問が残る。④アメリカ合衆国憲法第4修正にならい，憲法33条は合理的な逮捕につき令状要件から除外する趣旨であり，緊急逮捕もこれに含まれるとする見解（**合理的例外説**）も，両国憲法の文言の差異を無視しており妥当でない。

　事前の令状による通常逮捕が令状主義に則った「原則」型であり，その趣旨が，正当な理由なき逮捕を事前予防することにあるとすれば，「例外」を肯定するには，少なくとも犯人性の明白さが必要であろう。それゆえ，210条にいう犯罪の嫌疑の「充分な理由」は，「明白性」の意味で（限定的に）解すべきである。ただ，その明白性は，現行犯逮捕の場合のような犯行の現認等の直接的・類型的事情によるのでなくても，具体的事案における個別的な諸事情を総合勘案して認められればよい。このように限定解釈された嫌疑要件に加え，個別具体的事情のもとでの緊急の必要性の要求，さらに事後的な司法審査の存在によって，辛うじて合憲性を肯定できると思われる。

(5)　逮捕後の手続

(a)　逮捕後の手続の流れ　　逮捕後の手続は，警察による逮捕の場合（私人が逮捕した現行犯人を警察が受け取った場合を含む。以下同じ）と検察による逮捕の場合（同上）とでいくらか異なる。なお，以下で述べる手続は，3種類の逮捕のすべてで共通している（202条〜209条・211条・216条）。

75

第1章 捜　査

　(ⅰ)　**警察による逮捕の場合**　　司法巡査が被疑者を逮捕したときは，直ち
にこれを司法警察員に引致しなければならない（202条。なお，司法巡査が私人か
ら現行犯人を受け取った場合につき，215条参照〔前述〕）。司法警察員は，被疑者を
自ら逮捕したとき，または逮捕された被疑者を（司法巡査もしくは私人から）受
け取ったときは，直ちに，**犯罪事実の要旨**および**弁護人を選任することができる
旨**を告げなければならない（203条1項。ただし，弁護人の有無を尋ね，弁護人があ
るときは，弁護人選任権の告知は不要である。同条2項）。これは，憲法34条が「何
人も，理由を直ちに告げられ，且つ，直ちに弁護人に依頼する権利を与へられ
なければ，抑留……されない」と定めるのを受けたものである。なお，弁護人
選任権を告知する際には，弁護士・弁護士会等を指定しての弁護人選任の申出
の権利（刑訴209条・211条・216条・78条。⇨188頁(a)）等，および勾留請求さ
れた場合の国選弁護人請求権（37条の2。⇨189頁(b)）と関連事項を教示しなけ
ればならない（203条3項・4項）。上記の告知をしたうえで，司法警察員は，被
疑者に対し**弁解の機会**を与えなければならない（同条1項。被疑者の弁解は**弁解録
取書**に記載される）。

　そのうえで，司法警察員は，弁解聴取の結果なども考慮して，留置の必要が
ないと思料するときは直ちに被疑者を釈放し，留置の必要があると思料すると
きは，被疑者が身体拘束された時から48時間以内に，書類および証拠物とと
もに被疑者を**検察官に送致**する手続をしなければならず，この制限時間内に送
致の手続をしないときは，直ちに被疑者を釈放しなければならない（同条1
項・5項）。

　検察官は，上記により送致された被疑者を受け取ったときは，弁解の機会を
与えたうえ，留置の必要がないと思料するときは直ちに被疑者を釈放し，留置
の必要があると思料するときは，被疑者を受け取った時から24時間以内，か
つ被疑者が身体拘束された時から72時間以内に，裁判官に**勾留請求**するかま
たは公訴の提起をしなければならず，これらの制限時間内にそのいずれもしな
いときは，直ちに被疑者を釈放しなければならない（205条1項～4項）。

　(ⅱ)　**検察による逮捕の場合**　　検察事務官が被疑者を逮捕したときは，直
ちにこれを検察官に引致しなければならない（202条）。検察官は，被疑者を自
ら逮捕したとき，または逮捕された被疑者を（検察事務官もしくは私人から）受

76

け取ったときは，直ちに，犯罪事実の要旨および弁護人選任権の告知をし（これも憲法34条に基づく），弁護人選任の申出の権利等および勾留請求後の国選弁護人請求権等の教示を行ったうえ，弁解の機会を与えなければならない。そして，留置の必要がないと思料するときは直ちに被疑者を釈放し，留置の必要があると思料するときは，被疑者が身体拘束された時から48時間以内に，裁判官に勾留請求するかまたは公訴の提起をしなければならず，この制限時間内にいずれもしないときは，直ちに被疑者を釈放しなければならない（204条）。

> **Column 1-10** **逮捕後手続の時間制限の趣旨**
>
> 逮捕から勾留請求までの時間制限の趣旨につき，これを，捜査機関が被疑者取調べをはじめ種々の捜査行為を行い事案の真相を解明するために利用できる手持ち時間であると解する見解と，捜査機関は規定の時間を捜査のために最大限利用してよいものではなく，勾留の要否の判断がついた段階で——制限時間までまだ余裕があっても——速やかに勾留請求または釈放すべきだとする見解とが対立している。逮捕後留置中に被疑者取調べその他の捜査活動を行うこと自体はもとより許されないものではないが，捜査機関において勾留の要否の判断がついたにもかかわらず勾留請求または釈放を遅らせることは，速やかに裁判官の面前に引致されるという被疑者の利益を奪い，あるいは身体拘束を不当に長期化することになり，妥当でない。

(b) 留置の場所 逮捕後に被疑者が留置される場所については，勾留の場所（⇨82頁(b)）と異なり制限はないとされるが，通常は，警察官たる司法警察職員が被疑者を逮捕した（または逮捕された被疑者を受け取った）場合には**留置施設**（警察の留置場）に留置され（刑事収容14条2項1号参照），その他の場合（検察官が逮捕した場合など）には**刑事施設**（拘置所）に留置される（同3条2号参照）ことが多い。

(6) 逮捕に対する不服申立て

逮捕について不服のある者が，準抗告（429条または430条。⇨202頁(1)，537頁**2**）の手続により不服申立てをすることは可能か。判例（最決昭和57・8・27刑集36巻6号726頁）・通説はこれを否定する。法が明文上，逮捕処分および逮捕に関する裁判を準抗告の対象に挙げていないためであるが，その実質的理由として，学説上，逮捕は勾留の要否を判断するだけのためのごく短時間の処分

77

であるから不服申立てになじまない，法は後の勾留請求に対する審査において
逮捕の適否についても審査すべきものとした（なお，⇨86頁(b)）等と説明され
ている。もっとも，逮捕により最大72時間の拘束があり得るから不服申立て
を認める実益がある，逮捕は勾留のための引致処分であるから429条1項2号
の「勾留……に関する裁判」に含まれる，等として準抗告を認める見解もある。

2 勾　　留

(1) 勾留の意義と目的

　逮捕された被疑者について，さらに身体の拘束を継続する必要があるときは，
勾留がなされることになる。勾留は，検察官の請求に基づき，裁判官が令状
（**勾留状**）を発して行われる。

　勾留も，逮捕と同じく対象者の身体を拘束する強制処分であるが，勾留は裁
判官の裁判の執行という性格を有し，また一定期間の拘束の継続を当然に含む
概念である（憲法では34条の「拘禁」に当たる）。勾留による拘束の期間は，逮
捕後の留置に比べて長い。なお，勾留は，起訴前（被疑者）のみならず，起訴
後（被告人）についても行われ得るが，ここで扱うのは被疑者勾留である。刑
訴法は総則の被告人勾留に関する規定を被疑者勾留に準用していることもあり，
両者の要件・手続は共通する部分が多いが，逮捕前置の有無・請求の要否・裁
判主体・勾留期間・保釈の有無など，異なる点も少なくない（⇨309頁(3)）。

　被疑者勾留の目的は，逮捕と同じく，被疑者の逃亡や罪証隠滅を防止するこ
とにある。被疑者の取調べや再犯防止のみを目的とした勾留は許されない。

(2) 勾留の手続

　(a)　勾留の請求　　被疑者の勾留は請求に基づかなければならず（なお，被
告人の勾留は裁判所または裁判官の職権による），この請求を行えるのは検察官の
みである。これは前述の逮捕後の手続に関する規定（204条・205条・211条・
216条）から明らかである。捜査機関のうち検察官のみを請求権者とした理由
は，勾留後に被疑者を起訴する権限を有するのは検察官のみであるため，起訴
すべきか否かの判断に向けての捜査を行うにあたって逮捕留置後さらに被疑者
の身体拘束を継続する必要があるかをよりよく判断できるのは検察官であるこ

と，また，勾留による拘束は比較的長期にわたるため，勾留請求の要否はより慎重に判断すべきであること，にあると解される。

請求は，請求者の所属に対応する管轄地方裁判所または簡易裁判所の裁判官に対し（規299条1項），被疑者の氏名（不明のときは人相・体格その他の事項により特定する）と年齢・職業・住居（これらが不明のときはその旨），罪名・被疑事実の要旨，60条1項各号の事由（⇨80頁(c)），その他所定の事項を記載した請求書（規147条）を提出するとともに，通常逮捕・緊急逮捕後の場合は逮捕状請求書および逮捕・引致・送致等の日時・場所等を記載した逮捕状（現行犯逮捕後の場合はこれらの事項を記載した調書等），勾留の理由が存在することを認めるべき資料（疎明資料）を提供して行う（規148条1項）。

前述の通り，逮捕から勾留請求に至るまでの手続には，厳格な時間制限が課されている。もっとも，やむを得ない事情によってそれらの制限を遵守できなかったときは，検察官はその事由を疎明して勾留を請求できる（206条1項，規147条1項4号・148条2項）。やむを得ない事情とは，天災に伴う交通の混乱等であり，事件の複雑さや人員不足などは含まれない。

勾留の請求を受けた裁判官は，勾留の処分に関し「裁判所又は裁判長と同一の権限を有する」（207条1項本文）。これは総則の受訴裁判所が行う被告人勾留に関する規定を準用する趣旨である。ただし保釈（⇨310頁(d)）に関する規定は準用されない（同項但書。すなわち被疑者勾留について保釈の制度はない）。

(b) **勾留質問**　被疑者の勾留は，裁判官が「〔被疑者〕に対し……〔被疑〕事件を告げこれに関する陳述を聴いた後」，すなわち**勾留質問**の手続を行った後でなければ，することができない（207条1項・61条）。逮捕後の被疑者は，ここではじめて裁判官の面前に引致されるのである。

被疑者に告げるべき内容として，被疑事実のほか，60条1項各号の事由（⇨80頁(c)）も含めるべきかは見解が分かれる。被疑事件を告げる際には，弁護人選任権の告知と弁護人選任の申出の権利（207条1項・78条。⇨188頁(a)）の教示，国選弁護人請求権（37条の2。⇨189頁(b)）の告知と関連事項の教示をしなければならない（207条2項～4項）。被疑者の陳述を聴くにあたって黙秘権を告知することは，明文では要求されていないが，実務上は告知されることが多い。被疑者の陳述も含め，勾留質問の内容は調書（勾留質問調書）に記載される（規39

条・42 条）。なお，勾留質問への弁護人の立会権は認められていないが，学説ではこれを認めるべきだとする見解も有力である。

(c) **勾留の裁判**　　勾留の請求を受けた裁判官は，提供された疎明資料を検討し，被疑者の陳述を聴いて，下記の勾留の要件が備わっているか否かを審査する。その際，「事実の取調」（43 条）をすることもできる。

憲法 34 条は，「拘禁」につき，「正当な理由」の存在を要求しており，これを受けて刑訴法は，勾留の要件を以下のように定める。まず，被疑者が「**罪を犯したことを疑うに足りる相当な理由がある**」ことを要する（207 条 1 項・60 条 1 項柱書）。加えて，被疑者が，①「定まつた住居を有しない」（60 条 1 項 1 号），②「**罪証を隠滅すると疑うに足りる相当な理由がある**」（2 号），または③「**逃亡し又は逃亡すると疑うに足りる相当な理由がある**」（3 号）のいずれかに該当する必要がある（なお，ここから，勾留の目的は罪証隠滅や逃亡の防止であり，被疑者の取調べや再犯防止は直接の目的とはし得ないことが読み取れる）。これら 60 条 1 項の要件をあわせて，一般に**勾留の理由**という。207 条 5 項は勾留状発付の要件として「勾留の理由」を消極的な形で規定するが，60 条 1 項の規定ぶりに照らしてこれらは積極的な認定を要する（なお，②につき，「罪証隠滅の現実的可能性」の低さを理由とした勾留請求却下を是認した最決平成 26・11・17 判時 2245 号 129 頁参照）。

さらに，「勾留の理由又は勾留の必要がなくなつたとき」には勾留は取り消さなければならないこと（207 条 1 項・87 条 1 項）にかんがみれば，当初から**勾留の必要**がない場合にも勾留は認められないと解される。上記の「勾留の理由」があっても，たとえば既に被疑者を起訴すべきか否かの判断がついている場合には「勾留の必要」はない。被疑者が住居不定であるが確実な身元引受人がいる場合なども同様である。また，「勾留の必要」は，勾留によって得られる捜査上の利益の程度と勾留によって生じる権利利益侵害の程度とが明らかに均衡を欠く場合にも否定されるべきであり，その意味で**相当性**（比例原則に基づく比較衡量）を含む概念である。

なお，30 万円（刑法犯等以外は 2 万円）以下の罰金，拘留または科料に当たる罪については，勾留できるのは，被疑者が住居不定の場合に限られる（207 条 1 項・60 条 3 項）。比例原則の観点から，事件の軽微さに照らして要件を絞ったも

のである。

以上の要件を満たす場合に，裁判官は**勾留状**を発する（207条5項）。「権限を有する司法官憲が発し，且つ理由となつてゐる犯罪を明示する令状」を要求する憲法33条の趣旨は，勾留についても妥当する。したがって勾留状によらない勾留は許されない（207条1項・62条）。勾留状には，被疑者の氏名（不明のときは人相・体格等で被疑者を特定すれば足りる）・住居（不明のときは記載不要），罪名，被疑事実の要旨，勾留すべき刑事施設，有効期間（原則として7日）等を記載し，裁判官が記名押印しなければならない（207条1項・64条）。

上記の勾留の要件が認められない場合，または勾留請求までの時間制限の不遵守がある場合（ただし，遅延がやむを得ない事由に基づく正当なものである場合を除く。206条2項参照）には，裁判官は勾留状を発しないで——勾留請求を却下して——直ちに被疑者の釈放を命じなければならない（207条5項但書。規140条・141条参照。なお，逮捕に違法がある場合の勾留請求却下につき，⇨86頁(b)）。

(d) **勾留状の執行**　勾留状は，検察官の指揮により，検察事務官，司法警察職員または刑事施設職員が執行する（207条1項・70条）。執行は，勾留状を被疑者に呈示したうえ，できるかぎり速やかに，直接，指定された刑事施設に引致して行う（207条1項・73条2項）。

なお，被疑者を勾留した場合，裁判官は直ちに弁護人（ないときは法定代理人や一定範囲の親族等のうち被疑者の指定する者）にその旨を通知しなければならない（207条1項・79条，規79条）。

(3) 勾留の期間・場所

(a) **勾留の期間**　検察官は，勾留請求した日から10日以内に公訴提起しないときは，直ちに被疑者を釈放しなければならない（208条1項）。したがって，請求の日から10日間が被疑者勾留の期間である（なお，勾留期間の算定については，55条にかかわらず，初日および休日を算入するものとされる）。通説・実務は，検察官の判断で10日の期間満了前に被疑者を釈放することは許されるとするが，勾留は裁判官の裁判（命令）であるから勾留の取消しによらずに釈放することは許されないとする見解もある。裁判官が10日よりも短い期間を定めて勾留状を発付することができるかについても争いがあるが，実務上は否

第1章 捜　査

定されている。勾留期間が勾留状の記載要件ではないこと等を理由とする。しかし学説では，職権による勾留取消しの権限の事前行使と解し得る，もし一律10日間だとすると10日の勾留の必要がない場合には本来勾留状を発すべきでないことになる等として，これを認める見解も有力である。

「やむを得ない事由」があると認めるとき，裁判官は，検察官の請求により，勾留の期間を延長することができる。延長は，通じて10日を超えることができない（208条2項）。10日未満の日数での延長も可能であり，また複数回の延長も許される。「やむを得ない事由」とは，判例によれば，「事件の複雑困難」「証拠 蒐 集の遅延若しくは困難」等により「勾留期間を延長して更に取調をするのでなければ起訴もしくは不起訴の決定をすることが困難な場合」をいう（最判昭和37・7・3民集16巻7号1408頁）。

内乱罪・外患罪等の事件については，検察官の請求により，さらに延長が可能である。この延長は，通じて5日を超えることができない（208条の2）。

(b)　勾留の場所　　被疑者の勾留場所は，勾留状に記載された「勾留すべき刑事施設」である（207条1項・64条1項参照）。刑事施設とは，刑事収容施設法3条に規定される者を収容する施設であり，刑務所・少年刑務所・拘置所が含まれる（法務省設置法8条2項参照）が，このうち，被疑者の勾留場所となるのは，通常は拘置所である。他方，刑事収容施設法15条1項は，同法3条の者を「刑事施設に収容することに代えて，留置施設に留置することができる」と規定する。留置施設とは，都道府県警察に設置される収容施設，いわゆる留置場である（刑事収容14条1項参照）。実務上は，この「代用刑事施設」としての留置場が，勾留状において勾留場所として指定されることが極めて多い。

> █ Column 1-11 「代用監獄」問題
>
> 　このように勾留場所として警察の留置場を多用することは，被疑者を捜査機関（警察）の手元に置くことを意味する。そして，それが長時間の取調べ，自白の強要につながり，防御権侵害をもたらすとして，かねてから批判が強かった。これがいわゆる「代用監獄」問題である（「監獄」とは〔旧〕監獄法上の用語であり，現在の「刑事施設」に相当する。〔旧〕監獄法の「代用監獄」を認める規定をほぼそのまま引き継いだのが，現在の刑事収容施設法15条1項である）。学説では，「代用」は例外とすべきであり，捜査機関からの独立性の強い拘置所に勾留することを原則とすべきだとの見解が有力である。これに対しては，法

令上，拘置所と留置場は「原則」「例外」の関係にはないとか，拘置所数の現状に照らすと留置場を例外とするのは現実的でないといった反論があり，捜査の効率性の観点からも依然として留置場を多用しているのが捜査実務の現状である。刑事収容施設法の制定後も，基本的な状況に変化はない。もっとも，上記の弊害の指摘への対応として，警察の留置担当官と捜査担当官を分離する運用が行われており，これは刑事収容施設法で明文化された（同16条3項）。

なお，検察官は，裁判官の同意を得て，勾留されている被疑者を他の刑事施設に移すことができる（規302条・80条）。また，裁判官は，職権で，被疑者の勾留場所を変更する旨の命令を発することができる（最決平成7・4・12刑集49巻4号609頁）。

(4) 勾留理由開示

憲法34条は，「拘禁」について，「要求があれば，その理由は，直ちに本人及びその弁護人の出席する公開の法廷で示されなければならない」と定める。これを受けて設けられたのが，**勾留理由開示**の手続である。勾留理由の開示は，勾留されている被疑者，その弁護人・法定代理人・保佐人・配偶者・直系親族・兄弟姉妹その他利害関係人から請求がある場合に（207条1項・82条），公開の法廷で，裁判官・裁判所書記の列席のもと，原則として被疑者およびその弁護人が出頭したうえで行われる（207条1項・83条）。法廷では，裁判官が勾留の理由を告げるとともに，検察官または被疑者・弁護人およびそれ以外の請求者が意見を述べることができる（207条1項・84条。ただし裁判官は，相当と認めるとき，意見の陳述に代え意見を記載した書面を差し出すよう命ずることができる）。勾留理由開示は，被疑者その他の関係者が，勾留取消しの請求や勾留に対する準抗告を行うための基礎となる情報を得る機会にもなり得る。

(5) 勾留の取消し・執行停止

勾留の理由または勾留の必要がなくなったときは，裁判官は，検察官，勾留されている被疑者もしくはその弁護人・法定代理人・保佐人・配偶者・直系親族・兄弟姉妹の請求により，または職権で，勾留を取り消さなければならない（207条1項・87条）。また，勾留による拘禁が不当に長くなったときは，裁判官

第1章 捜　査

は，勾留されている被疑者もしくはその弁護人・法定代理人・保佐人・配偶者・直系親族・兄弟姉妹の請求により，または職権で，勾留を取り消さなければならない（207条1項・91条）。

　裁判官は，「適当と認めるとき」は，被疑者を親族・保護団体等に委託し，または被疑者の住居を制限して，勾留の執行を停止することもできる（207条1項・95条）。たとえば，被疑者が入院治療を要する場合，親の葬儀に出席する場合などに行われる。勾留の取消しとは異なり，職権によるのみであり，また勾留の効力を失わせるものではない。なお，執行停止の取消しにつき96条1項参照。

(6)　勾留に対する準抗告

　裁判官の「勾留……に関する裁判」に対して不服がある者は，裁判所にその取消し・変更の請求をすることができる（429条）。これは，**準抗告**とよばれる不服申立制度の1つである（⇨202頁(1)および537頁 **2**）。請求先は，簡易裁判所の裁判官の裁判に対する場合は管轄地方裁判所，その他の裁判官の裁判に対する場合はその裁判官所属の裁判所である。請求を受けた裁判所は，合議体で決定しなければならない（同条3項）。準抗告の対象となる「勾留……に関する裁判」とは，勾留（状の発付）・勾留延長・勾留取消しを認める裁判，またはこれらの請求を却下する裁判などをいう。勾留の執行停止の裁判も含む。勾留理由開示請求却下の裁判も含むが，勾留理由開示の手続における裁判官の行為は含まない（最決平成5・7・19刑集47巻7号3頁）。

　被疑者の勾留の裁判に対し，犯罪の嫌疑がないことを理由として準抗告できるかについては争いがある。429条2項は裁判官の勾留の裁判に対する準抗告につき420条3項を準用しているから，これを否定するのが通説である。しかし，420条3項が裁判所の勾留決定に対して犯罪の嫌疑がないことを理由に抗告することを禁止したのは，犯罪事実の存否については係属中の本案審理にゆだねるという趣旨によるものであり，起訴後第1回公判期日前は別として，起訴前にはこの趣旨が妥当しないこと等を根拠に肯定する見解も有力である。

84

3 逮捕・勾留をめぐる諸問題

(1) 逮捕と勾留の関係

(a) **逮捕前置主義**　　刑訴法は，被疑者の勾留の請求時には既に逮捕がなされていることを前提としている（207条1項および204条〜206条参照）から，被疑者勾留の要件には，逮捕が先行していることも含まれるといってよい。これを**逮捕前置主義**（逮捕先行主義）という。法が逮捕前置主義を採用した趣旨は，捜査段階における身体拘束の当初は事情変更が生じやすく，犯罪の嫌疑や拘束の必要性の判断が流動的であるため，一挙に長期の拘束（10日の勾留）はせずに，まずは短期の拘束を先行させ，弁解聴取等を行ったうえで，それでもなお拘束を継続する必要がある場合にはじめて長期の拘束に移行することとし，もって不必要に長期にわたる身体拘束を避け，被疑者の利益を図ろうとしたという点にある。ほかに，逮捕時・勾留時の2回，司法審査を経ることにより，被疑者の身体拘束に慎重を期したものと説かれることもあるが，これだけでは，現行犯逮捕の場合や逮捕（留置）と勾留の期間の長短の点を必ずしも十分には説明できない。

　逮捕が前置されているか否かは，事件ごとに判断すべきである。XをA事実で逮捕したところ，同事実での拘束の理由（嫌疑）または必要性は消滅したものの，全く別のB事実について拘束の理由と必要があるという場合に，引き続きXをB事実（のみ）で勾留することは許されない。B事実で勾留するためには，まずB事実での逮捕が必要である。そうすると，後にB事実で勾留された場合には，結果として逮捕留置の期間の分だけ身体拘束を長引かせることになり得るが，しかし逮捕前置主義の趣旨からは，逮捕後にそれ以上の拘束の理由・必要が消滅して早期釈放される可能性を考慮して，B事実につきまずは逮捕を先行させるべきである。もっとも，A事実とB事実が一定の密接な関係にある場合はこの限りでなく，たとえばXを窃盗で逮捕したところ盗品譲受けと判明した場合に，Xを盗品譲受けで勾留することは，必ずしも逮捕前置主義の趣旨には反しないので許されてよい。また，A事実で逮捕したところ，A・B両事実につき拘束の理由と必要が認められる場合に，両事実で勾留することは許されるとするのが一般である。この場合は，いずれにせよA事実で

は勾留される以上，B事実につき逮捕を先行させ，逮捕後に拘束の理由・必要が消滅する可能性を考慮したところで，被疑者の利益になることはないからである。

(b) 逮捕の違法と勾留請求・勾留の効力　逮捕手続に違法があるとき，この逮捕に引き続く勾留請求は却下されるべきか。また，もし却下されずに勾留がなされた場合，その勾留は違法・無効となるか。逮捕に違法のあるすべての場合に勾留請求を却下すべきだというわけではないとしても，一定の場合には却下すべきであることにほぼ争いはない（また，却下すべきであったにもかかわらず裁判官が勾留状を発付した場合には，それに基づく勾留は基本的に違法・無効というべきであろう）。しかし，その根拠および基準については必ずしも見解は一致していない。学説では，①刑訴法が明文上，逮捕後の時間制限の不遵守という違法がある場合には勾留請求を却下すべきとしている（206条2項・207条5項）から，少なくともこれに匹敵する程度の違法がある場合には勾留請求を却下すべきである，②法が逮捕を準抗告の対象に含めていない（⇒77頁(6)）のは，勾留請求に対する審査において逮捕の適否を判断すべきことのあらわれである，③逮捕に違法があれば身体拘束の根拠はなく（ごく軽微な違法の場合は別として）直ちに釈放されなければならないから，拘束の継続として勾留を請求することは許されない，④逮捕前置主義は，前置される逮捕が適法であることを当然の前提とする，⑤勾留請求を有効として認容することが，将来の違法行為の反復を招き，あるいは適正手続や司法の廉潔性を傷つける場合には，請求を無効として却下すべきである，といったことが論じられている。もっとも，④については，逮捕前置主義の趣旨——逮捕後に拘束の理由・必要が消滅して早期釈放される可能性を考慮して，短期の拘束を先行させる——から，その逮捕が適法なものでなければならないことや，逮捕の瑕疵を司法的にチェックすべきことが直ちに導かれるかは疑問である。また，勾留請求を却下すべきであるのは逮捕に違法があるすべての場合ではなく，一定の場合に限られるとするのが一般的であるが，たとえば②や④がこの点を十分に説明できるかは問題である。

裁判例において，制限時間の不遵守以外に，逮捕手続の違法を理由に勾留請求を却下すべき（ないし勾留が違法）とされた例としては，緊急逮捕後「直ちに」令状請求していなかった場合（大阪地決昭和35・12・5判時248号35頁），緊

急逮捕の実体的要件が具備されているにとどまり現行犯逮捕の要件は具備されていないにもかかわらず現行犯逮捕を行っていた場合（京都地決昭和 44・11・5 判時 629 号 103 頁）などがある。また，現行犯逮捕の契機となった建物の解錠が違法であり，その程度が軽微でないことを理由に勾留請求を却下すべきとした例（東京地決平成 22・2・25 判タ 1320 号 282 頁），任意同行後の取調べが「実質逮捕」に当たるため令状主義違反という点でそれ自体重大な瑕疵があるとして，実質逮捕の時点から起算して制限時間内に勾留請求が行われていてもこれを却下すべきとした例（富山地決昭和 54・7・26 判時 946 号 137 頁。なお「実質逮捕」論につき，⇨ 107 頁(b)）もある。もっとも，任意同行が実質逮捕に当たり違法と評価されるものの，実質逮捕の時点で緊急逮捕の実体的要件が具備されており，その約 3 時間後に通常逮捕の手続がとられ，実質逮捕から起算しても制限時間内に検察官送致・勾留請求が行われた場合につき，実質逮捕の違法は勾留を違法ならしめるほど重大なものではないとした裁判例もある（東京高判昭和 54・8・14 刑月 11 巻 7 = 8 号 787 頁）。

(2) 事件単位の原則

逮捕・勾留は，被疑者単位ではなく，事件単位で行われる。同一の被疑者であっても，その逮捕・勾留の効力は，手続上明示的に被疑事実とされた犯罪事実にのみ及び，他の犯罪事実（余罪）には及ばない。これを**事件単位の原則**という。ここからは，以下の帰結が導かれる。まず，①同一の被疑者につき，異なる事件の嫌疑があれば，そのそれぞれについて逮捕・勾留を行ってよい。A 事実を被疑事実として既に逮捕・勾留されている被疑者を，別の B 事実を理由に重ねて逮捕・勾留すること（二重逮捕・勾留）も許されるのである。また，②逮捕・勾留の理由とされた被疑事実以外の犯罪事実を，当該逮捕・勾留に関する手続において考慮することは許されない。たとえば A 事実を被疑事実とする勾留の期間を，B 事実を考慮して延長することは許されない（ほかに，接見指定〔39 条 3 項〕・接見禁止〔81 条〕の判断の際に B 事実を考慮することなども許されない）。

かつては，逮捕・勾留の効力は潜在的には他の事実にも及んでいるとして，また（①に関しては）1 人に 2 つ以上の身体拘束があるというのは不自然である，

第1章 捜　査

既に逮捕・勾留中であれば逃亡・罪証隠滅のおそれは現実にはない，などとして，上記帰結に反対する見解（人単位説）もあったが，現在の通説は事件単位原則を認める（事件単位説）。逮捕・勾留に関する刑訴法の各規定は被疑事実を単位としているし，またそもそも，裁判官が個別具体的な「理由」を審査してはじめて逮捕・勾留を認めるという令状主義の趣旨に照らせば，その効力の及ぶ範囲は「理由」とされた当該被疑事実に限られるべきである。①に関し，逃亡・罪証隠滅のおそれを認め得るかについては，A事実での拘束が確実に維持されるとは限らないから，仮にA事実での逮捕・勾留がなかったとすればどうかという形で判断することは不当ではない。

　なお，①につき，A・B両事実が実体法上一罪の関係にある場合には，B事実で重ねて逮捕・勾留するのは許されないことに注意を要する。ただしこれは，(3)の一罪一逮捕一勾留の原則によるものであって，実体法上一罪の全範囲に逮捕・勾留の効力が及んでいるからというわけではない。したがって，②につき，実体法上一罪の関係にあるB事実を考慮してよいことにはならない（ただし，横浜地決昭和42・2・2下刑集9巻2号161頁は，勾留被疑事実と包括一罪の関係にある余罪を，勾留延長時に考慮してよいとする）。なお，学説には，一罪の範囲で逮捕・勾留の効力が及ぶとし，そこから一罪一逮捕一勾留の原則を導く見解もあるが，疑問である。

(3) 一罪一逮捕一勾留の原則

(a) 原　則　　一罪について複数の逮捕・勾留を行うことは，原則として許されない（**一罪一逮捕一勾留の原則**。勾留中の場合に問題になるのがほとんどであるため，一罪一勾留の原則といわれることも多い）。ここでいう「一罪」とは，実体法上の一罪とするのが通説である（実体法上一罪説）。同説によると，この原則は，実体法上一罪関係にある数個の犯罪事実を分割してそれぞれにつき同時に逮捕・勾留することを禁ずるものである（**分割禁止**）。たとえば，住居侵入の被疑事実で勾留中の被疑者を，これと牽連犯の関係にある窃盗の被疑事実で逮捕・勾留することは許されない。これに対し，「一罪」とは（罪数処理する以前の）個々の犯罪事実を指し，したがって，同一の犯罪事実について重複して逮捕・勾留することのみ禁じられるとする見解もある（単位事実説。福岡高決昭和

88

第3節　逮捕・勾留

42・3・24 高刑集 20 巻 2 号 114 頁参照）。

通説が，実体法上一罪の関係にある単位事実を分割してそのそれぞれについて逮捕・勾留することを禁じる根拠としては，実体法上一罪の範囲では刑罰権は 1 個であり，そうであれば刑罰権実現に向けた手続も 1 個でなければならず，逮捕・勾留も —— 公訴・公判手続と同様に —— そうした手続に属するものとして，その範囲では 1 個でなければならない，ということが従来いわれてきた。しかし，判決（刑罰権の存否の判断）に直接つながるわけではない逮捕・勾留手続を公訴公判手続と同列に扱う必然性はないとし，刑罰権の 1 個性ではなく，むしろ，実体法上一罪の範囲で複数の逮捕・勾留を認めると，身体拘束の不当な蒸し返し，ないし不当な長期化が生じる可能性がある（それをあらかじめ封じる）ことを根拠にする見解も，最近では有力である。実体法上一罪の関係にある諸事実は一般に密接関連性があるため，なすべき捜査が共通するから，そのような共通する捜査を（逃亡・罪証隠滅を防止して）行うための逮捕・勾留は 1 個で足りる（2 個以上認めることは不当な蒸し返し・長期化につながる）というのであろう。いずれの根拠によるにせよ，通説のもとでは，実体法上一罪の範囲内の犯罪事実は，原則として，すべて 1 個の逮捕・勾留の際に同時に捜査し処理すべきことになる。

(b) 例 外　通説のもとで，実体法上一罪の範囲での複数の逮捕・勾留が原則として禁じられるとしても，一定の場合には例外が認められる。たとえば，① X が A 事実で逮捕・勾留され，起訴後に保釈された後に，A 事実と常習一罪の関係にある B 事実を新たに犯した場合，B 事実を被疑事実として逮捕・勾留することは許される。この場合，A 事実での拘束中に B 事実についても同時捜査・同時処理することはおよそ（論理的に）不可能だったからである。

では，B 事実が A 事実で拘束される以前に既に犯されていたもので，② A 事実での拘束中には捜査機関に発覚していなかったが保釈後に発覚したという場合や，さらに③保釈される前から既に発覚していたような場合に，B 事実で逮捕・勾留することは許されるか。多数説は，③はもとより②の場合についてもこれを否定する。これらの場合は，①とは異なり，およそ同時捜査・同時処理することが不可能だったとはいえない（②の場合も，事実上同時捜査できなかったというにすぎない）からである。もっとも近時は，少なくとも②の場合につい

89

第1章 捜　査

て，保釈後に至るまでＢ事実が発覚しなかった理由の如何によっては，例外的にＢ事実での逮捕・勾留を認め得るとする見解も有力である。その根拠としては，捜査段階では事態の流動性は避けがたいから，一罪の全範囲での同時捜査・同時処理を厳格に要求するのは酷であること，（保釈ではなく）勾留の終了後にＢ事実で逮捕・勾留する場合は(4)の再逮捕・再勾留の問題になるが，再逮捕再勾留禁止に対する例外を認め得るのは，（①のように）犯罪が新たに犯された場合に限定されないこととの均衡を図るべきであること等が挙げられる（なお，①の場合も含め，Ｂ事実での逮捕・勾留を認めるのではなく，Ｂ事実を理由にＡ事実での勾留に係る保釈を取り消す考え方もあるが，事件単位の原則に照らし疑問である）。

(4) 再逮捕・再勾留の禁止

(a) **原　則**　　いったん逮捕ないし勾留が終了して身体拘束を解かれた被疑者を，同一の事実で再び逮捕・勾留することは，原則として許されない（**再逮捕・再勾留の禁止**）。その根拠は，もし同一事実で逮捕・勾留を繰り返すことを認めれば，法が逮捕・勾留について定めた厳格な時間制限が無意味になるし，また，一度目的を果たし終えたはずの処分を蒸し返すことになり不当だという点に求められる。なお，ここで同一の事実とは，（先の）逮捕・勾留の基礎となった被疑事実（単位事実）だけではなく，これと実体法上一罪の関係にあるすべての事実を含むと解される。なぜなら，前述の一罪一逮捕一勾留の原則が実体法上一罪の範囲内での複数の逮捕・勾留を禁じている（通説）ところ，時間をずらしさえすれば単位事実ごとに逮捕・勾留を繰り返せるというのは不当だからである。

(b) **例　外**　　もっとも，再逮捕・再勾留禁止の原則にも，一定の場合には例外が認められる。なぜなら，再度の身体拘束をして捜査を行う必要性が生じる場合があることは否定しがたく，また，原則禁止の趣旨は身体拘束の不当な蒸し返しを禁ずる点にあるところ，それに当たらなければ再度の拘束を認めても差し支えないからである。199条3項が，逮捕状請求時に「同一の犯罪事実についてその被疑者に対し前に逮捕状の請求又はその発付があつた」ことを通知しなければならないとしているのも，再逮捕があり得ることを前提にしたも

90

のと解されている（ただし，同項が再逮捕の積極的な根拠規定となるわけではない。それゆえ，勾留について同様の規定がないからといって，再勾留が認められないわけではない）。

(i) **再逮捕**　逮捕後，犯罪の嫌疑または逃亡もしくは罪証隠滅のおそれが消滅したとして釈放された場合，再逮捕を認めるには，①第1に，新証拠の発見等により犯罪の嫌疑が復活する，逃亡・罪証隠滅のおそれが再発生するなど，先の逮捕終了後の事情変更により再逮捕すべき合理的必要性が生じたことが要求される。もっとも，これは単に再逮捕時に逮捕の理由と必要が備わっていなければならないという当然のことを意味するにすぎないともいえる。それゆえ，②「例外」要件としての再逮捕の必要性は，加重されたそれでなければならず，犯罪の軽重や嫌疑の程度その他諸般の事情から，被疑者の利益を考慮してもなお再逮捕がやむを得ないといえる程度の高度の必要性が認められなければならない。また，③原則禁止の趣旨を害してはならないから，先の逮捕中の捜査経過などにも照らして，再び同一事実の捜査のために逮捕することが不当な蒸し返しに当たらないといえなければならない（なお，②での被疑者の利益，③での捜査経過との関係で，先の拘束の期間の長短も考慮されるべきであろう）。

なお，逮捕後，留置中に被疑者が逃走した場合には，被疑者に帰責事由がある以上，当然に再逮捕を認めてよい。また，逮捕後，引致が完了するまでに逃走した場合は，逮捕が未完了といえるから（⇨67頁(1)），被疑者を追跡して拘束することはもとの逮捕の実行にほかならず，そもそも「再逮捕」ではない。

(ii) **再勾留**　勾留期間の途中で，犯罪の嫌疑や逃亡・罪証隠滅のおそれが消滅したとして釈放された場合も，基本的には，逮捕後に釈放された後の再逮捕と同様の要件により（再逮捕および）再勾留の適否が判断されるが，この場合は，先の身体拘束の期間が比較的長かったから，上記の①〜③の要件はより厳格に判断されるべきであろう。また，場合によっては，（再）勾留期間を10日よりも短縮して勾留状を発付することも考えられてよい。

勾留期間が満了したために釈放された場合，とくに10日の勾留延長をしたうえで期間満了により釈放された場合に，（再逮捕および）再勾留を許してよいかは争いがある。この場合も，極めて重大な事件で，重要な新証拠がたまたま発見され，緊急やむを得ない高度の必要性が存するときなど，ごく例外的には

第1章 捜　査

許されるとする見解も有力である（なお，東京地決昭和47・4・4刑月4巻4号891頁参照）が，他方，20日の勾留期間満了の直前に新証拠が発見されたとしても再延長は認められないのに，期間満了・釈放後に発見された場合には再勾留できるとするのは不合理である等として，再勾留を否定する見解もある。

　なお，勾留中に被疑者が逃走した場合は，もとの勾留状に基づき身体拘束することができる（これは「再勾留」ではない）。

　(c)　**違法逮捕後の再逮捕**　　逮捕手続に違法があるために勾留請求が却下され（⇨86頁(b)），その結果釈放されたような場合に，同一の事実で再び逮捕することは許されるか。先の身体拘束が終了したのは捜査機関に落ち度があったためであるにもかかわらず，事情変更がなくても再逮捕できるとするのは不合理だとの指摘もある。しかし，この場合は，逮捕の理由や必要がなくなったために釈放された場合と異なり，そもそも「事情変更」を要求する前提が欠けるように思われる。また，逮捕手続の違法の程度・種類を問わず，（新証拠発見等の事情変更がないかぎり）二度と逮捕を許さない――「やり直し」を認めない――とすることは，実際上も問題が大きい。

　そこで多数説は，逮捕手続の違法が著しい場合には勾留請求却下後の再逮捕を認めないが，そうでない場合には（事案の軽重等諸般の事情も勘案したうえで）再逮捕を許容する余地を認める。前者の例としては，逮捕の実体的要件をおよそ欠くのに逮捕した場合，逮捕後勾留請求までの時間制限を遵守しなかった場合などが挙げられる。後者の例としては（異論もあるが），現行犯逮捕の要件が備わっていないのに現行犯逮捕したが，緊急逮捕の実体的要件は具備されていた――すなわち逮捕の種類の選択を誤った――場合，緊急逮捕後「直ちに」令状請求しなかったが，その遅延が比較的僅少であった場合などが挙げられている。なお，前述（⇨86頁(b)）の通り，違法逮捕に続く勾留請求の却下自体，逮捕に違法があるすべての場合ではなく一定の場合に限られるとするのが一般的であるから，結局，逮捕に違法があるときの処理としては，①勾留請求を却下すべきで，かつその後の再逮捕も否定すべき場合，②勾留請求を却下すべきではあるが，再逮捕は認めてよい場合，③勾留請求を却下すべきではない場合，の3つがあることになる。もっとも，②を想定することに対しては，結局再逮捕を認めるのであれば当初の勾留請求を認容しておけばよい（勾留請求却下・再逮捕

92

を経ることで，その分身体拘束が長期化して被疑者の利益に反する）し，逆に勾留請求を却下すべき場合にはその後の再逮捕も認めるべきでないとの批判もある。

(5) 別件逮捕・勾留

(a) **意 義**　　たとえば，軽微な窃盗の被疑事実でXを逮捕・勾留したうえで，その身体拘束中に，専ら（または主として）別の重大な殺人の事実について取調べ（を含めた捜査）を行うといった捜査手法を，**別件逮捕・勾留**という。形式上，逮捕・勾留の理由とされている被疑事実は，軽微な窃盗の事実であるが，捜査機関が本来の狙いとしているのは，より重大な殺人の事実であるから，これを「本件」といい，これに対応して，窃盗の事実を「別件」という（なお，正式に逮捕・勾留の理由とされているという意味で窃盗を「本罪」といい，これに対して殺人は「余罪」である）。このような捜査手法が用いられるのは，本来の狙いとしている重大な犯罪（本件）について未だ逮捕・勾留の要件が備わっていないために，要件の備わっている軽微な犯罪（別件）の名を借りて逮捕・勾留し，実質的には本件の捜査のためにその身体拘束を利用するという場合が多いが，本件について逮捕・勾留の要件が備わっているときでも，法定の身体拘束の期間制限を潜脱するために，本件での逮捕・勾留はまだ行わず，まずは別件の名を借りて（しかし実質的には本件の捜査のために）逮捕・勾留を行うという場合も考えられる。

　別件逮捕・勾留は，次のような場面でその適否が争われ得る。すなわち，①別件での逮捕（状）・勾留の請求を違法なものとして却下すべきか，②別件逮捕・勾留後の本件での逮捕・勾留の請求を（違法な別件逮捕・勾留により得られた疎明資料に基づく請求は違法であるとして，または実質的には本件での逮捕・勾留の不当な蒸し返しであるとして）却下すべきか，③別件逮捕・勾留中およびその後の本件逮捕・勾留中の取調べによる自白について（違法収集証拠として）その証拠能力を否定すべきか（⇨446頁），等である。なお，②の場面との関連で，本件での勾留につき期間を短縮して許可すべきかが議論されることもある。

(b) **学 説**　　別件逮捕・勾留の適否の問題については，従来，大きく2つの考え方が対立してきた。1つは①**別件基準説**であり，別件について逮捕・勾留の要件（理由と必要性）を形式上満たすかぎり逮捕・勾留は適法だとする立

93

第1章 捜　査

場である。余罪取調べの限界（⇨112頁(2)）を別途論じる余地はあるものの，身体拘束の適否については，この説のもとでは，その被疑事実とされている別件のみを基準に判断され，上述のような捜査機関の「狙い」如何は直接には影響しない。これに対し，学説上有力なのは②**本件基準説**であり，これは，①説のように別件について逮捕・勾留の要件を満たさない場合のみを違法とするのではなく，たとえそれを形式上満たしていても，捜査機関が別件での逮捕・勾留を実質的には専ら（または主として）本件の取調べ（を含む捜査）のために利用する意図・目的である場合には，逮捕・勾留（およびその請求）は違法であるとする。②説は，そのような場合に逮捕・勾留を違法とする根拠として，主に，(i)実質的には本件についての身体拘束を行おうとするにもかかわらず，本件に関する司法審査を経ないという点で令状主義を潜脱する，(ii)後に本件でも（正式に）逮捕・勾留することを予定している点で，再逮捕・再勾留の禁止ひいては法の定める期間制限を潜脱する，(iii)そもそも取調べを逮捕・勾留の目的としている点で法の趣旨に反する，といった点を指摘する。

　②説は，別件での逮捕（状）・勾留の請求の場面において，捜査機関の上記のような意図・目的が窺われる場合に，請求を受けた裁判官がこれを却下すべきとし，いわば令状主義や期間制限等の潜脱行為に対する事前防止を重視する。これに対し①説では，別件について逮捕・勾留の要件が満たされている限り，裁判官はその請求を却下する必要はない。

　しかし，②説が説くように裁判官が捜査機関の意図・目的を見抜いて逮捕・勾留の請求を却下することは現実には容易ではないし，また，客観的に要件を満たすにもかかわらず主観的意図を理由に逮捕・勾留を全体として不可とすることには批判もある。そこで，学説では，③別件について逮捕・勾留の要件を満たしていても違法となる場合を認める点では②説と共通するものの，捜査機関の意図・目的を直接の理由に別件での逮捕・勾留（の請求）を違法とするのではなく，逮捕・勾留中になされた実際の捜査状況を事後的・客観的に評価し，逮捕・勾留が別件と本件いずれの捜査のために用いられたかを基準にその適否を（可分的に）判断すべきとする見解もある。すなわち，逮捕・勾留の期間は，その理由とされた被疑事実（別件）について，被疑者の逃亡・罪証隠滅を阻止した状態で起訴・不起訴の決定に向けた捜査を行うための期間であるところ，

94

第3節 逮捕・勾留

その期間が別件のためにはそれほど利用されておらず，主として本件の捜査のために利用されている場合には，別件による逮捕・勾留としての実体を失い，本件による逮捕・勾留となっていると評価され（なお，捜査機関の意図如何はその評価の一要素とされるにとどまる），その場合には本件による逮捕・勾留の要件が満たされていないため，逮捕・勾留は上記のように評価される範囲で違法となるとする。

　他方，別件についての逮捕・勾留の要件充足の有無を問題にする場合においても，①説のように請求時に要件を満たしていれば逮捕・勾留の全体を適法とするのではなく，逮捕・勾留中の捜査状況に着目して当該逮捕・勾留の適否を（可分的に）判断すべきとする考え方もある。すなわち，④別件での勾留期間の当初のみ別件の取調べをし，その後はすべて本件の取調べをしているような場合は，少なくとも途中からの身体拘束は，別件についての勾留の理由・必要性の消滅後になされた違法なものと判断され得るとする見解，⑤逮捕・勾留の期間を，前記③説と同様，逃亡・罪証隠滅を阻止しつつ被疑事実につき起訴・不起訴の決定に向けた捜査を行うための期間と解し，その観点から，別件についての身体拘束の継続の必要性の有無を検討すべきだとし，逮捕・勾留の途中で被疑事実（別件）についての捜査が完了した場合には，それ以後の身体拘束は継続の必要性を欠くため違法となり，また別件の捜査が未了でも，本件の取調べを行ったために別件による身体拘束が長期化した場合には，別件の起訴・不起訴の決定に向けた捜査を行うのに合理的に必要と考えられる期間以後の拘束は違法だとする見解である。

　(c) **裁判例**　別件逮捕・勾留に関する裁判例の動向は必ずしも一定していないが，たとえば次の例は前記(b)の②説（本件基準説）に立つものとされることが多い。

> ⟨判例 1-6⟩ 金沢地七尾支判昭和44・6・3刑月1巻6号657頁
> **【事実】**捜査当局は，Xに対し殺人の嫌疑を抱いたものの，同容疑で検挙するに足る証拠はなく，レコード4枚の窃盗および住居侵入の被疑事実でXを通常逮捕し，勾留したが，その間の取調べ時間のほとんどを殺人事件の取調べにあてた結果，Xが殺人事件の自白をした。その自白調書を疎明資料として殺人・死体遺棄の被疑事実で逮捕状をとり，Xをいったん釈放したうえで，同逮捕状により逮捕し，勾留した。公判ではXの自白の証拠能力が争われた。

第1章 捜 査

【判旨】「専ら適法に身柄を拘束するに足りるだけの証拠資料を収集し得ていない重大な本来の事件（本件）について被疑者を取調べ，被疑者自身から本件の証拠資料（自白）を得る目的で，たまたま証拠資料を収集し得た軽い別件に藉口して被疑者を逮捕・勾留し，結果的には別件を利用して本件で逮捕・勾留して取調べを行ったのと同様の実を挙げようとするが如き捜査方法は，いわゆる別件逮捕・勾留であって，……逮捕・勾留手続を自白獲得の手段視する点において刑事訴訟法の精神に悖るものであり……また別件による逮捕・勾留期間満了後に改めて本件によって逮捕・勾留することが予め見込まれている点において，公訴提起前の身柄拘束につき……厳しい時間的制約を定めた刑事訴訟法203条以下の規定を潜脱する違法・不当な捜査方法であるのみならず，別件による逮捕・勾留が専ら本件の捜査に向けられているにもかかわらず，逮捕状あるいは勾留状の請求を受けた裁判官は，別件が法定の要件を具備する限り，本件についてはなんらの司法的な事前審査をなし得ないまま令状を発付することになり，従って，当該被疑者は本件につき実質的には裁判官が発しかつ逮捕・勾留の理由となっている犯罪事実を明示する令状によることなく身柄を拘束されるに至るものと言うべく，結局，かかる別件逮捕・勾留は令状主義の原則を定める憲法33条並びに国民の拘禁に関する基本的人権の保障を定める憲法34条に違反するものであると言わなければならない。」

　また，最高裁も，傍論ではあるが，「専ら，いまだ証拠の揃っていない『本件』について……取調べる目的で，証拠の揃っている『別件』の逮捕・勾留に名を借り，その身柄の拘束を利用して，『本件』について逮捕・勾留して取調べるのと同様な効果を得ることをねらいとしたものである」場合，逮捕・勾留は違法であると示唆したことがあり（最決昭和52・8・9刑集31巻5号821頁），これを本件基準説に位置づける見方もある。

　もっとも，このように「専ら本件での取調べを目的としているか」に着目する裁判例を，本件基準説を採用したものと見ることには異論もあり得る。学説には，「専ら」本件取調べを目的とする場合には，別件について取調べの意図がなく，それゆえそもそも別件につき逮捕・勾留の理由・必要性が欠けるとする見解があり，これによれば，上記裁判例も別件基準説の枠内に位置づける余地があろう。

　また，他の裁判例では，専ら本件について取り調べる目的であるかに着目しつつ，「別件について……身柄拘束の理由と必要性がない」ことを，別件逮捕・勾留の違法性の基準として明示するものもある（東京高判昭和53・3・29刑

月10巻3号233頁)。

　他方,「もっぱら……〔本件〕について取り調べる目的で, 逮捕・勾留の必要性のない……〔別件〕で逮捕・勾留した場合」を「典型的な別件逮捕・勾留の場合」としつつ, さらに,「主として……〔本件〕について取り調べる目的で, ……〔本件〕が存在しなければ通常立件されることがないと思われる軽微な……〔別件〕につき被疑者を逮捕・勾留する場合」をも, 違法な別件逮捕・勾留だとする裁判例もある (浦和地判平成2・10・12判時1376号24頁。主として放火について取り調べる目的で不法残留の事実により行った逮捕・勾留を違法とした)。これは,「もっぱら」ではなく「主として」本件取調べ目的であるにとどまる場合をも違法とする点で, もはや別件基準説の枠内では捉えきれない面がある一方で, 別件自体が通常立件されないようなものであることを違法の条件とする点では, なお別件基準によっていると見る余地もある。

　そのほか, (旅券不携帯の事実〔B事件〕で逮捕・勾留後, 勾留延長中に長時間の取調べの大半が強盗致傷事件〔A事件〕に費やされた事案につき)「〔勾留の延長期間中の〕A事件の取調べは, B事件による逮捕勾留期間中に許された限度を大きく超えているのに対し, 本来主眼となるべきB事件……の捜査は, ほとんど行われない状況にあった……から, 右勾留期間延長後は, B事件による勾留としての実体を失い, 実質上, A事件を取り調べるための身柄拘束となったとみるほかはない。したがって, その間の身柄拘束は, 令状によらない違法な身柄拘束となったものであ」る, とした裁判例もある (東京地決平成12・11・13判タ1067号283頁)。これは前記(b)の③説に近似した考え方を示したものといえよう。

第4節　取調べ等

　捜査機関は, 捜査目的の達成のために様々な証拠を収集するが, そのうち, 人の供述を対象者 (話者) から直接得ようとする捜査機関の活動を, **取調べ**という。刑訴法上,「取調」の語は様々な意味で用いられている —— 捜査活動全般 (197条1項), 公判手続における証拠調べ (296条・299条等), 公判期日の審理手続全般 (282条1項), 裁判所・裁判官が資料等を調査すること (「事実の取調」。43条3項・393条1項) など —— が, 本節で扱うのは, 冒頭の意味での取調べである。なお,

本節では，取調べ以外の供述獲得のための手段についても取り上げる。

1 取調べの意義・手続

(1) 取調べの機能

　検察官・検察事務官・司法警察職員は，犯罪の捜査をするについて必要があるとき，被疑者や被疑者以外の者の出頭を求め，これを取り調べることができる（198条1項・223条1項）。取調べは，わが国の犯罪捜査において，極めて重要な位置を占めている。被疑者以外の者（たとえば被害者や目撃者，あるいは共犯者その他の被疑者の関係者等）の取調べもそうであるが，とりわけ当該犯罪の被疑者を取り調べ，その供述を得ることは，事実の解明を目指す捜査機関にとって重大な関心事である。被疑者の取調べにより自白（犯罪事実を自ら認める供述。⇨432頁**1**）が得られれば，それは犯罪の直接証拠として，事実の解明・立証にとって非常に大きな価値を有するし，また自白は得られなくても被疑者自身から何らかの供述を得られれば，やはり事実解明の重要な手掛かりとなり得る。のみならず，わが国では，取調べは被疑者に対して反省を促す機会としても有益であると考えられており，それが起訴猶予（⇨212頁**2**）等の判断において重要な意味を持つことにもなる。

　しかし他方，取調べに過度に重きを置くことには問題もある。取調べは通常，密室において第三者の立会いもなく行われることから，対象者に対して供述の強要や誘導等がなされる危険が高い。とりわけ被疑者に対し自白の強要が行われ，その結果，内容虚偽の自白がなされ，冤罪を生むようなことがあれば，取調べはむしろ事実の解明にとって大きな妨げとなろう。犯罪捜査において取調べが果たす機能の重要性は否定しがたいが，それゆえにこそ，いかにして取調べを適正に行い，供述の任意性・信用性を確保するかが，重要な課題である。

(2) 取調べと黙秘権

　取調べに関する規律として最も重要なものの1つが，黙秘権の保障である。憲法38条1項は，「何人も，自己に不利益な供述を強要されない」と定め，いわゆる自己負罪拒否権を保障する（⇨19頁(a)）が，刑訴法198条2項は，被疑者の取調べに際して「被疑者に対し，あらかじめ，自己の意思に反して供述を

する必要がない旨を告げなければならない」と規定した。ここでは，憲法が明文で保障した範囲を超えて——すなわち，自己負罪事項に限らず，およそいかなる事項についても——被疑者は供述を拒む（黙秘する）ことができ（包括的黙秘権），かつその旨を告知されることが保障されているのである。この告知は，原則として取調べの機会ごとに行うべきであろう（ただし，最判昭和 28・4・14 刑集 7 巻 4 号 841 頁参照）。なお，黙秘権の告知をせずに行われた被疑者取調べによって得られた自白の証拠能力につき，⇨ 445 頁(b)。

　黙秘権告知の欠如が憲法 38 条 1 項に違反するかにつき，判例は，告知は憲法 38 条 1 項の要請ではないとして，これを否定する（最判昭和 25・11・21 刑集 4 巻 11 号 2359 頁等）。しかし，告知を欠いたために，被疑者に供述義務があると誤信させたような場合は，憲法違反というべきであろう。

　被疑者以外の者の取調べ（参考人取調べ）の場合には，刑訴法は黙秘権告知を要求していない（223 条 2 項は 198 条 2 項を準用していない）。もっとも，告知がないからといって，黙秘権が保障されていないわけではない。何人も，自己負罪事項については供述拒否権が憲法上保障されているし，また，証人として尋問される者とは異なり，捜査機関により取調べを受ける参考人は，被疑者と同様，包括的黙秘権も有するものと解される。なお，取調べの対象者が被疑者であるのか被疑者以外の者（参考人）であるのかは，必ずしも一義的ではない。特定犯罪の嫌疑が特定の者に集中した場合にその者は被疑者となるが，参考人との境界線は時として曖昧であり，捜査機関の恣意的判断に左右されるおそれもある。それゆえ，明文規定にかかわらず，被疑者以外の者の取調べに際しても，黙秘権を告知するのが望ましい。

　黙秘権が告知されたとしても，取調べの場で実際にこれを行使する機会が確保されなければ，黙秘権保障は無に帰する。したがって，捜査機関が取調べにおいて被疑者等に対し有形無形の手段によって供述を強要してはならないことはいうまでもない（⇨ 107 頁(b)。なお，任意性に疑いのある自白の証拠能力が否定される根拠を黙秘権保障の担保に求めることもできよう。⇨ 435 頁(b)）。また，黙秘権を実効的に行使できるようにするための方策として，後述する取調べの録音・録画等の「可視化」が有意義である。

(3) 取調べと調書

　取調べにおいて供述がなされた場合，これを証拠化することが考えられる。刑訴法は被疑者取調べにつき，198条3項以下でそのための規定を置いた。まず，被疑者の供述は，捜査機関が「調書に録取」することができる（3項。このように供述者以外の者が供述を聴き取り記録した書面を**供述調書**ないし**供述録取書**という）。この調書は，被疑者に閲覧させ，または読み聞かせて，誤りがないかどうかを問い，被疑者が増減変更の申立てをしたときは，その供述を調書に記載しなければならない（4項）。被疑者が調書に誤りのないことを申し立てたときは，捜査機関は被疑者に対し，調書に**署名押印**するよう求めることができるが，被疑者は署名押印を拒絶することもできる（5項）。以上は，被疑者以外の者の取調べについても準用されている（223条2項）。

　閲覧・読み聞かせのうえ，調書に署名押印がなされることは，供述者が自ら録取の正確性 —— 自己の供述を捜査機関が正確に書き取ったこと —— を確認する意味を持ち，署名押印の存在は，調書（供述録取書）を公判で証拠として使用するための要件にもなっている（321条1項・322条1項。⇨ 387頁(1)）。しかし，単に形式的に供述者の署名押印があっても，閲覧・読み聞かせがおざなりになされたならば，調書は供述者の供述を正確に反映したものとはいえなくなり，その価値・信用性は大きく損なわれることになろう。さらに，閲覧・読み聞かせ・署名押印が適切に行われたとしても，そもそも調書の記載は，通常，供述者が供述したことを一言一句そのまま記録したものではなく，捜査機関が要約的に記載した，いわゆる「物語式」（取調べ対象者を一人称とした「独白型」の物語）であることが多い。しかし，そのような形式の調書のみから，そこに記載された「供述」の価値・信用性，あるいは任意性を正確に判断することは容易ではない。こうした問題に対処するためには，取調べの過程の「可視化」が有効である。

> **Column 1-12　取調べの可視化・適正化のための様々な方策**
> 　取調べの「可視化」は，論者によって様々な意味合いで論じられるが，これを「適正化」とも合わせてやや広く捉えるならば，その具体的方策としては，①取調べ方法自体の規制，②取調べ環境の整備，③取調べの監督・調査，④取調べ状況の記録化，⑤調書の作成方法の工夫，⑥取調べの録音・録画（⇨後述

第4節　取調べ等

(4)，102頁 Column 1-13 ），⑦弁護人の接見の充実（⇨ 191 頁 **3** ），⑧取調べへ
の弁護人の立会い，など様々なものが考えられる。このうち①は，たとえば犯
罪捜査規範における取調べに関する規定（捜査規範 166 条以下）や最高検の運
用指針などが既に存在する。②についても，2009（平成 21）年に警察における
取調室の構造・設備の基準の明確化が講じられた。③については，2008（平成
20）年に「取調べ監督官」「取調べ調査官」の制度が導入された。④には，
2004（平成 16）年から開始された「取調べ状況報告書」（同 182 条の 2 参照）の
作成が挙げられる。これは，被疑者・被告人を取調室等で取り調べたときに，
取調べ年月日，取調べ時間，休憩時間，取調べ場所，取調べ担当者の氏名，調
書作成の有無・通数等を記載したうえ，被疑者・被告人に確認させ署名押印を
求めるというものであり，供述（自白）の任意性立証等に一定の役割を果たし
得る（規 198 条の 4 参照）。

　さらに⑤については，従来の「物語式」「独白型」の調書ではなく，より取
調べの実態に即した「一問一答式」「逐語的」な調書記載方法によるべきこと
がかねてより学説上説かれてきたが，実情は現在においても「物語式」の調書
がほとんどである。この点は，近時，裁判員制度にもからんで「簡にして要を
得た」調書の作成が推奨されることとの兼ね合いもあり，いささか困難な問題
である。

　⑧の取調べへの弁護人立会いは，学説上，アメリカの判例法理（ミランダ判
決）などの影響を受けて，かねてよりこれを被疑者の権利として認めるべきで
あるとの主張がみられるが，実現には至っていない。

(4)　取調べの録音・録画

　上述した取調べをめぐる種々の課題——調書への署名押印等の手続の適切性担保，
供述の信用性・任意性を的確に判断するための手段の確保，さらに，黙秘権行使の機会
の実質的保障（および供述の任意性の確保）を含む，取調べ自体の適正さの確保，等
——を解決するための最も効果的な手段の一つとして，取調べの過程を録音・
録画することが挙げられる。刑訴法は，2016（平成 28）年改正により，限定的
にではあるが，取調べの録音・録画を捜査機関に義務づける規定を設けた
（301 条の 2 第 4 項）。

　録音・録画義務の対象となる事件は，①死刑または無期の懲役もしくは禁錮
に当たる罪に係る事件，②短期 1 年以上の有期の懲役または禁錮に当たる罪で
あって故意の犯罪行為により被害者を死亡させたものに係る事件，③司法警察
員が送致・送付した事件以外の事件（①②のものを除く）に限られる（同条 1 項 1

101

第1章 捜 査

号～3号参照。①②は**裁判員裁判対象事件**，③は検察官の**独自捜査事件**である）。これらの事件について，被疑者（逮捕または勾留されている者に限る。なお，①～③以外の事件で逮捕・勾留されている者を含む）の取調べ（198条1項）を行うときには，捜査機関は，原則として，「被疑者の供述及びその状況」を記録媒体に記録（録音と録画を同時に行う方法による）しなければならない。取調べの範囲に限定は付されていないから，その全過程が録音・録画義務の対象となる。被疑者に弁解の機会を与えるとき（203条1項・204条1項・205条1項等）も同様である。ただし，次のいずれかの場合には，例外的に録音・録画義務が免除される（301条の2第4項各号）——すなわち，機器の故障その他のやむを得ない事情により記録ができないとき（1号），記録拒否その他の被疑者の言動により，記録すれば被疑者が十分な供述をできないと認められるとき（2号），指定暴力団の構成員による犯罪に係る事件であると認められるとき（3号），犯罪の性質・関係者の言動・被疑者が構成員である団体の性格その他の事情に照らし，被疑者の供述およびその状況が明らかにされれば被疑者やその親族の身体・財産に対する加害行為またはこれらの者に対する畏怖・困惑行為がなされるおそれがあることにより，記録すれば被疑者が十分な供述をできないと認められるとき（4号）。

　なお，上記①～③の事件について，公判段階で被告人の供述調書（逮捕・勾留中の被疑者取調べまたは弁解の機会に際して作成されたもの）の任意性（319条1項・322条1項但書参照。⇨400頁(i)）が争われた場合には，検察官は，任意性立証のため，上記の録音・録画義務に基づき供述とその状況を記録した記録媒体（ただし，当該調書が作成された取調べ等に係るものに限る）の証拠調べを請求する義務を負う（301条の2第1項。⇨326頁）。

> **Column 1-13** 取調べの録音・録画制度導入の背景と今後の展望
>
> 　取調べの「可視化」は，学説上は数十年前から主張されており，取調べへの弁護人の立会いの要求なども含めて論じられてきたが，近時は，取調べの録音・録画の義務づけがその中心的話題とされ，また裁判実務家の間でも（義務づけの範囲の広狭はあれど）これを支持する見解が見られるようになってきていた。弁護人の立会いにせよ録音・録画にせよ，取調べが密室において捜査機関と対象者のみが対峙する中で行われ，外部からはその実態を容易には窺い知れないことに対する問題意識を基礎に置いている点では共通するが，録音・録

102

画の義務づけを支持する近時の議論は，取調べの成果物である調書上の供述の価値・信用性や任意性を（公判段階において）適切に判断できるようにするための方策としての意義を強調する傾向が強い（2016〔平成28〕年改正において，取調べの録音・録画義務の規定が，任意性立証のための証拠調べ請求義務の規定と並んで，かつその後に置かれた点にも，そのことは表れている）。もっとも，取調べの録音・録画には，そもそも不適切な取調べが行われること自体を防止する効果もあり，そしてそれが，対象者に対する違法な権利侵害（とりわけ黙秘権侵害ないし自白の強要）を防止し得る。つまり，録音・録画は，取調べの（事後的な）「可視化」による供述評価の正確性確保の手段であるのみならず，取調べそれ自体の「適正化」の方策でもあるというべきである。

他方，録音・録画の義務づけに対しては，従来，捜査実務の側から強い反対論が見られた。録音・録画は取調べの真実解明機能を阻害するというのがその最大の理由である。加えて，とくに被疑者取調べは，被疑者に対して反省を促し，改善更生につなげるための場としても重視されてきたところ，録音・録画のもとでは，このようないわば「カウンセリング」的，「教育」的機能が十分果たされなくなるとの主張もみられる。こうした立場からは，録音・録画を行うか否かは捜査官の裁量に委ねるべきであるとか，録音・録画を義務づけるとしても，その範囲は取調べの全過程ではなく，原則として調書の読み聞かせ・署名押印の場面に限るべきであるとの意見もみられた。しかし，2016（平成28）年改正では，こうした意見は斥けられ，取調べの全過程について録音・録画が義務づけられた。もっとも，録音・録画の「弊害」に対処するため，義務づけの例外を設ける（301条の2第4項各号参照）など，反対論に対しても一定の配慮がなされている。また，捜査実務の側からは，他の捜査手段・証拠収集手段の拡充・創設も同時に行うのでなければ録音・録画制度は受け入れ難いとの主張が見られたところ，同年改正では，通信傍受の拡充，協議・合意制度，刑事免責制度などがあわせて立法化された。

録音・録画義務の対象事件については，2016（平成28）年改正では，裁判員裁判対象事件と検察官の独自捜査事件に限定された。改正前からこれらの事件を中心に試行が積み重ねられてきたことに加え，裁判員との関係で供述の任意性判断のために録音・録画記録を用いる必要性が高いこと，これらの事件では供述の任意性が比較的争われやすいこと等がその理由とされる。もっとも，他の事件類型でも録音・録画の必要性（とりわけ取調べ「適正化」の手段としての必要性）が認められないわけではないから，将来的には対象事件の範囲を拡大することも検討の余地がある。また，同年改正では，録音・録画義務の対象は逮捕・勾留中の被疑者の取調べに限定されたが，在宅被疑者（さらには参考人）の取調べにも拡大すべきだとする意見もある。なお，検察では，実務の運用上，同年改正による義務づけの範囲を超える取調べの録音・録画が，比較的広く試行されている。

第 1 章 捜　査

2 身体拘束中でない被疑者の取調べ

(1) 取調べのための被疑者の出頭確保

198条1項は，捜査機関は「被疑者の出頭を求め，これを取り調べることができる」と規定するから，身体拘束（逮捕・勾留）されていない被疑者（在宅被疑者）を取り調べるため，被疑者に一定の場所（たとえば警察署等）へ**出頭**するよう**要求**することができる。しかし，逮捕・勾留するわけではないから，たとえば自宅から警察署等に出頭を強制したり，出頭後に退去して帰宅しようとするのを妨げたりすることは許されない。すなわち，被疑者は「出頭を拒み，又は出頭後，何時でも退去することができる」（同項但書。**任意出頭**）。

任意出頭の要求は，基本的には，文書・電話その他適宜の方法で，被疑者に対して，自ら警察署等に赴くよう求めるものである。これと異なり，捜査機関が被疑者のもとに赴いたうえ，警察署等へ「同行」を求めることが実務上しばしば行われる。これを**任意同行**という。取調べのための任意同行を求める権限を明示的に定める規定はない（なお，職務質問に際し，その場で質問することが対象者に不利である，または交通の妨害になる場合に，付近の警察署等に「同行」を求める権限を定めたものとして，警職2条2項参照）。しかし，同行を求めるのも，出頭を求める方法の1つとして，198条1項に基づき行えるとするのが多数である（ほかに，197条1項本文に根拠を求める見解もある）。もっとも，単に被疑者に自ら出頭するよう求めるだけの場合に比べ，同行を求める形の場合には，その過程において強制的手段が用いられる危険が大きいことには注意を要する。

実務上，任意同行がしばしば行われるのは，たとえ逮捕の要件が整っている場合であっても，被疑者の利益に配慮し，逮捕の執行に慎重を期すためであるといわれる。まずは任意同行の形で出頭を確保し，取調べを行って嫌疑を確認したうえではじめて逮捕に及ぶことで，被疑者の名誉を保護するとともに誤認逮捕を防ごうとするのである。しかし，捜査機関が，「任意同行」の名を借りて，事実上の身体拘束（強制連行・強制留め置き）を行う――たとえば，逮捕要件が備わっておらず逮捕ができないときに，あるいは逮捕の時間制限を免れるために――のであれば，それは法の趣旨を潜脱するものといわざるを得ない。したがって，任意同行が真に「任意」であるか，「強制連行」「強制留め置き」に至っていな

104

第 4 節　取調べ等

いかは，慎重に見極める必要がある。任意同行が事実上の身体拘束（「実質逮捕」。⇨ 107 頁(b)）に至っている場合，その後に正式の逮捕を経て勾留請求がなされた際には，その制限時間の超過の有無は「実質逮捕」の時点から起算して判断すべきであり，また制限時間を超過していなくても，同行および逮捕に重大な違法があると評価され，勾留請求を却下すべき場合もあろう（⇨ 86 頁(b)）。

(2)　任意取調べの限界

(a)　2 つの次元での限界　　任意出頭にせよ，任意同行にせよ，逮捕・勾留されていない被疑者を警察署等に任意に来させたうえ，捜査機関が取調べを行うことは，198 条 1 項に基づき許される。しかし，この「任意取調べ」にも一定の限界がある。その「限界」は，次の判例が示すように，大きく 2 つの次元において現れる。なお，任意取調べがその限界を超えて違法とされる場合には，その後の逮捕や勾留（の請求）の適否に影響を与えることがあり得るほか，当該取調べによって得られた供述の証拠能力にも影響し得る（⇨ 444，446 頁）。

> ◀ 判例 1-7 ▶ 最決昭和 59・2・29 刑集 38 巻 3 号 479 頁
>
> **【事実】** マンションの一室での殺人事件につき，被害者と同棲したことのある X に対する嫌疑が強まったため，捜査官 4 名が某日早朝，X の勤め先の寮に赴き任意同行を求めると，X はこれに応じた。捜査官らは警察署で X を取り調べ，同日午後 11 時過ぎに一応の取調べを終えたが，X から寮に帰りたくないので旅館に泊めてもらいたい旨の申出（答申書）を受け，同署近くの民間企業の宿泊施設に捜査官 4，5 名と共に X を宿泊させ，1 名の捜査官は X の隣室に泊まり込む等して X の挙動を監視した。翌朝，捜査官らが自動車で X を迎えに行き，同署で午後 11 時頃まで取調べをし，同夜も X が帰宅を望まないため近くのホテルに送り届けて宿泊させた。次の 2 日間も昼は取調べをし，夜はホテルに宿泊させた。各夜ともホテル周辺に捜査官が張り込み X の動静を監視した。宿泊代金は 4 日目の分以外は警察が支払った。X は殺人罪で起訴され，自白の証拠能力との関係で本件の任意同行・取調べの適否が争われた。
>
> **【決定要旨】**（i）X の取調べは「刑訴法 198 条に基づき，任意捜査としてなされたものと認められるところ，任意捜査においては，強制手段，すなわち，『個人の意思を制圧し，身体，住居，財産等に制約を加えて強制的に捜査目的を実現する行為など，特別の根拠規定がなければ許容することが相当でない手段』（最高裁昭和……51 年 3 月 16 日……決定・刑集 30 巻 2 号 187 頁参照）を用いることが許されないことはいうまでもないが，任意捜査の一環としての被

第1章 捜　査

疑者に対する取調べは，右のような強制手段によることができないというだけでなく，さらに，事案の性質，被疑者に対する容疑の程度，被疑者の態度等諸般の事情を勘案して，社会通念上相当と認められる方法ないし態様及び限度において，許容されるものと解すべきである」。

(ⅱ)　Ｘを4夜にわたり捜査官の手配した宿泊施設に宿泊させたうえ，前後5日間にわたって被疑者としての取調べを続行した点については，①Ｘの寮は警察署からさほど遠くなく，深夜であっても帰宅できない特段の事情も見当たらない，②1日目の夜は捜査官が同宿し，2日目以降もホテル周辺に張り込みＸの動静を監視した，③署との往復には警察車両が使用され，捜査官が同乗した，④最初の3晩の宿泊費用を警察が支払った，⑤この間午前中から深夜までの長時間，連日にわたり取調べが続けられた，といった「諸事情に徴すると，Ｘは，捜査官の意向にそうように，右のような宿泊を伴う連日にわたる長時間の取調べに応じざるを得ない状況に置かれていたものとみられる一面もあり，その期間も長く，任意取調べの方法として必ずしも妥当なものであったとはいい難い」。

(ⅲ)　他面，①Ｘは初日の宿泊につき上記答申書を差し出し，②この間Ｘが取調べや宿泊を拒否し，取調室・宿泊施設から退去・帰宅を申し出た証跡はなく，③捜査官らが取調べを強行し，退去・帰宅を拒絶・制止したという事実も窺われず，「これらの諸事情を総合すると，右取調べにせよ宿泊にせよ，結局，Ｘがその意思によりこれを容認し応じていたものと認められる」。

(ⅳ)　本件取調べは「宿泊の点など任意捜査の方法として必ずしも妥当とはいい難いところがあるものの，Ｘが任意に応じていたものと認められるばかりでなく，事案の性質上，速やかにＸから詳細な事情及び弁解を聴取する必要性があったものと認められることなどの本件における具体的状況を総合すると，結局，社会通念上やむを得なかったものというべく，任意捜査として許容される限界を越えた違法なものであったとまでは断じ難い」。

　本決定によれば，任意取調べの限界は，次の2つの次元において問題になる。すなわち，①「強制手段による」ものと評価されないか，②「諸般の事情を勘案して，社会通念上相当と認められる方法ないし態様及び限度」にとどまっているか，である。①は強制処分性の問題であり，最決昭和51・3・16＝〈判例 1-1〉（⇨40頁）の基準により判断される。②は，同じく〈判例 1-1〉が示したいわゆる比例原則による規律を，任意取調べにも適用したものと理解されることが多い。①の「強制手段」に当たればそれだけで直ちに違法とされようが，たとえそれに当たらなくても，さらに②諸般の事情から「相当性」を欠く（比例原則に反する）場合には違法とされることになる。なお，本件に関して

106

本決定は①の判断を明示せず，専ら②の判断を行っているが，本件取調べが適
法との結論をとる以上，（黙示的には）本件が「強制手段」に当たらないことを
も判断したものと解される。

　学説では，②の相当性が認められないものが強制捜査とされるべきだと説く
見解もあるが，事案の性質（重大性等）や嫌疑の程度も考慮して行われる相当
性判断によって強制処分性が決せられるというのは妥当でない。①の判断は②
とは別個に行われるべきであろう。他方，②の任意取調べの相当性という判断
枠組みの正当性を疑問視し，①の強制処分性判断の厳密な適用こそ重要だとす
る見解もある。たしかに①の判断を回避・軽視して②の判断に重点を置き，し
かも相当性という柔軟な基準のもとで事案の重みに押され安易な適法判断を行
うのであれば問題である。しかし，理論的には，本決定により，同行・取調べ
が任意捜査の枠内にあると評価されてもなお相当性（比例原則）の規律が及ぶ
ことが確認されたこと自体は，正当というべきである。

　(b)　**「強制手段」の意義**　　(1)で述べたように，取調べのための任意同行
の過程においては実質的に強制手段が用いられる危険が高く，また同行後・出
頭後の場面においても，被疑者をその場に留め置く際に強制手段が用いられる
可能性がある。このような問題は，従来，「実質（的）逮捕」論として論じら
れてきた。学説では，たとえば同行を求めた時間帯・場所，警察官の数や態度，
同行の具体的方法・態様，同行先の場所，同行中・同行後の監視態勢等の諸事
情を考慮して，形式的には任意の形をとっていても実質的にみて「逮捕」に当
たらないかを問題にするものが少なくない。裁判例にも，かねて，主に後の勾
留請求の適否との関係においてであるが，（正式の逮捕に先立つ）同行および同
行後の取調べを，諸般の事情にかんがみ「実質（的）逮捕」に当たるため違法
としたものがあった（富山地決昭和 54・7・26 判時 946 号 137 頁，東京地決昭和 55・
8・13 判時 972 号 136 頁等）。 ▶ 判例 1-7 ◀ では必ずしも明示的でないものの，上
記①の「強制手段」性の判断には，こうした「実質逮捕」性の判断も含まれる
とみてよい。

　なお，ここでいう「実質逮捕」とは，取調べを目的とする同行・留め置き
（それに伴う宿泊や監視）の態様が，実質的に「強制連行」「強制留め置き」の程
度に至ったかどうか，すなわち身体や行動の自由に対する制約が実質的に身体

第1章　捜　査

拘束に当たる程度のものと評価されるか，の問題である。しかし，取調べに伴い得る「強制手段」は，このような身体拘束の問題としてのそれには限られない。たとえば，取調べそれ自体が任意に行われたか，取調べ中に拷問や脅迫が用いられたのではないか，供述（拒否）の自由（黙秘権）が奪われたのではないかといった点は，別途――たとえ実質的な身体拘束には至っていなかったとしても――問題になり得る。任意取調べにおいて禁じられる「強制手段」とは，取調べに伴い得る様々な「強制」を含むものと解すべきである（ただし，上記のうち少なくとも拷問や脅迫，黙秘権侵害は，逮捕・勾留中の被疑者の取調べにおいても禁止されるものである。憲法38条参照）。

　(c)「相当性」の意義　　◁判例 1-7▷の「相当性」の判断枠組み（上記②）は，いわゆる比例原則（⇨35頁(1)）を任意取調べに適用したものと捉えるのが多数説である。しかし，これに対しては，比例原則のもとで捜査の必要性と衡量されるべき反対利益としての被侵害法益をここでは想定できないとして批判する見解もある。この見解は，任意取調べの場面で問題になり得る法益は取調べに応じる（ないし供述する）か否かの「意思決定の自由」であるところ，この自由は侵害されるかされないかのいずれかしかなく，被疑者が「任意に」取調べに応じたと評価される以上，何らの法益侵害も存しないはずであり（もし意思決定の自由が害されたのなら任意捜査とはいえない），それゆえ利益衡量論に基づく比例原則の規律を任意取調べに及ぼす理論的基盤はないとする（任意取調べについて規律があり得るとすれば，「捜査の公正」や捜査官に対する「行為規範」の観点からだとする）。しかし，たとえば捜査機関の求めに対し渋々ながら取調べに応じる場合などには，（「意思の制圧」とまではいえず強制処分に当たらないもの）の）意思決定の自由に対するある程度の侵害・制約が認められ，そのような被侵害法益との関係で比例原則の適用が理論上可能だとの反論もなされ得る。

　また，仮に意思決定の自由については「程度」を観念し得ないとする立場に立つとしても，そもそも，任意に取調べに応じた場合におよそ何らの法益も考慮する余地がないといえるかは疑問である。たとえ「任意に」であっても，取調べに応じることによって，被疑者の行動の自由といった権利は制約され，あるいは心身の苦痛・疲労といった負担・不利益は生じ得る（なお，最決平成元・7・4刑集43巻7号581頁も参照）。無論，被疑者は取調べに任意に応じる際，取

第4節　取調べ等

調べに伴うそうした様々な権利侵害（ないし負担・不利益を受けること）にも同
意したといえるが、その同意は、そうした侵害や負担・不利益の発生自体を消
し去るものではない。そのような侵害や負担・不利益を、およそ事案の性質や
取調べの必要性如何に関わりなく被疑者に負わせてよいとは思われず、そこに
は（比較衡量に基づき）限界が引かれるべきであろう（⇨ 44 頁 **Column 1-5**, 49
頁 **Column 1-7**）。

3 身体拘束中の被疑者の取調べ

　198 条 1 項は被疑者全般に適用される（通説。ただし、⇨後述 (1)(a) の④説参照）。
身体拘束中（逮捕・勾留中）の被疑者についても、この規定を根拠に、捜査機
関は（取調室等に）出頭を求めて取調べを行うことができる。前述の通り、専
ら取調べのみを目的として逮捕・勾留することは許されないが、法は逮捕・勾
留中に被疑者を取り調べることを禁じているわけではなく、実際上も、逮捕・
勾留中に被疑者取調べが行われないことは極めてまれである。

　身体拘束中の被疑者取調べの限界については、身体拘束中でない場合のそれ
と共通する面もある。たとえば、比例原則による規制は、一般的な意味では、
身体拘束中の場合にも及ぶであろう。しかし、身体拘束中の場合には、身体拘
束中でない場合には許されない一定の「強制」（受忍義務の賦課）が —— 身体拘
束という強制とは別に —— 許されるのではないか、また他方で、身体拘束中でな
い場合にはない限界があるのではないか、が議論される。前者は取調受忍義務
の有無の問題であり、後者は余罪取調べの可否（限界）の問題である。

(1) 取調受忍義務

(a) 取調受忍義務の有無と 198 条 1 項の解釈　　198 条 1 項本文に基づき取
調べのために出頭を求められた被疑者は、「逮捕又は勾留されている場合を除
いては」、出頭を拒み、または出頭後いつでも退去することができる（同項但
書）。これを反対解釈すれば、逮捕・勾留中の被疑者は、捜査機関の求めに対
し、出頭を拒否したり、出頭した場合に自由に退去したりすることは許されな
いことになる。そして、既に逮捕・勾留されている場合のことであるから、そ
の場合の「出頭」「退去」とは、被疑者が収容されている刑事施設・留置施設

109

第1章 捜　査

（警察署の留置場等）の居房と取調べが行われる部屋（警察署の取調室等）との間でのそれを意味する。このような取調室への出頭拒否やそこからの退去の自由の否定，すなわち取調室への**出頭・滞留義務**のことを，一般に**取調受忍義務**という。捜査実務は，身体拘束中の被疑者についてこの義務を肯定しており，また学説上もかつては**肯定説**が通説であった（①説）。しかし，受忍義務の肯定は，黙秘権の侵害ではないかとの批判も強い。①説の論者は，取調受忍義務を課しても，供述義務を課すことまで認めるわけではないから，黙秘権侵害には当たらないとする（なお，取調受忍義務の問題を正面から扱ったものではないが，最大判平成 11・3・24 ＝ <u>判例 1-18</u> 〔⇨ 195 頁〕は，身体拘束中の被疑者に出頭・滞留義務を肯定することが「直ちに被疑者からその意思に反して供述することを拒否する自由を奪うことを意味するものでない」としている）。しかし，たとえ法的に供述義務がないとしても，捜査機関の要求に従い取調室に滞留して取調べを受け続ける義務があるのだとすれば，実際上，黙秘権の行使は困難であり，その保障は無に帰する（少なくとも自己負罪事項との関係では，憲法 38 条 1 項違反となり得る）のではないか。このような理由から，現在の通説は，取調受忍義務（出頭・滞留義務）を否定する。

　もっとも，**取調受忍義務否定説**の間でも，198 条 1 項但書の規定をどのように解するかについては，見解は多岐に分かれる。まず，①説のように但書を反対解釈することを批判する見解には，②但書の「逮捕又は勾留されている場合を除いては」部分は，取調室への出頭拒否・取調室からの退去を認めることが逮捕・勾留自体の効力まで否定する趣旨ではないことを注意的に明らかにするものにすぎないとする説，③但書の当該部分は，逮捕・勾留中の場合については明文を置かず解釈にゆだねた趣旨であり，そして，黙秘権保障や強制処分法定主義を定めた刑訴法全体の趣旨や，逮捕・勾留は取調べを目的とするものではなく，逮捕・勾留中の取調べを特別に扱う根拠はないこと等からすれば，拘束中の被疑者にも出頭・滞留義務を否定するのが相当だとする説，④同項は在宅被疑者に対する捜査機関のもとへの出頭要求を主眼としたものであり，被疑者はこの出頭要求に対して応諾義務を負わないが，その点を（往々誤解があり得るので）但書で明記するとともに，逮捕・勾留の場合のことではないのでその旨を付言したものだとする説等があるが，いずれも文理解釈としては無理

110

があると批判されている。他方で，⑤同項但書を反対解釈し，逮捕・勾留中の被疑者については取調受忍義務（出頭・滞留義務）を認める規定と解するほかないが，それは憲法38条1項違反であるから無効であり，したがって結局，受忍義務は課されないとする説もある。

　また，⑥同項但書からは身体拘束中の被疑者には出頭拒否・退去の自由はないが，黙秘権保障の趣旨からして取調受忍義務はない，とする説もある。これは（通説と異なり）出頭・滞留義務と取調受忍義務とを区別し前者のみ肯定するものといえようが，取調べは拒否できるのになぜ（取調べのための）出頭・滞留が義務づけられるのか，根拠不明であるとの批判がある（ただし，この説は，取調べを拒む被疑者に翻意させるための説得を試み得るものの，それが長時間にわたってはならず，取調べ拒否の意思が確認されればそれ以上滞留させることはできないとしている点に注意を要する）。なお，ほかに，⑦身体拘束中の被疑者も原則としては取調べ拒否権（出頭拒否・退去の権利）を有するが，例外的に，一定の根拠がある場合には拒否権は認められないことがあり得る（例外があり得るから「除いては」と規定した）とする説もある。

　(b)　**身体拘束中の被疑者の取調べの性質**　　取調受忍義務肯定説に立てば，この義務を伴うかぎりで，身体拘束中の被疑者の取調べは強制処分だということになる（ただし，一部学説は，供述義務はないから取調べは任意処分であるとする）。もっとも，肯定説においても，受忍を義務づけられる（強制される）のはあくまで取調べを受けること（ないし出頭・滞留すること）のみであり，供述（拒否）の自由（黙秘権）の侵害（供述義務の賦課）や，脅迫や暴行の使用までもが許されるわけではないことはもちろんである。

　取調受忍義務否定説に立った場合，一般には，身体拘束中の被疑者取調べも，不拘束の場合と同様，何らの義務づけも伴わないから，任意処分だと解されている。もっとも，学説では，取調受忍義務を否定しつつも，身体拘束（逮捕・勾留）状態にあること自体が，取調べにおいて事実上一定の強制的作用を営むとし，一種の強制処分性を肯定する説もある。そのうえで，この説は，法は取調べについていささかの強制も許さないのではなく，拘束そのものに由来する強制作用は合理的範囲内のものとしてやむを得ず許容したとする。

(2) 余罪の取調べ

(a) 余罪取調べに対する制約の有無　逮捕・勾留されている被疑者を，逮捕・勾留の理由とされている被疑事実（本罪）とは別の事実（余罪）について取り調べること（**余罪取調べ**）に，一定の制約はないか。学説は，本罪の取調べと区別して余罪の取調べに特有の制約を認める立場（限定説）と，それを認めない立場（非限定説）とに大別できるが，その「限定」「非限定」の意味合いは，上述の取調受忍義務をめぐる見解の対立などともからんで一様ではない。

本罪と余罪とで基本的な区別を認めないものとして，まず，①取調受忍義務を肯定した上で，本罪・余罪いずれについても受忍義務を課した取調べが許されるとする考え方がある。その理由として，198 条 1 項但書が特に本罪・余罪を区別していないこと，同項を 223 条 2 項が参考人取調べについて準用していること等が挙げられている（東京高判昭和 53・3・29 刑月 10 巻 3 号 233 頁参照）。他方，②取調受忍義務を否定することを前提に，本罪・余罪いずれについても，取調受忍義務を課さないかぎりで取調べを行えるとする見解もある。上述(1)(b)の，受忍義務否定説の一般的な考え方に立ち，身体拘束中の被疑者取調べを任意処分と解する以上，本罪と余罪とで区別する理由はないとするのである。

以上に対し，本罪と区別して余罪取調べに特有の制約を認めるものとして，③取調受忍義務を肯定することを前提に，本罪については受忍義務を課した取調べが許されるが，余罪については原則として受忍義務を課さないかぎりでのみ取調べを行えるとする説がある。これは，受忍義務の及ぶ範囲につき，事件単位原則（⇨ 87 頁(2)）の考え方を援用するものである（東京地決昭和 49・12・9 刑月 6 巻 12 号 1270 頁等。なお，浦和地判平成 2・10・12 判時 1376 号 24 頁は，この説を前提に，原則として余罪取調べに先立ち余罪の内容や取調受忍義務がない旨の告知が必要だとする）。取調受忍義務は被疑者が逮捕・勾留中であるがゆえに生じ得る効果であるから，その及ぶ範囲も逮捕・勾留の効力範囲と同一でなければならないとするのであろう。ただし，余罪が本罪と密接に関連する，または同種事犯である等，余罪の捜査が本罪の捜査としても重要な意味を持つ場合には，本罪に付随・並行して余罪につき受忍義務を課した取調べを行うことが許されるとする。他方，④本罪については受忍義務を課さないかぎりで取調べを行えるが，余罪については原則として取調べは（受忍義務を課さなくても）許されない

第 4 節　取調べ等

とする説もある。これは，上述(1)(b)の，受忍義務否定説に立ちつつ，身体拘束状態にあること自体が取調べにおいて事実上の強制的作用を営むとする見解を前提に，そうした強制作用にかんがみ，取調べが許される範囲を嫌疑が司法的に確認された本罪に限る（その意味で事件単位原則による）とするものである。ただし，例外的に，本罪との密接関連性や同種事犯性，事案の軽微性等から，余罪取調べの付随性が認められる場合には，受忍義務を課さないかぎり余罪取調べを行うことも許されるとする。

　このほか，⑤取調受忍義務の肯否にかかわらず，余罪取調べが，具体的状況下において実質的に令状主義を潜脱するといえるような場合には，違法として禁止されるとする考え方もある（大阪高判昭和 59・4・19 高刑集 37 巻 1 号 98 頁等）。令状主義の実質的潜脱にあたるか否かは，本罪と余罪の関係，罪質・軽重の相違，余罪の嫌疑の程度，余罪取調べの態様等の具体的状況を総合して判断するという。また，⑥本罪の取調べを中断し，逮捕・勾留期間を長期化させる余罪取調べは，原則として違法だとする見解もある。逮捕・勾留の期間は，逃亡・罪証隠滅を阻止しつつ被疑事実につき起訴・不起訴の決定に向けた捜査を行うための期間であるから（⇨ 93 頁(b)の③および⑤説も参照），その期間中は本罪の捜査を原則として行い，できるだけ早く被疑者の処分を決定すべきであるが，上記のような余罪取調べを行うことはこれに反するというのである。ただし，余罪取調べが被疑者の利益にかなうか，または身体拘束の長期化を許すべき合理的な捜査上の必要性が存する場合には，例外的にそうした余罪取調べも許されるとする。

(b)　余罪取調べと別件逮捕・勾留　　余罪取調べの問題は，（身体拘束の適否に関する）別件逮捕・勾留の問題とは理論上別個の事柄である。それゆえ，余罪取調べの適否は，逮捕・勾留の適否とは独立に，それ自体として論じられるべきものである。もっとも，別件逮捕・勾留に関する本件基準説によるならば，余罪（本件）の取調べが行われたことが，捜査機関が専ら（または主として）かかる取調べを目的としていたことを推認させ，本罪での逮捕・勾留自体が違法な別件逮捕・勾留と評価されることもあり得ようし（⇨ 93 頁(b)の②説），また，逮捕・勾留中に主として余罪（本件）取調べが行われていた場合，当該逮捕・勾留はもはや別件（本罪）による逮捕・勾留としての実体を失い，本件による

113

逮捕・勾留と評価され違法とされることも考えられる（⇨93頁(b)の③説）。そのような場合には，余罪取調べの問題は，逮捕・勾留の適否の問題にいわば埋没し，余罪取調べそれ自体の適否を論じる実益はなくなるようにも思われる（違法な逮捕・勾留中に行われた取調べだから違法だと論じればよい）。

　しかし，別件基準説（⇨93頁(b)の①説）に立つ場合はもとより，それ以外の説による場合でも，余罪取調べが行われたことが，直ちには逮捕・勾留の違法評価に結びつかないということも考えられる（たとえば，余罪取調べは当初予定されていなかった場合や，余罪取調べのみならず本罪取調べも相当程度行われていた場合など）。そのような場合においては，なお余罪取調べそれ自体の適否を論じる実益が認められよう。そして，少なくとも上記(a)の③④⑥説によれば，逮捕・勾留が違法とは評価されない場合でも，余罪取調べそれ自体が（それぞれの説の基準に照らして）違法とされる可能性はある（なお，福岡地判平成12・6・29判タ1085号308頁参照）。また翻って，余罪取調べが行われたことを理由に逮捕・勾留を違法と評価し得るような事案においても，たとえば余罪取調べによって得られた供述の証拠能力が争われる場面（⇨444頁）では，あえて逮捕・勾留の違法を論じることなく，端的に余罪取調べの違法のみを論じれば足りる場合もあろう。

4 被疑者以外の者の取調べ等

(1) 被疑者以外の者の取調べ

　捜査機関は，捜査に必要があるときは，「被疑者以外の者の出頭を求め，これを取り調べ」ることができる（223条1項）。いわゆる**参考人取調べ**とそのための任意出頭の規定である。たとえば被害者や目撃者，あるいは共犯者その他の被疑者の関係者等，被疑者以外の者全般が対象になる。

　198条1項但書が準用される（223条2項）から，参考人は，出頭を拒み，または出頭後いつでも退去することができる。無論，取調べに際して「強制手段」を用いてはならない。また，比例原則の適用もある。調書作成の手続につき，被疑者取調べと同様であること（223条2項・198条3項〜5項）は前述した（⇨100頁(3)）。被疑者取調べの場合との差異は，前述の黙秘権告知が要求されない点（⇨98頁(2)）のほか，出頭・供述の拒否等の場合に証人尋問請求が可

能である点である。

(2) 証人尋問請求

被疑者以外の者に関しては，一定の場合に，検察官が，裁判官にその者の証人尋問を請求することができる。すなわち，①犯罪の捜査に欠くことのできない知識を有すると明らかに認められる者が，223条1項の取調べ（参考人取調べ）に対して出頭または供述を拒んだ場合（226条），②223条1項の取調べに際して任意の供述をした者が，公判期日では前の供述と異なる供述をするおそれがあり，かつその者の供述が犯罪の証明に欠くことができないと認められる場合（227条）である。証人尋問の請求権者は検察官に限られ，また請求できる時期は，起訴前および起訴後の第1回公判期日前に限られる。

請求を受けた裁判官は，証人尋問に関して裁判所または裁判長と同一の権限を有する（228条1項）。つまり総則の証人尋問（⇨328頁(ii)）に関する規定が準用される。したがって，捜査機関の取調べを受ける場合とは異なり，たとえば証人には出頭義務・宣誓義務・証言義務が課される（228条1項・150条〜152条・160条・161条参照）。また偽証は処罰される。もっとも，証人尋問への立会いについては，検察官は立会権を有する（228条1項・157条）が，被疑者・弁護人は，裁判官が「捜査に支障を生ずる虞がないと認めるとき」に「立ち会わせることができる」とされるにとどまる（228条2項）点，総則の証人尋問とは異なる。

(3) 照　　会

捜査については，公務所または公私の団体に照会して必要な事項の報告を求めることができる（197条2項）。いわゆる捜査関係事項照会である。主体の定めはないが，捜査機関全般と解される。報告を求められた公務所・団体は報告義務を負うが，報告を直接強制する手段はない。この照会の性質について，強制処分と解する説と任意処分と解する説とが対立している。

第1章 捜　査

5 協議・合意制度

(1) 制度の趣旨

　捜査機関は，供述の獲得を目的に上述の取調べ（198条・223条）を行うことができるが，近年，従来型の取調べでは対象者から供述が得られにくくなっていると言われたり，あるいは無理な取調べが行われるなどの弊害も指摘されたりしている。そこで，刑訴法は，より容易に供述を得られるようにするための手段として，2016（平成28）年改正により，一定の犯罪類型に関して，「証拠収集等への協力及び訴追に関する合意」の制度（いわゆる**協議・合意制度**）を設けた（350条の2以下）。これは，検察官と被疑者・被告人側との協議に基づき，被疑者・被告人が他人の犯罪事実を明らかにするための協力を行い，これに対して検察官が一定の恩典を与えることを合意するというものであり，いわゆる「司法取引」の一種である。被疑者・被告人の行う協力行為には，捜査機関の取調べで供述することのほか，証人尋問において供述すること，証拠を提出することも含まれ得るが，便宜上それらも含めて本項で説明する。なお，上述の通り，本制度のもとでの恩典付与の対象は，他人の犯罪事実についての協力行為に限られており（捜査・公判協力型），自己の犯罪事実を認め，または有罪の陳述をすることに対する恩典付与（自己負罪型）の制度は，導入が見送られた。

　本制度に対しては，自己が恩典を受けるために他人の犯罪について虚偽の供述をする等の問題（いわゆる巻き込みの危険）が指摘されるが，それへの対処として，協議・合意への弁護人の必要的関与（⇨(2)(b)），当該他人の刑事事件での合意内容書面等の証拠調べ請求義務（⇨(3)(a)），虚偽供述等に対する罰則（⇨(3)(c)）が定められている。

(2) 合意・協議の手続

　(a) 対象犯罪，合意の内容　　本制度の対象犯罪は，「特定犯罪」，すなわち，一定の財政経済関係犯罪（偽造罪，汚職罪，詐欺・恐喝・横領罪，税法違反，独禁法違反等）および薬物銃器犯罪に限定される。検察官は，特定犯罪の被疑者・被告人が「特定犯罪に係る他人の刑事事件」について行う協力行為によって得られる証拠の重要性，関係する犯罪の軽重および情状，当該関係する犯罪の関連

性の程度その他の事情を考慮して，必要と認めるとき，被疑者・被告人との間で，それぞれが次のうち1つ以上の行為をすることを内容とする**合意**をすることができる（350条の2）。すなわち，①被疑者・被告人は，(イ)捜査機関の取調べ（198条1項・223条1項）に際して真実の供述をすること，(ロ)証人として尋問を受ける場合に真実の供述をすること，(ハ)捜査機関の証拠収集に関し証拠の提出その他の必要な協力をすることであり，②検察官は，(イ)不起訴処分，(ロ)公訴の取消し，(ハ)特定の訴因・罰条での公訴の提起・維持，(ニ)特定の訴因・罰条の追加・撤回または特定の訴因・罰条への変更の請求，(ホ)弁論（293条1項）における特定の刑の求刑，(ヘ)即決裁判手続の申立て，(ト)略式命令請求である。

(b) **合意の形式，合意のための協議**　　合意をするには弁護人の同意が必要であり，合意は，検察官，被疑者・被告人および弁護人が連署した書面（**合意内容書面**）にその内容を明らかにしてなされる（350条の3）。合意をするために**必要な協議**は，原則として検察官と被疑者・被告人および弁護人との間で行われる（ただし，異議がなければ協議の一部を検察官と弁護人のみとの間で行える。350条の4）。協議において検察官は，被疑者・被告人に対し，黙秘権を告知した上で，特定犯罪に係る他人の刑事事件について供述を求めることができる（ただし，合意が成立しなかったときは，被疑者・被告人が協議においてした供述は，原則として証拠とすることができない。350条の5）。なお，検察官は，協議に係る他人の刑事事件の捜査のため必要と認めるときは，上記の供述を求めることその他の協議における必要な行為を司法警察員にさせることができ，また，司法警察員から送致された事件等については，検察官は，被疑者との協議に先立ち司法警察員と協議しなければならない（350条の6）。

(3) 合意の効果等

(a) **公判手続の特例（合意内容書面等の証拠調べ請求義務）**　　検察官は，被疑者との間でした前記の合意がある場合に当該合意に係る被疑者の事件を起訴したとき，および起訴後に被告事件について被告人との間で合意をしたときは，冒頭手続終了後（公判前整理手続に付された場合はその後）遅滞なく，合意内容書面を証拠調べ請求しなければならず（350条の7第1項），また，合意に基づき作成された供述録取書等について，他人の刑事事件において証拠調べ請求がさ

れ，または裁判所が職権で取り調べることとしたときは，検察官は遅滞なく，合意内容書面を証拠調べ請求しなければならない（350条の8）。なお，合意からの離脱があった場合には，離脱に関する書面についても同様である。

(b) **合意からの離脱**　合意の当事者は，相手方が合意に違反したときその他一定の場合には，合意から離脱することができる（なお，離脱はその理由を記載した書面により相手方に告知して行う。350条の10）。

(c) **合意の履行の確保**　検察官が合意に違反する形で公訴を提起しまたは維持したときは，裁判所は判決で当該公訴を棄却しなければならず，検察官が合意に違反する訴因変更を請求したときは，裁判所はこれを許可してはならない（350条の13）。また，検察官が合意に違反したときは，被告人が協議においてした供述および合意に基づき得られた証拠は，証拠とすることができない（ただし，証拠とすることに異議がない場合を除く。350条の14）。

合意に違反して，捜査機関に対し虚偽の供述をしまたは偽造・変造の証拠を提出した者は，5年以下の懲役に処せられる（ただし，当該合意に係る他人の刑事事件および自己の刑事事件の裁判が確定する前に自白した場合には，刑の任意的減免が認められる。350条の15）。

第5節　捜索・押収・検証等

犯罪捜査のために証拠ないし情報を収集する手段としては，様々なものが考えられるが，本節では，そのうち，刑訴法が明文の個別規定を置いたもの，すなわち「差押え」「記録命令付差押え」「捜索」「検証」（218条～220条），「領置」（221条），「電気通信の傍受」（222条の2），「鑑定」（223条以下）について取り上げる。また，これらとの関係で，（電気通信以外の）会話等の傍受，体液の採取の可否・方法にも言及する。なお，「照会」（197条2項），「取調べ」（198条・223条），「証人尋問」（226条～228条），「協議」・「合意」（350条の2以下）も，捜査のための証拠・情報の収集手段であるが，これらについては既に前節で取り上げた。

第5節　捜索・押収・検証等

1　捜索・押収

(1)　捜索・押収の意義

一定の物の保全のため，その物に対する所有者，所持者，保管者の占有を強制的に排除して占有を取得し，これを保持する処分を，**差押え**という。差押えと同様に，物の占有を取得し保持する処分であるが，占有の取得について強制を伴わない処分のことを**領置**といい（⇨ 146 頁(4)），差押えと領置とをあわせて（刑訴法上の）**押収**という（また，「記録命令付差押え」〔⇨ 138 頁(iv)〕も押収の一種である。なお，起訴後の「提出命令」〔⇨ 312 頁(1)〕も押収に含まれるが，捜査段階では提出命令の制度はない）。ただし，憲法 35 条にいう「押収」——すなわち令状主義の適用を受けるもの——には，差押えと異なり領置は含まれないと一般に解されている。

物の差押えを行うためには，一定の場所や物，人の身体といった空間的領域において，差押えの対象物を発見すべく探索を行う必要が生じる場合もある。そのような探索行為を強制的に行う処分を，**捜索**という（なお，後述の検証〔⇨ 147 頁**2**〕の対象とすべき物等を発見するために「捜索」が必要となる場合も考えられるが，一般には，現行法上の捜索は差押えのためのものであって，「検証のための捜索」は認められないと解されている）。ただし，捜索は，逮捕のために人（被疑者）を探す場合にも行われる（220 条 1 項 1 号参照。⇨ 140 頁 `Column 1-18` ）。

> `Column 1-14` **承諾捜索**
> 一定の空間的領域における探索行為を，強制的にではなく，相手方の承諾を得て行う場合を，通常，「**承諾捜索**」とよんでいる。有効な承諾があるかぎり，一般には，任意処分として——したがって令状なしで——197 条 1 項のもとで許されるであろう（たとえば鞄等の所持品の承諾捜索）。もっとも，住居の承諾捜索は許されないとするのが通説である（なお，犯罪捜査規範 108 条は，「人の住居又は人の看守する邸宅，建造物若しくは船舶につき捜索をする必要があるときは，住居主又は看守者の任意の承諾が得られると認められる場合においても，捜索許可状の発付を受けて捜索をしなければならない」と定める）。その理由としては，住居に関しては通常，捜索に対する有効な承諾は考え難く，それゆえ実質的には違法な強制処分と解すべきであるという説明のほか，たとえ承諾が有効で任意処分と位置づけられる場合があり得るとしても，相手方の被る負担・不利益が相当重大である・ないし広範囲に及ぶため，あるいは承諾の有効性が後に争

119

第1章 捜 査

われる事態を回避するため，令状手続（裁判官の審査）に服せしめるのが政策
的に望ましいという説明も考えられよう。

(2) 令状による捜索・差押え

(a) **捜索・差押えと令状主義の意義**　　憲法35条は，「何人も，その住居，
書類及び所持品について，侵入，捜索及び押収を受けることのない権利」は，
33条の場合——すなわち逮捕される場合——を除き，「正当な理由に基いて発せ
られ，且つ捜索する場所及び押収する物を明示する令状がなければ，侵されな
い」と定め（1項），また，この令状は「権限を有する司法官憲が発する各別の
令状」でなければならないとする（2項）。(1)で述べた「捜索」や「差押え」
が同条の適用対象に含まれることに疑いはない（なお，「住居，書類及び所持品」
以外の，たとえば「身体」に対する捜索などにも，実質的に同条の適用が及ぶと解され
ている）。この憲法の令状主義（⇨46頁(4)）の規定を受けて，刑訴法は，「裁判
官の発する令状」による捜索・差押えの手続を定める（218条1項。この令状は，
実務上，**捜索差押許可状**とよばれる）。捜査機関からは独立の第三者たる裁判官
が，事前に，具体的な対象につき捜索・差押えを行うだけの「**正当な理由**」が
あるか否かを公正で中立的な立場から審査し，かつそのような対象を特定・明
示して発付される令状を通じ，許可された捜索・差押えの対象範囲を捜査官に
明確に認識させることによって，捜査機関の権限濫用を防ぎ，もって「正当な
理由」に基づかない捜索・差押えを防止しているのである。

(b) **捜索・差押えの対象**　　(i) **捜索・差押えの「正当な理由」**　　このよう
に，捜索・差押えの実施には，「正当な理由」が存在することが必要である。

差押えの「正当な理由」とは，まずもって，特定の犯罪が存在し，その犯罪
と差押対象物とが一定の結びつき（関連性）を有する蓋然性が認められること
を意味する。刑訴法は，これを受けて，差押えの対象を「**証拠物又は没収すべ
き物と思料するもの**」と定めている（222条1項・99条1項。なお，差押えの対象
となる「物」は，一般に，有体物に限ると解されており，たとえば情報や通信といった
無形のものは含まれない）。もっとも，郵便物等の差押えについては，この点を
緩和する規定が設けられている（222条1項・100条）。

捜索の「正当な理由」とは，上述のように特定犯罪に関連する物（差押対象

120

第5節 捜索・押収・検証等

物）が，捜索の対象となる空間的領域に存在する蓋然性が認められることをまずは意味する。刑訴法も，捜索の対象を，被疑者以外の者の身体・物・住居その他の場所につき，「**押収すべき物の存在を認めるに足りる状況**のある場合」に限定している（222条1項・102条2項）。なお，被疑者の身体・物・住居その他の場所については，「必要があるとき」に捜索できるとする（同条1項）が，これは2項のような状況の存在を推定する趣旨であり，その推定が破れた場合には捜索は許されないものと解される。

> **Column 1-15　郵便物等の差押え**
>
> 　郵便物，信書便物または電信に関する書類で，法令の規定に基づき通信事務を取り扱う者（日本郵便，NTTなど）が保管または所持するものの差押えについては，それが「証拠物又は没収すべき物と思料するもの」であることを要せず，「〔被疑〕事件に関係があると認めるに足りる状況」さえあれば足りる（222条1項・100条2項）。さらに，被疑者から発し，または被疑者に対して発した郵便物等については，無条件で差押えが許される（同条1項。これは2項のような「状況」の存在を推定する趣旨であると解される）。なお，発・受信人に対する事後通知につき，同条3項参照。
>
> 　憲法の保障する通信の秘密（憲21条2項）も無制約ではないから，郵便局等の保管・所持する郵便物等がおよそ差押えの対象になり得ないわけではない。しかし，刑訴法100条（とくに1項）が99条1項よりも要件を緩和していることについては，①違憲論も唱えられ，あるいは②100条の対象は，同条所定の郵便物等のうち証拠物・没収物と思料されるものに限定されると解すべきだとする見解も有力である。他方，③同条は，郵便物等については性質上開封しなければ証拠物かどうかが判明しないから，開封するために捜索と同じ要件（102条参照）で差押えを許したものと説明する見解もある。③によれば，実質的には「捜索」としての一時的な占有取得が認められたにすぎないから，内容を確認のうえ被疑事実との関連性が認められなかったものは，直ちに保管者・所持者に返還すべきことになる。もっとも，開封しなければ関連性が判明しないのは私人宅で保管する郵便物等でも同様であるから，③の説明は，開封しての内容確認を郵便局等で行うのは適切でないという考えが前提になっていると理解すべきであろう。

　捜索・差押えの「正当な理由」が認められるためには，さらに，犯罪との関連性とは別に，捜索・差押えの**必要性**も存しなければならない。刑訴法218条1項も，「犯罪の捜査をするについて必要があるとき」に捜索・差押えを行え

121

第1章 捜　査

ると定めている。必要性は，第1に，当該対象に対し捜索・差押えを行うことによって得られる捜査上の利益を勘案して判断される（その考慮要素として，たとえば犯罪の軽重，差押対象物の証拠としての価値，隠滅毀損のおそれの有無等）が，通常は，犯罪との関連性があれば必要性も肯定されよう。しかし，そうした捜査上の利益の程度（狭義の必要性の程度）と捜索・差押えによって生じる権利利益侵害の程度とが明らかに均衡を欠く場合には，必要性は否定すべきであり（最決昭和44・3・18〔⇨ 123頁(d)〕も参照），その意味で，ここでいう必要性とは，**相当性**（利益衡量）を含む概念である。このような必要性ないし相当性の要件は，比例原則に基づくものであり，究極的には憲法13条に由来するが，憲法35条の「正当な理由」の内容としても含まれているとみることは可能であろう。

　(ii)　**報道機関に対する捜索・差押え**　　報道機関とその所有する取材テープ等を捜索・差押えの対象となし得るかが議論になることがある。この場合，捜索・差押えによって害される権利利益として（場所の平穏や物の占有権のほかに）報道・取材の自由が問題になることから，一般の捜索・差押えの場合に比して慎重な判断が必要であるものの，基本的には，上述の必要性ないし相当性──すなわち利益衡量──の枠組みの中で検討されるべきであろう。判例には，（贈賄被疑事件の捜査において，テレビ局の記者が供与申込みの状況を撮影していたビデオテープを捜査機関が令状に基づき差し押さえた事案につき）「公正な刑事裁判を実現するためには，適正迅速な捜査が不可欠の前提であり……，取材の自由が適正迅速な捜査のためにある程度の制約を受けること〔は〕……やむを得ない」としたうえで，差押えの可否を決する際には，「犯罪の性質，内容，軽重等及び差し押えるべき取材結果の証拠としての価値，ひいては適正迅速な捜査を遂げるための必要性と，取材結果を証拠として押収されることによって報道機関の報道の自由が妨げられる程度及び将来の取材の自由が受ける影響その他諸般の事情を比較衡量すべきである」としたものがある（最決平成元・1・30刑集43巻1号19頁。最大決昭和44・11・26刑集23巻11号1490頁，最決平成2・7・9刑集44巻5号421頁も参照）。

　(iii)　**公務上・業務上の秘密に関する物の差押えの制限**　　公務上または業務上の秘密に関する物の差押え（押収）については，その秘密の保護の観点から

122

第5節　捜索・押収・検証等

一定の制限が設けられている。まず，公務員または公務員であった者が保管しまたは所持する物について，本人または当該公務所から職務上の秘密に関するものであることを申し立てたときは，当該監督官庁の承諾がなければ押収をすることができない（222条1項・103条）。衆議院・参議院の議員またはその職にあった者，内閣総理大臣その他の国務大臣またはその職にあった者が同様の申立てをしたときも，それぞれその院，内閣の承諾がなければ，押収をすることはできない（222条1項・104条）。ただし，国の重大な利益を害する場合を除いては，これら監督官庁，衆・参議院，内閣は，承諾を拒むことができない（103条但書・104条2項）。

　次に，医師，歯科医師，助産師，看護師，弁護士，弁理士，公証人，宗教の職にある者またはこれらの職にあった者は，業務上委託を受けたため保管しまたは所持する物で他人の秘密に関するものについては，押収を拒むことができる（222条1項・105条）。これを**押収拒絶権**という。他人の秘密を扱う機会の多いこれらの業務（なお，これらは限定列挙と解されている）に従事する者に対して職業上の秘密の保持を認めることで，これらの業務に対する社会的信頼を保護しようとする趣旨である。ただし，秘密を委託した本人が押収を承諾した場合や，押収拒絶が被疑者のためのみにする権利濫用と認められる場合（被疑者が本人である場合を除く）には，押収を拒めない（同条但書）。

　(c)　**令状の請求**　　捜索差押令状は，請求に基づいて発付される。請求できるのは，検察官，検察事務官または司法警察員である（218条4項）。司法巡査は含まれない。請求は，請求者の所属に対応する管轄地方裁判所または簡易裁判所の裁判官に対し（規299条1項），差し押さえるべき物，捜索すべき場所・身体・物，被疑者の氏名（不明であるときはその旨で足りる），罪名および犯罪事実の要旨，夜間の捜索・差押えをする必要があるときはその旨および理由，その他所定の事項を記載した請求書（規155条）を提出するとともに，被疑者が罪を犯したと思料されるべき資料のほか捜索・差押えの要件があることを示す資料（疎明資料。規156条参照）を提供して行う。

　(d)　**令状発付の要件**　　捜索差押令状の請求を受けた裁判官は，前述の「正当な理由」の有無を審査する。すなわち，裁判官が令状を発付するには，特定の犯罪の嫌疑（なお，219条1項，規156条1項参照）およびその犯罪と捜索対象

123

ないし差押対象との間の関連性——前述の99条，100条，102条所定の要件——が認められなければならない。加えて，裁判官は，前述の必要性ないし相当性の点も，令状発付にあたり審査・判断し得るし，またすべきである。判例は，「差押物が証拠物または没収すべき物と思料されるものである場合……であっても，犯罪の態様，軽重，差押物の証拠としての価値，重要性，差押物が隠滅毀損されるおそれの有無，差押によって受ける被差押者の不利益の程度その他諸般の事情に照らし明らかに差押の必要がないと認めるときにまで，差押を是認しなければならない理由はない」としている（最決昭和44・3・18刑集23巻3号153頁）。これは，捜査機関の差押処分に対する準抗告審裁判所の権限について述べたものであるが，令状の請求を受けた裁判官についても，同様のことが妥当するであろう。

(e)　**令状の記載・令状の数**　(i)「一般令状」の禁止　憲法35条は，「捜索する場所及び押収する物を明示する」（1項），「各別の」（2項）令状を要求する。これは，白紙委任的・包括授権的な令状（いわゆる「一般令状」「概括令状」）を禁止したものである（⇨46頁(a)）。その趣旨は，捜索や差押えの処分をその都度（1回の機会ごとに）裁判官の許可にかからしめることで，捜査機関による捜査権限の濫用（ここでは，渉猟的に犯罪の証拠等を探索すること）を防ぐとともに，裁判官が個別的に捜索や差押えの対象を特定して「正当な理由」の有無を判断しなければならないとすることによって，その判断の確実性を担保し，しかもそのような特定の範囲についてのみ捜索・差押えが許可された旨を捜査機関に対して明示することで，令状の執行の際の逸脱を防止し，もって「正当な理由」なき捜索・差押えを防ぐという点にある。したがって，令状は，個々の捜索・差押えの機会ごとに，かつその対象を個別特定的に明示して，発付されなければならない。

　刑訴法は，捜索差押令状には被疑者の氏名（不明のときは人相・体格等で被疑者を特定すれば足りる），罪名，差し押さえるべき物，捜索すべき場所・身体・物，有効期間（原則として7日）等を記載し，裁判官が記名押印しなければならないと定める（219条）が，このうち，差し押さえるべき物，捜索すべき場所等の記載は，上述の憲法による対象の「明示」の要請を受けたものである。また，罪名の記載も，「正当な理由」の判断の根拠とされた犯罪以外の犯罪に令

第5節 捜索・押収・検証等

状が流用されることを一定程度防止し得る点で，令状主義の趣旨に基づくものと解する余地がある（ただし，憲法の明文上は罪名の記載は要求されていない。最大決昭和33・7・29〔⇨後述(iii)〕も，憲法35条は「令状が正当な理由に基いて発せられたことを明示することまでは要求していない」ので罪名の記載は憲法の要求ではないとする）。

(ii) **犯罪の特定・明示**　　憲法の要請か否かはともかく，刑訴法上，捜索差押令状には「**罪名**」（たとえば「殺人」「窃盗」等）の記載が要求される（219条1項）。もっとも，逮捕状と異なり被疑事実の要旨の記載までは必要ない。無論，令状発付は具体的な被疑事実を基礎にしなければならないが，令状への記載は，捜査の秘密の保持や被疑者その他の関係者の名誉・プライヴァシーの保護（捜索差押令状は被疑者以外の者に呈示されることが少なくない）の観点から罪名のみにとどめたものである。なお，特別法犯事件の場合は，罪名として法令名のみ（「覚せい剤取締法違反」等）を記載するのが実務であるが，犯罪の一般的名称（「覚せい剤使用」等）または罰条の記載が必要だとする見解も有力である。

(iii) **差押対象の特定・明示**　　「**差し押さえるべき物**」（219条1項）の記載は，上述の憲法の趣旨からすれば，できるかぎり個別・具体的に特定してなされるのが望ましい。しかし，令状発付の判断の際には，差押対象物の性質や形状等の詳細が判明しておらず，そのためある程度概括的な記載にならざるを得ない場合も少なくない。問題は，どの程度の**概括的記載**が，どのような条件のもとで許されるかである。たとえば，物の一般的類型の名称（「パーソナル・コンピュータ」「帳簿」等）の記載にとどまっていても，通常の場合，特定性に欠けるとはされない。しかし，「一切の文書及び物件」といった記載ではどうか。

この点につき，最大決昭和33・7・29刑集12巻12号2776頁は，罪名を「地方公務員法違反」，差し押さえるべき物を「会議議事録，闘争日誌，指令，通達類，連絡文書，報告書，メモその他本件に関係ありと思料せられる一切の文書及び物件」とした捜索差押令状について，「本件許可状に記載された『本件に関係ありと思料せられる一切の文書及び物件』とは，『会議議事録，斗争日誌，指令，通達類，連絡文書，報告書，メモ』と記載された具体的な例示に附加されたものであって，同許可状に記載された地方公務員法違反被疑事件に関係があり，且つ右例示の物件に準じられるような闘争関係の文書，物件を指

125

すことが明らかである」から，物の明示に欠けるところはないとした。つまり，「一切の文書及び物件」といった幅広い記載を含んでいても，①「本件に関係あり」——すなわち被疑事実との関連性——という限定があり，かつ②具体的例示を伴っているかぎり，許容されるのである。

このうち②の点は，それら例示された物件に準じるものに差押対象を限定する意味があろう。しかし，①については，たとえこの限定があっても，罪名が「地方公務員法違反」と記載されるだけでは，「本件」が何かが明確でないため，限定が有効にはたらかない。そこで，学説では，物の表示がこのように概括的である場合は，少なくとも特別法違反については罪名の記載に際して罰条を示すべきであるとの見解が有力であり，さらに，被疑事実の要旨をも記載して「本件」が何かを明確にする運用も考慮すべきだとの見解もある。

(iv) **捜索対象の特定・明示** 「**捜索すべき場所，身体若しくは物**」（219条1項）の記載のためには，まず，捜索対象の**空間的位置**を明確にする必要があり，たとえば場所についていえば，通常，町名・番地等で特定しなければならず，「差し押さえるべき物が隠匿保管されていると思料される場所」といった記載では足りない。

加えて，捜索対象の特定・明示は，**管理権の単一**の範囲を基準として行わなければならない。したがって，1棟の建物でも，マンションのように居住者（管理権者）の異なる複数の部屋がある場合には，そのうちのいずれを捜索対象とするかを部屋単位で特定して明示する必要がある。他方で，住宅の母屋と離れのように，別棟の建物であっても，単一の管理権のもとにあり，社会通念上同一の場所の各部分といえる場合は，それらを逐一分けて特定・明示する必要はないであろう（なお，実務上は「○○方居宅及び付属建物」等と記載されることが多い）。建築物とそれが敷設された土地を捜索対象とする場合も同様である。

(v) **令状の数** 憲法35条2項は「各別の」令状を要求しているから，捜索差押令状は，捜索・差押えの機会ごと（1回ごと）に1通発付される必要がある。ただし，捜索と差押えの各処分は，同一の機会に行われるかぎり，合わせて1通の捜索差押令状で許可できる。また，複数の物の差押えも，1個の場所に存在するものであれば，1通の差押令状で許可してよい。複数の場所の捜索を1通の捜索令状で許可できるかについては，管理権を異にする場合は認

第5節 捜索・押収・検証等

められないとする説と，管理権を異にしていても，各場所が明確に特定・明示され，各場所ごとに差し押さえるべき物の特定が十分なされていれば，1通で許可できるとする説（東京高判昭和47・10・13刑月4巻10号1651頁，東京地判平成21・6・9判タ1313号164頁参照）が対立している。

（f）　令状執行の手続　　**（i）　執行の主体**　　捜索差押令状の執行（捜索・差押えの実施）の主体は，検察官・検察事務官・司法警察職員，すなわち捜査機関全般である（218条1項）。

（ii）　令状の呈示　　捜索差押令状の執行に際しては，「処分を受ける者」に**令状を呈示**しなければならない（222条1項・110条）。その趣旨は，後掲の ◆判例 1-8◆ によれば，「手続の公正を担保する」ことと，「処分を受ける者の人権に配慮する」ことにある。令状呈示により，捜索・差押えに対する最大の利害関係者である被処分者自身が，裁判官の事前判断が行われた旨および捜索・差押えが許可された範囲を確認することができ，その範囲外の処分が行われた場合に適時に中止・是正を求めたり，違法な差押えに対する不服申立て（430条）を行ったりすることが可能となり，もって上記の趣旨が実現されるものといえよう。なお，令状呈示は憲法35条（令状主義）の内容に含まれるかが議論になるが，これを否定する見解が比較的有力である。

呈示の時期について明文の定めはないが，◆判例 1-8◆ は，上記の趣旨に照らして，「令状の執行に着手する前」すなわち事前の呈示が「原則」だとしている。しかし同時に，「捜索差押えの実効性を確保するためにやむを得ない」ときには，事後（執行着手後）の呈示でも許される場合があることを認めている。

◆**判例 1-8**◆ **最決平成 14・10・4刑集 56 巻 8 号 507 頁**
【事実】 被疑者Xに対する覚せい剤取締法違反被疑事件につき，警察官らは，Xの立ち回り先と目されていたホテルから，Xが宿泊しているとの通報を受けたため，同ホテル客室に対する捜索差押令状を得て，これをX在室時に執行することとしたが，執行の動きを察知されれば，覚せい剤事犯の前科もあるXが，直ちに覚せい剤を洗面所に流すなど短時間のうちに差押対象物件を破棄隠匿するおそれがあったので，ホテルの支配人に対し事情を説明して協力を求めたうえ，マスターキーを借り受け，これを用いて，Xに対して来意を告げることなく，施錠された上記客室のドアをマスターキーで開けて室内に入り，その

127

第1章 捜 査

後直ちにXに捜索差押令状を呈示して，捜索および差押えを実施した。

【決定要旨】本件の事実関係のもとでは，「捜索差押許可状の呈示に先立って警察官らがホテル客室のドアをマスターキーで開けて入室した措置は，捜索差押えの実効性を確保するために必要であり，社会通念上相当な態様で行われていると認められるから，刑訴法222条1項，111条1項に基づく処分として許容される。また，同法222条1項，110条による捜索差押許可状の呈示は，手続の公正を担保するとともに，処分を受ける者の人権に配慮する趣旨に出たものであるから，令状の執行に着手する前の呈示を原則とすべきであるが，前記事情の下においては，警察官が令状の執行に着手して入室した上その直後に呈示を行うことは，法意にもとるものではなく，捜索差押えの実効性を確保するためにやむを得ないところであって，適法というべきである。」

注意すべきは，本決定は，「〔本件の〕事情の下において」「直後に」呈示を行うことは適法だとしている点である。すなわち，本件は覚せい剤事犯での捜索・差押えであり，差押対象物が破棄隠匿の容易なもの（覚せい剤など）であったこと，Xには覚せい剤事犯の前科もあり，破棄隠匿の可能性が高かったこと，さらに，入室後直ちに令状呈示が行われ，不必要な遅延がなかったことなどが，適法判断の重要な要因となっているものと思われる。

なお，令状の執行の際，被処分者が暴れるなどして令状呈示を不可能にしたような場合には，いわば呈示を受ける権利の放棄とみて，令状呈示そのものを不要とするのが一般である。そのほか，被処分者が不在の場合にも，令状呈示なしでの執行が許されるとするのが通説であるが，直ちに執行すべき緊急の必要性と立会人に対する呈示とを条件にすべきだとの見解もみられる。

(iii) **「必要な処分」・出入禁止措置**　捜索差押令状の執行にあたっては，その目的を達するため，「錠をはずし，封を開き，その他**必要な処分**をすること」ができ（222条1項・111条1項。なお，これらの処分は押収物についても行える。同条2項），また，捜索・差押えの現場への**出入禁止**等の措置をとることもできる（222条1項・112条）。これらの措置の性質については争いがあるが，捜索・差押えという本体的処分に伴う付随的行為として当然に認められるものと解する見解が有力である。すなわち，性質上，本体的処分に付随して行われることが想定される行為は，法が本体的処分を認める以上，それと一体のものとして許容されていると考えるのである。このように解するならば，111条・112条

128

は確認規定にすぎないことになる。また，令状発付との関係でも，裁判官が本体的処分たる捜索・差押えを許可するにあたって，この種の付随的行為もあわせて包括的に許可したものと解され，それゆえ，付随的行為につき裁判官が個別的・明示的に審査・許可したのでなくても，それを行うことが許される。

111条で許される措置は，列挙された解錠，開封には限定されず，それ以外にも，捜索・差押えの目的実現に必要な付随的行為であれば広く許容される。たとえば，捜索場所への立入りのため，合鍵等でドアを解錠する（⇨〈判例 1-8〉）以外に，宅配便を装って開扉させること（大阪高判平成6・4・20高刑集47巻1号1頁参照）なども，「必要な処分」として許容する余地がある。また，捜索を妨害する行為を排除するための措置一般（なお，⇨ 132頁）や，身体を捜索対象とする令状の執行の際に対象者をそれに適した場所まで移動させることなども，「必要な処分」として（個別の許可なしに）行えるとされる。

もっとも，このような付随的行為は，捜索・差押えの目的実現に必要でかつ相当な限度にとどめられなければならない（比例原則）。その判断は，当該措置をとるべき具体的必要性とそれにより侵害される権利利益とを中心的考慮要素とした総合衡量によることになろう。〈判例 1-8〉は，令状呈示に先立ちマスターキーでホテル客室ドアを解錠して入室した行為を111条により許されるとしたが，当該事案の具体的事実関係（とりわけ差押対象物が破棄隠匿されるおそれがあった点）のもとでの判断であることに注意すべきである。また，捜索場所への立入りの際に，合鍵を用いる等比較的侵害度の小さい方法で容易に対処可能であるにもかかわらず，錠を破壊するなどの行為に及ぶことや，身体の捜索の実施に適した最寄りの場所があるにもかかわらず，より遠くの場所へ移動させることなどは，権利利益侵害との均衡を失するというべきであろう。

さらに，たとえ当該措置をとる必要性と権利利益侵害とが均衡を失していない場合でも，その措置が，単に本体的処分（捜索・差押えそのもの）に「付随」するにとどまるとはいえない――本体的処分と一体とは評価できない――ような態様のものであれば，これを111条のもとで行うことは許されない。

(iv) **責任者等の立会い**　捜索差押令状の執行の際には，その公正さを担保するため，**責任者の立会い**が必要である。すなわち，公務所内での執行のときは，公務所の長またはこれに代わるべき者に通知して立ち会わせ，その他の

人の住居または人の看守する邸宅・建造物・船舶内での執行のときは，住居主・看守者またはこれに代わるべき者（これらの者を立ち会わせることができないときは，隣人または地方公共団体職員）を立ち会わせなければならない（222条1項・114条）。なお，女子の身体の捜索には，原則として成年の女子の立会いが必要である（222条1項・115条）。

被疑者とその弁護人には，捜索・差押えに立ち会う権利はない。捜査機関が必要と判断するときに被疑者を立ち会わせることができるとされるにとどまる（222条6項）。

(v)　**夜間の執行の制限**　　捜索差押令状の執行のため，日出前・日没後に人の住居または人の看守する邸宅・建造物・船舶内に入ることは，令状に夜間でも執行できる旨の記載がなければ許されない（222条3項・116条1項）。ただし，日没前に執行に着手したときは，日没後も処分を継続できる（同条2項）。また，賭博等に常用されるものと認められる場所や，旅館・飲食店その他夜間でも公衆が出入りできる場所（公開した時間内に限る）については，上記の制限を受けない（222条3項・117条）。

(vi)　**執行終了後の措置**　　捜索を実施したが証拠物・没収すべきものがない場合は，捜索を受けた者の請求により，その旨の証明書を交付し（222条1項・119条），差押えをした場合は，その目録（押収目録）を作り，所有者・所持者・保管者またはこれらの者に代わるべき者に交付しなければならない（222条1項・120条）。なお，差し押さえた物の保管・廃棄，売却と代価保管，還付・仮還付，贓物の被害者への還付につき，222条1項・121条〜124条参照。

(g)　捜索・差押えの範囲　　(i)　**捜索の範囲**　　捜索令状により捜索し得る範囲は，令状に「捜索すべき場所，身体若しくは物」（219条1項）として明示された空間的領域に限られる。このことは，前述の令状主義の趣旨（⇨120頁(a)）から明らかである。では，一定の「場所」のみを捜索対象として明示する捜索令状に基づき，令状には明示されていない，その場所に存在する「物」や，そこに居る人の「身体」に対して捜索することは許されるか。この点，有力説は概ね以下のように論じる。

裁判官がある「場所」に対する捜索を許可する際には，通常その場所において管理ないし利用されることが想定される「物」（たとえば備え付けの机や戸棚，

居住者の鞄）についても，当然捜索の対象になることを予定していると解され，このことは，法も——「場所」と「物」とを区別して規定している（219 条 1 項，222 条 1 項・102 条）といえど——是認するものと思われる。そうした「物」についてのプライヴァシー等の権利利益を，当該「場所」についての権利利益——これは，当該場所を定常的に使用する人のプライヴァシーや生活その他の活動に係る権利利益の総体である——に包摂され，これと一体化しているといえるから，「場所」の捜索を許す令状は，そうした「物」に係る権利利益を侵害する権限をも本来的に含んでいるのである。そして，この理は，そうした物（たとえば鞄）を，捜索時にその場に居た者がたまたま手に持っている場合であっても変わりはない。その時に手に持っているか否かは偶然の事情にすぎず，そのような事情がそうした物に対する捜索の可否を左右するのは妥当でない。次の判例も，実質的にはこれと同様の考え方に立っていると解される。

> ◆判例 1-9◆ 最決平成 6・9・8 刑集 48 巻 6 号 263 頁
> 【事実】警察官は，A に対する覚せい剤取締法違反被疑事件につき，A とその内縁の夫 X が居住するマンション居室を捜索場所とする捜索差押令状に基づき，X を立会人として同居室の捜索を実施した。その際，X は右手にボストンバッグを持っており，警察官から再三，同バッグの任意提出を求められたが，これを拒否していた。そこで，警察官が，X から同バッグを強制的に取り上げてその中を捜索したところ，覚せい剤を発見したので，X を覚せい剤所持の現行犯で逮捕するとともに，逮捕に伴う差押えとして上記覚せい剤・ボストンバッグ等を差し押さえた。
> 【決定要旨】「警察官は，……A 及び X が居住するマンションの居室を捜索場所とする捜索差押許可状……に基づき右居室の捜索を実施したが，その際，同室に居た X が携帯するボストンバッグの中を捜索したというのであって，右のような事実関係の下においては，前記捜索差押許可状に基づき X が携帯する右ボストンバッグについても捜索できるものと解するのが相当である。」

　なお，「場所」（に係る権利利益）に包摂されるとして捜索の対象になり得るのは，令状発付時に既にその場所に存在した物には限られない。令状発付後に，さらには捜索開始後でさえも（その終了前である限り），その場所で管理・利用されるべくそこに運び込まれた物は，「場所」に包摂されるに至ったものとして，場所の捜索を許可した捜索令状によって捜索可能とされる。令状裁判官は，令状の有効期間内に当該場所に差し押さえるべき物が存在する蓋然性を審査す

るものであるところ，その際，当該場所についての権利利益の総体がその期間全体を通じて上記のような形で変動し得ることも当然予期していると解されるからである（被疑者宅を捜索場所とする令状の執行中に宅配便で被疑者宛に届けられ被疑者が受領した荷物の捜索につき，最決平成19・2・8刑集61巻1号1頁）。

以上に対し，当該場所において通常管理・利用されることが想定されるのではない物，たとえば，その場所の捜索の際にたまたま居合わせた第三者がそこに持ち込んでいた所持品等は，その「場所」に包摂されるものとは言い難く，それゆえ，そのような所持品の中を捜索するには，別途これを捜索対象として明示する令状が原則として必要だとされる（もっとも，ある場所に存在する物は，通常は，その場所において管理・利用されるものと推定してよく，場所に包摂されないのは，第三者の支配・管理下にあることがとくに明らかになった物に限られる）。

また，「場所」の捜索令状によって，その「場所」に居る人の「身体」（たとえば着衣のポケット内など）を捜索することも原則として許されず，別途，明示的に「身体」を捜索対象とする令状を要するとされる。なぜなら，人の「身体」が「場所」に包摂される──「身体」についての権利利益が「場所」についてのそれと一体化する──とみることはおよそできないからである。このことは，たまたま居合わせた第三者の身体であろうと，その場所に居住している者の身体であろうと違いはないという。

もっとも，有力説は，これらのように「場所」に包摂されない領域であっても，例外的に「場所」の捜索令状に基づいて捜索することが許される場合があるとする。たとえば，場所に対する捜索の際に，捜索差押令状により差し押さえることのできる物（差押対象物）を，捜索場所に居る者が着衣のポケット内に隠匿したと疑われる場合，当該物を発見すべく着衣のポケットを捜索することは，本来行えたはずの捜索・差押え処分に対する妨害行為を排除する（ないし原状回復する）ための付随的措置であり，「必要な処分」（222条1項・111条）として許容されるという（ただし，隠匿行為の現認が必要か等については争いがある。なお東京高判平成6・5・11高刑集47巻2号237頁参照）。

(ii) **差押えの範囲** 差押令状により差押えできる物が，令状に明示された「差し押さえるべき物」（219条1項）に該当するものに限られることは，令状主義の趣旨から明らかであるが，ここで「差し押さえるべき物」に該当する

とは，①令状に明記された物件（品目）に当てはまり，かつ②被疑事実との関連性を有する，ということを意味する。当該物が，たとえば「帳簿」「メモ」といった令状記載の品目に当たっていても，被疑事実と関連しないのであれば差押えできないし，逆に，たとえ被疑事実との関連性があっても，令状に明記された品目に当たらないかぎり，差押えは許されない（なお，「一切の文書及び物件」といった概括的記載〔⇨125頁(iii)〕を含む場合も，差押えできるのは，そこに付加された具体的例示の品目に類する物に限られるというべきであろう）。

②の被疑事実との関連性は，当該被疑事実の直接証拠や間接証拠について認められるのは疑いない。そのほかに，当該事件の情状に関する証拠（情状証拠），さらに背景事情に関する証拠（背景証拠）にまで認めるべきかについては争いがある。判例は，背景証拠等も含めて比較的緩やかに関連性を認める。

◆**判例 1-10** **最判昭和51・11・18判時837号104頁**

【事実】暴力団O連合O組の若者頭補佐Aによる恐喝事件についての捜索差押令状に，差し押さえるべき物として「本件に関係ある，一，暴力団を標章する状，バッチ，メモ等，二，拳銃，ハトロン紙包みの現金，三，銃砲刀剣類等」と記載されていたところ，同令状の執行中，捜査官は，O連合名入り腕章，法被，組員名簿等のほか，賭博場を開張した際の張り客等の名前および寺銭等の計算関係を記載したメモ8枚を含むメモ196枚を差し押さえた。その後，これらのメモ等をもとに，Xが賭博開張図利・賭博の事実で起訴された。

【判旨】(i) 右令状記載の一，は，「右恐喝被疑事件が暴力団であるO連合O組に所属し又はこれと親交のある被疑者らによりその事実を背景として行われたというものであることを考慮するときは，O組の性格，被疑者らと同組との関係，事件の組織的背景などを解明するために必要な証拠として掲げられたものであることが，十分に認められる」。そして，本件メモには「O組組員らによる常習的な賭博場開張の模様が克明に記録されており，これにより被疑者であるAと同組との関係を知りうるばかりでなく，O組の組織内容と暴力団的性格を知ることができ，右〔恐喝〕被疑事件の証拠となるものであると認められる」から，本件メモは令状記載の差押目的物に当たる。

(ii) 憲法35条1項および刑訴法218条1項，219条1項の趣旨からすると，「令状に明示されていない物の差押が禁止されるばかりでなく，捜査機関が専ら別罪の証拠に利用する目的で差押許可状に明示された物を差し押えることも禁止されるものというべきである」が，本件では，捜査機関が専ら別罪（賭博）の証拠に利用する目的で当該メモを差し押さえたとは認められない。

本件では，当該メモは，令状の基礎となった被疑事実（恐喝事件）の「組織

第1章 捜　査

的背景などを解明するため」の証拠として関連性を肯定された。本件メモは，
他の犯罪事実（賭博事件）の証拠ともなるものであったが，被疑事実との関連
性が認められた以上，他事件とも関連するとの一事をもって差押えが許されな
くなるものではない（ただし，別件捜索・差押え〔⇨ Column 1-16 〕に当たり違法
とされる場合はあり得る）。これに対し，およそ被疑事実との関連性の認められ
ない物は，たとえ他の犯罪事実との関連性が明白であっても，令状によって差
し押さえることは許されない。もっとも，相手方に任意提出を求めてこれを領
置（⇨ 146 頁(4)）したり，あるいは，それが薬物や銃器等の禁制品である場合
に，その所持の現行犯で逮捕したうえ，逮捕現場での無令状差押え（⇨ 139 頁
(3)）を行い得ることは別論である。

> **Column 1-16**　別件捜索・差押え（押収）
>
> 　本文で述べた通り，A 事実を被疑事実とする捜索差押令状の執行により，
> A・B 両事実に関連する物が発見された場合，これを令状に基づき差し押さえ
> ることは基本的に許される。しかし，そのような物の捜索・差押えが，専ら
> （または主として）B 事実（本件）の証拠として用いることを目的としており，
> にもかかわらず，形式上要件の具備した（比較的軽微な）A 事実（別件）での
> 捜索・差押えの手続を利用して行われる場合には，これを**別件捜索・差押え**と
> して違法とすべきではないかが問題となる（⇨ **判例 1-10** の判旨(ii)）。ここで
> も，別件逮捕・勾留（⇨ 93 頁(5)）の場合と同様，別件基準説と本件基準説の
> 対立があり得る。別件基準説によれば，別件での捜索・差押えの要件が形式上
> 具備されている以上，違法とはされないのに対し，本件基準説によれば，本件
> を目的としながら本件についての裁判官の審査を経ないという点で，令状主義
> を潜脱する違法があるとされよう。なお，同様の問題は，上記のような目的の
> 場合のほか，本件（B 事実）のみに関連する証拠を発見し，これを任意提出さ
> せ領置することを目的として，別件（A 事実）での捜索の手続を利用する場合
> にも生じ得る。裁判例には，モーターボート競走法違反の被疑事実で行われた
> 捜索の際に，同法違反の証拠は発見できなかったが，預金通帳・印鑑・現金の
> 任意提出を受けて領置した（これらが後に業務上横領事件の証拠とされた）とい
> う事案につき，この捜索は「本件業務上横領事件の証拠を発見するため，こと
> さら被告人方を捜索する必要性に乏しい別件の軽微なモーターボート競走法違
> 反事件を利用して，捜索差押令状を得て右捜索をしたもので，違法の疑いが強
> い」としたものがある（広島高判昭和 56・11・26 判時 1047 号 162 頁）。

第5節　捜索・押収・検証等

> ### Column 1-17　プレイン・ヴューの法理
>
> 　本文で述べた通り，A事実を被疑事実とする捜索差押令状の執行により，A事実とは関連性のない物が発見された場合，たとえB事実との関連性が明白であっても，令状により差し押さえることは許されない。しかし，学説には，アメリカの「**プレイン・ヴューの法理**」にならい，このような場合 —— すなわち，①適法な職務執行中に，②偶然の事情で，③明白な犯罪関連物件を発見し，④それ以上の捜索を要せず直ちに差押えが可能である場合 —— に差押えが許されるとする見解もある。たしかに，憲法との関係では，現行犯逮捕が無令状で認められることから類推すれば，令状の効力に基づかないこのような差押えも，特定犯罪の存在およびそれと対象物との関連性が明白であることを条件とするかぎり許容されるようにも思われる。もっとも，現行犯逮捕になぞらえるのであれば，対象物を保全する緊急の必要性が高いことが必要であろうし，また，犯罪関連性の明白性は，一定の直接的・類型的事情（その物自体の外観や性質）から認められるのでなければならないであろう。
>
> 　他方，このような差押えを，緊急逮捕（その合憲性を肯定したうえで）になぞらえる —— すなわち，特定犯罪が存在しそれと対象物が関連すると疑うに足りる充分な理由があり，緊急にその物を保全する必要性が高い状況にあるため裁判官の令状を求めることができない場合に，事後速やかに裁判官の令状を求めることを条件とする —— ことで，憲法に反しないと説明することも考えられる（**緊急差押え**）。
>
> 　しかし，以上のいずれの考え方によるにしても，強制処分法定主義との関係では，刑訴法上このような差押えを許容する規定がない以上，これを認めることはできない。現行法のもとでは，任意提出の見込みがないのであれば，別途令状を得て差し押さえるほかない（なお，捜査規範154条参照）。

　(h)　**捜索・差押えの際の写真撮影**　　捜索・差押えの実施にあたって，写真撮影が行われる場合がある。たとえば，令状を呈示する様子や捜索・差押えを実施している状況を，執行の適法性の証明のために撮影することは，通常の撮影態様であるかぎり，捜索・差押えに付随する行為として許される。また，令状に基づき差し押さえることのできる物について，その証拠価値を保存するため，発見された状況等を撮影することも，通常の範囲内であれば，差押えに付随する行為として許されよう。

　これに対し，令状に基づき差し押さえることのできる物以外の物をことさらに撮影することは違法であり，これを行うには，別途検証令状が必要である。なお，このような違法な撮影が行われた場合に，これを準抗告（430条）で争

えるかが問題になるが，そのような撮影もそれ自体としては「検証」の性質を有するから準抗告の対象にはならないとするのが判例（最決平成2・6・27刑集44巻4号385頁）・通説である（なお，⇨147頁(1)も参照）。もっとも，文書の内容を逐一撮影したような場合には，実質的には文書を差し押さえてその内容を自由に検討できる状態に置いているのと同じであるから，これを430条の「押収に関する処分」に当たるとする見解もある（前掲最決平成2・6・27の藤島裁判官補足意見参照）。

(i) コンピュータ・電磁的記録媒体の差押え　(i) 電磁的記録情報の収集手段　刑訴法上の差押えの対象は有体物とされ，無体的な情報そのものは差押えできない。そのため，コンピュータのハードディスクや，CD，DVDなどの電磁的記録媒体に記録された情報を捜査機関が入手しようとする場合，基本的には，情報の記録された記録媒体自体を差し押さえることになる。その際，そうした記録媒体の持つ特性——たとえば，①内容の可読性・可視性を欠く，②大量の情報を含み得る，③情報の加工や消去が容易でありかつ痕跡が残りにくい，といった点——ゆえに，様々な問題が生じる。

(ii) 関連性の確認　令状により差押えを行えるのは，対象物が被疑事実と関連性を有する場合に限られるから，記録媒体については，捜査機関は，そこに記録された情報の内容が被疑事実に関連することを確認しなければならない。この関連性は，たとえば記録媒体のラベルや保管状況等から判断できる場合もあり得るが，通常は，個々の媒体に記録されている情報の内容を実際に確認して判断する必要がある。そのためには，記録内容をディスプレイ機器に表示するかプリントアウトすることになろうが，被処分者の協力（なお222条1項・111条の2参照）により，または捜査機関自らがこれを行うことは，差押えのための「必要な処分」（222条1項・111条1項）として（または捜索として）許される。

　問題は，捜索・差押えの現場において，こうした方法で内容確認することが不可能か困難または不適当な場合である。たとえば，①記録媒体が大量に存在するため，または媒体に大量の情報が含まれ得るため，全内容を確認するのには長時間を要し，被処分者にも著しい不利益が生じる場合や，②内容確認をする間に被処分者等が情報を損壊・消去する等の高度の危険がある場合，③記録

媒体に特殊なプロテクトがかけられているなど，技術的にその場での内容確認が不可能・困難である場合等に，内容確認なしに差押えをすることは許されるか。次の判例は，②の場合についてこれを許容したが，他の場合にも許されるのかは明らかでない。

◆判例 1-11◆ 最決平成 10・5・1 刑集 52 巻 4 号 275 頁
【事実】電磁的公正証書原本不実記録・同供用の被疑事実につき，差し押さえるべき物として「組織的犯行であることを明らかにするための磁気記録テープ，光磁気ディスク，フロッピーディスク，パソコン一式」等と記載した捜索差押令状に基づき捜索が行われ，パソコン 1 台，フロッピーディスク 108 枚等が，捜索・差押えの現場でその内容を確認することなく差し押さえられた。
【決定要旨】「差し押さえられたパソコン，フロッピーディスク等は，本件の組織的背景及び組織的関与を裏付ける情報が記録されている蓋然性が高いと認められた上，……〔被処分者〕らが記録された情報を瞬時に消去するコンピュータソフトを開発しているとの情報もあったことから，捜索差押えの現場で内容を確認することなく差し押さえられたものである。
　令状により差し押さえようとするパソコン，フロッピーディスク等の中に被疑事実に関する情報が記録されている蓋然性が認められる場合において，そのような情報が実際に記録されているかをその場で確認していたのでは記録された情報を損壊される危険があるときは，内容を確認することなしに右パソコン，フロッピーディスク等を差し押さえることが許されるものと解される。」

　本決定が，記録媒体中に「被疑事実に関する情報が記録されている蓋然性が認められる場合」と述べる趣旨は必ずしも明確でないが，記録媒体の内容確認を困難にする事情（本件では情報損壊の危険）の存在を条件に，差押対象物の関連性判断の基準を通常よりも緩和することを認める——言い換えれば，かかる事情と関連性の程度とを総合して（相関させて），差押えに必要な「正当な理由」を認定してよいとする——趣旨だとすれば，これを憲法 35 条との関係で正当化し得るかは議論の余地がある。他方，郵便物等の場合（⇨ 121 頁 Column 1-15 の③説参照）と同様の理由から，「被疑事件に関係があると認めるに足りる状況」（100条 2 項参照）さえあれば，内容確認するための「差押え」——実質的には「捜索」としての一時的な占有取得である——が許されるのだと説明することも考えられるが，少なくとも 100 条のような明文規定なしにこのような（捜索的）「差押え」を許してよいかは疑問がある。むしろ，このような記録媒体の占有取得（およびその後の内容確認）を，「差押え」ではなく，捜索・差押えに「必要な処

分」（の続行）と位置づける見解もあり，これによれば，差押えそのものは，通常どおり，内容を実際に確認し関連性が肯定されてはじめて行われることになる。しかし，これに対しては，現行法のもとでは，「必要な処分」に対して独立の不服申立てができず，占有取得時の目録交付や差押えそのものを行う際の責任者立会い等も保障されないし，他方，そもそも占有取得行為は「必要な処分」の限界を超えるのではないか，といった疑問が指摘され得る。また，本決定の理解としては，記録媒体の占有取得は「差押え」そのものと位置づけるほかない。そこで，記録媒体が複数あり，そのうち少なくともどれか1つには被疑事実に関連する情報が記録されていると（保管状況その他の事情から）認められることを前提に，ただ現場ではそれを選別できない特殊事情がある場合に，それら媒体を（当面，いわば不可分一体の物として）「包括的」に差し押さえることを認めるものだと解すれば，辛うじて憲法35条には反しないであろう（なお大阪高判平成3・11・6判タ796号264頁参照）。

(iii) **無関連情報を含む記録媒体の差押え** 被疑事実に関連する情報を含むものの，無関係の情報をも（大量に）含む記録媒体については，一部でも関連情報を含む以上，記録媒体が物理的に不可分であるかぎりその全体について関連性を肯定せざるを得ないが，これを差し押さえると被処分者や第三者に過大な不利益を与える場合（たとえば，インターネット・プロバイダーの管理するサーバーコンピュータ等，その差押えによって，被処分者の業務に著しい支障が生じたり，多数の無関係の第三者のプライヴァシー等が侵害されたりする場合）には，差押えは「相当性」を欠き許されないであろう（なお，東京地決平成10・2・27判時1637号152頁も参照）。

しかし，このように記録媒体全体の差押えが相当性を欠くからといって，関連情報を入手することが一切できなくなるのは問題であるし，他方，媒体全体の差押えが相当性を欠くとまではいえない場合でも，無関連情報が取得されることはできるかぎり避けるのが望ましい。そこでたとえば，記録媒体中の被疑事実と関連する情報のみを他の記録媒体に複写（または紙に印刷）するなどし，これを差し押さえるという方法が考えられるが，そうした方法が従来の規定のもとで許されるかには議論があった。

(iv) **平成23年改正** 2011（平成23）年の刑訴法改正により，電磁的記録

情報の収集・保全につき，以下のような手続が設けられた。①**電磁的記録媒体の差押えの執行方法**として，執行者は，差し押さえるべき記録媒体の差押えに代えて，その記録媒体に記録された電磁的記録を他の記録媒体に複写・印刷・移転し（または被処分者に複写・印刷・移転させ），後者の記録媒体を差し押さえることができる（222条1項・110条の2）。これにより，上記(iii)の問題に対処可能となった。②電磁的記録媒体の差押え（または捜索）にあたっては，被処分者に対し，コンピュータの操作その他の必要な協力を求めることができる（**協力要請**。222条1項・111条の2）。③捜査機関は，裁判官の発する令状により，**記録命令付差押え**，すなわち，電磁的記録の保管者等に命じて必要な電磁的記録を記録媒体に記録または印刷させたうえ，その記録媒体を差し押さえることができる（218条1項・219条1項。99条の2も参照）。これにより，必要な電磁的記録が複数の記録媒体に分散保管されている場合や，大量の記録媒体のうちどの媒体に記録されているかが直ちには判別困難である場合等に，効率的な対処が可能となる。④令状により差し押さえるべき物がコンピュータである場合，当該コンピュータとネットワーク接続された記録媒体であって，当該コンピュータで作成・変更した電磁的記録または当該コンピュータで変更・消去できることとされている電磁的記録の保管のために使用されている記録媒体（たとえばメールサーバ，ストレージサーバ等）から，その電磁的記録を当該コンピュータまたは他の記録媒体に複写したうえでこれを差し押さえることができる（**リモート・アクセス**。218条2項・219条2項）。⑤検察官・検察事務官・司法警察員は，差押えまたは記録命令付差押えをするため必要があるとき，電気通信事業者等に対し，業務上記録している電気通信の送信元・送信先・通信日時等の通信履歴の電磁的記録のうち必要なものを特定し，原則として30日を超えない期間を定めてこれを消去しないよう書面で求めることができる（**通信履歴の保全要請**。197条3項・4項）。

(3) 令状によらない捜索・差押え

刑訴法220条は，検察官・検察事務官・司法警察職員は，被疑者を「逮捕する場合」において必要があるときは，①人の住居または人の看守する邸宅・建造物・船舶内に入り被疑者の捜索をすること（1項1号），②「逮捕の現場で」

第1章 捜　査

捜索・差押えをすること（同2号）を，無令状で（3項）行えると定める。これ
は，憲法35条が，令状主義の規制につき「第33条の場合を除いて」いること
を受けたものである。なお，逮捕の種類は問わない（1項柱書。なお，緊急逮捕
の場合に逮捕状が得られなかったときの差押物の還付につき2項参照）。捜索・差押え
の主体は捜査機関に限られ，現行犯逮捕する私人は含まれない。捜索・差押え
の実施の手続については，令状による捜索・差押えの場合と共通する総則規定
が多く準用されている（222条1項）が，夜間の執行制限の規定（222条3項・
116条・117条参照）は準用されず，また被疑者捜索（上記①）の場合に急速を要
するときは責任者の立会い（114条2項参照）を要しない（222条2項）。
　以下では，上記②の逮捕現場での無令状捜索・差押えについて述べる。

Column 1-18　逮捕する場合の被疑者の捜索

　220条1項1号は被疑者（被逮捕者）の無令状捜索を認めるが，身体拘束自
体が令状主義の趣旨を満たした正当なものである場合でも，身体拘束のために
ある場所において被疑者を捜索する行為については，必ずしも令状主義の要請
が充足されているわけではない。とりわけ，被疑者以外の第三者の住居等に立
ち入って被疑者の捜索を行う場合には，問題が大きい。それゆえ，本号が，裁
判官による（当該場所に被疑者の存在する蓋然性についての）事前判断の手続を
経ないままに，単に「必要があるとき」との要件のみで被疑者の捜索を認めて
いるのには，疑問の余地もないではない。しかし，一般には，正当な権限に基
づく逮捕活動の遂行のためには，住居主のプライヴァシー等の権利利益が令状
によらずに侵害されてもやむを得ない，などと説明されている。

　(a)　**理論的根拠**　　逮捕現場での無令状捜索・差押えが認められる実質的理
由については，主要な2説の対立があるとされるが，いずれの見解も，（適法
に）逮捕する場合には（逮捕の被疑事実として）具体的犯罪の嫌疑が認められる
ことが前提となっていること，そして逮捕現場には当該犯罪に関する証拠が存
在する蓋然性が一般的に高いということを論拠とする点では共通する。そして，
相当説（合理性説）とよばれる見解は，こうした点から，事前の令状審査なし
に捜索・差押えを行うことも合理的な証拠収集手段として許されるのだと説く。
この立場では，令状によるか否かは捜査戦術の合理的選択の問題にすぎず，原
則・例外の関係にはなく，したがって，令状を求める余裕のない緊急状況にあ
る必要はないとされる。

140

他方，**緊急処分説**（限定説）とよばれる見解は，上記のように，犯罪の嫌疑が認められ，かつ当該犯罪の証拠が存在する蓋然性が高いということだけでは足らず，さらに，逮捕の際にはそうした証拠が（そのとき，その場で）破壊・隠滅される危険が高く，それを防止し証拠を保全すべき緊急の必要性があるということも理由となって，例外的に，緊急的行為として無令状捜索・差押えが許されるのだと説く。この立場によれば，あくまで令状により捜索・差押えを行うのが原則であり，令状を求める余裕のない緊急状況と認められない場合には，無令状捜索・差押えは許されない。学説の多数は，緊急処分説が，令状主義の趣旨を尊重するものであり妥当だとする。

なお，以上の証拠収集ないし証拠の緊急保全の観点に加えて，逮捕者の安全を確保するとともに被逮捕者の抵抗を抑圧し逃亡を防止する必要があるということ（逮捕自体の確保の観点）も，逮捕現場での無令状捜索・差押えの根拠の一つとして挙げられることがある（この観点では，捜索・差押えの対象は凶器や逃走具等になろう。⇨146頁(d)）。もっとも，逮捕自体の確保のために必要な措置は，そもそも220条1項2号の問題としてではなく，逮捕行為に当然付随して——逮捕自体の効力として——許されるとする見解も近時有力である（これによれば，凶器等の捜索と一時保管は行えても，差押えまでは必ずしも行い得ないであろう。他方，同号とは異なり，現行犯逮捕を行う私人もこうした措置をとり得る）。

このほか，逮捕という大きな法益侵害に付随する小さな法益侵害にとどまるとか，逮捕のための立入りや被疑者の所在の捜索により場所に関する権利利益は既に侵害されているから新たな侵害は生じないといった点を，同号の根拠として挙げる見解もある（付随処分説）。しかし，前者の点は，逮捕による被侵害法益と捜索・差押えによるそれは異質であるから疑問であるし，後者の点も，それのみで，逮捕の実行のために侵入することを要しない領域の捜索や物の差押えまで正当化し得るものではないであろう。

(b) **時間的範囲**　220条1項柱書は「**逮捕する場合**」と規定するから，捜索・差押えは基本的に逮捕と同時に行われなければならない（なお，逮捕は適法でなければならないが，成功する必要はない）が，逮捕との時間的隔たりの許される幅は，見解によって異なり得る。緊急処分説では，逮捕の際には（そのとき，その場で）証拠が破壊・隠滅される危険が高いこと（それを防止する緊急の必要性

があること）が根拠とされるから，そうした高度の危険が発生している状況に
かぎって捜索・差押えが許される。それゆえ，原則として逮捕の着手が先行し，
かつ逮捕と接着して捜索・差押えが行われる必要がある。ただ，逮捕の着手前
でも，被疑者がその場に現在し，かつ着手が現実に見込まれる場合（着手直前）
には，証拠の破壊・隠滅の危険が認められるから，捜索・差押えを許してよい
であろう。他方，相当説では，緊急性は問題にならず，証拠の存在する蓋然性
の高さのみが根拠であるところ，逮捕の前後に多少時間が隔たったとしても，
そうした証拠存在の蓋然性の程度にはさほどの違いはないとして，逮捕との時
間的接着性の幅を比較的緩やかに捉える考え方もあり得る。

　判例には，逮捕の着手の前後は問わないとし，しかも被疑者不在の状況下で
も捜索・差押えを行えるとしたものがある。

> ◀ 判例 1-12 ▶ **最大判昭和 36・6・7 刑集 15 巻 6 号 915 頁**
>
> **【事実】** 麻薬取締官が X を麻薬譲渡の嫌疑で緊急逮捕すべく X 宅に赴いたが，
> X は外出して不在であったため，X の娘を立会人として X 宅内の捜索を開始
> したところ，麻薬を発見したのでこれを差し押さえた。捜索をほぼ終わる頃
> （捜索開始から約 20 分後），X が帰宅したので緊急逮捕した。
>
> **【判旨】**「〔憲法〕35 条が……捜索，押収につき令状主義の例外を認めているの
> は，この場合には，令状によることなくその逮捕に関連して必要な捜索，押収
> 等の強制処分を行なうことを認めても，人権の保障上格別の弊害もなく，且つ，
> 捜査上の便益にも適なうことが考慮されたによるものと解されるのであって，
> 刑訴 220 条が……緊急逮捕する場合において必要があるときは……〔逮捕現場
> での無令状捜索・差押え等を許す〕旨を規定するのは，緊急逮捕の場合について
> 憲法 35 条の趣旨を具体的に明確化したものに外ならない。」「『逮捕する場合に
> おいて』……は，単なる時点よりも幅のある逮捕する際をいうのであり，……
> 〔『逮捕の現場で』〕は，場所的同一性を意味するにとどまると解するを相当とし，
> なお，前者の場合は，逮捕との時間的接着を必要とするけれども，逮捕着手時
> の前後関係は，これを問わないものと解すべきであって，このことは，……
> 〔220〕条 1 項 1 号の規定の趣旨からも窺うことができるのである。従つて，例
> えば，緊急逮捕のため被疑者方に赴いたところ，被疑者がたまたま他出不在で
> あっても，帰宅次第緊急逮捕する態勢の下に捜索，差押がなされ，且つ，これ
> と時間的に接着して逮捕がなされる限り，その捜索，差押は，なお，緊急逮捕
> する場合その現場でなされたとするのを妨げるものではない。」

　本判決が被疑者の現在を要件としなかった点は，緊急処分説からは説明困難
であろう。証拠の破壊・隠滅の危険は，被疑者が現在せず，未だ逮捕の着手が

第5節　捜索・押収・検証等

現実に見込まれない場合には——その場にいる第三者による破壊・隠滅の危険を広く考慮するのでないかぎり——認めがたい。他方，相当説によれば，被疑者が不在でもその場所における証拠存在の蓋然性は同じであるとして，本判決の結論を是認する余地もないではない。しかし，本判決も示唆するように，被疑者が帰宅しなかったため逮捕行為が一切なされなかった場合には捜索・差押えを違法とせざるを得ないであろうが，そのように帰宅の有無という偶然の事情によって捜索・差押えの適否が左右されるのは疑問である。

(c)　**空間的範囲**　　220条1項2号にいう「**逮捕の現場**」について，〈 判例 1-12 〉は「場所的同一性」を意味するとするが，その範囲は必ずしも明らかではない。逮捕行為が行われた場所に接続する一定の広がりのある空間的領域を意味するとしても，どの範囲にまで広がり得るかは，見解によって異なり得る。緊急処分説では，緊急性，すなわち逮捕の際に証拠の破壊・隠滅がなされる現実的危険のある範囲，したがって被疑者の直接の支配下にある空間的領域——被疑者の身体と，被疑者から手の届く場所・物——に限られよう。住居内の一室で逮捕した場合であれば，せいぜいその部屋の範囲までしか及び得ない（ただし，同居人等他の者による破壊・隠滅の可能性を考慮して，場合によってはこれを越える範囲も含むとする考え方もあり得る）。これに対し，相当説では，証拠存在の蓋然性の高さのみが根拠とされるところ，住居内で逮捕した場合であれば，当該住居内の各所で証拠存在の蓋然性の程度にさほどの違いはないとして（ただし，そのようにいえるかは議論の余地がある。少なくとも第三者の住居については疑問が大きい。⇨144頁 Column 1-19 ），被疑者の身体とその周辺に限らず，住居全体が対象になるとする考え方もあり得る。もっとも，相当説においても，証拠存在の蓋然性が高い領域であれば無限定に対象範囲を広げるわけではなく，一般には，逮捕行為の行われた場所と管理権を同一にする範囲に限るとされる。その理由は必ずしも明らかではないが，もともと証拠存在の蓋然性の判断は——令状による場合においても——管理権を単位に行われるべきものと考えられるからであろうか。なお，下級審判例には，ホテル5階の待合所で被疑者を逮捕した場合に，同人が宿泊していた7階客室で無令状捜索・差押えを行った例を適法としたものがある（東京高判昭和44・6・20高刑集22巻3号352頁。逮捕後に被疑者の申出・案内により客室に移動して行われた事案）が，学説では，緊急処分

143

第1章　捜　査

説・相当説のいずれの立場においてもこれを疑問視する見解が多い。

逮捕行為の行われた場所にたまたま居合わせた第三者の身体や所持品についても無令状捜索を行えるとする見解があるが，そのような第三者の身体や所持品中に証拠の存在する蓋然性が一般的に高いとはいえないから，緊急処分説・相当説いずれの立場に立っても疑問というべきである。もっとも，もとはその場所にあった証拠物をその者が身体や所持品中に隠匿したような場合には，例外的に捜索を許容してよい。これは，第三者の身体・所持品も一般的に「逮捕の現場」に含まれるからというのではなく，本来なし得たはずの捜索・差押えをその者が妨害した行為を個別的に排除するための措置──「必要な処分」（222条1項・111条1項）──として許されるとみるべきである。

Column 1-19　「証拠存在の蓋然性の高さ」の意味と根拠

本文で述べたように，緊急処分説も相当説もともに，逮捕の現場には被疑事実に関する証拠が存在する蓋然性が一般的に高いということを前提にしている。そうした「証拠存在の蓋然性の高さ」は，一般には，住居全体というように比較的広い範囲で及ぶと解されていると思われる。しかし，それがどのような逮捕現場においても，またいかなる種類の逮捕においても妥当するかは，議論の余地があろう。

逮捕が第三者の住居内で行われた場合，被疑事実に関する証拠がもともとその住居に存在した蓋然性は，決して一般的に高いとはいえないであろう。これに対し，被疑者宅で逮捕が行われた場合，一般的にいって，証拠がもともとその住居に存在した蓋然性は相対的に──第三者宅に比べれば──高い。それゆえ，証拠存在の蓋然性の高さを無令状捜索の根拠とする場合でも，その範囲につき，被疑者宅での逮捕の場合とそれ以外の場合とで区別する考え方もあり得る。

もっとも，被疑者宅での逮捕の場合も，その住居全体について，令状審査を省略してよいほどの証拠存在の蓋然性の高さを認め得るかはなお問題である。確かに，刑訴法は，220条1項2号の捜索にも準用される102条で，第三者の住居（同条2項参照）と異なり被疑者の住居には一般に証拠の存在する蓋然性が高いことを前提とした規定を置いている（同条1項）。しかし，同項はむろん令状による捜索の場合にも適用されるものであるから，これのみを根拠に被疑者宅全体の無令状捜索を正当化することはできない。そして，同項により被疑者の住居等について証拠の存在が「擬制」されると解するのであればともかく，少なくとも消極的な形では被疑者の住居等についても裁判官が証拠存在の蓋然性の審査を行うべきものと解するならば，逮捕の場合にその審査を省略し

144

第5節　捜索・押収・検証等

得るだけの特有の事情が必要となる。しかし，被疑者の住居全体についてそのような事情（逮捕の場合に特有の蓋然性の高さ）を認めるのは困難である。また，その点を措くとしても，そもそも当該住居が被疑者の住居に当たること自体について，令状審査を省略してよい理由が存するかも問題である。

　ただし，第三者宅であれ被疑者宅であれ，逮捕の際には，逮捕行為を契機として，被疑者がその所持・携帯している証拠を自己の周辺の場所に隠匿する——それゆえ証拠がそこに存在するに至る——蓋然性は一般的に高いといえるかもしれない。そしてその限りでのみ，上記の特有の事情を肯定する立場も考えられる（これによって画される領域は，結局，緊急処分説にいう直接の支配下の範囲と——完全に同一ではないとしても——相当近似するであろう）。しかし，さらに突き詰めれば，そもそも逮捕の際に被疑者が（隠匿しうべき）証拠を所持・携帯しているという前提が，現行犯以外の逮捕の場合も含めて一般的に——令状審査を省略し得るほどの高度の蓋然性でもって——妥当するのかも問題である。

　いずれにせよ，「証拠存在の蓋然性の高さ」を根拠にする場合でも，その意味内容をどう捉えるかによって，それが妥当すると認められる範囲や場面は様々に異なってくるように思われる。

　逮捕行為（当初の身体拘束）が行われた場所から，被疑者を派出所や警察署等に移動させたうえで，被疑者の身体や所持品について無令状捜索を行うことは許されるか。一定の場合にこれを肯定する見解が有力であるが，その根拠は様々である。移動先の場所で行われても新たな権利侵害の危険は生じないからだとか，被疑者の身体における証拠存在の蓋然性は場所を移動しても変化しないからだといわれることもあるが，法が明文で「現場で」と規定しているにもかかわらず場所を移動した後に行える理由としてはいささか不十分である。この点，被疑者の身体という「現場」には実質的な変更はないと説明する見解があるが，これが被疑者の身体は逮捕後どこへ移動しようと「逮捕の現場」であり続けるという趣旨であれば疑問である。「現場で」の語義からも無理があるし，また移動しての捜索が無限定に認められることになりかねない。これに対し，「逮捕の現場」はあくまで逮捕行為が行われた場所と解したうえで，本来その場所でなし得るはずの無令状捜索・差押えが，具体的事情のもと，その場所で実施するのは不適当または困難である場合に，本来の処分の目的実現に必要な付随的行為——「必要な処分」（222条1項・111条1項）——として，適切な場所への移動が許されるのだと説く見解が近時有力である。これによれば，そのように移動したうえでの捜索は，本来の処分の目的実現のために必要でかつ

145

相当な限度においてのみ許され，たとえば，逮捕場所で捜索したのでは被疑者が興奮・抵抗し，または関係者が付近にいるため混乱し得る（被疑者の奪還や証拠散逸の危険がある）とか，交通を妨害し，または被疑者のプライヴァシーや名誉を害し得るといった事情が必要であるし，また，そうした不都合を回避するのに適した「最寄り」の場所で行うのでなければならないであろう。判例（最決平成8・1・29＝ ◆判例 1-5▶ 〔⇨73頁〕）も，こうした事情がある場合に被疑者を捜索・差押えに適する「最寄りの場所」に連行してこれらの処分を行うことを「『逮捕の現場』における捜索，差押えと同視することができ，適法」だとしているが，基本的には上記有力説と同様の考え方によるものと思われる。

(d) **対象物の範囲**　逮捕の理由となった被疑事実以外の犯罪事実（のみ）に関係する物を発見すべく，220条1項2号の捜索を行うことは許されないとするのが通説である。逮捕現場に存在する蓋然性が高いといえるのは，逮捕の被疑事実に関係する物に限られるからである。このことは，相当説，緊急処分説のいずれに立っても妥当するというべきであろう。同号の捜索の実施により，他の犯罪事実にのみ関係する物が（たまたま）発見された場合も，これを同号により差し押さえることは許されないとされる（東京高判昭和46・3・8高刑集24巻1号183頁参照。ただし，相手方に任意提出を求めてこれを領置したり，あるいは，薬物や銃器等の禁制品である場合に，その所持の現行犯で逮捕したうえ，逮捕に伴う無令状差押えを行い得ることは別論である）。

以上の議論とは別に，逮捕自体の確保のため，凶器や逃走具は無令状で捜索・差押えできるとされる。もっとも，逮捕の確保に必要な措置は，220条1項2号に基づいてではなく，逮捕自体の効力として行えるのだとする見解によれば，凶器や逃走具については，捜索と一時保管はできても（なお，警職法2条4項も参照），差押えまでは必ずしも行い得ないであろう（⇨141頁）。

(4) 領　　置

検察官・検察事務官・司法警察職員は，①被疑者その他の者が**遺留した物**，または②所有者・所持者・保管者が**任意に提出した物**を，**領置**することができる（221条）。前述（⇨119頁(1)）の通り，領置は，差押えと同様，物の占有を取得し保持する処分であるが，占有の取得について強制を伴わない点が差押え

第5節　捜索・押収・検証等

と異なる。この点にかんがみ，領置は憲法35条の「押収」には含まれないとされ，したがって令状は必要でない。しかし，いったん領置をすれば差押えと同じ効果が生じる（捜査機関は返還を拒める。すなわち，占有の保持には強制力を伴う）ため，刑訴法上の「押収」と位置づけられる（222条1項参照）。

　領置の対象となる物のうち，上記①の遺留物は，犯人が犯行現場に遺留した物が典型であるが，それに限らず，所有者等が占有を放棄した物全般を含むと解されている。判例は，公道上のごみ集積所に排出されたごみ袋につき，排出者は「その占有を放棄していたものであって，排出されたごみについては，通常，そのまま収集されて他人にその内容が見られることはないという期待があるとしても，捜査の必要がある場合には，……これを遺留物として領置することができる」としている（最決平成20・4・15刑集62巻5号1398頁）。

2 検　証

(1)　検証の意義

　刑訴法は，捜査機関による証拠ないし情報の収集のための手段として，差押え・捜索と並べて「検証」を規定している（218条・220条等）。**検証**とは，一定の場所，物，人の身体につき，その存在や形状，状態，性質等を五官の作用（視覚・聴覚・嗅覚等の五感）によって認識する行為を強制的に行う処分をいう。差押えが有体物の占有を取得・保持することを直接の目的とするのに対し，検証は対象に関する情報を取得することを目的とする。

　ここでいう認識行為には，人の感覚器のみにより行う場合だけでなく，機械等を用いる場合も含まれる。たとえばカメラで対象を（強制的に）写真撮影することは，「検証としての性質を有する」（最決平成2・6・27〔⇨135頁(h)〕）とされる。なお，宅配便業者のもとにある荷物に（荷送人・荷受人の承諾なく）エックス線を照射してその内容の射影を観察した行為につき，「内容物に対するプライバシー等を大きく侵害するものであるから，検証としての性質を有する強制処分に当たる」とした判例がある（最決平成21・9・28刑集63巻7号868頁）。

(2)　令状による検証

　憲法35条の明文は「侵入，捜索及び押収」についてしか触れていないが，

147

通説は，検証にも同条の令状主義が適用されるとする。したがって，検証の実施のためには，逮捕に伴う場合を除き，「正当な理由に基いて発せられ，……〔対象〕を明示する令状」，「権限を有する司法官憲が発する各別の令状」がなければならない。そして刑訴法も，「裁判官の発する令状」による検証の手続を定めている（218条1項。この令状は，実務上，**検証許可状**とよばれる）。なお，刑訴法は，令状による検証の要件として，218条1項で「犯罪の捜査をするについて必要があるとき」と規定するのみであるが，令状主義の趣旨からして，特定の犯罪が存在し検証対象が当該犯罪と関連性を有する蓋然性が認められることが，「正当な理由」を肯定するために当然要求されると解される。

　検証令状の発付および執行の手続は，概ね捜索差押令状の場合と共通する（ただし，根拠規定にはいくらか違いがある。218条1項・4項・219条・222条1項・4項～6項，規155条以下等参照）。なお，身体の検査を行う場合には，通常の検証令状ではなく身体検査令状によらなければならない（⇨後述(3)）。

　検証の実施に際しても「必要な処分」が可能であるが，捜索・押収の場合とは準用される規定が異なり，またその例として挙げられているのは「身体の検査，死体の解剖，墳墓の発掘，物の破壊」である（222条1項・129条）。

(3) 身 体 検 査

　人の身体を検証の対象とする場合をとくに**身体検査**という（なお，ここでの検証の一種としての身体検査のほかに，鑑定に必要な処分としての身体検査もある。⇨153頁(b)）。たとえば，身長・体重の測定，指紋・掌紋・足型の採取，容貌等の写真撮影，さらに体表や肛門・陰部等の観察・検査等がこれに当たる（このうち着衣のまま行えるなど比較的軽微な態様のものは，一般の検証として実施できるとする解釈もあり得るが，条文上は，一般の「検証」の対象は場所および物に限られている。219条1項等参照）。

　身体検査については，以下のような特別の規制が設けられている。まず，身体検査を行うには，通常の検証令状ではなく**身体検査令状**によらなければならない（218条1項後段）。身体検査令状の請求にあたっては，身体検査を必要とする理由および身体検査を受ける者の性別・健康状態を示さなければならない（同条5項）。また，同令状を発付する裁判官は，身体検査に関し「適当と認め

第5節　捜索・押収・検証等

る条件」（たとえば検査の時期や場所の限定，医師等の立会いなど）を付することができ（同条6項），この条件は令状に記載される（219条1項）。

　身体検査の実施にあたっては，対象者の性別・健康状態等を考慮したうえ，とくにその方法に注意し，対象者の名誉を害しないように注意しなければならず，また女子の身体検査の場合には，医師または成年の女子を立ち会わせなければならない（222条1項・131条）。

　身体検査のため必要があれば，対象者の着衣を脱がせて裸にすることもできると解されており，この点で身体の捜索におけるよりも強度の態様の行為が許容される。もっとも，医学等の専門的な知識や技術を要する行為（たとえば胃腸など体腔の内奥の検査，体液や身体組織片の採取など）は，後述の鑑定嘱託をしたうえで「鑑定に必要な処分」として（鑑定処分許可状の発付を得て）の身体検査によるべきである。

> **Column 1-20　人の身体に対する強制処分の種類**
>
> 　人の身体に作用を及ぼす強制的な証拠収集手段として，刑訴法は，①身体に対する捜索，②検証の一種としての身体検査，③鑑定に必要な処分としての身体検査，の3種類を予定している。それぞれにおいて許される行為の態様については，①では着衣のまま行える程度の行為に限られ，②では着衣を脱がせて裸にして行う態様まで許され（ただし体表および体腔の入口付近の検査に限られる），③では身体の内奥に及ぶ態様の行為までもが許される。たとえば②では規制薬物等を隠匿していないか調べるために捜査機関が肛門付近を検査することは許されるが，薬物を嚥下した疑いがある場合に（専門の技師によるレントゲン検査等により）胃の内容物を検査するためには③によるべきである。血液・胃液等の体液の採取も基本的には③によるべきである（ただし，⇨154頁**4**）。口内からの唾液の採取，頭皮からの毛髪の採取については，態様の点からは②によって行えるとする余地もあるが，採取の方法・量等につき専門家の知識・判断を要するのであれば③によるのが望ましいであろう。
>
> 　これらの3種の手段は，許される行為態様のほか，その主体や目的も異にしている。①は捜査機関が証拠物等の発見を目的として行うものであるのに対し，②は捜査機関が，③は鑑定受託者が，それぞれ身体の状態等を検査しその情報を得るためのものである。もっとも，たとえば隠匿ないし嚥下された薬物等の有無を調べるために肛門付近や胃の内容物を検査することは，②ないし③によって行えるとされるが，この場合の目的は身体検査（身体の情報の取得）自体にあるのではなく，当該薬物等を発見（さらにはその占有を取得）することにある。その意味では，②や③の手段を用いる場合にそれが「捜索」の性質を併

第1章 捜　査

有することもあり，また，最終的に当該薬物等を占有取得するためには（任意提出・領置によらないかぎり）差押えの手続が必要であろう。こうした点からは，むしろ，従来218条1項後段の身体検査が「検証」の一種とされ，それゆえ身体に関する情報の取得を目的とする処分と位置づけられてきたのに対し，同項後段の趣旨は，捜索・差押え・検証のいずれたるを問わず，その処分が身体に直接影響を及ぼすかぎり身体検査令状によるべきことを要求する点にある（したがって，たとえば「捜索としての身体検査」という概念もあり得る）とする学説も傾聴に値する（もっとも，219条1項や222条1項との関係で難点がある）。鑑定についても，後述のように，従来理解されてきた，専門家による情報の提供・分析行為としてのそれに限らず，より広く専門家の知識・技術を利用する手段全般を指すものと解する学説がある（⇨ 152頁(1)）。

　なお，③の手続（鑑定処分許可状）による場合には直接強制ができないという問題があり，この点につき，②の手続（身体検査令状）をも併用することで直接強制を可能とし得るかが争われている（⇨ 157頁(ii)）。

　身体検査の対象者が正当な理由なく検査を拒否した場合には，過料（10万円以下）を課し，費用賠償を命じ，または刑罰（10万円以下の罰金または拘留）を科すこと（間接強制）ができ，さらに，これらの間接強制では効果がないと認めるときは，そのまま身体検査を行うこと（直接強制）もできる（222条1項・137条～139条。なお140条参照）。

　なお，明文上，身体検査のために対象者に捜査機関のもとへ出頭を強制する方法はない（222条1項は132条～136条を準用していない）から，逮捕・勾留されていない者については任意出頭を求めるほかないとされる。しかし，身体捜索（⇨ 129頁）や強制採尿（⇨ 159頁(iii)）の場合と同様，身体検査という本体的処分の目的実現に必要な付随的行為として，検査に適した場所への出頭の強制（ないし連行）が可能だとする解釈もあり得よう。

(4)　令状によらない検証

(a)　**逮捕の現場での検証**　　捜索・差押えと同様，検証も，逮捕する場合において必要があるとき，逮捕の現場では令状なしに行うことができる（220条1項2号・3項）。その根拠についても，捜索・差押えの場合（⇨ 140頁(a)）とほぼ同様の議論が妥当する。検証の一種としての身体検査も，規定上は，逮捕現場では無令状で行えるといえそうである（222条1項は220条の検証についても総

150

第5節 捜索・押収・検証等

則の身体検査に関する規定を準用している）が，身体の捜索として許される範囲に限られる（したがって裸にしての身体検査などはできない）とする見解も有力である。

逮捕現場での検証の実施の手続については，令状による検証の場合と共通する総則規定が多く準用されている（222条1項）。なお，夜間の実施の制限（同条4項・5項参照）はない。

(b) **身体拘束中の被疑者の指紋・足型の採取等**　身体の拘束を受けている被疑者の指紋・足型の採取，身長・体重の測定，写真撮影をするには，被疑者を裸にしないかぎり，令状を要しない（218条3項）。身体拘束（逮捕・勾留，鑑定留置）した被疑者の同一性を確認するための行為として，身体拘束の処分に当然付随するものといえるからである。

(c) **押収物についての検証**　押収された物についてその形状・性質等を認識して情報を取得することは，原則として検証令状なしに行える。押収の処分の直接の内容は物の占有取得にあるが，それも結局は当該物に関する情報の取得を目的にしており，したがってこうした行為はもともと押収の処分に含まれる，または付随する内容として予定されていると解されるからである。

(5) 実況見分

検証と同様の，場所・物・身体の状態等につき五官の作用により認識する行為を，任意的に行うことを，**実況見分**という（なお捜査規範104条参照）。刑訴法197条1項に基づく任意処分として，令状なしに行える。権利者の承諾を得た場合や，公道等の公の場所を対象に行う場合等がこれに当たる。

身体検査も，対象者の真摯な承諾があるかぎり，任意処分（実況見分）として行うことが許されよう。ただし，その態様につき，たとえば裸にしての検査までをも任意に行えるとすることには疑問の余地もある。なお，犯罪捜査規範は実況見分の対象に身体を含めているが，女子を裸にしての身体検査を任意に行うことは禁止している（捜査規範104条・107条）。

151

第1章 捜　査

③ 鑑定・通訳・翻訳

(1) 鑑定（等）嘱託

　捜査機関が捜査を行うにあたって，専門的な知識や技術を有する者の助力を必要とする場合がある。そこで刑訴法は，「犯罪の捜査をするについて必要があるとき」に，検察官，検察事務官または司法警察職員は，被疑者以外の者に鑑定，通訳または翻訳を「嘱託」できると規定する（223条1項）。**鑑定**とは，専門的な知識・経験・技術を有する者（専門家）による，そうした知識・経験・技術に属する事実・法則の報告，またはその法則を具体的事実に適用して得られた判断の報告をいうとされる（なお，通訳・翻訳も鑑定の一種である）。これは鑑定を情報の提供・分析行為として位置づけるものであるが，学説によっては，専門家による情報の提供・分析に限らず，より広く専門家の知識・経験・技術を利用すること全般を鑑定と定義づけるものもある。

　捜査機関が行えるのは，鑑定等の「嘱託」にとどまる。捜査機関から依頼を受けた者が鑑定を引き受ける義務を負うことはない。つまり鑑定嘱託自体は強制処分ではない。この点で，起訴後の裁判所による鑑定命令（165条。⇨313頁(2)）が強制力を伴う（171条・150条・151条等参照）のとは異なる。なお，捜査機関から鑑定の嘱託を受けて鑑定を行う者を**鑑定受託者**という（これに対し，起訴後の鑑定命令に基づき鑑定を行う者を鑑定人という）。鑑定受託者が鑑定を行う際には宣誓の手続は行われない（鑑定人による宣誓に関する166条は準用されていない）。

(2) 鑑定に伴う強制処分

　鑑定受託者による鑑定の実施にあたっては，一定の強制処分が可能である。

　(a) 鑑定留置　　鑑定を嘱託する場合において「第167条第1項に規定する処分」——被疑者の心神・身体に関する鑑定のために期間を定めて病院その他の相当な場所に被疑者を留置すること——を必要とするときは，検察官，検察事務官または司法警察員は，裁判官にその処分を請求しなければならず，裁判官は，請求を相当と認めるとき，167条の場合に準じてその処分を行う（**鑑定留置**。224条，規158条の2）。鑑定留置は鑑定留置状を発して行う（224条2項・167条2項）。

152

留置場所は，病院のほか，拘置所等の刑事施設が用いられることもある。必要があるときは，司法警察職員に被疑者の看守を命じることもできる（224条2項・167条3項）。裁判官が定め得る留置期間に明文上の制限はない。なお期間の延長・短縮も可能である（224条2項・167条4項）。鑑定留置については，原則として勾留に関する規定が準用される（224条2項・167条5項）。勾留中の被疑者の場合は，鑑定留置されている間，勾留は執行停止されたものとされる（224条2項・167条の2）。

(b) 鑑定に必要な処分　　鑑定受託者は，裁判官の許可を受けて，「第168条第1項に規定する処分」——人の住居や人の看守する邸宅・建造物・船舶内への立入り，身体の検査，死体の解剖，墳墓の発掘，物の破壊——をすることができる（**鑑定に必要な処分**。225条）。裁判官の許可の請求は，検察官，検察事務官または司法警察員から行う（同条2項，規159条）。裁判官は請求を相当と認めるときに許可状（**鑑定処分許可状**）を発し（225条3項・4項・168条2項），鑑定受託者はこの許可状を処分対象者に呈示してこれらの処分を行う（225条4項・168条4項）。なお，身体検査については，裁判官は適当と認める条件を付することができる（225条4項・168条3項）。

鑑定に必要な処分の1つとしての身体検査については，検証としての身体検査（⇨148頁(3)）と同様，その実施に際しての注意や，女子の身体検査への医師または成年女子の立会いが求められ，また，対象者が身体検査を拒否した場合には，過料を課し，費用賠償を命じ，または刑罰を科すこと（間接強制）ができる（225条4項・168条6項・131条・137条・138条。なお140条も参照）。しかし，検証としての身体検査と異なり，直接強制を認める規定はない。起訴後の裁判所の鑑定命令に基づく鑑定のための身体検査については，172条が，身体検査が拒否された場合に，鑑定人が裁判官に対象者の身体検査を請求したうえ，裁判官が検証の規定に準じて身体検査をすることができると定める（したがって，裁判官は139条に基づき直接強制できる）が，捜査段階の鑑定受託者による鑑定について，225条4項は172条を準用していないのである（もっとも，鑑定受託者による鑑定のための身体検査についても，明文にかかわらず172条を類推適用して直接強制できるとする見解もある）。

153

第1章 捜 査

4 体液等の採取

　捜査の過程で，血液や尿，呼気，唾液，毛髪，皮膚片等，人の身体に由来する物質を採取し検査する必要が生じることがある。たとえば，酒気帯びまたは酒酔い運転の事案に関して血液や呼気中のアルコール濃度を測定したり，薬物の自己使用の事案に関して尿中の薬物成分の有無を検査する場合や，種々の事案において人の同一性を確認するために血液型やDNA型を調べる場合などである。これらの物質が既に人体から離脱している場合に捜査機関がそれを採取することについては比較的問題が少ないが，未だ体内にあるこれら物質を採取すること，とりわけ強制的に採取することについては，様々な問題が生じ得る。ここでは主に尿と血液の採取を取り上げて検討する。

(1) 尿 の 採 取

　たとえば覚せい剤等の薬物の自己使用の事案においては，被疑者の尿を採取する必要性は極めて高い。尿中から覚せい剤等の成分が検出されれば，それが自己使用の決定的証拠となる一方，他の方法では使用の事実を立証することは通常困難だからである。

　(a)　**自然排尿による採取**　　対象者（被疑者）が自ら容器に尿を排出し，それを任意提出した場合には，捜査機関はそれを領置して占有を取得することができる。また，容器に排尿したものの提出を拒む場合には，令状を得て差し押さえる手続をとればよい。もっとも，捜査機関による偽計が容器への排尿の契機となった場合には問題もある。たとえば，捜査官の言動により対象者をして排尿する義務があると誤信させたり，強制採尿令状（⇨157頁(ii)）が発付されている旨偽りを告げたがために，対象者が抵抗を断念して排尿に応じた場合などには，違法な強制処分として尿の取得は許されないであろう。他方，排尿の意思決定自体には直接影響しないような単なる虚偽事実の告知——たとえば，用便を申し出る者に対し，警察署のトイレが故障中であると偽り，バケツに排尿するよう指示した等——の場合については，そうした事情は尿の取得の適法性に影響しないとする見解もあるが，虚偽の程度によっては，捜査手段として適正さを欠き違法と評価すべき場合もあろう。以上のような積極的な偽計を用いるので

第5節　捜索・押収・検証等

はなく，容器に排尿させる際に，尿を検査する意図があることを告げなかった
にすぎない場合については，有力説は，尿に対する権利があるとしても対象者
はそれを放棄したとみてよく，違法とはいえないとし（なお，東京高判昭和49・
11・26 高刑集 27 巻 7 号 653 頁も参照），茶を欲する者に検査意図を秘して茶を飲
ませて茶碗から指紋や唾液を採取することなども，これと同様だとする（ただ
し，東京高判平成 28・8・23 高刑集 69 巻 1 号 16 頁は，警察官の身分も DNA 採取目的
も秘して被疑者に茶を勧めて飲ませた紙コップから唾液の DNA 資料を採取した行為を，
強制処分にあたり違法だとする）。

(b)　**強制採尿**　　対象者（被疑者）が排尿を拒む場合に，その抵抗を排して
強制的に──具体的には，カテーテルとよばれるゴム製導尿管を尿道に挿入して──
尿を採取すること（**強制採尿**）は許されるか。判例は一定の条件のもとでこれ
を肯定するが，それに対しては，学説上，以下の通り激しい議論がある。

◁ 判例 1-13 ▷ **最決昭和 55・10・23 刑集 34 巻 5 号 300 頁**

【事実】 覚せい剤譲渡の嫌疑で逮捕した X について，腕の注射痕や言語・態度
等から自己使用の嫌疑も生じたため，警察官は尿の任意提出を再三求めたが，
X は拒絶し続けた。翌日，警察官が鑑定処分許可状と身体検査令状の発付を得
たうえ，鑑定受託者である医師が，X に自然排尿の機会を与えた後，警察署医
務室において，数名の警察官に体をベッドに押さえつけられている X から，
カテーテルを尿道に挿入して約 100 cc の尿を採取した。医師がこれを任意提
出し，警察が領置した。

【決定要旨】（i）「強制力を用いて……身体から尿を採取することは，身体に対
する侵入行為であるとともに屈辱感等の精神的打撃を与える行為であるが，
……カテーテルを尿道に挿入して尿を採取する方法は，被採取者に対しある程
度の肉体的不快感ないし抵抗感を与えるとはいえ，医師等これに習熟した技能
者によつて適切に行われる限り，身体上ないし健康上格別の障害をもたらす危
険性は比較的乏しく，仮に障害を起こすことがあつても軽微なものにすぎない
と考えられるし，また，右強制採尿が被疑者に与える屈辱感等の精神的打撃は，
検証の方法としての身体検査においても同程度の場合がありうるのであるから，
……右のような方法による強制採尿が捜査手続上の強制処分として絶対に許さ
れないとすべき理由はな」い。「被疑事件の重大性，嫌疑の存在，当該証拠の
重要性とその取得の必要性，適当な代替手段の不存在等の事情に照らし，犯罪
の捜査上真にやむをえないと認められる場合には，最終的手段として，適切な
法律上の手続を経てこれを行うことも許されてしかるべきであり，ただ，その
実施にあたつては，被疑者の身体の安全とその人格の保護のため十分な配慮が

155

施されるべき」である。

　(ⅱ)　「適切な法律上の手続」として，「体内に存在する尿を犯罪の証拠物として強制的に採取する行為は捜索・差押の性質を有するものとみるべきであるから，捜査機関がこれを実施するには捜索差押令状を必要とする」。「ただし，右行為は人権の侵害にわたるおそれがある点では，一般の捜索・差押と異なり，検証の方法としての身体検査と共通の性質を有しているので，身体検査令状に関する刑訴法218条5項〔現6項〕が右捜索差押令状に準用されるべきであつて，令状の記載要件として，強制採尿は医師をして医学的に相当と認められる方法により行わせなければならない旨の条件の記載が不可欠である」。

　(ⅲ)　本件についてみれば，覚せい剤自己使用罪は10年以下の懲役に処せられる相当重大な犯罪であること，Xには自己使用の嫌疑が認められたこと，Xは犯行を徹底的に否認していたため証拠としてXの尿を取得する必要性があったこと，Xは逮捕後尿の任意提出を頑強に拒み続けていたこと，捜査機関は従来の捜査実務の例に従い身体検査令状と鑑定処分許可状の発付を受けたこと，Xは逮捕後33時間経過してもなお尿の任意提出を拒み，ほかに強制採尿に代わる適当な手段は存在しなかったこと，捜査機関はやむなく両令状に基づき，医師に採尿を嘱託し，同医師により適切な医学上の配慮のもとに合理的かつ安全な方法によって採尿が実施されたこと，Xが激しく抵抗したので警察官らが身体を押さえつけたが，有形力の行使は採尿を安全に実施するにつき必要最小限度のものであったことが認められ，令状の種類・形式の点以外は法の要求する上記の要件をすべて充足している。令状の種類・形式の点は，本来は上記の条件付捜索差押令状によるべきであるが，従来の実務の大勢に従い身体検査令状と鑑定処分許可状を得て，医師により適当な方法で実施されている以上，法の実質的な要請は十分満たされており，この点の不一致は技術的な形式的不備であって本件採尿検査の適法性を損なうものではない。

　(ⅰ)　**合憲性**　　強制採尿が捜査手段として有益であり必要性が認められるとしても，それによって侵害される対象者の権利利益との間で均衡を欠くならば，比例原則（憲13条参照。⇨35頁(1)）に抵触するため許されない。とりわけ，強制採尿は，他の強制処分に比べても，対象者の権利利益に対する侵害が著しいため，およそ均衡を欠き，（憲法上）絶対に――個別事案の具体的事情のもとでいかに必要性が高かろうとも――許されないのではないかが問題になる。

　本決定は，カテーテルによる強制採尿を捜査手段として用いることが絶対に許されないとする理由はないとし，その根拠として，①医師等により適切に行われるかぎり身体上・健康上格別の障害をもたらす危険性が比較的乏しいこと，②屈辱感等の精神的打撃は検証としての身体検査においても同程度の場合があ

156

り得ることを挙げた（**決定要旨(i)**）。①については，身体・健康に対する危険の大きい捜査手段が許されない反面として，そうした危険の小ささを１つの考慮要素とすることは許されるとしても，それが直ちに捜査手段としての強制採尿を正当化する理由となるわけではなかろう。②については，強制採尿による「屈辱感等の精神的打撃」と身体検査におけるそれとを同視し得るかに疑問がある。身体検査の場合，裸にされたり体腔の入口付近を露出させられたりすることで，性的羞恥心を害され性的屈辱感を受けることはあるが，強制採尿の場合は，それにとどまらず，他人によって身体内部への直接的な侵入を受け，また排尿という生理現象を他人にコントロールされるという点で，より高度の（あるいは異質の）「屈辱」「打撃」を受ける。そして，そのような屈辱・打撃を与える行為は，専ら対象者の利益のためにする医療行為としてなされる場合はともかく，少なくとも捜査手段としてなされる場合には，人格の尊厳を侵犯するものとしておよそ許容されないのではないかと思われる。

　本決定は，強制採尿が許される条件として，「犯罪の捜査上真にやむをえないと認められる」ことを要求し，その判断要素として，被疑事件の重大性，嫌疑の存在，証拠としての重要性・必要性，代替手段の不存在等を挙げている。これは，強制採尿の利益侵害度の高さにかんがみ，比例原則のもと，許容基準の絞り込みを図るものといえようが，こうした条件をもってしても，上記のような人格の尊厳の侵犯を正当化し得るかは疑問なしとしない。

　(ii) **令状の種類**　　仮に強制採尿が（憲法上）許される場合があるとしても，刑訴法上の既存のいずれかの強制処分の規定に従って行えるのか――いかなる種類の令状によって行うべきか――が次に問題となる。第１に，検証としての身体検査（218条１項後段）として行えるとする説（**身体検査令状説**）があるが，これに対しては，カテーテルによる身体内部への侵入は身体検査の限界を超えるとか，医師等の手によるべきであるにもかかわらず捜査機関が主体となる身体検査として行うのでは責任の所在が不明確になる，といった批判がある。第２に，鑑定に必要な処分としての身体検査（225条・168条１項）として行うべきだとする説（**鑑定処分許可状説**）がある。鑑定のための身体検査であれば身体内奥に及ぶことも許されるし，鑑定受託者である医師等が主体となることも明確になるが，前述（⇨153頁(b)）の通り，規定上，間接強制はできるが直接強

第1章 捜 査

制はできない。そこで，鑑定処分許可状と身体検査令状の双方の発付を受けた
うえ，鑑定処分で目的を達し得ないときは，身体検査令状に基づく直接強制
（222条1項・139条）を行うに際して鑑定受託者を立ち会わせ，強制採尿を実施
すればよいとする説（**併用説**）が登場し，かつての実務はこれによっていた。
しかし，同説に対しては，本来いずれの令状によっても行い得ないことが，両
令状を併用すれば行えるとするのはあまりに便宜的ではないか，たとえ併用し
ても直接強制できるのは身体検査令状で行える検査行為——身体内奥に入らない
かぎりでの検査——にとどまるのではないか，といった批判がある。もっとも，
こうした批判に対しては，身体検査と鑑定は，一方が他方を排斥するものでは
なく，相互に代替補完する関係にあること，強制採尿等の処分は両者の性格を
併有していること等から，両令状を併用するのはむしろ法に適っているとの反
論もあり得る。

　以上の諸説がある中で，本決定が突如採用したのが，（条件付き）**捜索差押令
状説**である。本決定は，体内の尿の強制的採取は捜索・差押えの性質を有する
から捜索差押令状によるべきであり，ただ「人権の侵害にわたるおそれがある
点では，一般の捜索・差押と異なり，検証の方法としての身体検査と共通の性
質を有している」ので身体検査令状に関する218条（旧）5項（現6項）が準用
され，「医師をして医学的に相当と認められる方法により行わせなければならな
い」旨の条件の記載が不可欠であるとした（**決定要旨**(ii)。本決定以降，実務で
は，強制採尿はこの形式の令状によって行われている）。本決定が捜索差押令状によ
るとしたのは，強制採尿を，身体に直接作用するとか専門家の手によるべきで
あるといった「態様」の面よりも，証拠物としての尿の占有取得という「目
的」の面を中心に捉えたためであり（態様面での特殊性は条件付加で配慮した），
また直接強制も捜索・差押えの効力として可能だと考えたのであろう。しかし，
これに対しては，①実務上今なお併用説によっている採血の場合と整合しない，
②体内にあるかぎり尿も血液と同様に人体の一部であるから差押えの対象とな
る物ではない，③法は捜索差押令状への条件付加を予定しておらず，これを
「準用」により認めるのは，法律によらずに新しい種類の令状——捜索・差押え
に鑑定処分の要素も取り込んだ新しい強制処分——を創造するに等しい（強制処分法
定主義違反），④本来，捜索・差押えにおいては身体内奥への侵入はおろか人を

158

第5節 捜索・押収・検証等

裸にすることさえ許されないはずであり，条件を付せばそれらが可能になるとする理由はない，といった批判が考えられる。もっとも，①②については，血液と異なり尿は生体の維持に不可欠の構成要素ではない（体外に排出されるのを待つだけの老廃物である）から差押えの対象たり得るとの反論があるほか，むしろ採血も採尿と同様に捜索・差押えの手続によるべきだとする見解もある（⇨161 頁(b)）。

なお，学説ではほかに，強制採尿の手続のうち，尿の占有を取得する側面は差押えに当たり，カテーテルを挿入し尿を体外に排出させる側面は「差押えに必要な処分」であり，しかもこれらは専門家の助力を受けて行われるべき身体検査を伴う処分であるとし，それゆえ差押令状と鑑定処分許可状の併用によるべきだとする見解等もある。

(iii) **採尿のための強制連行**　強制採尿を許可する捜索差押令状（強制採尿令状）が発付されている場合に，それに基づき採尿を実施するため，対象者を採尿に適した場所（警察署の医務室等）まで強制的に連行することは許されるか。これを肯定する見解は，①強制採尿（捜索・差押え）に「必要な処分」（222 条 1 項・111 条）として連行できるとするもの（必要な処分説。東京高判平成 2・8・29 判時 1374 号 136 頁等），②強制採尿令状（捜索差押令状）の効力として連行できるとするもの（令状効力説），③令状にとくに連行を可とする旨の記載がある場合にのみ連行できるとするもの（令状記載説）に分かれる。次の判例は②によっている。

> ◁判例 1-14▷ **最決平成 6・9・16 刑集 48 巻 6 号 420 頁**
> **【事実】** 警察官は，覚せい剤使用の疑いのある X の運転する車両を停止させ，路上で X に対して職務質問を開始した。任意同行の求めに対して X が頑なに拒否し続けたため，6 時間あまりにわたって現場に留め置き，その間，X 車および X の身体に対する各捜索差押令状と強制採尿令状の発付を得た。令状に基づき X の身体および X 車の捜索を実施したほか，X の抵抗を排して警察車両で X を A 病院まで連行（40 分弱）し，同病院において X をベッドに寝かせ医師がカテーテルを使用して X の尿を採取した。
> **【決定要旨】**「身体を拘束されていない被疑者を採尿場所へ任意に同行することが事実上不可能であると認められる場合には，強制採尿令状の効力として，採尿に適する最寄りの場所まで被疑者を連行することができ，その際，必要最小限度の有形力を行使することができるものと解するのが相当である。けだし，

159

そのように解しないと，強制採尿令状の目的を達することができないだけでなく，このような場合に右令状を発付する裁判官は，連行の当否を含めて審査し，右令状を発付したものとみられるからである。その場合，右令状に，被疑者を採尿に適する最寄りの場所まで連行することを許可する旨を記載することができることはもとより，被疑者の所在場所が特定しているため，そこから最も近い特定の採尿場所を指定して，そこまで連行することを許可する旨を記載することができる」。

　他方，否定説は，連行は（強制採尿の実施を目的としていても）強制採尿とは別個の，移動の自由という（強制採尿によって侵害される法益とは）異質の法益を侵害する独立の処分とみるべきであるから，強制採尿を許可する令状によっては行い得ないとする。また，連行は 111 条の例示する処分とは異質であるから，「必要な処分」として許容することもできないとする。しかし，否定説は，一般に通常の身体に対する捜索令状によって対象者を身体捜索に適した場所へ移動させることができると解されていること（⇨ 129 頁）と整合しないきらいがある。強制採尿のための連行も，身体捜索のための移動と同様，本体的処分の目的実現に必要な付随的行為として許容されるとみる余地はあろう。

　なお，肯定説のうち①説と②説は，「必要な処分」をもともと令状によって許可される本体的処分（捜索・差押え）に伴う付随的行為として当然に認められるものとする有力説（⇨ 128 頁(ⅲ)）に立つならば，ほとんど違いはない。ただ，②説（および判例）が連行を「必要な処分」ではなく「令状の効力」と位置づけるのには，裁判官が当該事案における連行の当否を具体的に審査判断したことを要するという趣旨が含まれるとみる見解もある。

(2) 血液等の採取

(a) 同意による採血・流出した血液の採取　　対象者の同意がある場合に，捜査機関が注射器を用いて血液を採取することについては，同意が真摯になされ，かつ採取量も微量であり相当と認められる態様によるのであれば，任意処分として適法だとする見解が有力である。

　人の身体から流れ出た血液をガーゼやスポイト等を用いて採取することについては，無令状で行えるとする見解が有力であるが，血液が遺伝情報も含むプライヴァシーの塊であることにかんがみると，（犯行現場に遺留された血液等の場

第5節　捜索・押収・検証等

合はともかく）単に体外に流出したというだけで，同意もなく無令状で採取できるとするのには疑問もある。

(b)　**強制採血**　　対象者（被疑者）から同意を得ずに注射器を用いて強制的に血液を採取すること（**強制採血**）は（憲法上）許されるか。また，刑訴法上の既存のいずれかの強制処分の規定に従って行えるのか──いかなる種類の令状によって行うべきか──。前者の問題については，強制採尿をおよそ許されないとする論者も，強制採血は許される場合があるとすることが多い。強制採尿に比べ，強制採血では身体内部への侵襲は通常の場合軽度ですみ，また生理現象を他人がコントロールするという面も小さく，人格の尊厳の侵犯というほどの権利利益侵害には至らないから，少なくとも少量の血液を注射器で採取するなどの態様であるかぎり許容し得るであろう。もっとも，軽微ではあれ必然的に身体損傷を伴い，また感染症等の健康被害をもたらす危険もあるため，医学的に適切で安全性を保証される方法・手順が履践されなければならない。

後者の問題（令状の種類）については，強制採尿と同様に争いがある。ここでも身体検査令状説，鑑定処分許可状説（仙台高判昭和47・1・25刑月4巻1号14頁参照）もあるが，両説の欠点を補い採血の直接強制を可能にするためには両令状とも取得すべきだとする併用説が従前から有力である。採尿については（条件付き）捜索差押令状によっている現在の実務も，採血については依然として併用説によっている。尿のように排出を待つのみの老廃物とは異なり，血液は生体の維持に不可欠の構成要素であるから差押えになじまないとの見方が，その背景にあるものと思われる。これに対し，尿はその生成プロセスからして血液と一体の関係にあるから，いずれも生体の一部として同様に扱われるべきであり，採尿の判例を前提とするかぎり強制採血も条件付きの捜索差押令状によるべきだとする見解もある。他方で，学説上比較的有力なのは，尿・血液とも身体内にあるかぎり差押えにはなじまず，むしろ強制採尿・採血いずれも併用説によるべきだとする見解である。そのほか，尿・血液とも差押令状と鑑定処分許可状の併用によるべきだとする説もある。

なお，人の身体から直接唾液や毛髪を採取したり，嚥下された物の有無を調べるために胃腸内をレントゲン検査等することについても，ほぼ強制採血と同様の議論が妥当し，直接強制のためには身体検査令状と鑑定処分許可状の併用

第1章 捜　査

によるべきだとする見解が比較的有力である。

5　通信・会話の傍受

　捜査の過程において，被疑者その他の関係者の間で犯罪に関連する通信や会話が行われるのを，捜査機関が秘かに傍受し録音する必要が生じる場合がある。しかし従来，犯罪捜査の手段としての通信・会話の傍受・録音に特化した法律上の明文規定は存在しなかったため，そうした規定なしに（既存の強制処分の規定に基づき）それを行うことができるかが問題とされてきた。また，そもそもこうした通信・会話の傍受が憲法に反しないかも激しく議論される。現在では通信傍受法が制定され，少なくとも前者の問題は一応の解決をみたが，同法の射程外の通信・会話の傍受をも視野に入れながら，憲法論を含め，この種の捜査手段の法的性質を検討する。

　なお，捜査のために通信・会話を傍受・録音する方法としては，捜査機関（またはその指示を受けた私人）が通信・会話の当事者となり，相手方の同意なしにこれを録音すること（**当事者録音**）や，通信・会話の当事者の一方のみの同意を得て，捜査機関がこれを傍受し録音すること（**同意傍受**）も考えられる（これらについては，⇨ 177 頁(2)）が，ここで扱うのは，通信・会話のいずれの当事者の同意もなく行われる傍受・録音（**秘密傍受**，いわゆる「**盗聴**」）である。秘密傍受には，大別して，電話等による通信を（回線に接続した機器を通じて）秘かに傍受・録音するもの（**通信の傍受**）と，住居等の室内での会話を（盗聴器等により）秘かに傍受・録音するもの（**会話の傍受**）とがあり得る。

(1)　秘密傍受の法的性質

　(a)　強制処分性・憲法 35 条適用の有無　　かつては通信・会話の秘密傍受を任意処分とし，憲法 35 条の令状主義の適用もないとする見解もあった。秘密傍受自体は住居や物等に対して物理的侵害を生ぜしめるものではないから，あるいは「意思の制圧」（最決昭和 51・3・16 ＝ 判例 1-1 〔⇨ 40 頁〕）を伴わないから，強制処分には当たらないというのである。しかし現在では，プライヴァシーや人格権（憲 13 条。また電話等の通信の傍受の場合は通信の秘密〔憲 21 条 2 項〕も）といった（重要な）権利利益を侵害し，かつ当事者が知れば拒絶したは

162

第5節　捜索・押収・検証等

ずであるからその黙示の意思に反するといえるので，強制処分だとするのが通説である（⇨41頁）。また，通説は，憲法35条の保護対象を，住居や物等に対する物理的侵襲を受けることのない権利ではなく，プライヴァシーの利益や人格権とみて，それゆえ通信・会話の秘密傍受にも同条の射程が及ぶとしている（なお，通信・会話の傍受〔盗聴〕を「新しい強制処分」と位置づける見解につき，⇨39頁 Column 1-4 ）。

(b)　**合憲性**　　通信・会話の傍受によって通信の秘密やプライヴァシー・人格権を侵害することは，憲法21条や13条のもとでおよそ許容されないわけではないとしても，傍受が35条の令状主義の要請を満たし得るかが問題となり，この点につき学説上激しい対立がある。違憲説は，①通信・会話は無形のものであり，しかも令状発付時には未発生であるから，傍受の対象を「本件に関連する通信」といった程度でしか特定できない，②通信・会話はリアルタイムで発生するので継続して聴き続ける必要があり，そうすると傍受の対象が無限定となる，③秘密裡に行わなければ傍受は奏功しないというその性質上，令状の事前呈示が不可能である，といった理由から，およそ秘密傍受は憲法35条に違反し許されないとする。これに対して，①′ 対象が有形か無形かと特定の可否とは直結せず，また未発生という点も日々作成される帳簿などと違いはないし，たとえば通信の傍受の場合，通信設備・通信手段や傍受期間，通信内容等により対象をある程度特定することはできる，②′ 断続的・部分的な聴取の方法（いわゆるスポット・モニタリング）等で限定をかけることはできる，③′ 令状の呈示は令状主義の要請する内容ではない（または絶対的な要請ではない）等として，合憲とする余地を認める説も有力である。

　もっとも，令状主義の要請は満たし得ると解したとしても，特定の捜査手段の使用は，その必要性の程度ともたらされる利益侵害の程度の均衡のもとでのみ許されるべきである（比例原則。憲13条参照）から，傍受の利益侵害性の高さにかんがみ，他の捜査手段に比して厳格な要件——たとえば犯罪の重大性，嫌疑の十分性等——が（憲法上）課されるべきだという考え方もあり得る。

(c)　**検証としての実施の可否**　　通信・会話の傍受が憲法上許されるとしても，法律上これを行えるかは別論である。通信傍受法の制定前には傍受に特化した規定はなく，そこで，刑訴法の既存の強制処分の規定に基づき傍受を行え

163

第1章 捜　査

るかが問題となった。これを肯定する見解の中で有力なのは，傍受は通信・会話の内容を聴覚で認識するという点で検証の性質を有するから，検証の規定に基づき検証令状により行えるとする説（検証令状説。⇨ 判例 1-15 ）であるが，学説の多数は批判的である。批判的見解の1つは，通信・会話の傍受は対象の性状把握ではなく会話の意味内容の把握を目的とするので検証とは性質が異なるとする。あるいは，基本的には検証の性質を持つとしても，その特殊性——たとえば，対象となる通信・会話はリアルタイムに発生する，被処分者に対する事前の令状呈示や立会いの機会の付与が性質上不可能である，通常の検証に比べて利益侵害が継続的である等——ゆえに，検証の規定にはない種々の手続——傍受すべき通信に該当するか否かを判断するために行う傍受（該当性判断のための傍受）や，令状呈示等に代わる事後通知，権利救済のための不服申立て（検証であれば準抗告の対象とし得ない。⇨ 202 頁(1)）等——を定める必要があるとして批判する見解もある。

　もっとも，現在では，刑訴法 222 条の2が「通信の当事者のいずれの同意も得ないで電気通信の傍受を行う強制の処分については，別に法律で定めるところによる」とし，これを受けて通信傍受法が上記諸手続をも含めて定めを置いたので，同法の規定によるかぎり，上記学説の指摘する問題は解決済みである。また，222 条の2および通信傍受法の射程内の通信の傍受（電話傍受等）については，法が検証とは異なる規制のもとに置いたのは明らかであるから，上記検証令状説のもとでも，同法の規定によらずして（検証令状によって）行うことはもはや許されなくなった。しかし，222 条の2および通信傍受法の射程外の傍受（室内会話の傍受など）については，なお検証令状によって行えるか否かが問題になる。

　(d)　判例の立場　　判例には，222 条の2の追加および通信傍受法の制定以前に行われた検証令状による電話傍受（電話検証）を適法としたものがある。

判例 1-15 最決平成 11・12・16 刑集 53 巻 9 号 1327 頁
【事実】営利目的での覚せい剤譲渡の被疑事実につき，電話傍受を検証として行うことを許可する検証許可状が発付され，これに基づき電話会社の施設において電話傍受が実施された。同許可状には，検証すべき場所・物のほか，検証すべき内容として特定の電話に発着信する通話内容（覚せい剤取引に関するものに限定）等が，検証の期間として特定の2日間の特定の時間帯が，検証の方法として地方公務員を立ち会わせたうえ対象外の通話を立会人に遮断させる等

第 5 節　捜索・押収・検証等

の事項が記載されていた。なお，本件の嫌疑は明白で，暴力団による組織的・継続的な覚せい剤密売の一環であること，密売の態様が 2 台の電話機を用いるものであること，密売の担当者や担当者間での連絡方法を特定する証拠を収集できなかったこと，そのため，本件電話傍受で得られる証拠は密売の実態を解明するのに重要かつ必要なものであり，他の手段で目的を達成するのは著しく困難であることが明らかであった。

【決定要旨】(i)「電話傍受は，通信の秘密を侵害し，ひいては，個人のプライバシーを侵害する強制処分であるが，一定の要件の下では，捜査の手段として憲法上全く許されないものではないと解すべきであ」り，「重大な犯罪に係る被疑事件について，被疑者が罪を犯したと疑うに足りる十分な理由があり，かつ，当該電話により被疑事実に関連する通話の行われる蓋然性があるとともに，電話傍受以外の方法によってはその罪に関する重要かつ必要な証拠を得ることが著しく困難であるなどの事情が存する場合において，電話傍受により侵害される利益の内容，程度を慎重に考慮した上で，なお電話傍受を行うことが犯罪の捜査上真にやむを得ないと認められるときには，法律の定める手続に従ってこれを行うことも憲法上許されると解するのが相当である」。

(ii)「本件当時，電話傍受が法律に定められた強制処分の令状により可能であったか否かについて検討すると，電話傍受を直接の目的とした令状は存していなかったけれども，次のような点にかんがみると，前記の一定の要件を満たす場合に，対象の特定に資する適切な記載がある検証許可状により電話傍受を実施することは，本件当時においても法律上許されていたものと解するのが相当である。(一)電話傍受は，通話内容を聴覚により認識し，それを記録するという点で，五官の作用によって対象の存否，性質，状態，内容等を認識，保全する検証としての性質をも有するということができる。(二)裁判官は，捜査機関から提出される資料により，当該電話傍受が前記の要件を満たすか否かを事前に審査することが可能である。(三)検証許可状の『検証すべき場所若しくは物』（刑訴法 219 条 1 項）の記載に当たり，傍受すべき通話，傍受の対象となる電話回線，傍受実施の方法及び場所，傍受ができる期間をできる限り限定することにより，傍受対象の特定という要請を相当程度満たすことができる。(四)身体検査令状に関する同法 218 条 5 項〔現 6 項〕は，その規定する条件の付加が強制処分の範囲，程度を減縮させる方向に作用する点において，身体検査令状以外の検証許可状にもその準用を肯定し得ると解されるから，裁判官は，電話傍受の実施に関し適当と認める条件，例えば，捜査機関以外の第三者を立ち会わせて，対象外と思料される通話内容の傍受を速やかに遮断する措置を採らせなければならない旨を検証の条件として付することができる。(五)なお，捜査機関において，電話傍受の実施中，傍受すべき通話に該当するかどうかが明らかでない通話について，その判断に必要な限度で，当該通話の傍受をすることは，同法 129 条所定の『必要な処分』に含まれると解し得る。

> もっとも，検証許可状による場合，法律や規則上，通話当事者に対する事後通知の措置や通話当事者からの不服申立ては規定されておらず，その点に問題があることは否定し難いが，電話傍受は，これを行うことが犯罪の捜査上真にやむを得ないと認められる場合に限り，かつ，前述のような手続に従うことによって初めて実施され得ることなどを考慮すると，右の点を理由に検証許可状による電話傍受が許されなかったとまで解するのは相当でない。」

　本決定は，電話傍受が憲法35条の令状主義を満たし得るかについて詳細には論じないものの，これを肯定することを前提にしているのは明らかである。また，犯罪の重大性，嫌疑の十分性，他の方法により重要・必要な証拠を得るのが著しく困難であること（補充性）等の事情があり，「侵害される利益の内容，程度を慎重に考慮した上で，なお……犯罪の捜査上真にやむを得ないと認められるとき」には憲法上許されると判示した点（**決定要旨(i)**）は，**(b)**で述べたのと同様の比例原則の観点に基づくものと思われる（ただし，これら諸事情のすべてを憲法上の絶対的要件としたのかについては議論があり得よう）。

　さらに，検証令状により電話傍受を行えることも肯定し（**決定要旨(ii)**），その理由の中で，電話傍受が検証としての性質を持つことのほか，218条（旧）5項（現6項）を検証令状に準用して裁判官が適当な条件（第三者の立会い等）を付し得ることを述べた点が注目されるが，後者については，判例による法創造の限界を超える（強制処分法定主義違反）との批判がある。次に，該当性判断のための傍受について，本決定は検証に「必要な処分」（129条）に含まれるとしたが，学説では，検証とは独立の「捜索」処分（傍受すべき対象を捜す行為）に当たり，しかも「検証のための捜索」は刑訴法の予定するところではない（⇨119頁(1)）から許されないとする見解が有力である。事後通知・不服申立ての規定の欠如については，本決定は，電話傍受実施の要件・手続を厳格にして権利侵害の発生自体を縮減することによって補う趣旨であろうが，批判も少なくない。

　いずれにせよ，現在では刑訴法222条の2および通信傍受法があるため，これらの規制対象である電話傍受を本決定に依拠して検証令状で行うことはもはや許されない。他方，室内会話の傍受等を検証令状で行えるかについては争いがあるが，肯定説の直接の根拠として本決定を援用し得るわけではない。なお，

第5節 捜索・押収・検証等

室内会話の傍受の立法化については，検討されたことはあるものの，実現には
至っていない。

(2) 通信傍受法

(a) **適用範囲**　刑訴法222条の2は，通信当事者のいずれの同意も得ない
「電気通信の傍受」についての規律を他の法律にゆだね，これを受けて定めら
れたのが，犯罪捜査のための通信傍受に関する法律（通信傍受法）である。同
法の規律対象である「通信」とは，「電話その他の電気通信であって，その伝
送路の全部若しくは一部が有線……であるもの又はその伝送路に交換設備があ
るもの」（通信傍受2条1項）をいい，無線通信や室内会話の傍受などは対象外
である（なお，無線通信の傍受は，任意処分として刑訴法197条1項に基づき行えると
される）。また，通信傍受法の「傍受」とは，「現に行われている他人間の通信
について，その内容を知るため，当該通信の当事者のいずれの同意も得ないで，
これを受けること」（通信傍受2条2項）をいう。したがって，既に受信された
電子メールの内容を捜査機関が当事者の同意なく閲読することや通信の発信
元・発信先を識別する情報（電話番号等）のみを探知することは，同法の規律
対象ではない（これらは捜索・差押えまたは検証の手続による）。また，当事者録音
や同意傍受（⇨177頁(2)）も対象外である。

(b) **傍受の要件**　同法3条1項は，傍受を行うための要件として，まず，
(i)次の①～③のいずれかに該当すること（一定の犯罪の**嫌疑の十分性**）を要求す
る。すなわち，①同法に付された別表第一または第二に掲げる罪（以下「別表
犯罪」という）が犯されたと疑うに足りる十分な理由がある場合において，当
該犯罪が数人の共謀によるもの（別表第二の罪にあっては，当該罪に当たる行為が，
あらかじめ定められた役割の分担に従って行動する人の結合体により行われるものに限
る。下記②③において同じ）であると疑うに足りる状況があるとき（同3条1項1
号），②別表犯罪が犯され，かつ，引き続き，(イ)当該犯罪と同様の態様で犯さ
れるこれと同一または同種の別表犯罪か，または(ロ)当該犯罪の実行を含む一連
の犯行の計画に基づいて犯される別表犯罪のいずれかが犯されると疑うに足り
る十分な理由がある場合において，これらの犯罪が数人の共謀によるものであ
ると疑うに足りる状況があるとき（同項2号），③死刑または無期もしくは長期

第1章 捜 査

2年以上の懲役もしくは禁錮に当たる罪が別表犯罪と一体のものとしてその実行に必要な準備のために犯され、かつ、引き続き当該別表犯罪が犯されると疑うに足りる十分な理由がある場合において、当該犯罪が数人の共謀によるものであると疑うに足りる状況があるとき（同項3号）。各号とも、犯罪の嫌疑の程度は「十分」性が要求され、また**数人の共謀**によることの蓋然性が必要とされ、さらに2号および3号では、既発の犯罪の嫌疑を前提としつつも、加えて将来行われる犯罪の嫌疑もが要件に組み込まれている点が特徴的である。なお、別表第一の罪は、薬物関連犯罪（別表第一1号・2号・4号・6号・8号）、銃器関連犯罪（同5号・7号）、集団密航犯罪（同3号）、組織的殺人（同9号）、別表第二の罪は、殺傷犯等関係（爆発物使用〔別表第二1号〕、現住建造物等放火〔2号イ〕、殺人・傷害・傷害致死〔同号ロ・ハ〕、逮捕監禁・略取誘拐関係（同号ニ・ホ）、窃盗・強盗関係（同号ヘ）、詐欺・恐喝関係（同号ト）、児童ポルノ関係（提供・製造〔同3号〕）である（別表第二の罪は、2016〔平成28〕年改正により追加された）。

また、(ⅱ)上記(ⅰ)の当該各号の犯罪の実行、準備または証拠隠滅等の事後措置に関する謀議、指示その他の相互連絡その他当該犯罪の実行に関連する事項を内容とする通信が行われると疑うに足りる状況があること（**犯罪関連通信の蓋然性**）、および(ⅲ)他の方法によっては、犯人を特定し、または犯行の状況もしくは内容を明らかにすることが著しく困難であること（**補充性**）も要求される。

以上の(ⅰ)〜(ⅲ)の要件が認められるとき、検察官または司法警察員は、裁判官の令状（**傍受令状**）の発付を受けたうえ、電話番号その他発信元または発信先を識別するための番号または符号によって**特定された通信手段**であって、被疑者が通信事業者等との間の契約に基づいて使用しているもの（犯人による犯罪関連通信に用いられる疑いがないと認められるものを除く）または犯人による犯罪関連通信に用いられると疑うに足りるものについて、これを用いて行われた犯罪関連通信を傍受することができる。

(c) **傍受令状の請求・発付**　傍受令状の請求は、検察官（検事総長の指定する検事に限る）または司法警察員（公安委員会の指定する警視以上の警察官、厚生労働大臣の指定する麻薬取締官、海上保安庁長官の指定する海上保安官に限る）から、地方裁判所の裁判官に対して行う（通信傍受4条1項）。請求権者、請求先（発付権者）とも、傍受実施に慎重を期すため限定されている。

第5節　捜索・押収・検証等

　請求を受けた裁判官は，請求に理由ありと認めるとき，傍受ができる期間として10日以内の期間を定めて傍受令状を発付する（同5条1項）。傍受の実施に関して適当と認める条件を付することもできる（同条2項）。傍受令状には，被疑者の氏名（不明の場合はその旨記載すれば足りる），被疑事実の要旨，罪名，罰条，傍受すべき通信，傍受の実施の対象とすべき通信手段（電話番号等で特定する），傍受の実施の方法および場所，傍受ができる期間，傍受の実施に関する条件，有効期間等を記載し，裁判官が記名押印する（同6条1項）。傍受ができる期間は，必要があると認めるときは，検察官または司法警察員（令状請求権限を有する者に限る）の請求により，地方裁判所の裁判官が10日以内の期間を定めて延長できるが，傍受ができる期間は通じて30日を超えてはならない（同7条）。なお，同一事実に関する傍受令状の発付の制限につき，同法8条参照。

(d) **傍受の実施**　　傍受の実施主体は，検察官または司法警察員である（同3条1項）。検察事務官および司法巡査は除かれている。

　傍受の実施に際しては，通信管理者等（通信手段の傍受の実施をする部分を管理する者またはこれに代わるべき者をいう。同5条4項参照）に傍受令状を示す（同10条1項）とともに，これらの者を立ち会わせなければならない（これらの者の立会いが不可能なときは，地方公共団体の職員を立ち会わせる。立会人は，傍受実施に関し意見を述べることができる。同13条）。ただし，令状記載事項のうち，被疑事実の要旨は示す必要がない（同10条1項但書）。これは，被疑者その他の関係者の名誉・プライヴァシーの保護，および捜査の機密保持のためである。

　傍受の実施については，電気通信設備に傍受のための機器を接続することその他の必要な処分をすることができる（同11条1項）。また，通信事業者等に対して，機器の接続その他の必要な協力を求めることができる（同12条）。

　傍受の実施中に行われた通信で，令状記載の傍受すべき通信に該当するか否かが明らかでないものについては，その該当性を判断するのに必要な最小限度の範囲にかぎり，これを傍受することができる（**該当性判断のための傍受**。同14条1項）。なお，外国語または暗号等による通信の傍受につき，同条2項参照。

　傍受の実施中に，傍受令状に記載された被疑事実以外の犯罪で，別表犯罪に当たるものまたは死刑もしくは無期もしくは短期1年以上の懲役・禁錮に当た

るものを実行したこと，実行していること，または実行することを内容とするものと明らかに認められる通信が行われたときは，当該通信を傍受することができる（**他の犯罪に関する通信の傍受**。同15条）。これにより傍受された通信については，事後，裁判官が，同条の通信に該当するか否かを審査し，該当しないと認めるときには，当該通信の傍受の処分は取り消される（同27条3項）。

　そのほか，医師等の業務に関する通信の傍受の禁止につき同法16条参照。通信の相手方の電話番号等の探知につき同法17条参照。

　なお，2016（平成28）年改正により，新たな傍受の実施方法として，①一時的保存を伴う傍受（同20条〜22条），②特定電子計算機を用いる傍受（同23条）が導入された。①は，検察官または司法警察員が，裁判官の許可（傍受令状に記載される。同6条2項）を受けて，通信管理者等に命じて，令状記載の傍受できる期間内において検察官または司法警察員が指定する期間中のすべての通信を暗号化させ，一時的保存をさせる方法で傍受し（この際，通信管理者等の立会いを要しない），その後，傍受の実施の場所（通信事業者等の施設）において，通信管理者等に命じて，上記の方法で傍受した通信を復元させると同時に再生することができるというものであり，②は，検察官または司法警察員が，裁判官の許可（傍受令状に記載される。同6条2項）を受けて，通信管理者等に命じて，傍受の実施中のすべての通信を暗号化させ，傍受の実施の場所（警察署等）に設置された特定電子計算機に伝送させた上で，受信と同時に復元して傍受するか，または受信と同時に一時的保存をする方法により傍受（その後，復元すると同時に再生）することができる（この際，通信管理者等の立会いを要しない）というものである（なお，暗号化や復号に必要な変換符号〔いわゆる鍵〕は裁判所職員が作成する。同9条参照）。①により，捜査官は，通信をリアルタイムに傍受・聴取するのではなく，傍受済みの通信を事後的に聴取することも可能となり，また②により，通信事業者等の施設以外の場所において，立会人なしに，通信を傍受・聴取することが可能となる。

　(e)　傍受の実施後の手続等　　傍受をした通信（上記(d)①の一時的保存を伴う傍受の場合は，再生した通信）は，すべて，録音その他通信の性質に応じた適切な方法により記録媒体に記録し（同24条1項），この記録媒体については，傍受・再生の実施の中断・終了時や記録媒体の交換時等に速やかに立会人にその

第5節　捜索・押収・検証等

封印を求め（同25条1項・2項。なお，複製の作成につき同条3項参照），立会人が封印をした記録媒体は，遅滞なく，裁判官に提出しなければならない（同条4項。提出された記録媒体を**傍受の原記録**という）。これらの点に関する上記(d)②の特定電子計算機を用いる傍受の場合の特則につき，同法26条参照。また，検察官または司法警察員は，傍受・再生の実施の中断・終了時や記録媒体の交換時等には，その都度，速やかに，傍受・再生をした通信の内容を刑事手続において使用するための記録（**傍受記録**）1通を作成しなければならない（同29条1項・2項）。この傍受記録は，令状記載の傍受すべき通信や同法15条の規定する通信に該当するもの等以外の通信を消去して作成する（同29条3項・4項）。なお，検察官または司法警察員は，傍受・再生の実施の終了後，遅滞なく，傍受・再生の実施状況を記載した書面を，裁判官に提出しなければならない（同27条・28条）。

　検察官または司法警察員は，原則として，傍受の実施の終了後30日以内に，傍受記録に記録されている通信の当事者に対し，傍受記録を作成した旨および所定の事項を書面で通知しなければならない（**通信当事者に対する事後通知**。同30条）。通知を受けた通信当事者は，傍受記録のうち当該通信に係る部分を聴取・閲覧し，またはその複製を作成することができ（同31条），さらに，傍受記録の正確性の確認のために必要がある等正当な理由が認められる場合には，傍受の原記録についても，それを保管する裁判官に請求のうえ，許可を受けて，当該通信に相当する部分の聴取・閲覧，複製の作成をすることができる（同32条1項）。なお，その他の者による傍受の原記録の聴取等の許可につき，同法32条2項～5項参照。

　裁判官がした通信の傍受に関する裁判，捜査機関がした通信の傍受・再生に関する処分に不服がある者は，裁判所に**不服申立て**（裁判・処分の取消しまたは変更の請求）をすることができる（同33条1項・2項）。不服申立てに関する手続は，基本的に準抗告（刑訴429条・430条）の手続の例に従う（通信傍受33条7項）。なお，裁判所は，傍受・再生の処分を取り消す場合には，検察官または司法警察員に対し，傍受記録のうち当該傍受・再生に係る通信の記録等の消去を命じなければならない（同条3項）。

　このほか，政府は，毎年，傍受令状の請求・発付や傍受の実施に関する情報

171

第1章 捜　査

を国会に報告するとともに，公表するものとされている（同36条）。

Column 1-21　**通信傍受法の問題点**

　通信傍受法の合憲性，とくに憲法35条の要請を満たすか否かについては，前述の議論（⇨163頁(b)）がほぼ妥当する。傍受の対象の特定・限定に関し，同法は，傍受すべき通信および傍受実施の対象となる通信手段について一般的に限定をかけるとともに，令状に，被疑事実の要旨，傍受すべき通信，傍受実施の対象とすべき通信手段，傍受実施の方法・場所，傍受できる期間等の記載を要求しているが，これによって憲法35条の要請を満たしたといえるかは議論のあるところである。また，令状の提示は通信手段の管理者等に対してなされ，通信当事者には事後の通知がなされるにとどまる点は，被処分者への令状の事前呈示が憲法35条の絶対的な要請であるとする立場からは当然批判される。

　他の犯罪に関する通信の傍受（15条）について，他の犯罪の嫌疑およびそれと傍受される通信との関連性の点につき裁判官による審査を経ていないことから，令状主義との関係が問題になり，学説では違憲説も有力である。合憲説は，現行犯逮捕になぞらえて説明する見解と，緊急逮捕（その合憲性を肯定したうえで）になぞらえて説明する見解とに分かれるが，いずれも，通信は直ちに保全しなければ消失するという意味での緊急の必要性を前提にしつつ，前者の見解は，主として，同条において当該通信が他の犯罪の実行を内容とするものと「明らか」に認められることが要求されている点に着目し，後者は，事後の裁判官による審査が要求されている点（27条3項）に着目するものといえる。

　傍受の要件のうち，犯罪の嫌疑に関する3条1項2号・3号は，将来行われる犯罪の嫌疑を要件に組み込んでいることから，将来犯罪に関する証拠の収集活動を法が認めたものとみることもできる。そのため，両号の是非については，いわゆる「将来犯罪の捜査」をめぐる議論（⇨34頁 **Column 1-3** ）との関係で，見解の対立が激しい。

第6節　その他の捜査方法

　前節までは，主として，取調べ，逮捕，勾留，捜索，押収，検証，通信傍受等，刑訴法が個別の規定を置く処分の要件・手続等についてみてきた。しかし，捜査機関は，これらの類型に当たらない行為であっても，捜査目的を達成するために必要な処分であれば，強制処分法定主義，比例原則といった，捜査に一般的に適用される規範（⇨35頁**2**）に抵触しないかぎり，これを行うことがで

172

きる。もちろん，これらの規範はそれぞれ内容・趣旨を異にするので，捜査機関は，そのすべてに合致するかたちで捜査を進める必要がある。いいかえれば，これらの規範のうちのいずれかに合致していたとしても，他の規範に抵触するならば，当該捜査行為を行うことは許されず，また，行われた場合には「違法」とされるのである。

　本節では，人の容貌等の写真・ビデオ撮影，通信・会話の当事者録音・同意傍受，追跡・監視捜査（尾行・張込み，GPS捜査等），おとり捜査，泳がせ捜査を例として，刑訴法に直接の規定がない（あるいは規定があるか否かについて議論がある）捜査行為ないし手法の許否ないし適否の判断枠組みを検討する。

1 人の容貌等の写真撮影，秘密録音等

(1) 人の容貌等の写真撮影・ビデオ撮影

(a) 強制処分法定主義との関係

捜査機関による**写真撮影・ビデオ撮影**については，同処分がとくに人を被写体とする場合には，個人のプライヴァシーあるいは「肖像権」の制約・侵害を伴い得ることから，まず，強制処分法定主義（197条1項但書）に照らしての許否・適否が問題とされる（このことは，物や場所が被写体となる場合でも問題となり得るが，ここでは人を被写体とする場合について扱う）。その判断のためには，第1に具体的な撮影行為が「強制の処分」に該当する場合があるか，あるとすればいかなる場合かが検討されなければならない。

　まず，対象者の（真摯な）同意・承諾がある場合に，写真やビデオの撮影が「強制の処分」に当たらないことについては争いがない。これに対して，対象者の同意・承諾がない場合については，「強制の処分」の定義によって，判断が異なることになるが（⇨39頁 Column 1-4 ），現在では，197条1項但書については，強制処分は法律の根拠規定がないかぎり行うことは許されないという意義に理解すべきだとしたうえで，強制処分を，相手方の意思に反して行われ，その重要な権利・利益に対する実質的な侵害ないし制約を伴う処分と定義する見解が有力となっている（⇨38頁(2)）。この見解によれば，住居内のように普通では外から見えないような場所にいる人の撮影は強制処分となるとしても，街頭で公然と行動しているような人の撮影は，法定の厳格な要件・手続に

173

第1章 捜 査

よって保護する必要のあるほど重要な権利・利益の制約・侵害を伴うとはいえないため，任意処分に当たるとされる。街頭で行動する人は，自ら自分の行動を他人の目にさらしている以上，住居内にいる人と同様にプライヴァシーを正当に期待ないし主張できる立場にはないというのである。しかし，街頭で行動する人についても，その抵抗を実力で排除して撮影するような行為が強制処分に該当しないかについては議論がある。

仮に具体的な撮影行為について強制処分性が肯定される場合があるとすれば，次に，刑訴法にその根拠規定があるといえるか否かが検討されなければならない。

この点については，一般に，身体拘束中の被疑者の（無令状の）写真撮影に関する 218 条 3 項が挙げられるほか（⇨ 151 頁(b)），人の容貌等の撮影が，検証（としての身体検査）に当たるとすれば（⇨ 147 頁**2**），（令状による身体検査を認める）218 条 1 項および（逮捕の現場での無令状の身体検査を認めるものと解される）220 条 1 項 2 号の規定にもその法的根拠を求めることができるものと考えられる。学説には，それ以外の場合であっても，218 条 3 項または 220 条 1 項 2 号を類推解釈して，実質的に逮捕の要件を具備している者の容貌等については，現実に逮捕がなくても（無令状の）撮影が許容される場合があると説く見解もあるが，これに対しては，218 条ないし 220 条を不当に拡張解釈するものであるとの批判も強く，多数説は，218 条 1 項・3 項および 220 条 1 項 2 号が定める場合以外の人の撮影は，任意処分に当たる場合でなければ許されないとする。

(b) **比例原則との関係**　強制処分法定主義に照らしての許容性についていかなる立場をとるにせよ，写真・ビデオの撮影が，捜査比例の原則に従って，すなわち，具体的な捜査目的達成のために必要かつ相当と認められる限度で行われなければならないことに変わりはない。また，その前提として，捜査機関が人の撮影を行うには，その「理由（具体的な犯罪の嫌疑および当該犯罪と被写体の関連性を認めるに足りる合理的事情）」の存在が求められることにも注意しなければならない（⇨ 33 頁(3)）。

(c) **判例の立場**　捜査機関による人の容貌・姿態の写真撮影について，最高裁は，次のような判断を示したことがある。

174

第6節　その他の捜査方法

＜判例 1-16＞ 最大判昭和 44・12・24 刑集 23 巻 12 号 1625 頁

【事実】京都府学生自治会連合主催の集団行進集団示威運動において，被告人 X は先頭集団の列外最先頭に立って行進していた。許可条件違反等の違法状況の視察，採証の職務に従事していた巡査 P は，デモの状況を現認して，許可条件違反の事実ありと判断し，違法な行進の状態および違反者を確認するため，歩道上から X の属する集団の先頭部分の行進状況を撮影した。

【判旨】「憲法 13 条は，……国民の私生活上の自由が，警察権等の国家権力の行使に対しても保護されるべきことを規定しているものということができる。そして，個人の私生活上の自由の一つとして，何人も，その承諾なしに，みだりにその容ぼう・姿態（以下「容ぼう等」という。）を撮影されない自由を有するものというべきである。これを肖像権と称するかどうかは別として，少なくとも，警察官が，正当な理由もないのに，個人の容ぼう等を撮影することは，憲法 13 条の趣旨に反し，許されないものといわなければならない。しかしながら，個人の有する右自由も，国家権力の行使から無制限に保護されるわけでなく，公共の福祉のため必要のある場合には相当の制限を受けることは同条の規定に照らして明らかである。そして，犯罪を捜査することは，公共の福祉のため警察に与えられた国家作用の一つであり，警察にはこれを遂行すべき責務があるのであるから（警察法 2 条 1 項参照），警察官が犯罪捜査の必要上写真を撮影する際，その対象の中に犯人のみならず第三者である個人の容ぼう等が含まれても，これが許容される場合がありうるものといわなければならない。

　　そこで，その許容される限度について考察すると，身体の拘束を受けている被疑者の写真撮影を規定した刑訴法 218 条 2 項〔現 3 項〕のような場合のほか，次のような場合には，撮影される本人の同意がなく，また裁判官の令状がなくても，警察官による個人の容ぼう等の撮影が許容されるものと解すべきである。すなわち，現に犯罪が行なわれもしくは行なわれたのち間がないと認められる場合であつて，しかも証拠保全の必要性および緊急性があり，かつその撮影が一般的に許容される限度をこえない相当な方法をもつて行なわれるときである。このような場合に行なわれる警察官による写真撮影は，その対象の中に，犯人の容ぼう等のほか，犯人の身辺または被写体とされた物件の近くにいたためこれを除外できない状況にある第三者である個人の容ぼう等を含むことになつても，憲法 13 条，35 条に違反しないものと解すべきである。」

　また，その後の判例には，速度違反車両の自動撮影を行う自動速度監視装置による運転者の容貌の写真撮影について，現に犯罪が行われている場合になされ，犯罪の性質，態様からいって緊急に証拠保全をする必要性があり，その方法も一般的に許容される限度を超えない相当なものであることを理由として，憲法 13 条に違反しないとしたものもある（最判昭和 61・2・14 刑集 40 巻 1 号 48

頁）。

　これらの判例は，捜査機関によって行われた具体的な写真撮影が「強制の処分」に該当するか否かという問題に触れることなく，①現に犯罪が行われもしくは行われたのち間がないと認められる場合で，②証拠保全の必要性および緊急性があり，③その撮影が一般的に許容される限度を超えない相当な方法をもって行われる場合には，人の容貌・姿態の写真撮影が許されるとした。このことから，一般に，最高裁は，これらの事案における写真撮影は，強制処分には当たらず，したがって，法律の根拠規定がなくても許されるという前提のもとで，その比例原則に照らしての許容性を問題としたものと解されている。

　もっとも，①の事情に関しては，判例が，警察官による人の容貌等の撮影は，「現に犯罪が行なわれもしくは行なわれたのち間がないと認められる」場合のほかは許されないとする趣旨であるか否かについて議論があった。しかし，最決平成20・4・15刑集62巻5号1398頁は，これを明示的に否定したうえで，強盗殺人等事件に関して，捜査機関が，防犯ビデオに写っていた人物の容貌・体型等と被疑者の容貌・体型等の同一性判断に必要な証拠資料を入手するため，公道上またはパチンコ店内の被疑者の容貌等をビデオ撮影したという事案について，捜査機関において被疑者が犯人である疑いを持つ合理的な理由が存在していたものと認められること，通常，人が他人から容貌等を観察されること自体は受忍せざるを得ない場所において行われたこと，捜査目的を達成するため，必要な範囲において，かつ，相当な方法によって行われたものであること等を理由として，ビデオ撮影を適法とした。

　このことからすれば，上記2判例による「現行犯性」ないし「準現行犯性」への言及は，当該事案において対象者の写真撮影を行う「理由（具体的な犯罪の嫌疑および当該犯罪と被写体の関連性）」が十分に認められる根拠を示すために行われたものとみるべきであろう（なお，東京地判平成17・6・2判時1930号174頁は，住宅街における自動車放火事件の被疑者方の玄関ドア付近のビデオ撮影について，事案の重大性およびプライヴァシー侵害を最小限にとどめる方法が採られていることにかんがみれば，被疑者が「罪を犯したと疑うに足りる相当な理由が存在する場合にのみ許されるとするのも厳格に過ぎ」，「罪を犯したと考えられる合理的な理由の存在をもって足りる」とする）。

(2) 当事者録音・同意傍受

(a) **定 義**　通信・会話を傍受・録音する方法のうち，捜査機関が「当事者のいずれの同意も得ないで電気通信の傍受を行う強制の処分」については刑訴法 222 条の 2 が根拠規定を置くが，これに当たらない方法，たとえば，捜査機関が，捜査目的で，通信・会話の一方当事者として自ら，または，通信・会話の一方当事者に依頼して，もしくはその同意・承諾を得て，その相手方に秘密裏に会話を傍受・録音すること（**当事者録音・同意傍受**）や，住居等に録音機等をしかけて，そこで行われた会話を直接秘密裏に傍受・録音すること（**会話の傍受**）については，直接の根拠規定がないため，捜査の一般規範に照らしての許容性が問題とされることになる（⇨ 162 頁**5**）。以下では，このうち，捜査機関による当事者録音・同意傍受の許容性について検討する（なお，私人による当事者録音の適法性について，最決昭和 56・11・20 刑集 35 巻 8 号 797 頁，最決平成 12・7・12 刑集 54 巻 6 号 513 頁参照）。

(b) **強制処分法定主義との関係**　当事者録音・同意傍受についても，やはり，197 条 1 項但書が定める強制処分法定主義に照らしての許否ないし適否が問題となり，ここでも，まずは，具体的な録音・傍受行為が「強制の処分」に当たる場合があるか否か，あるとすればいかなる場合かが検討されなければならない。

　この点につき，強制処分を，相手方の意思に反して行われ，その重要な権利・利益に対する実質的な侵害ないし制約を伴う処分とする有力説（⇨ 39 頁(i) の③説）によれば，話者のプライヴァシー権の主要な要素である会話内容の秘密性は会話の相手方にゆだねられており，当事者録音等はまさしくその相手方がそれを処分するものであるから，完全な意味でのプライヴァシーの侵害はなく（当事者のいずれの同意も得ないで行う傍受・録音の場合と同質・同程度の権利・利益侵害を伴うものとはいえず），いかなる場合にも強制処分には当たらないとされる。この見解によれば，当事者録音等は，法律の根拠規定がなくても行い得ることになる。

(c) **比例原則との関係**　当事者録音・同意傍受は，強制処分に当たらず，法律の根拠規定がなくても行い得るとしても，捜査比例の原則に従って，すなわち，それを行う「理由」があり，具体的な捜査目的の実現のために必要かつ

相当であると認められる限度において行われなければならないことに変わりはない。

この点について，上記有力説は，当事者録音等は，強制処分性を根拠づけるほどではないとしても，相手方のプライヴァシーあるいは会話の自由の侵害・制約を伴うことは否めないため，それを行う「正当な理由」があり，かつ，（たとえば，脅迫電話や警察における被疑者取調べのように）対象となる会話がプライヴァシーをそれほど期待し得ないような状況でなされる場合にのみ例外的に許されるとする。また，下級審裁判例には，当事者による秘密録音は，「相手方のプライバシーないし人格権を多かれ少なかれ侵害すること」は否定できないから，「捜査機関が対話の相手方の知らないうちにその会話を録音すること」は，「原則として違法であり，ただ録音の経緯，内容，目的，必要性，侵害される個人の法益と保護されるべき公共の利益との権衡などを考慮し，具体的状況のもとで相当と認められる限度においてのみ，許容される」とするものもある（千葉地判平成 3・3・29 判時 1384 号 141 頁）。これらの見解・裁判例が，当事者録音等につき，「例外的に許される」，あるいは「原則として違法」とする趣旨は必ずしも明確ではないが，いずれにしても，同処分には個人のプライヴァシーないし人格権の侵害・制約を伴う以上，その理由および必要性・相当性については厳格な判断が要求されることになろう。

2 追跡・監視（尾行・張込み，GPS 捜査等）

（1）尾行・張込み

尾行・張込みとは，人の行動の追跡や動静の監視を，五官の作用によって行うことをいう。尾行・張込みは，捜査（および行政警察活動）の様々な局面で行われるが，刑訴法にはそのような名称の処分に関する規定はないため，強制処分法定主義や比例原則といった一般規範に照らしての許容性が問題となる。

尾行・張込みは，通常，対象者に気づかれないように（すなわち，対象者の同意・承諾を得ることなく）行われるが，少なくとも公道上にいる者を対象として実施される場合には，任意処分に当たり，「特別の定」がなくても行い得るものとされる。その理由は，おそらく，公道上にいる者は，住居内にいる人と同様にプライヴァシーを正当に期待ないし主張できる立場にはないという点に求

められるものと考えられる（もっとも，長期間の継続的な追跡・監視が行われる場合にもそういえるかについては，議論があり得る）。もちろん，尾行や張込みも，「正当な理由」があり（恣意的に対象者を選び出し，何か犯罪に関する情報はないか一般的・渉猟的に探索するような尾行・張込みは許されない。⇨ 33 頁 (3)），必要性，緊急性等も考慮した上，具体的状況のもとで相当と認められる限度で行われなければならないことに変わりはない（東京地判平成 18・6・29 刑集 66 巻 12 号 1627 頁参照）。なお，尾行・張込みに伴い，対象者の容ぼう・姿態等の写真・ビデオ撮影が行われることがあるが，その許容性については，⇨ 173 頁 (1)。

(2) 電子機器を用いた追跡・監視——いわゆる GPS 捜査を中心に

では，捜査機関は，人や物の追跡・監視を行う際に，ビーパー（小型電波発信機）や GPS（衛星利用測位システム）等の技術を用いることができるか。これらの技術は，人や物の公道上での移動経路の把握のために用いられる限りでは，尾行・張込みの補助手段にすぎず，対象者の容ぼう等の撮影等を伴わないのであれば，プライヴァシーの侵害はむしろ少ないとさえいえる。しかしながら，対象となる物や使用される装置によっては，人の住居等の内部にまで追跡・監視が及ぶ可能性がある点や，失尾のおそれを低減し，少ない労力で長期に渡る継続的な追跡・監視を可能とし，また，そのようにして得られた情報の蓄積により人の行動や性向等の分析（プロファイリング）が可能となる点等において，とくにプライヴァシー保護との関係で緊張関係を孕む。

このうち，車両に秘かに GPS 端末を取り付けてその位置情報を検索し把握する捜査手法の現行法上の許容性について，下級審の判断は分かれていたが，最高裁は，平成 29 年大法廷判決（⇨ 42 頁 判例 1-2 ）においてこれを否定した。すなわち，GPS 捜査は，「個人のプライバシーが強く保護されるべき場所や空間に関わるものも含めて，対象車両及びその使用者の所在と移動状況を逐一把握すること」を可能とし，「個人の行動を継続的，網羅的に把握することを必然的に伴うから，個人のプライバシーを侵害し得」，また，「そのような侵害を可能とする機器を個人の所持品に秘かに装着することによって行う点において，……公権力による私的領域への侵入を伴う」ことから，「合理的に推認される個人の意思に反してその私的領域に侵入する捜査手法」として強制処分に当た

第1章 捜 査

り，また，「〔刑訴法が〕規定する令状を発付することには疑義がある」とした
のである。もっとも，同判例は，あくまで車両にGPS端末を装着して位置情
報の検索・把握を行う「装着型」のGPS捜査に関するものであり，その射程
が，（GPSを用いたとしても）人の行動把握につながらない所持品等の位置情報
の検索・把握や，端末取付けを伴わない携帯電話等の位置情報の取得，ドロー
ン等を利用した追跡や撮影等にどの程度及ぶかについては別途検討を要しよう。

3 おとり捜査，泳がせ捜査

(1) おとり捜査

(a) 定 義 「おとり捜査」は，法令上の用語ではない。したがって，そ
の定義も，その問題性をどこに求めるかに応じて変わり得るが，一般的には，
最高裁が ◀判例 1-17▶ （⇨ 182頁）において示したように，「捜査機関又はその
依頼を受けた捜査協力者が，その身分や意図を相手方に秘して犯罪を実行する
ように働き掛け，相手方がこれに応じて犯罪の実行に出たところで現行犯逮捕
等により検挙する」捜査手法とされる。

(b) 二分説とおとり捜査の手続的問題性 おとり捜査に関しては，従来，
これを**犯意誘発型**と**機会提供型**に分類し，前者は不当ないし違法であるが，後
者であれば許容されるとする**二分説**が有力であった。

しかし，このように，おとり捜査が行われた時点で対象者に当該犯罪を行う
意思があったか否かによってその許容性を判断すること（そのため，二分説は**主
観説**ともよばれる）については，その判断それ自体の困難性のほか，被告人の犯
罪性向の有無を争うためにその過去の評判や前歴が争点となるなど，将来の公
判審理の混乱を招く等の問題も指摘される。また，機会提供型であっても，お
とり行為の客観的態様も考慮して，捜査官の異常・執拗なはたらきかけがあっ
たような場合には，おとり捜査は違法とされる場合があるのではないかとの疑
問も提示されるようになる。そのため，最近では，おとり捜査の許容性は，捜
査比例の原則（⇨ 35頁(1)）に照らして判断されるべきであり，具体的な事案に
おいてその必要性ないし相当性を欠くならば，機会提供型であっても許されな
い場合がある（反対に，必要性および相当性が認められるのであれば，犯意誘発型で
あっても許される場合があり得る）とする**客観説**が有力となっている。

180

しかしながら，二分説（主観説）と客観説は，その基本的な問題関心を異にしていることに注意しなければならない。すなわち，客観説は，捜査機関等が，「おとり行為」を行うこと，すなわち，身分や意図を秘して相手方に犯罪を実行するようにはたらきかけることが，捜査法に照らして許されるか否か，許されるとすればいかなる場合かを問題とするのに対して，二分説（主観説）は，「おとり行為」それ自体の許容性ではなく，むしろ，それによって国家が自ら惹き起こした「犯罪」を理由として対象者を訴追ないし処罰することが許される場合があるか，あるとすればいかなる場合かを問題としてきたのである。そこで，以下ではこの2つの問題を区別して論ずることにしたい。

(c) **捜査法に照らしてのおとり捜査の許容性** (i) **強制処分法定主義との関係** おとり捜査に関しては，まず，刑訴法197条1項但書に照らしての許容性が問題とされる。すなわち，①おとり捜査が「強制の処分」に当たる場合があるか，あるとすればいかなる場合か，そして，②法律の根拠規定が存在するか否かが問題となる。

まず，②の問題については，麻薬及び向精神薬取締法58条，あへん法45条，銃砲刀剣類所持等取締法27条の3が，麻薬取締官や警察官等は，一定の法禁物に関する犯罪の捜査にあたり，厚生労働大臣や都道府県公安委員会の許可を受けて法禁物の譲受け等をすることができる旨の定めを置いており，これをおとり捜査の根拠規定とみる見解もある。しかし，これらの規定は，麻薬取締官や警察官等が，捜査にあたり，許可を受けて法禁物の譲受け等を行ったとしても罪に問われない旨定めるものであるにとどまり，これらの主体におとり捜査権限を付与するものではないというべきであろう。したがって，現行法上，おとり捜査に関する「特別の定」は存在しないといってよく，おとり捜査が「強制の処分」に当たる場合があるとすれば，現行法上，これを行うことは許されないことになる。

そこで，①の問題についてみてみると，犯意誘発型のおとり捜査については，その対象者の「不適正な手続によって被疑者として取り扱われることのない人格的な権利・利益」を実質的に侵害・危殆化する行為として任意捜査の限界を超える場合もあり得るとする見解もある。しかし，通説は，犯意誘発型であっても，強制・脅迫等の手段を用いないかぎり，対象者の（当該犯罪を行うか否か

第1章 捜　査

の）意思の自由は確保されており，また，対象者は犯罪が禁止されることを理解している以上，意思決定に必要な最低限の基盤は与えられているので，「人格的自律権」が侵害されたとすることはできないとする。通説によれば，おとり捜査は，強制・脅迫等の手段が用いられる場合以外は，任意捜査として，法律の根拠規定がなくても許容されることになる。

　(ii)　**比例原則との関係**　　いずれにしても，おとり捜査は，これを行う「理由」があることを前提として（⇨33頁(3)），捜査比例の原則に従って，すなわち，具体的な捜査目的達成のために必要かつ相当な範囲で行われなければならないことに変わりはない。

　もっとも，おとり捜査は，上述のように，通説によれば，強制・脅迫等の手段が用いられないかぎり，（相当性判断において通常考慮に入れられる）対象者個人の権利・利益の侵害・制約を伴わないものとされる。そこで，比例原則に照らしての許容性を判断するにあたっては，いかなる事情を考慮に入れるべきかが問題となるが，この点について，最近では，おとり捜査については，ⓐ国家が犯罪を創出し，その被害を生ぜしめる（刑事実体法によって保護される法益が侵害される）可能性があり，また，ⓑ刑事司法制度の基礎をなす，捜査の公正さを侵害するおそれがあるという弊害を伴い得るので，これらの「弊害」を考慮に入れてもなおこの捜査手法を採るべき特別の事情が認められる場合にはじめて許容されるとする見解が有力となっている（もっとも，ⓐの点は，おとり捜査に固有の問題というよりも，むしろ，将来犯罪の捜査の問題の一環として位置づけられよう。⇨34頁 Column 1-3 ）。

　(iii)　**判例の立場**　　判例は，おとり捜査の捜査法上の許容性に関して，次のような判断を示した。

> 判例 1-17 **最決平成 16・7・12 刑集 58 巻 5 号 333 頁**
> 【事実】麻薬取締官 P は，捜査協力者 A から，X が大麻樹脂の買い手を紹介して欲しいと電話で依頼してきた旨の情報を得て，おとり捜査を行うことにし，新大阪駅付近のホテルの一室で A から買い手として紹介を受けたうえで，X に何が売買できるかを尋ねた。X は，今日は持参していないが東京に来れば大麻樹脂を売ることができる旨回答したため，P は X が大阪に持ってくれば大麻樹脂 2 kg を買い受ける意向を示した。これに応じた X が，翌日，大麻樹脂を運び役に持たせて同ホテルに運び入れたため，P はあらかじめ発付を受けて

182

いた捜索差押許可状により捜索を行い，Xを現行犯逮捕した。

【決定要旨】「おとり捜査は，捜査機関又はその依頼を受けた捜査協力者が，その身分や意図を相手方に秘して犯罪を実行するように働き掛け，相手方がこれに応じて犯罪の実行に出たところで現行犯逮捕等により検挙するものであるが，少なくとも，①直接の被害者がいない薬物犯罪等の捜査において，②通常の捜査方法のみでは当該犯罪の摘発が困難である場合に，③機会があれば犯罪を行う意思があると疑われる者を対象におとり捜査を行うことは，刑訴法197条1項に基づく任意捜査として許容されるものと解すべきである。〔①～③は引用者〕」

　本判例がおとり捜査の許容性を認めるために示した3要件のうち，①は，おとり捜査の対象犯罪に関するものであるが，「直接の被害者がいない薬物犯罪等」は，一般に，密行的に行われ，捜査の端緒がつかみにくいという意味で，おとり捜査の「必要性」を根拠づける事情であると同時に，この種の犯罪については国家がそれを惹起したとしても個人に被害を生ぜしめるおそれがないという意味で，その「相当性」を根拠づける事情であるともいうことができよう。また，②は，おとり捜査の補充性に関する判示として理解できるが，このことを①の事情とは別個に指摘していることからすれば，「直接の被害者がいない薬物犯罪等」であっても，具体的状況によっては「通常の捜査方法のみでは当該犯罪の摘発が困難である」とはいえず，おとり捜査が違法と評価される場合があり得ることを示唆するものといえよう（なお，最決平成8・10・18 LEX/DB 28080113に付された大野正男・尾崎行信裁判官の反対意見は，「人を犯罪に誘い込んだおとり捜査は，正義の実現を指向する司法の廉潔性に反するものとして，特別の必要性がない限り許されないと解すべき」であり，「その必要性については，具体的な事件の捜査のために必要か否かを検討すべきものであって，……ある特定の犯罪類型について一般にその捜査が困難であることを理由としてその必要性を肯定すべきではない」とする）。③は，おとり捜査の対象者に関する判示であるが，少なくとも「機会があれば犯罪を行う意思があると疑われる者」を対象とする場合には，同捜査を行う「理由」があり（もっとも，犯意誘発型の場合に「理由」の存在が認められる可能性を排除する趣旨ではなかろう），対象者を恣意的に選び出したことにはならないということを考慮したものと解されよう（⇨33頁**(3)**）。

(d) 違法なおとり捜査が行われた場合の刑事手続上の帰結　　（捜査法に照ら

第1章 捜　査

して）違法なおとり捜査がなされた場合に，その実質的な問題性が，ⓐ国家が犯罪を創り出し，被害またはその危険を発生させること，または，ⓑ捜査の公正さを侵害することに求められるとすれば，その違法性の内容によって，対象者の訴追ないし処罰の違法・不当を直接根拠づけることはできないというべきであろう。したがって，違法なおとり捜査に対しては，将来の違法捜査抑止や司法の廉潔性保持等を理由とする違法収集証拠排除（⇨ 416頁**第4節**）あるいは手続打切り（⇨ 277頁(c)）等の（多かれ少なかれ相対的・政策的な意味合いを持つ）措置によって対処することになろう。

(e) **おとり行為によって惹起された犯罪を理由とする処分の許容性**　おとり捜査については，(c)の問題とは別個に，国家が，自ら惹起した「犯罪」を理由として対象者を訴追ないし処罰することが許される場合があるか，あるとすればいかなる場合かも問題とされる。この点に関して，二分説は，機会提供型のおとり捜査の場合には，それによって惹き起こされた犯罪を理由としてその対象者を訴追ないし処罰することは許されるとしても，犯意誘発型のおとり捜査により創出された犯罪を理由とする訴追ないし処罰は許されないとする。二分説においても，犯意誘発型のおとり捜査がなされた場合の法的帰結については，無罪説，免訴説，公訴棄却説，違法収集証拠排除説が対立する。

しかし，これに対しては，対象者は，自由な意思により犯罪を実行している以上，犯意誘発型であっても，おとりが強制・脅迫等の手段を用いたような場合以外は，訴追ないし処罰されるべきであるとする見解もある。判例も，「他人の誘惑により犯意を生じ又はこれを強化された者が犯罪を実行した場合に，……その他人である誘惑者が一私人でなく，捜査機関であるとの一事を以てその犯罪実行者の犯罪構成要件該当性又は責任性若しくは違法性を阻却し又は公訴提起の手続規定に違反し若しくは公訴権を消滅せしめるものとすることのできないこと多言を要しない」とする（最決昭和28・3・5刑集7巻3号482頁）。

(2)　泳がせ捜査──コントロールド・デリヴァリーを中心に

(a) **定義および問題性**　泳がせ捜査とは，一定の人や物について，犯罪に関係することを知りながらあえて放置し，その動静を追跡・監視し，情報を収集する捜査手法をいう。泳がせ捜査は，対象となる人や物の（場合によっては，

184

ビーパーや GPS 等の機器を用いた）追跡・監視を伴うため，まず，その許容性が問題となる（⇨ 178 頁**2**）。さらに，その結果新たな犯罪や被害が発生する可能性がある場合には，監視の下とはいえそれをあえて放置する点において，将来犯罪の捜査と同様の問題を孕む（⇨ 34 頁 **Column 1-3**）。泳がせ捜査は様々な方法ないし局面で行われ得るが，ここでは，その例として，コントロールド・デリヴァリー（CD）をとりあげる。

(b) **コントロールド・デリヴァリー**　コントロールド・デリヴァリー（**CD**）とは，捜査機関が，薬物や拳銃等の禁制品の存在を把握しながらも，直ちにその所持者や輸入者を検挙することなく，そのまま追跡・監視を続け，その禁制品の届け先を確認したうえで，一網打尽に関係者を検挙する捜査手法をいう。**監視つき移転**ともよばれ，本物の禁制品をそのまま運搬させるライブ CD と他の無害物品と入れ替えて運搬させるクリーン CD に分類される。

　関連規定として，ⓐ麻薬特例法 3 条および 4 条は，入国審査官および税関長に対し，捜査機関から通報・要請があり，規制薬物の散逸等を防止するための十分な監視体制が確保されていると認められる場合に，規制薬物の不法所持者の上陸または麻薬類の輸入を許可することを認めており，また，ⓑ同法 8 条は，薬物犯罪を犯す意思での「規制薬物として」の物品の輸出入・譲渡・譲受け・所持を処罰する規定を置いている（銃砲刀剣類所持等取締法 31 条の 17 にも同様の規定がある）。ⓐはライブ CD を行うことを可能にするための入国管理・税関手続の特例を定めるものであり，ⓑはクリーン CD が行われた場合に，対象者を処罰することを可能にする規定である。

　CD は，対象物の開披，そして，追跡・監視を伴うため，その許容性が問題となる（⇨ 178 頁**2**）。さらに，ライブ CD の場合は，禁制品の存在を知りながらあえてこれを移転させることから，新たな犯罪や被害が生じるおそれがあるが，クリーン CD の場合は基本的にこの問題は生じず，ライブ CD の場合でも十分な監視体制が確保されていれば問題なかろう。また，捜査機関が放置したため発生した犯罪を理由として関係者を検挙する点において手続的正義の見地からの許容性も問われ得るが，CD の場合は，おとり捜査と異なり，捜査機関の側から犯人に何らかの働きかけが行われるわけではないため問題は比較的小さいといえよう（前掲東京地判平成 18・6・29。⇨ 34 頁 **Column 1-3**）。

第1章 捜 査

第7節　被疑者の防御

1 起訴前段階における被疑者の防御活動

(1) 被疑者の防御活動の意義

　捜査機関が捜査を行っている間，嫌疑の対象とされている被疑者は，捜査の
「客体」（とくに取調べにより供述を引き出すべき対象）という立場に甘んじなけれ
ばならないものではない。被疑者は「犯人」ではなく，捜査機関と対等かつ独
立の存在として，むしろその「主体」的地位を尊重されなければならない。そ
のような「主体」性の確保のためには，被疑者に対し種々の権利を保障し，
様々な防御活動を行う機会を与えることが不可欠である。

　被疑者の権利保障，防御活動の機会の必要性は，実際的な観点からも認めら
れる。被疑者は捜査の対象とされることで，様々な負担を被る。とりわけ身体
拘束された場合の負担は多大である。それゆえ被疑者にとっては，身体拘束か
ら，また刑事手続そのものから —— できるかぎり早期に —— 解放されるべく，
種々の権利を行使し，防御活動を行う機会を持つことが重要となる。

　刑事手続からの解放はまた，将来の処罰の危険からの解放をも意味する。そ
して，この点において，起訴前段階での解放 —— すなわち不起訴処分 —— は，わ
が国の刑事裁判の実情に照らせば極めて大きな意味を有している。わが国では，
検察官が，その広範な起訴猶予権限（⇨212頁(1)）を行使し，起訴する事件を
高度の嫌疑の認められるものに絞り込む結果，公判においては極めて高い確率
で有罪判決が言い渡されている。そのため，起訴前段階で有効な防御活動を行
い，事件を不起訴に持ち込むことができるかどうかが，処罰の回避を望む被疑
者にとって重大な関心事となる。

　また，起訴された場合においても，起訴前段階の防御活動・準備活動のあり
様が，公判審理での被告人の防御活動の実効性を大きく左右する。検察官の立
証に対抗するためには，公判段階になってはじめて防御策を講じるのではもは
や手遅れだということも少なくない。このことは，近年，公判の継続審理・集
中審理化（⇨307頁(2)）が進むにつれ，一層強く妥当するようになっている。

186

第7節　被疑者の防御

公判が連日行われれば，その間に十分な防御準備を行うことは極めて困難だからである。起訴後公判前の段階においても被告人側の防御準備の機会はあるが，実質的な準備活動はそれ以前の段階から十分に行われていることが望ましい。

(2) 被疑者の権利・防御活動の種類

　被疑者に保障される権利のうち，最も基本的なものとして**黙秘権**（⇨ 19 頁(2)）がある。供述を強要されないことは，被疑者の「主体」的地位の尊重という理念の実現の基礎をなすとともに，現実にも，取調べ等における捜査機関による追及から自らを守るための防御手段として重要な意義を有する。

　次に，個々の捜査処分に対して対応策を講じることも考えられる。身体拘束処分については，被疑者の勾留の裁判に対する**準抗告**や，勾留理由開示請求，勾留取消請求が認められている（⇨ 83 頁(4)(5)，84 頁(6)）。捜査機関の接見指定処分（⇨ 194 頁(3)）に対する準抗告も可能である。証拠の収集・保全に関する処分については，押収等に対する準抗告，押収物還付請求などがある。

　より積極的・能動的な防御活動，たとえば被疑者に有利な証拠の収集等の活動もあり得る。もっとも，被疑者側は，任意的な方法での証拠収集は行えるものの，捜査機関のように自ら捜索・押収等の強制処分を行って証拠を収集・保全する権限を有しない。その代わり，被疑者（およびその弁護人）は，「あらかじめ証拠を保全しておかなければその証拠を使用することが困難な事情がある」とき，裁判官に，押収，捜索，検証，証人尋問，鑑定の処分を請求することができる（179 条。なお，起訴後第 1 回公判期日前の被告人も同様の請求ができる）。これを**証拠保全請求**という。

　以上のような諸活動は，しかし，被疑者が単独で行うことが容易でない場合も少なくない。そこで，法律の専門家である**弁護人を依頼し，その援助を受ける権利（弁護権）**を保障することが，実効的な防御のために重要となる。

2 弁護人の援助を受ける権利（弁護権）

(1) 被疑者の弁護権の意義

　憲法 34 条は被抑留・拘禁者に対して弁護人依頼権を，37 条 3 項は被告人に対して弁護人依頼権および国選弁護を保障した（⇨ 22 頁(a)）。したがって，憲

第1章 捜 査

法はその明文上，身体拘束されない被疑者の弁護人依頼権（私選弁護）とすべての被疑者の国選弁護については立法にゆだねた（ただし，学説には，憲法34条の〔身体拘束される被疑者の〕弁護人依頼権に国選弁護も含まれるとか，37条3項が被疑者にも適用されるなどと解して，被疑者国選弁護は憲法上の要請だとする見解もある）ところ，刑訴法は，身体拘束されない被疑者も含めすべての被疑者・被告人に対して「何時でも弁護人を選任する」権利（**私選弁護**）を保障し（30条1項），また，被疑者の国選弁護についてはかつてはこれを認めていなかった（36条参照）が，2004（平成16）年の刑訴法改正により，一定の重大事件における勾留段階の**被疑者の国選弁護**を認めた（37条の2以下。その後，2016〔平成28〕年改正により，重大事件への限定は撤廃された）。

前述の通り，被疑者自身，種々の防御権・防御活動の機会を保障されているが，通常，被疑者は法律的知識に乏しく，また被疑者とされたことで心理的動揺を来す場合も少なくないから，独力で適切かつ十分な防御活動を行うことは容易ではない。とりわけ身体拘束されている場合には，積極的・能動的な行動は極めて困難である。他方，捜査機関に被疑者に有利な方向での捜査をも行うことを期待するのは現実的ではない。裁判官に後見的役割を期待することにも，その第三者性，受動的性格にかんがみれば限界がある。そこで，被疑者の補助者・援助者として行動する法律専門家たる弁護人を選任し，その援助を受ける機会を保障することが，有効な防御活動の実現，被疑者の権利利益の擁護のためには不可欠となる。とりわけ身体拘束中の被疑者にとっては，外界との連絡役・外界における被疑者の代理人として，弁護人の存在は極めて重要である。

このような趣旨からすれば，憲法および刑訴法の保障する，弁護人を「依頼する」権利，「選任する」権利とは，単に「依頼」「選任」するだけでなく，依頼・選任した弁護人から**実質的な援助を受ける権利**をも含むものと解すべきである。判例もこれと同様の趣旨のことを述べている（最大判平成11・3・24＝ ◆**判例 1-18**〔⇨195頁〕判旨(ⅰ)）。

(2) 弁護人の選任

(a) **私選弁護人**　被疑者は，何時でも弁護人を選任することができる（30条1項）。被疑者の法定代理人，保佐人，配偶者，直系の親族および兄弟姉妹も，

188

第7節　被疑者の防御

独立して弁護人を選任できる（同条2項）。

　また，弁護人を選任しようとする被疑者は，弁護士会に対し，弁護人の選任の申出をすることができる（31条の2第1項）。この申出を受けた弁護士会は，速やかに所属弁護士の中から弁護人となろうとする者を紹介しなければならず（同条2項），弁護人となろうとする者がないとき，または紹介した弁護士が被疑者がした選任の申込みを拒んだときは，その旨を被疑者に通知しなければならない（同条3項）。また，逮捕または勾留された被疑者は，裁判官または刑事施設の長もしくはその代理者に，弁護士，弁護士法人または弁護士会を指定して弁護人の選任の申出をすることができる（207条1項・209条・211条・216条・78条1項）。この申出を受けた裁判官等は，直ちに被疑者の指定した弁護士等にその旨を通知しなければならない（78条2項）。

　選任の方法については，起訴後と異なり明文はないが，起訴前にした選任が起訴後も効力を有するためには，弁護人と連署した弁護人選任届を，当該被疑事件を取り扱う検察官または司法警察員に差し出しておかなければならない（規17条）。弁護人として選任され得るのは，弁護士である（31条1項）。起訴後と異なり特別弁護人（同条2項参照）の制度はない（最決平成5・10・19刑集47巻8号67頁）。被疑者の弁護人の数は，原則として3名までであるが，特別の事情があればそれを超える数が許可されることもある（規27条。最決平成24・5・10刑集66巻7号663頁参照）。

　(b)　**国選弁護人**　　被疑者国選弁護人の選任は，①請求による場合と②職権による場合とがある。①は，被疑者に対して勾留状が発せられている場合に，被疑者が貧困その他の事由により弁護人を選任することができないとき，その請求により（なお，この請求は勾留請求があった時点から行える），裁判官が弁護人を付さなければならないというものである（37条の2。なお，このほか，即決裁判手続〔⇨504頁**2**〕によることについて同意するかどうかの確認を求められた被疑者がこれを明らかにしようとする場合に，貧困その他の事由により弁護人を選任することができないときにも，被疑者の請求により，裁判官が弁護人を付さなければならない。350条の17）。請求をするには，資力申告書の提出が求められるほか，資力が基準額以上である被疑者については，あらかじめ弁護士会への選任申出（31条の2第1項。⇨(a)）を行っていること（私選弁護人選任申出の前置）が要求される

189

第1章 捜 査

（37条の3）。次に②は，被疑者に勾留状が発せられ，弁護人がない場合に，精神上の障害その他の事由により弁護人を必要とするかどうかを判断することが困難である疑いのある被疑者について必要があると認めるとき，裁判官が職権で弁護人を付することができるというものである（37条の4）。

　国選弁護人として選任され得るのは，弁護士である（38条）。人数は原則として1人であるが，死刑または無期の懲役・禁錮に当たる事件については，とくに必要があると認めるときは，裁判官が職権でさらに弁護人1人を付することができる（37条の5）。

　国選弁護人の選任の効力は，被疑者がその選任に係る事件について釈放されたとき（勾留の執行停止による場合を除く）に失われる（38条の2）。また，所定の解任事由（38条の3第1項参照）──①私選弁護人の選任その他の事由により弁護人を付する必要がなくなったとき，②被疑者と弁護人との利益が相反する状況にあり，弁護人にその職務を継続させることが相当でないとき，③心身の故障その他の事由により弁護人が職務を行うことができず，またはそれが困難となったとき，④弁護人がその任務に著しく反したことによりその職務を継続させることが相当でないとき，⑤弁護人に対する暴行・脅迫その他の被疑者の帰責事由により弁護人にその職務を継続させることが相当でないとき──のいずれかに該当すると認められるときには，裁判官が国選弁護人を解任することができる（同条4項）。解任するにはあらかじめ弁護人の意見を聴かなければならず，また被疑者の権利を不当に制限することがないようにしなければならない（同条2項・3項）。

> **Column 1-22** **当番弁護士制度と被疑者国選弁護制度**
>
> 　2004（平成16）年改正以前の刑訴法は，被疑者に国選弁護を保障していなかった。しかし，起訴前弁護（とりわけ身体拘束中の被疑者のそれ）を純然たる私選弁護のみにゆだねることには問題があり，個人的に弁護士へのアクセスを有しない被疑者に対しても充実した起訴前弁護を提供する必要性は，多くの論者とくに刑事弁護実務家によって認識されていた。そして，被疑者国選弁護制度がない中で，起訴前弁護の充実のために様々な運用努力が続けられてきたが，そのうち最も特筆すべきものは，各弁護士会による**当番弁護士制度**である。平成2年以降に始まったこの制度のもとでは，事前に当番表で割り当てられた担当日に弁護士が事務所に待機し（待機制），または前もって名簿に登録されている弁護士が登録順に従い（名簿制），逮捕・勾留された被疑者やその親族からの弁護士会への面会依頼に応じて直ちに警察署等へ出向いて被疑者と接見し，

190

助言・援助を行うとされる。また初回の接見は無料であり，その後私選弁護人として受任する。

しかし，このような形での対処には自ずと限界があり，被疑者弁護を公的制度として整備するとともに公的資金を投入する必要があるとの議論は根強かった。そうした中，2001（平成13）年に至り，一連の司法制度改革の一環として，司法制度改革審議会が，刑事裁判の充実・迅速化の必要性にも関連づけつつ，被疑者に対する**公的弁護制度**を導入し，被疑者段階と被告人段階とを通じ一貫した弁護体制を整備すべきである旨の提言を行った。これを受けて，2004（平成16）年の刑訴法改正により，勾留段階の被疑者に対する国選弁護制度が導入され，2006（平成18）年10月から施行された。当初は，この制度の適用は，死刑または無期もしくは短期1年以上の懲役・禁錮に当たる事件に限定されていたが，後に長期3年を超える懲役・禁錮に当たる事件にまで拡大され，さらに2016（平成28）年改正によりすべての事件に及ぶこととなった。

ただし，逮捕段階の被疑者には適用がないから，それについては，今後も当番弁護士制度等による対応が必要となる。

3 身体拘束中の被疑者の接見交通権

身体拘束中の被疑者は，前述の種々の防御活動を自ら実効的に行うのが困難であることも少なくない。そこで重要となるのが，被疑者が外部の者と連絡をとる機会，とりわけ直接会う（面会する）機会の保障である。この，身体拘束中の被疑者が外部者と直接面会することをとくに**接見**といい，そのほか書類や物の授受を含めた外部との連絡手段全体を指して**接見交通**という。接見交通の機会の保障はまた，独り身体拘束下に置かれた被疑者の精神の安定を図るための手段としても重要な意義を有する。要するに，接見交通は，被疑者が精神的支援を受けるとともに，法的な助言・支援を得て，十分な防御活動を行うための不可欠の「窓」である。無論，接見交通も，身体拘束の目的——逃亡・罪証隠滅の防止——を妨げるべきではないから，その点で一定の制限に服する（39条2項・81条等参照）が，そうした目的を害しないかぎり，接見交通の機会は最大限保障されなければならない。

被疑者の接見交通について，刑訴法は，被疑者の弁護人（なお，ここで「弁護人」とは，既に被疑者の弁護人として選任された者のほか，選任権者の依頼により弁護人となろうとする者〔39条1項参照〕をも含む。以下本節において同じ）とのそれと，

第1章　捜　査

弁護人以外の者とのそれとに大別し，前者については，弁護人の役割の重要性にかんがみ，より手厚い保護を与えている。

(1)　弁護人以外の者との接見交通

勾留されている被疑者は，弁護人以外の者と法令の範囲内で接見し，または書類・物の授受をすることができる（207条1項・80条）。明文上，その主体は勾留中の者に限られているが，逮捕された被疑者が弁護人以外の者との接見交通をおよそ許されないとまではいえないであろう。

弁護人以外の者との接見交通は，「法令の範囲内で」認められる。それゆえ，たとえば面会について，刑事施設職員の立会いや録音・録画，面会の一時停止や終了，面会の人数・場所・日時・時間・回数等の制限といった規制がなされ得る（刑事収容116条・117条・118条5項・218条・219条・220条5項）。

弁護人以外の者との接見交通については，**接見禁止**や，書類・物の授受の禁止・差押え・検閲の措置がなされ得る（ただし，糧食の授受の禁止・差押えはできない）。これらは，被疑者が逃亡し，または罪証を隠滅すると疑うに足りる相当な理由があるときに，検察官の請求により，または職権で，裁判官が行うことができる（207条1項・81条。なお，これに不服があるときは準抗告〔429条〕で争える）。接見禁止は，弁護人以外の者との面会を一切許さない措置であり（なお，対象者は弁護人以外の者すべてとされることが通常であるが，一部の範囲の者に限って接見禁止することも可能である），後述の弁護人との接見に関して捜査機関が行う接見指定（⇨194頁(3)）とは異なる。

(2)　弁護人との接見交通

身体の拘束を受けている被疑者は，弁護人と立会人なくして接見し，または書類・物の授受をすることができる（39条1項）。その主体には，身体拘束中のすべての被疑者が含まれる。「立会人なくして」の接見が保障されている点を捉えて，この権利は**秘密交通権**とよばれる。捜査機関はもとより，刑事施設等の職員も，被疑者・弁護人の意に反して接見に立ち会うことは許されない（なお，福岡高判平成23・7・1判時2127号9頁は，同項はさらに，接見終了後においても接見内容を知られない権利を保障したものだとする）。また，弁護人以外の者と

第7節　被疑者の防御

の接見におけるような接見禁止や書類・物の授受の禁止・差押え・検閲の措置はここではなされ得ず（81条参照），この点を捉えて**自由交通権**とよぶこともある（ただし，後述の接見指定の制度がある）。なお，法令で，被疑者の逃亡，罪証隠滅，または戒護に支障のある物の授受を防ぐために必要な措置を規定できるとされ（39条2項），これに基づき，たとえば，被疑者が裁判所構内にいる場合に，裁判所が弁護人との接見の日時・場所・時間を指定し，または書類・物の授受を禁止することができる旨の規定（規30条）や，面会の一時停止や終了，面会の日や時間帯の制限，面会の人数や場所の制限を認める規定（刑事収容117条・118条・219条・220条）が設けられている。

　弁護人との接見交通権の保障は憲法の要請か。憲法34条は，身体拘束される者に対し，「弁護人に依頼する」権利を保障している。前述の通り，この弁護人依頼権には，弁護人から実質的な援助を受ける権利が含まれる（⇨187頁(1)）。そして，弁護人との接見交通の機会を保障されることは，「実質的な援助」を受けるための不可欠の前提であるといってよい。したがって，憲法34条は，身体拘束される者に対し，弁護人との接見交通権をも保障しているものと解すべきである。判例は，刑訴法39条1項の接見交通権は「憲法の保障に由来する」という微妙な表現をしている（⇨195頁 判例 1-18 判旨(ⅱ)）が，これは接見交通権が憲法34条の保障内容に含まれることを否定する趣旨ではないであろう。

Column 1-23　**面 会 接 見**

　身体拘束中の被疑者には，弁護人との間での「自由」かつ「秘密」の接見交通の権利が保障される。しかし，判例（最判平成17・4・19民集59巻3号563頁）によれば，被疑者と弁護人との接見にも，被疑者の逃亡・罪証隠滅や戒護上の支障発生の防止の観点からの制約があるから，たとえば検察庁に待機中の被疑者との接見を弁護人が申し出た場合に，立会人なしの接見を認めても被疑者の逃亡・罪証隠滅や戒護上の支障発生を防止できるような設備のある部屋等が検察庁舎内に存在しない場合には，検察官が接見を拒否することも許される。そして，そうした理由による接見拒否にもかかわらず，弁護人がなお即時の接見を求め，その必要性が認められる場合には，検察官は，「秘密交通権が十分に保障されないような態様」（たとえば立会人のいる部屋で）の短時間の接見（これを「**面会接見**」という）でもよいか弁護人の意向を確かめ，異存がなければそのような面会接見ができるよう特別の配慮をすべき義務を負う。

193

第1章 捜　査

(3)　接 見 指 定

(a)　接見指定制度の意義
身体拘束中の被疑者と弁護人との接見交通については，捜査機関による**接見指定**という形での制約があり得る。すなわち，「検察官，検察事務官又は司法警察職員……は，捜査のため必要があるときは，公訴の提起前に限り，第1項の接見又は授受に関し，その日時，場所及び時間を指定することができる」（39条3項本文）。たとえば，被疑者が収容されている施設に対して弁護人から被疑者との接見の申出がなされた場合に，捜査機関は，全面的に接見を拒むことは許されないが，一定の要件を満たせば，直ちにその申出通りに接見させることはせずに，接見の日時等を指定することができるのである。刑訴法がこのような規定を置いたのは，被疑者の防御にとって重要な接見交通権といえども全く無制約というわけではなく，捜査権の行使との間での「合理的な調整」が必要だと考えられるためである（⇨ 判例 1-18 ）。

なお，接見指定の処分に対して不服がある者は，準抗告（430条）の手続によってこれを争うことができる。また，違法な接見指定処分・接見制限などの接見交通権の侵害に対して，国家賠償請求の形で争われることも多い。さらに，接見交通権が侵害された中でなされた被疑者の供述の証拠能力が，後の公判で問題になる場合もある。

(b)　接見指定制度の合憲性
39条3項は憲法に反しないか。とりわけ憲法34条との関係が問題となる。同条は接見交通権の保障をも含んでおり，刑訴法39条3項はこれを制約するものであるから違憲だとする見解もある。しかし，接見交通権が憲法34条の保障内容であるとしても，そこから，接見交通権が何らの制約も受けないことが当然に帰結されるわけではない。一般論としては，実質的な援助の機会の保障という憲法34条の目的を害さないかぎり，捜査上の利益との調整・衡量という観点から，接見交通権に対する一定の制約を認めることは，憲法上十分可能であると思われる。 判例 1-18 も，憲法34条に「由来」する接見交通権といえども捜査権との「合理的な調整」には服するとしている（**判旨**(ii)(iii)）。もっとも，ここでいう捜査上の利益として，過度に広範な内容まで含めてしまっては，「調整」はもはや「合理的」とはいえなくなる。

判例 1-18 は，刑訴法39条3項について，法が身体拘束中の被疑者の取調

第7節　被疑者の防御

べを認めつつ，身体拘束に厳格な時間制限を設けていることから，取調べ等の捜査の必要と接見交通権との調整を図る趣旨で置かれたものだとしたうえで，同項による接見制限が日時等の指定にとどまることや，後述のような指定要件の解釈などを踏まえれば，同項は憲法34条の趣旨を実質的に損なうものではないとする（**判旨(iv)**）。

> **判例 1-18** 最大判平成11・3・24民集53巻3号514頁
> **【事実】** 恐喝未遂容疑で警察署の留置場に勾留されていた被疑者Xの弁護人に選任された弁護士AおよびBがXに接見しようとしたところ，留置係の警察官に接見を拒否され，または検察官に接見指定書の受領および持参を要求されるなどして，前後9回にわたり接見を妨害されたとして，AおよびBから国と福島県に対し国家賠償法に基づく損害賠償請求がなされた。第1審は国に対する請求を一部認容（県に対する請求は棄却）したが，控訴審は全部棄却した。AおよびBが上告し，最高裁第3小法廷に係属したが，上告趣意中の刑訴法39条3項が違憲である旨の主張について大法廷に論点回付された。
> **【判旨】** (i)「〔憲法34条〕の弁護人に依頼する権利は，身体の拘束を受けている被疑者が，拘束の原因となっている嫌疑を晴らしたり，人身の自由を回復するための手段を講じたりするなど自己の自由と権利を守るため弁護人から援助を受けられるようにすることを目的とするものである。したがって，……〔同条〕は，単に被疑者が弁護人を選任することを官憲が妨害してはならないというにとどまるものではなく，被疑者に対し，弁護人を選任した上で，弁護人に相談し，その助言を受けるなど弁護人から援助を受ける機会を持つことを実質的に保障しているものと解すべきである。」(ii)「刑訴法39条1項が……被疑者と弁護人等との接見交通権を規定しているのは，憲法34条の右の趣旨にのっとり，身体の拘束を受けている被疑者が弁護人等と相談し，その助言を受けるなど弁護人等から援助を受ける機会を確保する目的で設けられたものであり，その意味で，刑訴法の右規定は，憲法の保障に由来するものである」。
> (iii)「もっとも，憲法は，刑罰権の発動ないし刑罰権発動のための捜査権の行使が国家の権能であることを当然の前提とするものであるから，被疑者と弁護人等との接見交通権が憲法の保障に由来するからといって，これが刑罰権ないし捜査権に絶対的に優先するような性質のものということはできない。そして，捜査権を行使するためには，身体を拘束して被疑者を取り調べる必要が生ずることもあるが，憲法はこのような取調べを否定するものではないから，接見交通権の行使と捜査権の行使との間に合理的な調整を図らなければならない。憲法34条は，身体の拘束を受けている被疑者に対して弁護人からの援助を受ける機会を持つことを保障するという趣旨が実質的に損なわれない限りにおいて，法律に右の調整の規定を設けることを否定するものではない」。

195

(ⅳ)「刑訴法は，身体の拘束を受けている被疑者を取り調べることを認めているが，被疑者の身体の拘束を最大でも 23 日間（又は 28 日間）に制限しているのであり，被疑者の取調べ等の捜査の必要と接見交通権の行使との調整を図る必要があるところ，(一) 刑訴法 39 条 3 項本文の予定している接見等の制限は，弁護人等からされた接見等の申出を全面的に拒むことを許すものではなく，単に接見等の日時を弁護人等の申出とは別の日時とするか，接見等の時間を申出より短縮させることができるものにすぎず，同項が接見交通権を制約する程度は低い……。また……，(二) 捜査機関において接見等の指定ができるのは，弁護人等から接見等の申出を受けた時に現に捜査機関において被疑者を取調べ中である場合などのように，接見等を認めると取調べの中断等により捜査に顕著な支障が生ずる場合に限られ，しかも，(三) 右要件を具備する場合には，捜査機関は，弁護人等と協議してできる限り速やかな接見等のための日時等を指定し，被疑者が弁護人等と防御の準備をすることができるような措置を採らなければならないのである。このような点からみれば，刑訴法 39 条 3 項本文の規定は，憲法 34 条前段の弁護人依頼権の保障の趣旨を実質的に損なうものではないというべきである。」「なお，刑訴法 39 条 3 項本文が被疑者側と対立する関係にある捜査機関に接見等の指定の権限を付与している点も，刑訴法 430 条 1 項及び 2 項が，捜査機関のした 39 条 3 項の処分に不服がある者は，裁判所にその処分の取消し又は変更を請求することができる旨を定め，捜査機関のする接見等の制限に対し，簡易迅速な司法審査の道を開いていることを考慮すると，そのことによって 39 条 3 項本文が違憲であるということはできない。」

(c) **接見指定の要件**　　接見指定を行えるのは，「捜査のため必要があるとき」である。どのような場合がこれに当たるかについては，様々な見解が対立してきた。学説の多数は，①被疑者を取調べ中であるとか，実況見分や検証等に立ち会わせている等，被疑者の身体が現に捜査に必要とされている場合に限られるとする（**限定説**）。また，②限定説の挙げる場合に加え，間近い時に取調べ等の確実な予定がある場合をも含める見解（**準限定説**）もある。他方，③罪証隠滅のおそれ等を含め，弁護人からの申出通りの接見を認めたのでは捜査全般の遂行に支障が生じ得る場合を広く含める見解（**非限定説**ないし**捜査全般説**）もあり，捜査実務ではこれが支配的であった。③説では，たとえば，被疑者が証拠物の所在を供述したため，捜査機関がこれを押収しようとしているときに，弁護人との接見を認めると，供述内容が漏れ，先に当該証拠が隠滅されるおそれがある場合や，事件関係者の取調べを行う前に，被疑者の供述内容が弁護人

第7節　被疑者の防御

を通じて関係者に伝わると，口裏合わせがされるおそれがある場合なども含まれ得る。しかし，これでは捜査の効率を重視しすぎであり，接見交通権の保障との間で均衡を失する（捜査権と接見交通権との「合理的な調整」とは言い難い），判断基準の明確性という点でも①②説に比べて劣る，といった批判が強い。

　判例は，最判昭和53・7・10民集32巻5号820頁が，接見の申出を受けたときに「現に被疑者を取調中であるとか，実況見分，検証等に立ち会わせる必要がある等捜査の中断による支障が顕著な場合」と述べ，①説によることを示唆した後，最判平成3・5・10民集45巻5号919頁が，「捜査の中断による支障が顕著な場合」には「間近い時に右取調べ等をする確実な予定があって，弁護人等の必要とする接見等を認めたのでは，右取調べ等が予定どおり開始できなくなるおそれがある場合も含む」と判示したことから，概ね②説に立つものとみられている。 判例 1-18 も，これら2判決を引きながら，接見等の申出があったときは「原則としていつでも接見等の機会を与えなければならない」のであり，接見指定ができるのは「接見等を認めると取調べの中断等により捜査に顕著な支障が生ずる場合に限られ」るとしたうえ，上記2判決がそれぞれ挙げる場合などは「原則として右にいう取調べの中断等により捜査に顕著な支障が生ずる場合に当たると解すべきである」としており，やはり②説に立つものといえよう。もっとも， 判例 1-18 の「取調べの中断等により捜査に顕著な支障が生ずる場合」という表現は，（「取調べの中断」による以外にも）広く罪証隠滅のおそれ等による捜査への支障がある場合（③説）を含める趣旨だと解する見解もある。しかし， 判例 1-18 が，身体拘束の時間的制約との関係で，捜査の必要と接見交通権との調整を論じていること（判旨(iv)）からすれば，そこでいう捜査の必要とは，被疑者の身体を直接利用した捜査（取調べ等）の必要に限られ，したがって「捜査に顕著な支障」というのも，その種の捜査が十分に行えなくなることによる支障を意味し，罪証隠滅のおそれなどは含まれないと解するのが妥当であろう。

　他方，①説や②説に立つとしても，現に取調べ中である場合ないし間近い時に確実な取調べ予定がある場合には，常に接見指定の要件を満たすというわけではない。これらの場合であっても，取調べを中断し，あるいは取調べ予定を延期することが，必ずしも「捜査に顕著な支障」を来さないのであれば，直ち

197

第1章 捜　査

に接見を認めるべきであり，接見指定はできないといわなければならない（指定を認めるとしても「時間」の指定に限られるべきであろう）。 ◆判例 1-18◆ も，取調べ中等の場合は「原則として」捜査に顕著な支障が生ずる場合に当たるとするにすぎない。

　ところで，学説上，身体拘束中の被疑者について取調受忍義務ないし取調室への出頭・滞留の義務を否定する見解が有力である（⇨ 109 頁(a)）が，これと接見指定の要件に関する諸説が整合するかは検討を要する問題である。出頭・滞留義務を否定するならば，少なくとも被疑者が弁護人との接見を望む場合はいつでも取調べを中断して接見を認めなければならないはずであり，（検証等の立会いに出ており不在である場合は別として）単に現に取調べ中であるというだけでは接見指定はできない──したがって①説ですら妥当でない──ように思われるからである。

　(d)　**接見指定の方式**　　接見指定をどのような方式で行うべきかについても，しばしば争われてきた。

　(i)　**一般的指定制度・通知事件制度**　　接見指定を行う手順の 1 つとして，かつて**一般的指定制度**とよばれる運用がとられることがあった。この制度による場合には，検察官が，あらかじめ，「捜査のため必要があるので，弁護人等との接見に関し，その日時，場所及び時間を別に発すべき指定書のとおり指定する」旨の書面（**一般的指定書**）を作成し，その謄本を被疑者，弁護人，拘禁施設の長に交付したうえ，弁護人から被疑者との接見の申出があれば，その都度，検察官が接見の具体的な日時・場所・時間を指定した書面（**具体的指定書**）を作成して弁護人に交付し，弁護人はこの具体的指定書を拘禁施設等に持参してはじめて接見することができる。当該被疑者について一般的指定書が発せられれば，弁護人は具体的指定書を持参しないかぎり接見を拒否されたため，具体的指定書は「面会切符」ともよばれた。このような運用は，指定要件に関する上記③説と親和的であるが，一般的指定（書）によって事実上まずは弁護人との接見を禁止するに等しく（実際のところ，一般的指定と 81 条の接見禁止の処分とは連動していた），39 条の原則と例外を逆転させ，接見禁止の対象から弁護人を除外した 81 条の趣旨にも反するとして，学説や弁護実務の側から強く批判されていた。裁判例では当初，一般的指定（書）は内部連絡にすぎず，準抗告

198

等の対象となる「処分」ではないとされていたが，やがて，一般的指定を 39 条 3 項の（違法な）処分に当たるとして，準抗告においてこれを取り消す裁判例（たとえば鳥取地決昭和 42・3・7 下刑集 9 巻 3 号 375 頁）が現れた。その後，一般的指定制度のもとでの運用に一定の工夫が加えられたこともあり，裁判例では再び，一般的指定は内部連絡にすぎず違法な処分ではないとするものが増えた（最判平成 3・5・31 判時 1390 号 33 頁参照）。

　1988（昭和 63）年に，一般的指定制度の根拠となっていた法務大臣訓令が改廃されたため，現在では，同制度が用いられることはないが，それに代わり，**通知事件制度**とよばれる運用がとられることがある。この制度による場合には，検察官が，「捜査のため必要があるときは，接見の日時，場所及び時間を指定することがあるので通知する」旨の通知書を拘禁施設宛に送付しておき，このような通知事件の被疑者について弁護人から拘禁施設等に接見の申出があれば，直ちに検察官に連絡がなされ，検察官は，指定の必要がなければそのまま接見させ，指定の必要があれば弁護人と協議したうえで具体的な接見の日時等を指定する。この指定は，指定書を交付する方法のほか，ファックスや，電話等口頭によるのでもよいとされる。なお，通知事件制度に基づく通知書の性格について，判例は，「捜査機関の内部的な事務連絡文書」であって，「接見交通権の行使と捜査の必要との調整を図ることを目的として発出されるものであるから，これを発出すること自体を違法ということはできない」としている（最判平成 16・9・7 判時 1878 号 88 頁）。

　かつて具体的指定書が，一般的指定による事実上の接見禁止を解除するために不可欠なものとされていたのと異なり，現在は，通知が発せられている事件においても，弁護人から申出があれば比較的柔軟に接見が認められているとされる。また，通知が発せられること自体，さほど多くはない。

　(ii)　**接見指定の手続**　　弁護人が拘禁施設等に赴き被疑者との接見を申し出た際に，別の場所にいる検察官等が，弁護人に対し，書面（指定書）により接見指定をするので受け取りに来るよう要求することは許されるか。判例には，接見指定につきいかなる方法をとるかは捜査機関の「合理的裁量にゆだねられている」から，電話など口頭での指定のほか，指定書の交付による方法も許されるものの，「その方法が著しく合理性を欠き，弁護人等と被疑者との迅速か

第1章 捜 査

つ円滑な接見交通が害される結果になるようなとき」には違法となるとしたものがある（前掲最判平成3・5・10）。指定書の交付による指定が常に違法であるとはいえないが，原則として，電話やファックス等，弁護人に余分な負担とならずかつ迅速な手段で指定すべきであろう。

また，弁護人から接見の申出がなされたが，申出を受けた者が接見指定権限のある捜査官でない場合，権限のある者に連絡し指示を受ける等の手続をとる間，弁護人が待機させられることもある。判例は，このような待機とそれによる接見開始の遅延も「合理的な範囲内にとどまる限り」許容されるとする（前掲最判平成3・5・31）。学説の多くも，法が接見指定を認める以上，そのための手続に要する合理的時間内において弁護人を待機させることは許されるとする。

(e) **接見指定の内容**　接見指定の要件を満たす場合には，捜査機関は，接見等の「日時，場所及び時間」を指定することができる（39条3項本文）。ただし，「その指定は，被疑者が防禦の準備をする権利を不当に制限するようなものであつてはならない」（同項但書）。接見指定を行えるのは，〈判例 1-18〉によれば，申出通りの接見を認めたのでは「捜査に顕著な支障」が生ずる場合であるが，指定の内容は，少なくともそのような「捜査に顕著な支障」が生じるのを避けるために必要かつ合理的な内容でなければならず，たとえばより早期の日時に接見を認めても「捜査に顕著な支障」が生じないにもかかわらず，それよりも遅らせた日時を（弁護人等の意向に反して）指定することは，原則として防御準備権の不当な制限と評価されるべきであろう。なお，学説では，「接見できる」日時等を指定するのではなく，（捜査への支障のため）「接見できない」日時等のみを指定すべきだとする見解もみられる。

判例は，接見指定の要件を満たす場合には，捜査機関は「弁護人等と協議してできる限り速やかな接見等のための日時等を指定し，被疑者が弁護人等と防御の準備をすることができるような措置を採らなければならない」と述べ（⇨〈判例 1-18〉），また，とりわけ逮捕直後の初回の接見については，被疑者にとって弁護人の選任を目的としかつ取調べを受けるにあたっての助言を得るための最初の機会であり，憲法34条の保障の出発点をなすものであるから，これを速やかに行うことが防御準備のためとくに重要であるとし，それゆえ「即時又は近接した時点での接見を認めても接見の時間を指定すれば捜査に顕著な支

200

障が生じるのを避けることが可能」なときは，特段の事情がないかぎり，犯罪事実の要旨告知や指紋採取等の手続の後「たとい比較的短時間であっても，時間を指定した上で即時又は近接した時点での接見を認めるようにすべきであり，このような場合に，被疑者の取調べを理由として右時点での接見を拒否するような指定をし，……初回の接見の機会を遅らせることは，被疑者が防御の準備をする権利を不当に制限するもの」であるとしている（最判平成12・6・13民集54巻5号1635頁）。

(f) 起訴後の余罪捜査と接見指定　捜査機関が接見指定を行えるのは，「公訴の提起前」に限られる（39条3項本文）。したがって，起訴後勾留中の被告人とその弁護人との接見につき，当該被告事件の捜査（起訴後の捜査）の必要を理由として，日時等の指定をすることは許されない。しかし，起訴後勾留中の被告人につき，捜査中（起訴前）の余罪がある場合に，この余罪の「捜査のため必要がある」として接見指定を行えるかは議論がある。

まず，捜査中の余罪（被疑事件）について逮捕・勾留がなく，起訴された事件（被告事件）についてのみ勾留されている場合には，接見指定が許されないことにほぼ争いはない（最決昭和41・7・26刑集20巻6号728頁）。

問題は，被告事件の勾留と余罪被疑事件の逮捕・勾留とが競合している場合である。学説では，この場合に余罪被疑事件の捜査の必要を理由に接見指定を行うことも原則として許されないとする見解もあるが，判例では，被疑事件・被告事件の双方について弁護人に選任された者との接見の事案につき，「被告事件について防禦権の不当な制限にわたらない限り」接見指定を行えるとしたもの（最決昭和55・4・28刑集34巻3号178頁），さらに，被告事件についてのみ弁護人に選任された者に対しても，同様の条件を付しつつ接見指定を行えるとしたもの（最決平成13・2・7判時1737号148頁）がある。

4 違法捜査に対する対応

捜査手続に違法ないし瑕疵があった場合，それに対して様々な対応を講じることが考えられる。そうした対応措置は，被疑者の権利が侵害された場合に限らず，第三者の権利が侵害された場合にもとられ得るし，また，権利救済のみを目的とするわけでは必ずしもないが，便宜上，本節で検討することにする。

第1章 捜 査

(1) 刑事手続内での対応

　起訴前段階でなされる裁判・処分の中には，刑訴法上，それに不服がある者
に不服申立てが認められているものがある。すなわち，裁判官のした勾留・押
収・押収物還付に関する裁判や鑑定留置を命ずる裁判，捜査機関のした接見指
定処分や押収・押収物還付に関する処分に不服のある者は，裁判所に対し，そ
の裁判・処分の取消しまたは変更を請求することができる（429条・430条。通
信傍受法にも同様の不服申立制度がある。同法33条）。これはいわゆる**準抗告**
（⇨537頁**2**）の１つであり，捜査手続上の違法ないし瑕疵に対して，刑事手続
内において迅速に対応（事後的救済）を講じるためのものであるが，逮捕や捜
索，検証は，条文上は準抗告の対象とされていないことに注意を要する（なお，
逮捕については，その違法が勾留請求の却下の理由になる場合がある。⇨86頁(b)）。

　また，捜査手続において収集された証拠が，後の公判において，その収集手
続の瑕疵を理由に，証拠として使用することを認められない場合がある。すな
わち，判例によれば，証拠の収集手続に「令状主義の精神を没却するような重
大な違法」がある場合には，当該証拠の「証拠能力」（⇨350頁**2**）は否定され
得る（**違法収集証拠排除法則**。最判昭和53・9・7＝〈**判例 4-9**〉〔⇨421頁〕）。これ
もまた，広い意味で，違法捜査に対する刑事手続内での対応の１つといえよう。
加えて，自白については，明文上，それが強制や拷問，脅迫によって得られた
場合，不当に長く抑留・拘禁された後になされた場合，その他任意にされたも
のでない疑いがある場合には，証拠能力を否定される（319条1項，憲38条2項）。
もっとも，これが自白獲得の方法・手続の「違法」を理由とするものであるか
については，学説上争いがある（⇨435頁(b)）。

　さらに，学説上，捜査手続の違法の程度が極めて重大であるため，または証
拠収集とは無関係な手続において違法が行われたために，上述の証拠排除によ
っては対応しきれないような場合には，そうした違法な捜査手続に基づく公訴
提起を違法・無効とし，公訴棄却等の形式裁判により刑事手続を打ち切るべき
であるとの議論もある。これはいわゆる**手続打切り論**ないし**公訴権濫用論**の一
類型である（⇨271頁**5**）。

（2）　刑事手続外での対応

　捜査手続における違法に対する刑事手続外での対応としては，まず，捜査機関の行為が法律違反や職務上の義務違反ないし職務懈怠等に当たる場合，そのことを理由に，当該行為を行った捜査官に対して懲戒処分を行うことが考えられ，また，職権濫用罪（刑193条等）その他の刑罰法令に触れる場合には，当該捜査官を処罰することもあり得る。違法捜査によって損害を被った者がいる場合には，その者等からの国または地方公共団体に対する損害賠償請求（国賠1条）という形での対応も考えられる。そのほか，やや特殊なものではあるが，人身の自由の不当な侵害（違法な身体拘束）に対する「迅速，且つ，容易」な回復のための手段として，人身保護手続の制度も設けられている（人身保護法）。

第8節　捜査の終結

1 警察における事件の処理

（1）　検察官への事件送致

　246条本文は，「司法警察員は，犯罪の捜査をしたときは，この法律に特別の定のある場合を除いては，速やかに書類及び証拠物とともに事件を検察官に送致しなければならない」と定める。警察が被疑者を逮捕せずに捜査を行った場合は，通常，この規定に従い検察官への事件送致がなされる（いわゆる「書類送検」）。

　次に，同条にいう「特別の定」とは，第1に，被疑者を逮捕した場合の**身柄送致**（身柄付送検）に関する規定である。すなわち，警察段階で被疑者が逮捕された場合，司法警察員は，留置の必要があると思料するときは，被疑者が身体を拘束された時から48時間以内に，書類および証拠物とともに被疑者を検察官に送致しなければならない（203条1項・211条・216条。⇨76頁(ⅰ)）。被疑者を逮捕しない在宅事件は，246条に従い「捜査をしたとき」「速やかに」送検されるのに対し，身体拘束を伴う場合には，被疑者の送致につきとくに厳格な時間制限を設けたものである。第2は，司法警察員が「告訴又は告発を受けたとき」「速やかに」これに関する書類および証拠物を検察官に「送付」しな

203

第1章 捜　査

ければならないとする 242 条である（自首の場合にも準用される。245 条）。これ
は，他の事件と異なり，告訴・告発事件については，警察が「捜査をした」の
を待たずに，捜査の初期から法律専門家である検察官に関与させる必要性が高
いことによるものである。

　以上のいずれによるにせよ，警察が捜査を開始した事件は，原則としてすべ
て検察官のもとへ送致されることになる（**全件送致の原則**。ただし後述(2)の場合
を除く）。捜査の目的の1つは，事件の起訴・不起訴の決定を行うことにある
ところ，最終的にこの決定を行うのは唯一検察官のみである。後述の通り，検
察官は，起訴を行う権限を独占するとともに，起訴しない権限もまた独占的に
行使する（247 条・起訴独占主義。⇨ 211 頁(3)）。全件送致の原則により，このよ
うな公訴に関する独占権を有する検察官のもとへと全事件が集約されるのであ
る。

　なお，検察官への事件送致（送検）後も，警察は捜査を行えないわけではな
い。送検後，警察が新たに証拠物その他の資料を入手した場合には，検察官へ
速やかにこれを「追送」する（捜査規範 196 条参照）。

(2)　検察官送致がなされない場合

　246 条但書は，「検察官が指定した事件」を全件送致の原則から除外してい
る。これを受けて，犯罪捜査規範 198 条は，「犯罪事実が極めて軽微であり，
かつ，検察官から送致の手続をとる必要がないとあらかじめ指定されたものに
ついては，送致しないことができる」と定める。同条に基づき事件を不送致と
する措置を**微罪処分**とよぶ。ここでいう検察官の指定は，各地検の検事正によ
り，管轄区域の司法警察員に対する一般的指示（刑訴 193 条 1 項）として行われ
る。指定の対象になるのは，通常，①犯情が軽微，被害額が僅少で，被害回復
が行われ，被害者の宥恕があり，かつ偶発的犯行であって再犯のおそれのない
窃盗，詐欺，横領または盗品関与の罪の事件や，②賭けた財物が僅少で，犯情
も軽微であり，共犯者につき再犯のおそれのない初犯者の賭博であり，ほかに
③検事正がとくに指定した特定罪種の事件（被害軽微な暴行等）が加えられる
（ただし，通常逮捕・緊急逮捕した場合，告訴・告発・自首のあった場合を除く）。不送
致とした事件については，処理年月日，被疑者の氏名・年齢・職業・住居，罪

204

名および犯罪事実の要旨を，1ヵ月ごとに一括して検察官に報告する（捜査規範199条）。不送致とする際には，被疑者に対し訓戒し，被害回復・謝罪等を促し，監督者から請書を徴する等の処置をとる（捜査規範200条）。微罪処分とされ一括報告された事件を検察官が起訴することはまずない。それゆえ，微罪処分は，事実上，警察限りで事件を終局処理する方法として機能している。

　そのほか，司法警察員が，少年の被疑事件について捜査の結果，罰金以下の刑に当たる犯罪の嫌疑があると思料するときは，事件を家庭裁判所に送致しなければならない（少41条）。また，捜査した少年事件のうち，事実が極めて軽微で，再犯のおそれがなく，刑事処分または保護処分を必要としないと明らかに認められ，かつ検察官または家庭裁判所からあらかじめ指定されたものについては，1ヵ月ごとに一括して検察官または家庭裁判所に送致することができる（少年簡易送致。捜査規範214条1項）。

2　検察における捜査と事件処理

(1)　検察官による捜査

　検察官は，「必要と認めるときは，自ら犯罪を捜査することができる」（191条1項）。刑訴法上個別に定められた捜査権限も，例外なく検察官をその主体として含んでおり，また，検察官のみが持つ権限もある（勾留請求，証人尋問請求）。とはいえ，前述（⇨31頁(c)）の通り，多くの事件において，捜査を開始するのは第1次的捜査機関たる警察であり，検察官は，警察（司法警察員）から事件の送致を受けたうえで，主として公訴の提起・維持の観点から，補充的ないし補正的に捜査を行うにとどまる（**補充捜査**）。もっとも，事件数としては少数ながら，検察官が最初から直接，捜査を行う場合もある（**独自捜査**）。

(2)　検察官による事件処理

　司法警察員から送致される場合であれ，独自捜査による場合であれ，いずれにせよ検察官のもとにもたらされた捜査された事件について，検察官は，訴追官としてその取扱いを決定する。これを一般に，検察官による**事件処理**という。

　(a)　**終局処分**　　検察官の行う事件処理のうち，終局的な処分としては，起訴処分と不起訴処分とがある（なお，ここでいう「終局的」とは，起訴・不起訴の

第1章 捜 査

決定をして捜査に一応の決着をつけるという程度の意味であり，不起訴処分にした事件でも，後に再捜査〔再起〕のうえ，起訴されることはあり得る。⇨214頁(3)）。そのほか，少年事件についての家庭裁判所への送致（少42条1項）も終局処分の一種である（⇨218頁(5)）。

起訴処分，すなわち公訴提起は，検察官が特定の者による特定の犯罪事実について裁判所に対して審判（審理と判決）を求める意思表示であり，起訴状を裁判所に提出して行われる（256条1項。⇨219頁(1)）。公訴提起は，通常の場合（すなわち特段の意思表示がないかぎり），正式の公判審理を請求（**公判請求**）するものであるが，一定の軽微事件については，（簡易裁判所に対して）公訴提起と同時に**略式命令請求**をすることも可能であり（ただし，被疑者に異議がないかどうかの確認等が必要である），この場合は公判は開かれず，略式手続による書面審理が行われる（詳細は，⇨507頁**第2節**）。また，事案が明白かつ軽微である等の諸事情から相当と認められる事件（死刑，無期または短期1年以上の懲役・禁錮に当たる事件を除く）について，公訴提起と同時に**即決裁判手続の申立て**をすることもでき（ただし，被疑者の同意が必要である），この場合は通常の公判よりも簡易・迅速な形の公判手続によって審理が行われる（詳細は，⇨504頁**2**）。

不起訴処分は，公訴提起をしない処分であり，一般に，狭義の不起訴処分と起訴猶予処分に区別される。**狭義の不起訴処分**は，①訴訟条件が欠ける，②被疑事実が罪とならない（刑事未成年，心神喪失，構成要件不該当または違法性阻却事由・責任阻却事由の存在），③犯罪の嫌疑がない，または嫌疑が不十分である，④刑の（必要的）免除事由に当たる，のいずれかを理由として不起訴にする場合である。これに対し，**起訴猶予処分**は，上記①〜④のいずれにも当たらないが，訴追を必要としないときに，不起訴とするものである（248条。⇨212頁(1)）。なお，不起訴処分（広義）にした場合には，実務上，検察官は「不起訴裁定書」とよばれる書面を作成し，これに不起訴の種類，被疑事実の要旨，不起訴の理由を記載する。

(b) 中間処分　検察官の事件処理のうち，中間的なものとして，移送処分（他管送致）と中止処分がある。前者は，事件が当該検察庁に対応する裁判所の管轄に属しないと思料するときに，管轄裁判所に対応する検察庁の検察官に事件を送致するものである（258条）。後者は，捜査を一時中止する事実上の処分

206

である。

(c) **事件処理後の告知・通知手続**　検察官が事件を不起訴（広義）にした場合には，被疑者の請求があるときは，速やかにその旨を被疑者に告知しなければならない（259条）。また，起訴・不起訴等の処分をした場合における告訴人等に対する通知・告知（260条・261条）につき，⇨215頁(1)。そのほか，実務上，犯罪の被害者や目撃者等に対し，希望がある場合には，事件処理の結果を（ほかに公判期日や裁判結果等も）通知する運用が行われている（被害者等通知制度）。

3 起訴後の捜査

捜査が事件の起訴・不起訴の決定を目的とする以上，起訴をしてその目的を達した段階，すなわち起訴後においては，もはや捜査を行うことは許されないようにも思える。しかし，捜査の目的には公判の準備も含まれるから，起訴後もその目的達成のため必要に応じて捜査を行うことは許されてよい。もっとも，①公判中心主義の要請と，②被告人の当事者としての地位にかんがみ，起訴前の捜査とは異なる配慮が必要である。まず，①との関係では，起訴がなされた以上，事案の真相解明は本来受訴裁判所のもとでなされるべきであり，捜査機関が起訴前と全く同様に真相解明に向けて独自の活動を行うのは妥当でない。また，②との関係では，被疑者にも当事者的地位は認められるべきであるものの，被告人には一層強く，手続の主体的当事者としての地位が尊重されなければならない。

(1) 第1回公判期日前の捜査

まず，強制捜査のうち，検察官による証人尋問請求は，明文上，起訴後も第1回公判期日前には行える（226条・227条。⇨115頁(2)）。捜索・差押え，検証については，第1回公判期日前には，被告人側の証拠保全請求（179条）とのバランス上，「あらかじめ証拠を保全しておかなければその証拠を使用することが困難な事情があるとき」に，令状を得て捜査機関が行えるとするのが通説である（219条1項も「被告人」に関して捜索・差押え・検証許可状の発付を予定している）。任意捜査は，一般に，制限すべきであるとはされない。

(2) 第1回公判期日以後の捜査

証人尋問請求は，明文上，第1回公判期日以後には行えない。捜索・差押え，検証についても，明文はないが，公判中心主義の観点から，第1回公判期日以後は裁判所が行うべきであって，捜査機関には許されないというべきであろう。任意捜査は基本的に可能とされるが，公判で証言が行われた後に当該証人をその事件の参考人として捜査機関が取り調べることは，公判中心主義の観点から許されないとする見解も有力である。

(3) 被告人の取調べ

起訴された被告人を捜査機関が取り調べることの可否については，強制処分法定主義や被告人の当事者としての地位とも相まって，特有の議論がある。

学説では，198条1項は取調べの対象として「被告人」を含めていないものの，取調べは任意処分であるから，任意処分に関する一般規定である197条1項本文に基づいて被告人の取調べを行えるとする積極説がある一方で，消極説も有力である。消極説の論拠としては，①（身体拘束中の）取調べは強制処分とみるべきところ，「被告人」の取調べを許す法規定は存在しないので，強制処分法定主義に反し許されない（ただし，在宅の被告人については任意出頭を求めて取調べを行える）とするもの，②被告人が捜査機関による取調べの客体とされるのは，起訴され完全に対等の当事者になったはずの被告人の地位にかんがみると問題だとするもの，などがある。

判例は積極説に立つ（最決昭和36・11・21刑集15巻10号1764頁は，「起訴後においては被告人の当事者たる地位にかんがみ，捜査官が当該公訴事実について被告人を取り調べることはなるべく避けなければならない」としつつも，「〔197条は〕捜査官の任意捜査について何ら制限をしていないから，……198条の『被疑者』という文字にかかわりなく，起訴後においても，捜査官はその公訴を維持するために必要な取調を行うことができる」とする）。もっとも，下級審裁判例では，被告人が自ら申し出たか，取調べを拒否できることを十分承知していた場合に限るとするもの（大阪高判昭和43・7・25判時525号3頁），原則として弁護人の立会いを要するとするもの（東京地決昭和50・1・29判時766号25頁），公判での被告人質問後に弁護人の立会いなしに行われた被告人取調べは当事者主義・公判中心主義に反すると

208

するもの（福岡地判平成 15・6・24 判時 1845 号 158 頁）など，限定的な考え方を示すものも少なくない。

第2章
公訴権の行使と訴訟条件

第1節　公訴に関する基本原則
第2節　公訴提起の手続・効果
第3節　訴因・罰条の変更
第4節　訴訟条件

> *Outline*　検察官は，警察から送致を受け，あるいは自ら捜査した事件について，公訴を提起するか否かを決定する。公訴とは，国家刑罰権の発動を求めて，その発生原因となる犯罪事実と被告人の犯人性についての審理および判決——これを，実体審判という——を裁判所に求めることをいうが，この公訴を提起し，維持する権限は，現行法のもとでは，検察官にほぼ独占的に与えられている。
>
> 　公訴権が行使されても，その手続に重大な瑕疵があったり，時効が完成していたり，被告人に対する裁判権がなかったりする場合には，裁判所は実体審判を行うことができない。このように，裁判所が実体審判を進めるための手続的要件のことを訴訟条件という。
>
> 　本章では，公訴権の行使と訴訟条件に関する諸規範・制度を概観する。

第1節　公訴に関する基本原則

1　公訴（権）の意義と主体

（1）　公訴権の行使——公訴の提起と維持

　捜査が一応の終結をみると，検察官は，当該事件について被疑者を**起訴**するか否か，すなわち，**公訴を提起**するか否かを決定することになる。公訴が提起されると，「被疑者」は「被告人」へと手続上の身分を変え，裁判所での審理

210

が開始されることになるが，その後も，検察官は，公判手続において当該事件に関する主張・立証を行うことによってこれを**維持**（追行・遂行）する。

ここに公訴とは，国家刑罰権の発動を求めて，その発生原因となる特定の刑事事件について裁判所の審理および判決（これを「実体審判」とよぶ）を求める意思表示のことをいう。いいかえれば，公訴とは，被告人が犯したと疑われる具体的な犯罪事件について，その事実関係を審理し，その結果，有罪と判断される場合には，刑法を適用し，刑罰を科すよう裁判所に求めることをいうのである。この公訴を行う――すなわち，公訴を提起し，維持する――権限を，一般に，**公訴権**または**訴追権**とよぶ。

公訴権に関しては，立法政策上，主として，①その行使をいかなる主体にゆだねるか，そして，②その行使・不行使の判断に裁量を認めるかという2つの問題がある。現行刑訴法は，以下にみるように，①公訴権の行使を検察官にほぼ一元的にゆだねるとともに，②同権限の行使・不行使の判断を広く検察官の裁量にゆだねる立場を採っている。

(2) 不告不理の原則

弾劾主義のもとでは，審判者が，公訴の対象となっていない事件について，自ら審理ないし判決を行うことが禁じられる。これを**不告不理の原則**という。弾劾主義は，「公平な裁判所」の前で当事者が対等かつ同時に審理に参加する「対審」を重視するため，公訴権と審判権を峻別し，それぞれ異なる主体にゆだねることを要請する。公訴権と審判権が同一の主体にゆだねられるとすれば，それは，被告人にとっては，自らの処罰を要求する当の相手方当事者自身によって裁かれることを意味し，審判者の公平性（第三者性）および当事者の対等が損なわれることになるからである（⇨7頁**2**）。現行刑訴法は，公訴権を検察官に，審判権を裁判所にそれぞれ排他的にゆだねるとともに，後述の訴因制度の採用によって裁判所による審判の範囲を公訴の対象事件に厳格に限定することによって，不告不理を徹底している。

(3) 国家訴追主義・起訴（訴追）独占主義

弾劾主義のもとにおいても，公訴権を（審判者以外の）いかなる主体にゆだ

ねるかについては様々な選択があり得るが，わが国の現行刑訴法は，「公訴は，検察官がこれを行う」とし（247条），公訴権の行使を国家機関である「検察官」に基本的にゆだねる立場をとっている（ただし，⇨215頁(2)，217頁(3)）。すなわち，刑訴法は，一般市民や被害者等による「私人訴追」を排し，公訴権を検察官という国家機関にゆだねるという意味において**国家訴追主義**を採り，さらに，国家機関の中でもとくに検察官だけにこれをゆだねるという意味において**起訴（訴追）独占主義**を採っているのである。

国家訴追主義・起訴独占主義は，「検察官同一体の原則」のもとで全国的に統一的な組織体として活動する検察官（⇨17頁(3)）に公訴権をゆだねることにより，私人の個人的感情や社会の一時的風潮，地方の特殊事情等に左右されない画一的で公平な訴追を可能とするという意味では優れているが，他方で，公訴権が被害者の意思や一般国民の感覚から乖離したかたちで運用されるおそれも指摘される。後述の検察審査会や付審判手続等は，この点を是正するための制度である。

2 起訴便宜主義と訴追裁量

(1) 起訴便宜主義・起訴変更主義

捜査の対象となった事件について，嫌疑・証拠が十分ではない，あるいは，公訴時効が完成している，親告罪について告訴がない等，公訴権行使の手続的要件（訴訟条件）が整わない場合には，検察官は，「公訴の提起をしない処分」，すなわち，**不起訴処分**を行う。反対に，これらの要件が整えば公訴の提起が可能となるが，この場合に，検察官に起訴を義務づけるか（**起訴法定主義**），それとも，この場合にもなお不起訴処分を行うこと，すなわち，**起訴猶予**の権限を認めるか（**起訴便宜〔裁量〕主義**）は，国によって制度が異なる。

わが国の刑訴法は，「犯人の性格，年齢及び境遇，犯罪の軽重及び情状並びに犯罪後の情況により訴追を必要としないときは，公訴を提起しないことができる」と定め（248条），起訴便宜主義を採っている。さらに，刑訴法は，「公訴は，第1審の判決があるまでこれを取り消すことができる」とし（257条），公訴を提起するか否かだけでなく，これを維持するか否かの判断についても，検察官に裁量を認めている（**起訴変更主義**）。くわえて，一般に，248条による

212

第1節　公訴に関する基本原則

考慮要素の列挙は例示であり，起訴・不起訴の判断に当たっては，たとえば，被疑者の捜査・公判への協力（の約束）等も考慮に入れられ得るものと考えられている（116頁**5**）。

　このように，公訴を提起し，維持するか否かの判断を検察官の裁量にゆだねること，すなわち，検察官に**訴追裁量**を認めることは，事案の具体的事情に応じた──訴訟経済や刑事政策的な効果等をも考慮に入れた──公訴権の柔軟な運用を可能にするという点では優れているが，その反面，訴追権限が不当な「取引」や自白強要の手段として利用され，あるいは，（とりわけ起訴独占主義のもとでは）公訴権の運用が政治的・党派的な考慮によって左右されるおそれがある等の問題も指摘される。

> **Column 2-1　起訴猶予とディヴァージョン**
>
> 　**ディヴァージョン**とは，刑事事件について，訴追→処罰という通常の処理過程から離脱させることをいう。ディヴァージョンについては，刑事司法機関にとっては負担軽減に，被疑者にとっても無用な訴追や処罰に伴う負担・弊害の回避につながり，事件によっては早期の改善更生に資するという利点が指摘されている。
>
> 　現行法上，ディヴァージョン的な機能を果たしている制度としては，交通反則者が反則金納付の通告を受け，一定期間内にこれを納付したときは公訴を提起しないとする交通反則金制度，国税犯則事件等の行政法規違反事件について，通告処分に基づいて罰金・科料に相当する金額等を納付したときは公訴を提起しないとする制度，少年事件に関する家庭裁判所への全件送致主義，微罪処分等のほか，起訴便宜主義も挙げられる。実際，起訴猶予率（検察庁における終局処理人員中，起訴猶予に付される者の数の割合）は上昇傾向にあり，刑事司法の負担軽減および無用な訴追・処罰の回避という点で重要な役割を果たしている（なお，起訴猶予の場合には「前科」はつかないが，「前歴」がつくことになる）。
>
> 　もっとも，起訴猶予処分は，検察官が，捜査機関による一方的な事件調査活動である捜査の結果に基づき，広範な裁量によって行うものであるから，同処分に，無用な訴追・処罰の回避といった消極的な意義を超えて，刑事政策上，「犯罪者処遇」としての意義を付与することには慎重さが要求される。

(2)　一罪の一部訴追

　1個の刑罰権（刑事責任）を発生させる原因となる一罪の一部についてのみ公訴を提起ないし維持することを，一罪の**一部訴追**──公訴の提起の場合を，と

213

くに**一部起訴**——という。たとえば，（窃盗事件について被害物件の一部を除いて訴追する場合のように）単純一罪の結果の一部を除外して訴追したり，（強盗を恐喝で訴追する場合のように）法条競合の関係にある犯罪のうち軽いほうの罪で訴追したり，既遂を未遂として訴追したり，（住居侵入・窃盗を窃盗のみで訴追する場合のように）科刑上一罪の関係にある犯罪の一部を除外して訴追すること等がこれに当たる。

　一罪の一部訴追が許されるか否かについては，公訴は，1個の刑罰権の発生原因となる罪の全体に及ぶものであり，これを分割することは許されないこと（**公訴不可分の原則**），そして，検察官にこのような訴追を認めると，訴因制度のもとでは裁判所の審判の範囲もそれに限定されてしまうため（⇨ 221 頁 Column 2-3 ），実体的真実発見の要請に反する結果となること等を理由とする消極説もある。しかし，通説は，当事者主義のもとでは，裁判所の任務は，検察官が示した訴因の範囲内での真実発見にあるというべきであり，他方，検察官には，起訴便宜・変更主義のもとで，そもそも事件自体について公訴を提起・維持するか否かを判断する裁量がゆだねられるのであるから，一罪の一部についてのみ公訴権を行使することも，合理的な訴追裁量の範囲内であれば，許されるとする（最決昭和 59・1・27 刑集 38 巻 1 号 136 頁参照）。

> Column 2-2 **広義の訴追裁量**
>
> 　起訴便宜・変更主義のもとで，公訴を提起し，維持するか否かの判断を検察官の裁量にゆだねるのであれば（狭義の訴追裁量），訴追の仕方に複数の可能性が考えられるときに，どのように公訴を提起・維持するかの判断——たとえば，いかなる訴因・罰条により訴追するか（⇨ 219 頁**1**），あるいは，（法定の要件が整う場合に）正式公判手続，即決裁判手続，略式手続のいずれの手続により訴追するか（⇨ 205 頁**(a)**，**第 6 章**）等の判断——も，やはりその裁量にゆだねるのが一貫しよう（広義の訴追裁量）。2016（平成 28）年改正により導入された協議・合意制度（⇨ 116 頁**5**）も，この広義の訴追裁量を前提とする制度である。

(3) 不起訴処分・公訴取消しの効果

　検察官は，不起訴処分をした場合において，被疑者の請求があるときは，速やかにその旨を通知しなければならない（259 条）。もっとも，無罪判決の場合と異なり，不起訴処分には確定力ないし一事不再理効は認められず，検察官は，一度不起訴にした事件についても，改めて捜査を行い，公訴を提起することが

できる（⇨ 495 頁(iii)）。これに対し，検察官により公訴が取り消された場合には，裁判所は決定で公訴を棄却するが（339 条 1 項 3 号），同決定の確定後は，原則として，「公訴の取消後犯罪事実につきあらたに重要な証拠を発見した場合」にしか，再度の起訴は許されない（340 条。例外として，⇨ 505 頁(3)）。この規定については，不起訴処分への準用を説く見解もある。

3 起訴独占主義・起訴便宜主義の抑制・特例等

(1) 告訴人等に対する処分通知制度

告訴，告発または請求（⇨ 51 頁 3）のあった事件については，検察官は，公訴を提起し，もしくはこれを提起しない処分をしたとき，公訴を取り消したとき，または，事件を他の検察庁の検察官に送致したときには，速やかにその旨を告訴人，告発人または請求人に通知しなければならない（260 条）。また，不起訴処分をした場合に，告訴人，告発人または請求人の請求があるときは，速やかにその理由（「罪とならず」，「証拠不十分」，「刑事未成年」，「起訴猶予」等）を告げなければならない（261 条）。

この処分通知制度は，検察官による起訴・不起訴の決定を，事後的にせよ告訴人等の監視下に置くことによって，その適正を確保しようとするものであるが，とくに不起訴処分に関する通知は，告訴人等が，検察審査会に対する審査申立てないし付審判請求を行う前提となるという意味でも重要な意義を持つ。

(2) 検察審査会

検察審査会法は，「公訴権の実行に関し民意を反映させてその適正を図るため」に，衆議院議員の選挙権を有する者の中からくじで選定した任期 6 ヵ月の 11 人の検察審査員によって組織される検察審査会を，地方裁判所の管轄区域内に少なくとも 1 つ設置しなければならない旨定める（検審 1 条・4 条・14 条）。この検察審査会は，①検察事務一般の改善に関する建議または勧告に関する事項のほか，②具体的事件に関する検察官の不起訴処分の当否の審査に関する事項を所掌する（同 2 条）。

このうち，②に関しては，告訴もしくは告発をした者，請求をした者または犯罪により害を被った者（犯罪により害を被った者が死亡した場合においては，その

215

配偶者，直系の親族または兄弟姉妹）は，不起訴処分に不服があるときは，書面により，その理由を明示して，審査の申立てをすることができ（同30条・31条），その場合には，検察審査会は審査を行わなければならない（同2条2項）。後述の付審判手続と異なり，対象事件の罪種に限定はない。審査の申立てがなくても，審査員の過半数による議決があれば，職権により審査を行うこともできる（同条3項）。いずれの場合も，検察審査会は，検察官に資料提出や意見陳述を要求できるほか（なお，刑訴法350条の2第1項の合意があるときは，検察官により合意内容書面が提出される。⇨116頁**5**），照会，証人等の尋問，助言徴取等による審査を行ったうえで（法律に関する専門的知見を補う必要があるときは，弁護士の中から審査補助員を委嘱することもできる），「**不起訴相当**」，「**不起訴不当**」，「**起訴相当**」のいずれかの議決を行う（同35条〜39条の5）。議決は過半数によるのが原則であるが，起訴相当の議決は8人以上の多数による（同27条・39条の5）。議決書の謄本は，不起訴処分をした検察官を指揮監督する検事正および検察官適格審査会に送付され，その要旨は，議決後7日間掲示場に掲示され，審査申立人にも通知される（同40条）。

　検察官は，「不起訴不当」または「起訴相当」の議決書の謄本が送付されたときは，速やかに，議決を参考にして事件処理を再考したうえで，起訴または不起訴の処分を行い，直ちに検察審査会にその旨を通知する（同41条）。検察審査会は，「起訴相当」の議決の謄本を送付したにもかかわらず，検察官が再度不起訴処分をした旨の通知があった場合には（議決書謄本の送付から3ヵ月以内に何らの通知もない場合にも，再度不起訴処分があったものとみなされる），その当否について再審査を行う（同41条の2）。その結果，改めて起訴相当と認めるときには，8人以上の多数によって，起訴をすべき旨の議決（**起訴議決**）を行う（同41条の6第1項）。再審査を行うにあたっては，法律に関する専門的知見を得るために，弁護士の中から**審査補助員**を委嘱し（同41条の4），起訴議決をするときは，あらかじめ検察官に意見を述べる機会を与えなければならない（同41条の6第2項）。検察審査会は，起訴議決をしたときには，審査補助員の補助により起訴議決書を作成し，その謄本を，検事正・検察官適格審査会だけでなく，地方裁判所にも送付する（同41条の7）。謄本の送付を受けた裁判所は，起訴議決にかかる事件について検察官の職務を行う弁護士を指定する（同41条の

9）。以後，当該事件については，この**指定弁護士**が公訴を提起し，維持する（同 41 条の 10）。起訴議決は，2004（平成 16）年の改正によって導入された制度であり，国家訴追主義・起訴独占主義の例外を構成する。なお，刑訴法 350 条の 2 により公訴の提起をしない旨の合意がなされた事件について，不起訴不当・起訴相当の議決または起訴議決があったときは，当該合意は効力を失うものとされている（刑訴 350 条の 11）。

(3) 付審判手続（準起訴手続）

　刑法 193 条～196 条，破壊活動防止法 45 条もしくは無差別大量殺人行為を行った団体の規制に関する法律 42 条・43 条の職権濫用罪，または公務員による電気通信事業法 179 条 1 項もしくは有線電気通信法 14 条 1 項の秘密侵害罪について告訴・告発をした者は，検察官の不起訴処分に不服があるときは，事件を裁判所の審判に付するよう請求することができる（262 条 1 項，通信傍受 37条）。裁判所は，この請求に理由があると認めるときは，当該事件を管轄地方裁判所の審判に付する旨の決定を行う（266 条 2 号）。この手続を，**付審判手続**または**裁判上の準起訴手続**という。

　付審判請求は，不起訴処分の通知を受けた日から 7 日以内に，当該処分をした検察官に請求書を差し出して行う（262 条 2 項）。検察官は，請求に理由があると認めるときは，公訴を提起しなければならないが（264 条），そうでないときには，意見書を添えて，書類および証拠物とともに請求書を裁判所に送付する（規 171 条）。送付を受けた裁判所は，合議体で請求について審理し，請求棄却または付審判の決定を行う（265 条・266 条）。

　裁判所により付審判の決定がなされたときには，その事件について公訴の提起があったものとみなされ（267 条），公訴時効（⇨ 267 頁(2)）もこのときに停止する（最決昭和 33・5・27 刑集 12 巻 8 号 1665 頁）。その後の訴訟手続においては，付審判決定の裁判書が起訴状の代わりとなり（規 174 条参照），裁判所が指定した弁護士（**指定弁護士**）が公訴の維持にあたり，裁判の確定まで検察官の職務を行うことになるが（268 条），検察事務官および司法警察職員に対する捜査の指揮は，検察官に嘱託して行わなければならない（同条 2 項）。付審判事件について，公訴取消しや訴因変更が許されるかについては議論があるが，判例は，

付審判事件についても，検察官が起訴する場合と「訴因の変更，事実認定等について差異〔は〕……ない」とする（最決昭和49・4・1刑集28巻3号17頁）。

(4) 不当な起訴処分に対する抑制

以上のように，検察官による不当な不起訴処分に対しては，現行法上，検察組織とは異なる機関がこれを抑制するための制度が設けられているのに対し，不当な起訴処分に対しては，同様の制度はとくに定められていない。そのため，この問題に対しては，後述の公訴権濫用論や手続打切り論にみられるように，解釈論による解決が模索されてきた（⇨271頁**5**）。

(5) 少年事件の扱い

少年（20歳に満たない者）の訴追については，その健全育成の観点から，少年法により特例が定められている。すなわち，少年事件に対しては，**保護処分**（保護観察，児童自立支援施設・児童養護施設への送致，少年院送致）等により対処するのが原則とされ，刑事処分（刑罰）による対処は例外として位置づけられるが，その振分けを行うのは，家庭裁判所である。そのため，少年の被疑事件に関しては，すべての事件が司法警察員または検察官により家庭裁判所に送致される（少41条・42条）。これを，**全件送致主義**という。家庭裁判所は，送致を受けた事件について**調査**を行い（同8条），事件を**少年審判**に付すか否かを決定する（同19条・21条）。

少年を保護処分に付すか，刑事処分が相当か等の振分けは，この調査または審判のいずれかの段階で行われるが（同23条・24条），刑事処分に付すには，事件を家庭裁判所から検察官に送致しなければならない（これを**逆送**という）。その基準について，少年法は，家庭裁判所は，①犯行時16歳以上の少年が，故意の犯罪行為により被害者を死亡させた罪の事件については，犯行の動機および態様，犯行後の情況，少年の性格，年齢，行状および環境その他の事情を考慮して，刑事処分以外の措置を相当と認めるときを除いて，②それ以外の事件で，死刑，懲役または禁錮に当たる罪の事件については，その罪質および情状に照らして刑事処分を相当と認めるときには，決定により事件を検察官に送致するものと定める（同20条・23条）。

218

第2節　公訴提起の手続・効果

　検察官は，逆送事件については，公訴を提起するに足りる犯罪の嫌疑がある
と思料するときは，原則として公訴を提起しなければならない（同45条5号）。
その後の公判手続については，原則として（少年法が特例を定める場合を除いて），
刑訴法の規定が適用される（同40条）。

第2節　公訴提起の手続・効果

1 公訴提起の手続と起訴状記載事項

（1）　公訴提起の手続と起訴状記載事項の意義

　公訴の提起は，**起訴状**を提出して行う（256条1項）。口頭による起訴は許さ
れない。公訴の提起は，裁判所の審判の基礎となる重要な訴訟行為であるから，
確実を期すために書面によるものとされているのである。裁判所は，公訴の提
起があったときは，遅滞なく起訴状の謄本を被告人に送達しなければならない。
起訴状謄本が公訴提起の日から2ヵ月以内に送達されないときには，公訴の提
起は遡って効力を失い（271条），決定により公訴が棄却される（339条1項1号）。

　起訴状には，①被告人の氏名その他被告人を特定するに足りる事項，②公訴
事実，③罪名が記載される（256条2項）。すなわち，検察官は，①誰に対して，
②いかなる事実により，③いかなる法的根拠のもとで刑事責任を追及するのか
を示して，公訴を提起するのである。このように，公訴の対象となる「事件」
は，その「主体」および「犯罪事実」によって特定されるのであり，このこと
は，公訴が，その対象となる「人（被告人）」および「犯罪事実」ごとに成立す
るということを意味する。

　この公訴権行使の際の「事件」の特定は，実体的には，国家刑罰権（被告人
側からみれば，刑事責任）の本質的性格に関わる要請である。刑罰権（刑事責任）
は，（実質的意義の）刑法が犯罪として定める行為が，特定の主体により，過去
の特定の日時および場所において──言い換えれば，「歴史的（一回起的）事実」
として──実現ないし具体化されることにより発生する。公訴とは，刑罰権
（刑事責任）の発生原因となる具体的な犯罪の存否および成否についての審判を
裁判所に求める検察官の意思表示であるから，その権限は，刑事責任が問われ

219

るべき「人」および刑罰権（刑事責任）の発生原因となるべき「犯罪事実」ごとに，それを特定して行使することが求められるのである。

　他方，これは，手続的には，弾劾主義的な三面＝対審構造をとる刑事訴訟の本質的性格に関わる要請でもある（⇨7頁**2**）。なぜなら，公訴の対象となる「人」を特定することは，訴訟の成立に不可欠な「当事者」である被訴追者を特定することにほかならず（⇨291頁**2**），また，公訴の対象となる「犯罪事実」を特定することは，訴訟においてその存否および成否を確認すべき事実── 裁判所にとっては審判の対象，被告人側にとっては防御の対象となる事実──を特定することを意味するからである。

(2) 被告人の特定

　起訴状には，まず，「被告人の氏名その他被告人を特定するに足りる事項」が記載されなければならない（256条2項1号）。公訴の提起は，その対象となる「人」を指定して行わなければならないのである。規則は，さらに，「被告人の年齢，職業，住居及び本籍〔法人の場合は，事務所並びに代表者又は管理人の氏名及び住居〕」を記載するものとしている。ただし，これらの事項が明らかでないときは，その旨記載すれば足りる（規164条）。

　公訴の効力は，検察官の指定した被告人以外の者には及ばない（249条）。このことは，刑事訴訟が，特定の犯罪事件の「犯人探し」をする場ではなく，あくまで当該「被告人」がそれを犯したか否かを確認する場であることを意味する。すなわち，当該事件の真犯人が被告人とは別に存在することが判明した場合には，裁判所は，被告人に無罪判決を言い渡すことによってその訴訟を終結しなければならず，真犯人の刑事責任の追及は，新たな（別個の）公訴提起によって行われなければならない。起訴状の記載により被告人を特定することが不可能な場合には，当該公訴の提起は無効となる。

(3) 公訴事実の記載と訴因の特定・明示

(a) 公訴事実の記載方法──訴因の特定・明示とその機能　　次に，起訴状には，**公訴事実**が記載されなければならない。公訴事実とは，公訴の対象事実，すなわち，検察官が，被告人に対する刑事責任の追及原因として，その存在を

第2節　公訴提起の手続・効果

主張して裁判所に審判を求める犯罪事実のことをいう。刑訴法は，その記載方法について，「公訴事実は，**訴因を明示してこれを記載しなければならない。訴因を明示するには，できる限り日時，場所及び方法を以て罪となるべき事実を特定してこれをしなければならない**」と定める（256条3項）。

　ここに「訴因を明示して」とは，被告人に対する刑事責任の追及原因となる事実を，それに適用されるべき罰条が定める構成要件に当てはめて，という意味に解される。刑事責任（国家の側から見れば，刑罰権）は，刑法が定める構成要件に該当する事実が実現ないし具体化されることによって発生するが，公訴とは，被告人に刑事責任が発生した旨の主張であるから，その対象事実を起訴状に記載するにあたっては，①異なる刑事責任の追及原因となる（がゆえに別個の公訴の対象とされるべき）他の事件との区別が可能となるように特定すると同時に，②それが，「罪となるべき」──すなわち，刑事責任追及の原因となる──法律的・事実的理由の内訳を明示して記載する（言い換えれば，①どの事件が，②なぜ被告人に対する刑事責任の追及理由になるのかを示す）ことが求められるのである。判例も，「訴因における罪となるべき事実」の記載については，「他の犯罪事実との区別が可能」であると同時に，「構成要件に該当するかどうかを判定するに足りる程度に具体的に明らかにされ」ることが求められるとする（最決平成26・3・17刑集68巻3号368頁）。

　このことは，訴因の手続上の機能とも関連づけて理解する必要がある。判例によれば，刑訴法が公訴事実を「訴因を明示して」記載することを要求したのは，「裁判所に対し審判の対象を限定」および「画定」するとともに，「被告人に対し防禦の範囲を示す」ためであるが（最大判昭和37・11・28刑集16巻11号1633頁，最決平成13・4・11＝ 判例 2-3 〔⇨256頁〕参照），これは，裁判所の審判が，不告不理の原則（⇨211頁(2)）のもとで，①の意味においてだけでなく，②の意味においても，訴因として特定・明示された事実の存否ないしその犯罪としての成否についてなされること（**審判対象限定・画定機能**），そして，被告人は，そのことを前提に，訴因事実の存在ないしそれに基づく犯罪の成立を争えば足りる（**防御範囲指定機能**）ということを意味するものと解される。

┃ Column 2-3 **訴因制度と審判対象論──訴因と公訴事実の関係**
┃　たとえば，検察官が，Vの財物を窃取したとして被告人を起訴したが，公判

221

における審理の結果，その被害物件は実は被告人がVから預かっていたものであり，被告人はそれを横領したものであることが明らかになったとする。この場合に，裁判所は，窃盗罪の存否ないし成否だけでなく，横領罪の存否ないし成否についても審判を行うことができるか。

旧刑訴法下では，公訴の効力は，（当該公訴により追及されるのとは別個の刑事責任の追及理由となるような）他の事件には及ばないとしても，検察官が起訴状に記載する「犯罪事実」との間に「公訴事実の同一性」が認められる「事件」には当然に及ぶものと考えられていた（公訴不可分の原則）。そのため，裁判所は，当該「事件」の真相を解明するために自由に審理を行い，判決を言い渡すことができ，そうしたとしても不告不理の原則には反しないものと解されていた。上の例でいえば，検察官が，被告人を窃盗罪により起訴したとしても，裁判所は，当該事件が本当は横領だったのではないか，あるいは強盗だったのではないかと探索的に審理し，その結果，自らが真実と信じるところに従い，横領罪や強盗罪で有罪を言い渡すこともできたのである。ここには，裁判所に事件についての積極的な真実解明の役割を認める職権主義（大陸法）的な発想がうかがわれる。

これに対して，現行法が導入した訴因制度のもとでは，裁判所の審判の範囲は起訴状記載の訴因に限定されるものとされる。上の例では，裁判所は，窃盗の点についてしか審判することはできず，窃盗罪の成立が否定される以上，（窃盗の訴因が横領の訴因に変更されないかぎりは，⇨ 236頁**第3節**）被告人に無罪を言い渡すしかないことになる。訴因制度は，当事者主義（英米法）に由来し，そこでは，裁判所は，その公平性＝第三者性を保障するためにも，当事者の主張・立証の当否を受動的な立場から吟味・判断すべき者として位置づけられるのである。

もっとも，現行法は，訴因制度を導入する一方で，旧法下の判例・学説が用いていた「公訴事実」の語をも残したため（256条・312条），「審判の対象」の問題に関しても，職権主義的な理解を容れる余地を残していた。すなわち，現行法のもとでも，裁判所の審判の対象は「公訴事実」であることに変わりはなく，訴因制度は，ただ，被告人に対する不意打ち防止のための手続的制約にすぎないとする解釈が成り立ち得たのである。こうして，現行法制定前後から，学説上，「審判の対象は訴因か公訴事実か」という問題をめぐって，当事者主義的訴訟観に立つ**訴因対象説**と職権主義的訴訟観に立つ**公訴事実対象説**との間で，訴因変更の要否，訴因変更命令の性質・効果，訴因逸脱認定の場合の控訴理由，訴訟条件の判断方法・基準等の諸問題をめぐって議論が展開されることになった。これを**審判対象論**という。

審判対象論においては，主として，「裁判所の審判の対象は何か」という問題と，「裁判所の審判はどの範囲に及ぶか」という問題が論じられる。公訴事実対象説は，公訴事実を，検察官が訴追しようとする「生の事実」あるいは

第2節 公訴提起の手続・効果

「社会的事実」（上の例では，被告人による特定の被害物件の「（不法）領得」の事実）として捉え，訴因は，これを罰条が定める犯罪構成要件に当てはめて法的に構成し直したもの（被告人により「窃盗」または「横領」が犯されたという事実）として理解したうえで（**法律構成説**），審判の対象は公訴事実であり，その範囲は法的構成を経る前の「社会的事実」全般に及ぶとする。これに対して，訴因対象説は，訴因とは，検察官がその存在ないし成立を主張して審判を請求する具体的な犯罪事実であり（**事実記載説**），公訴事実ないし公訴事実の同一性は，新旧訴因間の関係性をあらわし，訴因変更が問題とされてはじめて観念される「機能概念」にすぎないとしたうえで，審判の範囲は，訴因として記載された犯罪事実に限定されるとするのである。

　では，公訴を適法・有効とするためには（⇨ 231頁 **Column 2-5**），具体的にどの程度の訴因の特定・明示が要求されるのであろうか。この問題については，訴因の上記機能に対応して，①他の犯罪事実との区別（識別）可能性の確保と②構成要件該当事実の明示という2つの観点から検討する必要がある。

　(b) **他の犯罪事実との区別（識別）**　刑事責任は，罰条に定められた構成要件に該当する犯罪行為が一定の主体により実現されることによって発生する。したがって，同一人が，（異なるまたは同一の構成要件に該当する）犯罪行為を複数回行った場合には，原則として，その回数に応じた複数の刑事責任が生ずることになる（ただし，⇨ 229頁(e)）。訴因は，被告人に対して刑事責任が発生した旨の主張であるから，公訴の対象事実が，（同一被告人によるものであっても，別個の刑事責任の追及原因となるために別個の公訴の対象とすべき）他の犯罪事実と**区別**（識別）できるように記載されなければならない。訴因は，このようにして公訴の対象事実を特定することにより，（不告不理の原則〔⇨ 211頁(2)〕のもとで）審判の対象事実を「限定」すると同時に，訴因変更の限界のほか，二重起訴禁止，公訴時効の停止，一事不再理等の範囲を画する「公訴事実の同一性」の判断——その判断は，他の訴因との間で，追及される刑事責任が同一または単一かという形でなされる（⇨ 238頁**2**）——指標としての機能を果たすことになるのである。

　判例は，いわゆる白山丸事件について，「被告人は，昭和27年4月頃より同33年6月下旬までの間に，有効な旅券に出国の証印を受けないで，本邦より本邦外の地域たる中国に出国したものである」との（密出国罪の）公訴事実の

223

記載につき，「犯罪の日時を表示するに6年余の期間内とし，場所を単に本邦よりとし，その方法につき具体的な表示をしていない」ことを認めつつも，被告人側からの刑訴法256条3項違反の主張を排斥した（前掲最大判昭和37・11・28）。その理由として，同判決は，「犯罪の日時，場所及び方法」については，「これら事項が，犯罪を構成する要素になっている場合を除き，本来は，罪となるべき事実そのものではなく，ただ訴因を特定する一手段として，できる限り具体的に表示すべきことを要請されている」にすぎないとした上で，「犯罪の種類，性質等の如何により，これを詳らかにすることができない特殊事情がある場合には，……〔裁判所に対し審判の対象を限定するとともに，被告人に対し防禦の範囲を示すという〕法の目的を害さないかぎりの幅のある表示をしても，その一事のみを以て，罪となるべき事実を特定しない違法があるということはできない」と判示した。

　ここにいう「法の目的」が，公訴の対象事実と他の犯罪事実との区別を可能とすることによって審判対象を限定し，防御の範囲を示すことにあるとすれば，訴因のこのような機能は，たしかに，必ずしも「日時，場所及び方法」の具体的特定によってしか確保できないわけではない（たとえば，人を死亡させた罪の訴因については，人の死は論理的に1回しかあり得ない以上，「被告人は，Vを死亡させたものである」として被害者さえ特定すれば他の犯罪事実との区別は可能となろう）。また，本件には，当時，国交を回復していなかった中国への密出国事件であり，その具体的顛末を確認することが極めて困難であったという「特殊事情」もあった。しかし，本件においては，仮に起訴状記載の期間内にほかにも密出国が行われていたとすれば，その事実と公訴の対象とされた事実の区別（異同の判断）は困難となるにもかかわらず，判例は，「罪となるべき事実を特定しない違法があるということはできない」とした。その理由については，本件では，検察官の冒頭陳述によって帰国の事実が特定されており，仮にほかにも密出国が行われていたとしても，当該帰国に対応する出国の事実は論理的に1回しか存在し得ないという意味で特定されていたとみることができるとする説明（奥野裁判官補足意見参照）と，起訴状記載の期間内における密出国は1回であり，複数回であったかもしれないという疑いのない限り訴因の特定があるといってよいとする説明がある。

第2節　公訴提起の手続・効果

　この「他の犯罪事実との区別（識別）」という点でとりわけ困難な問題を提示するのが，覚せい剤の使用事犯に関する訴因の特定である。

◆**判例 2-1**◆　最決昭和 56・4・25 刑集 35 巻 3 号 116 頁

【事実】　X（被告人）は，1979（昭和 54）年 10 月 3 日，暴力行為等処罰法違反の罪で逮捕された。同日，警察官が，同事件の凶器として使用された鉈を差し押さえるため，X が経営する会社の飯場の捜索を行ったところ，注射器 2 個が発見されたので，立会人から任意提出を受けてこれを領置した。警察官は，翌4 日に X の同意を得て右腕の写真を撮影し，5 日に尿の任意提出を受けた。鑑定の結果，尿および注射器から覚せい剤が検出されたが，X は，覚せい剤使用の事実について否認し，目撃者もいなかった。そこで，検察官は，起訴状に，「被告人は，法定の除外事由がないのに，昭和 54 年 9 月 26 日ころから同年 10月 3 日までの間，広島県高田郡吉田町内及びその周辺において，覚せい剤であるフェニルメチルアミノプロパン塩類を含有するもの若干量を自己の身体に注射又は服用して施用し，もって覚せい剤を使用したものである」との公訴事実を記載して，X を起訴した。

【決定要旨】「本件公訴事実の記載は，日時，場所の表示にある程度の幅があり，かつ，使用量，使用方法の表示にも明確を欠くところがあるとしても，検察官において起訴当時の証拠に基づきできる限り特定したものである以上，覚せい剤使用罪の訴因の特定に欠けるところはない。」

　覚せい剤の使用は，尿から覚せい剤成分が検出されればその事実自体は明白である一方で，直接の被害者が存在せず，また，他人の目の届かないところで行われることも少なくないが，その場合には，本人の供述によらないかぎり犯行の日時，場所，方法等を明らかにすることは困難である。したがって，被疑者・被告人が否認，黙秘，あるいはあいまいな供述に終始するような場合には，◆**判例 2-1**◆の事案のように，この点について幅のある記載がなされることになるが，その場合には，当該期間および場所において，被告人がほかにも覚せい剤を使用した可能性は否定できず（覚せい剤の使用は，短期間に繰り返し行われることも少なくない），また，複数回使用の場合には尿中から検出された覚せい剤成分と使用行為が 1 対 1 で対応するわけではない以上，公訴の対象となった使用の事実を他の使用の事実と区別できるように記載することは困難である。

　そこで，このような訴因については，尿の採取に先立つ最後の使用が起訴されたものとするならば（実務上，検察官はこのように釈明することが多いとされる）特定されたといえるとする見解（**最終行為説**）や，起訴状記載の期間・場所内

225

において少なくとも1回，あるいは，唯1回の使用が起訴されたものとするならば，特定されたといえるとする有力な見解（**最低一回行為説，唯一回行為説**）もある。このように解することで，他の使用からの識別が可能となる（**最終行為説**），あるいは，識別の問題は実際上生じない（**最低一回行為説，唯一回行為説**）──すなわち，同一期間内・場所における使用行為に対する新たな起訴は，検察官が，それが前訴と異なる使用行為であることにつき合理的な疑いを超える立証に成功しないかぎり，あるいは，唯1回の使用しかないと主張する以上，二重起訴禁止ないし一事不再理効により妨げられ，他方，覚せい剤使用の事実の立証・認定は主として被告人の尿中から検出された覚せい剤によって行われるため，日時・場所・方法等それ自体には防御上重要な意味が認められるわけではないから，審判対象を限定し，防御範囲を指定するという訴因の機能は実際上害されない──とするのである。

◁ **判例 2-1** ▷ が，当該公訴事実の記載につき訴因の特定に欠けるところはないとする理由は明らかではないが，（昭和37年大法廷判決のいう訴因の審判対象限定・防御範囲指定機能を考慮の外におくものとは考えにくいことからすると，仮に「特殊事情」が認められるとしても）「起訴当時の証拠に基づきできる限り特定し」さえすれば，他の犯罪事実との区別可能性確保の要請を犠牲にしてもよいという趣旨ではなく，この点については，上記のいずれかの説明によって問題を解消し得るとの前提に立つものと解される。しかしながら，これらの説明に対しては，起訴状記載の期間内に他の使用行為があった可能性は排除できない以上，他の犯罪事実との区別の点であいまいさを残していることは否めないとの批判もある。

そこで，学説上は，覚せい剤の使用が1回ごとに一罪を構成し，複数回の使用行為は併合罪関係に立つとする前提自体に疑問を提示し，同罪は，覚せい剤の体内保有を「罪となるべき事実」とする継続犯と解すべきであるとする説（**継続犯説**），あるいは，短期間における数回の使用行為は包括一罪と解すべきであるとする説（**包括一罪説**）のように，罪数論上の解決を示唆する見解もあるが（⇨ 229頁(e)），実体法の解釈として十分に受け入れられているわけではない。

(c) **構成要件該当事実の明示**　訴因の特定・明示は，①他の犯罪事実との区別可能性さえ確保すれば足りるというわけではなく（たとえば，①の観点からは，人を死亡させた罪については，「被告人は，Vを死亡させたものである」として被

第2節　公訴提起の手続・効果

害者さえ特定すれば足りるであろうが，これでは何罪が成立するのかさえ判別不能である），②構成要件該当事実を示すことにより，当該公訴の対象事実が「罪となるべき」理由の法律的・事実的内訳を具体的に明示して行わなければならない。このことにより，審判および防御の対象事実が①の観点から「限定」されるだけでなく，②の観点から「画定」されることになるのである。

　より具体的には，訴因は，まず，③公訴の対象事実について犯罪成立を根拠づけるに足りる事項を記載し，同事実が刑事責任の追及原因となる法律的理由を示さなければならない（339条1項2号参照）。これは，当該事件に適用されるべき罰条から導かれる構成要件要素の問題であるから，いかなる事項を記載すべきかは，各構成要件ないしその修正形式ごとに検討する必要がある（最決平成13・4・11＝ **判例 2-3** 〔⇨256頁〕は，殺人罪の共同正犯の訴因について，「その実行行為者がだれであるかが明示されていないからといって，それだけで直ちに訴因の記載として罪となるべき事実の特定に欠けるものとはいえない」とする）。

　しかし，このことは，（他の犯罪事実との区別可能性が確保される程度の特定があることを前提として）抽象的な構成要件要素それ自体を記載すれば（たとえば，殺人罪について，「被告人は，殺意をもってVを殺害したものである」と記載しさえすれば），訴因の明示として十分であるということを必ずしも意味するわけではない。なぜなら，⑤刑事責任は，構成要件に該当する事実が（一定の日時・場所において，一定の方法により）実現ないし具体化されることによって生じるのであるから，訴因において被告人に刑事責任を追及する事実的理由を示すには，「日時，場所及び方法」等により事実を特定する必要があると考えられるからである（「日時，場所及び方法」について，判例〔前掲最大判昭和37・11・28〕は，「罪となるべき事実そのもの」ではないとするが，学説上は，「罪となるべき事実」自体ではないとしても，訴因には含まれるとする見解が有力であり，実際にも，訴因は，「誰が，いつ，どこで，何・誰に対し，どのような方法で，何をした」という「六何の原則」に従って記載されるのが通例である）。

　もっとも，事実の具体性には無限の濃淡があり得るため，この意味で訴因が明示されたというためにどの程度具体的な記載が求められるかは問題である。この点については，訴因が審判の対象となるということは，裁判所によって訴因事実が認定されれば，それがそのまま有罪判決の理由としての「罪と

227

なるべき事実」（335 条 1 項。⇨ 476 頁(b)）として示され得るということを含意
し，したがって，訴因についても，有罪判決における「罪となるべき事実」に
求められるのと同程度の具体性——すなわち，裁判所に有罪の確信を抱かせ得るに
足る（最低限の）具体性（⇨ 478 頁(2)）——が求められるとする有力な見解があ
る。

　判例には，（被害者が白骨死体で発見された）傷害致死罪の訴因について，「〔被
害者の〕頭部等に手段不明の暴行を加え，頭蓋冠，頭蓋底骨折等の傷害を負わ
せ，よって，……頭蓋冠，頭蓋底骨折に基づく外傷性脳障害又は何らかの傷害
により死亡させた」との記載は，「暴行態様，傷害の内容，死因等の表示が概
括的なものであるにとどまる」としても，「検察官において，当時の証拠に基
づき，できる限り日時，場所，方法等をもって傷害致死の罪となるべき事実を
特定して訴因を明示したものと認められるから，訴因の特定に欠けるところは
ない」とするものがあるが（最決平成 14・7・18 刑集 56 巻 6 号 307 頁），これに対
しては，（ⓐの観点からはともかく）ⓑの観点からの訴因の明示の要請を軽視す
るものとの批判もあり得よう。

　(d)　「できる限り」の意義　　刑訴法 256 条 3 項は，訴因の明示を，「罪とな
るべき事実」を「できる限り日時，場所及び方法を以て」特定して行うことを
要求する。判例にも，検察官が，当時の証拠に基づいて「できる限り」日時，
場所，方法等をもって罪となるべき事実を特定し，訴因を明示したことを，当
該公訴事実の記載が訴因の特定に欠けるところはないとする理由として挙げる
ものがある（⇨ 判例 2-1 ，前掲最決平成 14・7・18 等）。

　しかし，このことは，訴因の特定・明示があるというためには，検察官が，
公訴の対象とする「罪となるべき事実」を，当時の証拠に基づいて「できる限
り」特定しさえすれば，他の犯罪事実との区別が不可能であっても，あるいは，
それが刑事責任追及の原因となる法律的・事実的理由の内訳を示していなくて
も構わないということを意味するわけではないというべきであろう。これらの
意味での特定・明示が，訴因の審判対象限定・画定（およびそれと表裏の関係に
立つ防御範囲指定）機能を確保するために不可欠の要請であるとすれば，それは，
公訴の（適法要件であるにとどまらず）有効要件となると考えられるからである
（昭和 37 年大法廷判決は，「特殊事情」がある場合でも「法の目的を害さないかぎりの」

228

第2節　公訴提起の手続・効果

幅のある表示が許されるにとどまるとし，最決平成 13・4・11 ＝ <判例 2-3> 〔⇨ 256 頁〕は，明示がなければ「それだけで直ちに訴因の記載として罪となるべき事実の特定に欠ける」とされるような事項の存在を示唆する）。むしろ，刑訴法および判例は，これらの要請が充たされることを前提として，とくに被告人の防御にとって重要な事項については，さらに，当時の証拠に基づいて「できる限り具体的に」，日時，場所，方法等をもって罪となるべき事実を特定・明示することを求めているものと解すべきであろう（⇨ 256 頁 <判例 2-3> 参照）。

> **Column 2-4**　識別説と防御権説──共謀共同正犯の訴因の記載方法をめぐって
>
> 　共謀共同正犯の訴因の記載方法をめぐっては，とりわけ，実行行為だけでなく，共謀の事実も「日時，場所及び方法を以て」特定する必要があるか，それとも，（実務で多く見られるように）「（○○と）共謀の上」との記載で足りるかについて議論が展開されてきた。より具体的には，訴因は公訴の対象事実を（他の刑事責任の追及理由となるような）他の犯罪事実と区別できる程度に明示されていれば十分であるから，（他の共犯者による）実行行為さえ「日時，場所及び方法を以て」特定されていれば，「（○○と）共謀の上」との記載で足りるとする見解（**識別説**）と，共謀のみに関与した被告人については，同人と犯罪事実との結びつきは共謀をした点にのみ存し，防御の重点もこの点に集約されるのであるから，実行行為だけでなく，共謀の事実に関しても「日時，場所及び方法を以て」特定すべきであるとする見解（**防御権説**）が対立するとされてきたのである。
>
> 　一般に，識別説は，訴因の（防御範囲指定機能よりも）審判対象限定・画定機能を重視するものとされる。しかし，上述のとおり，訴因は，公訴の対象事実と他の犯罪事実との区別を可能とすることによってだけでなく，同事実が「罪となるべき」法律的・事実的理由を示すことによってもこの機能を果たすものである。そうであるとすれば，共謀のみに関与した被告人については──「共謀」概念の本質を客観的なもの（謀議，外部的意思連絡）と捉える場合はもちろん，主観的なもの（合意，内部的意思連絡）と捉える場合であっても──公訴の対象事実が「罪となるべき」法律的・事実的理由は共謀への関与の点のみに求められるのであるから（なお，最大判昭和 33・5・28 刑集 12 巻 8 号 1718 頁参照），（防御の利益・便宜を図るという観点からはもちろん）審判対象の画定という観点からも共謀の事実の内容を「できる限り日時，場所及び方法を以て」特定すべきであろう。

(e)　科刑上一罪・包括一罪の訴因の特定・明示　　刑事責任は，原則として，（同一のまたは異なる）罰条が定める構成要件に該当する行為が実現ないし具体化されるごとに発生する。しかし，刑法は，同一人につき複数の犯罪が成立す

229

第2章　公訴権の行使と訴訟条件

る場合であっても，「1個の行為が2個以上の罪名に触れ」るとき（観念的競合）または「犯罪の手段若しくは結果である行為が他の罪名に触れる」とき（牽連犯）には，科刑上一罪としてまとめて処罰することを予定している（刑45条）。これらの場合には，公訴の対象事実としては（刑事責任の追及原因ごとに特定されるため）1個と数えられるとしても，訴因は，個別の行為ごとに罰条が定める構成要件該当事実を明示すべきである。

　同一人による複数の行為が，その間の特別な関係によりまとめて一罪として処罰される例としては，ほかに包括一罪もある。この場合にも科刑上一罪と同様の扱いが要求されるかについては議論があり得るが，たとえば，営業犯のように，刑事責任の追及理由として個々の行為の個性が重視されない場合には，ある程度包括的な記載が許される場合もあろう（最決平成17・10・12刑集59巻8号1425頁，前掲最決平成26・3・17参照）。

（4）罪数評価と訴因設定

　実体法（罪数論）上，複数の犯罪行為につき，その間の特別な関係により，1つの刑事責任の追及理由として扱う可能性がある場合に，どのように訴因を設定するかは，基本的に検察官の裁量に属するものとされる。判例も，検察官は，事案の軽重，立証の難易等諸般の事情を考慮して，たとえば，①被告人が，委託の任務に背いて他人の不動産に抵当権を設定した後，これを売却して所有権を移転したという「横領後の横領」の（両行為が共罰的事前・事後行為の関係に立つと考えられる）事案について，「先行の抵当権設定行為ではなく，後行の所有権移転行為をとらえて公訴を提起」（最大判平成15・4・23刑集57巻4号467頁）することや，②「実体的には常習特殊窃盗罪を構成するとみられる窃盗行為について……，常習性の発露という面を捨象した上，基本的な犯罪類型である単純窃盗罪として公訴を提起」（最判平成15・10・7＝ 判例 5-4 〔⇨498頁〕）することも許されるとする（そのほか，最決昭和59・1・27刑集38巻1号136頁参照）。

　なお，いわゆるかすがい現象が認められるため科刑上一罪として起訴することが可能な複数の犯罪行為について，かすがいとなる犯罪を不起訴にして併合罪として起訴すること（かすがい現象を認める判例のもとでは，そのほうが処断刑の点で被告人に不利となる）が許されるかについても議論があるが，専ら被告人に

230

第2節　公訴提起の手続・効果

不利に処断することを目的とする場合はともかく，立証の難易，被害者保護等諸般の事情を考慮して合理的な一部訴追であるといえるかぎりにおいては（⇨ 213 頁(2)），これを違法ないし不当ということはできないであろう。

(5) 訴因の補正・訂正

　刑訴法 256 条 3 項が要求する「罪となるべき事実」の特定が欠けるために無効な訴因を，検察官の釈明等により事後的に明確にすることによって有効な訴因とすることを，**訴因の補正**という。これは，後述の訴訟条件の追完の一例であり（⇨ 280 頁(3)），一般に，起訴状記載の訴因の明示が不十分であっても，他の犯罪事実から区別できる程度に特定されていれば，裁判所は，直ちに「公訴提起の手続がその規定に違反したため無効である」（338 条 4 号）として公訴を棄却する必要はなく，冒頭手続において検察官に釈明を求め（294 条，規 208 条），検察官がこれに応じて訴因を明確にすれば，有効なものとして扱ってよいとされる（最判昭和 33・1・23 刑集 12 巻 1 号 34 頁参照）。このような扱いは，訴訟経済の観点からも正当化され得るが，結果的に被告人の利益と合致することも少なくなかろう。

> **Column 2-5**　訴因の特定・明示に関する義務的求釈明と裁量的求釈明
>
> 　訴因制度のもとでは，裁判所の審判は，検察官が訴因として特定・明示する犯罪事実の存否ないし成否をめぐって行われるものとされ，被告人は，このことを前提として，訴因において特定・明示された構成要件該当事実の存在またはそれに基づく犯罪の成立を争う。この意味での審判対象限定・画定（およびそれと表裏の関係に立つ防御範囲指定）の機能を果たすのに必要不可欠な訴因の特定・明示が欠けるときは，裁判所は，この点について検察官に釈明を求めるべきであり，それでも「罪となるべき事実」が特定されない場合には，判決により公訴を棄却しなければならない（338 条 4 号）。この意味での訴因の特定・明示は公訴提起の有効要件であり，実際，これを欠く場合には，裁判所はどの事件がいかなる理由により訴追の対象とされているのかがわからないから，検察官に釈明を求める義務を負うことになる（**義務的求釈明**）。
>
> 　もっとも，このように公訴の有効要件として審判対象の限定・画定のために特定・明示が不可欠な事項（**必要的記載事項**）以外であっても，争点整理ないし被告人側の防御の利益のためには，さらに明確化しておくのが相当ないし便宜とされる事項（**任意的記載事項**）もある（⇨ 253 頁(c)）。裁判所は，このような事項についても，検察官に釈明を求めるのが望ましいが，そのような義務を

負うとまではいえない（**裁量的求釈明**）。

　これに対して，訴因の記載に，誤字・脱字等の形式的な瑕疵や明らかな誤記があるにすぎない場合には，これを無効とする必要はなく，そのまま修正すれば足りる。このように，一応有効に成立している訴因を，その特定性を害しない限度で修正することを，**訴因の訂正**という。

(6)　罪名の記載

　罪名は，「**適用すべき罰条を示して**」記載しなければならない（256条4項）。この「罪名及び罰条」は，具体的には，刑法犯の場合には，「窃盗　刑法第235条」，「殺人未遂　刑法第203条，第199条」といったかたちで，特別法犯の場合には，「覚せい剤取締法違反　同法第41条の3第1項第1号，第19条」といったかたちで記載されるのが通例である。

　罪名・罰条は，公訴の対象事件が「罪となるべき」法的根拠を示すものであるが，上述のように，これは，既に公訴事実の記載において，その事実的根拠とともに訴因として明示されているともいえる（訴因は，公訴の対象事実を罰条が定める構成要件に当てはめたものだからである）。その意味で，罪名・罰条の記載は，「訴因をより一層特定させて被告人の防禦に遺憾のないようにするため法律上要請されている」（最決昭和53・2・16刑集32巻1号47頁）にすぎず，その誤りは，被告人の防御に実質的な不利益を生ずるおそれがないかぎり，公訴提起の効力に影響を及ぼさない（256条4項但書）。

(7)　訴因・罰条の予備的・択一的記載

　検察官は，数個の訴因・罰条を，**予備的**にまたは**択一的**に**記載**することもできる（256条5項）。検察官は，公訴を提起するにあたって，捜査の結果からは，その対象事件が刑事責任の追及原因となる理由の事実的・法律的内訳を一義的に確定できないこともある。たとえば，被疑者に，特定の財物の不法領得を行った嫌疑は認められるが，それが窃盗罪に当たるか，それとも横領罪に当たるかが，事実的ないし法律的に確定できない場合などである。このような場合には，「窃盗，さもなくば横領」というかたち（予備的記載），あるいは，「窃盗ま

たは横領」というかたち（択一的記載）での訴因・罰条の記載が許されるのである（もっとも，実際には，検察官は，綿密な捜査に基づく高度な嫌疑を前提として公訴の提起を行うため，予備的・択一的記載が行われる例はまれであるとされる）。予備的記載は，「本位的訴因→予備的訴因」というように，2つの訴因・罰条の間に優先順位をつけてなされる点で，択一的記載と異なる。

　予備的・択一的記載は，上記の窃盗と横領のように，同一の刑事責任の追及原因となる事実について，非両立の——すなわち，どちらか一方しか成り立ち得ないという——関係にある訴因・罰条の間でのみ許される。したがって，併合罪関係にある複数の訴因・罰条の予備的・択一的記載が許されないのはもちろんのこと，科刑上一罪の関係にある複数の訴因・罰条（たとえば，牽連犯関係にある住居侵入と窃盗）の予備的・択一的記載も許されない。

2 起訴状一本主義

(1) 起訴状一本主義と予断排除

　刑訴法256条6項は，起訴状に，「裁判官に事件につき予断を生ぜしめる虞のある書類その他の物を添附し，又はその内容を引用してはならない」と定める。これを，**起訴状一本主義**という。これに反した公訴の提起は無効であり，直ちに判決により棄却される（338条4号）。

　旧刑訴法下では，検察官が，公訴の提起とともに証拠物や一件記録を裁判所に提出するのが慣行となっており，裁判官は，これらの記録等を精査し，事件について一定の心証を形成したうえで公判に臨んでいた。こうして，裁判所が，検察官から嫌疑を引き継ぐ結果として，公判は，捜査結果の事後的確認・検討の場——より具体的には，捜査の結果を前提として，それに対する被告人の弁解を聞き，疑問の残る点についてのみ証拠を調べ直す場——となっていたのである。しかし，これでは，裁判官は，捜査機関により一方的に収集・作成された証拠によってあらかじめ心証を形成し，予断をもって審理を始めることになり，裁判の公正を確保できない。そこで，現行法は，「裁判官が，あらかじめ事件についてなんらの先入的心証を抱くことなく，白紙の状態において，第1回の公判期日に臨み，その後の審理の進行に従い，証拠によつて事案の真相を明らかにし，もつて公正な判決に到達する」（最大判昭和27・3・5刑集6巻3号351頁）ことを

担保するために（**予断排除の原則**），起訴状一本主義を採用した。その結果，公判では，捜査の結果はいったん白紙に戻され，事件の審理が一から，かつ，当事者の追行にゆだねられるかたちで行われることになったのである。

　もっとも，この制度については，検察官手持ち証拠の被告人側への証拠開示の問題を生ぜしめたという負の側面も指摘されてきた。また，公判前整理手続に当該事件の公判を担当する受訴裁判所を関与させることが同制度の趣旨に反することにならないかについても議論があった（⇨314頁**5**）。

(2) 書類その他の物の添附・引用

　刑訴法256条6項は，「裁判官に事件につき予断を生ぜしめる虞のある書類その他の物を**添附**し，又はその内容を**引用**」することを禁ずる。この文言との関係でとくに問題とされるのは，文書が脅迫や名誉毀損等の犯罪の手段・方法として用いられた場合に，その「内容を引用」することができるか否かである。なぜなら，このような場合には，文書の内容それ自体が，当該事実が「罪となるべき事実」となるか否かを左右する事情となり得るため，同条3項が定める訴因明示の要請（⇨220頁(3)）との調整が問題となるからである。

　判例は，①恐喝の手段として被害者に郵送された脅迫文書とほとんど同様の記載のある起訴状について，脅迫文書の記載内容を表示するには少しでもこれを要約して摘記すべきであるが，「恐喝罪においては，被告人が財物の交付を受ける意図をもって他人に対し害を加えるべきことの通告をした事実は犯罪構成事実に属する」ため，その趣旨が婉曲暗示的であり，「要約摘示しても相当詳細にわたるのでなければその文書の趣旨が判明し難いような場合には，起訴状に脅迫文書の全文と殆んど同様の記載をしたとしても，それは要約摘示と大差なく，被告人の防禦に実質的な不利益を生ずる虞もな」いとして（最判昭和33・5・20刑集12巻7号1398頁），また，②雑誌記事原文の一部を引用した名誉毀損の起訴状について，「文章原文の引用は，検察官が同文章のうち構成要件に該当すると思料する部分を抽出して記載し，もって罪となるべき事実のうち犯罪の方法に関する部分をできるかぎり具体的に特定しようとしたものであ」ることを理由として（最判昭和44・10・2刑集23巻10号1199頁），256条6項に違反しないとしている。

234

(3) 余事記載

刑訴法256条6項の趣旨が裁判官の予断の排除にあるとすれば，書類その他の物の「添附・引用」に当たると否とにかかわらず，「裁判官に事件につき予断を生ぜしめる虞のある」事項を起訴状に記載することは許されないというべきであろう。この点で，とくに問題とされるのが，被告人の前科・前歴，余罪，素行，性癖等の記載の許否である。

判例は，公訴事実の冒頭に「被告人は詐欺罪により既に二度処罰を受けたものであるが」との記載があった詐欺罪の起訴状について，「詐欺の公訴について，詐欺の前科を記載することは，両者の関係からいって，公訴犯罪事実につき，裁判官に予断を生ぜしめるおそれのある事項にあたる」として，256条6項違反を認めている（前掲最大判昭和27・3・5）。もっとも，ここで問題とされているのは，前科の記載それ自体というよりも，むしろ，前科と公訴事実の関係であり，同判例は，「前科であっても，それが，公訴犯罪事実の構成要件となっている場合（例えば常習累犯窃盗）又は公訴犯罪事実の内容となっている場合（例えば前科の事実を手段方法として恐喝）」などは，「公訴犯罪事実を示すのに必要」であるから，「これを記載することはもとより適法である」としていることには注意が必要であろう。

3 公訴提起の効果

適法・有効な公訴の提起がなされると，その対象事件は裁判所に**係属**することになる。訴訟係属のあった裁判所は，訴訟条件が欠けていないかぎり，当該事件に関して実体審判を行う権限および義務を負う。これに伴い，その対象事件について，さらに公訴を提起することはできなくなり（**二重起訴禁止**。338条3号・339条1項5号），公訴時効もその進行を停止する（**公訴時効の停止**。254条1項）。もっとも，起訴状謄本が公訴提起の日から2ヵ月以内に送達されないときには，公訴の提起は遡って効力を失うことになる（271条）。

第2章　公訴権の行使と訴訟条件

第3節　訴因・罰条の変更

1 訴因・罰条変更制度の概要

(1) 訴因・罰条変更制度の意義

上述のように，公訴とは，特定の者について刑事責任（国家から見れば，刑罰権）の発生原因となるような特定の刑事事件についての審判を裁判所に請求する検察官の意思表示であり，刑訴法は，この公訴の提起にあたっては，その対象事実（公訴事実）を，「訴因を明示して」——すなわち，それが被告人の刑事責任の追及原因となる法律的・事実的理由の内訳を示して——起訴状に記載することを検察官に要求している。しかしながら，手続の過程では，公訴の対象事実の具体的内容についての判明状況や評価が変化し，それに応じて，当該事件が「罪となるべき」理由の法律的・事実的内容に変化が生ずることもある。

たとえば，検察官が，被告人が窃盗に該当する行為を犯したとの嫌疑を抱き，同人を窃盗罪により起訴したが，公判における審理の結果，むしろ，被告人が同一被害物件を横領したことが明らかになった場合を想定してみよう。訴因制度のもとでは，審判対象は起訴状記載の訴因に拘束され，裁判所は，窃盗の存否および成否についてしか判断できないとすれば（⇨221頁 **Column 2-3** ），このような場合にも，被告人に無罪を言い渡すしかなく，同人を横領の罪に問うためには，検察官による新たな（横領による）訴追が必要とされることになりそうである。しかし，このように，同一の公訴の対象事実についても，それが刑事責任の追及原因となる法律的・事実的理由の具体的内訳が変わるごとに別個の訴訟を提起しなければならないとすれば，手続が煩瑣になるだけでなく，被告人の手続的負担を増大させることにもなろう。

そこで，刑訴法312条1項は，裁判所は，検察官の請求があるときは，「公訴事実の同一性を害しない限度において，起訴状に記載された訴因又は罰条の……変更を許」すものとし，このような場合に，窃盗から横領へと**訴因・罰条を変更**することによって，検察官に，同一の公訴により横領罪による刑事責任を追及することを認め，ひいては，同一訴訟内において裁判所に横領罪につい

236

て審判することを許している。同規定は，このように両立しない（どちらか一方しか存在ないし成立しない）訴因・罰条間の「変更」のほか，両立する訴因間での**訴因・罰条**の「**追加**」および「**撤回**」も許している。たとえば，住居侵入と窃盗の間に牽連犯（科刑上一罪）関係が認められる場合に，窃盗の訴因・罰条に住居侵入の訴因・罰条を付加するのが訴因・罰条の「追加」であり，住居侵入・窃盗の訴因・罰条から，住居侵入の訴因・罰条を取り去るのが「撤回」である。この訴因・罰条の「追加，撤回又は変更」を，まとめて（広義の）**訴因・罰条変更**とよぶ。

(2) 訴因・罰条変更の手続

　訴因・罰条の変更は，公訴および審判の対象事実の再設定を意味する。上述のように，弾劾主義・当事者主義的刑事訴訟のもとでは，審判対象の設定権限は訴追者である検察官にゆだねられるから，その再設定も検察官の請求に基づいて行われ，また，請求があった場合には，裁判所は，公訴事実の同一性を害しないかぎり，訴因・罰条の変更を許さなければならない（312条1項）。

　裁判所は，訴因・罰条の変更があったときは，速やかに変更された部分を被告人に通知しなければならない（312条3項）。訴因・罰条の変更は，公訴，そして審判および防御の対象事実を改めて提示し直すことを意味するから，公訴の提起に準じた手続によって行われる。すなわち，訴因・罰条の変更は，被告人が在廷する公判廷においては口頭により行うことも許されるが，原則として，書面（訴因変更請求書）を差し出して行う。書面による変更の場合には，被告人の数に応じた謄本が添付され，これが裁判所により被告人に送達された後，公判期日において検察官が訴因変更請求書を朗読する（規209条）。

　裁判所は，訴因の変更により被告人の防御に実質的な不利益を生ずるおそれがあると認めるときは，被告人または弁護人の請求により，決定で，被告人に充分な防御の準備をさせるため必要な期間公判手続を停止しなければならない（312条4項。⇨340頁(1)）。

2 訴因変更の限界（可否）── 「公訴事実の同一性」

(1) 訴因変更の限界（可否）と「公訴事実の同一性」の意義

　刑訴法 312 条 1 項は，訴因の変更は「**公訴事実の同一性を害しない限度にお
いて**」許されると定める。刑事訴訟は，被告人に対する刑事責任の追及事由と
して検察官が起訴状において公訴の対象として特定した犯罪事実（⇨ 220 頁
(3)）の存否ないし成否を確認する場であって，とにかく被告人を処罰するた
めにその理由となり得る過去の罪状を洗いざらい探求する場ではない。したが
って，訴因の変更は，被告人に対する刑事責任の追及原因としての同一性が認
められる訴因間においてのみ許されるのであり，同一被告人についても，その
限度を超える ── すなわち，質的に異なるまたは量的に新たな刑事責任の発生原因と
してその存在ないし成立が主張される ── 事実による刑事責任の追及のためには
別個の訴追が必要とされるのである。

　たとえば，当初，公訴の対象とされた A 窃盗が，審理の結果，存在あるい
は成立しないことが判明する一方，同一被告人に，B 詐欺を行った嫌疑が生じ
たとしよう。この場合に，B 罪による刑事責任を追及するために，A 罪から B
罪への訴因変更によって対処することができるか，それとも，B 罪について別
個の訴追を必要とするかは，A 罪と B 罪の関係によって決まることになる。

　すなわち，A 罪と B 罪が，それぞれ異なる機会に行われた異なる被害物件
に関する窃盗と詐欺であり，両罪が，同一被告人に対する別個の刑事責任の追
及事由として主張されているような場合には，裁判所は A 罪については無罪
を言い渡すことによって当該訴訟を終結し，B 罪による刑事責任の追及は新た
な訴追によって行われなければならない。これに対して，A 罪と B 罪が，同
一機会に行われた同一被害物件の領得行為に関するものであり，同一の刑事責
任の追及原因となる事件をめぐってそれが窃盗であったか詐欺であったかが問
題とされているような場合には，両訴因の間には「公訴事実の同一性」が認め
られ，A 罪から B 罪に訴因を変更することによって，同一訴訟内で B 罪によ
る刑事責任を追及することが許されるのである（もっとも，実務上，このような
場合には，訴因変更が B 罪の訴因を「**予備的追加**」するかたちで行われる例も多く，そ
の場合には，裁判所は，まず A 罪の存否・成否を判断し，それが否定される場合に B

罪の存否・成否を判断することになる）。

　他方，被告人が，C殺人により起訴されたが，これに加えて，D住居侵入も行っていた嫌疑が生じた場合はどうであろうか。この場合も，C罪とD罪が，それぞれ異なる機会に行われた，異なる被害者に対する犯罪行為であるような場合には，両罪は併合罪の関係に立つ（いいかえれば，別個の刑事責任の追及原因となる）ので，D罪による刑事責任の追及は（訴因変更ではなく）追起訴によって行われなければならない。これに対して，D住居侵入がC殺人を行うための手段として行われたと認められる場合は，どうであろうか。この場合には，両罪は，牽連犯とされ（刑54条），実体法上まとめて1個の――すなわち，「単一」の――刑事責任の追及原因として扱われるから（科刑上一罪），C訴因にD訴因を追加することにより，これを1個の訴訟内であわせて訴追・審判することが許されることになる。

　要するに，「公訴事実の同一性」は，刑事訴訟が，被告人の刑事責任を追及する理由となる犯罪の渉猟的あるいは五月雨式な探索の場とならないように訴因変更の限界を画する概念であるから，新訴因が，被告人に対して旧訴因とは別個の刑事責任を発生させる事由として主張されている場合には否定され，同一または単一の刑事責任の発生事由として主張されている場合には肯定されることになるのである。

　以上のように，訴因変更の限界づけの問題を，被告人に対する**刑事責任の渉猟的追及禁止あるいは訴追関心の拡張禁止**という実体法的な観点から捉える見解に対しては，これを，①（訴因変更の限界と一事不再理効の事実的範囲がともに「公訴事実の同一性」により画されること〔⇨次頁 Column 2-6 〕に着目して）訴因変更による検察官および被告人の訴追・防御範囲拡大の利益・不利益と一事不再理効が及ぶ範囲拡大の不利益・利益の比較衡量，あるいは，②証拠ないし防御内容が共通する事件の一回的処理の便宜といった手続的な関心から捉える見解（**手続的利益衡量論**）もある（**総合評価説，利益衡量説，防御同一説**等）。

　しかし，①の防御範囲拡大の不利益に対しては，訴因変更を制限することによってではなく，公判手続の停止によって（312条4項。⇨237頁(2)），また，②の証拠ないし防御内容共通の場合の一回的処理の要請には，弁論の併合によって（313条。⇨338頁(1)）対処すべきであろう。また，これらの考え方を徹

第 2 章　公訴権の行使と訴訟条件

底すれば,「公訴事実の同一性」の判断が,過度に政策的なものとなるか(一事不再理効の範囲が「公訴事実の同一性」によって画される理由が,その範囲に訴因変更が及び得ることに求められる以上〔⇨ 495 頁(3)〕,①の関心は同義反復的であり,そのこと自体から理論的に判断基準を導くことはできない),あるいは,事案毎の個別事情や訴訟の事実上の進展状況等に依存することになりかねず(②の考え方のもとでは,別個の刑事責任の追及事由となるような訴因間でも,たまたま証拠ないし防御内容が共通するならば変更が許されることになろう),法的安定性が損なわれるおそれがある点でも問題がある。

> **Column 2-6**　「公訴事実の同一性」の機能と刑訴法 312 条 1 項の趣旨
>
> 　一般に(異論がないわけではないが),「公訴事実の同一性」は,訴因変更の限界を画する概念であるとともに,二重起訴禁止(338 条 3 号・339 条 1 項 5 号),公訴時効の停止(254 条),一事不再理(337 条 1 号)といった,公訴ないし裁判の効果が及ぶ「事件」の範囲を画する基準ともなるものとされる。それは,この概念が,公訴提起の対象とされた事実と同一訴訟内で解決(訴追・審判)することが許される事実の範囲を画する「機能」を持つからである。
>
> 　このことに着目して,最近では,刑訴法 312 条 1 項の趣旨を,現訴因との間に実体法上の一罪関係が認められる訴因および「別訴で同時に有罪とすることが二重(多重)処罰の実質をもつ」訴因については,「実質的な二重処罰状態」の発生を回避するために,「別訴そのものを許さず,訴因変更による一回的処理を図る」ことに求める見解も有力となっている。たとえば,科刑上一罪関係に立つ住居侵入と殺人の訴因や,同一被害物件に対する同一機会の窃盗と詐欺の訴因について,別訴で主張することを認めると,(各訴因についてそれぞれ有罪判決が言い渡されることにより)「実質的な二重処罰状態」が発生するおそれがある。そこで,刑訴法は,このような関係にある訴因については,現訴因との間に「公訴事実の同一性」があるものとして,別訴で主張することを「二重起訴」として禁止するとともに(338 条 3 号・339 条 1 項 5 号),訴因変更により両訴因を一つの訴訟内で主張させることにより,一つの(有罪)判決しか言い渡しえないようにしている(312 条 1 項)というのであろう。この見解は,「公訴事実の同一性」の意義を,「1 個の刑罰権に関する二重(多重)処罰を回避する」という実体法的視点から説明する点で,手続的利益衡量論とは異なる。
>
> 　しかし,この見解により 312 条 1 項の内容・趣旨を説明することは困難である。なぜなら,同見解によっては,(「公訴事実の同一性」が認められる訴因間の変更が許される理由は説明し得ても),「公訴事実の同一性」を害する訴因変更がなぜ許されないかを説明することはできないからである。実際,併合罪の関係が認められる訴因(たとえば,異なる機会の住居侵入と殺人や,異なる被害物件

第3節　訴因・罰条の変更

に対する異なる機会の窃盗と詐欺）間の変更を許したとしても，「実質的な二重
処罰状態」が発生するおそれはない以上，「1個の刑罰権に関する二重処罰を
回避する」という「訴訟法上の方策・要請」から，これを禁ずる理由を導き出
すことはできないであろう。したがって，同見解によっては，併合罪関係が認
められる訴因間には「公訴事実の同一性」が欠けるとする判例の立場（⇨ 243
頁(b)）を説明することも困難である。

　他方，学説の中には，「公訴事実の同一性」を認めるために，新旧訴因間に
「罪質」や「構成要件」といった規範的・法律的な共通性・類似性を要求する
見解もある（**罪質同一説，構成要件共通説，構成要件類似説**等）。しかし，「公訴事
実の同一性」は，被告人に対する刑事責任の追及事由となるような具体的な事
件の存在に関する検察官の主張としての同一性を意味するものであって，犯罪
類型ないし構成要件間の一般的関係を問題とするものではない。したがって，
たとえば，死体遺棄と保護責任者遺棄といった「罪質」や「構成要件」を異に
する訴因間でも，遺棄の機会および対象者が同一であれば，両者の間には刑事
責任追及事由としての──言い換えれば，それらにより追及される刑事責任の──同
一性が認められ得るというべきであろう。

　判例も，「公訴事実の同一性」を「基本的事実関係」の問題として理解した
うえで（**基本的事実関係同一説**），「2つの訴因の間に，基本的事実関係の同一性
が認められるかどうかは，各具体的場合に於ける個別的判断によるべきもので
ある」とし（最判昭和 29・5・14 刑集 8 巻 5 号 676 頁），恐喝と収賄や，詐欺と寄
付募集に関する条例違反といった「罪質」を異にする訴因間にも，公訴事実の
同一性を認めている（順に，最判昭和 25・9・21 刑集 4 巻 9 号 1728 頁，最決昭和
47・7・25 刑集 26 巻 6 号 366 頁）。

(2)　「公訴事実の同一性」の判断基準

(a)　狭義の同一性と単一性の区別とその判断基準　　では，訴因変更によっ
て「公訴事実の同一性」が害されるか否かの判断はいかなる基準によってなさ
れるか。この問題を考えるには，まずは，新旧訴因が，①事実上ないし法律上，
そのいずれか一方しか被告人に対する刑事責任追及事由の内訳として存在ない
し成立しないものとして主張されている場合（公訴事実の**狭義の同一性**が認

241

められるか否かが問題となる場合）と，②事実上も法律上も，そのいずれもが，被告人に対する刑事責任追及事由の内訳として存在し，かつ成立し得るものとして主張される場合（公訴事実の「**単一性**」が認められるか否かが問題となる場合）とに分けて論ずるのが便宜であろう。

まず，①新旧訴因が，そのいずれか一方しか被告人に対する刑事責任追及事由の内訳として存在ないし成立しないものとして主張されている場合には，訴因変更を認めても，追及される刑事責任は数の上では1つであることに変わりはないから，少なくとも量的には，訴追関心を拡張することにはならない。しかし，この場合でも，両訴因が質的に同一の訴追関心に属するものであるか否か（「狭義の同一性」が認められるか否か）は問題となり得るのであり，これを肯定するためには，新旧訴因間に，とりわけ具体的な法益侵害結果・危殆化または行為の共通性が認められる必要があろう。なぜなら，刑事責任が，一定の法益を侵害または危殆化する行為が行われたことを理由として追及されるものであるとすれば，新旧訴因の間に**法益侵害・危殆化結果ないし行為の共通性**が認められるかぎりにおいては，両者は同一の訴追関心に属するものと解されるからである。

たとえば，ⓐ同一日時・場所における同一の被害物件に関する窃盗と詐欺の訴因，ⓑ過失運転致死とその真犯人の身代わりとなったという犯人隠避の訴因や，ⓒ同一日時であるがゆえに相互にアリバイの関係に立つ大阪での窃盗と東京での殺人の訴因については，いずれの場合も，一方が認められれば他方が否定される（相互に排他的な）関係が認められるため，そのいずれか一方の事実による刑事責任が追及されることになるが，ⓐでは，結果ないし行為が共通するため公訴事実の（狭義の）同一性が肯定されるのに対して，ⓑおよびⓒでは，結果も行為もともに異なるため同一性が否定されることになろう。また，ⓓ大阪でV_1を殺害したという殺人とその1週間後の日付で東京でV_2を殺害したという殺人の訴因の間では，検察官が，被告人はいずれか一人の被害者しか殺害していないと主張したとしても，その刑事責任追及の根拠となる結果（ここでは，殺害された被害者）が異なる以上，公訴事実の同一性は否定されよう。これに対して，ⓔ大阪でVを殺害したという殺人とその1週間後の日付で東京で同じVを殺害したという殺人の訴因の間では，被害者が共通するがゆえに，

242

被告人に対する刑事責任追及の事由として非両立ないし択一的な関係が認められるため，公訴事実の同一性を認めてよい。

　他方，⑤同一日時・場所における同一被害物件に関する窃盗の幇助と正犯の訴因，⑧窃盗とその被害物件の盗品譲受けの訴因，ⓗ犬を射殺したという器物損壊の訴因と，実は人だと思って撃ったという殺人未遂の訴因の間に公訴事実の同一性が認められるかについては議論があり得るが，いずれも，両訴因間に，法益侵害結果または行為共通性が認められ，そうであるがゆえにそれに対する被告人の刑事責任追及事由の内訳として非両立ないし択一的関係が認められるとすれば，訴因変更を認めても被告人に対する訴追関心の拡張禁止の趣旨には反しないというべきであろう。

　これに対して，②被告人に対する刑事責任追及事由の内訳として事実上も法律上も併存ないし両立するものとして主張される訴因間の変更・追加は，通常，（量的にも質的にも）訴追関心の拡張を意味することになるため，許されない。なぜなら，それは，同一訴訟内において旧訴因による刑事責任に加えて新訴因による刑事責任をも追及することを意味するからである。しかし，この場合でも，新旧訴因間に実体法（罪数論）上「一罪」の関係が認められるならば，両者は，実体法自身がこれをまとめて1つの刑事責任の発生原因として扱う以上，1つの訴追関心に属するものといえるため，両訴因の間には公訴事実の「**単一性**」が認められるとして，訴因変更を認めてよい。

　たとえば，ⓘVを殺害したという殺人とV宅への住居侵入の訴因や，ⓙV_1宅への侵入盗とV_2宅への侵入盗の訴因では，その具体的な事実関係から，たとえば，ⓘの場合には両訴因間に目的・手段の関係が認められ，ⓙの場合には両訴因が同一の常習性の発露と認められるならば，新旧訴因はそれぞれ科刑上一罪および常習一罪として実体法上1つの刑罰権の発生事由として扱われることになるため，公訴事実の単一性が肯定される。反対に，このような関係が認められず，両訴因が併合罪関係に立つと認められる場合（たとえば，ⓘの場合で殺人と住居侵入が全く異なる機会に行われ，ⓙの場合で両窃盗が常習性の発露と認められないような場合）には，単一性が否定されることになる。

　(b)　判例の立場　　判例は，上述のように，「公訴事実の同一性」を「基本的事実関係の同一性」として理解するが，その有無の判断にあたっては，共通

性（ないし近接性）を基準とするものと，それに加えて非両立性（択一性）にも言及するものとがあるとされる。

　共通性基準とは，新旧訴因の主要な要素（とりわけ法益侵害結果）に共通性が認められることに着目して，両者の差異が被告人の関与形態の差異にすぎないと解される場合に公訴事実の同一性を認めるとするものである。たとえば，判例は，「日時，場所において近接し双方財産を領得する犯罪であって対象となった財物も同一である」として窃盗と遺失物横領の訴因の間に，また，「金員の提供者，収受者，収受の日時，場所，金員の額のいずれもが同一であって，ただ，金員の収受者が提供者を恐喝して金員を交付せしめたのか，単に職務に関し提供された金員を収受したのかの点において」異なるにすぎないとして，恐喝と収賄の間に，それぞれ基本的事実関係の同一性を認めている（順に，最判昭和25・6・30刑集4巻6号1146頁，前掲最判昭和25・9・21）。

　他方，非両立性基準に言及する判例としては，まず，前掲最判昭和29・5・14が挙げられる。同判決は，「昭和25年10月14日頃静岡県長岡温泉のホテルで甲所有の紺色背広上下1着ほか数点を窃取した」旨の訴因と，「同月19日東京都内で自称甲から紺色背広上下1着の処分方を依頼され，都内でこれを質入れして贓物牙保（盗品有償処分あっせん）をした」旨の訴因は，ともに「窃取された……〔甲〕所有の背広1着に関するものであつて，ただこれに関する被告人の所為が窃盗であるか，それとも事後における贓物牙保であるかという点に差異があるにすぎない」のであり，「罪質上密接な関係があるばかりでなく，……その日時の先後及び場所の地理的関係とその双方の近接性に鑑みれば，一方の犯罪が認められるときは他方の犯罪の成立を認め得ない関係にあると認めざるを得ない」ことを理由として，両者は，「基本的事実関係を同じくする」としている。

　さらに，判例は，馬の売却代金の業務上横領とその馬自体の窃盗の訴因について，「いずれも同一被害者に対する一定の物とその換価代金を中心とする不法領得行為であって，一方が有罪となれば他方がその不可罰行為として不処罰となる関係にあ」るとして（最判昭和34・12・11刑集13巻13号3195頁），また，「公務員甲と共謀のうえ甲の職務上の不正行為に対する謝礼の趣旨で乙から賄賂を収受した」という加重（枉法）収賄の訴因と，「乙と共謀のうえ同趣旨で

第3節　訴因・罰条の変更

公務員甲に対して賄賂を供与した」との贈賄の訴因について，「収受したとされる賄賂と供与したとされる賄賂との間に事実上の共通性がある場合には，両立しない関係にあり，かつ，一連の同一事象に対する法的評価を異にするに過ぎないものであ」るとして（最決昭和53・3・6刑集32巻2号218頁），それぞれ基本的事実関係の同一性を認めている。

　これらの判例は，新旧訴因の間に法益侵害結果ないし行為に共通性（または近接性）が認められることを前提として，そうであるがゆえに被告人の刑事責任追及の事実的ないし法律的理由として，そのいずれか一方しか存在または成立し得ない場合に，基本的事実関係の同一性，すなわち，公訴事実の同一性を認めるものと解されるが（なお，東京高判昭和40・7・8高刑集18巻5号491頁は，一事不再理効が及ぶか否かの判断についてではあるが，業務上過失傷害罪とその犯人の身代わりとなったという犯人隠避罪について，両者の間には非両立関係が認められるが，「罪質，被害法益，行為の客体及び態様等その主要な犯罪構成要素を全く異に」するため公訴事実の同一性は認められないとする），この基準は，訴追関心の拡張禁止の観点からも基本的に支持することができる。なぜなら，法益侵害結果ないし行為に共通性が認められるがゆえに被告人に対する刑事責任の追及理由として当初の訴因と両立ないし併存し得ないような訴因への変更を許しても，同一訴訟内において当初の訴因とは量的ないし質的に別個の（新たなまたは異なる）刑事責任を追及することにはならず，したがって，被告人に対する訴追関心の拡張禁止の趣旨に反することにはならないからである。

　このような考慮は共通性基準のもとでも妥当していたものと考えられ，判例は，新旧訴因間における犯行の日時，場所，態様等の重なりあいが比較的少なく，共通性基準だけではその間に基本的事実関係の同一性が認められるか否かの判断が不明確な場合に非両立性基準を援用したものと解される。その意味で，非両立性基準は，（共通性基準とは無関係のもの，あるいは，共通性基準を拡張するものとする理解もあるが）共通性基準のもつ意義を明確化すると同時にこれを補完するものとして理解すべきであろう。

　ところで，「公訴事実の同一性」が，このように複数訴因間における被告人に対する刑事責任の追及事由としての同一性を問題とするものであるとすれば，この問題は，次頁 判例 2-2 の事案からもうかがわれるように，訴因の特定

245

第 2 章　公訴権の行使と訴訟条件

における公訴の対象事実の他の犯罪事実との区別（識別）の要請とも密接に関連することに気をつけなければならない（⇨ 223 頁(b)）。

> ◁ 判例 2-2 ▷ **最決昭和 63・10・25 刑集 42 巻 8 号 1100 頁**
>
> 【事実】Xは，「『y ちゃん』こと Y 某と共謀の上，法定の除外事由がないのに，昭和 60 年 10 月 26 日午後 5 時 30 分ころ，栃木県芳賀郡 a 町 b 番地の被告人方において，右 Y をして自己の左腕部に覚せい剤であるフェニルメチルアミノプロパン約 0.04 グラムを含有する水溶液約 0.25 ミリリットルを注射させ，もって，覚せい剤を使用した」として起訴された。ところが，その後，被告人が供述を変更するなどしたため，検察官は，「被告人は，法定の除外事由がないのに，昭和 60 年 10 月 26 日午後 6 時 30 分ころ，茨城県下館市 c 番地の d 所在スナック『Z』店舗内において，覚せい剤であるフェニルメチルアミノプロパン約 0.04 グラムを含有する水溶液約 0.25 ミリリットルを自己の左腕部に注射し，もって，覚せい剤を使用した」との訴因に変更する旨請求した。
>
> 【決定要旨】「記録によれば，検察官は，昭和 60 年 10 月 28 日に任意提出された被告人の尿中から覚せい剤が検出されたことと捜査段階での被告人の供述に基づき，前記起訴状記載の訴因のとおりに覚せい剤の使用日時，場所，方法等を特定して本件公訴を提起したが，その後被告人がその使用時間，場所，方法に関する供述を変更し，これが信用できると考えたことから，新供述にそって訴因の変更を請求するに至ったというのである。そうすると，両訴因は，その間に覚せい剤の使用時間，場所，方法において多少の差異があるものの，いずれも被告人の尿中から検出された同一覚せい剤の使用行為に関するものであって，事実上の共通性があり，両立しない関係にあると認められるから，基本的事実関係において同一であるということができる。したがって，右両訴因間に公訴事実の同一性を認めた原判断は正当である。」

　本件事案において，仮に，被告人の尿中から検出された覚せい剤が 1 回かぎりの使用によって摂取されたものであることが審理経過や証拠関係から確認できていたとすれば，新旧訴因間に公訴事実の同一性が認められることに異論はない（両訴因間の差異は，同一の使用行為に関する時間，場所，方法の評価の差異にすぎないことになるからである）。しかし，複数の使用の可能性が認められる場合には，新旧訴因が同一の使用に関するものであるか，異なる使用に関するものであるか，いいかえれば，被告人の刑事責任追及の理由として両立するかしないかの判別は困難である。本決定は，被告人の供述の変遷が同一の使用行為に関するものであり，また，検察官もそのことを前提として訴因の変更を請求したことに着目して，両者の間に公訴事実の同一性を肯定したものと考えられる。

246

第3節　訴因・罰条の変更

これに対し，現訴因と両立ないし併存するものとして主張される訴因については，判例は，両者の間に併合罪関係が認められる場合には，「公訴事実の同一性を欠く」とし（最判昭和33・2・21刑集12巻2号288頁），現訴因と併合罪関係に立つような事実で訴追するには，「訴因変更請求ではなく追起訴の手続によるべき」であるとする（最決平成18・11・20刑集60巻9号696頁）一方で，両者の間に罪数論上の一罪関係が認められる場合には，公訴事実の「単一性」を認めることができるとする。すなわち，判例は，（一事不再理効が及ぶか否かの判断についてではあるが）複数の窃盗の訴因について，「併合罪関係にあり一罪を構成しない」ならば「公訴事実の単一性はない」が，「常習特殊窃盗として包括的一罪を構成する」ならば「公訴事実の単一性を肯定できる」とするのであり（最判平成15・10・7＝ 判例 5-4 〔⇨498頁〕，最決平成22・2・17集刑300号71頁も参照），このことも，また，訴追関心の拡張禁止の趣旨と整合するものといえよう。

Column 2-7　公訴事実の「狭義の同一性」と「単一性」の分析の意義

「公訴事実の同一性」は，従来，公訴事実の「単一性」と「狭義の同一性」に分析されてきた。そこでは，単一性は「1個の事件として不可分に取り扱われる範囲の問題であり，いわば空間的な統一性である」のに対して，狭義の同一性は「手続の前後における事件の連続性の問題であり，いわば時間的自己同一性である」とされてきた（単一性は「事件のはば」の問題であり，狭義の同一性は「事件のずれ」の問題であるともいわれる）。また，これとは異なる観点から，狭義の同一性は「両訴因が両立し得ない場合の関係」を，単一性は「両立し得る場合の関係」をそれぞれ問題とするとの分析もある。いずれにしても，両概念はともに刑訴法312条1項の「公訴事実の同一性」の内容を構成するものの，問題となる場面が異なること，そして，単一性の有無は罪数論を基準として判断されることについては共通の認識があった。判例も，上述のように，「単一性」の語を用いている。

しかし，これに対しては，とくに「公訴事実の同一性」を当事者の手続的な利益衡量の問題として捉える立場（⇨238頁(1)）から，単一性の名のもとに扱われる「罪数による規整」といった実体法的関心に基づく訴因変更の限界づけは，「一訴因一罪の原則」といった「公訴事実の同一性」とは異なる観点からの規整として位置づけるべきであるとする見解もある（**単一性解消論**）。たしかに，訴因変更の可否を手続上の利益衡量の問題と捉えれば，たとえば，証拠ないし防御内容が共通する場合には，実体法上数罪の関係に立つ訴因間にも「公訴事実の同一性」を認めることに理論上妨げはないため，「罪数による規

247

整」はこれとは異質のものということになろう。しかし，上述のように，手続的利益衡量論には問題があり，訴因変更の限界が「公訴事実の同一性」によって画される趣旨が，同一訴訟内における被告人に対する訴追関心の拡張禁止に求められるとすれば，「罪数による規整」もその一内容として位置づけられることになろう。

　他方，「公訴事実の同一性」を，新旧訴因間の被告人に対する刑罰権（刑事責任）発生事由としての択一または非両立関係という実体法的関心から捉え，「罪数による規整」もその一内容として位置づける立場をとりながらも，単一性も狭義の同一性も，両訴因間に実体法上1個の罪と扱われる関係があるか否かを問題とする点では変わりはないとして，両者を区別する必要性に疑問を呈する見解もある（**同一性・単一性統合論**）。しかし，訴因が，公訴の対象事実が被告人に刑事責任を追及する法律的・事実的理由の内訳を示すものであるとすれば，両訴因間に被告人の刑事責任追及事由の内訳として択一的な関係が認められる場合（狭義の同一性の有無が問題となる場合）と，併存関係が認められる場合（単一性の有無が問題となる場合）とでは，やはり問題状況を異にするというべきであろう。たとえば，同一被害物件をめぐる窃盗幇助と盗品有償譲受けの訴因の間でも，被告人が，①窃盗幇助に加え，その被害物件の有償譲受けをも犯したとして訴追される場合には，（両者は併合罪関係にあるとする判例の立場を前提とするかぎり）公訴事実の単一性が否定されることについて争いはないが（前掲最判昭和33・2・21参照），②窃盗幇助と盗品有償譲受けのいずれか一方を犯したとして訴追される場合を考えてみると，両訴因が同一の訴追関心に属するものであるか否か，すなわち，両訴因間に公訴事実の狭義の同一性が認められるか否かについては議論があり得るのである。

(3) 訴因変更の可否の判断方法

　訴因変更の請求があった場合に，新旧訴因間に「公訴事実の同一性」が認められるか否かは裁判所が判断するが，この判断はいかなる事実に基づいて行うべきか。この問題につき，一般に，（審判対象論〔⇨221頁 Column 2-3 〕における）公訴事実対象説は，裁判所が証拠調べにより形成した心証をも考慮に入れて，両訴因の背後にある「社会的事実」を基礎として判断することも許されるとするが，通説である訴因対象説は，専ら新旧訴因事実の比較により判断すべきであるとする。

　しかし，実際には，訴因の内容となっている事実のみによって「公訴事実の同一性」を判断するのは困難な場合も少なくない。なぜなら，訴因それ自体は，公訴の対象事実を罰条が定める構成要件に当てはめたものであるため，他の訴

因との間の「関係」を問題とする「公訴事実の同一性」を判断するためには，必ずしも十分な情報を提示してくれるとは限らないからである。その意味で，「公訴事実の同一性」の判断に際しては，訴因には含まれない検察官の主張内容のほか訴因変更の時点における裁判所の心証に基づいて暫定的に認定された新旧訴因間の関係に関する事実も考慮に入れざるを得ない場合もあろう。

3 訴因変更の許否

(1) 問題の所在

裁判所は，検察官から訴因の変更等の請求があれば，公訴事実の同一性を害しないかぎり，いかなる状況でも常にこれを許さなければならないか（公訴事実の同一性を害すること以外の理由により訴因変更が許されない場合があり得るか）。この問題は，一般に，訴因変更の（「可否」と区別して）許否とよばれ，主として次の2つの場面で問題とされる。

(2) 現訴因について有罪の心証が得られる場合の訴因変更

刑訴法312条1項は，検察官の請求があるときは，公訴事実の同一性を害しないかぎり，裁判所は訴因の変更等を許さなければならないと定める。このことは，審判対象の設定権限は，審判者たる裁判所ではなく，訴追者たる検察官に付与されるとする弾劾主義・当事者主義の要請によるものと理解されている。したがって，裁判所は，起訴状記載の訴因について有罪判決を言い渡すことができると考える場合でも，検察官から訴因変更の請求があれば，（たとえ新訴因のほうが旧訴因よりも軽い罪であっても）これを許さなければならないものと解される（最判昭和42・8・31刑集21巻7号879頁参照）。もっとも，新訴因では無罪となるような場合には，裁判所としては，訴因変更を認める前に，検察官にその趣旨について釈明を求め，あるいは訴因の維持を勧告するなどして，認識の相違を解消しておく必要があろう（大阪高判昭和56・11・24判タ464号170頁参照）。なお，訴訟条件を欠く訴因への変更の許否について，⇨280頁(a)。

(3) 訴因変更権限の濫用——時機に後れた訴因変更

訴因変更の時期については，刑訴法はとくに制限をおいておらず，証拠調べ

開始前であっても，また，反対に，弁論終結後であっても（大阪高判昭和61・1・31判タ608号141頁），訴因の変更は許され得る（なお，控訴審における訴因変更については，⇨528頁(b)）。しかし，上述のように，訴因は，裁判所の審判対象を限定・画定するとともに，被告人に防御の対象を示す機能を有し，被告人側は，訴因を念頭に置いて，そこに示された事実の存否ないし犯罪の成否を争うかたちで防御を展開するのであり，その訴訟活動は訴因に大きく左右される。したがって，検察官は，訴因変更の権限についても，他の訴訟上の権限と同様，誠実にこれを行使すべきであり，濫用してはならない（規1条2項参照）。

したがって，たとえば，被告人のそれまでの防御の努力や負担，またはその後に予想される負担にかんがみて，防御の利益が著しく害される場合や，検察官がそれまで明示ないし黙示的に否定していた事実を，主張事実が認められ難い見通しとなったとの理由ではじめて訴因として主張するような場合には，裁判所は，訴因変更を許すべきではない。また，訴因の変更は被告人に新たな防御活動を要請するものであるから，**時機に後れた訴因変更**は，いたずらに防御の負担を増大させるとともに訴訟を長引かせることになる結果，迅速裁判の趣旨に反すると認められる場合もあろう（福岡高那覇支判昭和51・4・5判タ345号321頁，大阪地判平成10・4・16判タ992号283頁参照）。

4 訴因・罰条変更の要否

(1) 問題の所在

訴因制度のもとでは，審理ないし判決の対象は訴因に拘束され，裁判所は，証拠調べの結果，たとえある犯罪事実について被告人は「有罪」であるとの心証を抱いても，それが訴因と実質的に異なる場合には，（たとえ両者の間に「公訴事実の同一性」が認められても）訴因変更の手続を経ないかぎりその心証によって有罪判決を言い渡すことはできないものとされる。なぜなら，このことは，不告不理の原則に抵触し，また，被告人にとっては予期しなかった理由により不意打ち的に処罰されることを意味するからである。

とはいえ，訴因と心証の間の差異には質的・量的に様々なものがあり得るのであり，両者のくい違いが訴因制度の趣旨（⇨220頁(a)）を害さない些細なものである場合にまで常に訴因変更の手続が要求されるわけではない。また，裁

判所の（訴因と異なる）事実認定が被告人にとって不意打ちとなることを回避するためには，必ずしも訴因変更の手続を経なければならないわけではなく，その事実を争点として顕在化させて十分な審理を行う（最判昭和58・12・13刑集37巻10号1581頁参照）等，それ以外の方法によって実質的に防御の機会が確保されれば足りるとされる場合もあり得よう（その意味で，裁判所が訴因と異なる事実を認定することが許されるか否かと，そのために訴因変更の手続を経る必要があるか否かは別問題である）。そこで，裁判所が，訴因変更の手続を経ることなく訴因と異なる事実認定を行うことができるのはどのような場合かが問題となる。この問題は，一般に，裁判所が訴因と異なる事実認定を行うために訴因変更の手続を経る必要があるか否かという意味で，**訴因変更の要否**とよばれている。

　他方，罰条についても，裁判所が起訴状記載の罰条と異なる罰条を適用するためには，その変更手続を経る必要があるか否かが問題となる。基本的には，訴因の変更に伴って適用罰条が異なってくる場合には，罰条変更の手続が必要とされることになる。もっとも，判例は，「起訴状における罰条の記載は，訴因をより一層特定させて被告人の防禦に遺憾のないようにするため法律上要請されているものであり，裁判所による法令の適用をその範囲内に拘束するためのものではない」から，「裁判所は，訴因により公訴事実が十分に明確にされていて被告人の防禦に実質的な不利益が生じない限りは，罰条変更の手続を経ないで，起訴状に記載されていない罰条であってもこれを適用することができる」とする（最決昭和53・2・16刑集32巻1号47頁）。

　以下，訴因変更の要否の問題を中心に検討する。

(2) 訴因変更の要否の判断基準・方法

(a) 訴因の本質との関係　　訴因の本質については，審判対象論（⇨221頁 Column 2-3 ）を背景として，**罰条同一説，法律構成説**および**事実記載説**の対立があるが，訴因変更の要否に関しても，これを反映した見解の対立がある。

　罰条同一説は，訴因と裁判所の心証との間で適用罰条が異なる場合には訴因変更が必要となるとするのに対して，法律構成説は，適用罰条は同じでも，たとえば，作為犯・不作為犯等の法律構成が異なる場合には訴因変更が必要とな

第 2 章　公訴権の行使と訴訟条件

るとするが，いずれも，公訴事実対象説を前提として，訴因の本質を公訴事実に対する法的評価に求める点では共通する。これに対して，事実記載説は，訴因対象説の立場から，訴因は，検察官がその存在を主張して審判を請求する具体的な犯罪事実であるから，適用罰条ないし法律構成には差がなくても事実関係が異なれば訴因変更を経る必要があり得，逆に，事実関係が同一であれば法的評価が異なっても訴因変更の必要はないとする。

　事実記載説が通説であるが，この見解をとる場合には，事実関係の差異には質的・量的に様々なものがあり得るため，訴因変更の要否の判断基準・方法をどこに求めるかが問題となる。

　(b)　**防御の利益との関係（防御説）**　そこで，訴因変更の要否の判断基準に関しては，事実記載説を前提としつつ，訴因変更を経ることなく裁判所が訴因と異なる事実を認定することが，被告人の防御の利益を実質的に害することになるか否か ── 被告人に対する不当な不意打ちとなるか否か ── に求める見解（**防御説**）が提示される。

　防御説においても，防御の利益が実質的に害されるか否かの判断方法については，事件ごとに，被告人の自認や防御活動の状況等の具体的な審理経過を考慮に入れて検討すべきであるとする見解（**具体的防御説**）と，訴因と認定されるべき事実を（具体的審理経過を考慮に入れずに）一般的・抽象的に比較して判断すべきであるとする見解（**抽象的防御説**）が対置される。具体的防御説によれば，訴因と異なる事実でも，被告人が自認していたり，防御側に事実上争う機会が与えられていたりする場合には，裁判所がそのままこれを認定しても（不当な不意打ちとならない以上）構わないとされるが，抽象的防御説によれば，たとえそのような場合でも，一般的・抽象的に防御にとって重要な事実であれば，訴因変更を経る必要があるとされる。

　具体的防御説に対しては，訴因変更の要否の一般的な判断基準を立てることができず，また，具体的な審理経過を訴因変更の不要性を根拠づける事情として考慮するとすれば，結局のところ，いかなる事項についても何らかのかたちで実質的に争点化されてさえいれば足り，訴因変更の手続を経る必要はないことになるとの批判がある。他方，抽象的防御説についても，一般的・抽象的に訴因と認定事実を比較した場合には訴因変更が不要とされる場合でも，裁判所

252

が訴因と異なる事実を認定することが被告人の防御の利益を実質的に害する場合があり得る（たとえば，通常ならば訴因変更の必要がないようなわずかな日時の差であっても，被告人のアリバイ主張の内容によっては訴因変更が必要とされる場合があり得る）との不都合が指摘される。

そこで，防御説においては，訴因変更の要否を判断する際には，抽象的防御の観点を基調としつつも，具体的防御の観点をも補充的に考慮して防御の利益が実質的に害されるか否かを検討すべきであるとする見解も有力となった（**二段階防御説**）。この見解によれば，裁判所が訴因と異なる事実を認定することが，抽象的防御の観点から防御の利益を実質的に害すると判断される場合にはもちろん，そうでない場合であっても，なお具体的防御の観点から防御上の不利益が生ずるときには，訴因変更が必要となるとされる。もっとも，この見解における「具体的防御の観点」は，（具体的審理経過を訴因変更の不要性を根拠づける事情として考慮する）従来の具体的防御説とは異なり，具体的防御内容を訴因変更の必要性を根拠づける事情として考慮するものであることに注意しなければならない。

(c) **訴因の審判対象画定機能との関係**　　防御説は，事実記載説を前提に，訴因の実際上の機能に着目して，被告人に対する不当な不意打ち防止という手続的な問題関心から訴因変更の要否の判断基準を導く。しかし，これに対しては，訴因の本質的機能はむしろ審判対象の画定にある（防御範囲の指定は副次的な機能である）とし，訴因の記載事項を，①審判の対象事実の画定のために必要不可欠なもの（**必要的記載事項**）と，②それ以外の当事者の攻撃・防御の便宜のための補充的なもの（**任意的記載事項**）に分け，①の事項は，「**訴因の同一性**」に関するものであるから，事実認定を法的に拘束し（**訴因の拘束力**），したがって，裁判所は訴因変更を経ることなくこれと異なる認定を行うことはできないとする見解もある。

もっとも，この見解においても，②の事項については，訴因は，事実上，被告人の防御対象を指定する機能を果たすにすぎないのであるから，検察官の釈明等による**争点の明確化・顕在化**によって防御の利益が実質的に確保されるかぎり，訴因変更の手続を経なくても，裁判所はこれと異なる認定を行うことができるとする説と，審判対象の画定のために必要不可欠であるとはいえなくて

も，起訴状に明示された以上，訴因の一部となり，裁判所の事実認定を拘束するという説とが対立する。

(d) **判例の立場**　判例は，訴因と認定事実の間で事実関係に相違がなければ，罰条ないし法律構成を異にしても訴因変更を要しないとする一方（最判昭和28・5・8刑集7巻5号965頁等），適用罰条ないし法律構成に相違がなくても，事実関係が異なる場合には訴因変更を経る必要が生じ得ることを認めている（最決昭和40・12・24刑集19巻9号827頁等）ため，一般に，事実記載説の立場に立つものと解されている。

そのうえで，判例は，裁判所が訴因と異なる事実を認定することにより，被告人の防御に実質的な不利益が生ずるおそれがあるか否かを，訴因変更の要否の判断基準として示してきた。もっとも，その判断方法については，①当初は，（窃盗の共同正犯の訴因に対し同幇助の事実が認定された事案について）「裁判所は，審理の経過に鑑み被告人の防禦に実質的な不利益を生ずる虞れがないものと認めるときは，公訴事実の同一性を害しない限度において，訴因変更手続をしないで，訴因と異る事実を認定しても差支えない」とするなど（最判昭和29・1・21刑集8巻1号71頁），具体的防御説的な判示がみられたが（そのほか，最判昭和28・11・10刑集7巻11号2089頁，最判昭和34・7・24刑集13巻8号1150頁等），②昭和30年代後半以降は，「当初起訴にかかる業務上横領の訴因につき被告人に防禦の機会が与えられていたとしても，既に特別背任の訴因に変更されている以上，……これを再び業務上横領と認定するためには，更に訴因罰条の変更ないし追加手続をとり，改めて業務上横領の訴因につき防禦の機会を与える必要がある」（最判昭和41・7・26刑集20巻6号711頁）とするなど，抽象的防御説的な判示がみられるようになる（そのほか，最判昭和36・6・13刑集15巻6号961頁，最大判昭和40・4・28刑集19巻3号270頁等）。

そのため，判例は，この時期において，具体的防御説から抽象的防御説へと立場を転換したとされる。もっとも，これに対しては，最決昭和55・3・4刑集34巻3号89頁が，酒酔い運転と酒気帯び運転について，「〔道路交通〕法65条1項違反の行為である点で共通し，前者に対する被告人の防禦は通常の場合後者のそれを包含し，もとよりその法定刑も後者は前者より軽く，しかも本件においては運転開始前の飲酒量，飲酒の状況等ひいて運転当時の身体内のアル

コール保有量の点につき被告人の防禦は尽されている」ことを理由として，「前者の訴因に対し……訴因変更の手続を経ずに後者の罪を認定したからといって，これにより被告人の実質的防禦権を不当に制限したものとは認められ〔ない〕」としたことにつき，一種の「**縮小認定**」として一般的・抽象的には訴因変更が不要とされる場合でも，具体的な防御の利益を害する事態があり得るとの趣旨を示すものであるとして，判例は，実質的には二段階防御説に立つとの理解も可能であるとの指摘もある。しかし，本決定については，むしろ，当該事案における訴因変更の不要性を根拠づけるための（付加的な）事情として具体的審理経過に言及したものと理解するのが素直であろう（⇨252頁(b)）。

Column 2-8　縮小認定（「大は小を兼ねる」の理論）

　判例は，訴因・罰条の変更に一定の手続が要請される趣旨は，「裁判所が勝手に，訴因又は罰条を異にした事実を認定することに因って，被告人に不当な不意打を加え，その防禦権の行使を徒労に終らしめることを防止するに在る」から，「かかる虞れのない場合，例えば，強盗の起訴に対し恐喝を認定する場合の如く，裁判所がその態様及び限度において訴因たる事実よりもいわば縮少された事実を認定するについては，敢えて訴因罰条の変更手続を経る必要がない」（最判昭和26・6・15刑集5巻7号1277頁）とする。また，同様の理由により，「殺人の起訴に対し……同意殺人の責任を認め」（最決昭和28・9・30刑集7巻9号1868頁），「強盗致死罪の訴因に対し，財物奪取の点を除きその余の部分について訴因に包含されている事実を認定し，これを傷害致死罪として処断」し（最判昭和29・12・17刑集8巻13号2147頁），あるいは，「公訴事実中傷害の点につき……暴行の事実を認定」し（最決昭和30・10・19刑集9巻11号2268頁），「業務上過失致死の訴因に対し……重過失致死罪を認定」する（最決昭和40・4・21刑集19巻3号166頁）ためには，訴因・罰条変更の手続を経る必要はないとの判断を示している。

　このいわゆる「**縮小認定**」については，訴因と認定事実の間の構成要件事実の一般的・抽象的な包含関係を問題とするものであるとして，一般に，抽象的防御の観点との親和性が指摘されてきたが，包含関係が認められる構成要件間では，「大きな」構成要件該当事実が示されれば，そのなかで「小さな」構成要件該当事実も黙示的・予備的に示されているとみることができるため，審判対象画定の見地（⇨256頁 判例2-3 ）からも正当化され得よう。もっとも，このような場合でも（たとえば，強盗の起訴に対して暴行を認定する場合のように縮小認定事実が軽微なときは，公訴維持権の濫用論など防御の方法が異なってくる可能性もあるとして），事案の内容，審理の推移等によっては，訴因変更の手続を経ない縮小認定が防御の利益を害する場合もあるとの指摘もある。

その後，判例は，殺人の共同正犯について，犯行の態様・結果および共犯者の範囲には実質的な差異はないが，誰が実行行為者であるかという点で訴因と異なる事実認定がなされた事案について，次のような判断を示すに至った。

判例 2-3　最決平成 13・4・11 刑集 55 巻 3 号 127 頁

【事実】　被告人 X は，「Y と共謀の上，昭和 63 年 7 月 24 日ころ，青森市大字合子沢所在の産業廃棄物最終処分場付近道路に停車中の普通乗用自動車内において，V に対し，殺意をもってその頸部をベルト様のもので絞めつけ，そのころ窒息死させて殺害した」として起訴された。第 1 審において，X は，Y との共謀および実行行為への関与を否定して無罪を主張し，その点に関する証拠調べが行われた。その結果，検察官の請求により，当初の訴因は，「被告人は，Y と共謀の上，前同日午後 8 時ころから午後 9 時 30 分ころまでの間，青森市安方 2 丁目所在の共済会館付近から前記最終処分場に至るまでの間の道路に停車中の普通乗用自動車内において，殺意をもって，被告人が，V の頸部を絞めつけるなどし，同所付近で窒息死させて殺害した」との訴因に変更された。審理の結果，第 1 審裁判所は，「被告人は，Y と共謀の上，前同日午後 8 時ころから翌 25 日未明までの間に，青森市内又はその周辺に停車中の自動車内において，Y 又は被告人あるいはその両名において，扼殺，絞殺又はこれに類する方法で V を殺害した」旨の事実を認定し，X に有罪を言い渡した。

【決定要旨】　「訴因と〔第 1 審判決の〕認定事実とを対比すると，……犯行の態様と結果に実質的な差異がない上，共謀をした共犯者の範囲にも変わりはなく，そのうちのだれが実行行為者であるかという点が異なるのみである。そもそも，殺人罪の共同正犯の訴因としては，その実行行為者がだれであるかが明示されていないからといって，それだけで直ちに訴因の記載として罪となるべき事実の特定に欠けるものとはいえないと考えられるから，訴因において実行行為者が明示された場合にそれと異なる認定をするとしても，審判対象の画定という見地からは，訴因変更が必要となるとはいえないものと解される。とはいえ，実行行為者がだれであるかは，一般的に，被告人の防御にとって重要な事項であるから，当該訴因の成否について争いがある場合等においては，争点の明確化などのため，検察官において実行行為者を明示するのが望ましいということができ，検察官が訴因においてその実行行為者の明示をした以上，判決においてそれと実質的に異なる認定をするには，原則として，訴因変更手続を要するものと解するのが相当である。しかしながら，実行行為者の明示は，前記のとおり訴因の記載として不可欠な事項ではないから，少なくとも，被告人の防御の具体的な状況等の審理の経過に照らし，被告人に不意打ちを与えるものではないと認められ，かつ，判決で認定される事実が訴因に記載された事実と比べて被告人にとってより不利益であるとはいえない場合には，例外的に，訴因変更手続を経ることなく訴因と異なる実行行為者を認定することも違法ではない

第3節　訴因・罰条の変更

> ものと解すべきである。」本件については，「第1審判決の認定は，被告人に不意打ちを与えるものとはいえず，かつ，訴因に比べて被告人にとってより不利益なものとはいえないから，実行行為者につき変更後の訴因で特定された者と異なる認定をするに当たって，更に訴因変更手続を経なかったことが違法であるとはいえない。」

　この判示から，訴因変更の要否の一般的な判断基準を引き出すことができるとすれば，次のようなものとなろう。すなわち，まず，①その明示がなければ「訴因の記載として罪となるべき事実の特定に欠ける」ような事項について裁判所が訴因と（実質的に）異なる認定をするには，「審判対象の画定という見地から」，絶対的に（被告人に対する不意打ちとならなくても）訴因変更が必要となる。さらに，それ以外であっても，②「一般的に，被告人の防御にとって重要な事項」については，検察官は，争点の明確化などのため，これを訴因において明示するのが望ましく，また，明示をした以上，判決においてそれと実質的に異なる認定をするには，原則として，訴因変更手続を要するが，③「被告人の防御の具体的な状況等の審理の経過に照らし，被告人に不意打ちを与えるものではないと認められ，かつ，判決で認定される事実が訴因に記載された事実と比べて被告人にとってより不利益であるとはいえない場合」には，例外的に，訴因変更手続を経ることなく訴因と異なる事実を認定することも許される。

　この基準の適用に際してとくに問題となるのは，訴因を構成するいずれの要素が①および②の事項に該当するかであるが，このうち，①の事項に該当するものとして想定されているのは，訴因の特定・明示のために記載が要求される要素（⇨220頁(3)）のうち，ⓐ他の犯罪事実との区別可能性の確保のために不可欠な要素ではなく，むしろ，ⓑ公訴事実が「罪となるべき」理由の法律的・事実的内訳を示すために記載が要求される事実であろう。なぜなら，ⓐの要素について実質的内容を異にする事実は，通常，現訴因との間に公訴事実の同一性が認められず，訴因変更自体がそもそも（その「要否」を論ずる以前に）許されないものと考えられるからである。他方，②の事項については，犯罪や事実の類型毎に判断する必要があるが，一般に，実行行為の内容をなす事実や被告人の犯人性を左右するような事実はこれに該当することが多いであろう（⇨228頁(d)）。

257

最高裁は，その後，この判断枠組みに従い，（現住建造物等）放火の訴因における，台所に充満したガスに「ガスコンロの点火スイッチを作動させて」点火し，引火，爆発させたとの記載について，同事項は当該犯罪の実行行為の内容をなすものであり，一般的に被告人の防御にとって重要な事項であるから，上記②および③の基準によって訴因変更の要否が判断されるべきであるとしたうえで，裁判所が，訴因記載の行為以外の行為により引火，爆発させた具体的可能性等について何ら審理することなく「何らかの方法により」引火，爆発させたと認定することは，「本件審理における攻防の範囲を越えて無限定な認定をした点において被告人に不意打ちを与えるものといわざるを得」ず，違法であるとした（最決平成24・2・29刑集66巻4号589頁）。

また，<判例 2-3>が示した訴因変更の要否の判断基準に関しては，従前の判例がこの問題について示してきた判断との関係も問題となる。たとえば，判例は，過失犯の訴因に関して，「一定の注意義務を課す根拠となる具体的事実」については，「たとえそれが公訴事実中に記載されたとしても，訴因としての拘束力が認められるものではないから，右事実が公訴事実中に一旦は記載されながらその後訴因変更の手続を経て撤回されたとしても，被告人の防禦権を不当に侵害するものでない限り，右事実を認定することに違法はない」とするため（最決昭和63・10・24刑集42巻8号1079頁），①の観点からの訴因変更は不要としているものと解される。他方，過失の「態様」に関しては，（「濡れた靴をよく拭かずに履いていたため，一時停止の状態から発進するにあたり……足を滑らせてクラッチペダルから左足を踏みはずした過失」の訴因に対し，「交差点前で一時停止中の他車の後に進行接近する際ブレーキをかけるのを遅れた過失」を認定する場合のように）「起訴状に訴因として明示された態様の過失を認めず，それとは別の態様の過失を認定するには，被告人に防禦の機会を与えるため訴因の変更手続を要する」ものとしているが（最判昭和46・6・22刑集25巻4号588頁），この結論が，①②のいずれの観点によって根拠づけられるかは必ずしも明らかではない。

5 罪数変化と訴因変更

一罪として起訴された事件（A事件）が，審理の結果，数罪を構成する複数の事件（A_1事件とA_2事件）であることが判明した場合には，どのような措置が

第3節　訴因・罰条の変更

とられるべきか。この問題については，（訴因）事実の変化を伴う場合と伴わない場合とに分けて考えるのが便宜であろう。

事実の変化を伴わない場合について，通説は，専ら法的な罪数評価が問題となるのであるから，訴因の（変更ではなく）補正によって対応すべきであるとする。この場合には，特定・明示の点で瑕疵のある無効な訴因から有効な訴因への補正（⇨231頁(5)）が問題となると考えるのである。もっとも，これに対しては，罪数評価は罰条適用と同じく法律構成の問題であるから，罰条変更に準じた扱い（⇨250頁(1)）をすべきだとする有力な見解もある（なお，最判昭和29・3・2刑集8巻3号217頁は，このような場合に裁判所が訴因変更を経ずに起訴状と異なる罪数評価をしても違法とはいえないとする）。

では，事実の変化を伴う場合はどうか。この場合にも，訴因の補正（事実の変化を伴うため「変更を含んだ補正」）により対処すべきだとする見解も有力であるが，当初の訴因には何らの瑕疵も認められない以上，これは補正が問題となる場面ではないというべきである。他方で，一罪を構成する事実から数罪を構成する事実に変えるのであるから，原則として訴因変更を要するというべきであろう（東京高判昭和52・12・20高刑集30巻4号423頁は，このような場合には，裁判所は，検察官に釈明を求め，「罪数補正を伴う訴因変更手続」を促すなどし，被告人側に防御の機会を与えるべきであるとする）。もっとも，この場合には，一罪の訴因（A）から数罪を構成する複数訴因（A_1 と A_2）への変更が問題となるため，一見，公訴事実の「単一性」を害するようにもみえる。しかし，公訴事実の同一性は，変更前と変更後の訴因間の関係を問題とするものであるから，（A_1 と A_2 の間にではなく）A と A_1，A と A_2 の間にそれぞれ狭義の同一性が認められるならば，A → A_1 + A_2 という形での訴因変更を許しても刑訴法312条1項の趣旨には反しないというべきであろう（⇨238頁(1)）。

他方，数罪（併合罪）を構成するものとして複数の公訴（ないし訴訟）の対象とされた事件（B_1 事件と B_2 事件）が，（併合）審理の結果，一罪（B事件）であることが判明した場合においても，一罪 → 数罪に関する上記の議論が基本的に妥当する（もっとも，事実の変化を伴う場合でも，訴因変更が必要とされる場面は，一罪→数罪の場合と比べると限定されよう）。加えて，この場合には，（事実の変化を伴うと否とにかかわらず）B_1 と B_2 のうちいずれか一方についての公訴を棄却

259

する必要があるかも問題となり得るが，B_1 と B_2 の公訴をいずれか一方にまとめるのではなく，新たな B 公訴にまとめると考えれば，公訴棄却の必要はないというべきであろう。判例は，「併合罪として追起訴された事実を前に起訴された事実と併合審理した結果，両者を単純一罪と認定して処断するには，公訴棄却の言渡や，訴因変更の手続を要しない」とするが（最決昭和 35・11・15 刑集 14 巻 13 号 1677 頁），これは両罪の間に吸収関係が認められる事案に関するものであり，たとえば常習一罪等の場合には，原則として，（公訴棄却は不要であるとしても）訴因変更を要するというべきであろう（東京地判平成 20・5・22 判時 2027 号 160 頁参照）。

6 訴因・罰条変更命令

(1) 訴因・罰条変更命令の制度趣旨

弾劾主義・当事者主義を採る現行法においては，審判対象の設定権限は訴追者である検察官に属し，訴因の変更も検察官の請求に基づいて行われる。もっとも，刑訴法は，審判者である裁判所に，審理の経過にかんがみ適当と認めるときは，訴因ないし罰条を追加または変更すべきことを命ずる権限を認めている（312 条 2 項）。これを，**訴因・罰条変更命令**という。

訴因制度のもとでは，裁判所は，審理の結果，ある犯罪事実についてたとえ有罪の心証を抱いたとしても，その内容が訴因と異なる場合には，訴因変更が不要とされる場合でないかぎり（⇨250 頁 **4**），被告人に有罪を言い渡すことはできない。したがって，この場合に，検察官が，裁判所の心証に気がつかず，あるいは，自己の判断に固執するなどして訴因変更を請求しなければ，裁判所は被告人に無罪を言い渡すほかないことになる。このような問題は，裁判所が，検察官に訴因変更の意思の有無について釈明を求めるなどして訴因変更を促し（規 208 条参照），検察官が自発的にこれに応ずることによって解消されることも少なくなかろう。しかし，それでもなお検察官が現訴因に固執するような場合には，裁判所は，公訴の対象事件に関する裁判所と検察官の判断の不一致から生じ得る不正義（不当な無罪判決）を回避するため，検察官に訴因・罰条の変更を命ずることができる旨定められているのである。

(2) 訴因・罰条変更勧告・命令義務の有無

刑訴法312条2項は，訴因・罰条変更命令を裁判所の権限として規定している。しかし，これは弾劾主義・当事者主義のもとではあくまで例外的措置であり，その積極的な行使は審判者と訴追者の訴訟上の地位の区別を不明確にし，ひいては裁判所の公平性＝第三者性を害するおそれもある。他方で，裁判所が，訴追された事実について検察官との間に判断の不一致があることに気がつきながらこれを放置し，訴因変更を促しまたはこれを命ずることなく被告人に無罪を言い渡すことは，審理不尽の違法に当たることはないかが問題となる。これが，いわゆる**訴因・罰条変更勧告・命令義務**の問題である。

判例は，「裁判所は，原則として，自らすすんで検察官に対し，訴因変更手続を促しまたはこれを命ずべき義務はない」としながらも，「殺人の訴因については……無罪とするほかなくても，……これを重過失致死の訴因に変更すれば有罪であることが証拠上明らかであり，しかも，その罪が重過失によって人命を奪うという相当重大なものであるような場合」には，「例外的に，……訴因変更手続を促しまたはこれを命ずべき義務がある」とする（最決昭和43・11・26刑集22巻12号1352頁）。もっとも，その後の判例には，傷害致死を含む重大な罪につき，（現場共謀から事前共謀に）訴因を変更すれば被告人を有罪とする余地のあった事案に関して，検察官が約8年半に及ぶ審理過程を通じて一貫して当初の主張を維持し，これを変更する意思はない旨明確かつ断定的な釈明をしたこと，被告人の防御活動もその主張を前提としてなされたこと，被告人を有罪とすれば不起訴とされた他の共犯者との間に著しい処分上の不均衡を生ずること等の諸事情のもとでは，裁判所は，「求釈明によって事実上訴因変更を促」せば足り，「訴因変更を命じ又はこれを積極的に促すなどの措置に出るまでの義務を有するものではない」としたものがある（最判昭和58・9・6刑集37巻7号930頁）。

(3) 訴因・罰条変更命令の効力

訴因変更命令については，公訴事実対象説を中心に，直接，訴因を変更する効力（**形成効**）が認められるとする見解もあるが，通説はこれを否定し，検察官に訴因の変更を義務づける**命令効**が認められるにとどまるとする。判例も，

261

「検察官が裁判所の訴因変更命令に従わないのに，裁判所の訴因変更命令により訴因が変更されたものとすることは，裁判所に直接訴因を動かす権限を認めることになり，かくては，訴因の変更を検察官の権限としている刑訴法の基本的構造に反するから，訴因変更命令に……〔そ〕のような効力を認めることは到底できない」とする（最大判昭和40・4・28刑集19巻3号270頁）。

これに対して，罰条変更命令については，法令の適用は裁判所の職責であることから，形成効を認める見解が有力である。

第4節　訴訟条件

1 訴訟条件の意義と分類

(1) 形式裁判事由と訴訟条件

裁判所は，検察官が公訴権を行使する場合には，通常は，その対象事件について，**実体審判**，すなわち，公訴の対象事実の存否，犯罪としての成否および被告人の犯人性についての審理・判決を行わなければならない。もっとも，刑訴法は，「被告事件が裁判所の管轄に属しないとき」（329条）や，「時効が完成したとき」（337条4号），あるいは，「公訴提起の手続がその規定に違反したため無効であるとき」（338条4号）などには，検察官が公訴を提起・維持しようとしても，裁判所は，その対象事実があったか否か，あるいは，被告人がその犯人であったか否かについて確認するまでもなく，それぞれ，**管轄違い**，**免訴**，**公訴棄却**といった**形式裁判**によって，手続を打ち切ることを予定している。

このことは，逆にいえば，裁判所は，**形式裁判事由**が存在しない場合（上の例では，被告事件が裁判所の管轄に属し，時効が完成しておらず，公訴提起の手続が有効である場合）にのみ，実体審判を行うことができ，また行わなければならないということを意味する。裁判所が実体審理ないし判決を行うための手続的要件のことを**訴訟条件**というが，刑訴法は，この訴訟条件を，形式裁判事由の不存在というかたちで消極的に定めていることになる。

第4節　訴訟条件

(2) 訴訟条件の分類

　訴訟条件に関しては，従来，一般訴訟条件と特別訴訟条件（刑事事件一般に要求されるか，特殊の事件にのみ要求されるか），絶対的訴訟条件と相対的訴訟条件（その存在の有無について，裁判所が職権で判断するか，当事者の主張を待って判断するか），積極的訴訟条件と消極的訴訟条件（一定の事実の存在が条件となるか，その不存在が条件となるか）等の分類がなされてきた。また，免訴とそれ以外の形式裁判の性質の相違（⇨494頁 Column 5-3 ）に着目して，実体的訴訟条件と形式的訴訟条件あるいは訴訟追行条件と手続条件という分類方法も提示されている。

2 管 轄 違 い

(1) 裁判所の管轄──刑事裁判権の分配

　刑事裁判権は，一定の基準に従い，各（国法上の意義の）裁判所（⇨14頁(1)）に分配される。これを，**管轄**という。管轄は，大きく，**固有管轄**と**関連事件管轄**の2つに分類される。

(2) 固 有 管 轄

　固有の管轄は，事物管轄，土地管轄，審級管轄に分類される。

(a) 事物管轄　　第1審の裁判権は，事件の性質・軽重等により，簡易裁判所，地方裁判所，高等裁判所に分配される。

　簡易裁判所は，①罰金以下の刑に当たる罪および②選択刑として罰金が定められている罪のほか，③常習賭博，賭博場開帳等図利，横領，盗品無償譲受けの罪の事件を管轄する（裁33条1項2号）。ただし，住居侵入，窃盗，横領等一定の罪について3年以下の懲役を科すことができる以外は，禁錮以上の刑を科すことはできない（**科刑権の制限**。同条2項）。簡易裁判所は，この制限を超える刑を科すのを相当と認めるとき，その他，地方裁判所で審判するのを相当と認めるときは，事件を管轄地方裁判所に移送する（同条3項，刑訴332条）。

　地方裁判所は，高等裁判所の特別権限に属する事件（内乱に関する罪の事件）および罰金以下の刑に当たる罪の事件を除く，すべての刑事事件を管轄する（裁24条2号）。したがって，地裁と簡裁の間では，管轄が競合する場合が少な

263

くない（上記②③の事件）。

　高等裁判所は，（第1審として）内乱に関する罪の事件を管轄する（同16条4号・17条）。

　(b)　土地管轄　　事件との場所的関係に応じた同等裁判所間での裁判権の分配を土地管轄という。裁判所にはそれぞれ管轄区域が定められており（下級裁判所の設立及び管轄区域に関する法律），犯罪地または被告人の住所・居所・現在地のいずれかがその区域内にあるときは，当該裁判所がその事件を管轄する（刑訴2条1項）。土地管轄を有する数個の裁判所がある場合には，公訴提起を受けた裁判所は，適当と認めるときは，証拠調べの開始前に限り，事物管轄を同じくする他の管轄裁判所に事件を移送することができる（同19条）。

　(c)　審級管轄　　上訴の関係での裁判権の分配を審級管轄という。上訴には控訴・上告・抗告の3種類があるが（⇨512頁(1)），このうち，控訴および抗告は，第1審裁判所と管轄区域を共通にする高等裁判所が管轄し（裁16条1号・2号），上告および特別抗告は最高裁判所が管轄する（同7条）。

Column 2-9　管轄の調整

　管轄は，あらかじめ法令により定められた基準により自動的に決定されるのが理想であるが，事物管轄・土地管轄に関する基準だけで管轄を決めると不都合ないし不便が生ずることもある。そこで，刑訴法は，次のような調整規定を置いている。

　a）訴訟係属の競合　　管轄が競合する場合には，同一事件が複数の裁判所に起訴され，係属する事態が生じ得る。この場合に，同一事件が，①事物管轄を異にする数個の裁判所に係属するときは，上級の裁判所が，②事物管轄を同じくする数個の裁判所に係属するときは，最初に公訴を受けた裁判所が，それぞれこれを審判するのが原則とされる。ただし，検察官または被告人の請求がある場合には，上級裁判所は，これとは異なる裁判所に当該事件を審判させることができる（10条・11条）。

　b）管轄指定　　①裁判所の管轄区域が明らかでないため管轄裁判所が定まらないとき，②管轄違いの裁判が確定した事件についてほかに管轄裁判所がないときには，検察官の請求により直近上級の裁判所が，③法律による管轄裁判所がないとき，またはこれを知ることができないときには，検事総長の請求により最高裁判所が，それぞれ一定の裁判所に管轄を指定する（15条・16条）。

　c）管轄移転　　①管轄裁判所が法律上の理由または特別の事情により裁判権を行うことができないとき，②地方の民心，訴訟の状況その他の事情により裁判の公平を維持することができないおそれがあるときには，検察官の請求に

より直近上級の裁判所が，③犯罪の性質，地方の民心その他の事情により管轄裁判所が審判をすれば公安を害するおそれがあるときには，検事総長の請求により最高裁判所が，それぞれ一定の裁判所に管轄を移転する（17条・18条）。

(3) 関連事件の併合管轄・審判の併合

1人が数罪を犯したとき，数人がともに同一または別個の罪を犯したとき，数人が通謀して各別に罪を犯したときには，数個の事件は関連するものとされ（9条），1つの裁判所に管轄をとりまとめることができる（**関連事件管轄**）。より具体的には，事物管轄を異にする複数の事件が関連するときは，上級の裁判所はあわせてこれを管轄することができ（3条），また，事物管轄を同じくするが，土地管轄を異にする複数の事件が関連するときも，1個の事件につき管轄権を有する裁判所があわせて他の事件を管轄することができる（6条。**併合管轄**）。したがって，たとえば，①1人の被告人が（地方裁判所の事物管轄に属する）殺人罪と（簡易裁判所の事物管轄に属する）単純賭博罪を犯したとされる場合には，検察官は，両事件をあわせて地方裁判所に起訴することができ，また，②2名の被告人が通謀してそれぞれの住所地である神戸市と京都市で詐欺罪を犯した場合には，検察官は，両事件をあわせて京都地裁に起訴することができるのである。

なお，関連事件については，併合管轄を認めるのと同様の趣旨から，（いったん別々の裁判所に起訴され，係属した事件の）**審判の併合**も認められる。すなわち，事物管轄を異にする関連事件が各別に上級および下級の裁判所に係属するときには，上級の裁判所が，決定によりこれを併せて審判することができ（5条），事物管轄を同じくするが土地管轄を異にする関連事件が既に各別に数個の裁判所に係属するときには，各裁判所は，検察官または被告人の請求により，決定で，これを併合して審判することができる（8条）。したがって，上記①の例で，殺人事件と賭博事件が既にそれぞれ地方裁判所と簡易裁判所に起訴され，係属している場合にも，地方裁判所は，両事件を併せて審判することができ，また，②の例で，神戸と京都の詐欺事件がそれぞれ神戸地裁と京都地裁に起訴され，係属している場合にも，当事者の請求があれば，京都地裁が両事件をあわせて審判することができるのである。

いずれの場合も，1つの裁判所で併せて審判することを必要としないものがあるときは，当該裁判所は，決定により，固有の管轄権を有する裁判所に事件を移送することができる（**審判の分離・移送**。4条・7条）。

(4) 管轄違いの裁判

公訴の対象事件が「裁判所の管轄に属しないとき」には，裁判所は，判決で**管轄違い**の言渡しをしなければならない（329条）。民事訴訟では，管轄違いの場合には事件を管轄裁判所に移送するのを原則とするが（民訴16条），刑事訴訟では，手続の明確性確保の観点から，原則として判決によって手続を打ち切るものとされているのである。もっとも，例外的に，付審判決定のあった事件については（⇨217頁(3)），管轄違いの言渡しをすることはできず（329条但書），また，高等裁判所は，その特別権限に属する事件として起訴された事件が下級裁判所の管轄に属するものと認める場合には，決定で管轄裁判所に移送するものとされている（330条）。

管轄権の存在は訴訟条件であるが，土地管轄については，被告人の申立てを待ってその言渡しをする。この申立ては，被告事件につき証拠調べを開始した後はできないものとされている（331条）。

3 免　　訴

(1) 免 訴 事 由

刑訴法337条は，①確定判決を経たとき，②犯罪後の法令により刑が廃止されたとき，③大赦があったとき，④時効が完成したときには，裁判所は，判決で**免訴**の言渡しをしなければならないと定める。

①「確定判決を経たとき」とは，公訴の対象事件について，既に有罪または無罪の判決が確定している場合をいう（通説によれば免訴判決が確定している場合も含む）。この場合には，裁判所は，同一事件に関して再び実体審判を行うことはできないのである（一事不再理。⇨491頁**2**）。②「犯罪後の法令により刑が廃止されたとき」とは，公訴の対象事件を犯罪として処罰する根拠となる刑罰法規が，犯罪後の法令により廃止された場合をいう。③「大赦があったとき」とは，公訴の対象事件が大赦の対象となった場合をいう。大赦とは，恩赦

第4節　訴訟条件

の1つであり，政令で罪の種類を定めて行われる（恩赦2条）。大赦の対象事件については，政令に特別の定めのある場合を除き，有罪の言渡し前の場合には公訴権が消滅するものとされているため（同3条），裁判所は免訴で手続を打ち切るのである。

(2)　公 訴 時 効

(a)　**制度趣旨**　　刑訴法337条は，④「時効が完成したとき」にも，裁判所は，判決で免訴を言い渡すものとしている。時効が完成した事件について公訴の提起があっても，免訴判決によって「門前払い」されることになるのである。これを，有罪判決が確定した事件に関する刑の執行を免除する刑の時効（刑31条）と区別して，**公訴時効**とよぶ。公訴時効は，250条が法定刑の重さに応じて定める期間（⇨268頁 Column 2-10 ）を経過することによって完成する。

　公訴時効制度の趣旨（存在理由）については，これを，主として時間の経過による犯罪の社会的影響の微弱化を理由とする未確定の刑罰権の消滅に求める**実体法説**と，証拠の散逸等による公正な裁判の実現困難性に求める**訴訟法説**，可罰性の減少と証拠の散逸とにより訴訟追行が不当となることに求める**競合説**，一定期間訴追されていないという事実状態を尊重して国が訴追権を発動しない制度として説明する**新訴訟法説**が提示されてきた。また，最近では，捜査に投入可能な限られた人的・物的資源の効率的分配および捜査機関の怠慢防止に公訴時効の制度趣旨を求める見解もある（**捜査期間説**）。

　しかし，社会的影響の微弱化については，刑罰権が消滅するのであれば無罪を言い渡すべきであり，可罰性の減少についても，犯人が国外にいる場合等に時効が停止する（⇨269頁(c)）理由を説明できないとの批判がある。また，証拠の散逸等による公正な裁判の実現困難性では，時効期間が法定刑の重さと比例して長くなる理由を説明できない。さらに，事件によっては，時の経過にかかわらず社会的影響が微弱化しない場合や確実な証拠が確保される場合があるとの指摘もある。そこで，現在では，公訴時効については，上記諸学説が挙げる諸要素を総合的に考慮しつつ，犯人処罰の必要性と法的安定性の調和を図るための（立法政策上の）制度として説明する見解が有力となっている。判例も，同制度の趣旨は，「時の経過に応じて公訴権を制限する訴訟法規を通じて処罰

267

の必要性と法的安定性の調和を図ること」に求められるとする（最判平成27・12・3刑集69巻8号815頁）。

> **Column 2-10** 公訴時効制度の見直し論と刑訴法250条の改正

　公訴時効制度に関しては，2004（平成16）年に時効期間を延長する内容の改正が行われた（250条）。その結果，時効期間は，死刑に当たる罪については25年に（従前は15年），無期の懲役・禁錮に当たる罪については15年に（従前は10年），長期15年以上の懲役・禁錮に当たる罪については10年に（従前は7年），それぞれ延長された（なお，その他の罪についての時効期間は従前通りであり，長期15年未満の懲役・禁錮に当たる罪については7年，長期10年未満の懲役・禁錮に当たる罪については5年，長期5年未満の懲役・禁錮または罰金に当たる罪については3年，拘留または科料に当たる罪については1年である）。これは，国民の平均年齢の延び等から，被害者の処罰感情等が時の経過により希薄化する度合いは低下していると考えられること，そして，新たな捜査技術の開発等により，犯罪発生後相当期間を経過しても有力な証拠を得ることが可能になっていることを考慮すれば，とくに凶悪・重大犯罪については，従来の公訴時効期間は短すぎると考えられたことによるものと説明されている。

　しかし，その後も，被害者の遺族等を中心に，とりわけ殺人等の凶悪・重大な犯罪に関して，公訴時効制度のさらなる見直しを求める声が強く，①公訴時効の廃止，②時効期間のさらなる延長，③DNA型情報等により被告人を特定して起訴する制度の導入，④検察官の裁判官に対する請求により公訴時効を停止または延長する制度の導入等の可能性が検討された。その結果，2010（平成22）年には，再び250条が改正され，とくに「人を死亡させた罪であつて禁錮以上の刑に当たるもの」について，時効制度の内容に大幅な変更がもたらされた。すなわち，「人を死亡させた罪」のうち，「死刑に当たるもの」については公訴時効が廃止され，「無期の懲役又は禁錮に当たる罪」の時効期間は30年，「長期20年の懲役又は禁錮に当たる罪」の時効期間は20年，その他の「禁錮以上の刑に当たるもの」の時効期間は10年とされた（250条1項。なお，それ以外の罪の時効期間は従前通りである。同条2項）。

　この新たな規定は，改正法附則により，改正法施行前に犯された犯罪であっても，その時点で公訴時効が完成していない事件には適用されるものとされた。この点については，遡及処罰を禁止する憲法39条や適正手続を保障する同法31条との適合性に疑念も提示されたが，判例は，同附則は，「行為時点における違法性の評価や責任の重さを遡って変更するもの」でも，「被疑者・被告人となり得る者につき既に生じていた法律上の地位を著しく不安定にするようなもの」でもないとして，合憲性を認めている（前掲最判平成27・12・3）。

(b)　公訴時効の算定基準・起算点　　　時効は，犯罪行為が終わった時から進

行する（253条1項）。

　結果犯の場合の時効の起算点について，通説は，結果発生によってはじめて
当該犯罪についての刑罰権が発生するとして，（実行行為時ではなく）結果発生
時にこれを求める（**結果時説**）。判例も，「253条1項にいう『犯罪行為』とは，
刑法各本条所定の結果をも含む趣旨と解するのが相当である」とする（最決昭
和63・2・29刑集42巻2号314頁）。結果的加重犯の時効の起算点についても，
通説は，これを，（基本犯の結果発生時にではなく）加重的結果発生時に求める。

　科刑上一罪の関係にある数罪についての時効の算定基準・起算点に関しては，
学説上，各罪ごとに個別的にこれを論ずるべきであるとする**個別説**，一体とし
て観察し，最終の犯罪事実から起算すべきであるとする**一体説**，1つの罪の公
訴時効期間内に，他の罪が実行されたとき（牽連犯の場合），あるいは，次の結
果が発生したとき（観念的競合の場合）にかぎって一体として扱うべきであると
する**時効連鎖説**（**ひっかかり論**）が対立する。判例は，「観念的競合の関係にあ
る各罪の公訴時効完成の有無を判定するに当たっては，その全部を一体として
観察すべき」であるとする（前掲最決昭和63・2・29）一方，牽連犯の場合につ
いて，「目的行為がその手段行為についての時効期間の満了前に実行されたと
きは，両者の公訴時効は不可分的に最も重い刑を標準に最終行為の時より起算
すべき」であるとする（最判昭和47・5・30民集26巻4号826頁）。

　共犯の場合には，最終行為が終わった時から，すべての共犯に対して時効の
期間を起算するものとされている（253条2項）。

　(c)　**公訴時効の停止**　　時効は，公訴の提起により進行を**停止**するが，管轄
違いまたは公訴棄却の裁判がなされた場合には，これが確定した時から再び進
行を始める（254条1項）。共犯の1人に対してなされた公訴提起による時効の
停止は，他の共犯に対しても効力を有する（同条2項）。

　判例は，起訴状謄本が所定の期間内に被告人に送達されなかったため，公訴
の提起が遡ってその効力を失った場合にも（271条2項），254条1項による時
効の停止を認めている（最決昭和55・5・12刑集34巻3号185頁）。また，起訴状
の公訴事実の記載に不備があり，実体審理を継続するのに十分な程度に訴因が
特定していない場合（最決昭和56・7・14刑集35巻5号497頁）や，当初の訴因
との間に公訴事実の同一性が認められないため，本来ならば追起訴の手続によ

って訴追すべき事実について（⇨238頁**2**），検察官が，訴因変更請求によって
対応した場合（最決平成18・11・20刑集60巻9号696頁）であっても，公訴時効
の停止を認める。「254条が，公訴時効の停止を検察官の公訴提起にかからし
めている趣旨は，これによって，特定の罪となるべき事実に関する検察官の訴
追意思が裁判所に明示されるのを重視した点にある」ところ，このような不適
法な公訴提起や訴因変更請求であっても，特定の犯罪事実に関する訴追意思を
表明したものとみられる以上，時効の停止効を認めてよいとするのである。

　また，判例・通説は，公訴の提起による時効の停止効は，訴因事実のみなら
ず，それと「公訴事実を同一にする範囲」にまで及ぶものとする（前掲最決昭
和56・7・14参照）。

　時効は，そのほか，犯人が国外にいる場合には ── それが一時的な海外渡航に
よる場合であっても（最決平成21・10・20刑集63巻8号1052頁）── その期間，
また，犯人が逃げ隠れているため有効に起訴状謄本の送達もしくは略式命令の
告知ができなかった場合は逃げ隠れている期間（255条），摂政の在任期間（皇
室典範21条），国務大臣の在任期間または内閣総理大臣による訴追の同意があ
るまでの期間（憲75条）は，進行を停止する。

4 公訴棄却

(1) 公訴棄却の決定

　裁判所は，①起訴状謄本が公訴提起の日から2ヵ月以内に被告人に送達され
なかったため，公訴提起が遡ってその効果を失ったとき，②起訴状に記載され
た事実が真実であっても，何らの罪となるべき事実を包含していないとき，③
公訴が取り消されたとき，④被告人が死亡し，または被告人たる法人が存続し
なくなったとき，⑤同一事件について数個の（国法上の意義の）裁判所に重複し
て公訴が提起され，刑訴法10条または11条により審判してはならないときに
は，決定で公訴を棄却しなければならない（339条1項）。

(2) 公訴棄却の判決

　裁判所は，①被告人に対して裁判権を有しないとき，②刑訴法340条に違反
して公訴が提起されたとき，③同一の（国法上の意義の）裁判所に公訴の提起が

270

あった事件について，さらに公訴が提起されたとき，④公訴の提起の手続がその規定に違反したため無効であるときには，判決で——すなわち，口頭弁論に基づいて（43条）——公訴を棄却しなければならない（338条）。

より具体的には，①裁判権が及ばない天皇・摂政，治外法権を持つ外国元首・使節ならびにその随員・家族，外国軍艦内および同乗組員の公務上陸中の犯罪に対して公訴が提起された場合や，②公訴の取消しによる公訴棄却の決定が確定した後，犯罪事実につき新たに重要な証拠が発見されていないにもかかわらず，再び公訴が提起された場合，③同一の裁判所に二重に公訴の提起がなされた場合，④起訴状の方式違背，親告罪における告訴の欠如，少年事件についての家庭裁判所への全件送致主義違反，交通反則者に対する反則金納付の通告手続の瑕疵・欠如等により，公訴提起の手続に補正・追完できないほどの重大な違法がある場合には（⇨280頁(3)），裁判所は，判決で公訴を棄却して，「門前払い」することになるのである。

5 非典型的訴訟条件論と手続打切り論

(1) 非典型的訴訟条件論と手続打切り論の意義

形式裁判事由（の不存在）は，裁判所にとっては実体審理を開始し，継続するための条件として，検察官にとっては公訴権行使の条件として，そして，被告人にとっては応訴義務（負担）の条件としての意味を持つ。そうであるとすれば，明文の規定がなくても，実質的に，裁判所が実体審理を開始・継続すること，検察官が公訴権を行使すること，あるいは，被告人に訴追ないし訴訟に伴う負担を負わせることを不当ないし違法とするような事情が認められるときには，裁判所は，被告人の救済のため，または一定の政策的観点から，形式裁判によって手続を打ち切るべき場合があるのではないか（**手続打切り論**）。あるいは，刑訴法が定める形式裁判事由は限定的列挙とみるべきではなく，実質的に訴訟の継続を不当ないし違法とするような事情については，明文の規定がなくても，これ（その不存在）を，解釈論上，訴訟条件として論ずることができるのではないか（**非典型的訴訟条件論**）。

この問題は，当初，**嫌疑不十分の起訴，不起訴相当の起訴，違法捜査に基づく起訴**のように，公訴権が違法ないし不当に行使された場合には，受訴裁判所は，

271

第2章　公訴権の行使と訴訟条件

形式裁判により手続を打ち切ることによって批判・排斥の意を示すとともに，不当訴追に伴う負担・不利益から被告人を早期に解放すべきであるとする，いわゆる**公訴権濫用論**によって提示された。

Column 2-11　公訴権濫用論

　被告人は，訴追されることによって応訴を余儀なくされ，身体拘束等の手続上の負担を負わされることがあるだけでなく，社会生活においても多大な不利益を被ることは否定できず，不当な公訴権の行使は，被告人にこれらの負担を不当に負わせることを意味することになる。

　しかし，上述のように，現行法は，検察官による公訴権の不当な不行使（不起訴処分）に対しては抑制のための制度を設けているが，その不当な行使に対しては同様の制度を設けていない（⇨ 215 頁**3**）。もちろん，違法な公訴権の行使があった場合には，担当検察官に行政的制裁や刑事制裁が科される可能性があるほか，被告人は国家賠償を請求することもできるが，これらは実効性に疑問があるとされ，いずれにしても，不当訴追からの被告人の救済という意味では，間接的ないし事後的な手段にすぎない。そこで，検察官が，被告人を十分な嫌疑がないのに起訴した場合や，起訴猶予すべき事情があるにもかかわらず起訴した場合，あるいは，違法捜査に基づいて起訴した場合等には，受訴裁判所は，形式裁判によって手続を打ち切るべきであるとの主張がなされるようになった。これを，**公訴権濫用論**という。

　公訴権濫用論は，（とりわけ，労働公安事件，ビラ貼り等の軽犯罪法違反事件，個別訪問等の公職選挙法違反事件に関する）裁判実務の場での弁護戦術として生まれたものであるが，学説上は，①公訴権濫用の場合に，公訴（の提起）を違法・無効とする理論的根拠をどこに求めるか（訴訟条件の欠如か，検察官の客観義務違反かなど），②とりわけ不起訴相当の起訴に関し，検察官の訴追裁量を受訴裁判所の司法審査の対象とすることが，現行法が想定する検察官の訴追裁量の性格，裁判所と検察官の国法上・訴訟法上の地位，手続の基本構造等に照らして可能ないし相当か等の問題をめぐって，様々な見解が提示された。

　しかし，最近では，違法捜査に基づく起訴（⇨ 277 頁(c)），迅速裁判違反（⇨ 290 頁(b)）や被告人の訴訟能力欠如（⇨ 301 頁(c)(ii)）の場合のように，必ずしも検察官による「公訴権の濫用」が認められなくても（たとえば，迅速裁判違反は，裁判の遅延が専ら検察官による公訴権の不当な行使に起因する場合を除けば，これを「公訴権の濫用」の問題とするのは無理があろう），裁判所が実体審理を継続すること，あるいは被告人に訴追ないし訴訟に伴う負担を負わせることが違法ないし不当とされる場合があることが認識されるに至り，このような場合も含めて，

272

より一般的なかたちで手続打切り事由を論ずる必要が説かれるようになっている。もっとも，この立場を採る場合にも，いかなる裁判形式により手続を打ち切るかについては，それぞれの事由ごとに手続打切りの実質的理由と各形式裁判事由の共通性・類似性を考慮して決定すべきであるとする見解と，刑訴法338条4号を「落ち穂拾い的規定」とみて，すべて公訴棄却の判決によるべきであるとする見解が対立する。

(2) 非典型的訴訟条件ないし手続打切り事由

(a) **嫌疑なき起訴・嫌疑不十分の起訴**　現在の公訴権運用の実情に照らせば，**嫌疑なき起訴**または**嫌疑不十分の起訴**がなされることはほとんどあり得ない。しかし，理論上は，検察官が有罪判決を得る見込みを欠いたまま起訴したような場合に，裁判所は，公訴を違法・無効とし，これを棄却することによって手続を打ち切るべきか（**公訴棄却説**），それとも，嫌疑がない以上，無罪判決を言い渡すべきであるか（**無罪説**）が問題となり得る。

無罪説は，その論拠として，①嫌疑の存在が訴訟条件であるとすると，裁判所は，有罪・無罪の実体審理に入る前提として嫌疑の有無を取り調べることになるが，このような二段階の審理は無意味であるにとどまらず，予断排除の見地からも問題があること，②起訴について十分な嫌疑を条件とすることは，捜査の糾問化・詳密化を招くという意味で有害であること，そして，③一事不再理効が認められる無罪判決のほうが再起訴の可能性のある公訴棄却よりも被告人にとって有利である（⇨ 493頁(a)）ことを挙げる。

しかし，①′ 嫌疑の存在のように実体と関連する訴訟条件については，実体審理に入ってから吟味するとしても不合理ではなく，②′ 嫌疑を訴訟条件とすることから必然的に捜査の糾問化・詳密化がもたらされるとはかぎらない。また，③′ 公訴棄却後に検察官が常に再起訴するとはかぎらず，また，起訴の時点で嫌疑がなくても，その後の捜査または公判において新たな有罪証拠が収集されるならば，裁判所が無罪判決を言い渡すことができるとはかぎらないので，被告人には早期の手続打切りを求める利益があるというべきであろう。いずれにしても，公訴はその対象者の権利・利益に重大な影響を与える訴訟行為であるから，検察官が，「現に収集した証拠資料及び通常要求される捜査を遂行す

第2章　公訴権の行使と訴訟条件

れば収集し得た証拠資料を総合勘案して合理的な判断過程により有罪と認められる嫌疑」がないのにこれを提起ないし維持することは，国家賠償法上違法であるにとどまらず（最判平成元・6・29民集43巻6号664頁参照），刑訴法上も「正当な理由」に基づかない違法・無効な権限行使というべきであり（無罪説も，このこと自体は否定しないものと思われる），その意味で，嫌疑の十分性は訴訟条件であるというべきであろう。

> **Column 2-12　嫌疑不十分の起訴と手続打切り**
>
> 　嫌疑の十分性が公訴の有効要件ないし訴訟条件であるとしても，その欠如が実際に手続打切りをもたらすか否かは，他の様々な条件に依存する。すなわち，「正当な理由」のない訴追を受けない利益が専ら被告人に属するものであるとすれば，被告人は，このことを理由とする手続打切りの利益を放棄することが許されると解されるが，そのような利益それ自体，訴訟条件の欠如が確認される時期やその後の事情の変化等に左右され得る。
>
> 　たとえば，既にある程度審理が進んだ段階で嫌疑がなかったことが判明した場合などには，いまさら公訴棄却により手続を打ち切ってもらうよりも無罪判決を得るほうが被告人にとっては望ましいといえよう。しかし，この場合でも，起訴後の捜査や公判において新たな有罪証拠の存在が明らかになれば，無罪判決が言い渡される保証はない。そうであるとすれば，再起訴を覚悟のうえで起訴当時に嫌疑がなかったことを理由に手続打切りを求めるか，それとも，（訴訟条件の黙示の追完〔⇨280頁(3)〕を認めて）有罪・無罪の実体判決による終局的処理を望むかは，結局，被告人の意思にゆだねるのが妥当であろう。その意味で，嫌疑不十分の起訴がなされた場合には，具体的な事情および被告人の意思によって，公訴棄却も，無罪または有罪の実体判決もあり得ることになるのである。

(b)　**不起訴相当の起訴**　　被告人が通常ならば起訴猶予になるような軽微な犯罪により起訴された場合や，他の同種事件の被疑者は起訴されていないのに被告人だけが狙い撃ちにされた場合，あるいは，訴追の背後に政治的弾圧の意図や検察官の被告人に対する私怨の存在等がうかがわれるような場合に，裁判所は，検察官による公訴の提起を違法・無効とし，形式裁判により手続を打ち切ることができるか。

　この問題に関しては，検察官の訴追裁量行使の当否を裁判所が審査し，公訴を棄却することを予定した明文の規定が存在しないこと，現行刑訴法のもとでは公訴権の行使・不行使の判断は検察官の専権に属すること等を理由として，

公訴提起は，適法・適式になされた以上は有効であり，裁判所は，訴訟条件が具備されているかぎり実体審判をしなければならないとする見解もある（**公訴権濫用論否認論**）。検察官が訴追裁量の行使を誤る可能性は否定できないとしても，その場合には，公訴取消しにより検察官自身に是正させるのが現行法の建前であるとするのである。

　しかし，学説においては，これら微罪起訴，不平等起訴，悪意の起訴等のいわゆる**不起訴相当の起訴**を公訴権濫用事例として位置づけ，これに対しては，免訴によって手続を打ち切るべきことを主張する見解が提示された。すなわち，これらの事情が認められる場合には，刑事訴訟の目的である刑罰権の内容確認・実現の利益ないし必要が欠けるという意味で，「訴訟関係を有効に存続するための条件」が存在しないため，裁判所は（公訴時効の場合に準じて）免訴判決を言い渡すべきであるとするのである。また，戦後における憲法および訴訟法改正の結果，検察官および裁判所の国法上・訴訟法上の地位・性格が変化したこと，検察官の訴追裁量は覊束裁量であること，不当な訴追からの被告人の救済手段に関する立法の不備を解釈で補う必要があること等を理由として，訴追裁量に対する司法的統制の手段としての（公訴棄却による）手続打切りの可能性および必要性を肯定する見解も現れた。もっとも，これらの見解に対しては，公訴権濫用論の理論的可能性は肯定すべきであるとしても，「不起訴相当の起訴」全般にまで司法的審査の幅を広げると，訴追裁量の客観性を過度に求めることになる結果，究明的で厳格な捜査活動を招くうえ，公判における争点や立証内容を混乱させる等の弊害が生ずるとして，その妥当範囲を限定的に捉える見解もある。

　判例は，当初，公訴権濫用を理由とする手続打切りにはかなり消極的な態度を示していたが（最判昭和 24・12・10 刑集 3 巻 12 号 1933 頁等），昭和 30 年代以降，下級審裁判例において公訴権濫用論を理論的に承認するものが散見されるようになり，1977（昭和 52）年には，いわゆるチッソ水俣病被害補償傷害事件の控訴審判決により，具体的事件において公訴権濫用を理由とする手続打切りが認められるに至った。これに対して，最高裁は，◀ 判例 2-4 ▶において，「検察官の裁量権の逸脱が，公訴の提起を無効ならしめる」理論的可能性を認めつつも，「それはたとえば公訴の提起自体が職務犯罪を構成するような極限的な場合に

第 2 章　公訴権の行使と訴訟条件

限られる」と述べ，公訴権濫用論の適用に対しては極めて厳しい姿勢を示した。

> 【判例 2-4】 **最決昭和 55・12・17 刑集 34 巻 7 号 672 頁**

【事案】 チッソ株式会社の公害による水俣病被害患者 X は，他の患者および支援者とともに，被害補償に関する自主交渉のため同会社社長との面接を求めて本社に赴き，社内立入りを阻止しようとする会社側従業員に対して，手拳または木片で殴打し，咬みつくなどの暴行を加え，加療 1 週間から 2 週間を要する傷害を負わせた。他方，その数ヵ月前には，同じく自主交渉に関して面会の約束を取り付けて赴いた X らに対して，退去を求める会社側従業員多数が暴行を加え，負傷させるという事件が発生していたが，この事件については，会社側従業員らは不起訴処分とされていた。

第 1 審は，X に対し，罰金 5 万円執行猶予 1 年の有罪判決を言い渡したが，控訴審（東京高判昭和 52・6・14 高刑集 30 巻 3 号 341 頁）は，「重大かつ広範囲な被害を生ぜしめたチッソの責任につき国家機関による追求の懈怠と遅延，これにひきかえ，被害者側の比較的軽微な刑責追求の迅速さ，それに加えてチッソ従業員の行為に対する不起訴処分等々の諸事実がある以上，……検察官の故意又は重大な過失が推認されてもやむを得ない」として「訴追裁量の濫用」を認め，第 1 審判決を破棄して公訴を棄却した。検察官上告。

【決定要旨】 最高裁は，次のように判示して原審の判断を失当としたが，「原判決を破棄して第 1 審判決の執行猶予付きの罰金刑を復活させなければ著しく正義に反することになるとは考えられ〔ない〕」として検察官の上告を棄却し，結論としては原判決を維持した。

「一　検察官は，現行法制の下では，公訴の提起をするかしないかについて広範な裁量権を認められているのであって，公訴の提起が検察官の裁量権の逸脱によるものであつたからといつて直ちに無効となるものでないことは明らかである。たしかに，右裁量権の行使については種々の考慮事項が刑訴法に列挙されていること（刑訴法 248 条），検察官は公益の代表者として公訴権を行使すべきものとされていること（検察庁法 4 条），さらに，刑訴法上の権限は公共の福祉の維持と個人の基本的人権の保障とを全うしつつ誠実にこれを行使すべく濫用にわたってはならないものとされていること（刑訴法 1 条，刑訴規則 1 条 2 項）などを総合して考えると，検察官の裁量権の逸脱が公訴の提起を無効ならしめる場合のありうることを否定することはできないが，それはたとえば公訴の提起自体が職務犯罪を構成するような極限的な場合に限られるものというべきである。

二　いま本件についてみるのに，原判決の認定によれば，本件犯罪事実の違法性及び有責性の評価については被告人に有利に参酌されるべき幾多の事情が存在することが認められるが，犯行そのものの態様はかならずしも軽微なものとはいえないのであって，当然に検察官の本件公訴提起を不当とすることはで

276

第 4 節　訴 訟 条 件

きない。本件公訴提起の相当性について疑いをさしはさましめるのは，むしろ，水俣病公害を惹起したとされるチッソ株式会社の側と被告人を含む患者側との相互のあいだに発生した種々の違法行為につき，警察・検察当局による捜査権ないし公訴権の発動の状況に不公平があつたとされる点にあるであろう。原判決も，また，この点を重視しているものと考えられる。しかし，すくなくとも公訴権の発動については，犯罪の軽重のみならず，犯人の一身上の事情，犯罪の情状及び犯罪後の情況等をも考慮しなければならないことは刑訴法 248 条の規定の示すとおりであつて，起訴又は不起訴処分の当不当は，犯罪事実の外面だけによって断定することができないのである。このような見地からするとき，審判の対象とされていない他の被疑事件についての公訴権の発動の当否を軽々に論定することは許されないのであり，他の被疑事件についての公訴権の発動の状況との対比などを理由にして本件公訴提起が著しく不当であったとする原審の認定判断は，ただちに肯認することができない。まして，本件の事態が公訴提起の無効を結果するような極限的な場合にあたるものとは，原審の認定及び記録に照らしても，とうてい考えられない……。」

　検察官に広範な訴追裁量を認める現行制度のもとでは，検察官が公訴権を「濫用」した，いいかえれば，制度目的を逸脱して不当な目的のために行使したといえる場合があるとしても，それは，「悪意の起訴」——たとえば，検察官が専ら私怨を晴らす目的で，あるいは政治的弾圧のために被告人を起訴したような場合——に限定されることになろう（もっとも，このような検察官の主観的意図を認定するのは困難な場合が多い）。その意味で，「不起訴相当の起訴」を一律に「公訴権濫用」の問題として扱うのは妥当ではなく，微罪起訴については，公訴権行使の「相当性」（訴追の必要性とそれに伴い被告人が負うことになる手続的負担の間の均衡）を著しく欠く場合には比例原則違反の起訴として（憲 13 条），また，不平等起訴については，平等原則違反の不合理な差別的起訴として（憲 14 条），それぞれ手続打切りの是非を論ずるべきであろう。このことは，公訴の提起だけでなく，その維持についても妥当するものと考えられる。

　(c)　**違法捜査に基づく起訴**　　違法捜査に基づいてなされた公訴の提起に対しても，裁判所が形式裁判による手続打切りによって対処すべき場合があるか。捜査手続の違法は，当該違法行為を行った捜査官に対する行政的制裁ないし刑事制裁，損害賠償，違法収集証拠排除（⇨ 416 頁**第 4 節**）の問題を生ぜしめるとしても，公訴提起の効力とは関係がないとして，これを否定する見解もある。

277

判例も，タクシー運転手が速度違反を理由とする現行犯逮捕の際に警察官から暴行を受け，約2週間の入院加療を含む約1ヵ月の休養を要する鞭打ち傷害を受けたという事案について，「本件逮捕の手続に所論の違法があったとしても本件公訴提起の手続が憲法31条に違反し無効となるものとはいえない」としている（最判昭和41・7・21刑集20巻6号696頁）。

たしかに，捜査を規制する諸規範の内容・趣旨からしても，その違反の効果として公訴の違法・無効が想定されているとは考えられず，個別の捜査手続の違法により直接に公訴の違法・無効を根拠づけるのは困難である。そこで，この場合には，検察官の**客観義務論**（⇨17頁 Column 0-4 ）の観点から，検察官が，「捜査機関の違法な捜査活動を抑制すべきであるという意味での客観義務」または「デュー・プロセス維持義務」の履行を怠り，違法捜査を看過して起訴猶予すべき事案を起訴したとして，これを不起訴相当の起訴の一類型として扱う見解もある（**間接構成説**）。しかし，これに対しては，捜査の違法は訴追裁量行使の際の判断資料の1つにすぎないとの指摘がある。判例も，（捜査に長期間を要したため，少年の被疑者が成年に達し，家庭裁判所の審判を受ける機会が失われたという事件について）「仮に捜査手続に違法があるとしても，それが必ずしも公訴提起の効力を失わせるものでないことは，検察官の極めて広範な裁量にかかる公訴提起の性質にかんがみ明らかである」とする（最判昭和44・12・5刑集23巻12号1583頁）。

そこで，学説においては，訴訟条件を被告人の応訴強制の条件と理解したうえで，捜査に重大な違法があった場合には，それ自体が被告人に対する応訴強制の違法・不当を導出して直ちに訴訟障害事由を形成するとの見解（**直接構成説**）や，違法収集証拠排除法則と同様に，裁判所が将来の違法捜査抑止のために制裁的に手続を打ち切ることを認める見解（**違法捜査抑止説**）も提示されている。

(d)　**その他の事情**　　上記の諸事情のほか，迅速裁判違反（⇨290頁(b)），被告人の訴訟能力の欠如（⇨301頁(c)(ii)）等の場合にも，形式裁判による手続打切りの是非が問題となる。

第4節　訴訟条件

6 訴訟条件に関する手続上の諸問題

(1) 訴訟条件の審査方法・時期

(a) 審査方法　訴訟条件は，裁判所の実体審判権行使の条件であり，一般に，当事者の利益に還元することのできない公益的性格を持つため，その存否については，従来，土地管轄に関する刑訴法 331 条のような特別の定めがある場合を除いて，裁判所が職権で調査すべきであるとされてきた（**職権調査事項説**）。この見解によれば，当事者からの訴訟条件が欠ける旨の申立ては，裁判所の職権発動を促す意味を持つにすぎないことになる。しかし，必ずしもすべての訴訟条件について（とりわけ非典型的訴訟条件の場合には）当事者の利益に還元できないほどの公益性が認められるわけではなく，訴訟条件の性質によっては，当事者の申立てを待ってその存否を審査すべき場合もあるというべきであろう（⇨ 274 頁 Column 2-12 ）。

(b) 審査時期　訴訟条件は，裁判所が実体判決を行うための要件であるだけでなく，実体審理を行うための要件でもある。たとえば，時効が完成した事件については，裁判所は，有罪・無罪の実体判決を行うことができないという以前に，その前提となる実体審理を行うこともできない（もちろん，時効の完成・未完成の判断に必要な範囲での事実の審理を行うことはできる）。そのため，訴訟条件の存否の審査は，一般に，実体審理に入る前に行われるべきものとされてきた。しかし，とりわけ，当事者の申立てを待ってその有無を審査すべき訴訟条件については，実体審理の進行状況がその欠如を主張する利益に影響を与える場合もあるから，個別の訴訟条件の性質にあわせて柔軟に対応するのが妥当であろう（⇨ 274 頁 Column 2-12 ）。

(2) 複数の訴訟条件が競合的に欠ける場合の措置

複数の訴訟条件が同時に欠ける場合の措置については，一般に，①手続的訴訟条件の欠缺（管轄違い・公訴棄却の事由）と実体的訴訟条件の欠缺（免訴事由）が競合するときは，前者を理由とする裁判によって，また，②数個の手続的訴訟条件が欠けるときには，瑕疵の程度の重い事由によって，手続を打ち切るべきだとされる。

279

(3) 訴訟条件の追完

訴訟条件の追完とは，公訴提起のときに欠けていた訴訟条件を後に整えることにより，無効な公訴を有効にすることをいう。訴訟条件を欠く公訴の提起は違法・無効であるが，そのことを理由に形式裁判で手続を打ち切っても，後に訴訟条件が整えば再度起訴される可能性がある。そこで，手続遵守の要請や訴訟経済，あるいは，当該事情が訴訟条件とされている実質的理由等を考慮して，その追完を認めるべきか否かが問題となる。

たとえば，親告罪につき告訴を得ずになされた公訴の提起は違法かつ無効であるが，後に告訴が得られた場合には追完を認めてよいか。この問題については，起訴後冒頭手続までの間か，その後であっても被告人の同意がある場合には追完を認めてよいとする見解と，被告人の同意がなければ冒頭手続までであっても追完は認められないとする見解，被告人の同意があると否とにかかわらず追完は認められないとする見解等が対立する。不特定訴因の補正も，訴訟条件の追完の一場面である（⇨ 231 頁(5)）。なお，訴因変更による訴訟条件の追完については，⇨ 281 頁。

7 訴因と訴訟条件

(1) 問題の所在

訴訟条件の中には，時効期間，親告罪・非親告罪，事物管轄等，犯罪によってその内容を異にするものがある。これらについては，訴訟条件を具備した訴因とこれを欠く訴因の間での訴因変更の許否や，起訴状記載の訴因と裁判所の心証の間に差異が生じた場合の措置について，問題が生じ得る。

(2) 訴訟条件と訴因変更の許否

(a) **訴訟条件を具備した訴因から欠く訴因への変更**　訴訟条件を備えた訴因（適法訴因）から訴訟条件を欠く訴因（不適法訴因）への変更は許されるか。

不許容説は，訴因変更制度は，訴因と心証にずれが生じた場合に，検察官に当該手続で有罪判決を確保する手段を与えるために設けられた制度であるから，たとえば，時効未完成の訴因から時効が完成した訴因への変更や，告訴がない状態での非親告罪の訴因から親告罪の訴因への変更は許されないとする。訴因

第4節　訴訟条件

変更はあくまで適法性の枠の中でのみ許されるというのである（**訴因に関する適法性維持の原則**）。これに対して，許容説は，訴因変更制度は，訴訟対象の設定変更を訴追機関に許す制度であり，その結果，実体審理を行うことができることになるか否かは別問題であるとして，不適法訴因への変更を認める。

(b)　**訴訟条件を欠く訴因から具備した訴因への変更**　　公訴提起時において訴訟条件を欠いていた訴因を，後に，訴訟条件を具備した訴因に変更することは許されるか。たとえば，検察官が，（地方裁判所の管轄に属する）放火の訴因で簡易裁判所に起訴した後に，これを（簡易裁判所の管轄に属する）失火の訴因に変更することを請求した場合に（⇨263頁(a)），裁判所はこれを許可してよいか。これは，実質的には，上述の「訴訟条件の追完」（⇨280頁(3)）の一種（訴因変更による違法・無効な公訴の有効化）である。したがって，一般に訴訟条件の追完を許さない立場に立つならば，このような訴因変更も許されないとするのが一貫するであろう。他方，訴訟条件の追完を許す見解においても，訴因変更に訴訟条件の追完の意味を持たせることはできないとする説と，訴訟条件の追完が認められるのと同様の理由および条件により許されるとする説が対立する。判例には，「訴因の特定が不十分でその記載に瑕疵がある場合」に，その内容によっては「訴因変更と同様の手続を採って訴因を補正すべき場合」があり得，この場合には，裁判所は，検察官が瑕疵を補正するために行った訴因変更請求を許可すべきであるとしたものがある（最決平成21・7・16刑集63巻6号641頁）。

(3)　訴因と心証とで訴訟条件を異にする場合の措置

(a)　**訴訟条件の判断基準**　　起訴状記載の訴因と裁判所の心証の間に差異が生じたような場合には，訴訟条件の存否は，訴因を基準として判断されるべきか，それとも裁判所の心証を基準として判断されるべきか。この問題については，一般に，（審判対象論〔⇨221頁 Column 2-3〕における）公訴事実対象説からは心証を基準に判断すべきであるとする**心証基準説**が，訴因対象説からは訴因を基準に判断すべきであるとする**訴因基準説**が，それぞれ導かれるものとされる。

(b)　**訴因と心証とで訴訟条件を異にする場合の措置**　　この問題に関しては，免訴事由，公訴棄却事由，管轄違いに分けて論ずるのが便宜である。

第2章　公訴権の行使と訴訟条件

　（i）　**免訴事由が問題となる場合**　　問題となるのは，主として（罪によって
その期間が異なる）公訴時効である。たとえば，検察官が，（時効期間3年の）名
誉毀損の訴因で被告人を起訴したが，審理の結果，（時効期間1年の）侮辱の事
実の心証が得られ，侮辱罪については公訴提起の時点で既に時効が完成してい
た場合，裁判所はいかなる措置をとるべきか（なお，公訴提起の時点で侮辱罪に
ついての時効が完成していなかった場合には，判例によれば，名誉毀損罪による起訴に
よる時効停止効が侮辱罪についても及ぶことになるため〔⇨269頁(c)〕，時効完成の問
題は生じない）。

　訴因基準説は，このような場合には，裁判所は，（不適法訴因への訴因変更を許
す立場を前提として）検察官に，心証に沿ったかたちでの（上の例では，侮辱罪へ
の）訴因変更の請求をするか否かの意思を確認し，訴因変更がなされるならば
免訴を，なされないならば無罪を言い渡すべきであるとする。ただし，訴因と
裁判所が認定する事実との間に「包含関係」が認められる場合には，訴因事実
の主張の中で認定事実が（上の例では，名誉毀損の訴因の中で侮辱の事実が）黙示
的・予備的に主張されているとみることも可能であるため，裁判所は，訴因変
更手続を経ることなく，「縮小認定」をしたうえで（すなわち，侮辱罪を認定した
うえで）免訴を言い渡すことも可能であるとする（⇨255頁 Column 2-8 ）。こ
れに対して，心証基準説によれば，裁判所は，訴因変更または包含関係の有無
にかかわらず，最初から自己の心証（すなわち，侮辱罪）を基準として免訴を言
い渡すことができることになる。

　判例は，このような場合には，裁判所が名誉毀損の事実を認定していない以
上，「起訴状記載の訴因及び罪名が名誉毀損であるにしても，……起訴の当時
すでに本件所為につき公訴の時効は完成したものというべきである」とする
（最判昭和31・4・12刑集10巻4号540頁）。また，業務上横領の訴因で被告人が
起訴されたが，審理の結果，公訴提起の時点で時効が完成していた単純横領の
事実が認められたという場合についても，裁判所は「免訴の言渡をすべきであ
る」とする（最判平成2・12・7判時1373号143頁）。そのため，判例は，一見，
心証基準説を採るかのようにもみえるが，これらの場合には2つの犯罪事実の
間に「包含関係」が認められるため，「縮小認定」が行われたものと解するこ
ともできよう。

282

第4節　訴訟条件

　(ii)　**公訴棄却事由が問題となる場合**　　問題とされるのは，主として，刑訴法 338 条 4 号による公訴棄却の場合である。たとえば，①被告人が（非親告罪である）窃盗の訴因により起訴された事件について，裁判所が，審理の結果，（親告罪である）器物損壊の心証を得たが被害者からの告訴がない場合や，②道交法の速度制限違反事件について，起訴状の公訴事実（40 km/h 超過）によれば反則行為に該当しないが，公判審理の結果，反則行為に該当すること（20 km/h 超過）が判明したような場合（道交法は，反則行為については，反則金納付の通告を受け，かつ，一定の期間が経過した後でなければ公訴を提起されないものとしているが，その手続が履践されていないとき）には，いかなる措置がとられるべきかが問題とされるのである。

　①のような場合において，親告罪に該当する事実が判明した時点で被害者から告訴が得られるならば，裁判所は，訴因変更の手続を経たうえで，当該事実（すなわち，器物損壊罪）について，実体審理を行うことができるということに争いはない（東京地判昭和 58・9・30 判時 1091 号 159 頁参照）。この場合，当初の訴因を基準とすれば公訴の提起は適法・有効であるから，訴訟条件の「追完」（⇨ 280 頁 (3)）が問題となる場面でもない。

　それ以外の場合には，これらの事実に関しては訴訟条件が欠けることになるため，心証と訴因とのいずれを基準として訴訟条件の具備を判断すべきかが問題となる。心証基準説によれば，裁判所は，訴因変更がなくても，（①の場合には器物損壊の心証を，②の場合には 20 km/h の速度超過の心証をそれぞれ基準として）公訴を棄却すべきことになるのに対して，訴因基準説によれば，裁判所は，（不適法訴因への変更を許す立場を前提として）検察官に，自己の心証に沿ったかたちでの（すなわち，①の場合には器物損壊，②の場合には 20 km/h の速度超過への）訴因変更を請求するか否かの意思を確認し，訴因変更がなされるならば公訴棄却を，なされないのであれば無罪を言い渡すこととなりそうである。

　もっとも，訴因基準説のもとでも，②の場合には，両事実の間に「包含関係」が認められるようなときには，訴因変更がなされなくても，40 km/h の速度超過の訴因において 20 km/h 超過の事実が黙示的・予備的に主張されているとみてその「縮小認定」を認め（⇨ 255 頁 Column 2-8 ），公訴を棄却することも可能であろう。判例にも，同様の事案について，裁判所は，「刑訴法 338

283

条4号により，判決で公訴を棄却しなければならない」としたものがあり（最判昭和48・3・15刑集27巻2号128頁），これを「縮小認定」の例とみることもできよう。しかし，これに対しては，いかに両罪の間に「包含関係」が認められるとしても，訴訟条件を備えた訴因について実体審判を求める検察官の訴追意思に，訴訟条件を欠く事実について形式裁判を求める意思が当然に含まれると解するのは無理があるとの批判もある。

　他方で，上記①のような場合に，訴因変更を許したうえで公訴を棄却することについては，（免訴の場合と異なり）公訴棄却の裁判に一事不再理効を認めない通説のもとでは（⇨494頁(ii)），検察官に，訴因変更によって再起訴の可能性を確保する権限を認め，その結果，被告人から，窃盗の事実は認められないとの確認の利益を奪うことになるという問題が指摘されうる。もっとも，このような場合には，裁判所は，窃盗から器物損壊への訴因変更については，時機に後れたものとして許すべきではなく，検察官に窃盗の訴因に付加して予備的に器物損壊の事実を主張するか否かを確認し，主張しないならば無罪を言い渡すべきであるが，主張するならば公訴を棄却するとともに，その裁判が確定したら，窃盗の事実は認められないとの判断に後訴に対する拘束力を認めるという解決もあり得よう（⇨489頁(c)）。

　　(iii)　**管轄違いが問題となる場合**　　たとえば，（簡易裁判所の専属管轄に属する）失火の訴因で簡易裁判所に起訴された事件について，同裁判所が，審理の結果，（地方裁判所の管轄に属し，簡易裁判所の管轄外の）放火であるとの心証を抱いた場合，いかなる措置がとられるべきか。心証基準説によれば，裁判所はそのまま管轄違いを言い渡すことになるのに対して，訴因基準説によれば，検察官が放火への訴因変更を請求する場合には，（不適法訴因への変更ではあるが）これを許したうえで管轄違いを言い渡すことになるようにも思われる。

　　もっとも，管轄違いの場合には，公訴棄却の場合にもまして検察官が管轄裁判所に再起訴する可能性が強い。そこで，このような場合には，簡易裁判所は，訴因変更請求の許可の決定を留保したまま，刑訴法332条により事件を管轄地方裁判所に移送するべきだとの見解も有力である（最判昭和28・3・20刑集7巻3号597頁参照）。しかし，これに対しては，手続の明確性を軽視するものである，あるいは，332条は，地方裁判所・簡易裁判所ともに管轄がある場合につ

第4節 訴訟条件

いての規定であり，そのいずれかにしか事物管轄のない事件に適用することは
できないとする批判もある。

第3章 公判手続

第1節　公判手続の原則と構造
第2節　公判準備
第3節　公判における審判手続

> *Outline*　公判手続（または公判）とは，広義では，公訴の提起により事件が裁判所に係属してから判決が確定して裁判所の手を離れるまでの全過程のことをいい，狭義では，公判期日における審判手続のことをいう。
>
> 刑事手続の中核に置かれるのは，狭義の公判手続，すなわち，公判期日における審判手続である（公判中心主義）。それは，公判期日における審判が，公開の法廷において，公平な裁判所の前で両当事者が対等かつ同時に参加して行われる公明正大な手続だからである。もっとも，公判期日において充実した審理を円滑に行うためには，その準備活動（公判準備）が重要な意味を持つことにも注意しなければならない。
>
> 本章では，公判準備および公判期日における審判の概要について説明する。

第1節　公判手続の原則と構造

1 公判の基本原則

(1) 公開主義

(a) 公開主義の意義　　公開主義は，広く一般国民に裁判を公開し，その傍聴を認めることを要請する。日本国憲法は，「裁判の対審及び判決は，公開法廷でこれを行ふ」という原則を定める（憲82条）とともに，被告人に「公開裁判を受ける権利」を保障する（憲37条1項）。これを受けて，刑訴法も，公判期日における取調べおよび判決の宣告は「公判廷」で行うものとしている

（282条1項・342条）。もっとも，憲法は，「裁判の公開」は，「政治犯罪，出版に関する犯罪又は……憲法第3章で保障する国民の権利が問題となつてゐる事件」については絶対的な要請としつつも，それ以外の事件の「対審」については，「裁判官の全員一致で，公の秩序又は善良の風俗を害する虞があると決した」ときには，例外的に非公開で行うことを認めている。ただし，この場合でも，判決の言渡しは必ず公開の法廷で行われなければならない（憲82条2項，裁70条）。

公開主義が要請する「**裁判の公開**」は，裁判を国民の監視下に置くことによって，その公正を担保するとともに，国民の司法に対する信頼を確保する意味を持つ。刑事事件の解決および刑事裁判の運用は国民の重大な関心事であり，国民の目の届かないところで行われるべきではないのである。

(b) **「裁判の公開」の内容**　　「裁判の公開」については，国民の自由な裁判傍聴を制度として保障することを意味するとする見解（**制度的保障説**）と，これに加えて，裁判傍聴を個人の権利として保障することまでをも含意するとする見解（**権利説**）が対立する。判例は，憲法82条1項の趣旨について，「裁判を一般に公開して裁判が公正に行われることを制度として保障」するものであって，「各人が裁判所に対して傍聴することを権利として要求できることまでを認めたもので〔は〕……ない」とする（最大判平成元・3・8民集43巻2号89頁）。実務上も，法廷内に収容できる傍聴人の数には限度があり，多数の傍聴者が予想される事件では傍聴券が交付され，すべての希望者に傍聴が許されないことがある。

なお，（公開主義の問題ではないが，）犯罪被害者等から申出がある場合には，裁判長は，同人が傍聴できるよう配慮しなければならないものとされている（犯罪被害保護2条）。また，傍聴人が法廷においてメモをとる行為について，判例は，「裁判の公開」というよりも，むしろ「表現の自由」（憲21条1項）の観点から「特段の事情のない限り，これを傍聴人の自由に任せるべき」であるとする（前掲最大判平成元・3・8）。一般に，法廷での写真撮影，録音・録画，放送等を認めることも，「裁判の公開」の内容には含まれないものと解されている（規215条参照。実務上も，開廷前の一定時間，法廷内を撮影することが一定の報道機関に認められるにとどまる）。他方，被告事件の終結後，訴訟記録を一般の閲覧

287

に供することは（53条），公開主義の内容に含めて議論されることがある（訴訟記録の保管等については，刑事確定訴訟記録法に定めがある）。

(2) 直接主義・口頭主義

(a) **直接主義の意義** 直接主義は，裁判所が，直接取り調べた証拠に基づいて裁判を行うことを要請する。直接主義には，裁判所は，自らの面前で取り調べられた証拠に基づいて裁判をすべきであるとの要請（人的〔主観的〕直接主義）と，犯罪事実については，直接的な証拠によって証明すべきであるとの要請（物的〔客観的〕直接主義）が含まれるとされる。

もっとも，直接主義は，裁判所による証拠の取調べが，公開の法廷において両当事者に対等かつ同時の参加を保障して行われることを前提として，裁判がそのような公明正大な場で直接取り調べられた証拠に基づいて行われることを要請するものとみることもでき，そうだとすれば，同主義は，裁判が，公判期日外においてとりわけ捜査機関により収集・作成された資料に基づいて行われるのを忌避する要請を含むことになろう（⇨ 12頁(4)）。

(b) **口頭主義の意義** 口頭主義は，公判期日における審判が原則として口頭方式によって行われることを要請する。口頭方式は，正確性や論理性という点では書面方式に劣る面もあるが，すべての訴訟主体（裁判所および当事者）が審理に同時的かつ直接的に参加することを可能にする点で優れている。このことは，公開主義との関係でも重要な意味を持つ。傍聴人がその審理の内容を同時進行的に確認することができなければ，「裁判の公開」の意義は大幅に損なわれることになるからである。

(c) **現行刑訴法と直接主義・口頭主義** 刑訴法は，伝聞証拠排除の原則を採用して（⇨ 370頁**第3節**），裁判所の事実認定が捜査資料をはじめとする書面や伝聞証人といった間接的な証拠によってではなく，事実を知覚した者から公判で直接的にかつ口頭方式により採取された供述によって行われることを要請するとともに（320条），証拠書類等の取調べは朗読によるものとし（305条。ただし，規203条の2），判決は口頭弁論により行うことを原則としている（43条1項）。ここには，直接主義・口頭主義の精神を看取することができる。なお，裁判員裁判においては，直接主義・口頭主義の精神を踏まえ公判廷での審理を

充実・活性化するという要請は，とくに裁判員の実質的な関与を担保するという意味でも，一層強いものとなろう（司法制度改革審議会意見書）。

(3) 迅速な裁判

(a) 「迅速な裁判」保障の意味　　「司法（＝正義）の遅延は，司法（＝正義）の否定である」といわれる。訴訟の迅速性の保障は，その適正性の保障と並ぶ刑事司法の重要課題である。憲法 37 条 1 項は「迅速な裁判」を被告人の権利として定め，刑訴法 1 条は，「刑罰法令を適正且つ迅速に適用実現すること」を同法の目的の 1 つとして挙げている。

「迅速な裁判」の実現は，被告人にとっても，また，国家にとっても，重大な関心事である。判例も，「刑事事件について審理が著しく遅延するときは，被告人としては長期間罪責の有無未定のまま放置されることにより，ひとり有形無形の社会的不利益を受けるばかりでなく，当該手続においても，被告人または証人の記憶の減退・喪失，関係人の死亡，証拠物の滅失などをきたし，ために被告人の防禦権の行使に種々の障害を生ずることをまぬがれず，ひいては，刑事司法の理念である，事案の真相を明らかにし，罪なき者を罰せず罪ある者を逸せず，刑罰法令を適正かつ迅速に適用実現するという目的を達することができないことともなる」（最大判昭和 47・12・20 刑集 26 巻 10 号 631 頁）とする。

しかし，裁判の迅速性を追求するあまり，裁判の適正性・公正性が害されることになってはならない。「迅速裁判」が「拙速裁判」になってはならないのである。もっとも，一般に，訴訟当事者の手続的権利保障を厚くすればするほど，手続は「重たく」なり，裁判により多くの時間がかかることになる。また，裁判の遅延が被告人の利益と一致することもないわけではない。その意味で，裁判の迅速性と適正性の両立は容易なことではない。

「迅速な裁判」を実現するための方策としては，様々なレベルのものが考えられる。第 1 に挙げられるのは，裁判を支える人的・物的資源の整備・充実である。刑事裁判の運営を担うのは，主として法曹関係者であるが，その 1 人ひとりが負担できる業務の量には自ずと限界がある。したがって，「迅速な裁判」を実現するためには，まず，十分な法曹人口を確保するとともに，裁判所等の関係施設を拡充するなどして，刑事手続の運用を支える人的・物的資源の充実

第3章　公判手続

を図る必要がある（裁判の迅速化に関する法律2条参照）。

　もっとも，このような人的・物的資源の充実には限界があることも否定できないため，これと並行して，現存の資源をより効果的・効率的に用いるための措置も必要となる。そのための方策としては，まず，比較的軽微かつ単純で争いのない事件について，手続を簡易化することが考えられる。このことは，統計的に大多数を占める軽微・単純な事件それ自体の簡易・迅速な解決を可能にするという意味でも，また，刑事手続の運用を支える物的・人的資源を，重大もしくは複雑な事件ないし争いのある事件に重点的に配分することを可能とするという意味でも，有意義である。略式手続，即決裁判手続，簡易公判手続等は，このような観点から設けられた制度である（⇨503頁**第6章**）。

　他方，正式な公判手続についても，その「迅速化」を実現する必要がある。そのための方策としては，継続審理・集中審理の実現および公判準備（とくに，争点および証拠の整理）の充実が挙げられ，そのために，「事前準備手続」や「公判前・期日間整理手続」が整備されてきた（⇨314頁**5**）。

　さらに，より直接的な方策としては，法律による訴訟期間の制限が考えられる。公職選挙法253条の2のいわゆる「百日裁判」規定がその例である（公選251条以下）。また，一般の事件については，間接的にではあるが，被告人の身体拘束期間の制限等にも同様の機能が期待される。

　(b)　迅速裁判違反の場合の措置　　以上のような立法上・司法行政上の諸方策にもかかわらず，個別事件の審判においては，様々な事情によって訴訟遅延が生ずる可能性があることは否定できない。その結果，被告人の**迅速な裁判を受ける権利**が侵害される事態が生じた場合には，どのような救済手段が考えられるであろうか。この点については，裁判所ないし検察官に訴訟促進を求める手段を被告人に与えることも考えられるが，既に迅速裁判違反の状態が生じてしまっている場合には，その時点で手続を打ち切ることにより，その状態を解消するのが最も端的な解決法であるといえる。

　最高裁は，このような解決法を採ることについて当初は消極的な態度を示していたが，前掲最大判昭和47・12・20において，憲法37条1項は，「単に迅速な裁判を一般的に保障するために必要な立法上および司法行政上の措置をとるべきことを要請するにとどまらず，さらに個々の刑事事件について，……迅

速な裁判をうける被告人の権利が害せられたと認められる異常な事態が生じた場合には，……その審理を打ち切るという非常救済手段がとられるべきことをも認めている趣旨の規定である」ことを確認するに至り，当該事件についても，「これ以上実体的審理を進めることは適当でないから，判決で免訴の言渡をするのが相当である」とした。

同判決は，審理の遅延が憲法37条1項に反する事態に至っているか否かは，「遅延の期間のみによって一律に判断されるべきではなく，遅延の原因と理由などを勘案して，その遅延がやむをえないものと認められないかどうか，これにより右の保障条項がまもろうとしている諸利益がどの程度実際に害せられているかなど諸般の情況を総合的に判断して決せられなければならない」とし，たとえば，「事件の複雑なために，結果として審理に長年月を要した場合」や「被告人の逃亡，出廷拒否または審理引延しなど遅延の主たる原因が被告人側にあった場合」には，「たとえその審理に長年月を要したとしても，迅速な裁判をうける被告人の権利が侵害されたということはできない」とする（ただし，「少なくとも検察官の立証がおわるまでの間に訴訟進行の措置が採られなかった場合において，被告人側が積極的に期日指定の申立をするなど審理を促す挙に出なかったとしても，その一事をもって，被告人が迅速な裁判をうける権利を放棄したと推定することは許されない」とする）。もっとも，その後の判例は迅速裁判違反を認めることに慎重な態度をとっており，本件以外に手続打切りの判断を示した最高裁判例はない。

② 公判手続の構造

(1) 公判の構成・用語

(a) **公判手続**　**公判手続**とは，広義では，事件が裁判所に係属してから判決が確定して裁判所の手を離れるまでの全過程のことをいい，狭義では，公判期日において行われる手続のことをいう。

公判期日においては，審判者である裁判所の面前で，当事者である検察官および被告人が同時かつ対等に審理に参加し，攻撃および防御を展開する。すなわち，検察官は，訴追者として，公訴事実の存在および被告人の犯人性を主張し，立証する。これに対して，被訴追者たる被告人は，弁護人の援助のもとで，

自己の主張を提示し，反証を行う。裁判所は，審判者として，公平な第三者の立場から，法廷の秩序を維持し，適切な訴訟指揮を行って当事者の攻撃・防御を制御しつつ，公訴の対象とされた犯罪事実および被告人の犯人性が認められるか否か（罪責認定），認められる場合には具体的にいかなる刑を科すべきか（刑の量定〔量刑〕）を判断するのである。さらに，最近の立法により，犯罪被害者等にも一定の範囲内で刑事裁判への参加が認められることになった。

　公判手続の中核をなすのは公判期日における審判手続であるが，主要な関与者の役割およびその相互関係は公判期日外における準備手続においても基本的に差異はない。そこで，以下では，訴訟関与者のうち，広義の公判手続における裁判所，被告人，弁護人の基本的役割を確認する（検察官の役割については前章で扱った）とともに，被害者参加制度についても概観することにしたい。

　(b)　公判廷の構成　　公判期日における取調べは**公判廷**で行われる（282条1項）。公判廷は，原則として裁判所の構内で（裁69条），裁判官および裁判所書記官が列席し，検察官が出席して開かれる（282条2項）。裁判員の関与する判断をするための審理をすべき公判期日においては，裁判員も列席する（裁判員54条1項）。被告人も，公判廷に出頭する権利を持つ。さらに，第1審の場合には，原則としてその出頭が開廷の要件とされてもいる（⇨299頁(a)）。弁護人は，被告人の正当な権利および利益を擁護するために，公判廷に立ち会い，訴訟活動を行う（⇨303頁(4)）。

　裁判所は，必要と認めるときには，検察官または弁護人に対して，公判準備または公判期日に出頭し，かつ，これらの手続が行われている間在席または在廷することを命ずることができる。裁判所は，検察官または弁護人が正当な理由なくこれに従わないときは，過料および費用賠償の制裁を科すとともに，検察官の指揮監督者または（弁護士たる）弁護人の所属弁護士会等に対して適当な処置をとるべきことを請求することができる（278条の2）。

　(c)　公判廷の用語　　裁判所では，日本語を用いる（裁74条）。そのため，日本語に通じない者に陳述をさせる場合には通訳人に**通訳**させなければならない（175条）。耳の聞こえない者または口のきけない者に陳述をさせる場合には，通訳人に通訳をさせることもできるが（176条），書面により問答することもできる（規125条）。また，日本語でない文字または符号は**翻訳**させることができ

る（177条）。通訳および翻訳には，鑑定に関する規定が準用される（178条）。なお，被告人には，国際人権B規約14条3項(f)により「無料で通訳の援助を受ける」権利が保障されている。

(2) 裁 判 所

(a) 訴訟指揮・法廷警察　**(i) 訴訟指揮**　**訴訟指揮**とは，訴訟の進行を秩序づけ，適切な審理の実現を図るための裁判所の活動をいう。訴訟指揮権は裁判権に内在する権限であり，明文の規定の有無にかかわらず，また，公判期日の内外を問わず，受訴裁判所に認められる。判例も，「裁判所は，その訴訟上の地位にかんがみ，法規の明文ないし訴訟の基本構造に違背しないかぎり，適切な裁量により公正な訴訟指揮を行ない，訴訟の合目的的進行をはかるべき権限と職責を有する」とする（最決昭和44・4・25刑集23巻4号248頁）。

　訴訟指揮権は，原則として受訴**裁判所**に属するが，とくに公判期日における訴訟指揮は，――証拠調べの範囲・順序・方法の決定・変更（297条），訴因・罰条の変更の許可（312条），弁論の分離・併合・再開（313条），公判手続の停止（314条）等，訴訟の進展にとくに重要な影響を与えるものを除いて――迅速かつ機動的な対応を必要とすることから**裁判長**（⇨294頁(b)）にゆだねられる（294条）。刑訴法および刑訴規則は，裁判長によるものとして，訴訟関係人の尋問・陳述等の制限（295条），証拠調べの方式（305条～307条，規201条～203条の2），求釈明（規208条），最終弁論の時間制限（規212条）等について明文の規定を置いているが，これに限定されるわけではない。

　(ii) 法廷警察　**法廷警察**とは，法廷の秩序を維持し，審判の妨害を阻止する裁判所の作用をいう。関連規定は，刑訴法288条2項後段のほか，裁判所法71条～71条の2，法廷等の秩序維持に関する法律等に置かれている。事件の内容とは関わりのない法廷秩序の維持を主たる目的とし，傍聴人等，訴訟関係人以外の者をも対象とし得る点において，（当該事件の内容に関して行使され，原則として訴訟関係人のみを対象とする）訴訟指揮と区別される。法廷警察は，審判の妨害に対する予防（所持品検査等），排除（退廷命令，発言禁止命令，説諭，警告，無許可の写真撮影の中止等），制裁（法廷秩序2条以下参照）を主たる内容とする。警察官の派出を要請することもできる（裁71条の2）。

法廷警察権の行使は，審判の妨害に迅速かつ機動的に対応するため，原則として，裁判長にゆだねられている（288条2項後段，裁71条）。法廷警察権を行使し得る場所的・時間的範囲について，判例は，「法廷の秩序を維持するに必要な限り，法廷の内外を問わず裁判官が妨害行為を直接目撃または聞知し得る場所」および，「法廷の開廷中およびこれに接着する前後の時間」を含むものとする（最判昭和31・7・17刑集10巻7号1127頁）。

　(iii)　**異議申立て**　　検察官または被告人・弁護人は，訴訟指揮権および法廷警察権に基づく裁判長の処分に対して異議を申し立てることができ，これに対しては裁判所が決定を行う（309条2項・3項）。刑訴法は，訴訟指揮権および法廷警察権の行使については，迅速かつ機動的な処理が必要とされるためそのほとんどを裁判長にゆだねる一方で，これらの権限に基づく処分に対しては当事者の異議申立てを認め，本来の処分権者である裁判所にその瑕疵の是正を求める機会を与えているのである。

　訴訟指揮権および法廷警察権に基づく裁判長の処分に対する異議の申立ては，証拠調べに関する異議申立てと異なり，法令の違反があることを理由とする場合に限り許されるが（規205条2項），その対象は作為・不作為を問わない。異議申立ての方式・時期，異議申立てに対する裁判所の決定等に関する規則は，証拠調べに関する異議申立ておよびそれに対する裁判所の決定と基本的に同じである（⇨335頁(h)）。

　(b)　**裁判所の構成**　　訴訟法上の意義の裁判所は，官署としての裁判所に属する一定数の裁判官で構成される（⇨14頁(1)）。裁判所には，1人の裁判官によって構成される**単独制**（**単独体**）と複数の裁判官ないし裁判員によって構成される**合議制**（**合議体**）とがある。

　簡易裁判所はすべて単独制である（裁35条）。

　地方裁判所は，単独制を原則とするが，①合議体で審判をする旨の決定を合議体でした事件（**裁定合議事件**：判断基準は法定されていないが，複雑な法律問題を含む事件や社会的影響の大きい事件等，より慎重で公正な審判の確保が求められる事件に当たる場合には合議決定がなされる），②死刑または無期もしくは短期1年以上の懲役もしくは禁錮に当たる罪（ただし，強盗等一定の罪を除く）に係る事件（**法定合議事件**），③その他法律において合議体で審理および裁判をすべきものと定

294

められた事件については，3人の合議制による（裁26条）。ただし，このうち，死刑または無期の懲役もしくは禁錮に当たる罪に係る事件または法定合議事件で故意の犯罪行為により被害者を死亡させた罪に係る事件については，裁判員の参加する合議体による（**裁判員裁判対象事件**。裁判員2条1項）。もっとも，地方裁判所は，裁判員裁判対象事件であっても，①被告人や被告人が属する団体の構成員の言動等により，裁判員候補者，裁判員，その親族等の生命，身体，財産に危害が加えられ，あるいはその生活の平穏が著しく侵害されるおそれがあるため，裁判員候補者の出頭確保や裁判員の職務遂行および代わりの裁判員の選任が困難であると認めるときや，②審判期間が著しく長期にわたること，公判期日等が著しく多数に上ること等が避けられず，裁判員の選任や継続的な職務遂行が困難であると認めるときには，裁判官のみの合議体で取り扱う決定をする（同3条・3条の2）。裁判員の参加する合議体は，原則として裁判官3人と裁判員6人で構成されるが，公訴事実について争いがないと認められ，事件の内容その他の事情を考慮して適当と認められるものについては，検察官，被告人および弁護人に異議がなければ，裁判官1人および裁判員4人の合議体によることも制度上は可能とされている（同2条）。

　高等裁判所は，原則として3人の合議体によるが，内乱罪等の訴訟については5人の合議体による（裁18条）。最高裁判所は，大法廷は全員（15人）の裁判官で，小法廷は5人の裁判官で構成される。

　合議制裁判所の場合，合議体の1人が**裁判長**となり，それ以外の裁判官を**陪席裁判官**とよぶ。裁判長の権限には，合議体の機関としての権限と独立の権限とがある。合議体の審理が長期間にわたることが予見される場合には，**補充裁判官**ないし**補充裁判員**が審理に立ち会い，審理中に合議体の裁判官ないし裁判員が審理に関与し得なくなった場合には，これにかわって審判することができる（裁78条，裁判員10条1項等）。こうすることにより，公判手続の更新（⇨341頁(2)）を避けることができる。また，合議制裁判所は，当該合議体の構成員たる裁判官（受命裁判官）に命じて特定の訴訟行為を行わせることができる（刑訴43条4項等）。この制度は，法廷外で行われる検証や所在地尋問（⇨331頁 Column 3-4 ）の場合に利用されることがある。

　(c)　**除斥・忌避・回避**　　裁判官には，「その良心に従ひ独立してその職権

第3章 公判手続

を行」う（憲76条3項）ことを担保するために，強い身分保障が認められ，司法行政権も裁判所にゆだねられる等の配慮がなされるが，さらに，個々の事件の審判を担当する裁判官を決定する場面においても，裁判の公平性を害するおそれのある裁判官を当該事件に関する職務の執行から排除する除斥，忌避，回避の制度が刑訴法および同規則によって設けられている。

除斥とは，①裁判官が当該事件およびその関係者と一定の人的なつながりを持つ場合（当該事件の被害者である場合のほか，被告人・被害者の親族・法定代理人等である，またはあった場合）や，②当該事件に関して予断を抱いているおそれが類型的に認められる場合（当該事件について裁判官として関与した場合のほか，証人・鑑定人，被告人の代理人・弁護人・補佐人，検察官・司法警察員として関与した場合）等，裁判の公平性を害するおそれのある一定の事由がある場合に，その裁判官を職務の執行から（当事者の申立てを待つまでもなく）当然に排除する制度である（20条）。

これに対して，**忌避**とは，除斥事由が認められる場合または「不公平な裁判をする虞」がある場合に，当事者・弁護人の申立てに基づいて，裁判によりその裁判官を職務の執行から排除する制度である（21条）。「不公平な裁判をする虞」について，判例は，忌避の制度は，「当該事件の手続外の要因」により，当該事件について公平で客観性のある審判を期待することができない裁判官を審判から排除するものであり，「その手続内における審理の方法，態度などは，それだけでは直ちに忌避の理由となしえない」との厳格な立場をとる（最決昭和48・10・8刑集27巻9号1415頁）。当事者は，事件について請求または陳述をした後には，原則として，「不公平な裁判をする虞」を理由として忌避を申し立てることができない（22条）。忌避の申立てがあったときは，その裁判官が所属する裁判所（簡易裁判所の裁判官の場合は，管轄地方裁判所）が合議体で決定する。忌避された裁判官は，原則として，この決定に関与することができない（23条）。もっとも，例外的に，「訴訟を遅延させる目的のみでなされたことの明らかな忌避の申立」および不適法な忌避の申立ての却下の決定（**簡易却下決定**）については，忌避された裁判官も関与できるものとされている（24条）。

回避とは，裁判官が，忌避される原因があると認める場合に，自ら職務の執行を辞退する制度である（規13条）。

296

第1節　公判手続の原則と構造

　なお，裁判官の除斥・忌避・回避に関する規定は，裁判所書記官にも原則として準用される（26条，規15条）。

　(d)　**裁判員制度**　(i)　**裁判員制度の導入**　　**裁判員制度**とは，「国民の中から選任された裁判員が裁判官と共に刑事訴訟手続に関与する」制度である。いわゆる司法制度改革の一環として，「司法に対する国民の理解の増進とその信頼の向上に資する」ことを目的として（裁判員1条），2004（平成16）年に，「裁判員の参加する刑事裁判に関する法律」によって導入され，2009（平成21）年から実施されている（対象事件については，⇨ 294頁(b)）。なお，最大判平成23・11・16刑集65巻8号1285頁は，「憲法は，国民の司法参加を許容しているものと解され，裁判員法に……憲法違反はない」とするとともに，裁判員制度は，「司法の国民的基盤の強化」を目的とし，「国民の視点や感覚と法曹の専門性とが常に交流することによって，相互の理解を深め，それぞれの長所が生かされるような刑事裁判の実現を目指すもの」であると指摘している。

　(ii)　**資格要件・選任手続**　　裁判員は，裁判官と異なり，具体的な事件ごとに選出される。そのため，「公平な裁判所」の保障の要請は，主としてその資格要件および選任手続に反映されることになる。

　すなわち，裁判員は，衆議院議員の選挙権を有する者の中から選任される（裁判員13条）が，国家公務員法38条（国家公務員欠格事由）に該当する者，義務教育を終了しない者，禁錮以上の刑に処せられた者，心身の故障のため裁判員の職務の遂行に著しい支障がある者は，裁判員となることができない（**欠格事由**。同14条）。また，国会議員，法曹関係者，警察関係者等一定の職業にある者またはあった者は，事件のいかんにかかわらず，裁判員の職務につくことができず（**就職禁止事由**。同15条），さらに，具体的事件との関係において，当該事件およびその関係者と一定の人的なつながりを持つ者や，事件について一定の職務に関与した者のほか，「裁判所が……不公平な裁判をするおそれがあると認めた者」は，当該事件について裁判員となることができない（**不適格事由**。同17条・18条）。また，一定の要件に該当する者は，裁判員となることについて辞退の申立てをすることができる（**辞退事由**。同16条）。

　裁判員の選任は，おおむね，以下のような手順によって行われる。すなわち，①市町村の選挙管理委員会は，選挙人名簿に登録されている者の中から，毎年，

297

第3章　公判手続

（地方裁判所により割り当てられる次年に必要な員数の）裁判員候補者予定者をくじで選定したうえで，その名簿を調製し，地方裁判所に送付する（同20条～22条）。②裁判所は，これをもとに，**裁判員候補者名簿**を調製し，裁判員候補者に名簿に記載された旨を通知する（同23条～25条）。③裁判所は，対象事件について第1回公判期日が定まったときは，一定員数の裁判員候補者をくじで選定したうえで，**裁判員等選任手続**の期日を定めて呼び出す（同26条～29条）。④裁判員等選任手続においては，裁判官・裁判所書記官の列席および検察官・弁護人の出席のもと，非公開で，事前に裁判員候補者から提出された質問票や質問等による就職禁止事由・不適格事由等の有無の確認，**理由を示さない不選任の請求・決定**等が行われる。裁判員および補充裁判員は，不選任決定がなされなかった候補者の中から「くじその他の作為が加わらない方法」により選任され，法令に従い公平誠実にその職務を行うことを誓う旨の宣誓を行う（同32条～39条）。

　裁判所は，裁判員・補充裁判員がその義務に違反し，引き続きその職務を行わせることが適当でない等の事由がある場合には，当事者・弁護人の請求または職権により，裁判員・補充裁判員を解任することができる（同41条・43条）。

　(iii)　**裁判員の職務権限・義務**　　裁判員は，有罪・無罪の判決，少年事件の家庭裁判所への移送の決定に係る裁判所の判断のうち，事実の認定，法令の適用，刑の量定に関与する（法令の解釈に係る判断，訴訟手続に関する判断等は裁判官にゆだねられる。同6条）。そのため，裁判員・補充裁判員は，公判期日ならびに公判期日外の証人尋問・検証等に出頭する義務を負う（同52条）。なお，裁判所は，裁判員の関与する判断をするための審理以外の審理についても，裁判員・補充裁判員の立会いを許すことができる（同60条）。

　裁判員は，独立してその職権を行う（同8条）。裁判員は，法令に従い公平誠実にその職務を行わなければならず，評議の秘密その他職務上知り得た秘密を漏らしてはならず，また，裁判の公正さに対する信頼を損なうおそれのある行為や，その品位を害するような行為をしてはならない（同9条）。さらに，裁判員法は，裁判員を保護すると同時に裁判の公正性を確保するため，裁判員等を特定するに足りる情報の取扱いに配慮し（同101条），裁判員等に対する接触を規制するとともに（同102条），裁判員等に対する請託および威迫，裁判員等に

298

よる秘密漏示，裁判員の氏名等の漏示等の行為について罰則を定めている（同106〜109条）。

裁判員および補充裁判員には，最高裁判所規則で定めるところにより，旅費，日当および宿泊料が支給される（同11条）。

(3) 被 告 人

(a) **被告人の出頭**　被告人は，公訴および審判の対象者（被訴迫・審判者）であり，公判手続においては訴訟当事者として自らまたは弁護人の援助を得て防御権を行使する。そのため，被告人の出頭は，原則として開廷の要件とされている（286条。なお，⇨340頁(1)参照）。

もっとも，例外として，①被告人が法人である場合には，（代表者が訴訟行為を代表するが〔27条〕，その代表者本人ではなく）代理人を出頭させることができ（283条），②一定金額以下の罰金または科料に当たる事件については，被告人は公判期日に出頭することを要せず，代理人を出頭させることができる（284条）。また，③拘留に当たる事件については，判決宣告手続を除いて，④長期3年以下の懲役もしくは禁錮または一定金額を超える罰金に当たる事件については，冒頭手続および判決宣告手続を除いて，被告人は，裁判所の許可を得て出頭しないことができる（285条）。また，これ以外の場合でも，勾留されている被告人が，公判期日に召喚を受けたが正当な理由なく出頭を拒否し，刑事施設職員による引致を著しく困難にしたときは，裁判所は，被告人が出頭しないでも，その期日の公判手続を行うことができる（286条の2）。

被告人の出頭が必要的であると否とにかかわらず，公判期日に出頭した被告人は，裁判長の許可がなければ退廷することができない。また，裁判長は，被告人を在廷させるため，相当な処分をすることができる（288条）。にもかかわらず，被告人が，許可を受けないで退廷し，または秩序維持のため退廷を命ぜられたときは，その陳述を聴かないで判決をすることができる（341条）。そのほか，証人保護のための被告人の退廷については，⇨331頁(エ)。

(b) **被告人の確定**　被告人とは，公訴の対象者のことをいう。したがって，通常は，起訴状に住居・氏名等を記載された者が被告人として行動することになる。しかし，たとえば，Xが，検察官に対してYの住居・氏名等を冒用し

たため，起訴状にＹの住居・氏名等が記載された場合や，反対に，Ｘが，起訴状にその氏名等を記載されたＹの「身代わり」として公判廷に出頭するような場合には，起訴状記載の「被告人」と，検察官が訴追しようとした者ないし実際に被告人として行動する者とがくい違うという事態が生ずることになる。このような場合に，Ｘ，Ｙのいずれを公訴の対象者と考えるべきか。これが，**被告人の確定**の問題である。

　この問題については，従来，公訴の対象者は，起訴状にその氏名等が記載された者であるとする**表示説**，検察官が訴追しようとする者であるとする**意思説**，そして，実際に被告人として行動した者であるとする**挙動説**が対立するものとされてきたが，通説は，表示説を前提として，起訴状記載の氏名等を，検察官の意思および被告人の挙動等を考慮して実質的・合理的に判断するべきであるとする**実質的表示説**を採っている。問題は，その判断方法であるが，これについては，住居・氏名等冒用の場合と身代わり犯人の場合とに分けて，また，公判手続の進行状況に応じて検討するのが便宜である（なお，略式手続における被告人の確定の問題については，⇨ 510 頁**(5)**）。

　（ⅰ）**住居・氏名等冒用の場合**　　住居・氏名等の冒用の場合には，被告人として公判廷に出頭するのが，冒用者Ｘであるか被冒用者Ｙであるかによって情況が異なってくる。この事情は，Ｘの身体が拘束されているかどうかによって左右されることが多い。

　すなわち，Ｘが身体を拘束されている場合には，たとえ起訴状にＹの住居・氏名等が記載されていても，起訴状はＸが収容されている拘禁施設に送達され，Ｘが公判廷に出頭するのが通常である。この場合には，身体拘束されているという事実によってＸを訴追することについての検察官の意思が明認でき，また，Ｘ自らが被告人として行動している以上，被告人はあくまでＸであり，起訴状の表示については，冒頭手続段階で氏名等冒用の事実が判明すれば，ＹからＸに訂正すれば足りるし，そうでない場合でも，起訴状の記載を「Ｙこと X」と解釈し直せばよい（札幌高判昭和 25・6・8 判特 10 号 149 頁，最決昭和 60・11・29 刑集 39 巻 7 号 532 頁参照）。

　これに対して，Ｘが在宅のまま起訴された場合には，起訴状は，そこに記載された住居・氏名に，すなわち，Ｙのもとに送達されるため，通常，Ｙが公判

廷に出頭することになる。この場合には，Xには公訴提起の事実が知らされず，
Yが被告人として公判に出頭し，人定質問においても，Yと起訴状記載の氏名
等の同一性が確認されることになろう。したがって，公訴の効力はYに及ぶ
ことになる。もっとも，この場合に，検察官は，法廷で別人であることに気が
つけば公訴を取り消すであろうし，これに気がつかない場合でも，氏名等を冒
用されたことが判明すれば，Yには無罪判決が言い渡されることになろう。し
かし，万一有罪判決が言い渡されてしまった場合には，Yは上訴によってこれ
を争うしかなく，さらに，判決が確定してしまったら，再審または非常上告に
よって救済するしかない。

(ii) **身代わり犯人の場合**　では，起訴状に氏名等が記載されているYの
身代わりとして，Xが被告人として公判廷に出頭してきた場合にはどうか。通
説は，この場合には，(起訴前から身代わりになっているような場合を除いて) 実質
的な公訴の対象者は起訴状記載のYであるとし，冒頭手続 (人定質問) でXが
Yの身代わりとして出廷したことが判明すれば，Xを手続から排除してYを
召喚し直せばよいとする。これに対して，冒頭手続において身代わりであるこ
とが判明せず，実体審理に入ってしまった場合には，Xについては，公訴提起
がないまま審判がなされているのであるから，公訴手続に違法があった場合
(338条4号) に準じて，公訴棄却の判決により手続を打ち切るべきであろう。
さらに，Xに対して有罪判決が言い渡されてしまった場合には，「審判の請求
を受けない事件について判決をした」ことになり，Xは，控訴によってこれを
争うことができる (378条3号)。有罪判決が確定してしまった場合については，
通説は，非常上告により救済すべきであるとする。

(c) 被告人の当事者能力・訴訟能力　(i) **当事者能力**　当事者能力とは，
刑事訴訟において当事者となり得る一般的な資格をいう。刑罰を受ける可能性
のある者には，すべて当事者能力があるとされる。したがって，自然人はもち
ろん，法人，あるいは，法人格のない社団・財団等についても，当事者能力が
認められる (規56条参照)。

(ii) **訴訟能力**　被告人は，防御権の行使主体として刑事訴訟に参加する
が，訴訟行為を有効に行うには，「被告人としての重要な利害を弁別し，それ
に従って相当な防御をすることのできる能力」がなければならない (⇨

301

第3章 公判手続

◁判例 3-1▷）。これを**訴訟能力**という。

　訴訟能力があるといえるためには，単に意思能力が認められるだけでは足りず，自己の置かれている状況や刑事手続上の権利内容を理解し，自分の意思を相手に伝える能力が必要とされる。したがって，法人には訴訟能力は認められず（それゆえ，代表者またはその代理人が訴訟行為を代理する），また，精神障害のために意思能力が欠けるような場合はもちろん，意思能力はあるものの，たとえば，重度の聴覚障害と手話未修得のために意思疎通能力を欠くような被告人についても訴訟能力を認めることはできないというべきであろう。もっとも，その判断は，被告人単独の能力を基準としてなされる必要は必ずしもなく，弁護人等の適切な援助および裁判所の後見的役割により補完されるところも考慮に入れて行ってよい（最判平成 10・3・12 刑集 52 巻 2 号 17 頁参照）。なお，訴訟能力は，被告人が訴訟主体として訴訟行為を有効に行うことができるか否かを問題とするものであるから，同じ「心神喪失」であっても（314 条），刑法上の責任能力（刑 39 条）とは判断の内容も基準時も異なることに注意しなければならない（最決昭和 29・7・30 刑集 8 巻 7 号 1231 頁参照）。

　訴訟能力を欠いた状態で行われた訴訟行為は無効である（最決平成 7・6・28 刑集 49 巻 6 号 785 頁は，「死刑判決の言渡しを受けた被告人が，その判決に不服があるのに，死刑判決宣告の衝撃及び公判審理の重圧に伴う精神的苦痛によって拘禁反応等の精神障害を生じ，その影響下において，その苦痛から逃れることを目的として上訴を取り下げた場合には，その上訴取下げは無効と解するのが相当である」とする）。また，被告人が訴訟能力を欠いた状態にある間は，公判手続を前に進めること自体無意味であるから，原則として公判手続を停止しなければならない（314 条 1 項参照。⇨ 340 頁(1)）。ただし，①無罪，免訴，刑の免除または公訴棄却の裁判をすべきことが明らかな場合には，（被告人の出頭を待たずに）直ちに裁判することができ（同項但書），また，②刑法 39 条または 41 条の規定を適用しない罪に当たる事件（かつては各種専売法に例がみられた）について被告人が意思能力を有しない場合や，③被告人が法人である場合には，（法定）代理人・代表者または特別代理人によって手続が進められる（27 条〜29 条）。

◁判例 3-1▷ **最決平成 7・2・28 刑集 49 巻 2 号 481 頁**
【事実】 被告人は，事務所荒らしや車内窃盗の事実で起訴されたが，耳も聞こ

302

えず，言葉も話せず，手話も会得しておらず，文字もほとんど分からないため，通訳人の通訳を介しても黙秘権を告知することは不可能であり，また，法廷で行われている訴訟行為の内容を正確に伝達することも困難で，現在自分が置かれている立場を理解しているかどうかも疑問な状態であった。

【決定要旨】「刑訴法 314 条 1 項にいう『心神喪失の状態』とは，訴訟能力，すなわち，被告人としての重要な利害を弁別し，それに従って相当な防御をすることのできる能力を欠く状態をいうと解するのが相当である。」

本件「被告人に訴訟能力があることには疑いがあ」り，「このような場合には，裁判所としては，同条 4 項により医師の意見を聴き，必要に応じ，更にろう（聾）教育の専門家の意見を聴くなどして，被告人の訴訟能力の有無について審理を尽くし，訴訟能力がないと認めるときは，原則として同条 1 項本文により，公判手続を停止すべきものと解するのが相当」である。

公判手続の停止は，あくまで訴訟能力の回復による公判の再開が見込まれることを前提とした措置である。したがって，裁判所は，「被告人に訴訟能力の回復の見込みがなく公判手続の再開の可能性がないと判断するに至った場合」には，「検察官が公訴を取り消すかどうかに関わりなく」，刑訴法 338 条 4 号に準じて（口頭弁論を経た判決により），「訴訟手続を打ち切る裁判をすることができる」ものと解される（最判平成 28・12・19 刑集 70 巻 8 号 865 頁）。

(4) 弁 護 人

(a) 公判における弁護人の役割　弁護人は，被告人の補助者として，その能力を補い，その正当な利益を擁護することを任務とする。被告人は，自ら防御を行うこともできるが，訴訟当事者として検察官と対等に訴訟に参加するためには，法律の専門家の補助が不可欠である。そこで，憲法 37 条 3 項は，「刑事被告人は，いかなる場合にも，資格を有する弁護人を依頼することができる。被告人が自らこれを依頼することができないときは，国でこれを附する」と定め，被告人の**弁護人依頼権**および**国選弁護制度**を保障する（⇨ 22 頁(3)）。

(b) 必要的弁護制度　死刑または無期もしくは長期 3 年を超える懲役・禁錮に当たる事件を審理する場合には，弁護人がなければ開廷することはできず，この場合に，弁護人が出頭しないときもしくは在廷しなくなったとき，または弁護人がないときは，裁判長は職権で国選弁護人を付さなければならない（289 条）。これを**必要的弁護制度**という。加えて，2004（平成 16）年の刑訴法改正により

303

第3章 公判手続

導入された公判前・期日間整理手続および即決裁判手続の対象事件についても弁護が必要的とされている（⇨ 317 頁(b)，505 頁(3)）。

判例は，必要的弁護制度について，「被告人の防御の利益を擁護するとともに，公判審理の適正を期し，ひいては国家刑罰権の公正な行使を確保するための制度である」としながらも，「裁判所が弁護人出頭確保のための方策を尽したにもかかわらず，被告人が，弁護人の公判期日への出頭を妨げるなど，弁護人が在廷しての公判審理ができない事態を生じさせ，かつ，その事態を解消することが極めて困難な場合には，当該公判期日については」同制度の適用が除外され得るとする（最決平成 7・3・27 刑集 49 巻 3 号 525 頁）。

(c) **弁護人の選任・解任** (i) **私選弁護人** 被告人は，いつでも弁護人を選任することができる（30 条 1 項）。被告人の法定代理人，保佐人，配偶者，直系の親族および兄弟姉妹も，独立して弁護人を選任できる（同条 2 項）。弁護人選任の申出に関する手続は，被疑者の場合（⇨ 188 頁(a)）と基本的に同じである（31 条の 2・78 条）。選任は，被告人等の選任権者と弁護人がそれぞれの氏名を連署した書面（**弁護人選任届**）を差し出すことによって行われる（規 17 条・18 条）。弁護人の数は，被告人の場合には（被疑者の場合と異なり）原則として制限されない。ただし，裁判所は，特別の事情がある場合は 3 人までに制限することができる（35 条，規 26 条 1 項）。被告人に複数の弁護人がある場合は，主任弁護人を定めなければならない（33 条）。

(ii) **国選弁護人** 被告人の国選弁護人の選任についても，被疑者の場合と同じく（⇨ 189 頁(b)），請求による場合（ⓐ）と職権による場合（ⓑ〜ⓕ）とがある。すなわち，ⓐ被告人が貧困その他の事由により弁護人を選任し得ないときは，裁判所は，被告人の請求により，弁護人を付さなければならない（36 条）。私選弁護選任申出の前置が妥当することについても，被疑者の場合と同じである（36 条の 3）。また，ⓑ必要的弁護事件において被告人に弁護人がないとき，または弁護人が公判期日に出頭せず，もしくは在廷しなくなったとき等（289 条 2 項，規 178 条 3 項），ⓒ公判前整理・期日間整理手続において被告人に弁護人がないとき，または公判前整理・期日間整理手続期日に弁護人が出頭せず，もしくは在席しなくなったとき（316 条の 4 第 2 項・316 条の 8 第 1 項・316 条の 28 第 2 項），ⓓ即決裁判の申立てがあった場合において被告人に弁護人がな

304

いときには（350条の18），裁判長は，職権で弁護人を付さなければならない。
さらに，ⓔ被告人が，未成年，70歳以上の老齢者，耳の聞こえない者，口の
きけない者，心神喪失・心神耗弱の疑いのある者である場合その他必要と認め
る場合で，被告人に弁護人がないとき，もしくは弁護人が公判期日に出頭しな
いとき（37条・290条），または，ⓕ弁護人が，必要的弁護事件の公判期日もし
くは公判前・期日間整理手続期日に出頭しないおそれがある場合には（289条3
項・316条の8第2項・316条の28第2項），裁判所は，職権により弁護人を付す
ことができる。

　被告人の国選弁護人の解任事由・手続は，裁判所・裁判長による点を除けば，
被疑者の場合と同じである（⇨189頁(b)）。

　国選弁護人の選任・解任の法的性質に関して，通説は，裁判所等が一方的に
行う意思表示によって効果が生ずる裁判であるとする**裁判説**を採る。判例も，
「国選弁護人が辞任の申出をした場合であっても，裁判所が……正当な理由が
あると認めて解任しない限り，弁護人の地位を失うものではない」とする（最
判昭和54・7・24刑集33巻5号416頁）。

(5)　被害者参加制度

　被害者参加制度とは，一定の犯罪の被害者等が，裁判所から被告事件の手続
への参加の許可を得たうえで，公判期日に出席するとともに，被告人質問等の
一定の訴訟活動を自ら直接行う制度である。被害者参加の対象事件は，故意の
犯罪行為により人を死傷させた罪，（準）強制わいせつ，（準）強制性交，業務
上過失致死傷，過失運転致死傷，逮捕，監禁，略取誘拐，人身売買等の罪に係
る事件に限定されている。これらの罪に係る被告事件について，被害者等（被
害者，または被害者死亡等の場合の一定範囲の親族をいう。290条の2参照）もしくは
被害者の法定代理人またはその委託を受けた弁護士から，手続への参加の申出
がなされた場合には，裁判所は，被告人・弁護人の意見を聴いたうえで，犯罪
の性質，被告人との関係その他の事情を考慮し，相当と認めるときは，当該被
害者等または被害者の法定代理人の手続への参加を許すものとされている。こ
の参加の申出は，あらかじめ検察官にしなければならず，検察官は，意見を付
してこれを裁判所に通知する（316条の33）。このようにして手続への参加を許

された者を，**被害者参加人**という。

　被害者参加人が適切かつ効果的に刑事裁判に参加するためには，必要に応じて弁護士（**被害者参加弁護士**）による援助を受けられることが重要であるが，犯罪被害者等は，犯罪により損害を被り，経済的にも困窮している場合が少なくない。そこで，資力の乏しい被害者参加人でも弁護人の援助を受けられるように，裁判所が日本司法支援センターの協力を得ながら選定した**国選被害者参加弁護士**が，被害者参加人に必要な法的サービスを国費で提供するという，**被害者参加人のための国選弁護制度**が設けられている（犯罪被害保護 11 条〜18 条参照）。

　被害者参加人またはその委託を受けた弁護士は，公判期日および公判準備における証人尋問・検証に出席し，一定の事項について証人を尋問し，被告人に対して質問を発し，事実または法律の適用について意見を陳述することができる（その具体的内容については，⇨ 322 頁**1**）。そのため，被害者参加人には，公判期日が通知される（316 条の 34 第 2 項）。また，被害者参加人またはその委託を受けた弁護士は，検察官に対し，被告事件についての検察官の権限行使に関して意見を述べることができ，この場合に，検察官は，必要に応じ，当該権限の行使・不行使の理由を説明しなければならない（316 条の 35）。

　裁判所は，被害者参加人が被害者等に該当せずまたは該当しなくなったことが明らかになったとき，罰条が撤回・変更されたため当該被告事件が対象事件に該当しなくなったとき，犯罪の性質，被告人との関係その他の事情を考慮して手続への参加を認めることが相当でないと認めるに至ったときは，被害者参加の決定を取り消さなければならない（316 条の 33 第 3 項）。

第 2 節　公 判 準 備

---

1 公判準備の意義

（1）　公判準備の定義

　公判手続は，大きく，**公判期日における審判手続**（**狭義の公判手続**）と**公判準備**の 2 つに分けられる。公判準備とは，広義では，裁判所ないし訴訟関係人によって行われる公判期日における審判手続の準備活動全般のことをいう。**広義**

第 2 節 公判準備

の**公判準備**は，一般に，その具体的目的により，①公判期日を開くための前提となる諸手続（⇨**2**），②被告人，証人等の出頭確保のための処分（⇨**3**），③裁判所が公判期日外で行う証拠の収集ないし取調べ（⇨**4**），④公判期日における審理の充実・迅速化のための争点および証拠の整理手続（⇨**5**）の 4 つに分類することができる。④を**狭義の公判準備**という。

公判期日において充実した審判を迅速・円滑に行うためには，公判準備，とりわけ狭義の公判準備が重要な意味を持つ。しかし，公判手続の重点はあくまで公判期日における審判手続に置かれる。公判準備の充実を目指すあまり公判審理が形骸化してしまうことになるとすれば本末転倒であり，そうならないよう配慮が求められる。

(2) 継続審理・集中審理と狭義の公判準備

継続審理とは，審理に 2 日以上を要する事件について，できるかぎり連日開廷し，継続して審理を行うことをいう（281 条の 6）。迅速な裁判（⇨ 289 頁(3)）の実現の観点からだけでなく，口頭主義・直接主義の実質化の観点からも要請される（⇨ 288 頁(2)）。他方，**集中審理**とは，周到に事前準備をして，公判期日の空転を避け，密度の濃い充実した審理を行うことをいう。

継続・集中審理を実現するためには，訴訟関係人が期日を厳守し，審理に支障を来さないようにしなければならないのはもちろん（281 条の 6 第 2 項），当事者が予定する主張および立証の内容をあらかじめ検討し，争点および証拠を整理しておく必要がある。事前準備手続（⇨ 314 頁(1)）および公判前・期日間整理手続（⇨ 317 頁(3)）はそのために設けられた制度である。

2 公判期日を開く前提となる手続

(1) 事件の配付

公訴提起された事件の審判をどの（訴訟法上の意義の）裁判所に担当させるかを決定することを**事件の配付**という。事件の配付は，当事者の選択や裁判所側の恣意の入る余地のないようにあらかじめ決められた順序・方法によって行われる。

307

第3章　公判手続

(2)　起訴状謄本の送達

　裁判所は，起訴後遅滞なく起訴状謄本を被告人に送達しなければならない（271条1項，規176条1項）。起訴状謄本が公訴提起の日から2ヵ月以内に送達されないときは，公訴の提起はさかのぼってその効力を失い（271条2項），この場合には，裁判所は決定により公訴を棄却する（339条1項1号）。

(3)　弁護人選任権等の告知

　裁判所は，既に被告人に弁護人がある場合を除き，起訴後遅滞なく被告人に対し，①弁護人選任権および②国選弁護人選任請求権を告知し，また，③必要的弁護事件については弁護人がなければ開廷できない旨を告知しなければならず（272条，規177条），さらに，④必要的弁護事件については私選弁護人を選任するかどうか（被告人が弁護人を選任しないときは，裁判長により国選弁護人が選任される），その他の事件については国選弁護人の選任請求をするかどうかを確かめなければならない（規178条）。

(4)　公判期日の指定・変更

　公判期日の指定は，裁判長によって行われる（273条1項）。通常，検察官・弁護人に準備の都合や差支えの有無等を確認したうえで指定される。

　裁判所は，当事者・弁護人の請求または職権により，公判期日を変更することができる。公判期日を変更するには，原則として当事者・弁護人の意見を聞かなければならない（276条）。裁判所は，やむを得ないと認める場合のほかは，公判期日を変更することはできない（規182条1項。なお，277条参照）。

3　被告人・証人等の出頭確保

(1)　召喚・出頭命令・同行命令

　召喚とは，裁判所・裁判官が，被告人，証人，鑑定人等に対して，一定の場所への出頭を命ずる処分をいう。召喚は，公判期日への出頭のほか，身体検査等のためにも用いられる（規102条・103条）。召喚は，一定の猶予期間を置いて（57条・275条・153条），**召喚状**を発して（62条・63条）行う。

　なお，裁判所は，被告人に対しては，指定の場所に出頭または同行を（68

308

条), 証人に対しては, 同行を命ずることもできる (162条)。この**出頭命令**および**同行命令**は, 令状によらず, 猶予期間を要しない。

(2) 勾引

勾引とは, 被告人, 証人等を一定の場所に引致する処分をいう。勾引は, 被告人または証人が召喚に応じない場合, 召喚不応のおそれがある場合, 同行命令に応じない場合のほか, 被告人については, 住居不定の場合, 出頭命令に応じない場合にも許される (58条・68条・152条・162条)。また, 召喚に応じない身体検査の被検者も勾引の対象となり得る (135条)。

勾引は, **勾引状**を発してしなければならない (62条・64条・153条)。勾引状は, 急速を要する場合を除き, 検察官の指揮により検察事務官または司法警察職員が執行する (70条~72条・153条)。勾引状の執行にあたっては, 原則として令状の呈示を要するが (73条1項・153条), 被告人の勾引については, 急速を要するときは緊急執行が許される (73条3項)。被告人の勾引は, 引致のときから24時間の留置の効力を有する (59条)。

(3) 被告人の勾留と保釈

(a) **被告人の勾留**　　**被告人勾留** (起訴後の勾留) も, その基本的な制度趣旨は**被疑者勾留** (起訴前の勾留) と変わりはない。その要件および手続も, また, 勾留質問 (ただし, 実務上, 被疑者の勾留を起訴後も継続する場合には, 改めて勾留質問を行う必要はないものと解されている), 勾留理由開示, 勾留の取消し, 勾留の執行停止等の制度が妥当する点 (⇨78頁**2**) についても, 基本的には同じである。もっとも, 被告人勾留は, ①受訴裁判所が職権で行う点, ②期間, ③逮捕前置主義が妥当しない点, ④保釈が認められる点, ⑤接見指定が認められない点等において, 被疑者勾留と異なっている。以下では, このうち①②④の点について説明する。

(b) **処分主体と手続**　　被告人の勾留に関する処分は, 基本的に, 当該事件の審判を担当する受訴裁判所が行う。もっとも, 公訴提起後第1回公判期日前の処分は, 予断排除のために, 原則として, (受訴裁判所を構成する裁判官以外の) 裁判官が行うものとされている (280条, 規187条)。いずれの場合も, 被告

第3章　公判手続

人勾留は，被疑者勾留と異なり，検察官の請求によるのではなく，裁判所・裁判官の職権により行われる。ただし，実務上，検察官は，勾留中の被疑者が起訴された場合には起訴状に「勾留中」と記載し，在宅，逮捕中または他事件を理由とする勾留中の被疑者が起訴された場合に勾留の必要があると考える場合には，起訴状にそれぞれ「在宅求令状」「逮捕中求令状」「勾留中求令状」と付記して，裁判官の職権発動を促すのが通常である。

　なお，上訴審との関係では，終局裁判後も，上訴の提起期間内の事件でまだ上訴の提起のないものおよび上訴中の事件で訴訟記録が上訴裁判所に到達していないものについては，原裁判所が勾留に関する処分を行う（97条，規92条）。

　(c)　**勾留期間**　被告人勾留の期間は，起訴前から引き続き行われる場合には公訴提起の日から，起訴後はじめて行われる場合にはそのときから2ヵ月である。もっとも，とくに継続の必要がある場合には，具体的にその理由を付した決定で1ヵ月ごとに**更新**することができる。更新の回数は，被告人が，①死刑，無期または短期1年以上の懲役・禁錮に当たる罪を犯した場合，②常習として長期3年以上の懲役・禁錮に当たる罪を犯した場合，③罪証隠滅の疑いに相当な理由がある場合，④被告人の氏名または住居がわからない場合を除いて，1回に限られる（60条2項）。

　(d)　**保　釈**　(i)　**保釈制度の内容・趣旨**　**保釈**とは，保証金の納付を条件として，勾留の執行を停止し，拘禁状態を解く制度である。勾留は，もともと対象者の逃亡ないし罪証隠滅の防止のための処分であるから，この目的を達成するためにより対象者の権利・利益の制約が少ない方法があるならば，比例原則の観点から，それを選ぶことが要請される（とりわけ，被告人の場合には，拘禁状態に置かれていることが防御活動の障碍となり得ることにも注意しなければならない）。保釈は，拘禁状態を解くことによって被告人の権利・利益の制約を最小限にとどめつつ，保証金の没取を心理的強制として身体保全の目的を達成する制度である。

　(ii)　**権利保釈・裁量保釈**　保釈は，勾留されている被告人，弁護人，法定代理人，保佐人，配偶者，直系の親族もしくは兄弟姉妹の請求があるときは（88条），原則として，これを許さなければならないものとされている（89条）。これを，**権利保釈**または**必要的保釈**という。

310

第2節 公判準備

ただし，これに対してはかなり広い範囲で例外（除外事由）が認められている。すなわち，被告人が，①死刑，無期または短期1年以上の懲役・禁錮に当たる罪を犯したものであるとき，②前に死刑，無期または長期10年を超える懲役・禁錮に当たる罪について有罪の宣告を受けたことがあるとき，③常習として長期3年以上の懲役・禁固に当たる罪を犯したものであるとき，④罪証隠滅の疑いに相当な理由があるとき，⑤被害者その他事件の審判に必要な知識を有する者またはその親族の身体・財産に害を加え，またはこれらの者を畏怖させる行為をする疑いに相当な理由があるとき，そして，⑥被告人の氏名または住所がわからないときが，これに当たる（89条）。

もっとも，権利保釈の除外事由に当たる場合にも，また，保釈請求がない場合であっても，裁判所は，保釈された場合の逃亡または罪証隠滅のおそれの程度，身体拘束の継続により被告人が受ける健康上，経済上，社会生活上または防御の準備上の不利益の程度その他の事情を考慮し，適当と認めるときは，職権で保釈を許すことができる（90条）。これを，**裁量保釈**または**職権保釈**という。これに対して，勾留による拘禁が不当に長くなったときは，裁判所は，請求または職権で（勾留を取り消し，または）保釈を許さなければならない（91条）。これを**義務的保釈**という。

保釈の許否は，勾留の理由となっている犯罪を基準として判断する。したがって，勾留状に記載のない余罪を考慮することはできない。ただし，判例は，裁量保釈の許否を判断するにあたっては，事案の内容や性質，被告人の経歴，行状，性格等の事情をも考察することが必要であり，「そのための一資料として」であれば，勾留状の発せられていない事実をも考慮することを禁ずべき理由はないとする（最決昭和44・7・14刑集23巻8号1057頁）。

　(iii)　**保釈の手続**　　保釈に関する決定は，第1回公判期日前は裁判官が（280条），第1回公判期日後は裁判所が行う。裁判官・裁判所は，保釈に関する決定を行うには，検察官の意見を聴かなければならない（92条1項）。保釈を許す場合には，犯罪の性質，情状，証拠の証明力，被告人の性格，資産等を考慮して被告人の出頭を保証するに足りる相当な**保証金**の金額を定めなければならない。また，裁判官・裁判所は，必要があれば，被告人の住居を制限しその他適当と認める条件を付すことができる（実際には，旅行の制限，関係者との接

311

触禁止等の条件が付けられることが多い。93条)。ただし，保釈の前提となる身体拘束は再犯防止のための処分ではないから，「保釈期間中に他の罪を犯さぬこと」という再犯禁止の条件を付けることはできないものとされる。

保釈を許す決定は，保証金の納付があった後でなければ執行することはできないが，裁判所は，保釈請求者以外の者が保証金を納めることや，有価証券または保証書の提出をもって保証金に代えることを許すこともできる（94条）。

裁判官による保釈に関する裁判（命令）に対する不服申立方法としては準抗告が（429条1項2号），裁判所による保釈に関する裁判（決定）に対しては抗告が（420条2項），それぞれ認められている。

(iv) **保釈の取消し等**　裁判所・裁判官は，被告人が，①召喚を受け正当な理由なく出頭しないとき，②逃亡し，または逃亡の疑いに相当な理由があるとき，③罪証を隠滅し，または罪証隠滅の疑いに相当な理由があるとき，④被害者その他事件の審判に必要な知識を有する者もしくはその親族の身体・財産に害を加えもしくは加えようとし，またはこれらの者を畏怖させる行為をしたとき，⑤住居の制限その他定められた条件に違反したときには，検察官の請求または職権により，保釈を取り消すことができる（**保釈の取消し**）。その際には，同時に保証金の全部または一部を**没取**することができる（96条）。保釈を取り消す決定があったときには，被告人は刑事施設に収容される（98条）。

4 公判期日外における証拠の収集保全

(1) 捜索・押収・検証

捜査機関による捜索・押収・検証については上述したが（⇨118頁**第5節**），裁判所も，公判廷の内外において，**捜索・押収・検証**（身体検査を含む）を行うことができる。受託裁判官・受命裁判官による捜索・押収・検証も許される（125条・142条）。裁判所による押収には，**差押え**（「記録命令付差押え」を含む）と**領置**に加えて，**提出命令**（所有者，所持者または保管者に差押物の提出を命ずる処分）がある（99条）。刑訴法は，裁判所による捜索・押収・検証に関する規定を「総則」として定め，これを捜査機関による捜索・押収・検証に準用しているから（222条），裁判所による捜索・押収・検証の要件・手続は，基本的には捜査機関による場合と同じである。そこで，ここでは，裁判所による捜索・押

収・検証に固有の事項についてのみ説明する。

公判廷外における捜索・差押えは，一定の事項を記載し，裁判長が記名・押印した**捜索状・差押状**を発して行わなければならない（106条・107条）。検証は，裁判所または裁判官が自ら行うため，令状は必要ではない。捜索状・差押状は，原則として，検察官の指揮により，検察事務官または司法警察職員がこれを執行するが，被告人の保護のため必要があると認めるときは裁判所書記官または司法警察職員にその執行を命ずることもでき，裁判所は，執行をする者に対し，書面で適当と認める指示をすることができる（108条）。

検察官および被告人（身体の拘束を受けている場合を除く）・弁護人は，捜索状・差押状の執行および検証に立ち会うことができる。そのため，原則として，立会権者には，執行の日時および場所についてあらかじめ通知がなされる。また，裁判所は，必要があるときは，被告人を立ち会わせることができる（113条・142条）。

(2) 鑑　　定

鑑定とは，特別の知識経験を有する者に，その専門的知識またはそれに基づく判断を報告させるための手続をいう。裁判所は，学識経験のある者に鑑定を命ずることができ（165条），**鑑定人**には宣誓をさせなければならない（166条，規128条）。検察官および弁護人は，鑑定に立ち会うことができる（170条）。鑑定人は，旅費，日当，宿泊料のほか，鑑定料を請求し，鑑定に必要な費用の支払または償還を受けることができる（173条）。

裁判所は，被告人の心神・身体に関する鑑定をさせるについて必要があるときは，所定の手続により**鑑定留置**を行うことができ（167条・167条の2），また，鑑定人は，裁判所の許可を受けて，**鑑定に必要な処分**を行うことができる（168条1項）ことについては，捜査機関による嘱託鑑定（鑑定受託者）の場合と基本的に同じである（⇨152頁**3**）。鑑定人が鑑定に必要な処分を公判廷外で行うときには，裁判所の許可状が必要とされ，処分対象者に許可状を示す必要があるが，公判廷内で行う場合にはこの限りではない（168条2項〜5項）。鑑定に必要な処分は，受命裁判官に行わせることもできる（169条）。鑑定人が行う身体検査についても検証としての身体検査に関する一定の規定が準用されるが（168

第3章　公判手続

条6項），鑑定受託者の場合と異なり（⇨153頁(b)），対象者が身体検査を拒んだときは，裁判官にその者の身体検査を請求することができ，この場合には裁判官による直接強制が可能となる（172条）。

鑑定の経過および結果の報告は，①公判期日における鑑定人尋問の形式で行われる場合，②公判期日外における鑑定人尋問の形式で行われる場合（⇨334頁(iii)），③鑑定書による場合（⇨398頁(g)）がある（規129条参照）。

(3) 公務所等に対する照会

裁判所は，検察官または被告人・弁護人の請求によりまたは職権で，**公務所または公私の団体に照会して必要な事項の報告を求めることができる**（279条）。

5 狭義の公判準備と証拠開示

(1) 事前準備手続（従来型の公判準備手続）

公判審理が迅速に行われるよう，訴訟関係人は，第1回公判期日前に，できるかぎり証拠を収集・整理しておかなくてはならない（規178条の2）。検察官および弁護人は，第1回公判期日前に，なるべく速やかに，①取調べを請求する証拠について相手方に閲覧する機会を与えるとともに，閲覧の機会を与えられた証拠ないしその取調べ請求についての意見等を相手方に通知し，②尋問を請求する証人等の氏名・住所を知る機会を相手方に与え，第1回公判期日において取り調べられる見込みのある証人を在廷させるよう努め，③起訴状に記載された訴因・罰条を明確にし，または事件の争点を明らかにするための打合せを相手方との間で行い，④裁判所が開廷回数の見通しを立てるについて必要な事項を裁判所に申し出なければならない（規178条の6〜8）。

裁判所は，このような当事者・弁護人による公判準備を促進し，その便宜を図るために所定の措置ないし処置をとり（規178条の3・5・9），適当と認めるときは，第1回公判期日前に，検察官および弁護人を出頭させ，公判期日の指定その他訴訟の進行に関し必要な事項（事件につき予断を生じさせるおそれのある事項を除く）について打合せを行うこともできる（規178条の10）。

もっとも，この**事前準備手続**については，当事者の打合せを促す程度の機能しか果たさず，実効性に乏しいとの指摘もあった。

314

(2) 従来型の証拠開示

証拠開示とは，当事者の手持証拠・資料を相手方当事者に閲覧ないし謄写させたり，関連する情報を知らせたりすることをいう。刑事手続においては，訴追側（検察官・司法警察職員）手持証拠の防御側への開示と，防御側（被告人・弁護人）手持証拠の訴追側への開示が問題となるが，実際には，事件に関する重要な証拠・資料は防御側が収集・保全を開始する以前に捜査機関ないし訴追機関の手中にあることが少なくないため，前者が問題となることが多い。

証拠開示の目的としては，主として，①相手方による不意打ち的な立証を防止すること，②相手方に対し，自己の手持証拠・資料の内容をあらかじめ知らせることにより，反対尋問その他公判における主張・立証（反証）の準備を十分に行う機会を与えること，さらには，③とくに捜査機関が収集・作成した証拠・資料のうち，被告人に有利なもの（とくに無罪証拠）を利用する機会を防御側に与えること等があり，どの目的を強調するかによってその範囲・時期・方法に関する理解に差異が生じ得る。

証拠開示は，当事者が相手方の要求に応じて自主的に手持証拠・資料の閲覧・謄写等を許す場合にはとくに問題とはならない。実際にも，検察官が，防御側の要求に応じて自主的に手持ちの証拠を防御側に閲覧・謄写させることも少なくない。しかし，昭和20年代後半以降，公安・労働事件，贈収賄事件等，当事者間の争いが先鋭化しやすい事件において，検察官が証拠・資料の開示を拒否する例がみられ，このような場合に裁判所が開示を命ずることができるか，できるとしていかなる要件・手続によってかが問題とされるようになった。

ところで，刑訴法40条は，起訴後，弁護人が，裁判所において訴訟に関する書類および証拠物を閲覧・謄写することができる旨定める。旧刑訴法のもとでは，公訴提起と同時に検察官は手持証拠・資料を裁判所に提出する慣行があったため，同様の規定（旧刑訴44条）は，事実上，証拠調べ開始前の段階で訴追側の手持証拠・資料の防御側への開示を保障する機能を担っていたが，現行刑訴法は起訴状一本主義を採用したため（⇨233頁**2**），同規定はこのような意味を失うことになった。

第3章　公判手続

> **Column 3-1**　**裁判所が保管する訴訟書類・証拠物等の閲覧等**
>
> 　刑訴法は，公訴の提起後，検察官および弁護人が，訴訟に関する書類および証拠物を閲覧・謄写することを認め（40条・270条。ただし，弁護人による閲覧・謄写には，場所が裁判所に限られるなど一定の制約がある），弁護人がない被告人には，裁判所における公判調書の閲覧等を認めている（49条）。この制度は，（相手方当事者ではなく）裁判所が保管する訴訟書類・証拠物を閲覧等の対象とする点において証拠開示とは異なり，（当事者に対する訴訟への立会権の保障等とともに）「当事者公開主義」を具体化するものということができよう。
> 　もっとも，防御側による訴訟書類・証拠物の閲覧等は，証人等の保護の観点から一定の制約に服することがある（299条の6）。

　また，刑訴法299条は，当事者・弁護人は，証拠調べを請求するにあたり，証人等については相手方にその氏名・住所を知る機会を与え，証拠書類・証拠物であれば相手方にこれを閲覧する機会を与えなければならないと定める。この規定は，上記①の当事者による不意打ち的な立証の防止には役立つが，当事者が取調べ請求を予定する以外の証拠・資料等の開示を義務づけるものではないため，②および③の目的の開示までをも保障するものではない。そこで，これらの証拠・資料の開示を検察官に義務づけることができるかが問題となった。

　この問題に関して，判例は，昭和44年4月25日の2つの最高裁決定（最決昭和44・4・25刑集23巻4号248頁，最決昭和44・4・25刑集23巻4号275頁）によって，裁判所は，①証拠調べに入った後，②弁護人から，具体的必要性を示して，一定の証拠を弁護人に閲覧させるよう検察官に命ぜられたい旨の申出がなされ，③事案の性質，審理の状況，証拠の種類・内容，閲覧の時期・程度・方法その他諸般の事情に照らし，被告人の防御のためとくに重要であり，かつこれにより罪証隠滅，証人威迫等の弊害を招来するおそれがなく，相当と認めるときには，訴訟指揮権に基づいて，検察官に対し，その所持する証拠を弁護人に閲覧させるよう命ずることができるものとし，以後，証拠開示に関してはこの判例に従った運用がなされてきた。

　しかし，判例が示したこの**訴訟指揮権に基づく個別的開示命令**の要件・手続については不明確さも指摘され，また，学説上は**事前全面開示論**（検察官が所持・保管する証拠・資料は，すべて，証拠調べ開始前の段階において，防御側の閲覧ないし謄写に供されるべきであるとする見解）も強く主張されていたことから（判例

は，最決昭和35・2・9判時219号34頁等において，裁判所が，検察官に手持証拠の事前全面開示を命ずる可能性を否定している），この問題に関しては立法による解決が強く望まれていた。

(3) 公判前・期日間整理手続

(a) **制度趣旨**　そこで，2004（平成16）年の刑訴法改正により，第1回公判期日の前から，十分な争点整理を行い，明確な審理の計画を立てられるよう，裁判所の主宰による新たな準備手続を創設し，証拠開示の時期・範囲等に関するルールを法令により明確化するとともに，新たな準備手続の中で，必要に応じて，裁判所が開示の要否につき裁定することが可能となるような仕組みを整備するべく，**公判前整理手続**が導入され，2006（平成18）年から施行されている。同時に，第1回公判期日後にも同様の**争点及び証拠の整理手続**が導入され，これを**期日間整理手続**という（316条の28以下）。

(b) **公判前・期日間整理手続の概要**　公判前・期日間整理手続は，裁判所が，「充実した公判の審理を継続的，計画的かつ迅速に行うため必要があると認めるとき」（316条の2）ないし「審理の経過に鑑み必要と認めるとき」に，検察官，被告人・弁護人の請求によりまたは職権で行われる（316条の28）。ただし，裁判員制度対象事件に関しては，公判前整理手続は必要的である（裁判員49条）。公判前整理手続においては，当該事件の審判を担当する受訴裁判所の主宰のもと，刑訴法316条の5各号に列挙された事項について，「事件の争点及び証拠を整理するための公判準備」が行われる（316条の2第1項）。期日間整理手続は，基本的に公判前整理手続に準じて行われる（316条の28第2項。以下，条文は公判前整理手続に関するもののみを示す）。

公判前・期日間整理手続は，弁護人がなければ行うことができない（316条の4。⇨303頁(b)）。同手続は，期日を定めて訴訟関係人を出頭させる方法，あるいは，書面を提出させる方法によって行う（316条の2第3項）。期日を定めて整理手続を行う場合には，検察官および弁護人の出頭・在席が必要となるが（316条の7・8），被告人の出頭は必要的ではない（316条の9）。

公判前・期日間整理手続の目的は，裁判所が，当事者の参加のもとに「争点及び証拠の整理」を行い，公判の審理計画を策定することにあるが，刑事裁判

においては，公訴事実の挙証責任は検察官が負うから（⇨462頁(2)），まずは，検察官が，「証明予定事実記載書面」を裁判所に提出し，被告人または弁護人に送付することにより，「公判期日において証拠により証明しようとする事実」を明らかにし，その立証に必要な証拠の取調べを請求するとともに（316条の13），これを速やかに防御側に開示する（**検察官請求証拠開示**）。その後，被告人または弁護人から請求があったときは，検察官は，速やかに，保管する証拠の一覧表（証拠物の品名・数量，供述者の署名・押印のある供述録取書およびその他の証拠書類の標目・作成年月日・供述者の氏名を記載したもの）を交付しなければならない（316条の14）。この**証拠一覧表の交付**は，防御側に，以下の手続により開示を請求すべき証拠の存在を知る手がかりを与えるために設けられた制度である。

　検察官が取調べを請求した証拠以外の証拠であっても，防御側は，316条の15第1項各号が列挙する一定類型の証拠——すなわち，証拠物（1号），裁判所・裁判官の検証の結果を記載した書面（2号），捜査機関の検証・実況見分の結果を記載した書面またはこれに準ずる書面（3号），鑑定書またはこれに準ずる書面（4号），証人等の供述録取書（5号），検察官が検察官請求証拠により直接証明しようとする事実の有無に関する供述を内容とする参考人の供述録取書等（6号），被告人の供述録取書等（7号），被告人またはその共犯として身体拘束もしくは公訴提起された者の取調べ状況記録書面（8号），検察官請求証拠である証拠物の押収手続記録書面（9号）——のいずれかに該当し，かつ，「特定の検察官請求証拠の証明力を判断するために重要であると認められるもの」については，開示の請求をすることができ，その場合には，検察官は，「その重要性の程度その他の被告人の防御の準備のために当該開示をすることの必要性の程度並びに当該開示によつて生じるおそれのある弊害の内容及び程度を考慮し，相当と認めるとき」には，これを速やかに開示しなければならない（**類型証拠開示**。316条の15）。

　防御側は，検察官が提示した証明予定事実および開示された証拠を検討したうえで，検察官請求証拠について326条の同意（⇨405頁**8**）をするかどうか，または取調べの請求に関し異議がないかどうかの意見を表明し（316条の16），今度は，自己の証明予定事実その他の公判期日においてすることを予定する事実上および法律上の主張を明示したうえで（**主張明示義務**），その立証に必要な証拠の取調べを請求するとともに（316条の17），取調べ請求証拠を検察官に開

示する（**防御側請求証拠開示**。316 条の 18）。なお，刑訴法 316 条の 17 が，公判前整理手続において被告人側に主張明示および証拠調べ請求を義務づける点については，「何人も，自己に不利益な供述を強要されない」旨定める憲法 38 条1 項に違反するのではないかとの疑問も提示されていたが，判例は，同規定は，「被告人に対し自己が刑事上の責任を問われるおそれのある事項について認めるように義務付けるものではなく，また，公判期日において主張をするかどうかも被告人の判断に委ねられているのであって，主張をすること自体を強要するものでもない」として，その合憲性を認めている（最決平成 25・3・18 刑集 67巻 3 号 325 頁）。

防御側からの主張明示，証拠請求・開示を受けて，検察官は，防御側請求証拠について同意するかどうか，取調べ請求に関し異議がないかどうかの意見を明らかにする（316 条の 19）。防御側は，さらに，検察官請求証拠および類型証拠以外の証拠で，自己の主張に関連する証拠の開示を請求することができ，検察官は，「その関連性の程度その他の被告人の防御の準備のために当該開示をすることの必要性の程度並びに当該開示によつて生じるおそれのある弊害の内容及び程度を考慮し，相当と認めるとき」は，これを速やかに開示しなければならない（**争点関連証拠開示**。316 条の 20）。

以上の手続が終わった後も，検察官および防御側は証明予定事実を追加・変更し，新たに証拠の取調べを請求することができる。この場合には改めて証拠開示が行われる（316 条の 21・22）。公判前・期日間整理手続を終了するにあたっては，裁判所は，事件の争点および証拠の整理の結果を確認しなければならない（316 条の 24）。

(c) **公判前・期日間整理手続における証拠開示制度**　公判前・期日間整理手続における証拠開示は，争点および証拠の整理手続の一環として行われるため，検察官請求証拠開示→検察官保管証拠一覧表交付→類型証拠開示→防御側請求証拠開示→争点関連証拠開示というように，当事者の主張の提示ないし争点の整理状況に応じて段階的に行われる。

刑訴法は，これらの証拠開示の要件・手続を定めるほか，検察官および裁判所に証拠開示の時期・方法を指定し，条件を付す権限を認める（316 条の 15・20・25・26）等，開示に伴う弊害の防止策を用意する（⇨ 321 頁(4)）と同時に，

319

特定の証拠が開示されるべきか否かをめぐる当事者間の争いに関する裁判所による裁定・命令（**当事者の請求による証拠開示命令**）およびそれに対する不服申立て（**即時抗告**）の制度を設けている（316条の26）。また，裁判所には，証拠開示の時期・方法の指定の請求および証拠開示命令の請求について決定するにあたり，当事者・弁護人に，当該請求に係る証拠の提示を命じ，また，検察官に対し，裁判所の指定する範囲の証拠の標目を記載した一覧表の提示を命ずる（**証拠・証拠標目一覧表の提示命令**）権限が与えられている（316条の27）。

　証拠開示命令の対象となる証拠について，判例は，争点整理と証拠調べを有効かつ効率的に行うという公判前・期日間整理手続における証拠開示制度の趣旨にかんがみれば，「必ずしも検察官が現に保管している証拠に限られず，当該事件の捜査の過程で作成され，又は入手した書面等であって，公務員が職務上現に保管し，かつ，検察官において入手が容易なものを含む」とし，警察官が犯罪捜査規範13条（「警察官は，捜査を行うに当り，……その経過その他参考となるべき事項を明細に記録しておかなければならない」旨定める）に基づき作成した取調べ状況または捜査状況等を記録した備忘録（最決平成19・12・25刑集61巻9号895頁，最決平成20・6・25刑集62巻6号1886頁）や，警察官が私費で購入したノートに記載し，一時期自宅に持ち帰っていた取調べメモ（最決平成20・9・30刑集62巻8号2753頁）も，開示命令の対象となり得るとしている。

　(d)　**公判手続の特例**　　公判前・期日間整理手続に付された事件については，裁判所は，公判期日において，公判前・期日間整理手続調書を朗読し，またはその要旨を告げることにより，その結果を明らかにしなければならない（**公判前・期日間整理手続の結果顕出**。316条の31）。

　また，公判前・期日間整理手続に付された事件については，289条1項に規定する事件に該当しなくても，弁護人がなければ開廷することができず（316条の29），また，防御側による冒頭陳述が義務づけられる（316条の30）。

　さらに，証拠調べの請求は原則として公判前・期日間整理手続において行われなければならず，当事者は，「やむを得ない事由」によって同手続において請求することができなかったものを除き，同手続終了後には証拠調べを請求することができなくなる（**証拠調べ請求の制限**。316条の32）。これに対して，公判前・期日間整理手続後における当事者の主張変更について制限を定めた規定は

320

第2節 公判準備

ないが、通説は、整理手続を経た後の公判においては、充実した争点整理や審理計画の策定がされた趣旨を没却するような主張の変更は許されないとする。この点に関連して、判例は、「公判前整理手続における被告人又は弁護人の予定主張の明示状況……，新たな主張がされるに至った経緯，新たな主張の内容等の諸般の事情を総合的に考慮」し，「主張明示義務に違反したものと認められ，かつ，公判前整理手続で明示されなかった主張に関して被告人の供述を求める行為（質問）やこれに応じた被告人の供述を許すことが，公判前整理手続を行った意味を失わせるものと認められる場合」には，「新たな主張に係る事項の重要性等も踏まえた上で，公判期日でその具体的内容に関する質問や被告人の供述が，刑訴法295条1項により制限されることがあり得る」とする（最決平成27・5・25刑集69巻4号636頁）。もっとも，公判審理においてはじめて明らかになった事実関係に基づいて主張の変更が必要となるといった事態は，むしろ公判中心主義の予定するところであるということもでき，少なくともこのような場合には，被告人側の主張の変更はもちろん，検察官側の主張の変更（訴因変更を含む）であっても許されるというべきであろう（東京高判平成20・11・18判タ1301号307頁参照）。

(4) 証拠開示の弊害防止策等

弁護人は，開示された証拠に係る複製等を適正に管理しなければならない（281条の3）。また，被告人・弁護人またはこれらであった者は，開示された証拠に係る複製等を，一定の正当な目的以外の目的で他人に交付・提示し，電気通信回線を通じて提供してはならない（281条の4・5）。

検察官または弁護人は，証拠開示にあたり，証人等（証人，鑑定人，通訳人，翻訳人，証拠書類・証拠物にその氏名が記載されている者，またはこれらの親族等）の身体・財産に害を加え，または証人等を畏怖・困惑させる行為がなされるおそれがあると認めるときは，相手方に対し，その旨を告げ，犯罪の証明・捜査または被告人の防御に関し必要がある場合を除き，その住居，勤務先その他の通常の所在場所が特定される事項が，被告人を含む関係者に知られないように配慮することを求めることができる（299条の2・316条の23第1項・316条の28第2項）。さらに，2016（平成28）年改正により，検察官は，刑訴法299条1項ま

第3章 公判手続

たは 316 条の 14 第 1 項により，被告人または弁護人に対して，証人等（証人，鑑定人，通訳人，翻訳人またはこれらの親族等）の氏名・住居を知る機会または証拠書類・証拠物を閲覧する機会を与えるべき場合には，被告人の防御に実質的な不利益を生ずるおそれがある場合を除いて，①証人等の身体・財産に害を加え，または証人等を畏怖・困惑させる行為がなされるおそれがあると認めるときは，弁護人に対し，証人等の氏名・住居を被告人に知らせてはならない旨の条件を付し，または被告人に知らせる時期・方法を指定することができ，②それでも加害等が防止できないおそれがあると認めるときには，被告人または弁護人に対し，氏名に代わる呼称や住居に代わる連絡先を開示できるものとされた（299 条の 4・316 条の 23 第 2 項・316 条の 28 第 2 項）。これらの措置については，裁判所による裁定の制度も設けられている（299 条の 5・316 条の 23 第 3 項・316 条の 28 第 2 項）。

　また，検察官は，証拠開示にあたり，①被害者等の名誉・社会生活の平穏が著しく害されるおそれがあると認めるとき，②被害者もしくはその親族の身体・財産に害を加え，または，これらの者を畏怖・困惑させる行為がなされるおそれがあると認めるときには，弁護人に対し，その旨を告げ，**被害者特定事項**（氏名・住所その他の当該事件の被害者を特定させることとなる事項）が，被告人の防御に関し必要がある場合を除き，被告人その他の者に知られないようにすることを求めることができる（299 条の 3・316 条の 23。なお，不正競争 30 条も参照）。

第3節　公判における審判手続

1 公判期日における審判手続

(1) 公判期日における審判の流れと各段階の関係

　公判期日における審理および判決の手続（審判手続）は，大きく，①冒頭手続→②証拠調べ→③弁論手続→④判決宣告の 4 段階に分けられる。すなわち，公判廷における事件審理は，まず，①審判の対象となる「人（被告人）」と「事実（公訴事実）」を確認すると同時に，被告人に権利告知を行ったうえで，②事

322

件に関する当事者の主張を裏づける証拠を取り調べ，さらに，③その結果に基づいて当事者が意見陳述する，という流れで進行する。こうして，事件に関する審理が終結すると（この状態を**結審**とよぶ），裁判所は，その結果を踏まえて，④「判決」を言い渡すことになるのである。なお，**弁論**の語は，③の訴訟関係人による意見陳述の手続を意味するものとして用いられる場合（**狭義の弁論**）と，審理手続全体を意味するものとして用いられる場合（**広義の弁論**）とがあるので注意が必要である。

(2) 冒 頭 手 続

(a) **人定質問と起訴状朗読**　訴訟は「（被告）事件」ごとに成立するから（⇨219頁(1)），冒頭手続においては，まず，審判の対象となる「事件」の確認が行われる。「事件」は，「人（被告人）」と「事実（公訴事実）」によって特定されるから，その確認は，裁判長が，氏名・生年月日・本籍・住居・職業など，被告人に対し人違いでないことを確かめるための事項を質問し（**人定質問**。規196条），検察官が，起訴状を朗読する（**起訴状朗読**）ことによって行われる（291条1項）。起訴状の内容に不明な点があれば，裁判長は検察官に釈明を求めることができる。被告人・弁護人も，裁判長に対し，釈明のための発問を求めることができる（規208条）。

(b) **権利の告知**　引き続き，裁判長は，被告人に対して，終始沈黙し，または個々の質問に対し陳述を拒むことができる旨のほか，陳述することもできる旨，および陳述すれば自己に不利益な証拠にもなりまた利益な証拠にもなることがある旨を告げ，そのほか，被告人が充分に理解していないと思料される被告人保護のための権利を説明する（291条4項，規197条）。

(c) **被告事件についての陳述**　次いで，裁判長は，被告人および弁護人に対して，被告事件について陳述する機会を与える（291条4項）。通常，被告人・弁護人は，公訴事実についての認否，違法性・責任阻却事由や刑の減免事由の主張等の実体に関する陳述のほか，訴訟条件の不存在（公訴権濫用を含む）等の手続上の瑕疵についての主張も行う。この陳述は，公訴に対する被告人側からの主張の提示としての意味を持つ。

323

(3) 証 拠 調 べ

(a) **総 説**　　冒頭手続において審判の対象となる「事件」が確認され，被告人に対して権利告知がなされると，証拠の取調べに入ることになる。

　証拠調べの手続は，通常，冒頭陳述→証拠調べの請求および決定→証拠の取調べの順で行われるが，事件が公判前・期日間整理手続に付される場合には，証拠調べの請求および決定は，基本的に同手続において行われる（⇨317頁(3)）。採用された証拠の取調べの範囲・順序・方法については，裁判所または（受命）裁判官が，当事者・弁護人の意見を聴いたうえでこれを定め，また，いつでもこれを変更することができるものとされている（297条）。証拠調べの方式は，証拠の種類によって異なる（⇨327頁(e)）。通常は，最後に被告人質問が行われ，証拠調べが締めくくられる。

　なお，実務上，検察官の請求する証拠は，甲号証（乙号証以外の証拠）と乙号証（被告人の自白調書，身上・前科関係の証拠等）に区別され，とくに争いのある事件では，乙号証は甲号証の後に取り調べるのが通例となっている。これは，自白や身上・前科関係の証拠を取り調べることにより，裁判所が事件について不当な予断を抱くのを防止するための措置である（なお，301条参照）。

(b) **冒頭陳述**　　証拠調べは，検察官が，証拠により証明すべき事実を明らかにすることによって開始される（**冒頭陳述**。296条）。被告人または弁護人も冒頭陳述を行うことができるが（規198条），公判前整理手続に付された事件については，防御側は，検察官の冒頭陳述に引き続き，証拠により証明すべき事実その他の事実上および法律上の主張を明らかにしなければならない（316条の30）。

(c) **証拠調べの請求（証拠請求）**　　当事者主義的刑事訴訟においては，いかなる証拠を取り調べるかの判断は，基本的に当事者にゆだねられる。現行刑訴法も，証拠調べは当事者の請求によって行うのを原則とし（298条1項），裁判所の職権による証拠調べは，とくに「必要と認める」ときにかぎって補充的に行われるものとしている（同条2項）。

　公判前・期日間整理手続に付された事件については，証拠調べの請求は同手続において行われ，当事者・弁護人は，「やむを得ない事由」によって公判前・期日間整理手続において請求することができなかったものを除き，同手続

第3節　公判における審判手続

終了後には証拠調べを請求することができなくなる（**証拠調べ請求の制限**。⇨
320頁(d)）。ただし，この場合でも，裁判所の職権による取調べは可能である
（316条の32）。それ以外の事件については，証拠調べの請求は，公判期日にお
いても，また，公判期日前（期日間）でもすることができるが，予断排除のた
め，第1回公判期日前にすることはできない（規188条）。

　いずれの場合も，公訴事実を立証する責任を負うのは検察官であるから，ま
ずは検察官が事件の審判に必要と認める証拠の取調べを請求し，被告人または
弁護人は，その後，必要な証拠の取調べを請求する（316条の13・17，規193条）。
もっとも，公判期日外の自白については，予断排除および自白補強法則の趣旨
を貫徹するため，犯罪事実に関する他の証拠が取り調べられた後でなければ，
その取調べを請求することはできない（301条）。

　証拠調べの請求は口頭でもできるが，証人等の尋問を請求するときはその氏
名・住居等を記載した書面を，証拠書類その他の書面の取調べを請求するとき
にはその標目を記載した書面を提出しなければならない（規188条の2）。また，
証人尋問を請求するときは，その尋問に要する見込み時間を申し出なければな
らない（規188条の3）。

　証拠調べの請求は，証拠と証明すべき事実との関係（**立証趣旨**）を具体的に
明示して行わなければならず（316条の5第5号，規189条1項），証拠書類その
他の書面の一部の取調べを請求するには，とくにその部分を明確にしなければ
ならない（規189条2項）。裁判所は，これらの事項を書面に記載して提出させ
ることができ，これらの事項を明らかにしない請求は却下できる（同条3項・4
項）。実務上，証拠調べの請求は，証拠の標目，立証趣旨等を一覧のかたちに
した「証拠等関係カード」によって行われるのが通例である。

> **Column 3-2　立証趣旨の拘束力**
>
> 　立証趣旨は，裁判所が，証拠決定を行う際に証拠調べの必要性や許容性を判
> 断したり，証拠調べを実施する際に証人尋問等の範囲を決めたりするための基
> 準として用いられる。しかし，このことは，裁判所の事実認定が立証趣旨に拘
> 束されることまでを意味するわけではない。すなわち，証拠を取り調べた結果，
> 当事者の予期に反して立証趣旨を超える事実あるいはそれに反する事実が明ら
> かになったような場合に，裁判所がこれを認定することが妨げられるわけでは
> なく，その意味では，**立証趣旨の拘束力**は認められないのである。もっとも，

325

第3章 公判手続

> このことと，一定の証拠について，その立証趣旨外の使用が証拠法則に抵触するために許されない場合があり得ることとは別論である。たとえば，刑訴法328条の弾劾証拠として取り調べられた証拠を実質証拠として用いたり，情状を立証するために提出された伝聞証拠を罪責認定のために用いたりすることはいずれにしても許されないが，それは，裁判所の事実認定が立証趣旨に拘束されるからではなく，そのような証拠の使用方法が伝聞法則や厳格な証明の要請によって禁止されるからなのである（⇨345頁**第4章**）。

　証拠調べの請求をするかどうかの判断は当事者にゆだねられるのが原則であるが，法律によりそれが（とくに検察官に）義務づけられる場合もある。すなわち，①検察官は，刑訴法321条1項2号後段により証拠とすることができる検察官面前調書（⇨391頁(c)）については必ずその取調べを請求しなければならない（300条）。また，②検察官は，取調べ等の録音・録画が義務づけられる事件について（⇨101頁(4)），逮捕・勾留中の被疑者取調べ等に際して作成された供述調書の任意性が争われたときには，原則として，録音・録画に基づき作成された記録媒体の取調べを請求しなければならない（301条の2第1項）。さらに，③検察官は，被告人との間で証拠収集等への協力および訴追に関する合意（⇨116頁**5**）がなされた場合にも，当該被告人の事件および解明対象となる他人の事件についての公判手続において（後者の事件については，合意に基づいて作成された供述調書等の取調べや証人尋問がなされるときには），合意内容を明らかにした書面（合意内容書面）の取調べを請求しなければならない（350条の7第1項・350条の8・350条の9）。

　証拠調べの請求は，証明すべき事実の立証に必要な証拠を厳選して，これをしなければならない（**証拠の厳選**。規189条の2）。

　(d) 証拠調べの決定（証拠決定）　　裁判所が，請求または職権により証拠調べをするとき，あるいは証拠調べの請求を却下するときは，決定でこれを行わなければならない（規190条）。これを，**証拠決定**という。

　証拠決定を行うにあたっては，原則として，請求による場合には相手方またはその弁護人の意見を，職権による場合には当事者・弁護人の意見を聴かなければならない（**証拠意見**。299条2項，規190条2項）。ただし，被告人が出頭しないでも証拠調べを行うことができる公判期日に被告人および弁護人が出頭していないときは，この限りではない（規190条3項）。また，裁判所は，証拠決

326

定をするにあたり必要があると認めるときは，訴訟関係人に証拠書類または証拠物の提示を命ずることができる（規192条）。この**提示命令**は，証拠の採否を判断するために行われるものであり，裁判所は，これにより心証形成を行ってはならない。

取調べ請求のあった証拠の採否の判断基準はとくに法定されていないが，当事者追行主義の建前からすれば，当事者が取調べを請求した証拠は原則として取り調べるべきであろう。とりわけ，証人に関しては，憲法37条2項が，「公費で自己のために強制的手続により証人を求める権利」（**証人喚問権**）を被告人に保障している。これは，「被告人又は弁護人からした証人申請に基きすべての証人を喚問し不必要と思われる証人までをも悉く訊問しなければならぬという訳のものではな」いとしても，「証人の採否は，どこまでも……事案に必要適切であるか否かの自由裁量によって当該裁判所が決定すべき事柄である」（最大判昭和23・7・29刑集2巻9号1045頁）とまでいえるかは疑問である。いずれにしても，裁判所は，証拠請求の手続に違法がある場合（規107条・189条4項）のほか，**証拠調べの必要性・相当性**が欠ける場合（要証事実との関連性が乏しい場合，内容が重複している場合，証拠価値が低いのに取調べに多大な労力を要する場合等），または，証拠調べが許容されない場合（証拠能力が欠ける場合，取調べが法律上禁じられている場合等）には，証拠請求を却下することができる。

これに対して，裁判所の職権による証拠調べは，あくまで補充的・後見的なものにとどめるべきであり，裁判所は，法令により義務づけられている場合（303条，規則213条の2等）を除き，「原則として，職権で証拠調をしなければならない義務又は検察官に対して立証を促がさなければならない義務があるものということはできない」。もっとも，証拠が存在することが明らかであり，かつ，これを取り調べなければ著しく正義に反する結果を招来するおそれが顕著なときには，例外的に，当事者に対し証拠調べの請求を促す義務を負う場合もあり得よう（最判昭和33・2・13刑集12巻2号218頁参照）。

(e) 証拠調べの実施 **(i) 証拠書類・証拠物の取調べ** **証拠書類**とは，その内容が証拠となる書面をいう。証拠書類の取調べは，原則として**朗読**によるものとされているが（305条），裁判長は，訴訟関係人の意見を聴いて相当と認めるときは，朗読の代わりに**要旨の告知**を行うこともできる（規203条の2）。

証拠物とは，その存在や状態などが証拠となるものをいう。証拠物の取調べは，展示による（306条）。証拠物中書面の意義が証拠となるもの（**証拠物たる書面**）の取調べは，証拠物としての性質と証拠書類としての性質を併せ持つものであるから，展示のほか朗読を要する（307条，規203条の2）。証拠調べを終わった証拠書類・証拠物は，遅滞なく裁判所に提出しなければならないが，裁判所の許可を得たときは，原本に代えてその謄本を提出することができる（310条）。

(ii) **証人尋問** ㋐ **証人の定義・証人適格・証言能力** 証人とは，裁判所・裁判官に対して，自己の体験した事実を供述する者をいう。証人には，自己の体験した事実により推測した事項を供述させることもできる（156条）。

証人適格とは，証人となり得る一般的資格のことをいう。証人適格は，原則として何人にも認められる（143条）。

例外として，公務員，衆議院・参議院議員，内閣総理大臣その他の国務大臣またはこれらの職にあった者につき，職務上の秘密に関する申立てがあったときは，これらの者を証人として尋問するには，それぞれ監督官庁，衆議院・参議院，内閣の承諾を要する。ただし，監督官庁等は，国の重大な利益を害する場合を除いては承諾を拒むことはできない（144条・145条）。

裁判官・書記官は，当該訴訟から退かないかぎり証人になることができず，証人となった場合には職務の執行から除斥される（20条4号・26条1項）。検察官，弁護人・補佐人についても，裁判官と同様の扱いが求められるか否かについては争いがある。**被告人の証人適格**については，被告人を強制的に証人とすることはできないが，任意に証人となる場合にはこれを肯定してよいとの見解もある。しかし，通説は，被告人に対する黙秘権の保障と証人の宣誓・証言義務は相容れないこと，刑訴法が被告人を証人として尋問するための要件・手続等を定めていないこと等を理由としてこれを否定し，共同被告人についても，手続を分離して当該訴訟における被告人たる地位から退かせないかぎり（⇨338頁(1)），専ら他の被告人のみに関する事項についてであっても証人として尋問することはできないとする（大阪高判昭和27・7・18高刑集5巻7号1170頁）。もっとも，立法論上，被告人に証人適格を認め，被告人側からの請求があるときに，同人を証人として尋問することを認めるべきか否かについては，議論がある。

328

証言能力とは，自己の体験を供述する能力をいう。証人適格が認められる者についても，具体的な証言事項との関係で証言能力が否定されることがある。たとえば，年少者や精神障害者にも証人適格は認められるが，証言事項によっては，その精神的能力等との関係で自己の体験を供述する能力が否定され得る。その判断について，判例は，「精神病者であっても症状によりその精神状態は時に普通人と異ならない場合もあるのであるから，その際における証言を採用することは何ら採証法則に反するものではなく，要は事実審の自由な判断によってその採否を決すべきものである」とし（最判昭和23・12・24刑集2巻14号1883頁），また，裁判例の中には，事件当時4歳・証言時5歳の幼児の供述であっても「供述事項によっては一概に証言能力を否定すべき理由はなく，簡単な事柄についてはかなりの程度の理解ならびに表現の能力があり，記憶力もあると解される」としたものがある（東京高判昭和46・10・20判時657号93頁）。

　　㋑　**証人の義務・権利**　　証人は，裁判所の決定に従い，出頭・宣誓・供述する義務を負う。すなわち，証人は，正当な理由なく召喚に応じない場合には，費用の賠償や過料，罰金・拘留等の制裁を受け（150条・151条），また，勾引されることもある（⇨309頁(2)。152条。**出頭義務**）。また，証人は，原則として**宣誓**しなければならない（154条）。ただし，宣誓の趣旨を理解できない者については，宣誓させずに尋問する（155条）。宣誓は，尋問前に，宣誓書により，各別に，起立して厳粛に行う（規117条・118条）。宣誓したうえで虚偽の供述をすれば，偽証罪に問われる。証人は，正当な理由なく宣誓を拒んだときは，費用の賠償や過料，罰金・拘留等の制裁を受けることがある（**宣誓義務**）。正当な理由なく証言を拒んだときも同様である（**証言義務**。160条・161条）。

　もっとも，証人には一定の範囲内で**証言拒絶権**が認められている。すなわち，何人も，①自己が刑事訴追を受け，または有罪判決を受けるおそれのある場合（146条，憲38条1項。⇨19頁(a)），②一定の親族等が刑事訴追を受け，または有罪判決を受けるおそれのある場合（147条）には，証言を拒むことができる。また，③医師，歯科医師，助産師，看護師，弁護士，弁理士，公証人，宗教の職にある者またはこれらの職にあった者は，業務上委託を受けたため知り得た事実で他人の秘密に関するものについては，証言を拒むことができる。ただし，本人が承諾した場合，証言の拒絶が被告人のためのみにする権利の濫用と認め

られる場合等はこのかぎりでない（149条）。裁判所は，尋問前に証言拒絶権を告知しなければならず（規121条），証言を拒む者はその事由を示さなければならない（規122条）。

　このうち①の場合の証言拒絶権（自己負罪拒否特権）については，2016（平成28）年の法改正によって，裁判所の決定により，免責を与える条件のもとでこれを失わせ，証人に供述を強制することを可能とする制度（**刑事免責制度**）が導入されることになった。同制度のもとでは，裁判所は，証人尋問開始前または開始後になされる検察官の請求により，証人に，尋問に応じてした供述およびこれに基づいて得られた証拠を自己の刑事事件においては不利益な証拠とすることができないことを条件として，自己が刑事訴追を受け，または有罪判決を受けるおそれのある供述であってもこれを義務づけることができるものとされている（157条の2・3）。

> **Column 3-3**　刑事免責制度の導入と協議・合意制度との関係
>
> 　**刑事免責制度**については，とりわけ，判例が，「憲法が，その刑事手続等に関する諸規定に照らし，このような制度の導入を否定しているものとまでは解されない」が，その採否は，「これを必要とする事情の有無，公正な刑事手続の観点からの当否，国民の法感情からみて公正感に合致するかどうかなどの事情を慎重に考慮して決定されるべきものであり，これを採用するのであれば，その対象範囲，手続要件，効果等を明文をもって規定すべき」であるとして以降（最大判平成7・2・22刑集49巻2号1頁），その導入の是非について議論が積み重ねられてきた。刑事免責には，当該供述に関連する犯罪について供述者の不訴追を保証する「**行為免責**」と，当該供述およびその派生証拠を供述者に対しては使用しないことを保証する「**使用免責**」の2つの形態があるとされるが，2016（平成28）年改正は後者を導入することとした。
>
> 　刑事免責については，同時に導入されることになった協議・合意制度（⇨116頁**5**）との関係も議論される。すなわち，両制度は，共犯者等から他人の犯罪事実に関する供述を得ることを目的とするという点では共通するが，刑事免責は，対象犯罪の限定がない点，また，（裁判所が一方的に自己負罪拒否特権を消滅させて供述を強制するという意味で）取引的要素を有しない点等において，協議・合意とは制度の内容を異にするとされ，今後，各制度がどの程度，また，どのように利用されるのか注目される。

　証人は，旅費，日当および宿泊料を請求することができる（164条）。

　㈦　**当事者等の立会権・尋問権**　　検察官，被告人・弁護人は，証人の尋

問に立ち会い，裁判長に告げてその証人を尋問することができる。そのため，証人尋問の日時・場所は，原則として，これらの者にあらかじめ通知される（157条）。この点については，とりわけ，被告人は，憲法37条2項により「すべての証人に対して審問する機会を充分に与へられ」るものとされていることに注意しなければならない。

Column 3-4　公判期日外の証人尋問

証人尋問は，原則として公判期日において行われる。しかし，裁判所は，証人の重要性，年齢，職業，健康状態その他の事情と事案の軽重とを考慮したうえ，当事者の意見を聴き，必要と認めるときは，公判期日外において，裁判所内または裁判所外でこれを尋問することもできる（158条・281条）。**公判期日外の証人尋問**においても，当事者・弁護人には立会権・尋問権が認められる。

このうち，とくに裁判所外での証人尋問は，証人が，高齢や幼少であるため，あるいは，病気や怪我のために裁判所への出頭が困難な場合や，遠隔地であるため職業上その場所を離れることが困難であるような場合に行われるもので，**所在地尋問**ともよばれる。所在地尋問については，裁判所は，あらかじめ当事者・弁護人に尋問事項を知る機会を与えなければならず，当事者・弁護人はこれに付加して必要な事項の尋問を請求することができる（158条2項・3項，規108条・109条）。また，尋問に立ち会わなかった当事者・弁護人には，証人の供述の内容を知る機会が与えられ，証人の供述が被告人に予期しなかった著しい不利益なものである場合には，被告人・弁護人は，さらに必要な事項の尋問を請求することができる（159条）。所在地尋問は，受託裁判官・受命裁判官に行わせることもできる（163条）。

公判期日外の尋問は公判準備の一環として行われるものであるから，その結果が直接証拠となるわけではなく，それを記載した書面（証人尋問調書）が公判期日において取り調べられることになる（303条・321条2項。⇨395頁(d)）。

(エ)　証人保護　　裁判所は，証人が被告人の面前では圧迫を受けて充分な供述をすることができないと認めるときは，弁護人が出頭している場合にかぎり，その供述をする間，被告人を退廷させることができる。もっとも，この場合には，供述終了後に被告人を入廷させ，証言の要旨を告知して，その証人を尋問する機会を与えなければならない（304条の2・281条の2）。退廷措置は，傍聴人に対しても行い得る（規202条）。また，裁判長は，証人等（証人だけでなく，鑑定人，通訳人，翻訳人およびその親族を含む）の身体・財産に害を加え，または証人等を畏怖・困惑させる行為がなされるおそれがあり，その住居，勤

務先その他の通常の所在場所が特定される事項が明らかにされたならば，証人等が十分な供述をすることができないと認めるときは，当該事項についての尋問を制限することができる（295条2項）。なお，証人等関連情報の保護について，⇨ 342頁(1)。

　裁判所は，年齢，心身の状態その他の事情を考慮し，証人が著しく不安または緊張を覚えるおそれがあると認められる場合には，当事者の意見を聴き，その不安または緊張を緩和するのに適当な者を付き添わせることができる（**付添人制度**。157条の4）。また，裁判所は，証人が被告人の面前で供述するときは圧迫を受け精神の平穏を著しく害されるおそれがあると認められる場合で，相当と認めるときは，当事者の意見を聴いて，衝立の設置等，被告人と証人の間で一方からまたは相互に相手の状態を認識することができないようにするための措置を採ることができる（**遮へい措置**）。ただし，被告人から証人の状態を認識することができないようにするための措置は，弁護人が出頭している場合にかぎり採ることができる。犯罪の性質，証人の年齢，心身の状態，名誉に対する影響その他の事情を考慮し，相当と認めるときは，傍聴人と証人との間でも，相互に相手の状態を認識することができないようにするための措置を採ることができる（157条の5）。さらに，裁判所は，性犯罪等の被害者等については，相当と認めるときは，当事者の意見を聴き，同じ裁判所構内の別室，あるいは，一定の場合には，同一裁判所構内以外にある場所（基本的には，他の裁判所が想定される）に在席させ，法廷内にいる訴訟関係人等がテレビモニターを用いてその姿を見ながらマイクを通じて尋問を行う**ビデオリンク方式**を用いることもできる（157条の6）。これらの措置・方法は，併用することもできる。

　遮へい措置ないしビデオリンク方式については，裁判の公開を保障する憲法82条1項および37条1項（⇨ 286頁(1)），そして，被告人に証人審問権を保障する憲法37条2項前段に違反しないかについて議論があるが，判例はその合憲性を肯定している（最判平成17・4・14刑集59巻3号259頁）。

　　(オ)　**尋問の手続**　　証人は，各別に尋問しなければならず，後に尋問すべき証人が在廷するときは，退廷を命じなければならない（規123条）。もっとも，必要があるときは，証人と他の証人または被告人と**対質**させることができる（規124条）。

証人尋問の方式には，主として当事者が証人を尋問する英米法型の**交互尋問制**と，主として裁判官が尋問し，当事者は補充的に尋問するにとどまる大陸法型の**職権尋問制**の2つがある。刑訴法304条は，まず裁判官が尋問し，次いで当事者が尋問するのを原則としているが，起訴状一本主義を採用し，訴訟手続を当事者主義化した現行刑事手続においてはむしろ交互尋問制を原則とすべきであるとされる。実際，（1957〔昭和32〕年の改正により）刑訴規則にも交互尋問に関する詳細な規定が設けられ，実務では交互尋問方式が定着している。

交互尋問を効果的に行うためには，当事者（および弁護人）の十分な事前準備が必要となる。そこで，証人尋問を請求した当事者は，証人を期日に出頭させるように努めるとともに（規191条の2），事実を確かめる等の方法によって，適切な尋問をすることができるように準備しなければならない（**証人テスト**。規191条の3）。

交互尋問は，証人尋問を請求した者の尋問（**主尋問**）→相手方の尋問（**反対尋問**）→証人の尋問を請求した者の再度の尋問（**再主尋問**）の順に行われるが，訴訟関係人は，裁判長の許可があれば，さらに尋問することができる（規199条の2）。主尋問では，立証すべき事項およびこれに関連する事項，さらには，証人の供述の証明力を争うため必要な事項について尋問できるが，原則として**誘導尋問**をしてはならない（規199条の3）。反対尋問は，原則として，主尋問に現れた事項およびこれに関連する事項ならびに証人の供述の証明力を争うために必要な事項について行われ，ここでは誘導尋問も許される（規199条の4）。もっとも，裁判長の許可を受けたときは，反対尋問の機会に自己の主張を支持する新たな事項について尋問することもできる（規199条の5）。再主尋問は，原則として，反対尋問に現れた事項およびこれに関連する事項について行われる（規199条の7）。

訴訟関係人は，できるかぎり個別的かつ具体的で簡潔な尋問を行わなければならない。また，威嚇的・侮辱的な尋問をしてはならず，既にした尋問と重複する尋問，意見を求めまたは議論にわたる尋問，証人が直接経験しなかった事実についての尋問は，正当な理由がある場合以外はしてはならない（規199条の13）。また，尋問の際には，一定の要件・手続のもとで書面・物を示したり，図面・写真・模型・装置等を利用したりすることもできる（規199条の10～12）。

第3章 公判手続

なお, 最決平成 23・9・14 刑集 65 巻 6 号 949 頁, 最決平成 25・2・26 刑集 67 巻 2 号 143 頁参照)。

　裁判長は, 必要と認めるときは, いつでも訴訟関係人の尋問を中止させ, 自らその事項について尋問することができる (規 201 条)。陪席の裁判官も, あらかじめ裁判長に告げて尋問することができる (規 200 条)。裁判員も, 裁判長に告げて, 裁判員の関与する判断に必要な事項について尋問することができる (裁判員 56 条)。

　裁判所は, 被害者参加人またはその委託を受けた弁護士 (⇨ 305 頁(5)) から申出があるときは, 被告人・弁護人の意見を聴き, 審理の状況, 尋問事項の内容, 申出をした者の数その他の事情を考慮し, 相当と認めるときは, 情状に関する事項 (犯罪事実に関するものを除く) についての証人の供述の証明力を争うために必要な事項について, 尋問することを許す。この申出は, 検察官の尋問が終わった後直ちに尋問事項を明らかにして, 検察官にしなければならず, 検察官は, 当該事項について自ら尋問する場合を除き, 意見を付して, これを裁判所に通知する。裁判長は, 尋問が重複その他相当でない場合等のほか, 情状に関する事項以外の事項にわたるときは, これを制限することができる (316 条の 36)。

　(iii) **鑑定人尋問**　鑑定人の尋問は, (公判期日外で行われる場合も含め) 証人尋問の手続に準じて行われる。もっとも, 鑑定人は, 過去の一定の体験事実を述べる証人とは異なり, 一定の学識経験を有するものであれば誰でもよいという意味で代替可能である。そのため, 鑑定人の勾引は許されない (171 条)。ただし, 鑑定人が特別の知識によって知り得た過去の事実に関する尋問については, 証人尋問に関する規定が適用される (174 条)。

　(f) **被告人質問**　被告人は, 終始沈黙し, または個々の質問に対し, 供述を拒むことができる。もっとも, 被告人が任意に供述をする場合には, 裁判長は, いつでも必要とする事項につき被告人の供述を求めることができる。陪席の裁判官, 検察官, 弁護人, 共同被告人またはその弁護人も, 裁判長に告げて, 被告人の供述を求めることができる (311 条)。裁判員も, 裁判長に告げて, いつでも, 裁判員の関与する判断に必要な事項について被告人の供述を求めることができる (裁判員 59 条)。

334

第3節　公判における審判手続

　裁判所は，被害者参加人またはその委託を受けた弁護士（⇨305頁(5)）から申出がある場合には，被告人・弁護人の意見を聴き，被害者参加人等が意見の陳述（⇨336頁(4)，337頁(c)）をするために必要があると認める場合であって，審理の状況，質問事項の内容，申出をした者の数その他の事情を考慮し，相当と認めるときは，被告人に対して質問を発することを許す。この申出は，あらかじめ質問する事項を明らかにして，検察官にしなければならず，検察官は，当該事項について自ら質問する場合を除き，意見を付して，これを裁判所に通知する。裁判長は，質問が重複その他相当でない場合等のほか，意見陳述のために必要がある事項に関係のない事項にわたるときは，これを制限することができる（316条の37）。

　(g)　**証明力を争う機会の付与**　　証拠調べに際して，裁判所は，検察官および被告人・弁護人に対し，証拠の証明力を争うために必要とする適当な機会を与えなければならない（308条，規204条）。証明力を争う機会をいつ与えるかは，裁判所の合理的裁量にゆだねられる。

　(h)　**証拠調べに関する異議申立て**　　検察官，被告人または弁護人は，証拠調べに関して異議を申し立てることができる（309条1項）。その対象は，証拠調べに関するすべての訴訟行為に及ぶ。裁判所または裁判官の行為だけでなく，訴訟関係人の行為も対象となり，また，作為・不作為を問わない。この**異議申立て**は，法令の違反があることはもちろん，裁判所の決定に対する場合を除いて，相当でないことをも理由とし得る（規205条1項）。

　異議の申立ては，個々の行為，処分または決定ごとに，簡潔にその理由を示して，直ちにしなければならない（規205条の2）。異議の申立てがなされたら，裁判所は，遅滞なく決定を行う（309条3項，規205条の3）。すなわち，裁判所は，①不適法な異議申立てについてはこれを却下し，②適法な異議申立てについては，理由がないと認めるときはこれを棄却し，理由があると認めるときは，当該行為の中止，撤回，取消しまたは変更を命ずる等，申立てに対応する決定を行う（規205条の4〜6）。取り調べた証拠が証拠とすることができないものであることを理由とする異議申立てに理由があると認めるときは，その証拠の全部または一部を排除する決定を行う（**排除決定**。規205条の6第2項）。異議の申立てについて一度決定があったときは，重ねて異議を申し立てることはできな

335

い（規206条）。

(4) 犯罪被害者等による心情その他の意見陳述

被害者等（被害者，または被害者死亡等の場合の一定範囲の親族）またはその法定代理人は，公判期日において**被害に関する心情その他の被告事件に関する意見**を**陳述**することの申出をすることができる。この申出は，あらかじめ検察官にしなければならず，検察官は，意見を付してこれを裁判所に通知する。裁判所は，審理の状況その他の事情を考慮して相当でないと認めるときは，意見の陳述に代えて意見を記載した書面を提出させ，または意見の陳述をさせないことができる（292条の2）。

被害に関する心情等の陳述または書面は，犯罪事実の認定のための証拠とすることはできないが（同条9項），316条の38による意見陳述の場合（⇨337頁(c)）と異なり，量刑の資料とすることは許される。また，裁判長・陪席裁判官および訴訟関係人は，意見陳述の趣旨を明確にするため，被害者等に対し質問することができる（292条の2第3項・4項）。裁判員も同様に質問することができる（裁判員58条）。裁判長は，陳述または質問が重複するときその他相当でないときは，これを制限することができる（292条の2第5項）。

(5) 弁　　論 （訴訟関係人等による意見陳述）

(a) 総　説　証拠調べが終わると，訴訟関係人による意見の陳述が行われる（狭義の弁論）。この（狭義の）**弁論手続**は，通常，検察官による論告・求刑，弁護人による弁論，被告人の最終陳述の順に行われる。

弁論手続は，証拠調べ後できるかぎり速やかに（規211条の2），また，証拠調べの結果に基づいて行われなければならない（規211条の3参照）。なお，裁判長は，必要と認めるときは，当事者の本質的な権利を害しないかぎり，弁論の時間を制限することができる（規212条）。

(b) 論告・求刑　証拠調べが終了すると，検察官による事実および法律の適用についての意見の陳述が行われる（293条1項）。これを，**論告**という。実務上，論告に際して，検察官は具体的な刑の量定についても意見を述べる。これを，**求刑**という。論告は，検察官の国法上の義務であるが，必ずしも訴訟法

上の義務ではなく，判例も，裁判所がその機会を与えさえすれば，実際に検察官が意見を陳述しなくても判決手続には何らの違法も認められないとする（最決昭和29・6・24刑集8巻6号977頁）。

(c) **被害者参加人等による事実または法律の適用についての意見陳述**　被害者参加人またはその委託を受けた弁護士は，事実または法律の適用について，検察官による論告・求刑の後に，公判期日において意見を陳述することの申出をすることができる。この申出は，あらかじめ意見の要旨を明らかにして検察官に対してしなければならず，検察官は，意見を付してこれを裁判所に通知する。通知を受けた裁判所は，審理の状況，申出をした者の数その他の事情を考慮し，相当と認めるときは，被害者参加人等が意見を陳述することを許す。

この**被害者参加人等による事実または法律の適用についての意見陳述**は，「訴因として特定された事実の範囲内」においてのみ許される。したがって，たとえば，傷害致死の訴因に対して，殺人罪が成立する旨の意見を陳述するようなことは許されない。また，この陳述は，犯罪事実を認定するための証拠とならないのはもちろん，292条の2による意見陳述の場合（⇨336頁(4)）と異なり，量刑の資料とすることもできない。裁判長は，重複その他相当でない場合のほか，訴因として特定された事実の範囲を超えるときは，被害者参加人等の陳述を制限することができる（316条の38）。

(d) **弁論・最終陳述**　被告人および弁護人も，意見を陳述することができる（293条2項）。これを（**最終**）**弁論**または**最終陳述**という。被告人または弁護人には，最終に陳述する機会が与えられ（規211条），これをもって公判期日における審理が終結（結審）することになる。

(6) 判決の宣告

判決は，公開の法廷で，宣告により告知する（342条）。**判決の宣告**は，裁判長が，主文および理由を朗読するか，あるいは，主文を朗読し理由の要旨を告げることによって行われる（規35条）。有罪判決の宣告をする場合には，被告人に対し，上訴期間および上訴申立書を差し出すべき裁判所を告知する（規220条）。裁判長は，判決の宣告をした後，被告人に対し，その将来について適当な訓戒（説諭）をすることができる（規221条）。

第3章 公判手続

2 弁論の併合・分離および区分審理

(1) 弁論の併合・分離

裁判所は，適当と認めるときは，弁論を併合または分離することができる（313条）。ここに「弁論」とは，公判における審理全般（広義の弁論）を意味し（⇨322頁(1)），**弁論の併合**とは，同一の（国法上の意義の）裁判所に各別に係属する数個の事件を1個の手続であわせて同時に審理することをいい，**弁論の分離**とは，併合された数個の事件を分割して別個の手続で審理することをいう（その意味において，異なる裁判所に各別に係属する関連事件の「審判の併合・分離」〔⇨265頁(3)〕とは区別される）。

上述のように，訴訟上の「事件」の単位は被告人および公訴事実を基準とするため（⇨219頁(1)），被告人が1人で公訴事実が1個なら「事件」は1個であるが，被告人または公訴事実のいずれかが複数であれば「事件」も複数となる。弁論が併合されても，訴訟手続が事件ごとに成立することには変わりはないが，事実上，数個の事件に関する訴訟行為を兼ねて行うことになる。

一般に，複数の「事件」であっても，被告人や公訴事実に共通性ないし関連性が認められる場合には，これを併合して審理するのが適当であることが多いが，事案によっては不都合が生ずることもある。たとえば，①1人の被告人に対して複数の公訴事実がある場合には，併合罪として処断されれば被告人にとって量刑上有利となることが多いという意味でも（刑45条以下参照），また，訴訟経済あるいは訴訟関係人の手続上の負担軽減の観点からも，弁論の併合が相当とされることが多い。しかし，1つの事件の審理に時間がかかり，全体として著しく訴訟が遅延するおそれが生じたり，1つの公訴事実に対する被告人の主張内容が他の公訴事実との関係では同人の不利になる等，事案によっては併合審理を不相当とする事情が認められる場合もある。また，②複数の被告人に対する公訴事実の全部または一部に共通性ないし関連性が認められる場合（主として共犯事件について問題となるが，それにかぎらず，意思連絡なく行われた同一被害物件の窃盗と盗品有償譲受等についても問題となる）も，訴訟経済のほか，事実の合一的確定（共通ないし関連する事件の事実認定に矛盾や相違を生じないようにすること）や量刑の均衡等の観点から併合が相当とされる場合も少なくない。し

338

かし，被告人間の防御方針が相反するような場合に審理を併合すると，訴訟に混乱や遅延を来すおそれがあり，また，多人数訴訟のように，法廷の設備や裁判官の認識能力の限界から併合審理が困難な場合もある。

したがって，弁論を併合するか否かは，裁判所が，諸事情を総合的に考慮して判断することになる。ただし，裁判所は，被告人の防御が互いに相反する等の事由があって，被告人の権利を保護するために必要があると認めるときは，弁論を分離しなければならない（**必要的分離**。313条2項，規210条）。

> **Column 3-5** 「真の分離」と「仮の分離」
>
> とりわけ防御相反を理由として分離された審理は，できるだけ別の裁判官が担当すべきであり，また，その分離は，事情の変更がないかぎり，結審ないし判決まで続けられるべきである（「真の分離」）。しかし，手続上の理由により一時的に弁論を分離し，（分離された手続も同一の裁判官が担当し，）その後再び併合する場合もあるとされる（「仮の分離」）。「仮の分離」は，共同被告人の一部が不出頭のとき，出頭している被告人についてだけ証拠調べを行うような場合になされるが，共同被告人を「証人」として尋問するための分離（⇨328頁(ア)）は，「真の分離」によるべきだとする有力な見解がある。

弁論の併合・分離は，裁判所が，当事者の請求または職権により，決定で行う。検察官が，1通の起訴状により一括して数個の事件を起訴したり（**併合起訴**），事件の係属中に同一被告人の別事件を同一裁判所に起訴したりする場合（**追起訴**）にも，これらの事件を同時に審理するためには——たとえ黙示的なものであっても（最判昭和27・11・14刑集6巻10号1199頁参照）——併合決定が必要となる。また，数個の（固有の管轄を異にする国法上の意義の）裁判所に各別に係属する関連事件の「審判の併合」（⇨265頁**(3)**）がなされた場合にも，これを1個の手続により同時に審理するためには，改めて弁論の併合の手続を採る必要があるというべきであろう。「審判の併合」は，複数の訴訟係属を1つの国法上の意義の裁判所にとりまとめるものにすぎないからである。

(2) 区分審理・部分判決制度

裁判員裁判においても，複数の対象事件の間で，あるいは，対象事件と非対象事件との間で（裁判員4条），弁論を併合することができる。しかし，裁判員裁判において同一被告人に対する複数の事件の弁論が併合された場合には，事

第3章　公判手続

件全体の審理に要する期間が長期に及ぶ可能性があるため，裁判員の負担が過重なものとならないよう配慮が求められる。他方，とくに量刑について適正な結論を得るためには，併合された事件のすべてを考慮に入れる必要がある。

　そこで，裁判員裁判の対象事件を含む併合事件については，裁判所は，①その一部を区分して，順次，区分した事件（**区分事件**）ごとに裁判員を選任して審理し（ただし，区分事件に含まれる被告事件の全部が対象事件に該当しない場合等には，裁判官のみで構成する合議体で審理・裁判を行うことができる），事実認定に関して部分判決を行い（**区分事件審判**，**区分審理・部分判決**），②これを踏まえて，新たに選任された裁判員の加わった合議体が残りの事件について審理するとともに，併合した事件の全体について，刑の言渡しを含めた終局の判決を行う**併合事件審判**という制度が設けられている（同71〜99条）。なお，同制度と憲法37条1項による公平な裁判所の保障との適合性について，判例は，「区分事件審判及び併合事件審判の全体として公平な裁判所による法と証拠に基づく適正な裁判が行われることが制度的に十分保障されている」として，これを肯定する（最判平成27・3・10刑集69巻2号219頁）。

③ 公判手続の停止・更新，弁論の再開

（1）公判手続の停止

　裁判所は，①被告人が心神喪失の状態にあるとき（⇨301頁(c)(ii)）にはその状態が続いている間，②被告人が病気のため出頭することができないときには出頭できるまで，検察官および弁護人の意見を聴いたうえで，決定で，**公判手続を停止**しなければならない。また，③犯罪事実の存否の証明に欠くことのできない証人が病気のため公判期日に出頭することができないときにも，公判期日外においてその取調べをするのが適当と認められる場合を除いて（⇨331頁 Column 3-4 ），決定で，出頭できるようになるまで公判手続を停止しなければならない。以上の場合に公判手続を停止するには，医師の意見を聴かなければならない（314条）。また，裁判所は，④訴因・罰条の追加・変更により被告人の防御に実質的な不利益を生ずるおそれがあるときにも，被告人または弁護人の請求により，決定で，被告人に充分な防御の準備をさせるため必要な期間，公判手続を停止しなければならない（312条4項。⇨237頁(2)）。

340

(2) 公判手続の更新

①開廷後裁判官が替わったとき（ただし，判決の宣告をする場合を除く。315条），②簡易公判手続により審判する旨の決定が取り消されたとき（315条の2。⇨ 504頁(3)），③即決裁判手続により審判する旨の決定が取り消されたとき（350条の25第2項。⇨ 507頁(4)），④開廷後被告人の心神喪失により公判手続を停止したとき（規213条1項。⇨前頁(1)），⑤裁判員裁判において，公判手続の開始後に新たに裁判員が合議体に加わったとき（裁判員61条1項），⑥区分事件審判が行われる場合において，併合事件審判に係る職務を行う裁判員が合議体に加わったとき（同87条。⇨ 339頁(2)）には，公判手続を更新しなければならない（**必要的更新**）。ただし，②および③の場合には，検察官および被告人・弁護人に異議がないときはこの限りではない。また，⑦開廷後長期間にわたり開廷しなかった場合において必要と認めるときにも，公判手続を更新することができる（**任意的更新**。規213条2項）。

公判手続の更新は，①～⑦でそれぞれ趣旨を異にするため，その手続も，それぞれの趣旨に応じて考える必要がある。①については，審判の途中で直接主義・口頭主義の趣旨を害するような事由が生じたときに，それ以前の実体審理に関連する部分を整理・回復するために行われる（これに対して，②③④等は，それ以前の手続が後発的に不適法・不相当となるような事情が生じたために，通常の手続に従って審理し直すために行われる）。したがって，①の場合の更新は，検察官に公訴事実の要旨を陳述させ，被告人・弁護人に対して被告事件に関する陳述の機会を与えたうえで，更新前の証拠調べの結果を調べるとともに（訴訟関係人が同意したときは，相当と認める方法で取り調べることができる），訴訟関係人から証拠についての意見を聴取することによって行われる（規213条の2）。

(3) 弁論の再開

裁判所は，適当と認めるときは，検察官または被告人・弁護人の請求または職権により，いったん終結した（広義の）弁論を再開することができる（313条1項）。**弁論の再開**は，結審後に（傷害事件における被害者の死亡，示談の成立といった）新たな事情が生じたり，当事者の主張・立証の不備が明らかになったりした場合に，裁判所の裁量により行われる。

第3章　公判手続

4 犯罪被害者・証人等の保護・被害回復等

（1）犯罪被害者・証人等関連情報の保護

　裁判所は，①一定の性犯罪に係る事件，②犯行の態様，被害の状況その他の事情により，**被害者特定事項**（⇨321頁(4)）が公開の法廷で明らかにされることにより被害者等の名誉・社会生活の平穏が著しく害されるおそれがあると認められる事件，③被害者またはその親族の身体・財産に害を加え，または，これらの者を畏怖・困惑させる行為がなされるおそれがあると認められる事件を取り扱う場合においては（①②については，被害者等もしくは被害者の法定代理人または委託を受けた弁護士からの申出により），被告人・弁護人の意見を（③については検察官の意見も）聴き，相当と認めるときは，被害者特定事項を公開の法廷で明らかにしない旨の決定をすることができる（290条の2）。この決定があったときは，起訴状や証拠書類の朗読は，被害者特定事項を明らかにしない方法で行われ（291条2項・305条3項），訴訟関係人のする尋問または陳述が同事項にわたるときは，裁判長はこれを制限できる（295条3項。なお，不正競争第6章も参照）。

　類似の措置は，2016（平成28）年改正により，被害者以外の証人，鑑定人，通訳人，翻訳人または供述録取書等の供述者の氏名・住所その他の証人等を特定させることとなる事項（**証人等特定事項**）についても認められることになった。すなわち，裁判所は，証人等からの申出により，証人等特定事項が公開の法廷で明らかにされることによりその本人や親族の身体・財産に害を加え，もしくはこれらの者を畏怖・困惑させる行為がなされるおそれがあると認めるとき，またはその名誉・社会生活の平穏が著しく害されるおそれがあると認めるときは，これを公開の法廷で明らかにしない旨の決定をすることができ（290条の3），この決定があった場合には，起訴状や証拠書類の朗読は証人等特定事項を明らかにしない方法で行われ（291条3項・305条4項），訴訟関係人のする尋問または陳述が同事項にわたるときは，裁判長がこれを制限することができるものとされた（295条4項）。

(2) 訴訟記録の閲覧・謄写

犯罪被害者等は，損害賠償請求権の行使のために，または，事件の内容を知りたいという心情から，**訴訟記録（公判記録）の閲覧・謄写**を希望することがある。そこで，第1回公判期日後被告事件終結までの間において，①被害者等もしくはその法定代理人または委託を受けた弁護士から申出があるときは，裁判所は，当事者・弁護人の意見を聴き，その理由が正当でないと認める場合および犯罪の性質，審理の状況その他の事情を考慮して相当でないと認める場合を除き，被告事件の訴訟記録の閲覧・謄写をさせる（犯罪被害保護3条）。また，②被告人または共犯により被告事件に係る犯罪行為と同様の態様で継続的にまたは反復して行われた同一または同種の罪の犯罪行為の被害者等もしくはその法定代理人または委託を受けた弁護士から申出があるときは，裁判所は，被告人・弁護人の意見を聴き，被害者等の損害賠償請求権行使のために必要があり，犯罪の性質，審理の状況その他の事情を考慮して相当と認めるときは，当該被告事件の訴訟記録の閲覧・謄写をさせることができる（同4条）。

(3) 刑 事 和 解

刑事訴訟の係属中に，被告人と犯罪被害者等の間で犯罪から生じた損害の賠償等について**示談**が成立した場合には，裁判所に示談書が提出されることがある。しかし，示談書では民事執行法上の強制執行ができないため，加害者によってこれが誠実に履行されない場合には，被害者等は，改めて民事訴訟を提起しなければならないことになる。そこで，被告人と犯罪被害者等は，両者の間で被告事件に関する民事上の争いについて合意が成立した場合には，裁判所に対して，共同して和解の申立てをすることができ，裁判所においてその内容を公判調書に記載したときは，裁判上の和解と同一の効力を付与する**刑事和解**の制度が設けられている（犯罪被害保護19条〜22条）。

(4) 損害賠償命令制度

犯罪行為からは刑事責任と民事責任がともに生じ得るが，**民刑分離**を建前とするわが国の裁判制度のもとでは，犯罪被害者等が加害者に対して損害賠償を請求してその民事責任を追及するには民事訴訟を提起しなければならず，その

第3章　公判手続

結果，損害回復が遅延し困難となるほか，裁判に要する労力や費用も過重なものとなっていた。

　そこで，被害者の簡易・迅速な損害回復を図るため，一定類型の犯罪について，刑事手続の結果を利用した損害回復のための制度（**損害賠償命令制度**）が設けられた。同制度においては，故意の犯罪行為により人を死傷させた罪，強制わいせつおよび強制性交の罪，逮捕および監禁の罪，略取・誘拐および人身売買の罪等の被害者等が，被告事件の係属する刑事裁判所に対し，同事件の訴因事実を原因とする不法行為に基づく損害の賠償を被告人に命ずる旨の申立てを行った場合には，当該裁判所が，被告事件について有罪の言渡しをした後，直ちにその申立てについての審理期日を開き，被告事件の訴訟記録を取り調べたうえ，原則として4回以内の期日で審理を終結し，決定によりその申立てについての裁判を行うものとされている（犯罪被害保護23条〜40条）。

344

第4章

証拠法

第1節　証拠法序説
第2節　証拠の関連性
第3節　伝聞証拠の証拠能力
第4節　違法収集証拠の証拠能力
第5節　自白の証拠能力と証明力
第6節　証拠の評価・心証の形成

Outline　証拠法とは，訴訟上の事実認定に用いられる証拠に関する規制のルールである。最広義の証拠法には，証拠をどのように収集し保全するかに関するルールも含まれるが，裁判所による証拠収集については刑訴法の総則が規定し（⇨312頁**4**），また現実には証拠収集の多くは捜査機関によって行われるところ，その手続は捜査法の規律対象である。これら証拠の収集・保全に関するルールと区別される意味での証拠法とは，公判手続の中で証拠をどのように扱い，事実認定に用いるかに関するルールである。これには，広義では，公判廷等の場での証拠の取調べの方法（証人の尋問，書証の朗読等）や証拠の取調べに先立って行われる諸手続（証拠調べ請求，証拠決定等）の規律（297条〜310条。⇨324頁(3)）も含まれるが，通常「証拠法」という場合には，こうした純手続的なルールではなく，もう少し実体的な側面を持つ諸ルール——たとえば，事実認定に用いることができるのはどのような種類の証拠か，取り調べられた証拠をどのように評価すべきか，といった事柄に関する規律——を指す（刑訴法第2編第3章第4節〔317条〜328条〕の規律対象もこれである）。本章で扱うのは主に最後の意味での証拠法である。

345

第4章 証拠法

第1節 証拠法序説

1 刑事訴訟における事実認定の特質と「証拠」の意義 ──────

(1) 事実認定・心証形成・証明

　刑事事件の公判においては，裁判所は，刑罰権という法的効果の発生の有無
を判断することを求められる。刑罰権の発生が肯定されるためには，起訴状に
公訴事実として示された具体的事実が認定され，その事実が刑法の定める特定
の犯罪構成要件に該当すると判断されることが必要である。また，刑罰権のよ
うな実体法的効果以外に，訴訟法的効果の発生の有無──たとえば実体審判の開
始・継続の可否──も，ある一定の事実──訴訟条件たる事実──が認定される
か否かにかかっている。このように，公判では，様々な場面で，一定の事実の
認定・判断が行われ，そうして認定・判断された事実をもとに，法的判断が下
されることによって，一定の法的効果の発生如何が決せられるのである。

　公判において，裁判所が一定の事実について判断を形成していくことを，
「心証形成」という。**心証**とは，その時々の裁判官の判断（内心）の状態であり，
ある事実の存在について最終的に一定程度を超える心証が形成された場合，当
該事実を認定できることになる。そして，そのように一定の事実を認定できる
ようになった状態を指して，その事実の**証明**が行われた，と表現する。もっと
も，「証明」の語は，ほかにも，事実の認定を目指しての具体的な活動──と
くに当事者のそれ──を意味する場合などもある（なお，証明とほぼ同義に「立
証」の語も用いられる）。

(2) 証拠による事実認定

　このような刑事事件の公判における事実認定（証明）は，基本的には**証拠**に
基づいて行われなければならない。我々は，日常生活においては，明確な証拠
に基づかずに，単なる直感や勘だけから種々の判断をすることがままあるが，
訴訟における事実認定は，裁判官（事実認定者）の直感や勘だけで行われては
ならないのである（もっとも，訴訟における事実認定の際にも，我々が日常生活上体

346

第1節　証拠法序説

得するような「経験則」が大きな役割を果たしている。しかし，そのことは，事実認定が証拠に基づかなければならないということとは別問題である）。

他方，事実認定は，ともかく何らかの証拠に基づいていれば足りるというわけではない。事実認定に用いてよい証拠の種類（資格）や，証拠によってどの程度の心証を形成すれば事実を認定してよいかといった事柄について，一定のルールがある。「証拠法」（狭義）とは，そうしたルールの総体を指す。

なお，証拠による事実認定といっても，単純に1つの証拠から1つの事実が認定されるとはかぎらない。実際には，複数の様々な証拠を取り調べ，それらを総合的に評価して心証形成を行い，ある事実の認定が行われるということが多い。また，ある証拠から認定された一定の事実から，さらに別の事実が認定（推認）される場合もある。前者の事実（B）が後者の事実（A）を認定するためのいわば「証拠」になるのである。事実Bもまた他の事実Cから推認されたり，あるいは事実Bだけでなく事実Dも事実Aを推認させるということもある（⇨後述(3)(b)，**図表4-1**）。現実の事実認定は，多くの場合，このような重層的な構造をとる。

(3)　証拠の様々な分類

証拠法の具体的な規律内容を検討するのに先立ち，証拠に関する様々な概念を整理しておく。

(a)　**証拠資料と証拠方法**　　事実認定の基礎ないし根拠とされるべき資料としての「証拠」という概念は，厳密には，事実の認定ないし判断の基礎になる情報そのものと，そうした情報をはこぶ媒体とに区別することができる。前者を**証拠資料**，後者を**証拠方法**とよぶ。たとえば，事実認定の資料とするために人の供述を聴く場合でいえば，その者が証拠方法，供述が証拠資料である。

(b)　**直接証拠と間接証拠**　　**直接証拠**とは，**主要事実**を直接に証明する証拠である。主要事実とは，訴訟において証明されるべき窮極の事実をいい，**要件事実**，**要証事実**とよぶこともある（ただし，要証事実の語は，主要事実・要件事実とは異なる意味で用いられることもある。⇨378頁 Column 4-3 ）。たとえば，刑法の定める特定の犯罪構成要件の要素に該当する諸事実（犯罪事実）や，違法性や責任を基礎づける諸事実がこれに当たる。また，構成要件該当性や違法性・

347

第4章 証拠法

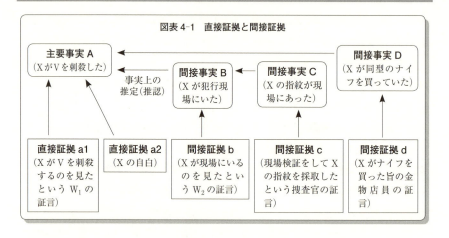

図表4-1 直接証拠と間接証拠

有責性を（直接的に）否定する事実も主要事実である。刑事訴訟の窮極の課題は刑罰権の存否の判断であるから，刑罰権の存否を直接決するこれらの事実は，証明されるべき窮極の事実である。直接証拠に当たるのは，たとえば犯罪事実に関していえば，被告人XがVを刺殺した犯行を目撃したと述べる者（の証言）や，Xによる犯行の自白などである。

　これに対し，それ自体は主要事実ではないが，主要事実を推認させる事実を**間接事実**といい，間接事実を証明する証拠を**間接証拠**という。XがVを刺殺したという主要事実に対して，Xが犯行現場にいたという事実，犯行に用いられたのと同型の凶器をXが事件前に購入していたという事実などが間接事実であり，それらを証明する，犯行現場でXを見たと述べる者（の証言）や，Xが同型凶器を購入したと述べる者（の証言）などが間接証拠である。ある間接事実を推認させる事実も間接事実であり，たとえば上記のXが現場にいたという事実を推認させる事実として，Xの指紋痕が現場で発見されたという事実などが考えられる（⇨図表4-1）。なお，**情況証拠**という語があるが，これは間接事実と同義に用いられる。ただし間接証拠を情況証拠という場合もある。

　(c)　**実質証拠と補助証拠**　　**実質証拠**とは，主要事実や間接事実の証明に向けられる証拠である。これの対概念である**補助証拠**とは，補助事実を証明するための証拠をいい，**補助事実**とは，他の証拠の信用性（信用力）に影響を与える事実を指す。たとえば，被告人の犯行を目撃したという者（の証言）は（犯

348

行の事実を推認するために用いられるかぎり）実質
証拠であり，この者（の証言）の信用性に影響
する事実，たとえばその者の視力の強弱や，そ
の者と被告人との関係などが，補助事実に当た
る（⇨**図表4-2**）。視力が弱いという事実は，そ
の者の目撃の正確性を疑わせるし，被告人と長
年敵対関係にあるという事実は，その者が真実
に反して被告人に不利な証言をしているのでは
ないかとの疑いを生じさせる。

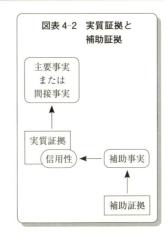

図表4-2 実質証拠と補助証拠

　補助証拠は，それが他の証拠の信用性を弱め
るか，強めるかにより，**弾劾証拠**と**増強証拠**に
分類され，また，いったん弱められた信用性を再び取り戻させるような補助証
拠は，**回復証拠**とよばれる。

　(d)　**本証と反証**　ある事実について（実質的）挙証責任（⇨460頁(a)）を負
う者がその事実を証明するために提出する証拠を**本証**といい，本証による証明
を否定しようとする者（相手方）が提出する証拠を**反証**という。ただし，挙証
責任の如何にかかわらず，相手方当事者の提出した証拠の証明力を争うための
証拠を反証という場合もある（規204条参照）。また，「推定」される事実の反
対事実を証明するための証拠も一般に反証とよばれる（⇨468頁(3)）。

　(e)　**供述証拠と非供述証拠**　**供述証拠**とは，人の言葉の内容からある事実
が推認される場合の，その言葉たる証拠をいう。公判廷での証人の証言は（そ
の内容となっている事実を推認するのに用いられるかぎり）典型的な供述証拠である。
また，公判外で発せられた人の言葉の内容が（書面等を介して）事実認定に供さ
れることもあるが，これも供述証拠である（なお，この場合には伝聞法則〔⇨370
頁**第3節**〕の適用がある）。供述証拠以外の証拠を**非供述証拠**という。

　(f)　**人的証拠と物的証拠**　証拠方法が人である場合を人的証拠といい，人
以外である場合を物的証拠という。供述証拠・非供述証拠の区分とは必ずしも
合致しない。たとえば人を証拠方法とするときでも，人の身体の状態が証拠と
なる場合は供述証拠ではない。他方，人の供述を記録した書面は物的証拠であ
るが，（その内容となっている事実を推認するのに用いられるかぎり）供述証拠であ

第 4 章 証 拠 法

る。

(g) **証人・証拠書類・証拠物**　これは公判手続における証拠調べの方式（⇨ 327 頁(e)）に対応した分類である。刑訴法は，①**証人・鑑定人・通訳人・翻訳人**は**尋問**の方法で，②**証拠書類**は（原則として）**朗読**で，③**証拠物**は「示す」こと，すなわち**展示**で，それぞれ取り調べるものとしている（304 条・305 条・327 条）。①は**人証**，②は**書証**，③は**物証**ともいう。①は人的証拠が口頭での供述を行う場合であり，②はその記載内容が証拠資料となるような証拠方法，③はその存在や状態が証拠資料となるような証拠方法である。ほかに④**証拠物たる書面**という概念もあり，これはその存在や状態と同時に記載内容も証拠資料となるような——②と③の性格を併せ持つ——証拠方法を指す（たとえば文書偽造事件における偽造文書，名誉毀損事件における名誉毀損文書など）。④の証拠調べの方法は展示と朗読による（307 条）。

2 証拠能力と証明力

　事実認定（少なくとも犯罪事実の認定）の基礎とされる証拠は，どのようなものであってもよいというわけではなく，一定の資格を備えたものでなければならない。このように，訴訟において事実認定のための証拠として使用することのできる法的資格のことを，**証拠能力**という（証拠の**許容性**ともいう）。証拠能力を有しない証拠の取調べ請求は却下される（⇨ 326 頁(d)。なお，証拠能力を否定され，使用が認められないことを，証拠が「排除される」ともいう）。

　証拠能力と区別されるものとして，証明力という概念がある。**証明力**とは，証拠の持つ，一定の事実を推認させる実質的な力ないし価値をいう。証拠能力については，後述の通り種々の規制が存在するが，証明力については，その評価・判断は裁判官の「自由な心証」にゆだねられる（318 条。⇨ 457 頁(a)）。

　証拠能力は，様々な観点から規律される。まず，証明力が無いか極めて乏しい（最低限度の証明力もない）証拠，つまり，それによって証明しようとする事実との関係で，その事実を推認させる蓋然性がほとんどないような証拠は，公判手続で取り調べても無駄・無意味であるから，初めから証拠として用いる資格を認めるべきではなく，①**自然的関連性**を欠くとして証拠能力を否定される。次に，最低限度以上の証明力を持つため自然的関連性は認められるものの，事

350

第 1 節　証拠法序説

実認定に誤りを生じさせる危険があると考えられる証拠は，やはり訴訟で用い
る資格を認めるべきでないから，②**法律的関連性**を欠くとして証拠能力を否定
される。さらに，こうした事実認定に資するか否か，事実認定に誤りを生じさ
せるか否かという観点とは異なる考慮により，証拠能力を否定されるべき場合
があり，これを一般に③**証拠禁止**という。

　もっとも，これら 3 つの概念の分類は必ずしも明確ではないし，また証拠能
力の有無を判断する際に常にこれらの概念が必要だというわけでもない。証拠
能力の規制については刑訴法がいくつかの明文規定を置いており，その場合は
端的に当該規定の解釈・適用を行えば足りるのであって，その際に上の①②③
の概念を持ち出し，当該規定がそのいずれに当たるかを論じる必要は必ずしも
ない。また，ある規制が①②③のいずれか 1 つに明確に該当するとはかぎらな
い。たとえば伝聞法則（⇨ 370 頁**第 3 節**）は，一般に②の範疇に入るとされるが，
③の側面も含むルールとみることも可能である。自白法則（⇨ 435 頁**2**）につ
いても，②③のいずれとみるかは見解が分かれる。

　とはいえ，明文の定めがないものの，一定の類型の証拠の証拠能力を否定す
べきである場合に，その理由の説明のために上記の各概念を用いるのが有益な
こともある（次節の類似事実の立証や科学的証拠など）。また，明文上の証拠能力
規制を解釈適用するにあたっても，上記のような「観点」の多様性を認識して
おくことは，当該規制の性格を正しく理解するのに資するであろう。

　次に，証明力の概念については，これを**証拠価値**（狭義の証明力）と**信用性**
（信用力・信憑性ともいう）に分類するのが一般的である。証拠価値とは，証拠
からそれによって証明しようとする事実へ向かう推認力，事実とのつながりの
強さを意味する。他方，信用性は，証明しようとする事実との関係をひとまず
捨象した，証拠の信頼性そのもの（どの程度信用できるかの問題）をいう。た
とえば，犯行を直接目撃したとされる者の供述は，（犯行の事実の証明との関係で
の）証拠価値は極めて高い。しかし，その者の供述が信用・信頼できるとはか
ぎらず，たとえば被告人との関係次第では信用性は低いこともあり得る。これ
に対し，被告人を犯行現場の近くで見かけたという者の供述は，（犯行の事実の
証明との関係での）証拠価値はさほど高くない。しかし，たとえば同様の供述を
する者がほかにも多数いれば，それらの供述の信用性はかなり高いといえよう。

351

なお，「関連性」の語は，上述の証拠能力の要件としての関連性の意味のほか，証明力の一要素である証拠価値の意味で用いられる場合もある（たとえば，ある証拠の関連性が強い・弱い，という場合など）。

③ 証拠裁判主義

(1) 証拠裁判主義の意義

刑訴法 317 条は，「事実の認定は，証拠による」と規定する。これは一般に，**証拠裁判主義**を定めたものとされる。その意義は，まず，訴訟上問題となる事実は何らかの「証拠」によって認定されなければならず，たとえば単なる直感や勘，あるいは歴史上見られた神判による認定・判断は禁じられるとする点にある。ただ，これは現代ではもはや当然のことであるともいえる。それゆえ，現代の刑事訴訟における証拠裁判主義の意義は，むしろ以下の点にあるとされる。すなわち，同条は，「犯罪事実」の認定は「個々の」「適正な」証拠によらなければならない旨を定めたものである。「個々の」（ないし特定の）証拠によるというのは，その反面として，刑事訴訟では，民事訴訟と異なり，基本的に，「口頭弁論の全趣旨……をしん酌して」（民訴 247 条）の事実認定が許されないということを意味する（もっとも，個々の証拠の証明力を評価する際に当事者の立証態度等を勘案することは刑事訴訟でも行われているが，これと弁論の全趣旨を斟酌して事実認定することとの違いは，時として微妙である）。「適正な」証拠によるとは，①証拠能力を備えた証拠を，②適式の（刑訴 304 条以下等の定める）方法によって取り調べ，その結果に基づき事実認定を行うことを意味する。そして，このように①と②を満たす事実認定の方法（証明の方法）を，**厳格な証明**という。また，同条にいう「事実」とは，規定の沿革からして，基本的には「犯罪事実」を指すとされる。以上より，317 条は，（少なくとも）犯罪事実の証明方法は「厳格な証明」によらなければならないという趣旨を含むものである。

なお，簡易公判手続（⇨503 頁**1**）については，明文上，証明の方法に関して特例が設けられている。すなわち，証拠能力については，伝聞法則が原則として適用されず（320 条 2 項），証拠の取調べ方法については，「適当と認める方法で」行ってよい（307 条の 2）。同様の特例は即決裁判手続（⇨504 頁**2**）についても設けられている（350 条の 10・350 条の 12）。

第 1 節　証拠法序説

(2)　厳格な証明と自由な証明

(a)　厳格な証明と自由な証明の区分　　上述の「厳格な証明」に対置される概念は，**自由な証明**である。通説はこれを，証拠能力も適式の証拠調べ方法も必要としない証明の方法とする。また，厳格な証明も自由な証明も「証明」であるが，これと区別して**疎明**という概念も用いられる（19条3項・206条1項・227条2項・376条2項・382条の2第3項・383条等）。証明の場合は，事実認定者が抱くべき心証の程度は「合理的疑いを超える確信」が必要だとされるのに対し，疎明の場合は「一応確からしいとの心証」で足りるとされる点に違いがある。

　しかし，このような区分には異論もある。まず，①「証明」（の方法）のうち，厳格な証明と自由な証明の中間に**適正な証明**という範疇を置くべきだとする見解がある。これは上述の簡易公判手続における証明の方法を指して名付けられたものであり，さらに論者は量刑事情の証明もほぼこれと同じ証明方法によるべきだとする。また，自由な証明の概念の内容自体を見直す見解もある。たとえば，②自由な証明においても（304条以下等の定める）適式の証拠調べ方法は必要だとする説や，③自由な証明の中でもその「自由」度には様々なものがありえ，厳格な証明にかなり近い上述の「適正な証明」から，最も自由度の高い「疎明」までを含め，要は厳格な証明以外をすべて包括して「自由な証明」とよぶべきだとする説，④「自由な証明（による）」とは，常に厳格な証明による必要はないということを意味し，その場合にいかなる証明方法によるべきかは，裁判所がその合理的裁量に基づき決するとする説などである。

> **Column 4-1**　**証明の方法，証明の程度，証明の責任**
> 　「厳格な証明」概念は，証明（心証）の程度の問題（⇨459頁**2**）と不可分的に語られることが多い。「自由な証明」の場合には心証度の点も含めて様々なヴァリエーションを認める見解もあるものの，「厳格な証明」の場合には心証の程度は「確信」を要するとするのが一般的である。しかし，そもそも，いかなる証拠をいかなる方法で取り調べて事実認定を行うべきかという証明の方法の問題と，そのような方法による証明を経て一定の心証が形成された場合にそれが当該事実の認定を行うのに足りる程度のものかという心証度（証明度）の問題は，理論上一応別個の事柄である。「厳格な証明」「自由な証明」は，前者の問題に関する概念として，後者とは切り離して理解されるべきである。

353

> また，証明方法として「厳格な証明」を要する事実の範囲と，挙証責任（証明の責任）を検察官が負う事実の範囲（⇨ 462 頁(2)）とは，必ずしも一致しないことにも注意を要する。証明責任と証明方法も理論上別個の問題である。

(b) 厳格な証明の要否　　上述のいずれの見解をとるにせよ，犯罪事実については「厳格な証明」の方法によらなければならないことに争いはない。他方，犯罪事実以外の一定の事実について，犯罪事実と同様に「厳格な証明」を要求することを，317 条は排斥するものではない。そして，ある事実について「厳格な証明」を要するか否かは，その事実の種類・性質によって決まる。

　まず，刑罰権の存否に直接関係する事実について，「厳格な証明」の方法によらなければならないことは，ほぼ争いがない。構成要件該当事実はもとより，違法性と有責性を基礎づける事実についても同様である。犯罪の客観的要素のみならず，故意・過失等の主観的要素も，犯罪体系論上これをどう位置づけるかにかかわらず，「厳格な証明」を要する。また，犯罪事実の存否には関係しないものの，刑罰権の存否に関係するものとして，処罰条件も，通説によれば「厳格な証明」を要する。次に，刑罰権の範囲に直接関係する事実についても，「厳格な証明」によらなければならない。法律上の刑の加重事由がそれである（最大決昭和 33・2・26 刑集 12 巻 2 号 316 頁）。法律上の刑の減軽・免除事由も，刑罰権の範囲ないし存否に直接関係するものとして「厳格な証明」を要する（通説）。以上要するに，これら実体法上の要件事実（**実体法的事実**）については「厳格な証明」が要求されるのである。なお，これは被告人にとっての有利・不利を問わず妥当する（通説）。たとえば，被告人側が犯罪事実の不存在を証明する場合も，「厳格な証明」の方法によらなければならない。

　訴訟法上の要件事実（**訴訟法的事実**）については，刑罰権の存否・範囲に直接関係するものではないから，基本的には「自由な証明」で足りるとされる。たとえば，訴訟条件の存否（形式裁判を言い渡すべき事由の存否）がそれである。もっとも，訴訟条件は刑罰権実現のための不可欠の要素であり，実体法的事実に準じるものとして「厳格な証明」を要するとする説も有力であり，ほかに前述の「適正な証明」によるべきだとする説などもある。次に，証拠の証拠能力を基礎づける事実（証拠能力の要件に該当する事実）も，一般には「自由な証明」で足りるとされる。実体法的事実の証明に用いられる証拠の証拠能力であって

354

も，その有無が刑罰権の存否ないし範囲に与える影響は間接的なものにとどまるため，それ自体は訴訟法的事実と位置づけられるからである。したがって，自白の任意性（⇨ 435 頁**2**）も，通説・判例（最判昭和 28・2・12 刑集 7 巻 2 号 204 頁）は「自由な証明」で足りるとしている。もっとも，犯罪事実の証拠としての自白の重要性等にかんがみ，「厳格な証明」を要するとする説も有力である。「厳格な証明」を要しないとしても，少なくとも当事者に攻撃・防御を尽くす機会を与えることは必要であろう（なお，違法収集証拠に当たるか否かに関わる事実の証明に関し，東京高判平成 22・1・26 判タ 1326 号 280 頁も参照）。その他の訴訟法的事実，たとえば公判手続の停止事由たる事実（被告人の心神喪失等），手続の併合・分離・再開等に関する事実，強制処分の要件事実等も「自由な証明」で足りるとされる。

　宣告刑の基礎となる量刑事情（**情状事実**）の証明方法については，見解の対立が大きい。情状事実のうち，犯罪事実に属する情状（いわゆる**犯情**。犯行の動機・目的や手段・方法，結果の程度，共犯関係等がこれに当たるとされる）については「厳格な証明」を要することにほぼ争いはないが，犯罪事実からは独立の情状（**狭義の情状**，一般情状。たとえば，被告人の前科〔累犯前科を除く〕・前歴，性格，生育環境・生活環境，改悛の情や被害弁償の有無等）については見解が分かれる。狭義の情状も，事件の実体面に属し，刑罰権の具体的範囲を左右するものであるし，また実際上量刑は重要度が高いから，広い意味での実体法的事実として「厳格な証明」によらなければならないとする見解も有力であるが，多数説はこれを否定する。その理由は，量刑事情は犯罪事実に比べると重要度が低いこと，量刑事情は不定型で様々なものがあり得るので，できるだけ多くの情報を総合考慮する必要があり，常に「厳格な証明」を要求すると事案に応じた適切な量刑ができなくなること，等である。そのほか，前述の「適正な証明」によるべきだとする見解もある。「厳格な証明」による必要はないとしても，最低限，公判廷で当事者に争う機会を与えることは必要であろう。なお，実務の運用上は「厳格な証明」の方法によることが多いとされるが，上記有力説のように常に「厳格な証明」を要すると考えられているわけではない。

　間接事実や経験則などは，それ自体が直接に一定の法的効果を帰結する要件事実ではないが，当該間接事実や経験則に基づき認定されるところの事実が

第4章 証 拠 法

「厳格な証明」を要するとされるもの（たとえば犯罪事実）である場合には，その間接事実や経験則についても「厳格な証明」を要する（なお，ここでも被告人にとっての有利・不利は問わない。たとえば，犯罪事実の不存在を推認させる間接事実であるアリバイの事実についても，「厳格な証明」を要する）。もっとも，経験則については，後述の「公知の事実」として証明の必要がない場合も多いであろう。

補助事実については，およそ「自由な証明」で足りるとする説と，弾劾・増強等の対象となる証拠が「厳格な証明」を要する事実に関するものである場合には，補助事実も「厳格な証明」を要するとする説とに分かれている。

4 証明の必要

刑事訴訟では，事実を認定するためには，原則として，証拠による証明を必要とする。民事訴訟では，たとえば当事者が自白した事実や当事者間で争いのない事実については証明を要しない（民訴179条・159条1項）が，刑事訴訟では，被告人が構成要件事実を自白し，または構成要件事実の存在を争っていない場合でも，検察官がそれらの事実を証拠によって証明しなければ，裁判所は当該事実を認定することはできない。

もっとも，刑事訴訟においても，例外的に，認定の対象となるべき事実について証明を要しないとされる場合がある。第1に，違法性や責任を基礎づける事実である。構成要件に該当する客観的事実や，故意・過失が証明された場合には，違法性阻却事由や責任阻却事由の存在をうかがわせる事情がない——それらの存否が争点とされない——かぎり，検察官は阻却事由の不存在を証明する必要はない（⇨464頁(b)）。第2に，法律上の推定規定により推定される事実である。前提事実が証明された場合には，推定事実の不存在を示唆する証拠が提出されないかぎり，検察官は推定事実の存在を証明する必要はない（⇨469頁(b)の第2説）。

さらに，**公知の事実**，すなわち，日常生活上，通常人が疑いを持たないような事実についても証明の必要はない。そのような事実は，証拠による証明を経ずに認定したとしても，裁判の公正さを失わせるおそれがないからである。「公知」性が認められるためには，訴訟の行われている当該地方の一般人の大多数にその事実が知られている必要があり，かつそれで足りる。限られた範囲

356

の人々のみが知る事実では足りない一方，全国民が知っている事実である必要はない。また，一般人なら知っている歴史的な事実や事物の状態などのほか，一般人が確実な資料（たとえば暦や地図等）で容易に確かめられる事実も含められる。裁判例において公知の事実とされた例としては，次のようなものがある。麻雀の勝負が主として偶然の事情にかかること（大判昭和 10・3・28 刑集 14 巻 343 頁），被告人がある市長選挙に立候補して当選した事実（最判昭和 31・5・17 刑集 10 巻 5 号 685 頁。当該市とその付近では公知の事実とされた），東京都内では原則として普通自動車の最高速度を 40 km 毎時とする規制が都公安委員会の設置する道路標識によって実施されていること（最判昭和 41・6・10 刑集 20 巻 5 号 365 頁）。

加えて，**裁判所において顕著な事実**，すなわち裁判所が職務上知っている事実も，証明を要しないとするのが判例である（たとえば最判昭和 30・9・13 刑集 9 巻 10 号 2059 頁は，通称ヘロインが麻薬取締法にいう塩酸ジアセチルモルヒネに当たることは裁判所に顕著であって証拠による認定を要しないとした）。しかし，民事訴訟（民訴 179 条参照）と異なり，刑事訴訟においては，裁判の公正という観点から，このような事実を証明不要とすることには異論が強い（もっとも，判例の例は，むしろ公知の事実とみる余地もあろう）。

第 2 節　証拠の関連性

1 関連性の意義

(1)　自然的関連性と法律的関連性

証拠は事実認定のために用いられるものであるところ，当該証拠が事実認定に役立たない，あるいは正確な事実認定を阻害するようなものである場合，その証拠を公判で用いることは許されるべきではない。前節で述べたように，**自然的関連性**と**法律的関連性**の概念はこのような観点から認められるものである。自然的関連性を欠くとして証拠能力を否定されるのは，最低限度の証明力もない証拠であり，たとえば，およそ根拠の乏しい「ニセ科学」に依拠した証拠や，風聞・風評・噂の類，単なる意見や想像に基づく供述，偽造・捏造・改変・取

違え等のされた「真正性」を欠く証拠のほか，単純におよそ事件と関係のない
ことの明らかな証拠などもこれに当たる。他方，最低限度の証明力はあるため
自然的関連性は認められるものの，当該証拠を用いれば事実認定に誤りが生じ
る危険が相当程度高い——その原因として，たとえば，当該証拠の性質上，誤謬が内
在しがちでありまたそれが見過ごされがちであるとか，事実認定者に予断や偏見を与え
るおそれがある，訴訟の争点を拡散・混乱させてしまうおそれがある等——という場
合には，法律的関連性を欠くとして証拠能力を否定される。

　なお，法律的関連性の概念は，事実認定を誤らせる危険のある一定の証拠
「類型」（たとえば伝聞証拠や類似事実の立証のための証拠といった類型）に着目して
論じられることが多いが，必ずしも類型的に危険性が認められるわけではなく
ても，個別事案における個別の証拠について，事実認定に誤りを生じさせる危
険があるため，証拠調べを行うことが適切でない場合もあろう（たとえば，自
然的関連性は否定できないものの，当該証拠を取り調べることで争点が徒に混乱し，事
実認定者を惑わせる可能性がある場合など）。これを「法律的関連性」や「証拠能
力」の問題と位置づけるべきかはともかく，少なくとも証拠調べの「必要性」
ないし「相当性」の問題として，そうした個別的判断——当該証拠が事実認定に
資する可能性（証拠価値）の程度と事実認定を誤らせる危険（弊害）の程度とを比較衡
量して判断される——が，裁判所による証拠採否の決定の際に行われ得ることは
否定できないと思われ（なお，そうした判断の際には，事実認定の誤りの危険以外に，
たとえば訴訟遅延をもたらすおそれなど「証拠禁止」〔⇨ 350 頁**2**〕的観点に基づく事
情も考慮されてよいであろう），また，その点の判断の誤りが，違法と評価される
べき場合もあろう。

(2)　証拠と事実の関連性，事実と事実の関連性

　自然的関連性にせよ法律的関連性にせよ，そこでいう「関連性」は，①証拠
とそれにより直接証明しようとする事実との間の関係を問題にしている場合と，
②そうした事実とそこからさらに推認しようとする窮極の事実（主要事実）と
の間の関係を問題にしている場合とがある。自然的関連性であれば，①当該証
拠と立証しようとする事実とが（実は）何ら合理的な関連を持たない場合（証
拠の捏造や取違えなどはこの問題であろう）もあれば，②当該証拠によって一定の

第2節　証拠の関連性

事実が合理的に推認され得るものの，その事実が（実は）主要事実の推認には
ほとんど役立たないという場合もあり得る。また，法律的関連性であれば，①
当該証拠から一定の事実を推認しようとする過程において誤謬が含まれる危険
がある場合もあれば，②当該証拠から推認された事実からさらに主要事実を推
認しようとする過程において誤謬や偏見等の問題が生じるおそれが存する場合
(悪性格立証，類似事実の立証の問題は主としてこれであろう）もある。

　もっとも，①と②いずれの問題であれ，最終的には，訴訟において証明され
るべき窮極の事実たる主要事実と当該証拠との間の関連性の問題であるという
ことに変わりはない。

2 類似行為の事実（類似事実）の立証

　一般に，被告人が起訴された犯罪行為と類似する行為をほかにも行ったこと
があるという事実（たとえば同種前科の存在）を立証することは，事実認定の誤
りや争点の拡散をもたらすため許されない（それゆえ，そのような事実を推認させ
る証拠は証拠能力を有しない）とされる（**類似事実の立証の禁止**）。もっとも，この
禁止の趣旨が妥当するか——立証が許される場合がないか——は，類似行為の事
実から何を（また，どのように）推認するかによっても異なる。◁判例 4-1▷
(⇨ 361 頁）も，前科，特に同種前科について，「被告人の犯罪性向といった実
証的根拠の乏しい人格評価につながりやすく，そのために事実認定を誤らせる
おそれがあり，また，これを回避し，同種前科の証明力を合理的な推論の範囲
に限定するため，当事者が前科の内容に立ち入った攻撃防御を行う必要が生じ
るなど，その取調べに付随して争点が拡散するおそれもある」と述べて，一般
的な立証禁止を示唆しつつ，「実証的根拠の乏しい人格評価によって誤った事
実認定に至るおそれがないと認められるとき」には証拠とし得るとしている。
許容される例としては，判例が明示する後述(1)(b)や(2)の場合のほか，たと
えば，前科や常習性が構成要件要素となっている犯罪類型についてそれらの証
明のために同種前科等を立証することや，量刑事情（情状）の1つとして類似
事実を立証すること等が考えられる（ただし，量刑における余罪の考慮につき，
⇨ 483 頁(4)）。

359

（1）類似事実による犯人性の推認

（a）原　則　被告人の犯人性，すなわち公訴の対象とされた犯罪事実が被告人によって行われたものであることを証明するために，当該被告人による他の類似行為の事実，たとえば同種前科を立証することは，原則として許されない。被告人が他の類似行為をしたことがあるという事実のみから本件の犯人性を認定することが許されないというのではなく，そもそも，犯人性の証明のための類似行為の事実の立証自体が許されない。それゆえ，犯人性の証明のみを目的として，類似事実を推認させる証拠の請求がなされた場合，裁判所はこれを却下しなければならない。また，他の目的で（たとえば情状として）立証された類似事実を，裁判所が本件の犯人性を推認するための一資料として用いることも許されない。

　こうした**類似事実の立証による犯人性の証明の禁止**は，いわゆる**悪性格立証の禁止**の一環とされる。悪性格の立証とは，犯人性の証明のために被告人の「性格」すなわち一般的な性向や行動傾向を立証することをいう。たとえば，被告人の詐欺行為の証明のため，被告人の虚言癖を立証したり，被告人の暴行行為の証明のため，被告人の粗野な性格を立証したりすることなどである。このような悪性格立証のための証拠は，悪性格（性向・行動傾向）という曖昧なものから本件公訴事実の犯人性への推認力がかなり疑わしい点で，そもそも自然的関連性を肯定できるかに大いに疑問があるほか，たとえこれを肯定できるとしても，悪性格の立証によって裁判所（事実認定者）が不当な偏見を抱き，また訴訟の争点が拡散・混乱してしまう危険が大きいという点で，法律的関連性を欠くものとして証拠能力を否定される。上述の類似行為の立証は，他の類似行為から被告人のその種の行為をする傾向（＝「性格」）を立証し，それを媒介に本件の犯人性を証明しようとするものゆえ，悪性格立証の一類型とされる。類似行為の立証の場合，それにより推認される「性格」すなわち行動傾向は，「虚言癖」や「粗野」の例に比べれば曖昧さはいくらか低く，それゆえ通常は自然的関連性を欠くとまではいえないとしても，不当な偏見を生じさせたり争点を拡散・混乱させたりする危険性が相当高いため，法律的関連性を欠くといえよう（なお，争点拡散の点は，事実認定の誤りの危険以外に，訴訟遅延ももたらすという意味で「証拠禁止」〔⇨ 350 頁 **2**〕の側面をも含む）。 **判例 4-1** が，前科について

360

第2節　証拠の関連性

自然的関連性を肯定しつつ,「犯罪性向といった実証的根拠の乏しい人格評価」のもつ危険性を指摘するのも, 犯人性の証明に関してはこれと同様の趣旨, すなわち「同種の行動の傾向」を介することの弊害を問題視する趣旨と解される (最決平成 25・2・20 刑集 67 巻 2 号 1 頁は,「同種の犯罪を行う犯罪性向」の問題であることを明言する)。

　類似事実立証による犯人性証明の禁止の趣旨がこのようなものであるならば, そこでいう類似事実は, 同種前科 (過去に有罪判決を受け確定した同種行為) に限らず, 同種の余罪 (起訴されていないものも含め, 確定判決を経ていない同種の犯罪行為) や非行歴 (犯罪には該当しないものの本件公訴事実と類似する行為) なども含む, 類似事実全般というべきである。同種の A・B 両事実が併合審理されている場合に, 先に被告人の犯行であることが証明された A 事実を, 裁判所が B 事実についての被告人の犯人性の認定に供することも, 上記の危険・弊害を免れないから, やはり禁止される (前掲最決平成 25・2・20 参照)。

> ◁ 判例 4-1 ▷ **最判平成 24・9・7 刑集 66 巻 9 号 907 頁**
>
> **【事実】** 窃盗・現住建造物等放火等を公訴事実とする被告事件につき, 検察官が, 被告人の 17 年前の窃盗・現住建造物等放火等の罪での前科に係る証拠の取調べを請求したが, 第 1 審裁判所は, 本件放火の事実の立証のための証拠としては関連性がないとして却下した。原審は, 前科証拠のうち, 本件放火と特徴的な類似性のある, 犯行に至る契機および犯行の手段方法に関する部分は, 関連性が認められるから, これを却下した措置は違法だとして, 第 1 審判決を破棄した。
>
> **【判旨】** 「前科証拠は, 一般的には犯罪事実について, 様々な面で証拠としての価値 (自然的関連性) を有している。反面, 前科, 特に同種前科については, 被告人の犯罪性向といった実証的根拠の乏しい人格評価につながりやすく, そのために事実認定を誤らせるおそれがあり, また, これを回避し, 同種前科の証明力を合理的な推論の範囲に限定するため, 当事者が前科の内容に立ち入った攻撃防御を行う必要が生じるなど, その取調べに付随して争点が拡散するおそれもある。したがって, 前科証拠は, 単に証拠としての価値があるかどうか, 言い換えれば自然的関連性があるかどうかのみによって証拠能力の有無が決せられるものではなく, 前科証拠によって証明しようとする事実について, 実証的根拠の乏しい人格評価によって誤った事実認定に至るおそれがないと認められるときに初めて証拠とすることが許されると解するべきである。本件のように, 前科証拠を被告人と犯人の同一性の証明に用いる場合についていうならば, 前科に係る犯罪事実が顕著な特徴を有し, かつ, それが起訴に係る犯罪事実と

361

第4章 証 拠 法

相当程度類似することから，それ自体で両者の犯人が同一であることを合理的
に推認させるようなものであって，初めて証拠として採用できるものというべ
きである。」本件の前科証拠はこのようなものに当たらず，これを本件の犯人
性の立証に用いることは許されない。

(b) **例 外** しかし，類似事実の立証による犯人性の証明が，例外的に許
される場合がある。すなわち，公訴の対象とされた犯罪事実が，手口や態様等
に際立った特徴をもつときに，それが被告人の犯行であることを証明するため，
同様の手口・態様等での当該被告人の他の行為を立証する場合である。
◆ 判例 4-1 ▶ も，前科の犯罪事実が「顕著な特徴を有し」かつそれが公訴事実
と「相当程度類似する」場合には，その立証を許容する（なお，前掲最決平成
25・2・20 によれば，この「顕著な特徴」の有無は，犯行の手口・態様のみならず動機
をも含め「総合して」判断される）。そのような顕著に特徴的な犯罪は，偶然の一
致により別人によっても行われるということが経験則上考えにくいため，複数
行われた場合にその特徴が高度に類似していれば，それらは同一人により行わ
れたものと推認し得る。それゆえ，被告人の他の類似行為の立証があれば，そ
こから直接的に同人の本件犯人性への推認がはたらく。この場合，「性格」な
いし一般的な性向や「同種の行動の傾向」といった曖昧な中間項は介在しない
から，自然的関連性に問題はないし，不当な偏見を抱かせる等の危険もないの
で法律的関連性も肯定してよい。 ◆ 判例 4-1 ▶ が，上記の条件を満たすときは
「それ自体で」犯人の同一性を推認させると述べているのも，概ねこのような
論理によっていることを窺わせる。

このような中間項を介在させない形での推認は，それだけで本件犯人性の
「確信」（⇨459頁 **2**）に至り得るほどの強度のものである必要はないものの，
犯人性の推認が合理的になされ得る可能性は必要であり，そのためには，特徴
の「顕著」性・「類似」性のいずれも，相当高度のもの——他の者が行うことは
通常考えにくいくらいの「特異」な特徴が，「酷似」といえるくらいに共通して認めら
れること——が要求されるべきである。もっとも，別の証拠によって犯人であ
る可能性のある者の範囲がある程度絞られている場合や，被告人による類似事
実と本件犯罪とが時間的または場所的に近接している場合などには，特徴の顕
著性・類似性の基準をいくぶん緩和することも許されよう。そのような場合に

362

は，ある程度この基準を緩和しても，なお中間項を介在させない推認が可能だからである（なお，前掲最決平成25・2・20の金築裁判官補足意見も参照）。

(2) 類似事実による主観的要素の推認

被告人の犯人性の証明のためではなく，専ら犯罪の主観的要素を証明するためであれば，当該被告人による他の類似行為の事実を立証することは許されるとするのが通説である。判例にも，社会福祉事業のための募金と称して寄付金を集めて生活費に充てようと企て，被害者をして福祉事業に使用されるものと誤信させたうえ，金員を騙取したとされる詐欺事件につき，「犯罪の客観的要素が他の証拠によって認められる〔場合に〕……，被告人の詐欺の故意の如き犯罪の主観的要素を，被告人の同種前科の内容によって認定」することは違法でないとしたものがある（最決昭和41・11・22刑集20巻9号1035頁）。

通説および同決定が，主観的要素の証明のためには類似事実の立証を許容する実質的根拠は必ずしも明らかではない。また，およそ「主観的要素」の証明のためであれば，常に類似事実の立証が許されるのかも定かではない。
◀ 判例 4-1 ▶ の趣旨に照らせば，この場合にも，「犯罪性向といった実証的根拠の乏しい人格評価」が介在しないことが必要であろうが，もし，被告人がほかにも類似の詐欺行為を故意に行っているから今回も故意に行ったのだろうという推認をするのであれば，前述(1)(a)の犯人性証明のための類似事実の立証の場合の推認構造と違いがあるかは多分に疑わしい。そうではなく，同決定が許したのは，同種前科の立証から，被告人は——過去に同種行為につき有罪判決を受けた経験がある以上——本件行為時にそれが違法な行為であることを了解していたと推認することだとする見解，あるいは，被害者が（募金の趣旨につき生活費ではなく福祉事業のためのものと）誤信していることを被告人が認識していた——被告人は，過去の類似行為の際の経験から，この種の態様の募金活動を行えば被害者が誤信するであろうことを了知していたはずだから——と推認することだとする見解がある。これらは，被告人の過去の経験に基づき本件行為時の同人の意識ないし認識を推認するものであり，「人格評価」を介さない推認であるといえよう。

363

第4章　証　拠　法

3　科学的証拠

(1)　科学的証拠の意義と問題性

　科学技術の発展に伴い，刑事裁判で用いられる証拠も，科学の諸分野におけ
る専門的知見や技術を適用・応用して得られたものが増え，かつそうした証拠
が事件の審理・判断において重要な位置を占めるケースも少なくない。このよ
うな「科学的証拠」は，事案の真相解明に有益である反面，その評価を誤った
場合の悪影響も大きい。そこで，他の証拠とは区別して，とくに「科学的証
拠」については慎重な取扱いが必要ではないかが議論される。「科学的証拠」
として取り上げて議論すべき証拠の範囲（科学的証拠の定義）は必ずしも明確で
はないが，ここではさしあたり，「一定の事象・作用につき，通常の五感の認
識を超える手段，方法を用いて認知・分析した判断結果」（東京高判平成8・5・
9高刑集49巻2号181頁〔 判例 4-2 〕（⇨367頁）の控訴審）参照）としておく。

　科学的証拠に特有の（他の証拠にはない）問題性としては，次の点が指摘でき
る。第1に，科学的証拠は，上述の定義からして，通常人には理解や評価の容
易ではない専門的証拠，専門的な知識や技能がなければ正当な評価を行うこと
が困難な証拠であるため，それが示す「結論」すなわちある科学分野の専門家
が下した一定の判断結果が，そこへ至る過程についての実質的吟味を十分経な
いままに事実認定に供されてしまう危険——もしその過程に誤謬があってもそれを
見逃してしまうという意味で「誤信」ないし「誤導」の危険——がある。第2に，そ
うした専門家の結論は，その特殊専門性ゆえに過大評価される危険——「過信」
の危険——もある。すなわち，科学の無謬性や万能性に対する信仰が一般にあ
るために，科学的証拠の信用性や証拠価値に対し，本来与えられるべきよりも
過大な評価が与えられる可能性がある。以上要するに，当該科学分野に精通し
ない事実認定者にとって，科学的証拠は，いわば内部をうかがい知ることので
きない「ブラック・ボックス」から出てくるものであり，しかもそのブラッ
ク・ボックスは「科学」というきらびやかな衣をまとっているために，事実認
定者は，そこから出てきた「結論」の意味（証拠価値）や正確性（信用性）を見
誤るおそれが存するのである。その上，科学的証拠は裁判の帰趨に決定的な影
響を及ぼし得る場合もあり，そのような場合に上記の「誤信」や「過信」が現

364

実のものとなれば，その弊害は甚大である。

　なお，科学的証拠のこうした問題性は，陪審制度をとる国と比べて，職業裁判官のみが事実認定を行ってきたわが国では相対的に小さいとする考え方もある。裁判例でも，わが国が陪審制をとっていないことを，一定の科学的証拠の証拠能力を肯定する理由の１つとしたものがある（声紋鑑定に関する東京高判昭和 55・2・1 判時 960 号 8 頁等）。裁判員制度のもとでも，一般国民だけではなく職業裁判官も加わって事実認定を行うから，陪審制とは異なるとみる余地はある。しかしそもそも，職業裁判官といえども科学への精通度の点では一般国民と大差はなく，科学的証拠に伴う上述の危険性から免れているわけではない。裁判官は職務上，科学的証拠に触れる機会が一般国民に比べて多いとしても，それゆえにこれらの危険性に対する完全な耐性を獲得しているとはいえまい。

(2)　科学的証拠の証拠能力

　(a)　**総　説**　上述の「ブラック・ボックス」が実はほとんど中身のない空虚なもの（いわゆる「ジャンク・サイエンス」「ニセ科学」など）であるなら，そこから出てきた証拠は最低限度の証明力もないとして自然的関連性を否定されるべきであるし，また自然的関連性は認め得る証拠であっても，その作出過程が「ブラック・ボックス」に隠されているため十分な実質的吟味が困難であることにかんがみれば，これに無条件に証拠能力を認めることは，いわば法律的関連性の観点から問題があろう。そこで，そのような「ブラック・ボックス」から得られた証拠を，科学に精通しない事実認定者の判断に供することを認めるためには，その「ブラック・ボックス」自体に一定の「確かさ」を要求することが考えられる。学説には，科学的証拠の証拠能力の要件の一部として，①基礎にある科学的原理・法則が確かなものであること，②用いられた特定の技術・手法がこの原理・法則に適合していること，を求めるものがあるが，これは上記の考え方と基本的発想を同じくするものといえよう。無論，このほかに，③当該事案において②の科学的技術・手法が実際に適用された際の手続（検査・実験の手続）が適切であったこと（たとえば検査・実験の実施者が能力を有する適格者であったこと，使用された試薬の品質や機器の性能・作動に問題がなかったこと，当該技術・手法の実施手順を正しく履践したこと等）や，④当該事案において検

査・実験に用いられた資料の採取・保管の態様が適切であったこと（汚染・稀釈・腐敗・混合等の可能性がないこと）も要求されるべきであるが、③④のみでは「ブラック・ボックス」自体の確かさを保証するものとはいえず、前述の科学的証拠特有の問題性に対処し得ないであろう。なお、さらに⑤事後的な検証（追試）が可能であることを証拠能力の要件とする見解もある。

　かつての裁判例は、科学的証拠の証拠能力を判断するにあたり、専ら、当該事案における検査実施者の適格性、使用された器械等の性能や作動の正確性、あるいは対象資料の採取・保管の適切性を検討し、当該証拠（検査結果）に信頼性が認められるか否かを指標としており（後述の臭気選別に関する 判例 4-3〔⇨ 368 頁〕のほか、ポリグラフ検査に関する東京高判昭和 42・7・26 高刑集 20 巻 4 号 471 頁〔後掲最決昭和 43・2・8（⇨ 368 頁(c)）の原審〕および声紋鑑定に関する前掲東京高判昭和 55・2・1 等参照）、上の①や②の点を顧慮しないきらいがあった。しかし、その後の裁判例では、科学的原理・手法の根拠や正確性に言及するものも見られる。たとえば、 判例 4-2 の原審（前掲東京高判平成 8・5・9）は、「一定の事象・作用につき、通常の五感の認識を超える手段、方法を用いて認知・分析した判断結果」に証拠能力を認めるには、「その認知・分析の基礎原理に科学的根拠があり、かつ、その手段、方法が妥当で、定型的に信頼性のあるものでなければならない」としているし、また最高裁も、いわゆる MCT 118 DNA 型鑑定の「科学的原理が理論的正確性を有」することを、同鑑定の証拠能力を肯定する理由の 1 つとしている。

　なお、上の①科学的原理・法則の正確性、ないし②技術・手法の原理適合性の基準として、それら原理・法則や技術・手法が、関連する科学分野において「一般的承認」を受けていることを要求する見解がある。アメリカでかつて有力であった基準にならったものであるが、開発途上であるために未だ関連分野の「一般的承認」を得られていないものの、高度の信頼性を認め得る技術を用いた科学的証拠がすべて排除されてしまうという問題がある。 判例 4-2 の最高裁も原審も、これを要求するものではない。

　(b)　DNA 型鑑定　　DNA 型鑑定とは、最も一般的には、次のようなものを指す。すなわち、ヒトの染色体 DNA の中には、特定の塩基配列が複数回繰り返されている部位（座位）があるが、その繰り返し回数（これを DNA 型とよ

第2節　証拠の関連性

ぶ）が人によって異なりかつ終生不変であることを利用して，たとえば犯行現場に遺留された体液等の資料から検出された DNA 型と，被告人の身体に由来する資料の DNA 型とを比較対照し，両資料の由来する個体の同一性の有無を判断する検査手法である。その一種である MCT 118 法による鑑定結果の証拠能力を肯定した判例がある。

> ◁ 判例 4-2 ▷ **最決平成 12・7・17 刑集 54 巻 6 号 550 頁**
>
> 【事実】河川敷の草むらに全裸で遺棄された女児の死体が発見され，付近の川底に投棄されていた同児の下着に精液が付着していることが判明した。警察は，X（被告人）が捨てた精液の付着したティッシュペーパーを領置し，下着とともに科警研に鑑定嘱託したところ，両者の精液の血液型と DNA 型（MCT 118 座位が 16-26 型）が同一であるとの鑑定結果を得た。殺人罪等での公判で，第 1 審は，本件 DNA 型鑑定結果の証拠能力を認めたうえ，MCT 118 DNA 型の一致という事実を 1 つの重要な間接事実として X の犯人性を認定して有罪を言い渡し，控訴審もこれを支持した。
>
> 【決定要旨】「本件で証拠の一つとして採用されたいわゆる MCT 118 DNA 型鑑定は，その科学的原理が理論的正確性を有し，具体的な実施の方法も，その技術を習得した者により，科学的に信頼される方法で行われたと認められる。したがって，右鑑定の証拠価値については，その後の科学技術の発展により新たに解明された事項等も加味して慎重に検討されるべきであるが，なお，これを証拠として用いることが許されるとした原判断は相当である」。
>
> 　＊なお，有罪判決の確定後，再審請求がなされ，これを棄却する決定に対する即時抗告審において DNA 型の再鑑定が行われた。本件被害者の下着の付着精液と X の血液等の各 DNA 型を検査（Y 染色体の STR 検査等）した結果，両者の型は一致しないとされた。そのため即時抗告審は再審開始の決定をした（東京高決平成 21・6・23 判時 2057 号 168 頁）。再審公判裁判所は，有罪認定に供された本件 DNA 型鑑定の証拠能力を否定する等したうえで，X に無罪を言い渡した（宇都宮地判平成 22・3・26 判時 2084 号 157 頁）。

本件 DNA 型鑑定結果の証拠能力を肯定するにあたり，本決定が「科学的原理……〔の〕理論的正確性」を必要条件と位置づけたか否かは定かでないが，少なくともその点を判断理由の 1 つとしたことは注目されてよい。特定の座位の塩基配列の反復回数の個人差（多型性）に着目した DNA 型鑑定一般の基礎原理はほぼ確立しており，MCT 118 法も理論上はこの基礎原理に依拠していた。もっとも，型（反復回数）の測定方法がたとえば目視で足りるかといった問題はある（なお，現在通常用いられる DNA 型鑑定では，専用の解析装置により自

367

第4章　証拠法

動的にDNA型が読み取られる）。以上のような，当該鑑定手法の一般的な確かさ如何（⇨365頁(a)の①②の点）のほか，当該事案での具体的な鑑定実施の手続等の個別的事情（同③④の点）も，証拠能力判断の考慮要素とされるべきである。なお，再鑑定（追試）の実施可能性があることを証拠能力の要件とする見解もあるが，微量の資料しか得られず1回の鑑定で全量を消費せざるを得ない場合には問題である。

(c)　**ポリグラフ検査**　　ポリグラフ検査とは，複数の質問に対して応答する際の被検者の生理的反応（呼吸・心脈・皮膚電気反射等）の変化をポリグラフとよばれる機器によって同時記録して分析することで，特定の質問事項（犯人しか知り得ない事実）についての被検者の認識の有無を判断するというものである。ポリグラフ検査結果（の回答書）の公判での証拠能力については見解が分かれ，基礎にある科学的原理が未解明であること，検査の正確性を担保する状況設定が困難であること等を理由に（関連性なしとして）証拠能力を一切認めない説，326条1項の同意（⇨405頁**8**）がある場合にかぎって証拠能力を認め得るとする説，関連性に問題はなく321条4項（⇨398頁(g)）に基づき許容してよいとする説等がある。判例では，326条1項の同意があったポリグラフ検査結果回答書につき，作成状況等を考慮して相当性を認めて証拠能力を肯定した原審を是認したものがある（最決昭和43・2・8刑集22巻2号55頁）。

(d)　**犬による臭気選別**　　犯罪捜査の過程で，犯行現場に遺留された物から犯人の体臭（原臭）を犬に覚えさせたうえ，その犬に数個の物（被疑者〔被告人〕の体臭〔対照臭〕のついた物と，犯人や被疑者とは無関係の臭気〔誘惑臭〕のついた物）の中から原臭と同じ臭気を持つ物を選び出させるという実験（臭気選別検査）が行われることがある。このような臭気選別結果（の報告書）の証拠能力を肯定した判例がある。

⟨ **判例 4-3** ⟩ **最決昭和62・3・3刑集41巻2号60頁**
【事実】強姦致傷事件の捜査で，犯行現場付近に犯人が残したと思われる足跡につきガーゼを用いて採取した臭気を原臭，現場近くに遺留された車両の取っ手からガーゼで採取した臭気等を対照臭，当日捜査従事中の警察官らの掌からガーゼで採取した臭気を誘惑臭として，警察犬による臭気選別を数回行ったところ，いずれも対照臭を選び出した。その後上記車両を放置したのはX（被告人）であることが判明したため，Xは逮捕・起訴された。第1審は上記選別結

第2節　証拠の関連性

果報告書等を証拠として有罪を言い渡し，控訴審もこれを支持した。
【決定要旨】本件臭気選別は「選別につき専門的な知識と経験を有する指導手
が，臭気選別能力が優れ，選別時において体調等も良好でその能力がよく保持
されている警察犬を使用して実施したものであるとともに，臭気の採取，保管
の過程や臭気選別の方法に不適切な点のないことが認められるから，本件各臭
気選別の結果を有罪認定の用に供しうるとした原判断は正当である」。

　これに対し，学説では，犬の嗅覚についての科学的解明は未だ不十分である
こと，選別結果の正確性・信頼性を事後的に判定することが著しく困難である
こと等を理由に，証拠能力を否定する見解が有力である。他方，犬の嗅覚が優
れていることは経験則上一般に認められているから，臭気選別結果は，通常人
にとって理解・評価の困難な専門的証拠ではなく，一般経験則の適用により十
分判断可能なものであるとして，当該事案における選別手続の適切さが認めら
れるかぎり証拠能力を肯定してよいとする考え方もあり得る。しかし，そのよ
うな経験則はかなり漠然としたレベルのものにとどまり，犬の嗅覚が優れてい
るとしてもどの程度なのか，選別行動との関係は必然的か，人の体臭の個体差
はどの程度のものか等，通常人にとっては「ブラック・ボックス」に閉ざされ
た部分があることは否めない。それゆえ，基礎原理の確かさが要求されるべき
であるが，それが科学的に確立しているとは必ずしもいえない（犬の嗅覚や行
動の原理，人の体臭の個人差〔多型性〕や不変性は，未だ十分に解明・確証されていな
い）と思われる。

(3)　科学的証拠の証明力

　科学的証拠の証拠能力が認められる場合でも，前述の問題性に照らせば，そ
の証明力の評価は慎重に行われなければならない。「ブラック・ボックス」自
体の確かさが保証されたとしても，当該事案においてそれを実際に用いる過程
の適切性如何は，出された判断結果の信用性に影響し得る。たとえば，当該事
案における検査・実験の実施者の能力，使用された器械等の性能・作動状況，
対象資料の採取・保管の状況といった個別的事情は，前述の通り証拠能力の判
断においても考慮されるべき要素であるが，証拠能力を否定すべきほどの誤
謬・欠陥がそこに認められない場合でも，信用性判断との関係では，それら諸

事情の具体的影響が慎重に検討される必要があろう。

　また，専門家の下した一定の判断結果の意味（証拠価値）については，不当に過大な評価を与えることのないよう注意深い態度で臨むべきである。たとえばDNA型鑑定についていえば，MCT 118法のようにDNAのある1箇所の部位（座位）のみを調べ，対象各資料間で型の一致がみられたとしても，その座位について同一の型を有する者は相当数存在し得るから（なお，特定の型が現れる確率を出現頻度といい，これは統計的に算出される），それら資料の由来する個体の同一性を直ちに認定することは危険である（ただし，現在主に用いられる検査法では，複数の座位の型が調べられている）。他方，DNA型が不一致であったことは，由来する個体の非同一性を推認するための極めて有力な根拠となる。

第3節　伝聞証拠の証拠能力

1 供述証拠の性質と伝聞法則の意義

　刑訴法320条1項は，「公判期日における供述に代えて書面を証拠とし，又は公判期日外における他の者の供述を内容とする供述を証拠とすることはできない」と規定する。これは一般に，いわゆる**伝聞法則**を採用したものと解されている。条文からも分かるように，伝聞法則は「供述」証拠の証拠能力に関する規制である。そこで，伝聞法則の意義を正しく理解するためには，供述証拠の性質を理解しておく必要がある。

(1)　供述証拠の性質

　Xがある夜，V宅に放火したとして起訴されたとする。Aが，「事件当夜，XがV宅前をうろついているのを見た」という供述をした。このAの供述から，どのような事実を推認することができるであろうか。供述の内容となっている出来事（事実）の推認が正確であるためには，どのような点に注意すべきか。

　人がある出来事（事実）について供述する場合には，**知覚・記憶・表現（真摯性）・叙述**のプロセスをたどる。この一連のプロセスを**供述過程**といい，供述証

拠とは，このような供述過程を経て生み出される証拠（その出来事の証明に用いる場合）を意味する。上の例でいえば，A は，その供述内容となっている出来事（事件当夜，X が V 宅前をうろついていた）を知覚し，それを記憶することによって，その出来事についての認識（意識）を内心に形成する。そして，その認識を A が言葉に表した（表現・叙述した）ものが，A の供述である。しかし，この一連の供述過程は，人の心理プロセスであるがゆえに，誤謬が入り込む危険が高い。もし誤謬があれば，A の供述は，もとになった出来事を正確に反映したものとはいえない。逆にいえば，A の供述から推認される（供述内容たる）出来事の真実性——そのような出来事が実際にあったということ——は保証されないことになる。

　そこで，供述からその内容たる出来事を推認しようとする際には，供述過程の各プロセスにつき，誤謬が生じないようにし，あるいは誤謬の有無や程度のチェック（信用性のテスト）を行わなければならない。A の供述の例では，(i)「叙述」の過程につき，A の言葉の本当の意味は何か（言葉の通常の意味通りに解してよいのか，また言い間違いはなかったか），(ii)「表現（真摯性）」の過程につき，A は真意を述べているのか（たとえば X を陥れるために嘘を述べていないか），といった点の吟味を経てはじめて，A の内心の意識——事件当夜に X が V 宅前をうろついていたと A が実際に認識しているということ——について適切な推認を行える。さらにそこから，(iii) A の「記憶」は確かか（たとえば別の日の出来事と混同していないか），(iv) A の「知覚」に間違いはなかったか（たとえば A が見たのは本当に X だったのか，はっきりと X の顔を見たのか），といった点の吟味を経てはじめて，A の供述内容たる出来事——事件当夜に X が V 宅前をうろついていたという事実——について適切な推認を行える（そしてこの例では，その出来事〔A の供述の内容たる事実〕が推認されたときには，これを 1 つの間接事実としてさらに主要事実〔要証事実〕すなわち X による V 宅放火の実行の事実への推認が行われることになる）。このような供述過程の構造——言い換えると，供述からの推認の過程の構造——を表したのが，**図表 4-3** である。なお，以上のような特性は，言葉による供述以外に，意思伝達的な意味を持つ動作（たとえば，犯人は誰かと聞かれて特定の者を指さす行為や，犯罪の状況を再現する行為など）にも当てはまる。したがって，以下の議論は，言葉によらないこの種の動作にも基本的に等しく妥

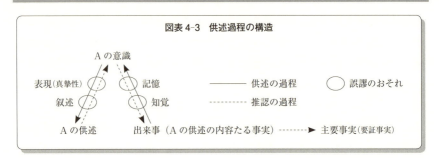

図表 4-3 供述過程の構造

当する。

　さて，供述過程に誤謬が生じないようにし，また誤謬の有無・程度を明らかにすべく供述過程を吟味するための手段としては，様々なものが考えられるが，中でも最も重要かつ効果的とされるのが，公判廷において供述者本人に対して行う尋問すなわち**証人尋問**の手続である。この手続は次の３つの要素に分析・整理される。(ア)宣誓と偽証罪による威嚇，(イ)供述と同時的に行われる，供述者（証人）に対する相手方（その供述が不利に使われるところの当事者）による**反対尋問**，(ウ)裁判所（事実認定者）による供述者（証人）の供述時の態度・表情等の観察，である（さらに，(ア)に準じる要素として法廷の厳粛さを，(イ)と密接に関連する要素として供述者と相手方の物理的な対面を付け加えることもできよう）。つまり，公判廷において，宣誓のうえ，偽証罪の威嚇のもとであれば，証人はそもそも正確に供述しようと心がけるであろうし，相手方当事者がその場にいることおよびその反対尋問を受けることによっても同様の効果が得られる。また，もし証人の供述過程に誤謬が含まれていても，相手方当事者が供述と同時的に反対尋問を行うことで，その誤謬の存在および程度を明るみに出すことができ，さらにそのような尋問と供述の際の証人の様子を事実認定者が直接観察することもできるので，事実認定者は証人の供述の価値・信用性を正しく判断することが可能になる。かくして，Ａの供述は，Ａが公判廷で証人尋問の手続を受けて行った――つまり適切な吟味を経た――のであるかぎり，その供述の内容たる事実の認定（さらに主要事実の認定）に供しても差し支えないのである。

(2) 伝聞証拠の性質

(a) **伝聞供述の性質**　では，A自身ではなく，Aが公判廷外で「事件当夜，XがV宅前をうろついているのを見た」と話すのを聞いたBが，公判廷で，Aの供述を聞いた旨述べる場合はどうか。この場合，A・B2人の「供述過程」が問題になる。図示すると**図表4-4**のようになる。

公判廷で行われたBの供述は，いわゆる「また聞き」の証拠である。Bは公判廷で証人尋問を受けているので，供述過程の吟味は，Bのそれに関するかぎり可能である。しかし，Aは既に公判廷外で供述した者（これを原供述者という）なので，その供述過程につき証人尋問によって吟味を――供述と同時的に――行うことは不可能である（仮にBとともにAをも公判廷に証人として呼び，既に公判廷外で行ったAの供述について尋問してその供述過程を――事後的に――吟味するとしても，それでは不十分である。証人尋問手続の前記3要素は，供述と同時的に行われてこそ最もよくその効果を発揮する）。そのような吟味を経ない部分を含んでいるにもかかわらず，Bの供述から出来事①まで推認することは，正確な推認が保証されない点で問題がある。

(b) **供述（代用）書面の性質**　同じ問題は，Aの供述が書面に記載されている場合にも生じる。Aが「事件当夜，XがV宅前をうろついているのを見た」旨をメモに記載する際にも，出来事①から知覚・記憶・表現・叙述の過程を経て当該供述（の記載）に至るわけであるが，そうして供述が書面に記載され，公判廷にはその書面が提出された場合，A（原供述者）の供述過程を同時的な吟味のプロセスに服せしめることはもはやできない。そのような吟味を経ていないのに，この書面（に記載されたAの供述）から出来事①を推認することは，やはり正確な推認が保証されない点で問題がある（⇨**図表4-5**）。

(c) **伝聞排除の原則と伝聞証拠の定義**　こうした問題にかんがみ，(a)および(b)のような証拠，すなわち公判廷外で行われた供述を内容とする供述または書面を事実認定の基礎とすることを原則として禁じるのが伝聞法則である。

もっとも，伝聞法則によって上記のB供述が排除されるのは，それを出来事①の推認に用いるときのように，Aの供述過程の吟味が必要となる場合に限られる。B供述から出来事②すなわちAの供述の存在（Aがそのような供述をしたという事実）を推認するにとどまる場合には，B供述は伝聞法則によって

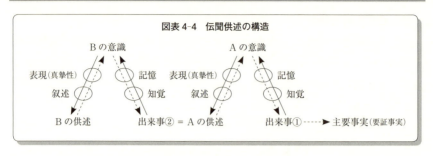

図表 4-4　伝聞供述の構造

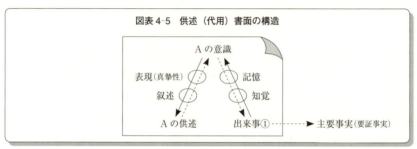

図表 4-5　供述（代用）書面の構造

排除されない。この場合には，吟味されるべき供述過程はBのそれに限られ，その吟味はBに対する証人尋問によって可能だからである。Aが供述を書面に記載した場合も同様であり，書面に記載されたA供述の存在自体をその書面によって証明しようという場合には，伝聞法則の適用は受けない（なお，B供述や書面を，出来事①の推認には用いないがAの供述時の意識を推認するのに用いる場合は，後述の「心理状態の供述」〔⇨381頁(5)〕と同様の性格を帯び，これに伝聞法則の適用があるかは争いがある）。

そして，上記で出来事①を推認するとは，A供述の内容たる事実が真実であることを証明することであるから，伝聞法則によって排除される証拠すなわち**伝聞証拠**は，「公判外の供述を内容とする供述または書面で，当該公判外供述の内容たる事実の真実性を証明するために用いられるもの」と定義される（⇨377頁**2**も参照）。

(3) 刑訴法と伝聞法則

320条1項は，(2)で述べたような趣旨を持つ伝聞法則を採用したものとい

第3節　伝聞証拠の証拠能力

われる。つまり，同項の「書面」とは上記(b)のような書面を，「他の者の供述を内容とする供述」とは(a)のB供述のような供述を意味し，かつ，それらを「証拠とする」とは，文字どおり「証拠とする」すべての場合ではなく，「書面〔に記載された供述〕」や「他の者の供述」——公判外の原供述——の内容たる事実の真実性を証明するための証拠として用いる場合——原供述の供述過程が問題になる場合——のみを指すものと解される。なお，同項は，伝聞供述・供述書面の原供述者（公判外の供述を行った者）が被告人である場合にも適用される。この場合は「証人尋問」手続の問題ではないものの，被告人の供述過程につき公判廷という場での質問等による吟味のプロセスを経ていない点では，被告人以外の者が原供述者である場合と同様の問題があるからである（⇨400頁(3)）。

ところで，伝聞法則を採用した320条1項は，刑訴法が当事者対抗型の訴訟システムを採用した1つの現れだといわれることもある。伝聞法則の主旨は，相手方当事者に対して反対尋問による供述証拠の吟味の機会を与えることにあり，そして（両）当事者による（主尋問と）反対尋問は，当事者対抗型訴訟の不可欠の要素だからである。もっとも，伝聞法則の基礎にある証人尋問手続を構成する要素は，相手方当事者による反対尋問だけではないことにも注意が必要である。

320条1項の主旨が反対尋問の機会保障にあることから，たとえば，証人が主尋問において供述した後，反対尋問を受ける前に死亡した場合，反対尋問の吟味を経ていない以上，当該供述は同項によって排除されるとする見解がある。しかし，このような供述に同項を適用することは，明らかに同項の文言を逸脱する。同項の（重要な）趣旨が反対尋問の機会保障にあるからといって，その趣旨が妥当するすべての証拠が（条文の文言に反するにもかかわらず）同項の適用を受けると解するのは行きすぎである（もっとも，上記のような供述は，同項とは別個の問題として排除されると解することはできる）。

なお，320条1項は，当事者対抗型訴訟の表れであるということのほかに，「公判中心主義」の表れであるともいわれる。捜査段階で作成された捜査資料は，公判外供述を含むものとして，同条により原則として公判審理において証拠能力を否定され，これによって，公判が捜査結果の引継ぎ・確認の場となることが防止されているからである（⇨12頁(4)）。

375

第4章　証　拠　法

このほか，320 条 1 項と「直接主義」の関係につき，⇨ 288 頁(c)。

(4)　憲法と伝聞法則

　憲法 37 条 2 項前段は，「すべての証人に対して審問する機会を充分に与へられ」る権利を被告人に保障している。**証人審問権**とよばれるこの権利は，公判廷において事実認定者の前で証人に尋問を行う権利を含む（なお，この規定は，単に証人の供述の正確性〔信用性〕を確保・チェックするという目的のための手段としての尋問の機会のみならず，そのような尋問を通じて，自己の運命を決する重要な手続に参加すること自体を被告人に保障したものとみる余地もある）。

　通説は，この規定から，公判外供述（ただし被告人に不利な内容のものに限る）の排除の効果を導く。公判外供述を使用することは，供述による情報を提供する者本人（原供述者）を公判廷において尋問する機会を奪うことを意味するから，そのような証拠の許容は同項に反するという。したがって，この点において，前述の伝聞法則ないし刑訴法 320 条 1 項との共通性を見出し，あるいは刑訴法 320 条 1 項は憲法 37 条 2 項を反映したものだと説明する。他方，憲法 37 条 2 項の規定は現に法廷に出頭した証人を審問する権利のみを保障したものだと解して，公判外供述の許容性の問題と同項とは直接の関係はないとする見解もある。

　この点について，判例の立場は必ずしも明確でない。古い判例では，憲法 37 条 2 項前段にいう「証人」とは，実際に公判廷に喚問した証人のみを指すとし，同項から公判外供述の排除の効果は導き得ない旨示唆するものがある（最大判昭和 24・5・18 刑集 3 巻 6 号 789 頁等参照）。しかし，その後の判例では，少なくとも同項の「趣旨」にかんがみ，公判外供述を排除すべき場合があることを認めるものがある（⇨ 392 頁 判例 4-5 ）。

　なお，通説によっても，憲法 37 条 2 項前段の射程範囲と刑訴法 320 条 1 項のそれとが全く同一になるわけではない。第 1 に，刑訴法 320 条 1 項は被告人に有利不利を問わず公判外供述全般に適用されるが，憲法から導かれる公判外供述の排除は被告人に不利な内容のものに限られる。第 2 に，320 条 1 項は文言上，被告人自身の公判外供述にも適用されるが，憲法 37 条 2 項から被告人自身の公判外供述の排除を直接導くことは困難である。第 3 に，証人が主尋問

376

第3節　伝聞証拠の証拠能力

での供述後，反対尋問を受ける前に死亡した場合，この供述を刑訴法320条1項の適用によって排除することは同条の文言上困難である（⇨375頁）が，少なくとも検察側の証人であれば，憲法37条2項に基づいて排除することは理論上考えられる。

> **Column 4-2　共同被告人の公判供述**
>
> 　被告人XおよびYが併合審理を受けている場合に，Y（共同被告人）が被告人質問において供述を行ったとき，X（本被告人）に対する関係でY供述に証拠能力を認めてよいか。①XはYに対して質問できる（311条3項）ことを理由に，常に証拠能力を認めてよいとする説もあるが，Yには被告人としての包括的黙秘権があるため，Xの反対尋問権の保障の点で問題がある。そこで，②XがYに対して事実上の反対尋問（反対質問）を有効になし得た場合には証拠能力を認めてよいが，YがXの反対質問に対して黙秘権を行使して答えない場合には証拠能力を否定すべきだとする説が多数説である。ほかに，③そもそも弁論を分離したうえでYを証人として喚問するのでないかぎり，Yの供述を証拠とすることはできないとする説もある。

2 伝聞と非伝聞

　刑訴法320条1項は「書面」や「他の者の供述を内容とする供述」を「証拠とすること」を制限しているが，公判外の原供述の存在自体を推認するために用いる場合のように，一見この文言に当たるようにみえながら，前述した同項の趣旨からして実質的にその適用を受けないとされる場合がある。これを一般に「非伝聞」という。公判外供述を内容とする同じ証拠であっても，伝聞法則の適用があるか否か——伝聞か非伝聞か——は，その証拠によって何を証明（推認）しようとするのか，すなわち「立証事項」が何かによって変動する。

　なお，公判外供述を内容とする供述や書面を非伝聞として用いることができるか否かは，そのような用い方をした場合に当該証拠に自然的関連性を認め得るか否かにもかかっている。原供述の存在自体を証明しても，それが当該事件の事実認定の上で何らの意味も持たない（証拠価値がない）のであれば，自然的関連性を欠くから証拠能力は否定される。それにもかかわらず当該公判外供述を内容とする証拠の使用を（原供述の存在自体の証明という名目で）認めることは，当該証拠が事実上（上記名目での使用を超えて）原供述内容たる事実の真実性の

377

第 4 章　証拠法

証明のために使用される危険——伝聞法則潜脱の危険——を招来するから，許されない。

Column 4-3　要証事実・立証事項・立証趣旨

　一般に，ある証拠が伝聞か非伝聞かは「要証事実」が何であるかによって相対的に決まる，といわれるのも，本文で述べた，「立証事項」が何かによって変動するというのと同じ趣旨である。もっとも，「要証事実」の語は「主要事実」と同義に用いられる場合もある（⇨347頁(b)）ところ，証拠から推認されようとする事実が常に主要事実であるわけではなく，間接事実や補助事実の推認のために用いられる証拠もあるから，ここで「要証事実が何であるか」という問題設定の仕方は誤解を生むおそれがある。むしろ端的に，当該証拠によって何を証明しようとするのかという意味で「立証事項」という語を用いるほうがよい（あるいは「推認事実」とするほうがより適切かもしれない）。もちろん，立証事項が直ちに要証事実（主要事実）である場合もあるし（犯行の目撃供述を内容とする証拠など），また立証事項が間接事実である場合も，そこからさらに要証事実（主要事実）への推認が行われることを目指しているから（本節冒頭の例を参照），多くの場合，「立証事項が何であるか」は「（その証拠から窮極的に推認されることを目指すところの）要証事実が何であるか」と必然的に連動する。しかし，たとえば補助事実を証明しようとする場合（自己矛盾供述による弾劾の例など。⇨380頁(3)）も含めて伝聞・非伝聞の区別の問題を考える以上，「要証事実が何か」という表現は必ずしも正確ではない。ただし，「要証事実」の語は「証明の必要」（⇨356頁**4**）がある事実の意味で用いられることもあり，その場合は間接事実や補助事実も含み得るが，ここでその意味での「要証事実」の語を用いる必然性もないであろう。

　なお，「立証事項」とは，当事者が証拠調べ請求の際に示す「立証趣旨」（規189条1項参照）と必ずしも同一ではない。当事者が形式上示した立証趣旨が原供述の存在自体とされていても，そのような用い方では自然的関連性を認め難いため実質的に原供述の内容たる事実の真実性の証明に用いられていると評価せざるを得ない場合は，伝聞証拠と位置づけられるべきである。この点につき，◀**判例 4-8**▶（⇨415頁）も参照。

　以下では，一般に非伝聞とされる代表的な例を，同じ証拠が異なる用い方をされることで伝聞となる場合とも対比しつつ検討する。なお，非伝聞には大きく2つのタイプがあり，1つは，公判外の原供述の存在自体を証明するために用いる場合である。この場合は，供述内容たる事実の真実性を証明するのではなく，原供述の供述過程は全く問題にならないから，前述の伝聞証拠の定義（⇨373頁(c)）にあたらず，いわば「純粋な」非伝聞である（公判外供述の非供述

378

証拠的用法）。他方，見解によってはさらに，原供述の供述内容たる事実の真実性を証明するために用いる場合であっても，当該供述の性質上，供述過程の一部が欠けるときには，そのことを一つの理由に，非伝聞とされるものもある（後述の「心理状態の供述」〔⇨381頁(5)〕や，出来事の直後に「とっさになされた」発言など）。

(1) 供述の存在自体が直ちに主要事実となる場合

公判廷で，「Aが公衆の面前で，『XがYの財布を盗んだ』と言っていた」と証人Bが証言したとする。B証言は伝聞証拠として排除されるべきか。

仮にこのB証言が，Xを被告人とする窃盗事件の公判で行われたとして，B証言の立証事項が，XがYの財布を盗んだという事実であったとする。この場合は，B証言から，そこに含まれるA供述の内容たる事実の真実性を推認しようとするものであるから，A（公判外の原供述者）の供述過程が問題になる。したがって，B証言は伝聞証拠である。

他方，B証言が，Aを被告人とする，Xに対する名誉毀損事件の公判で行われたとして，B証言を，Aによる名誉毀損行為の事実を証明するために用いる場合，B証言からは，Aの（名誉毀損的）発言の存在自体を推認するのであり，それが直ちに主要事実となる。この場合，A発言の内容たる事実の真実性を推認するのではないから，B証言は非伝聞である。

(2) 供述の存在自体を情況証拠として他の事実の推認に供する場合

(a) **聞き手に与えた影響**　自動車事故の事案において，公判廷で，「事故前に，自動車整備工Aが車の所有者Xに対して『この車のブレーキは故障している』と言っていた」と証人Bが証言した場合はどうか。このB証言の立証事項が，Xの車のブレーキが実際に故障していたということである場合には，A供述の内容たる事実の真実性を推認しようとするものであるから，Aの供述過程が問題になり，B証言は伝聞証拠である。これに対し，B証言から，A供述の存在およびXがそれを聞く機会があったこと——すなわち自車のブレーキが故障している旨の警告をXが受けていたという事実——を推認し，これを1つの情況証拠として，ブレーキの故障についてXが認識していたことを推認する

という場合は，A供述の内容たる事実の真実性を推認するのではないから，B証言は非伝聞である。

(b) **精神異常の証明**　公判廷で，「Aが『私は神だ』と叫ぶのを聞いた」と証人Bが証言した場合はどうか。B証言を，Aが精神に異常を来していたという事実を証明するために用いる場合について，通説は，B証言からAがそのような発言をしたこと自体を推認した上，そこから直ちに——A発言の存在を情況証拠として——精神異常の事実を推認し得るとし，したがってAの供述過程は一切問題とならず，B証言は（純粋な）非伝聞だとする。これに対し，精神異常を推認するためには，Aが真実自分は神だと信じていたということを推認する必要があり，その際には供述過程のうち表現（真摯性）と叙述の点は問題になるから，後述(5)の「心理状態の供述」と同様だとする説もあるが，発言の文脈・状況や内容次第では，通説のような推認が可能な場合はあろう。

(c) **供述者の認識の証明**　自動車事故の事案において，公判廷で，「運転者Aが，事故当日，事故前に，『この車はブレーキの具合が悪い』と言っていた」と証人Bが証言した場合はどうか。B証言の立証事項が，A車のブレーキが故障していたことである場合は，Aの供述内容たる事実の真実性を推認しようとするものであるから，B証言は伝聞証拠である。これに対し，B証言を，Aがブレーキ故障の事実を認識していたことを証明するために用いる場合，もしブレーキ故障の事実が別途証明されている——すなわち供述と一致する客観的事実が存在する——のであれば，Aの認識はA供述の存在自体から推認され得る（認識していなければ供述できなかったはずだからである。ただし，このような推認ができるためには，供述と客観的事実との一致が，経験則上偶然とは考えにくいような種類・程度・範囲の事項で認められる必要があろう）。したがって，Aの供述過程は一切問題にならず，B証言は（純粋な）非伝聞である。もっとも，そのような客観的事実との一致という前提を欠くのであれば，Aの認識を推認するには真摯性と叙述の点が問題になるから，後述(5)の「心理状態の供述」に類似する。

(3) 弾劾証拠としての自己矛盾供述

前述 **1** (2)（⇨373頁）の事例で，公判廷において，「Aが『事件当夜，Xが

第3節 伝聞証拠の証拠能力

Ｖ宅前をうろついているのを見た』と話すのを聞いたことがある」と証人Ｂが証言した。Ｂ証言の立証事項が，Ｘが実際に事件当夜にＶ宅前をうろついていたということである場合は，Ａの供述内容たる事実の真実性を推認しようとするものであるから，Ｂ証言は伝聞証拠である。

　しかし，Ａが公判廷で「事件当夜にＶ宅前を通りかかったが，誰の姿も見なかった」と証言しており，このＡ証言の信用性を弾劾するために上記Ｂ証言を用いる場合，すなわち，ある者の公判廷における供述の信用性を，その者が公判廷外でした不一致供述（**自己矛盾供述**）を内容とする供述によって弾劾しようとする場合には，当該公判廷外供述は，その供述内容たる事実の真実性を証明するために用いられるのではない。そうした供述の存在自体によって，その者の信用性が損なわれ，もって公判供述の信用性が減殺されるのである。Ａの「誰もいなかった」旨の証言の信用性を減殺するためには，Ａの「Ｘがいた」旨の供述の内容が真実である（本当にＸがいた）ことを前提とする必要はない。事件当夜のＶ宅前での状況について自ら相矛盾する供述を行ったＡは，（その事項に関するかぎり）いずれにせよ信用できないのである。したがって，このような自己矛盾供述を内容とする供述（Ｂ証言）は，非伝聞である。

(4) 行為と一体化した供述

　行為の法的ないし社会的意味が，それに随伴して発せられた言葉から明らかになる場合（たとえば，他人に金品を手渡す際に「これ，プレゼント」という言葉が発せられた場合，その言葉により贈与であることが明らかになる）は，言葉は行為と一体と化しており，そのような言葉が発せられたこと自体が意味を持つから，これを聞いた者の供述は（純粋な）非伝聞とされる。もっとも，状況によって，発話者の内心の意思（真意）が問題になるならば，後述(5)の心理状態の供述と同様というべきである。

(5) （供述当時の）心理状態の供述

> **判例 4-4** 最判昭和 30・12・9 刑集 9 巻 13 号 2699 頁
> 【事実】Ｘを被告人とする強姦致死事件の第１審公判において，「〔Ｘについて
> Ａと話をした際に〕Ａ〔被害者〕は『あの人はすかんわ，いやらしいことばかり

第4章 証拠法

するんだ』といっておりました」等の証言を証人Bが行った。1審はXを有罪とし，2審もこれを支持した。Xは，B証言は伝聞証拠であり証拠能力を欠く等と主張して上告した。

【判旨】「第1審判決は，被告人は『かねてAと情を通じたいとの野心を持っていた』ことを本件犯行の動機として掲げ，その証拠として証人Bの証言を対応させていることは明らかである。そして原判決は，同証言は『Aが，同女に対する被告人の野心にもとづく異常な言動に対し，嫌悪の感情を有する旨告白した事実に関するものであり，これを目して伝聞証拠であるとするのは当らない』と説示するけれども，同証言が右要証事実（犯行自体の間接事実たる動機の認定）との関係において伝聞証拠であることは明らかである。従って右供述に証拠能力を認めるためには刑訴324条2項，321条1項3号に則り，その必要性並びに信用性の情況保障について調査するを要する。」

　本判決は，B証言はXの本件犯行動機——すなわち，Xが以前からAと情を通じたいという意思を持っていたこと——を証明するために用いられたと判断している。それはつまり，B証言の立証事項は，Xの従前の行動——すなわち，XがAに対して「いやらしいこと」をしていたという事実——であった（さらにそれを間接事実として上記意思を推認しようとする）ということである。この場合は，B証言中のA供述（後半部分）の内容たる事実の真実性を推認しようとするのであるから，Aの供述過程（知覚・記憶・表現〔真摯性〕・叙述）のすべてが問題になり，したがってB証言が伝聞証拠であることに疑いはない。

　他方，仮に公判でAの同意の有無が争われたとして，これを否定するために，Aがかねて持っていたXに対する嫌悪の情を立証事項としてB証言を用いる場合も，A供述（前半部分）の内容たる事実の真実性——本当にAがXを好かなかったこと——を推認しようとするものではある。しかし，この場合のA供述は，いわゆる現在の**心理状態（精神状態）**の供述，すなわち供述者が自己のそのとき（供述当時）の内心（意識）について述べた供述であり，その供述過程は，下記のように，外界の出来事について報告する典型的な供述証拠とは異なる構造を持つ。

　通説は，心理状態の供述（を内容とする供述または書面）を非伝聞とし，320条1項の適用を否定する。その理由としては，次のような点が挙げられている。まず，①この場合，原供述については，供述過程のうち真摯性と叙述の過程は伴うものの，知覚と記憶の過程は初めから問題にならない。過去の外界の出来

事をではなく，その時の自己の内心の状態について述べるのであるから，虚言や言い間違いの可能性はあっても，見間違い・聞き間違いや記憶違いの可能性は性質上およそあり得ず，この点で典型的な供述証拠に比べて誤謬の危険は小さい。そして，②真摯性と叙述の点は，誤謬の有無・程度につき吟味が必要であるものの，それは，原供述者（A）の尋問によらなくても，A供述を聞いたBの尋問等によって（書面の場合は書面の内容や作成状況等から）も可能であるし，また，③真摯性の点の誤謬とは，証拠の人為的な改変・変容を意味するところ，これは物的証拠についても問題になるから，心理状態の供述の場合も，物的証拠の場合と同様，一般的な関連性の問題として処理すれば足りる。さらに，④人の心理状態については，その人のふともらした発言を聞いた者（B）の供述が最良の証拠であるのに，もしこれを伝聞証拠とすれば，適用可能な例外規定がなく排除せざるを得ない場合が多く，妥当でない。

　心理状態の供述に当たるのは，「嫌悪の情」といった感情を述べる供述には限らず，自己の行動の計画や意図を述べる供述も含まれるとされる。また，外界の出来事について述べる供述でも，供述者がその出来事を認識していたことのみを推認する——その出来事が実際にあったことを推認するのではなく——のに用いる場合（たとえば上の例で，Aの嫌悪の情を立証事項とする場合，A供述の後半部分からは，Aが嫌悪の情を抱いていた理由としての「Xの行動についてのAの認識」を推認することが考えられる）は，真摯性・叙述の点のみが問題となり，知覚・記憶の誤謬のチェックは必要ないから，心理状態の供述と同列に扱われ得る（なお，⇨380頁(c)）。なお，供述時より前の過去の心理状態について述べる供述は，知覚以外のすべての供述過程が問題になるから，これを内容とする供述または書面は，通説においても伝聞証拠とされている。

　上記の非伝聞説の論拠に対しては種々の批判があり得る。たとえば，②でいう真摯性等の吟味手段は，原供述者本人の尋問とは決して等価ではなく（とりわけ書面の場合），③の人為的改変に関しても，改変の容易さおよび改変の痕跡の残りにくさという点で供述と物的証拠とでは質的に異なり，それゆえ，知覚・記憶の過程が問題にならない（①の点）としても，他の過程につき供述証拠特有の誤謬の危険が潜む以上，320条1項の適用を肯定すべきではないか。④の点も，確かに例外規定がないため排除されることによる実際上の不都合は

第4章 証 拠 法

想定できるものの，そもそも，上記のような類型の供述が，書面上のものも含めてすべて「ふともらした」「最良の証拠」といえるかは疑問である。

(6) 犯行計画に関する供述

被告人 X と共犯者 Y による V 殺害にかかる殺人事件の公判において，「事件の数日前，X が Y に対して『V はもう殺してもいいやつだ』『V への攻撃はけん銃で行うが，慎重に調査し計画しよう』と話しかけるのを聞いた」と W が証言した（類似の例として，最判昭和 38・10・17 刑集 17 巻 10 号 1795 頁参照）。この W 証言を，まず，X が事前に V 殺害の意思ないし計画を有していたことを証明するために用いることが考えられる。刑法学における「共謀」概念の本質を主観的なもの（犯罪の共同遂行の合意）と捉える立場のもとで，共謀の立証の一部として，共謀者（の 1 人）の意思・計画を証明する場合などである（単独犯における犯人の意図・計画を証明する場合も同様である）。この場合，W 証言中の X 供述は，X の供述当時の心理状態の供述であるから，前述 (5) の通説によれば，W 証言は非伝聞である。

他方，W 証言中の X 供述は，X と Y との間での V 殺害に関する謀議行為の一部（なお，「共謀」概念の本質を客観的な謀議行為と捉える立場では，これは共謀の一部を構成する）と見ることができ，これを証明するために W 証言を用いることも考えられる。この場合は，X が上記発言をしたこと自体を推認しようとするのであるから，W 証言は——「純粋な」——非伝聞である。

> **Column 4-4** 犯行計画メモの証拠能力
>
> 犯行計画を記した書面（犯行計画メモ）は，その作成者がメモの作成当時に有していた犯行計画ないし犯罪意思を述べたものとして用いるなら，心理状態の供述に当たる（それゆえ通説によれば，非伝聞として，関連性が認められるかぎり証拠とすることができる）。しかし，その場合にメモから推認し得るのは，あくまで作成者自身が作成当時に有していた計画・意思にとどまる。もし，たとえば複数人による犯行とされる事案において，犯行計画メモから，そこに記載された内容通りの共謀が成立していたこと（ないし，謀議参加者の間でそのような内容の共通意思が形成されたこと）を推認しようとするのであれば，同メモは，基本的には伝聞証拠である。単にメモの作成者自身の計画・意思を推認する場合と異なり，作成者が謀議の内容を知覚し記憶した過程も問題になるからである。

384

第3節　伝聞証拠の証拠能力

　もっとも，謀議参加者の間で何らかの1つの共通意思が形成されたことが別
の証拠によって証明されているという事情がある場合には，犯行計画メモから，
作成者の意思を推認した上で，さらにこの事情を媒介として，メモに記載され
た内容の共通意思が謀議参加者間で形成されたことを推認できる，という考え
方もあり得る（なお，共謀の本質を主観的な合意と捉える立場では，これは共謀
そのものの立証にあたる）。メモ作成者が謀議参加者の一人であるかぎり，作成
者の意思は共通意思の内容と同一のはずだからである。そしてこの場合，メモ
は心理状態の供述を記載したものであるから，（通説によれば）非伝聞である
（ただし，メモの作成が謀議の時点から隔たっている場合にまで，知覚・記憶の過
程が問題にならないといえるかは疑問である）。しかし，上記の事情がない場合
に，メモ作成者の意思を当然に謀議参加者全員の共通意思でもあると推認する
ことはできない。もしそのような推認をするのであれば，メモは実質的には伝
聞証拠だといわざるを得ない。

　では，謀議の場において，謀議参加者全員が，そのうち1人の作成した謀議
内容を記したメモを回覧して確認した場合はどうか。回覧しての確認に用いら
れたメモの記載は，実質的には謀議参加者全員の供述であり，全員のその当時
の（共通の）意思が述べられたもの（心理状態の供述）とみることができる。
それゆえ，（通説によれば）メモを非伝聞として，謀議参加者全員が有した（共
通の）犯罪意思（ないし，そのような共通意思が形成されたこと）を推認するた
めに用いることができよう（なお，共謀の本質を主観的な合意と捉える立場では，
これは共謀そのものの立証にあたる）。他方，メモの作成，回覧・確認という行
為は，謀議参加者間での謀議行為と位置づけられ，メモは謀議行為の道具・手
段としての性格を持つともいえる。それゆえ，そうした謀議行為を証明するた
めの証拠としてこのメモを用いることも考えられる（なお，共謀の本質を客観
的な謀議行為と捉える立場では，これは共謀そのものの立証にあたる）。この用い
方をするときは，犯行計画の記載された当該メモの存在自体が問題になるにと
どまるから，メモは「純粋な」非伝聞に類するものといえる。なお，以上いず
れの場合も，メモが回覧・確認されたこと自体について証明が必要であるが，
たとえばメモに謀議参加者全員の署名があれば，それはメモの回覧・確認が行
われたことを推認させる有力な事情となろう。

　犯行計画を記載したメモの内容が，別の証拠によって証明された客観的な犯
罪事実と一致している場合はどうか。偶然の一致は考えにくいような種類・程
度・範囲の事項についてそのような一致が認められ，かつメモが犯罪発生前に
作成されたものだと判明していれば，そこから直ちに，当該犯罪がそのメモに
記載された犯行計画に則って遂行されたことを推認し得る。また，そうした一
致の認められるメモがXの作成したものだと判明していれば，そのこと自体
から，Xが当該犯罪の（計画）内容について了知していたことや，（当該犯罪と
無関係の者が計画の存在を知ることは考えにくいといえるならば）X自身が当該

385

犯罪に少なくとも何らかの関与をしていたことを推認し得る。上のようなメモ（作成者不明でも）が発見された際にXがこれを所持していた場合も，そのこと自体から，Xが当該犯罪に何らかの関与をしていたことを推認し得る（ただしそれには，無関係の第三者がメモを入手することは考えにくいといえる必要があるが，犯行計画メモの性質上，通常はそういえるであろう）。あるいはまた，当該犯罪が複数人によるものであることが証明されている場合には，（記載内容が客観的犯罪事実と一致し，かつ犯罪前に作成された）メモの存在から，それらの者の間でメモの記載内容通りの共通意思が形成されていたことを推認し得るであろう。これらの推認の過程においては，メモは，その存在自体が証拠とされるにとどまるから，「純粋な」非伝聞と位置づけられる（なお，以上の用い方のいくつかは，犯罪後に作成された報告メモの類についても応用可能であろう）。

3 伝聞例外の根拠 —— 一般的要件

刑訴法は，320条1項において，原則として伝聞証拠の証拠能力を否定するが，同時に321条以下で，伝聞証拠であっても例外的に証拠能力が認められる場合（**伝聞例外**）を規定している。例外が認められる理由については，各規定の要件との関係で（合憲性に関する議論とも相まって）種々に論じられているが，一般化して述べれば概ね次の通りである。

前述の通り，伝聞証拠が原則として証拠能力を否定されるのは，公判廷での（供述と同時的な）証人尋問の手続による吟味を経ていない供述過程を含むためである。つまり，供述証拠を事実認定の基礎とするには，そうした吟味を経るのでなければならないというのが刑訴法の命じる原則である。しかし，この原則を厳格に貫けば，事実の解明にとって著しい障害となることもある。たとえば，事件について重要な情報を有する者が，やむを得ない事情により公判廷に出頭し供述する（証人尋問を受ける）ことができない場合（その者が公判期日までに死亡したような場合が典型である）に，その者が公判外で提供した供述情報を公判において使用することを——証人尋問による供述過程の吟味を行い得ないことを理由に——一切断念しなければならないとするのは疑問である。このような場合には，その者が公判外で行った供述を（書面や伝聞供述を介して）証拠として用いることを認めるべき強い**必要性**が存するのである。もっとも，このような「必要性」が認められる場合でも，それだけで直ちに伝聞証拠の証拠能力を肯定すべきではない。供述証拠について原則として上記のような吟味の手続の

第3節　伝聞証拠の証拠能力

確保が要求されるのは，それにより供述過程に誤謬が生じないようにし，また誤謬の有無・程度を明らかにする（そしてひいては事実認定の誤りを防止する）ためであるところ，伝聞証拠を使用するからには，そうした手続をなしで済ませてもよいだけの特別の信用性の担保——すなわち供述過程に誤謬を生じさせないような特別の情況のもとで当該公判外供述が行われたこと（**特信性**ないし**特信情況**）——が要求される。

　321条以下の規定の多くは，以上のような基本的発想に基づいている（なお，⇨ 376 頁(4)の通説を前提にすれば，必要性と特信性は，被告人に不利益な伝聞証拠に関するかぎり，憲法 37 条 2 項適合性のための要件でもある）。ただし，後述するように，最も重要な伝聞例外規定の 1 つである 326 条は，以上とは異なる論理に基づくものであり，また，322 条 1 項についても，その根拠の説明は必ずしも一様でない。

4　供述（代用）書面の証拠能力

　刑訴法は，供述（代用）書面（⇨ 373 頁(b)）に関する伝聞例外を先に規定し（321 条〜323 条），伝聞供述（⇨ 373 頁(a)）については供述書面の規定を準用するかたちをとっている（324 条。⇨ 404 頁**5**）。これは，伝統的に書証が多用されてきたという実情に即したものである。

　供述書面に関する規定のうち，321 条は被告人以外の者の供述を内容とする書面，322 条は被告人の供述を内容とする書面について定める（ほかに 321 条の 2 はビデオリンク方式による証人尋問調書について規定する）。323 条は，321 条ないし 322 条により許容される書面以外の書面で特に信用すべきものについて定める。

(1)　供述書と供述録取書——署名押印の意義

　321 条 1 項や 322 条 1 項は，「供述書」と「供述を録取した書面」の 2 種類の書面を区別している。**供述書**とは，供述者が自ら作成した書面である。供述を録取した書面（**供述録取書**）は，（原）供述者（A）が行った供述を別の者（録取者〔B〕）が書き留めた書面である。供述書は，そこに含まれる（証人尋問手続によって吟味されない）供述過程は作成者のそれのみなので，単純な伝聞である

が，供述録取書は，原供述者のほか，録取者の供述過程（原供述者の供述を知覚・記憶し，表現・叙述する過程）をも含むから，本来は二重の伝聞（再伝聞）の性質を有する。

刑訴法は，供述録取書について，原則として原供述者の「**署名若しくは押印**」を要求している（321条1項柱書・322条1項本文。なお，321条1項の署名に代書に関する規則61条の適用があることにつき，最決平成18・12・8刑集60巻10号837頁参照）。これは，原供述者が，供述録取書の記載内容を確認し，その正確性——すなわち，自己の行った供述を正しく録取したものであること——を保証する意味がある。原供述者Aの署名押印があれば，いわば録取者Bの供述過程が解消され，A自らが供述を記載した場合とほぼ同じ構造になる——再伝聞が単純伝聞化される——から，供述書と同列に扱い得るのである。ただ，供述書と同列といっても，供述録取書の場合は，供述時に供述の相手方が当然に存在したという特色はあくまで残るから，法はその点に着目し，（被告人以外の者の）供述録取書について，誰の面前での供述であるか——供述の相手方が誰であったか——によって扱いを違えている（321条1項各号参照。後述）。

なお，供述録取書の署名押印は，321条2項前段や322条2項では要求されていない。これらの場合，録取の正確性は，原供述者の確認を待つまでもなく類型的に担保されていると考えられるためである。321条1項1号（⇨390頁(b)）のもとで，通常供述者の署名押印がない公判調書や公判準備調書（規45条1項・52条の2第1項参照）でも（明文には反するが）証拠とし得ると解されているのも，同様の考え方に基づく。

(2) 被告人以外の者の供述を内容とする書面

(a) 伝聞例外の一般規定　321条1項3号は，「前2号に掲げる書面以外の書面」の証拠能力について定めており，（被告人以外の者の）供述録取書および供述書全般に適用され得るものである（なお本号の適用を受ける書面を**3号書面**という）。その要件も，伝聞例外規定の中では最も厳格であり，他の規定は，それぞれの書面の特性に応じ，3号に比して緩和された要件となっている。それゆえ，本号は伝聞例外の一般規定と位置づけられる。

本号の対象となるのは，供述録取書および供述書全般であるが，とくに司法

警察職員の面前での供述録取書（供述調書）が例として挙げられる（これを**員面調書**という）。被告人以外の者が捜査段階において警察の取調べを受けた際に作成された供述調書などがこれに当たる。

本号により証拠能力が認められるための要件は，①供述不能，②不可欠性，③特信性（特信情況）の３つである（これらはすべて満たされる必要がある）。なお，供述録取書については署名押印も必要である（１項柱書。⇨前述(1)）。

①**供述不能**とは，供述者が死亡，精神もしくは身体の故障，所在不明または国外にいるため，公判準備または公判期日において供述することができないことをいう。これは１項２号（および１号）の書面とも共通する要件であるので，詳細は(c)（⇨391頁）で述べる。②**不可欠性**とは，当該供述が犯罪事実の存否の証明に欠くことができないものであることをいう。それが唯一の証拠であることまでは必要ないが，単に犯罪事実の存否に関連するという程度では足りない。以上の①と②が，**3**で述べた「必要性」を基礎づけるものといえる。

③**特信性**（**特信情況**）とは，当該供述が特に信用すべき情況のもとにされたものであることを意味する（３号但書）。「信用性の情況的保障」ともいう。特信性の有無は，供述内容そのものからではなく，供述時の「外部的付随事情」から判断すべきだとする見解が有力である（２号後段に関し，⇨394頁も参照）。なお，本号の特信性は，２号後段の（相対的）特信性のように公判での供述との比較の問題ではなく（比較の対象となる公判供述が存しない），公判外供述それ自体の問題である（**絶対的特信性**）。学説上，本号の特信性の認められる供述の例として，出来事の進行中または直後になされた衝動的・自然的な発言や，臨終間際に行われた供述，自己の利益に反する供述などが挙げられている。判例には，取引の都度書き留めた備忘メモ（最判昭和31・3・27刑集10巻3号387頁）や国際捜査共助に基づきアメリカ国内において黙秘権の告知，偽証の制裁，公証人の面前等の条件下で作成された供述書（最決平成12・10・31刑集54巻8号735頁），韓国の裁判所に起訴された共犯者が任意性の保障される手続のもとで行った供述を記載した同国の公判調書（最決平成15・11・26刑集57巻10号1057頁），国際捜査共助に基づき中国の捜査機関が黙秘権を実質的に告知するなどして行った共犯者の取調べにおける供述を録取した調書（最判平成23・10・20刑集65巻7号999頁）について，本号のもとで証拠能力を肯定した例がある。

(b) **裁判官面前調書**　321条1項1号は，裁判官の面前における供述を録取した書面（**裁判官面前調書。裁面調書，1号書面ともいう**）について規定する。本号の対象となるのは，捜査における証人尋問（226条～228条）や証拠保全としての証人尋問（179条）の調書（当該事件か他事件かは問わない），他事件の公判調書などである。他事件の公判調書については，供述者がその事件の被告人として行った供述を録取した部分をも含むとするのが判例である（最決昭和57・12・17刑集36巻12号1022頁）。

　本号により裁面調書に証拠能力が認められるのは，(i)供述不能の場合か，または(ii)自己矛盾供述の場合のいずれかである（一般に，本号のうち(i)の場合を前段，(ii)の場合を後段とよぶ。なお，署名押印につき，⇨前述(1)）。ほかに，ビデオリンク方式による証人尋問調書について，321条の2に特則がある（⇨後述(iii)）。

　(i)　**供述不能の場合**　本号前段によれば，原供述者が供述不能の場合には，それだけで——すなわち3号のような特信性の要件なしに——証拠能力が認められる。公平な第三者たる裁判官の面前でなされ，また原則として宣誓のもとでなされた供述であるから，特信性は類型的に担保されていると解されるからである（さらに，裁判官が当事者に代わって十分に尋問・吟味を行っていたものと期待できるということも，理由に挙げられる）。供述不能の意味については，⇨後述(c)(i)。

　(ii)　**自己矛盾供述の場合**　本号後段によれば，供述者が公判準備または公判期日において前の供述——すなわち裁面調書における供述——と異なった供述をしたときにも，証拠能力が認められる（なお，本号の自己矛盾供述は，供述内容たる事実の真実性の証明のために用いられるものであり，380頁(3)の弾劾証拠としての自己矛盾供述の使用とは異なることに注意を要する）。このように公判外での供述と矛盾する供述を公判で行った場合も，公判外供述の使用を認める「必要性」がある——供述不能の場合ほどの強度の必要性ではないとしても——といえるからである。特信性の要件が課されていないのは，前段と同じ理由による。なお，学説では，事後的な尋問の機会——裁面調書の供述の内容につき，公判において供述者に対して十分に尋問する機会——が当事者に与えられることを要件とすべきだとする見解も有力である。

　(iii)　**ビデオリンク方式による証人尋問調書**　321条の2は，被告事件の公

判準備・公判期日における手続以外の刑事手続または他事件の刑事手続（179条・226条～228条の証人尋問，他事件の公判での証人尋問等）においてビデオリンク方式による証人尋問（157条の4第1項。⇨331頁(エ)）が行われた場合に，その尋問と供述およびそれらの状況が記録媒体に記録され，それが調書の一部とされたとき（同条2項および3項参照）には，この調書は，321条1項の規定にかかわらず，調書の取調べ後に供述者を証人尋問する機会を訴訟関係人に与えることのみを要件として証拠とすることができると定める。これは，供述者が同一事項について繰り返して証言することにより被る精神的負担を軽減するという必要性と，裁判官の面前において宣誓のもとで行われた供述であること等を考慮に入れて設けられた規定である。

(c) **検察官面前調書**　321条1項2号は，検察官の面前における供述を録取した書面（**検察官面前調書。検面調書，2号書面ともいう**）について規定する。被告人以外の者が捜査段階において検察官の取調べを受けた際に作成された供述調書などが本号に当たる。

本号により検面調書に証拠能力が認められるのは，(i)供述不能の場合か，または(ii)自己矛盾供述の場合のいずれかである（一般に，本号本文のうち(i)の場合を前段，(ii)の場合を後段とよぶ）。なお，いずれの場合も原供述者の署名押印が必要である（1項柱書。⇨前述(1)）。

(i) **供述不能の場合**　本号前段の規定上は，原供述者の供述不能だけで証拠能力が認められる。供述不能の意味（1号および3号と基本的に共通である）については，まず，法の掲げる供述不能の事由（死亡，精神・身体の故障，所在不明・在外）が限定列挙なのか例示なのかにつき争いがある。判例は例示と解し，証人の証言拒否（最大判昭和27・4・9刑集6巻4号584頁〔2号書面の事案〕）や記憶喪失（最決昭和29・7・29刑集8巻7号1217頁〔3号書面の事案〕）の場合なども含めている。学説では，証言拒否について，自己の意思により供述しないのは供述不能に当たらないとして除外する説がある一方，証言拒否も供述不能に当たるとしつつ，ただ2号書面に関しては特信性の要件を補って解釈することを前提とする説もある。なお，証人が部分的に証言を拒否したり記憶喪失を主張したりする場合については，前段ではなく後段の相反性（⇨393頁(ii)）の問題として扱うのが一般的である。

第4章 証拠法

　供述不能要件は，ただ公判の時点で供述することができないというだけで満たされるわけではない。まず，供述不能の事由は一時的なものでは足りない。期日を改めるなどすれば供述不能の事由が解消する見込みがある場合に，そうした措置をとらずに直ちに検面調書を証拠採用することは許されない（もっとも，この点は迅速裁判の要請等との兼ね合いもある。なお東京高判平成22・5・27高刑集63巻1号8頁も参照）。また，供述できない状態に至った経緯等をも考慮して判断すべきである。供述者が現在公判期日に供述できない状況にあっても，そのような状況に至った事由・経緯の如何によっては，供述不能の要件を満たさないものといわなければならない。 判例 4-5 も，在外の場合につき，「検察官面前調書が作成され証拠請求されるに至った事情や，供述者が国外にいることになった事由のいかんによっては，その検察官面前調書を常に右規定〔321条1項2号前段〕により証拠能力があるものとして事実認定の証拠とすることができるとすることには疑問の余地がある」としており（ただし，供述不能要件の解釈として述べたのかは必ずしも明らかではない），その上で，国外退去させられた外国人の検面調書につき，①検察官が国外退去予定を認識しながら殊更それを利用しようとした場合や，②証人尋問決定があったのに強制送還された場合など，調書を証拠請求することが手続的正義の点で公正さを欠くときには証拠とすることができないとする（なお，東京高判平成20・10・16高刑集61巻4号1頁は，②に該当する場合でも，裁判所・検察官が証人尋問の実現に向けて相応の尽力をし，入管当局も検察官の要請に基づき協力する態勢を整えていたときには，調書を証拠とし得るとする）。

> 判例 4-5 　最判平成7・6・20刑集49巻6号741頁
>
> 【事実】管理売春事件の参考人である13名のタイ人女性が，出入国管理及び難民認定法に基づく退去強制手続により入管当局に身柄を収容されていた間に，検察官の取調べを受け，検面調書が作成されたが，その後順次タイ国へ強制送還された。第1審公判において，検察官は，上記検面調書につき，321条1項2号前段の「供述者が……国外にいるため公判準備若しくは公判期日において供述することができないとき」に当たるとして証拠調べ請求し，裁判所は，それらの証拠能力を肯定して犯罪事実を認定する証拠とした。
>
> 【判旨】「〔刑訴法321条1項2号前段の〕規定が同法320条の伝聞証拠禁止の例外を定めたものであり，憲法37条2項が被告人に証人審問権を保障している趣旨にもかんがみると，検察官面前調書が作成され証拠請求されるに至った事

情や，供述者が国外にいることになった事由のいかんによっては，その検察官
面前調書を常に右規定により証拠能力があるものとして事実認定の証拠とする
ことができるとすることには疑問の余地がある。……退去強制は，出入国の公
正な管理という行政目的を達成するために，入国管理当局が出入国管理及び難
民認定法に基づき一定の要件の下に外国人を強制的に国外に退去させる行政処
分であるが，同じく国家機関である検察官において当該外国人がいずれ国外に
退去させられ公判準備又は公判期日に供述することができなくなることを認識
しながら殊更そのような事態を利用しようとした場合はもちろん，裁判官又は
裁判所が当該外国人について証人尋問の決定をしているにもかかわらず強制送
還が行われた場合など，当該外国人の検察官面前調書を証拠請求することが手
続的正義の観点から公正さを欠くと認められるときは，これを事実認定の証拠
とすることが許容されないこともあり得るといわなければならない。」〔本件は
このような場合に当たらないとした。〕

なお，本号前段が，1号前段と同じく供述不能の要件のみで証拠能力を認め
ることについては，違憲（憲法37条2項違反）説もあるが，判例は合憲として
いる（最判昭和36・3・9刑集15巻3号500頁等）。違憲説は，裁面調書と異なり
検面調書には特信性の類型的担保は認められないことを理由とする。検察官は
公益の代表者とはいえ裁判官のような公平な第三者ではなく一方当事者であり，
宣誓のもとで供述がなされるわけでもなく，また，供述時に実質的な吟味が行
われたと期待することもできないからである。他方，本号前段に3号と同様の
（絶対的）特信情況の要件を補って解釈することで，辛うじて合憲性を認める見
解（合憲限定解釈説）も有力である。

　(ii)　**自己矛盾供述の場合**　　本号後段によれば，供述者が公判準備または
公判期日において前の供述 —— すなわち検面調書における供述 —— と相反するか
または実質的に異なった供述をしたとき（これを**相反性**という），相対的特信性
を要件に，証拠能力が認められる（なお，ここでも自己矛盾供述は供述内容たる事
実の真実性の証明のために用いられるものである）。その実質的理由は1号後段の場
合とほぼ同様であるが，相反性に関する本号の文言は1号後段とは若干異なっ
ており，また，**相対的特信性**が要求される点も1号後段と異なる。なお，学説
では，加えて，事後的な尋問の機会 —— 検面調書の供述の内容につき，公判におい
て供述者に対して十分に尋問する機会 —— が当事者に与えられることを要件とす
べきだとする見解が通説である。

相反性の判断は，厳格に行わなければならない。判例は，前の供述の方が詳細であるといった程度でも相反性を認めている（最決昭和 32・9・30 刑集 11 巻 9 号 2403 頁）が，検面調書自体で，または他の証拠と相まって，公判供述とは異なる事実認定をもたらす程度の相違が必要というべきである。また，証人が公判で相反供述を始めたからといって安易に検面調書を採用すべきではなく，誘導尋問や弾劾尋問等を行ってもなお相反供述を維持する場合にはじめて相反性を認めるべきであろう。

次に，相対的特信性とは，公判準備または公判期日における供述よりも前の供述——検面調書の供述——を信用すべき特別の情況が存することをいう（2 号但書）。本号の特信性は，3 号の（絶対的）特信性とは異なり，公判供述と検面調書の供述との間の比較の問題としてのそれである。そのため，但書は証拠能力の要件ではなく証明力の問題だとする説もかつてはあったが，現在は，証拠能力の要件と解することにほぼ争いはない。相対的特信性を証拠能力要件と位置づけることは，特信性判断を供述内容そのもの（たとえば，供述が理路整然としているか，詳細であるか，前後矛盾していないか等）に照らして行うのではなく，供述がなされた際の「外部的付随事情」（たとえば，時の経過，供述者と被告人との関係，取調べの状況等）から判断すべきとする有力な考え方に親しむ。もっとも，この立場においても，外部的付随事情を推知させるための一資料として供述内容を考慮すること（たとえば，時の経過の影響の有無をはかる一事情として供述内容の詳細度を考慮する等）は許されるとすることが多い。なお，実際上，相対的に検面調書の供述のほうが特信性が高いと認められるのは，検面調書の供述の際に特別な信用性の情況的保障があったという場合よりも，むしろ公判供述の際の情況が信用性の保障に欠けているという場合（たとえば，供述者と被告人との間に特別な人的関係があるため，公判において被告人の面前では虚偽を述べている可能性が高いと認められる場合等）の方が多いであろう。

本号後段についても，前段と同様，憲法 37 条 2 項違反とする見解もなくはないが，通説は，少なくとも前の供述の内容について事後的な尋問の機会が与えられることを証拠能力付与の要件とするかぎり合憲だとする。判例は，本号後段書面につき，「供述者を公判期日において尋問する機会を被告人に与えれば，これを証拠とすることができる旨を規定したからといって，憲法 37 条 2

項に反するものではない」とする（最判昭和30・11・29刑集9巻12号2524頁）。

　本号後段により証拠能力を認められるためには，検面調書の供述は公判準備または公判期日の供述よりも「前の供述」でなければならない。したがって，証人が公判で証言した後に，同人を検察官が取り調べて作成した供述録取書は，たとえ公判証言と相反する内容のものであっても，本号後段により証拠とすることはできない（東京高判昭和31・12・15高刑集9巻11号1242頁）。しかし，同人を再度公判で証人尋問したところ，先の公判証言と同趣旨の証言をした場合には，検面調書は「前の供述」に当たり，本号後段で証拠とすることができるとするのが判例である（最決昭和58・6・30刑集37巻5号592頁）が，これに対しては，公判中心主義に反する等として学説上批判が強い。

　なお，本号後段の書面についての証拠調べ請求義務（300条）につき，⇨326頁。

　(d)　**公判準備・公判期日における供述録取書**　　321条2項前段は，被告人以外の者の公判準備または公判期日における供述を録取した書面について，無条件で証拠能力を認めている（なお，供述者の署名押印も要求されていない）。この書面に当たるのは，当該被告事件の公判調書（48条参照）や期日外尋問（281条・158条）の調書などである。受命・受託裁判官による裁判所外での証人尋問（163条）の調書も含む（通説）。他事件において作成されたこれらの種類の調書は，本項ではなく1項1号の適用を受けるとするのが通説である。なお，当該被告事件の公判調書とは，弁論の更新後または破棄差戻し・移送後等に使用する場合を想定している。

　本項前段の書面が無条件で証拠能力を付与されるのは，裁判官の面前での供述であり特信性が類型的に担保されていることに加え，供述の際に当事者が立会権・尋問権を持ち，供述者に対する証人尋問の機会を保障されているためである。もっとも，それは必ずしも判決裁判所の面前での供述・尋問機会であるとは限らない。そのため，当該判決裁判所の面前での供述でないかぎり，改めての証人尋問が不便であるという程度の必要性を要件とすべきだとする説もある。

　(e)　**裁判所・裁判官の検証調書**　　321条2項後段は，裁判所または裁判官の検証の結果を記載した書面（検証調書）につき，無条件で証拠能力を認めて

いる。裁判所の検証とは128条の検証，裁判官の検証とは受命・受託裁判官による検証（142条・125条）および証拠保全としての検証（179条）である。他事件において作成された検証調書も含むとするのが通説であるが，当該被告事件のものに限るとする見解もある。

本項後段の書面が無条件で証拠能力を付与される理由としては，①検証は，場所や物の状態等それ自体は中立的な性格のものを対象に，客観的な認識を行うことを旨とするものであること，②検証とその結果の記録は，裁判官が，業務として正確かつ公平に行うと通常考えられること，③一般的に検証内容の性質にかんがみると，検証を行った者の記憶に基づく証言に比べ，検証調書の記載によるほうがより正確かつ詳細な情報が得られる —— 再現性がより高い ——こと，④検証者（原供述者）たる裁判官を公判廷で尋問するのは適切でないこと，が挙げられる。加えて，⑤裁判所・裁判官の検証においては，原則として当事者が立会権を有し（142条・113条），その際，適宜指摘を行うことによって裁判所等の観察を正確にさせることができるので，実質的に供述者に対する尋問の機会が当事者に保障されているということを挙げる見解もある。⑤を挙げるならば，他事件の検証調書は本項後段に含めるべきでないことになろう。なお，裁判官の検証調書については，改めて判決裁判所による検証を行うのが不便であることを要件とすべきとする説もある。

(f) **捜査機関の検証調書**　321条3項は，検察官，検察事務官または司法警察職員の検証の結果を記載した書面（捜査機関の**検証調書**）につき，その供述者——すなわち検証を行い，調書を作成した者——が公判期日において証人尋問を受け，それが真正に作成されたものであることを供述したときに，証拠能力を認めている。このように比較的緩やかな要件で証拠能力を付与する理由としては，2項後段について(e)で述べた①ないし③がここでも基本的に妥当する。もっとも，④は捜査官には妥当しないし，また⑤の点も，捜査機関の検証においては当事者（被疑者側）の立会権は保障されていない。さらに，②の正確性に関しても，公平・中立な裁判官と異なり一方当事者の作成であるという点で一段劣る。以上の諸点に照らし，本項は，捜査機関の検証調書を証拠とすることを許容しつつ，その要件として（2項後段のように無条件にではなく）公判での供述者の尋問を要求したものと解される。

396

第3節　伝聞証拠の証拠能力

　公判期日において尋問を受け，真正に作成されたものであることを供述したとは，検証調書の作成名義の真正の点（自らの作成した調書である旨）のほか，調書の記載内容の正確性（検証結果を正確に記載したものである旨），および検証内容の正確性（検証が正確・適正に行われ，検証結果が正確である旨）についても供述することを意味する。さらに，公判での尋問は，上述の趣旨からすれば，単に形式的にこれらの供述を引き出せば足りるものではなく，（事後的とはいえ）当事者による吟味手段としての実質を備え，検証とその記録の正確性を十分に確かめ得るものでなければならないであろう。したがって，供述者が検察官の主尋問に答えて上記の旨を述べただけでは足りず，検証調書の内容（とくに検証の状況）について実質的に尋問を行う機会を相手方当事者（被告人側）に与える必要がある。もっとも，調書の記載内容が客観的真実に合致すると積極的に認められることまで，証拠能力の要件とする必要はないであろう。

　本項の書面の作成主体は，文言上，捜査機関に限定されている。判例は，この文言およびその趣旨にかんがみ，火災原因の調査・判定に関して特別の学識経験のある私人が県消防学校の依頼により行った燃焼実験の結果を報告した書面につき本項の準用を否定した（最決平成20・8・27刑集62巻7号2702頁。ただし4項の準用を肯定した。⇨後述(g)）。もっとも，税関職員が犯則事件の調査で作成した書面につき，同調査は捜査機関の犯罪捜査に類似するから，検証の結果を記載した書面と性質が同じであると認められる限り本項の書面に含まれるとした裁判例もある（東京高判平成26・3・13判タ1406号281頁）。

　本項が，強制処分としての検証（218条・220条）の調書に適用されることは疑いないが，捜査機関が任意処分として行う実況見分の結果を記載した書面（**実況見分調書**）に適用されるかは争いがある。通説は，両処分の実質は異ならないことを理由にこれを肯定し，判例も結論として適用を肯定する（最判昭和35・9・8刑集14巻11号1437頁等）。他方，処分の実質に着目するのであれば一般私人の作成した同種書面も含めるのでなければ一貫しない，原則として事前の司法抑制（令状手続）を伴う検証として行わせるのが望ましい，等の理由から，実況見分調書への適用を否定する見解も有力であるが，これに対しては，処分主体の性質に着目して一般私人作成のものを除外することは不合理ではない，検証として行うか実況見分として行うかが処分の正確性・適正性や調書の

397

正確性の如何に直結するわけではない，といった反論が考えられる。

　検証調書に，検証に立ち会った者が検証現場で述べた供述が記載されていることがある。たとえば，自動車事故の現場での検証（実況見分）に立ち会った目撃者Ｗが「甲地点で加害車両が横すべりした」旨供述したと記載されているような場合である。このＷの供述は，通常，Ｗがそのような指示，説明をしたという事実を示すために記載される——それは，捜査官が甲地点について計測するなど検証を行った契機（なぜ甲地点の計測を行ったかの理由）を示すものとして意味を持つ——のであり（**指示説明**ないし**現場指示**），そのような趣旨のものとして用いるかぎり，Ｗ供述は検証と一体のものと位置づけられ，また，供述内容たる事実の真実性も問題にならない。それゆえ，この種の供述の記載を含む検証調書は，検証の状況ないし結果を証明する目的で用いる場合，321条3項の要件を満たすだけで証拠能力を認められる。判例は，実況見分の際の立会人の指示説明は実況見分の1つの手段にすぎず，指示説明を実況見分調書に記載するのは実況見分の結果を記載することにほかならないとしている（最判昭和36・5・26刑集15巻5号893頁）が，これも実質的には上で述べたのと同じ趣旨である。これに対し，Ｗの供述内容たる事実の真実性——実際に甲地点で加害車両が横すべりしたこと——を証明する目的で用いる場合（この場合のＷ供述は**現場供述**とよばれる）は，この調書はＷの供述録取書に等しく，したがって，Ｗの署名押印があり，かつ321条1項2号または3号の要件を満たすのでなければ証拠能力を認められない（なお，〈判例 4-8〉〔⇨415頁〕も参照）。

　(g)　**鑑定書**　321条4項は，鑑定の経過および結果を記載した書面で鑑定人の作成したもの（**鑑定人の鑑定書**）についても3項と同様としている。すなわち，供述者（鑑定人）が公判期日において尋問を受け，それが真正に作成されたものであることを供述したときに，証拠能力が認められる。鑑定書につきこのような要件を課し，かつそれで足りるとする理由は，3項の書面について(f)で述べたことと多くは共通する（ただし，鑑定人による鑑定の場合は，弁護人の立会権が保障され〔170条〕，また公平・中立性は比較的高いであろう）。

　本項の対象は，裁判所または裁判官の鑑定命令（165条・179条）に基づき鑑定人が鑑定を行い作成した鑑定書である。これに加え，捜査機関から鑑定の嘱託（223条1項）を受けた**鑑定受託者が作成した鑑定書**に本項が適用ないし準用

されるかには争いがある。これを否定する見解は，裁判所・裁判官の鑑定命令に基づかず，宣誓や虚偽鑑定に対する制裁もないので，鑑定人の鑑定書と同列には扱えないとする（ほかに弁護人の立会い〔170条参照〕の有無等の点でも違いがある）。これに対し通説は，適用ないし準用を肯定する。その理由としては，本項の（3項同様の比較的緩やかな）要件のもとで鑑定書に証拠能力が認められる主な根拠——鑑定は通常，専門的分析・判断としてのその性質上客観性が高く，また専門家が業務として正確に行うと考えられること，一般に鑑定の内容は複雑であるから，鑑定を行った者の証言に比べ鑑定書の記載によるほうがより正確かつ詳細な情報が得られること等——は，鑑定受託者の鑑定書についても鑑定人のそれと同様に妥当するということが挙げられよう（裁判所・裁判官の命令ではなく捜査機関の嘱託による点も，3項が捜査機関作成の検証調書につき本項と同じ要件で証拠能力を認めていることに照らすと，適用・準用を否定すべき決定的理由にはならない）。肯定説の中には，被疑者・被告人は裁判官に鑑定を請求できる（179条）のに対し，捜査機関は鑑定嘱託によるほかないということを理由とするものもある。なお判例も，結論として，鑑定受託者の鑑定書への本項準用を肯定している（最判昭和28・10・15刑集7巻10号1934頁）。次に，私人，たとえば被疑者側弁護人が鑑定を嘱託して作成された鑑定書についても，本項の適用・準用を肯定する見解が有力である（なお，前掲最決平成20・8・27の燃焼実験結果報告書は県消防学校の依頼によるものであったが，同決定は本項準用を認めた）。鑑定の客観性・専門業務性，鑑定書の正確性・詳細さといった点で，捜査機関の嘱託による場合とで決定的な差異があるとはいえないことが，その理由として考えられる。ただし，学説には，捜査機関の嘱託によるものについては適用・準用を肯定しつつ，私人の嘱託による場合は否定する見解もある。これは，後者の場合は刑事手続を意識して正確に鑑定が行われるとは限らないこと，被疑者・被告人は捜査機関と異なり裁判官に鑑定を請求できる（179条）こと，等を理由とするのであろう。

　なお，本項の鑑定書は，鑑定の「結果」のみならず「経過」をも記載したものでなければならない。これは，専門的判断の正確性とその事後的吟味可能性を担保するためであろう。判例は医師の診断書にも本項の準用を肯定する（最判昭和32・7・25刑集11巻7号2025頁）が，診断書は通常，診断結果のみが記載

され経過の記載がないことにかんがみると，本項を準用する前提を欠くというべきである。

(3)　被告人の供述を内容とする書面

(a)　**被告人の供述書・供述録取書**　322条1項は，被告人が作成した供述書または被告人の供述を録取した書面について規定する。本項の対象となるのは，被告人の供述書面一般であり，当該被告事件の公判で被告人となっている者の供述であるかぎり，供述がなされた時期やその時の身分，供述の相手方，供述の形式は問わない。被告人が，捜査段階において当該事件の被疑者として取調べを受けた際に作成された供述調書が典型例であるが，供述時には未だ「参考人」であった場合や，さらに他事件の被告人・被疑者，証人，参考人として供述した場合，弁護人その他私人に対して供述した場合等でも，ここでいう被告人の供述に当たり得る。被告人自身が作成した手紙や日記，メモの類も本項の書面に該当する。

　本項により被告人の供述書面に証拠能力が認められるのは，その供述が(i)被告人に不利益な事実の承認を内容とするものであるときか，または(ii)特に信用すべき情況のもとにされたものであるときのいずれかである。なお，いずれの場合も，供述録取書については被告人の署名押印が必要である（⇨387頁(1)）。

　(i)　**不利益事実の承認の場合**　これに該当する典型例は，自白（⇨433頁(a)）すなわち犯罪事実の承認であるが，それに限らず，ほかに犯罪事実の認定の基礎となる間接事実を認める供述すべてがこれに当たる（たとえば，犯行を否認しつつ，犯行現場にいたことを認める供述など）。「不利益」とは，当該被告事件の犯罪事実の存否の認定との関係で被告人に不利益となることを意味し，単なる量刑上不利益な事実の承認や刑事責任と無関係な民事責任を認める供述等は含まれない。

　(i)の書面には，**任意性**の要件が課される。すなわち，その承認が自白でなくても，319条の規定に準じ，任意にされたものでない疑いがあると認めるときには証拠とし得ない（322条1項但書。なお，自白調書については，同項但書によらず，直接319条1項によって任意性の要件が課される）。これは，自白法則（⇨435頁**2**）の趣旨を，公判外供述については不利益事実の承認全般にまで拡大する

400

ものである。なお，裁判員裁判対象事件等において，(i)の書面のうち逮捕・勾留中の被疑者取調べ等に際して作成されたものについて任意性が争われた場合の取調べ録音・録画記録の証拠調べ請求義務（301条の2）につき，⇨101頁(4)，326頁。

　不利益事実の承認を内容とする被告人の公判外供述が，任意性の点を除いては無条件で ── すなわち，伝聞例外の一般的根拠である必要性も特信性も要件とせずに ── 証拠能力を認められる理由については，概ね2つの考え方があり得るように思われる。第1は，この場合には反対尋問権の保障という配慮が無意味であることを理由とするものである。被告人の被告人自身に対する反対尋問ということは想定し得ないから，そもそも伝聞法則の趣旨が妥当せず（この点から，狭義の伝聞例外と区別して，この場合を「伝聞不適用」と称する論者もいる），そのため無条件で証拠とし得るというのである。第2は，あくまで伝聞例外の原理から ── すなわち必要性と特信性の観点から ── 説明する見解である。人は真実に反してまで刑事責任上自己に不利益となる事実を認めるものではないという経験則に照らし，こうした供述は類型的に信用性が高いと考えられるから，無条件で証拠とし得るというのである（必要性の点は，被告人が公判で黙秘した場合は供述不能類似の状況であるし，否認した場合は自己矛盾的状況であるという意味で肯定できよう）。伝聞法則の基礎にある公判廷での尋問の手続を構成する要素には，相手方当事者による反対尋問の機会だけではなく，事実認定者による供述者の態度・表情等の観察や法廷の厳粛さなども含まれることからすれば，第1の見解のように伝聞法則の趣旨が妥当しないとまで言い切るのは適切でないと思われる。

　　(ii) **特信性がある場合**　　(i)に該当しない供述，すなわち被告人に有利な事実を内容とする供述や犯罪事実の認定には影響しない中立的な内容の供述（たとえば身上関係に関する供述）については，(i)の場合と異なり類型的に信用性が高いとはいえないため，**特信性**（321条1項3号の絶対的特信情況とほぼ同じ意味である）の要件を満たしてはじめて，その書面に証拠能力が認められる。なお，(i)の書面に関する上述の第1の立場でも，(ii)の書面の場合には検察官の反対尋問の機会の保障の趣旨が妥当するので，伝聞例外として，その機会に代わる担保としての特信性が要求されるのだと説明される。

401

第4章 証拠法

> **Column 4-5　共同被告人の公判外供述**
>
> 　被告人 X および Y が併合審理を受けている場合において，X に対する関係で Y の公判外供述を記載した書面を証拠とする際の適用規定について争いがある。とりわけ共犯者である共同被告人の場合に問題になる（共犯者でない場合は 321 条説で概ね一致している。ただし競合適用説もある）。Y は X との関係では「被告人以外の者」であるから 321 条 1 項各号によるべきだとするのが通説・判例であるが，322 条によるべきだとする見解もある。後者の見解は，共犯者間では事実認定を共通にすべき要請が強いため，Y 自身に対する関係では 322 条による以上，X に対する関係でも同じ要件のもとで使用を認めるべきだという理由によるが，X の反対尋問権の保障に配慮を欠くきらいがある。ほかに，321 条と 322 条を競合適用すべきとする見解も有力である。

(b)　被告人の公判準備・公判期日における供述録取書　　322 条 2 項は，被告人の公判準備または公判期日における供述を録取した書面について特則を置いている。すなわち，1 項と異なり不利益か否かの区別なく，その供述が任意にされたものであると認めるときに証拠能力を付与し，ほかに要件は課されていない（被告人の署名押印も要求されていない）。なお，本項でいう公判準備・公判期日とは，当該被告事件のものに限るとするのが通説である。

(4)　特に信用すべき書面（特信書面）

　323 条は，以下の書面について無条件で証拠能力を認めている。

(a)　公務文書　　同条 1 号が規定するのは，公務員がその職務上証明することができる事実についてその公務員が作成した書面である。同号の例示する戸籍謄本と公正証書謄本のほか，戸籍抄本，不動産登記簿や商業登記簿の謄本・抄本，印鑑証明書，住民票の写しなども本号の書面に当たる。これらの中には再伝聞（ないし多重伝聞。⇨ 404 頁**6**）の構造をとるものも含まれる。

　本号の書面が無条件で証拠能力を付与される理由は，この種の書面は高度の「信用性の情況的保障」が類型的に認められるとともに，作成者を証人として尋問することが不都合であり，また書面の記載内容の性質からして公判廷で供述させるよりも書面を用いる方が正確であり有益であるという意味での「必要性」も類型的に認められる点にある。戸籍謄本に関していえば，出生等の事実につきその届出の義務者・期間・方式等が法律上厳格に定められ，届出が正確になされるよう担保されているほか，届出に基づく戸籍簿への記載も公務員が

402

職務として行うものであるから，一般的に高度の正確性が認められる。さらに，いちいち公務員を証人として尋問することは徒に公務所の業務を妨げるし，また届出人や公務員の公判廷での供述よりも戸籍簿の記載の方が一般的に正確であり有用である。

(b) **業務文書**　　同条 2 号が規定するのは，業務の通常の過程において作成された書面である。同号の例示する商業帳簿と航海日誌のほか，航空日誌や医師のカルテ，タクシーの運転日報なども本号の書面に当たる。本号が無条件で証拠能力を付与する理由は，この種の書面は，業務遂行の基礎として信用保持等の観点から正確に記載されかつ規則的・機械的・連続的に作成されるので虚偽が入り込みにくく，また，書面の記載内容の性質上，作成者に公判廷で供述させるよりも書面を用いる方が正確であり有益であるという点にある。

(c) **その他特に信用すべき情況のもとに作成された書面**　　同条 3 号は，1 号および 2 号に該当しないが「特に信用すべき情況の下で作成された」書面についても無条件で証拠能力を付与している。規定の位置からして，前 2 号の書面に準ずる程度の高度の信用性および必要性が認められなければならないが，その判断基準につき，書面自体の性質から類型的にそれらが認められる必要があるとする見解と，個々の具体的事情に基づきそれらが認められる場合も含めてよいとする見解とが対立している。

本号の書面に当たる具体例として学説上挙げられているのは，公の統計・記録・報告書，年表，暦，市場価格表，学術論文，広く使用されている人名簿などであるが，そのほかに，日記や手紙，手帳，契約書，領収証等の一般的な書面も本号により許容できる場合があるかについては，上記の見解の対立とも相まって争いがある（手紙について本号の書面に当たるとしたものとして最判昭和 29・12・2 刑集 8 巻 12 号 1923 頁）。また，いわゆる「**メモの理論**」が本号のもとで論じられることもある。これは，アメリカ法で「過去の記録された記憶」とよばれるもので，被告人または証人が，直接体験した事実について体験当時にメモ（覚書）を作成していた場合に，現在では体験事実自体は忘れたもののメモを正確に作成したことは覚えており，その旨供述するときには，そのメモを伝聞例外として許容するという法理である。しかし，本号のもとでこうしたメモに証拠能力を認めることには学説上批判が強い。

第4章　証拠法

5　伝聞供述の証拠能力

　伝聞供述（いわゆる「また聞き」の証拠。⇨373頁(a)）については，324条が，供述書面の規定を準用するかたちで証拠能力の要件を定めている。すなわち，公判期日または公判準備における被告人以外の者の供述のうち，①被告人以外の者の（公判外）供述を内容とするものについては321条1項3号の規定の準用により（324条2項），②被告人の（公判外）供述を内容とするものについては322条の規定の準用により（324条1項。なお301条の2第3項も参照），それぞれ証拠能力が判断される。なお，いうまでもないが，321条1項柱書および322条1項に規定される（供述録取書に関する）署名押印の要件は，ここでは無関係である。

　公判期日または公判準備における被告人の供述で，被告人以外の者の（公判外）供述を内容とするものについては，明文の規定がない。学説上は，原供述が被告人に不利益なものである場合には322条1項の，不利益でないものである場合には324条2項（321条1項3号準用）の類推適用により，証拠能力を判断すべきとする見解が有力である。

6　再 伝 聞

　Aが公判外で「事件当夜，XがV宅前をうろついているのを見た」と話すのを聞いたBが，公判外でCに対し，Aの供述を聞いた旨述べ，そしてCが公判廷で，Bのこうした供述について証言した場合，A供述の内容たる事実の真実性の証明のためにC証言を用いることは許されるであろうか。また，BがA供述の内容を検察官に対して述べた供述を録取した書面（Bの署名押印がある）についてはどうか。これらは，公判廷での証人尋問の手続によって吟味されない供述過程を2つ──AとBのそれ──含んでおり，こうした供述過程構造をとる証拠を**再伝聞**という。さらに供述過程が連なる場合を含めて，重複伝聞，多重伝聞ということもある（なお，上記Bの供述録取書は本来「再々伝聞」であるが，Bの署名押印により録取者の供述過程が解消されるため，再伝聞と位置づけられる）。

　再伝聞（多重伝聞）証拠の証拠能力については，明示的に定めた条文はなく，

404

見解が分かれている。通説は，各々の供述過程について伝聞例外（321 条〜324 条）の要件が充足されるかぎり，再伝聞証拠にも証拠能力を認めてよいとする。判例には，321 条 1 項 2 号の要件を満たす書面中の伝聞供述部分につき 324 条を類推適用して証拠能力を判断する――つまり，検察官の面前で行われた供述を 324 条にいう公判期日における供述と同視し，その供述の中に含まれる供述について（324 条が準用する）322 条または 321 条 1 項 3 号を適用する――とした原審を是認したものがある（最判昭和 32・1・22 刑集 11 巻 1 号 103 頁）。ほかに，学説では，321 条〜324 条を各 1 回ずつ適用する限度で証拠能力を認めてよいとする見解や，本来再伝聞である供述録取書について法が原則として署名押印がある場合に限り証拠能力を付与した（321 条 1 項柱書・322 条 1 項）趣旨に照らすと，一般的に再伝聞証拠に（伝聞例外の要件を適用して）証拠能力を認めることはできないとする見解もある。

7 任意性の調査

325 条は，321 条〜324 条までの規定により証拠とすることができる書面または供述であっても，「あらかじめ，その書面に記載された供述又は公判準備若しくは公判期日における供述の内容となつた他の者の供述が任意にされたものかどうかを調査した後でなければ」証拠とすることができないと規定する。この任意性の調査を行うべき時期については，本条を証拠能力の要件を定めたものとみるか否かとも相まって，見解の対立がある。通説は，本条自体は任意性を証拠能力の要件として定める趣旨のものではない――任意性は，別途証拠能力の要件とされている場合（322 条等）は格別，単に証拠の証明力を判断するにあたり考慮すべき事情にすぎない――と解し，したがって，その調査の時期は，当該証拠の証拠調べより前でなくてもよく，証明力の評価を最終的に行う前であれば足りるとする（なお，最決昭和 54・10・16 刑集 33 巻 6 号 633 頁も参照）。これに対し，本条も証拠能力の要件としての任意性を定めたものであるから，当該証拠の取調べ前に調査しなければならないとする見解もある。

8 当事者の同意した書面・供述

326 条 1 項によれば，「検察官及び被告人が証拠とすることに同意した書面

又は供述」（書面の場合，これを**同意書面**という。なお「供述」とは伝聞供述である）
は，書面作成時または（原）供述時の情況を考慮し相当と認められる場合には，
321 条〜325 条の規定にかかわらず証拠とすることができる。

(1) 同意の性質

　本条の同意の性質については，従来，これを①原供述者に対する反対尋問の
権利を放棄するものと捉える見解（**反対尋問権放棄説**）と，②当該証拠に証拠能
力を付与するという積極的な訴訟行為と捉える見解（**証拠能力付与説**）とがある
とされてきた。両説で差異が生じるのは，(a)検察官請求の伝聞証拠につき被告
人側が本条の同意をし，その取調べが行われた後に，当該証拠の証明力を争う
ため被告人側が原供述者の証人尋問を請求して尋問を行うことが許されるか，
(b)本条の同意がなされた伝聞証拠が違法収集証拠である場合に，この同意が違
法収集証拠に対する同意の意味をも含むか，という問題についてである（この
ほか，被告人の自白調書に対する同意が本条の同意にあたるかにつき，①説は否定，②
説は肯定の結論になるとされる）。(a)については，①説によれば，同意により反対
尋問権を放棄した以上，このような証人尋問請求はもはや許されない（証明力
を争うにはそれ以外の方法によらなければならない）とされるが，②説では，同意
は当該証拠に証拠能力を付与しただけであるから，証明力を争うためのこのよ
うな証人尋問請求も妨げられないとされる。次に，(b)について，①説では，本
条の同意は反対尋問権を放棄するだけであり，違法収集証拠に対する同意はま
た別個の問題だとされるのに対し，②説では，本条の同意によりおよそ証拠能
力を付与したという以上，違法収集証拠排除法則との関係でも同意による証拠
能力付与があったということになり（ただしこの点，そもそも当事者の同意によ
る違法収集証拠への証拠能力付与を認めるか否かにもよる。⇨431 頁(2)），当事者は
同法則による排除の主張を許されないと解することになりそうである。

　しかし，伝聞法則の趣旨の 1 つが反対尋問権保障にあることを理由に，同意
を「反対尋問権の放棄」と捉えるとしても，それは，供述者に対する尋問の機
会を全面的に放棄するものではなく，（原供述時における）同時的な尋問に曝さ
れていない――当事者に同時的な尋問の機会が与えられなかった――供述証拠が公
判で使用されることを受忍するという趣旨にとどまるものだと解することも可

第 3 節　伝聞証拠の証拠能力

能である。これは結局，伝聞排除の原則（320 条）の適用を解除するという意思表示にほかならず，その意味に限っての「証拠能力付与」――あらゆる証拠能力に関する規制を解除する趣旨でのそれではなく――といってもよい。本条の同意をこのように解すれば，上記(a)については肯定しつつ，(b)については否定の結論（違法収集証拠排除の主張をなおも行える）をとることもできよう。

(2)　同意の手続

　326 条の同意をなし得るのは，検察官および被告人であるが，弁護人も代理人の立場で同意を行える（ただし被告人の意思に反してはならない）。なお，当事者の請求した証拠については，相手方の同意があればよい。職権証拠調べの場合は両当事者の同意が必要である。

　同意の意思表示は必ずしも明示的でなくてもよいが，当事者の意思を客観的に推認できなければならない。通常，書証の場合には，当事者の一方から証拠調べ請求がなされると，相手方の意見を聴く（規 190 条 2 項）際に，同意するか否かが確認される（なお，検察官・弁護人は，事前準備において，相手方請求証拠の閲覧の機会を与えられた場合に，同意するか否かの見込みを相手方に通知することとされる〔規 178 条の 6 参照〕。また，公判前整理手続においては，当事者は，所定の証拠開示を受けた場合に，相手方請求証拠について同意をするか否かの意見を明らかにしなければならない〔316 条の 16・316 条の 19〕）。公判廷での伝聞供述の場合には，適時の異議申立てがないかぎり黙示の同意があったものとして扱われる。なお，同意は，1 通の書面の一部分のみについて行うこともできるとされている。

　当事者の同意があっても，**相当性**が否定されれば，326 条によって証拠能力を認めることはできない。相当性を欠く場合とは，たとえば，任意性を欠く，証明力が著しく低い，等の事由が存する場合であるが，実際に相当性欠如を理由に証拠能力を否定されることはあまりないとされる。

> **Column 4-6**　**実務における書証への同意の意義**
>
> 　実務上，これまで，同意書面は極めて大きな役割を果たしてきた。当事者が証拠により立証を行おうとする際の第 1 次的な関心は，同意書面で済ませ得るかどうかの点にあったといっても過言ではない。たとえば，検察官が検面調書等の書証の証拠調べ請求を行い，被告人側がそれに同意すれば，（相当性があ

407

るかぎり）本条により証拠採用され得るのであるから，原供述者本人の証人尋問や321条等他の伝聞例外規定の適用は，同意のない場合にはじめて考慮されるというのが通常の実務であった。また実際，同意書面が用いられることは非常に多く，とくに被告人側が公訴事実を争わない場合には，ほとんどの検察官請求の書証は同意され，本条で証拠採用されていた（また否認事件においても，争いのない事実に関しては，検察側書証に対して被告人側が同意することは稀ではなかった）。このことが，わが国の刑事裁判が長年，書証中心に運営されている（「調書裁判」）といわれる一因となっていた。もっとも，近時は，裁判員制度の導入の影響もあって直接主義・口頭主義が強調されるようになり，そのため，同意書面に過度に依存した実務のあり方は見直され，従来よりも公判廷での証人尋問や被告人質問を重視する傾向が見られる。しかし，それでもなお，同意書面は，適切に運用されれば審理の迅速化につながり，また証人の負担軽減にも資するため，今後もその果たし得る役割は小さくないと思われる。

(3) 擬 制 同 意

　326条2項は，一定の場合の**擬制同意**について規定する。すなわち，被告人が出頭しないでも証拠調べを行うことができる場合において，被告人が出頭せず，かつ代理人・弁護人も出頭しないときは，1項の同意があったものとみなされる。284条，285条に基づく不出頭の場合がこれに当たる。286条の2および341条の場合も含めるのが多数説であるが，341条のうち少なくとも退廷命令を受けた場合までをも含めることには異論も強い。しかし，判例はその場合にも擬制同意の適用を肯定している（最決昭和53・6・28刑集32巻4号724頁）。

9 合 意 書 面

　検察官と，被告人または弁護人とが合意したうえで，文書の内容や，証人として公判に出頭すれば供述することが予想される供述の内容を記載して作成した書面（**合意書面**）は，元の文書や供述すべき者を公判で取り調べなくても，証拠とすることができる（327条。ただし，その場合でも，合意書面の証明力を争うことは妨げられない）。前述の同意書面は実務上多用されてきたのに対し，合意書面はあまり用いられていない。しかし，両当事者間で争いのない事実については，簡潔に合意書面を作成し，これを証拠とすることによって，審理が不必要に長期化するのを避けることができる。近時，審理の迅速化・合理化が強く

要請されている中，合意書面の積極的活用も検討されてよいように思われる。

10 証明力を争うための証拠

(1) 限定説と非限定説

328 条は，321 条～324 条の規定により証拠とすることができない書面または供述でも，「公判準備又は公判期日における被告人，証人その他の者の供述の証明力を争うためには」証拠とすることができると規定する。この規定により証拠とし得るのが，前述（⇨380頁(3)）の弾劾証拠としての**自己矛盾供述**（同一人の不一致供述）に限られるか否かが，従来争われてきた。

非限定説は，供述の証明力を争うためなら，伝聞証拠であっても広く一般的に使用できるとするのが本条の趣旨だと，その適用対象を自己矛盾供述には限定しない。たとえば，被告人や証人のした公判供述と相反する別人の供述を内容とする書面または供述でもって，当該公判供述を弾劾することも許されるとする（この場合，別人の供述であるから，自己矛盾供述と異なりその存在自体では弾劾になり得ず，供述内容たる事実の真実性が弾劾の前提となる。それゆえ伝聞証拠としての使用である）。

これに対し，**限定説**は，本条で証拠とし得るのは自己矛盾供述に限るとする（ただし，回復証拠としての一致供述につき，⇨後述(2)）。自己矛盾供述を弾劾目的で使用する場合は，前述のようにそもそも非伝聞であるから，本来 320 条による伝聞証拠排除の原則の適用外であるが，限定説の論者は，328 条はそのことを「注意的に」規定したものだと説明する。あるいは，自己矛盾供述の非伝聞的使用であっても，犯罪事実と関連性をもつ証拠である限り許さないという厳格な態度もあり得るところ，これを否定する趣旨で本条が置かれたのだ，と説かれる場合もある。

非限定説の論者は，本条の文言上は自己矛盾供述に限定されていないこと，自己矛盾供述は非伝聞として当然に許容されるはずであり，このような供述に限定するならば本条を置いた意味がなくなることを理由に，限定説を批判する。しかし，限定説からは，非限定説の説くように，たとえ（要証事実の立証の目的ではなく）他の供述の証明力を争う目的に限るにしても，伝聞証拠を広く許容し得るとなると，たとえば被告人が公判で否認したような場合には，およそ事

第4章 証拠法

件に関連する証拠はすべて提出できてしまい，伝聞法則が骨抜きになるとして
批判がなされる。

　高裁レベルの裁判例では，長らく限定説に立つものと非限定説に立つものが
並存してきたが，実務の運用上は限定説が優勢であるとの指摘が増えてきてい
た。そして最高裁も，限定説の立場を前提とした判示をするに至った（◁判例 4-6▷
の判旨引用冒頭部分参照。なお，同判決は，自己矛盾供述がなされたという事実を立証
するためにその供述を録取した書面を用いる場合につき，自己矛盾供述をした者〔A〕
の署名押印を要求している。これは，上記事実の立証には「厳格な証明」を要するとの
考え方に立った上で，録取者〔B〕の供述過程が解消されないかぎり伝聞証拠に当たり
許容されないと解したためである。もっとも，A の署名押印がなく伝聞証拠に当たると
しても，理論上は，上記事実に関する B の供述書として伝聞例外〔321 条 1 項 3 号〕の
要件を満たせば，証拠能力を認める余地もあろう）。

> ◁判例 4-6▷ **最判平成 18・11・7 刑集 60 巻 9 号 561 頁**
> 【事実】放火等の事件の公判で，火災発生直後の状況につき近隣住民 A が証言
> を行ったが，被告人側が，この A 証言を弾劾する証拠として，A 証言と相反
> する内容を A が火災当日に述べたのを録取した，消防吏員 B 作成の書面を証
> 拠請求したが，裁判所はこれを却下した。この B 作成の書面は，B の記名押
> 印はあったものの，A に記載内容を読み聞かせて署名押印を求める形式には
> なっていなかった。
> 【判旨】328 条は「公判準備又は公判期日における被告人，証人その他の者の
> 供述が，別の機会にしたその者の供述と矛盾する場合に，矛盾する供述をした
> こと自体の立証を許すことにより，公判準備又は公判期日におけるその者の供
> 述の信用性の減殺を図ることを許容する趣旨のものであり，別の機会に矛盾す
> る供述をしたという事実の立証については，刑訴法が定める厳格な証明を要す
> る趣旨である」から，同条で許容される証拠は「信用性を争う供述をした者の
> それと矛盾する内容の供述が，同人の供述書，供述を録取した書面（刑訴法が
> 定める要件を満たすものに限る。），同人の供述を聞いたとする者の公判期日の
> 供述又はこれらと同視し得る証拠の中に現れている部分に限られる」。本件書
> 証は A の供述を録取した書面であるが，A の署名押印がないから上記の供述
> を録取した書面に当たらず，これと同視し得る事情もないから，同条の許容す
> る証拠に当たらない。

　なお，学説上は，ほかに，純粋補助事実説や片面的構成説もある。**純粋補助
事実説**には若干のヴァリエーションがあるが，いずれも，証人の信用性のみに

410

関わる純粋の補助事実（たとえば証人の能力，性格，当事者への偏見，利害関係等の事実）を立証するためには，328条のもとで伝聞証拠が許容されるとする（なお，純粋補助事実の証明はそもそも「自由な証明」〔⇨353頁(2)〕で足りるとし，それゆえ328条によらずとも伝聞証拠を使用できるとする見解もある）。**片面的構成説**の理論構成は2通りあるが，いずれも結論的に，検察側に許されるのは自己矛盾供述（の非伝聞的使用）に限られる一方，被告人側には弾劾目的であれば伝聞証拠の使用が認められるとする。

(2) 増強証拠・回復証拠

328条で証拠とし得るのは，供述の証明力を減殺する場合（**弾劾証拠**）のみか，それともそれを増強する場合（**増強証拠**）も含まれるのかについても，学説の対立があり，高裁レベルの裁判例も分かれている。前述の非限定説では，増強の場合も含むとする説とそうでない説に分かれるとされる。他方，限定説の論者は，概して増強の場合を含まないとする。限定説の論理では，本条で許されるのは，公判外供述の存在自体でもって公判供述の証明力を争うこと——すなわち非伝聞的使用——に限られるところ，増強証拠の場合，結局，供述内容たる事実の真実性を推認するために用いることになってしまう（たとえば，同一人の一致供述の場合でも，その存在だけでは，公判供述の信用性が直ちに増強されるとはいえない）というのがその理由であろう。

これに対し，**回復証拠**の場合は事情が異なる。限定説の立場でも，公判供述（たとえばAの「V宅前には誰もいなかった」との公判証言）の信用性がいったん減殺された後に，それを回復させるべく，同一人の公判外の一致供述（Aが公判外で行った，「誰もいなかった」旨の供述）を用いることは，非伝聞的使用として許され得るとするのが多数である。もっとも，そこでいう公判供述の信用性の減殺に，同一人の不一致供述（自己矛盾供述。Aが公判外で行った，「Xがいた」旨の供述）による弾劾の場合を含めてよいかは争いがある。これを肯定する見解は，同一人の一致供述は，その存在自体でもって，公判供述の信用性を回復させるとか，公判供述の弾劾に使用された自己矛盾供述に対する弾劾になる，などと論じる。しかし，自己矛盾供述で弾劾された場合，公判供述と一致する供述を別の機会にもしているという事実（一致供述の存在）だけでは，弾劾の原因

第 4 章 証 拠 法

事情すなわち「自己矛盾」状態が解消されたといえるかは疑問であり（ほかに，虚言癖の指摘により弾劾された場合などにも同様の疑問が生じる），そうだとすると，このような場合に一致供述を回復証拠として用いるのは，結局その内容たる事実の真実性を前提とすることになるのではないかとも思われる。そこで，回復証拠としての一致供述の使用が許されるのは，たとえば，Ａの公判供述が偽証の動機に基づくものだとして弾劾された後に，そのような動機が生じる以前にもＡが公判供述と一致する供述をしていたということでもって，公判供述の信用性を回復させるような場合に限られるとする見解もある。

11 写真・録音媒体・録画媒体

(1) 写真撮影・録音・録画の性質と現場写真・現場録音・現場録画

カメラを用いて写真を撮影し，現像，保存，プリント等を行う過程は，基本的に人間の手による作業を伴う以上，そこには誤謬や人為的操作の危険があり，そしてそうした危険性は，人が外界の事象を知覚・記憶し，表現・叙述する過程（供述過程）における誤謬・操作の危険と同等のものだと解するならば，写真は供述証拠に準じるものとして扱われるべきことになる（**供述証拠説**）。これに対し，写真の撮影・現像・保存・プリント等は，人間の心理プロセスを経ずに機械的に行われるものであり，その点で供述過程とは質的に異なると解すれば，写真を供述証拠に準じるものとして扱う必要はない（**非供述証拠説**）。

たとえば，犯罪の現場において犯行の状況を撮影した写真で，当該状況の証明のために用いられる，いわゆる**現場写真**について，供述証拠説では，供述書に類するものとして，伝聞法則の適用が肯定される（「（原）供述者」たる写真の作成者の「供述過程」についての同時的な吟味を経ていないからである）。例外として証拠能力を認められるためには，321 条 3 項に準じ（対象を認識し記録・報告するものとして検証調書に準じるという），写真の作成過程につき作成者を尋問し，作成の真正を立証しなければならないとされる。

これに対し，非供述証拠説によれば，少なくとも現場写真について伝聞法則が適用される余地はない。作成過程に誤謬・操作が入り込む危険は否定できないが，その危険性は供述過程におけるそれとは同等・同質ではなく，証拠の（自然的）関連性一般の問題として対処すれば足りる。それゆえ，現場写真を証

412

拠とするには，事件との関連性（これには捏造・改変等がないことも含まれる）が認められれば足り，この関連性の立証方法としては，必ずしも写真の作成者の尋問による必要はなく，たとえば現場の状況を目撃した他の者等の証言や，さらには写真そのものによるのであってもよい。通説・判例はこの立場である。

> ◀判例 4-7▶ **最決昭和 59・12・21 刑集 38 巻 12 号 3071 頁**
> 【事実】騒乱事件の公判において，警察官が入手した撮影者不明の写真（犯行現場における犯行状況を撮影したもの）が証拠請求され，伝聞法則の適用の有無が争われたが，第 1 審は非供述証拠であるとして証拠採用した。
> 【決定要旨】「犯行の状況等を撮影したいわゆる現場写真は，非供述証拠に属し，当該写真自体又はその他の証拠により事件との関連性を認めうる限り証拠能力を具備するものであって，これを証拠として採用するためには，必ずしも撮影者らに現場写真の作成過程ないし事件との関連性を証言させることを要するものではない。」

　なお，「犯罪の現場」で「犯行の状況」を撮影した写真でなくても，ある場所で撮影した写真をその場の状況を証明するために用いる場合は，現場写真と同様の性質を持つといえる（ただし，この種の写真は，他の書面に添付されて用いられることも多いであろう〔たとえば，検証の状況を撮影した写真が検証調書に添付されている場合〕。そのような写真が，書面とは独立の証拠として意味を持たない場合には，写真は書面と一体のものとして，当該書面の証拠能力の有無に従う）。

　次に，録音についても，写真との違いは画像ではなく音声の記録という点だけであるから，一般には写真と同様に考えられている。すなわち，通説の非供述証拠説は，録音も写真撮影と同様に機械的に行われるので，たとえば犯罪現場の状況（その場の雰囲気・喧噪・罵声その他の音声等）を録音した記録媒体（**現場録音**）は，（その状況の証明のために用いるかぎり）伝聞法則の適用を受けず，関連性を満たせば証拠能力を認められるとするのに対し，供述証拠説は，録音の過程を供述過程に準じるものと捉え，伝聞法則の適用を肯定する。現場録画についても同様である。

(2) 供述録音・供述録画（供述ビデオ）

　人の供述が録音されたテープや CD 等の記録媒体が証拠として用いられることがあるが，一般に**供述録音**とよばれるのは，当該供述の内容たる事実の真実

性を証明するためにそうした録音媒体が用いられる場合である。人の供述を録音した媒体であっても，当該供述の存在自体を証明するために用いる場合（たとえば脅迫電話を録音した媒体により，脅迫的言辞の存在を証明する場合）は，これには含まれない（むしろ現場録音の性質を有する）。

　供述録音については，その供述者の供述過程が問題になることは疑い得ない（そしてその供述過程についての同時的な吟味を経ていない）から，この録音媒体には伝聞法則が適用される（この点は前述(1)の供述証拠説・非供述証拠説のいずれでも同じである）。例外として証拠能力を認められるためには，供述録取書に類するものとして，被告人の供述を録音した媒体の場合は322条1項により，被告人以外の者の供述の場合には，誰の面前で行われた供述であるかに従い321条1項の各号いずれかにより，要件判断が行われることになる。ただし，321条1項柱書および322条1項で供述録取書に要求されている供述者の署名押印は，供述録音の媒体については不要とするのが通説である。供述録取書における供述者の署名押印は，録取者の供述過程を解消する意味を持つ（⇨387頁(1)）ところ，録音媒体の場合，録音自体は（通説＝非供述証拠説によれば）機械的に行われるものであり，そこに録取者の供述過程に準じる過程を見出す余地がないからである。これに対し，録音者による録音の過程を供述過程に準じるものと捉える立場は，その過程を解消するため供述者の署名押印に準じる措置（たとえば供述者の署名押印した紙片等による媒体の封印）を要求することに親しむ。

　供述を録画したビデオテープ・DVD 等についても，供述録音と同様に考えてよいであろう。

(3) 犯行（被害）再現写真・同ビデオ

　被疑者・被告人（または被害者）に，犯罪が行われた状況を再現させた様子を，写真（またはビデオ）に撮影したものを，**犯行（被害）再現写真**（ビデオ）という。撮影・記録されているのが専ら再現を行う動作であっても，それは再現者の供述としての性格を持ち得る（動作による供述。ただし，断片的な写真の場合に供述としての意味を読み取れるかは疑問もある）。この写真（ビデオ）を，再現通りの犯罪が実際に行われたことを証明するために用いる場合には，再現者の供

述過程が問題になるので，供述録音・供述録画などと同様，伝聞法則が適用される。例外として証拠能力が認められるためには，供述録取書に類するものとして，再現者が被告人の場合は 322 条 1 項により，被告人以外の者の場合は 321 条 1 項各号により，要件判断が行われることになる（ただしここでも，撮影自体は機械的に行われると解すれば，再現者の署名押印は要しない）。判例もこれと同様の考え方によっている。

> **＜判例 4-8＞ 最決平成 17・9・27 刑集 59 巻 7 号 753 頁**
> **【事実】** 電車内での痴漢事件の公判において，捜査官が被害者に被害状況を再現させた結果を記録した実況見分調書および被疑者に犯行状況を再現させた結果を記録した写真撮影報告書（それぞれ，再現者の供述を録取した部分を含み，また再現の様子を撮影した写真が添付されている）が証拠採用され，犯罪事実の認定の証拠とされた。
> **【決定要旨】**「本件両書証〔の〕……立証趣旨が『被害再現状況』，『犯行再現状況』とされていても，実質においては，再現されたとおりの犯罪事実の存在が要証事実になるものと解される。このような内容の実況見分調書や写真撮影報告書等の証拠能力については，刑訴法 326 条の同意が得られない場合には，同法 321 条 3 項所定の要件を満たす必要があることはもとより，再現者の供述の録取部分及び写真については，再現者が被告人以外の者である場合には同法 321 条 1 項 2 号ないし 3 号所定の，被告人である場合には同法 322 条 1 項所定の要件を満たす必要があるというべきである。もっとも，写真については，撮影，現像等の記録の過程が機械的操作によってなされることから前記各要件のうち再現者の署名押印は不要と解される。」

　なお，犯行（被害）再現写真（ビデオ）が，再現通りの犯罪が実際に行われたこと（犯行状況・被害状況）を証明するためにではなく，その再現の状況自体を証明するために用いられることもある。たとえば，現場の物理的環境のもとにおいてそのような態様の犯行が可能であったか否かを検証（実験）した際の記録としての写真等を，その実験の結果を証明するために用いる場合などである。この場合は，再現者の供述過程は問題にならず，現場写真・現場録音などと同様の性質のものとみることができる（ただし，検証調書や実況見分調書等に添付されたものであれば，それら調書と一体のものとして，調書等の証拠能力の有無に従うことになる）。＜判例 4-8＞の両書証の写真については，その内容からして，このような用い方がされたにとどまるとは評価できない——逆にいえば，「再現実験」の記録としてだけでは関連性（証拠価値）ないし必要性を認めがたい——と判断

第 4 章　証 拠 法

されたのであろう（他方で，同決定が，両書証について 321 条 1 項・322 条のみなら
ず 321 条 3 項の要件をも満たす必要があるとした点からは，犯行状況・被害状況を証明
するのと併せてであれば，両書証および写真によって再現状況自体を証明することにも
何らかの意味があると評価したものと推測される）。

Column 4-7　写しの証拠能力

謄本や抄本，コピー等，原本を複写した書面，いわゆる「写し」が証拠とし
て用いられることがある（なお，書面を接写した写真なども写しの一種と位置づ
けられよう）。写しの証拠能力の要件としては，一般に，①原本（原資料）が存
在し，かつそれ自体に証拠能力があること，②写しが原本を正確に写したもの
であること（関連性）が挙げられる。これに加えて，③原本を提出することが
不可能または困難であること（必要性）を要求する見解もある（東京高判昭和
58・7・13 高刑集 36 巻 2 号 86 頁は反対）。③を要求するのは，原本こそが最良
の証拠であることを考慮したものであろう。なお，写しを作成する過程は供述
過程とは異なるので，写し作成者の尋問は必要ではなく，伝聞法則の問題には
ならない（無論，原本自体が伝聞証拠である場合は，そのかぎりで伝聞法則の適用
を受ける）。

第 4 節　違法収集証拠の証拠能力

1 違法収集証拠排除の根拠と基準

たとえば，警察官が，令状を得ないまま被疑者の自宅に強制的に立ち入り，
室内の捜索をしたところ，けん銃が発見されたため，これを押収したとする。
後の銃刀法違反での公判において，このけん銃を証拠として用いることは許さ
れるであろうか。このように証拠の収集の手続・手段に違法がある場合には，
当該証拠の証拠能力は否定されなければならないとする考え方がある。これを
違法収集証拠排除法則という（単に「排除法則」ともいう）。しかし，上の例のよ
うに，けん銃の発見・取得に至る手続に明らかな違法があったとしても，その
ことによって，証拠であるけん銃自体の性質（証明力）に変化が生じるわけで
はない。また，証拠収集（捜査）と公判審理とでは，手続段階も手続主体も別
個のものである。にもかかわらず，なぜ，捜査手続の違法が，公判手続におけ
る証拠の使用の可否を左右することになるのであろうか。

416

第4節　違法収集証拠の証拠能力

(1) 排除法則の根拠

(a) 排除法則の理論的根拠　　上述のような疑問にもかかわらず，収集手続の違法を理由に証拠能力を否定すべき理論的根拠としては，主に，①**司法の無瑕性（廉潔性）論**，②**違法捜査抑止論**，③**適正手続論**がいわれてきた。

①**司法の無瑕性論**とは，裁判所は違法収集証拠といういわば「汚れた証拠」を手にすることで自らの手を汚してはならない（汚れた手で裁判を行ってはならない）という考え方である。違法収集証拠を（刑事）裁判手続で使用して処罰を行うならば，裁判所（刑事司法）に対する国民の信頼が損なわれ，司法不信をもたらす。それゆえそのような証拠は審理から排除されるべきだという。②**違法捜査抑止論**とは，違法な手段によって収集された証拠の使用を禁止することで，将来において同様の違法な証拠収集活動が行われるのを抑止すべきだという考え方である。せっかく集めた証拠が公判で使用できないとなると，捜査機関にとっては打撃が大きい。それゆえ違法捜査の抑止には証拠排除が効果的だというのである。③**適正手続論**は，論者によっていくぶんその内容を異にするが，ここでは，被告人の権利利益を違法に侵害する手段によって獲得された証拠を用いて当該被告人を処罰することは，それ自体，正義（手続的正義）に反するものであり，「適正な手続」の保障を害するとする考え方としておく（これに対し，①なども含めて「適正手続論」と称する見解もある。他方，「適正手続」論による排除の根拠を憲法31条に求め，かつその射程を「明白かつ著しい」違法の場合に限定すべきかについても議論があり得る。⇨後述(b)）。このほか，④捜査手続において違法（ないし権利侵害）が行われた場合に，国家機関として一定の事後的対処（ないし救済）を行う必要があり，その1つの方法として，裁判所が違法の成果である証拠を公判手続から排除すべきだという考え方もあり得よう。

これらの論拠は，互いに排斥しあうものではない。それぞれが，違法収集証拠の排除の必要性を基礎づけるというべきであろう。なお，以上の記述からもわかるように，排除法則は，基本的に証拠の価値や信用性の欠陥を理由とするものではないので，「自然的関連性」や「法律的関連性」の問題とは無関係であり，いわゆる「証拠禁止」の範疇に属する。

(b) 排除法則の実定法上の根拠　　違法収集証拠の排除を明示的に定めた法規定はない。後掲最判昭和53・9・7＝ 判例 4-9 （⇨421頁）等は刑訴法1条

417

第4章 証 拠 法

を援用するが，これは必ずしも同条を直接の根拠とするものではないとの見方
もある。学説上は，1条のほか，刑訴法上の種々の証拠収集の手続に関する規
定が，それに違反して獲得された証拠の排除をも内包しているとする見解，あ
るいは317条を排除法則の根拠とする見解もある。いずれにせよ，刑訴法が排
除法則を否定するものではないという点ではほぼ争いはない。

　憲法上の根拠はどうか。 判例 4-9 は，違法収集証拠の証拠能力について
は「憲法及び刑訴法になんらの規定もおかれていないので……刑訴法の解釈に
委ねられている」とするが，これに対しては批判も強い。学説では，令状主義
に関する憲法35条が，同条の命じる手続に違反して獲得された証拠の排除を
も要請していると解する見解がある一方で，同条は捜索等による権利制約のた
めの手続を規定したものであり，同条により保護される権利利益の侵害は，そ
うした手続に対する違反があった時点で尽きており，獲得された物の証拠とし
ての使用については同条の関知するところではないとする見解もある。もっと
も，後者の見解も，証拠収集手続の違法が「明白かつ著しい」場合等には，獲
得された証拠を公判で使用することによって手続全体が適正を欠くものになる
ため，憲法31条（適正手続の保障）によって証拠排除が要請されるとしている。

(2) 排除の基準

　違法収集証拠はどのような場合に排除されるべきか。排除の必要性を基礎づ
ける前述の理論的根拠は，収集手続に違法がある場合には常に排除を帰結する
というべきであろうか。

　(a) **相対的排除論**　　前述の理論的根拠については，それぞれ，難点あるい
は衝突する利益が認められる。①司法無瑕性論についていえば，収集手続に違
法があることを理由に（性質・価値には何ら問題のない）証拠を排除した場合，
それによりしかるべき処罰の実現が困難になれば，かえって司法に対する信頼
が損なわれてしまうという問題がある。このような弊害は，当該証拠の重要性
が高い場合，事案が重大である場合にはとくに大きい。②違法捜査抑止論に関
しては，証拠排除による違法捜査抑止の効果は実証されていないという批判は
さておき，仮に抑止効果があるのだとしても，他方で証拠排除に伴って生じ得
る犠牲（犯人必罰の不実現）は，時として違法捜査抑止のために払うには大きす

418

ぎる場合がある。しかも，違法捜査を抑止するための手段としては，証拠排除以外にも，たとえば捜査官に対する行政上，民事上，刑事上の責任追及など，様々に考えられるのである。③適正手続論との関係では，刑事訴訟の基本的な目的は真相の究明とそれによる処罰の確保にあり，被告人に対する手続的正義の要請は，こうした目的を無視して，違法があるかぎり常に証拠排除を導くべきであるというような絶対不可譲のものではない，という批判があり得る。さらに，④捜査手続上の違法（権利侵害）に対する対処ないし救済の仕方としては，公判手続での証拠排除が唯一の手段ではなく，たとえば準抗告の手続による救済や，あるいは当該刑事手続の外での（行政・刑事・民事上の）制裁ないし救済の手続もありえ（⇨201頁**4**），むしろそうした手段こそが本来の対処法ともいい得る。

このように考えてくると，前述の根拠論はいずれも絶対視するわけにはいかず，違法があれば常に全面的に妥当するものというべきではない。排除の理論的根拠がどの程度の強さで妥当するか，すなわち排除の「必要性」の程度を慎重に見極めるとともに，証拠排除した場合の（対立利益に対する）弊害の程度をも勘案していわば排除の「相当性」如何を検討することで，排除の当否を決すべきであると思われる。結局のところ，①違法の程度，②違法行為と当該証拠との間の因果性の程度，③同種の違法行為が行われる可能性・頻度，④当該証拠の重要性，⑤事件の重大性，等の諸般の事情を総合衡量して，排除が必要でありかつ相当であるといえる場合に証拠排除すべきである。このような考え方を，**相対的排除論**という。基本的にはこの考え方が妥当である。

これに対し，憲法33条，35条により保障される「基本権」の侵害がなされた場合には，その侵害の成果である証拠は常に——自動的に——排除されるべきだとする考え方もある（**規範説**とよばれる）。そこでは，排除の必要性と弊害とを総合衡量して排除の当否を決するといった発想はとられない。また，逆に基本権侵害に当たらない法違反の場合には，規範説からは証拠排除を導き得ない（その場合に相対的排除論による排除を検討することは別論である）。

(b) 排除の判断要素　諸般の事情を総合衡量する場合に考慮されるべき上記ファクターのうち，①違法の程度については，それが高ければ高いほど，排除の必要性が高まることは明らかであろう。その判断は，具体的には，適法行

419

第4章 証 拠 法

為からの逸脱の程度や被侵害法益の質，侵害の程度を中心的な要素として行われるべきであるが，ほかに，違法行為がなされた状況や，さらに違法の有意性（捜査官の主観）も考慮されてよい。ただし，捜査官の主観については，その悪意（違法行為の意図）がないかぎり違法の程度は低いと判断するという方向ではなく，客観的な違法性が低い場合でも悪意が認められれば違法の程度がとくに高まるという方向で考慮されるべきである。②違法行為と当該証拠との間の因果性（なお，これは違法の程度〔重大性〕の判断の一要素だとする見解もある）に関しても，その強弱に，排除の必要性の高低が比例するといえよう（たとえば司法無瑕性の点でいえば，因果性が弱まれば証拠の「汚れ」は薄くなるといえるし，違法捜査抑止の点でも，違法行為と関係の薄い証拠を排除したところで将来の行動抑制には効果が乏しいであろう）。もっとも，違法行為と証拠の獲得との間に直接的な関係がなければ排除の必要性は認められないわけではなく，直接の証拠獲得行為だけをみれば違法がない場合でも，それに先行する手続の違法の有無・程度を考慮して排除の必要性を検討する余地はある（⇨ 425 頁(2)）。③同種の違法行為の頻度は，とくに違法捜査抑止論との関係で排除の必要性の高さを基礎づけるであろう。

　これらの事情を考慮して排除の必要性の程度を見極めるとともに，証拠排除による弊害の程度すなわち対立利益の点を勘案して，排除の相当性如何を検討することになるが，その際の中心的なファクターは，④証拠の重要性や，⑤事件の重大性であろう。当該証拠が重要なものであるほど，その排除は事案の真相解明や処罰の実現に対する大きな弊害となるし，またそのような弊害は，事件が重大であるほど抑制すべき必要が高い。

> **Column 4-8**　衡量の「臨界点」としての「重大な違法」
>
> 　本文で述べたように，諸般の事情の「総合衡量」により排除の当否を決すべきだという基本的発想に立つとしても，そのような衡量を，常に個別事案ごとに裁判所が行うのは困難であり，また判断が一定せず不適当でもある（とくに証拠許容の方向への恣意的判断が行われる危険がある）。そこで，違法の程度が一定以上の場合には，排除の「必要性」を基礎づける根拠論がいずれも一般的に強く妥当するため，もはや対立利益に対するその優越性が当然に肯定されるものとみなして，（個別的衡量によらずに）一律に証拠排除すべきだという発想もあり得る。後掲 **判例 4-9** にいう「重大な違法」の基準についても，このよ

420

第4節　違法収集証拠の証拠能力

うな，事前に行われた衡量の結果として導き出された，いわば衡量の「臨界点」としての一般的基準と捉えることが可能である。こう解した場合には，「重大な違法」が認められる事案において，さらに排除の弊害（対立利益）—— たとえば重要な証拠であること —— を個別具体的に勘案して排除否定の結論を導くことは，（少なくとも同判決の事案のように違法な手続と当該証拠との因果性が強固である場合には）基本的には許されないことになろう。他方，違法の「重大性」が認められない事案において，なおも諸般の事情を個別具体的に勘案したうえ，排除の根拠論が優越的に妥当すると認められるなら，証拠排除の結論を導くことは可能である。ただし，学説の多数は，判例を以上のように捉えてはいないと思われる。

(3) 判例の立場

(a)　昭和53年判決　　違法収集証拠の証拠能力について，最高裁は当初これを否定することには消極的であった（最判昭和24・12・13集刑15号349頁参照）。しかし，最大判昭和36・6・7 ＝ < 判例 1-12 >（⇨ 142頁）では，6名の裁判官が，理論的には違法収集証拠排除法則を肯定し，また下級審においても，違法収集証拠の排除を認める裁判例が増えてきていた。そうした中で，最高裁がはじめて排除法則を理論的に認めたのが，< 判例 4-9 > である（ただし，当該事件に対する判断としては排除を否定した）。

> < 判例 4-9 > **最判昭和53・9・7刑集32巻6号1672頁**
> 【事実】< 判例 1-4 >（⇨ 61頁）参照。所持品検査によって覚せい剤が発見され，その所持罪での現行犯逮捕に伴い，当該覚せい剤等が差し押さえられた。第1審は，本件覚せい剤等を違法収集証拠であるとして排除し，自白に補強証拠がないことを理由にXを無罪とした。第2審も1審の判断を支持した。
> 【判旨】本件所持品検査の必要性・緊急性は肯定し得るが，Xの承諾がないのに上衣左側内ポケットに手を差し入れて所持品を取り出したうえ検査した警察官の行為は，「一般にプライバシイ侵害の程度の高い行為」でかつ「その態様において捜索に類する」から，本件の具体的状況下では相当なものとは認めがたく，職務質問に付随する所持品検査の許容限度を逸脱したものと解され，本件証拠物の差押手続も違法であるとしたうえで，違法収集証拠の証拠能力につき以下のように判示した。
> （ i ）「違法に収集された証拠物の証拠能力については，憲法及び刑訴法になんらの規定もおかれていないので，この問題は，刑訴法の解釈に委ねられているものと解するのが相当であるところ，刑訴法は，『刑事事件につき，公共の福祉の維持と個人の基本的人権の保障とを全うしつつ，事案の真相を明らかにし，

第4章　証　拠　法

刑罰法令を適正且つ迅速に適用実現することを目的とする。』（同法1条）もの
であるから，違法に収集された証拠物の証拠能力に関しても，かかる見地から
の検討を要するものと考えられる。ところで，刑罰法令を適正に適用実現し，
公の秩序を維持することは，刑事訴訟の重要な任務であり，そのためには事案
の真相をできる限り明らかにすることが必要であることはいうまでもないとこ
ろ，証拠物は押収手続が違法であっても，物それ自体の性質・形状に変異をき
たすことはなく，その存在・形状等に関する価値に変りのないことなど証拠物
の証拠としての性格にかんがみると，その押収手続に違法があるとして直ちに
その証拠能力を否定することは，事案の真相の究明に資するゆえんではなく，
相当でないというべきである。しかし，他面において，事案の真相の究明も，
個人の基本的人権の保障を全うしつつ，適正な手続のもとでされなければなら
ないものであり，ことに憲法35条が，憲法33条の場合及び令状による場合を
除き，住居の不可侵，捜索及び押収を受けることのない権利を保障し，これを
受けて刑訴法が捜索及び押収等につき厳格な規定を設けていること，また，憲
法31条が法の適正な手続を保障していること等にかんがみると，証拠物の押
収等の手続に，憲法35条及びこれを受けた刑訴法218条1項等の所期する令
状主義の精神を没却するような重大な違法があり，これを証拠として許容する
ことが，将来における違法な捜査の抑制の見地からして相当でないと認められ
る場合においては，その証拠能力は否定されるものと解すべきである。」
　(ii)本件警察官の行為は，職務質問の要件が存在し，所持品検査の必要性と
緊急性が認められる状況下で，諾否の態度が明白でないXに対し，所持品検
査として許容される限度をわずかに超えて行われたにすぎず，また警察官に令
状主義に関する諸規定を潜脱しようとの意図はなく，ほかに所持品検査に際し
強制等がされたとも認められないので，「本件証拠物の押収手続の違法は必ず
しも重大であるとはいえないのであり，これを被告人の罪証に供することが，
違法な捜査の抑制の見地に立ってみても相当でないとは認めがたい」から，本
件証拠物の証拠能力は肯定すべきである。

　(b)　学説による判例解釈　　本判決が排除法則の理論的根拠をどのように捉
えているのかは，いささか不明確であり解釈の余地を残す。また本判決は，違
法収集証拠を排除すべき場合として，①「令状主義の精神を没却するような重
大な違法」があり，②「将来における違法な捜査の抑制の見地からして〔証拠
の許容が〕相当でない〔＝排除が必要である〕」場合を述べるが，この①②の関係
も学説上様々に解釈されている。

　1つの見方は，(i)①が排除の要件（基準）であり，②は排除の根拠の1つを
述べたものにすぎないとするものである。他方，(ii)①は司法無瑕性論に対応

422

第4節　違法収集証拠の証拠能力

する要件であり，これと違法捜査抑止論に基づく②の要件とが並列的な関係にある，すなわち①と②は選択的要件である（司法無瑕性論と違法捜査抑止論がそれぞれ独立の排除根拠となる）とする見解もある。また，(iii)①と②を重畳的（加重的）な要件とみる見解もあり，近時はこれが有力である。(iii)の中には，排除の根拠につき，①の要件が司法無瑕性論，②が違法捜査抑止論に対応しているとみる説，適正手続論および違法捜査抑止論を明示するほか司法無瑕性論も潜在しているとみる説，違法捜査抑止論のみを根拠とし，司法無瑕性論および適正手続論については将来にゆだねたとみる説等がある。

　以上の判例解釈に関連して，①の「重大な違法」に当たる場合でも，②の「証拠許容の不相当」には当たらないとして証拠排除を否定することが認められるかが議論されている。論理的には，①と②を選択的要件とみる上記(ii)の見解ではこれを認めないのに対し，両者を重畳的要件とみる上記(iii)の見解ではこれを認めることになる。(iii)の見解のもとでも通常は①に当たれば②にも当たるというべきであろうが，たとえば当該（重大な）違法行為が全く偶発的なもので，将来の反復の可能性がほとんどない場合，違法抑止の見地からは許容不相当ではない（排除の必要性はない）とされよう。また逆に，①の「重大な違法」に当たらない場合でも，②の「証拠許容の不相当」に当たるとして証拠排除することが認められるかについても議論がある。少なくとも，①と②を選択的要件とみる上記(ii)の見解ではこれを認めることになろう。たとえば，違法の程度は重大ではないものの，将来同種の違法行為が反復される可能性が極めて高い場合，違法抑止の見地からは許容不相当とされよう。

　さらに，①の「重大な違法」に当たる場合に，当該事案の重大性や当該証拠の重要性を考慮して，証拠排除を否定する（少なくとも，排除否定の方向のファクターとしてこれらを考慮する）ことが許されるかについても争いがある。有力な学説は，上記①と②を重畳的要件とみたうえで，かつ②を「排除相当性」の要件と読み替え，この要件判断のもとでこれらを考慮できるとする。しかし，たとえ①②を重畳的要件と解したとしても，本判決の文言に照らすと，②をそのように読み替えてよいかは疑問である。事案の重大性や証拠の重要性といった対立利益（処罰確保の利益）に関するファクターは，考慮が許されるとしても，それは本判決の明示していない独立の要件判断としてだというべきである。最

423

判平成 15・2・14 = 判例 4-10 （⇨ 428 頁）は，派生的証拠についてであるが，その収集手続に「重大な違法」はないと述べた上で，証拠の重要性をも考慮に入れて排除否定の結論を下しているところ，証拠の重要性の点を上記②の問題として扱っているわけでは必ずしもない（なお， Column 4-8 で述べた私見では，「重大な違法」に当たる場合に，こうした対立利益の点を考慮して排除を否定することは基本的に許されないが，「重大」でない違法の場合の排除の当否を判断する際には，そうした考慮も許される。 判例 4-10 も，むしろそのような考え方に位置づけることも可能であろう）。

なお，①の「重大な違法」の要件については，本判決は「令状主義の精神を没却するような」との修飾を付しているが，これは例示と解すべきであり，必ずしも令状主義には関係しない証拠収集手続の（重大な）違反がある場合にも，この要件の該当性を認めてよいと思われる（なお，⇨440頁 Column 4-10 も参照）。

2 違法な手続と証拠との関係

ある証拠が違法収集証拠として証拠能力を否定されるべきか否かを判断するにあたっては，当該証拠が収集された直接の手続の適否（その手続の違法性の有無およびその程度）のみを考慮すれば足りるわけでは必ずしもない。そうした直接かつ現実の収集手続だけでなく，仮定的な事情や，先行して行われた捜査手続，証拠収集後の手続に関する諸事情（それら手続の違法）をも考慮すべきかが問題となる。これらはいずれも，違法手続と当該証拠との間の関係（因果性の有無および強弱）を問題にするものである。

(1) 不可避的発見の法理

捜査官が違法な手続により証拠を収集したことは確かであるが，仮にその違法な証拠収集行為がなかったとしても，当該証拠は他の合法的な手段によって確実に発見され収集されたであろうという場合には，当該証拠の証拠能力を認めてよいとする考え方を，**不可避的発見の法理**という。たとえば，捜査官が人の所持品に対して違法な無令状捜索を行い，その結果として証拠物を発見したが，そのころ，別の捜査官が，適法に発付された当該所持品に対する捜索令状を持ってそれを執行すべく現場に向かっていた，というような場合である。同

法理を肯定する見解は，こうした事情は，違法行為と当該証拠との間の因果性を否定ないし稀釈するものと解し，当該証拠の証拠能力を肯定する一ファクターとして考慮する。これに対し，このような仮定的な事情を考慮すべきではないとして，同法理に反対する見解も有力である。

(2) 先行手続の違法の影響

(a) **違法性の承継論**　覚せい剤使用事犯の被疑者が違法な任意同行により警察署に留め置かれている間に，捜査官の求めに応じて自ら —— 全くの自由意思で —— 尿を提出したところ，尿中から覚せい剤成分が検出された場合のように，直接の証拠収集手続（尿の取得）のみを見れば何ら違法な点は窺われないが，それに先行する捜査手続に違法がある場合，収集された証拠（尿ないしその鑑定書）の証拠能力はどのように判断されるべきか。多数の見解は，直接の証拠収集手続自体には違法がなくても，先行手続の違法が証拠収集手続に影響を及ぼし得ることを認めており，その場合には先行手続の違法が後行の証拠収集手続に「承継」されるのだと説明されることもある（**違法性の承継論**）。どのような場合に違法性が承継されるかは，先行手続と後行手続との関係すなわち因果性（関連性）の強さ如何によって決まることになろう。

判例には，被疑者宅への立入り，任意同行，警察署への留め置きという一連の手続と，それに引き続いて行われた採尿手続が，同じ被疑者の覚せい剤事犯の捜査という「同一目的」に向けられているうえ，採尿手続は上記一連の手続によりもたらされた状態を「直接利用」してなされていることにかんがみると，採尿手続の適法違法は，採尿手続前の上記一連の手続の違法の有無・程度をも十分考慮して判断すべきであるとしたうえ，上記一連の手続に任意捜査の域を逸脱した違法な点があるので，採尿手続も違法性を帯びるとしたものがある（最判昭和 61・4・25 刑集 40 巻 3 号 215 頁）。これを，実質的には上記の違法性の承継論によったものと解し，そして，「同一目的」「直接利用」の点は，先行手続と後行手続の因果性の強さに関わるファクターの 1 つと位置づけることも可能であろう。ただし，「同一目的」と「直接利用」がともに違法性の承継を肯定するための必要条件だとみるべきではなく，たとえば，「同一目的」とはいえなくても客観的な利用関係が認められれば，また，「直接利用」でなくても

一定の強い関係が認められれば，違法性の承継を肯定すべき場合もあり得る。

なお，先行手続と後行手続との間に，違法性の承継を肯定できるだけの因果性が認められる場合でも，後行手続の違法性の程度は重大でない等として，結局証拠能力が認められることもあり得る（前掲最判昭和 61・4・25 参照）。最終的に証拠排除すべきか否かは，先行手続の違法性の程度や先行・後行両手続間の因果性の程度その他の事情を総合して判断することになろう。

(b) **毒樹の果実論**　違法な手続により押収された帳面に，証拠物の隠匿場所に関する情報が記載されていたため，その情報を疎明資料として捜索令状が請求・発付され，その捜索により当該証拠物が発見され差し押さえられた場合のように，違法収集証拠から派生して証拠が発見・収集された場合，当該証拠（**派生的証拠**）の証拠能力はどう判断されるべきか。多数の見解は，派生的証拠の収集手続自体には違法な点が窺われなくても，第 1 次的な違法収集証拠との関係次第では，派生的証拠も排除されるべき場合があるとする。このような考え方を，一般に「**毒樹の果実**」論という。アメリカ法に由来する表現であり，毒のある木になった果実もまた毒を含んでいる，すなわち違法に収集され，いわば「汚れた」第 1 次的証拠（毒樹）を基にして得られた派生的証拠（果実）もまた「汚れた」証拠であり，違法収集証拠として排除されるべきだというのである。違法捜査抑止論との関係では，第 1 次的証拠を排除しても，もし派生的証拠を排除しなければ，抑止の効果が十全に達成されない，ということもいわれる。

もっとも，（第 1 次的）違法収集証拠に起因して収集されたすべての派生的証拠が排除されるべきだというわけではなく，毒樹の果実論の適用如何は，諸般の事情を総合的に考慮して決せられる。その際，中心となるファクターは，第 1 次的証拠と派生的証拠との間の因果性（関連性）の程度である。たとえば，違法に押収された覚せい剤とそれについての鑑定書は，不可分一体といえるほどの極めて強固な因果性を有する。また，上記の帳面の記載情報に基づく令状による捜索で発見・収集された証拠物などは，帳面と不可分一体とまではいえないものの，（専ら当該帳面の情報を基にしていたかぎり）相当強固な因果性を有するといえよう。しかし，第 1 次的証拠と派生的証拠との間の因果性が，一定の介在事情により相当程度希釈されることも考えられる（**稀釈法理**）。たとえば，

426

上記帳面の情報以外にも多くの（適法に得られた）情報が捜索令状発付の際の疎明資料とされていた場合などがそれにあたるといえよう（なお，〔判例 4-10〕は，司法審査〔令状発付〕を経たこと自体が因果性〔関連性〕を稀釈する事情になるとするようであるが〔判旨(ii)〕，これには疑問もある）。さらに，第1次的証拠から入手し得るのと同じ情報が，全く別の独立したソースから（適法に）得られ，これに基づき派生的証拠が発見収集されたような場合には，因果性はないとさえいえる（独立源の法理）。こうした因果性（関連性）の点は，無論，それが高ければ派生的証拠を排除する方向へとはたらく。ただ，その結論は，第1次的証拠の収集の際の違法性の程度にも左右される。たとえば，第1次的証拠の収集の際の違法性の程度が著しい場合には，因果性がさほど強くない派生的証拠でも排除すべき場合があり得る。その他，当該証拠の重要性や事件の重大性なども，一般に，派生的証拠の証拠能力の判断要素として考慮に入れられる（なお，最判昭和58・7・12刑集37巻6号791頁の伊藤正己裁判官補足意見も参照）。

(c) **違法性の承継論と毒樹の果実論の関係**　毒樹の果実論は，わが国では一般に，違法に収集された（第1次的）証拠がある場合に，その「証拠」と，最終的に得られた（派生的）証拠との関係を論じるものであるのに対し，違法性の承継論は，先行する違法な「手続」と，最終的に得られた証拠との関係を論じるものであり，必ずしも最終的な証拠に先立つ第1次的証拠の存在を前提とするわけではない。また，違法性の承継論においては，当該証拠の直接の収集手続の違法性（先行手続からそこへ違法が承継されるか否か）が問題とされるのに対し，毒樹の果実論では，端的に派生的証拠と第1次的証拠との関係が問題とされ，派生的証拠の収集手続の違法性を前提とするわけでは必ずしもない。

しかし，近時の有力説は，この2つの議論枠組みを区別することの合理性を疑問視する。実際のところ，毒樹の果実論における毒樹たる第1次的証拠は違法な手続により得られたものであるから，その先行「手続」の違法性が果実たる派生的証拠の直接の収集手続に「承継」され，それゆえに派生的証拠は違法収集証拠として排除されると理論構成し得る場合も多いであろう。逆に，違法性の承継論における違法な先行「手続」を「毒樹」と観念し，その影響下にある後行手続により得られた証拠を「果実」とみることもできようし，また，証拠能力を否定するのに，当該証拠の直接の収集手続の違法性を認定することが

理論上不可欠というわけでもない。結局，いずれの議論も，違法な手続と証拠能力が問題となる当該証拠との間の関係を論じるものであるという点で共通しており，違法性の承継論によるか毒樹の果実論によるかは，多くの場合，説明の仕方の違いにすぎない。むしろ端的に，違法な手続と当該証拠との間の「**因果性（関連性）**」の問題と表現すれば足りる。

　なお，違法収集証拠の問題を扱った従来の判例は，先行手続に違法がある場合に，直接の証拠収集手続の違法性を論じたうえで当該証拠の証拠能力を判断するという点において，違法性の承継論の説明方法に親しむものが多かった（前掲最判昭和 61・4・25 のほか，最決昭和 63・9・16 刑集 42 巻 7 号 1051 頁，最決平成 7・5・30 刑集 49 巻 5 号 703 頁）が，その後の判例には，直接の証拠収集手続の違法性如何に言及することなく，当該証拠の証拠能力の判断を行うものもみられる。すなわち，　判例 4-10　は，手続的違法のある逮捕後に行われた採尿により獲得された尿およびその鑑定書につき，採尿手続の違法性を論じることなく，「重大な違法がある……逮捕と密接な関連を有する証拠」であると述べて，このような証拠を許容することは違法捜査抑制の見地からも相当でないとして証拠能力を否定した（もっとも，その後令状に基づき差し押さえられた覚せい剤とその鑑定書については，証拠能力のない証拠〔尿鑑定書〕と「本件覚せい剤の差押え」手続との関連性が密接でないことを理由に，「本件覚せい剤……〔とその〕鑑定書……の収集手続に重大な違法があるとまではいえ〔ない〕」と述べて証拠能力を肯定した）。

　判例 4-10　**最判平成 15・2・14 刑集 57 巻 2 号 121 頁**
【事実】窃盗での逮捕状が発付されていた X の身柄を確保するため，警察官 A らは逮捕状を携行せずに X 方に赴いたところ，X を発見したので任意同行を求めたが，X は逃走した。警察官らは付近路上で X を制圧して逮捕した後，警察署に連行し，そこで逮捕状を X に呈示した。その後警察署内で X は強制によらず任意で採尿に応じ，その尿から覚せい剤成分が検出された。後日，裁判官から，覚せい剤取締法違反被疑事件につき X 方を捜索すべき場所とする捜索差押許可状が発付され，既に発付されていた窃盗被疑事件での捜索差押許可状と併せて執行され，X 方の捜索が行われた結果，覚せい剤が発見され差し押さえられた。X の公判で，上記警察官らは，逮捕状を逮捕現場で X に呈示した等の証言をした。なお，逮捕状には，逮捕現場で逮捕状を呈示した旨の A 名義の記載があり，また，これと同旨の記載のある A 作成の捜査報告書も存在する。

428

第4節　違法収集証拠の証拠能力

【判旨】(i)「本件逮捕には，逮捕時に逮捕状の呈示がなく，逮捕状の緊急執行もされていない……という手続的な違法があるが，それにとどまらず，警察官は，その手続的な違法を糊塗するため，……逮捕状へ虚偽事項を記入し，内容虚偽の捜査報告書を作成し，更には，公判廷において事実と反する証言をしているのであって，本件の経緯全体を通して表れたこのような警察官の態度を総合的に考慮すれば，本件逮捕手続の違法の程度は，令状主義の精神を潜脱し，没却するような重大なものであると評価されてもやむを得ないものといわざるを得ない。そして，このような違法な逮捕に密接に関連する証拠を許容することは，将来における違法捜査抑制の見地からも相当でないと認められるから，その証拠能力を否定すべきである……。」「〔本件の〕尿は……重大な違法があると評価される本件逮捕と密接な関連を有する証拠であ〔り〕……，その鑑定書も，同様〔である。〕」

　　(ii)「本件覚せい剤は，……捜索差押許可状に基づいて行われた捜索により発見されて差し押さえられたものであるが，……〔同〕許可状は上記……の鑑定書を疎明資料として発付されたものであるから，証拠能力のない証拠と関連性を有する証拠というべきである。」「しかし，本件覚せい剤の差押えは，司法審査を経て発付された捜索差押許可状によってされたものであること，逮捕前に適法に発付されていた被告人に対する窃盗事件についての捜索差押許可状の執行と併せて行われたものであることなど，本件の諸事情にかんがみると，本件覚せい剤の差押えと上記……〔尿〕の鑑定書との関連性は密接なものではない……。したがって，本件覚せい剤及びこれに関する鑑定書については，その収集手続に重大な違法があるとまではいえず，その他，これらの証拠の重要性等諸般の事情を総合すると，その証拠能力を否定することはできない。」

(3) 証拠収集後の違法

　適法な手続により証拠が発見・収集されたが，その後，捜査官が違法行為を行った場合，そのことは当該証拠の証拠能力に影響するであろうか。また，違法な手続により証拠が発見・収集された場合に，その違法性の程度を判断するにあたり，証拠の発見・収集以後に生じた事情を考慮することは許されるか。証拠の発見・収集よりも後に発生した事情であっても，少なくとも近接して生じた場合には，それら手続全体に違法の色彩を与える（または強める）ものとして，証拠能力判断において考慮してよいとする考え方もあり得る。しかし，収集手続の違法を理由とした証拠排除の必要性を肯定する事情として考慮されるためには，当該事情が，証拠の発見・収集に対して具体的に寄与したといえなければならないであろう。上記のような事後的事情は，基本的には，証拠発

429

第4章 証拠法

見・収集手続とは因果性（関連性）がなく，その手続の違法性の有無ないし程度を左右するファクターとしては考慮されるべきではない。 **判例 4-11** も，このような考え方に立っているものと思われる。

判例 4-11 最決平成 8・10・29 刑集 50 巻 9 号 683 頁

【事実】警察官らが，X の別件覚せい剤所持を被疑事実とする捜索差押許可状により X 方を捜索したところ，覚せい剤様粉末 1 包みを発見した。これを示された X が「そんなあほな」等発言したため，警察官が X の襟首をつかんで後ろに引っ張り，左脇腹を蹴り，倒れた X に対し更に数名の警察官が左脇腹・背中等を蹴った。その後上記粉末につき覚せい剤反応が確認されたので，覚せい剤所持の現行犯として X を逮捕するとともに本件覚せい剤を差し押さえた。第 1 審は，「本件捜査は全体として著しく違法性を帯びている」として本件覚せい剤とその鑑定書の証拠能力を否定した。

【決定要旨】「警察官が捜索の過程において関係者に暴力を振うことは許されないことであって，本件における右警察官らの行為は違法なものというほかはない。しかしながら，前記捜索の経緯に照らし本件覚せい剤の証拠能力について考えてみると，右警察官の違法行為は捜索の現場においてなされているが，その暴行の時点は証拠物発見の後であり，被告人の発言に触発されて行われたものであって，証拠物の発見を目的とし捜索に利用するために行われたものとは認められないから，右証拠物を警察官の違法行為の結果収集された証拠として，証拠能力を否定することはできない。」

ところが，前掲 **判例 4-10** は，逮捕手続の違法の程度を評価する際に，逮捕状への虚偽事項の記入，内容虚偽の捜査報告書の作成，さらに公判廷での偽証といった，逮捕後に生じた事情を考慮しており，これは **判例 4-11** の考え方と矛盾するようにも思える（これらの事情が尿の取得に直接寄与したとはいえまい）。しかし，この点については， **判例 4-10** は，それら事後的事情そのものが逮捕手続の違法性を高めるというよりも，「本件の経緯全体を通して表れたこのような警察官の態度」に照らせば逮捕手続の違法は重大だとしており，これは，逮捕手続自体の客観的違法性（令状不呈示等）が認められる場合において，そのような違法な逮捕手続の遂行当時における警察官らの主観的違法性の高さを推認させる資料として上記諸事情を考慮したものと理解できるとする見解もある。この理解によれば，両判例の間には必ずしも矛盾はない。

Column 4-9 「証拠許容の不相当」の意味

判例 4-10 を本文で述べたように理解するとしても，同判決が，後の公判

430

廷での偽証の事情までをも，逮捕手続時の警察官らの主観的違法性を推認する資料としたことには，かなり無理があるように思われる。むしろ，本件事案の性質からすれば，上記の事後的事情（少なくともそのうち公判での偽証の事実）は，証拠収集の契機となった逮捕手続の違法性（の程度）に影響する事情——「証拠収集」に関係する事情——としてではなく，端的に，違法に収集された「証拠の（公判での）使用」の許否に関係する事情として考慮されるべきであった。このような捉え方は，〈判例 4-9〉（⇨ 421 頁）以来の違法収集証拠に関する判例理論の枠組みを超えるものであるが，あえて〈判例 4-9〉の枠組みに位置づけるとすれば，「証拠許容の不相当」の問題というべきであろう（ただし，重畳説〔⇨ 422 頁(b)の(iii)説〕には立たないことが前提となろう）。もっとも，それは，「違法捜査抑制の見地から」というよりも，当該証拠が得られた契機となった違法行為を「隠蔽」しようとしたことに対する裁判所側のいわば事後的対応として，証拠を許容不相当とするというものである。また，このように，「証拠収集」の適否とは別に「証拠使用」の適否の問題を論じ得るという考え方をさらに推し進めれば，必ずしも証拠の「違法収集」を前提としなくても，許容不相当として証拠の使用が禁止されるべき場合も想定できるように思われる。

3 その他の問題

(1) 被告人以外の者の利益を侵害して得られた証拠，排除の申立適格

証拠の収集手続に違法があった場合に，それにより権利利益を侵害されたのが，当該証拠の証拠能力が問題となっている公判における被告人以外の者であった場合，当該証拠は被告人の公判において証拠能力を否定されるべきか。また，被告人は証拠排除を申し立てることができるか。これらの点については，排除法則の理論的根拠のうち適正手続論を重視すれば，証拠は許容され，被告人の申立適格は否定されるのに対し，違法捜査抑止論や司法無瑕性論を重視すれば，証拠は排除され，申立適格は肯定されるとする見解がある。もっとも，前者の点は「適正手続」概念の捉え方にもよるであろう。後者の点も，たとえば違法抑止論から論理必然的に被告人の申立適格の肯定が導かれるわけではないとする見解もある。

(2) 違法収集証拠に対する同意

違法収集証拠について被告人側が証拠とすることに同意した場合，証拠能力

第4章　証拠法

を認めてよいか。証拠収集手続の違法が被告人による放棄（処分）の可能な権利利益に関係する場合には，同意による証拠能力付与を認めてよいとする見解もあるが，少なくとも違法捜査抑止論や司法無瑕性論からすれば，たとえ処分可能な権利利益に関係する場合でも，被告人の意向により排除不要とすべきではないと考える余地がある。もっとも，これに対しては，排除法則（ルール）の根拠をどう考えるかということと，そのような根拠に基づくルールの発動を当事者の意思にかからしめるか否かは，別問題であるとの反論も考えられる。

　なお，違法収集証拠に対する同意と326条の同意の関係につき，⇨406頁(1)。

(3)　私人が収集した証拠

　私人が他人の住居に無断で侵入するなど不正な手段を用いて収集した証拠を捜査機関が入手し，これを公判で検察官が証拠調べ請求した場合，裁判所は証拠採用してよいか。私人の行為が専ら捜査機関の依頼に基づいてなされた場合には，捜査機関自身がそうした収集行為を行った場合と同様に考えてよい。これに対し，私人が独自に行った場合には，基本的には証拠排除の必要性は認められない。違法捜査抑止論との関係では，捜査機関の抑止されるべき違法行為は存在しないし，また公判で証拠排除したところで将来の私人の行為を抑止できるものではない。司法無瑕性論についても，国家機関たる捜査機関の違法行為の成果物を裁判所が手にする場合と比較して，問題性は小さいであろう。適正手続論との関係でも基本的には同様である。もっとも，私人の行為の不正の度合いが著しい場合には，そのようにして収集された証拠を捜査訴追機関が引き継ぐこと自体を疑問とし，証拠排除の帰結を導くことも考えられる。

第5節　自白の証拠能力と証明力

1　自白の意義

　刑訴法（および憲法）は，自白の性質にかんがみ，その証拠としての取扱いに関して特別の規制を設けている。そこでまず，自白とそれに類する概念の意

義を説明するとともに，自白に対する証拠法上の規制の概要を述べる。

(1) 自白とその類概念

(a) **自白・承認**　**自白**とは，被告人による，自己の犯罪事実の全部または主要部分を直接認める内容の供述である。供述がなされた時期や形式は問わない。被告人が起訴前の被疑者段階あるいは被疑者として扱われる以前の段階で行ったものでも，また，口頭によるものでも書面に記述されたものでも，捜査機関に対して行ったものでも私人に対するものでも相手方のないものでも，その内容が上記のものに該当するかぎり，被告人の自白として扱われ，後述の自白法則や補強法則の規制が及ぶ。また，構成要件該当事実を認めながら，違法性阻却事由や責任阻却事由の主張を含んでいる供述も，自白に当たるとするのが多数説である。

　自白を含むがそれよりも広い概念として，**承認**（不利益事実の承認）がある。承認は，被告人の供述のうち，被告人にとって刑事上不利益な内容のものすべてをいう。たとえば，犯罪事実を推認させる間接事実のみを認める供述や，犯罪事実に属する事実のうち主要でない一部のみを認める供述は，自白ではないが承認である。承認の概念は，まず伝聞法則との関係で意味を持つ。すなわち，被告人の公判外供述で，承認にも当たらないものは，特信性が証拠能力の要件とされるのに対し，承認を内容とする公判外供述については，そのような要件は課されない（322条1項本文・324条1項。⇨400頁(i)，404頁**5**）。ただし，承認を内容とする公判外供述は，その承認が自白でなくても，319条の規定に準じ，任意にされたものでない疑いがある場合には証拠能力を認められない（322条1項但書）。つまり，公判外供述の場合には，後述**2**の自白法則と同様の規制が承認全般に及ぶのである。

(b) **有罪の自認・陳述**　319条3項は，同条1項および2項の自白には「起訴された犯罪について有罪であることを自認する場合」を含むとしている。**有罪**（であること）**の自認**とは，公訴事実を認め，阻却事由も主張せず，自己の有罪を認める陳述をいう。有罪の自認は，具体的犯罪事実を挙げてなされることもあるが，そうでない場合（たとえば，被告人が「起訴状に記載された通りである」旨述べる場合）も含め，自己の罪責を承認するという側面を捉えた概念であ

433

る。本項により，このような有罪の自認にも，自白と同様の規制（後述の自白法則と補強法則）が及ぼされるのである。とりわけ，アメリカ等で採用されている，被告人の有罪の答弁があれば公判審理を省略して有罪認定を行い量刑手続に移行することを認める制度（有罪答弁制度。⇨451頁 Column 4-11 ）を否定する趣旨で，本項が置かれたといわれている。

　また，291条の2は，被告人が，冒頭手続において被告事件についての陳述の機会を与えられた際に，「起訴状に記載された訴因について有罪である旨を陳述したとき」は，死刑または無期もしくは短期1年以上の懲役・禁錮に当たる事件の場合を除き，裁判所の決定により簡易公判手続による審判を行うことができると定める（⇨503頁**1**。また，即決裁判手続の申立てがあった事件では，冒頭手続で有罪の陳述がなされたとき，即決裁判手続による審判の決定が行われる。350条の22。⇨505頁(3)）。この**有罪の陳述**も319条3項の有罪の自認に当たる。なお，構成要件該当事実を認めながら違法性阻却事由または責任阻却事由の主張をする場合，前述の多数説によれば自白に当たるが，有罪の陳述ではないので，冒頭手続でそのような陳述がなされても簡易公判手続で審判することはできない。

(2) 自白に対する規制の概要

　自白は「証拠の王（女王）」とよばれ，その証明力，すなわち証拠価値および信用性は，他の種類の証拠に比べ抜群に高いと一般的に考えられてきた。それは，自白が犯罪の直接証拠であり，被告人本人が述べるものであるために，要証事実への推認力が非常に大きいとされ，また，人は真実に反してまで自己に不利益となるような供述はしないものだという経験則があるために，被告人にとって決定的に不利益な供述である自白はとくに信用性が高いとされるからである。しかし，こうした特徴が認められるからこそ，自白には，他の証拠に比べて格段に大きい種々の危険性が伴う。そこで，それらの危険性に対処するため，自白の証拠としての扱いに関する種々の規制が考え出されてきた。

　第1に，訴追・処罰を実現しようとする捜査・訴追機関は，このように証拠価値・信用性の高い自白を最優先に入手しようとする傾向になりがちである。そしてそのような捜査・訴追機関の自白重視・自白偏重の傾向は，時として，

第5節　自白の証拠能力と証明力

被疑者・被告人に対してその意思に反して自白をするよう強いる危険，すなわち**自白強要の危険**を生み出す。そこで法は，そのように強要された疑いのある自白の証拠能力を否定することで，こうした危険性に対処した。これを**自白排除法則**という（一般に「**自白法則**」という場合は，この自白の証拠能力に関する規制を指すことが多い）。もっとも，自白を強要すること，また強要された自白を証拠として用いることの問題性がどのような点にあるのかについては，後述のように様々に見解が分かれる。

　第2に，自白を評価する側である裁判所（事実認定者）は，上述のように自白の証拠価値・信用性の高さが一般的・経験的に認められるがゆえに，自白がある場合にそれを過信し，安易に自白に依拠して事実認定を行ってしまう危険がある。そこで，このような裁判所による**自白偏重の危険**に対処するため，法は，自白のみによる有罪認定を許さず，「補強証拠」すなわち自白以外の証拠を要求することとした。これを**補強法則**という。補強法則は，自白の証拠能力に関する規制ではなく，証明力に関する規制である。

2　自白の証拠能力

(1)　自白法則の根拠

(a)　自白法則に関する規定　　憲法38条2項は，「強制，拷問若しくは脅迫による自白又は不当に長く抑留若しくは拘禁された後の自白」は証拠とすることができないと定め，刑訴法319条1項は，「強制，拷問又は脅迫による自白，不当に長く抑留又は拘禁された後の自白その他任意にされたものでない疑のある自白」は証拠とすることができないと規定する。前者には「任意にされたものでない疑のある自白」（不任意自白）が文言上含まれていないが，両規定の間に実質的な差異はない――不任意自白の許容は憲法38条2項に違反する――とするのが通説・判例（最大判昭和45・11・25＝ 判例 4-13 〔⇨443頁〕）である。

(b)　自白法則の理論的根拠　　憲法38条2項や刑訴法319条1項の掲げる各類型の自白が証拠能力を否定される実質的理由（自白法則の理論的根拠）については，見解が鋭く対立している。また，それに伴い，これら規定のもとでの自白の証拠能力判断において，自白の「任意性」をどのように位置づけるかについても見解の対立がある。

①伝統的な見解は，両規定の掲げる類型の自白は，虚偽を含む危険が大きいから証拠能力を否定されると説く（**虚偽排除説**）。これによれば，自白法則は，虚偽の可能性の高い自白を公判審理から排除することで事実認定の正確性を確保しようする趣旨の規制であり，したがって，いわゆる法律的関連性の問題と位置づけられる。①説に対しては，虚偽自白の排除ということなら，自白内容の真実性が証明されさえすれば，所定の類型に当たる自白でも証拠能力を認めることになるのではないか，自白内容が虚偽か真実かを問題にするのなら，証明力の判断が先行することになり，証拠能力制限の意義が失われるのではないか，といった批判があるが，これに対しては，虚偽排除といっても，当該自白が虚偽か否かのみを問題にするわけではなく，類型的に虚偽の自白を誘発する危険性が高いとみられる状況でなされた自白を排除するものであり，たまたま当該自白が真実であっても証拠能力を認めるわけではないとの反論がなされている。②次に，両規定の掲げる類型の自白は，黙秘権（供述の自由）を侵害して得られたものであるから，黙秘権保障を担保するために，それらの自白の証拠能力を否定するのだと説く見解がある（これは**人権擁護説**とよばれるが，そこでいう「人権」とは黙秘権・供述の自由を指す。もっとも，黙秘権に限らず人権一般に広げる立場もあり，これによれば下記の④説に接近する）。③さらに，①説の観点と②説の観点をともに考慮する見解もある（折衷説・併用説）。

これら3説は，いずれも，自白の「任意性」如何を自白の証拠能力の包括的判断基準とするものだといわれる（**任意性説**）。したがって，「強制，拷問又は脅迫による自白」や「不当に長く抑留又は拘禁された後の自白」も，「不任意自白」の例示とみることになる。

以上の考え方，とくに「任意性」を包括的基準と捉えることに対しては，任意性は供述者の心理（内心）の問題であり，その存否の判断は困難を極めるとの批判がある。そこから，④両規定による自白の証拠能力規制は，違法な手続により獲得された自白の排除を意味するとの見解が唱えられる（**違法排除説**）。同説は，自白の任意性如何よりも，自白獲得手段自体の違法性に着目すべきだとし，これは法文が自白獲得の手段（「強制，拷問又は脅迫」，「不当に長く抑留又は拘禁」すること）を列挙していることにも合致すると説く。ある論者は，もはや「任意性」から脱却すべきことを強調し，他方また別の論者は，「不任意」

とは「強制」と同義であり，これは供述の自由を害することを意味し，その点の違法性に着目すれば，不任意自白の排除も違法排除の一環だといえるとする。また，④説は，供述者の心理状態ではなく自白をとる側の態度・方法の当否に焦点を合わせることで，自白排除の判断基準が客観化・明確化する利点があると主張する。さらに，同説によれば，両規定の掲げる類型は，違法な手段で得られた自白の典型例にすぎず，それらに該当しない他の違法な手続（たとえば，別件逮捕・勾留などの違法な身体拘束，弁護人の援助を受ける権利の侵害）によって得られた自白も，やはり排除されるべきだという（なお，こうした他の違法手段で得られた自白の排除の根拠規定につき，これを319条1項の「任意にされたものでない疑のある自白」に読み込む見解と，自白法則はより一般的な類概念である違法収集証拠排除法則の中に含まれるとの理解を前提に，憲法31条を総括的規定とし，さらに手続の違法内容に応じて33条，34条等の規定〔また法律上の各種手続規定〕をも根拠とする見解とがある）。

　しかし，④説に対しては，次のような批判が考えられる。第1に，自白獲得手段の違法性判断においても，供述の自由の侵害の有無を1つの考慮要素とせざるを得ず，やはり供述者の心理状態如何が問題になるのではないか。第2に，自白の排除を帰結すべき「違法」とは何かの基準は，必ずしも明確ではない。第3に，「任意性」からの脱却は，少なくとも刑訴法319条1項の文理に適合しない。第4に，現在では違法収集証拠排除法則が判例上確立しており，もし排除法則を自白に適用することを肯定するのであれば，憲法38条2項・刑訴法319条1項の自白法則を違法排除で捉える必要性は乏しい（とりわけ，自白法則が違法収集証拠排除法則の中に含まれるとすることは，とくに自白についてこれらの規定を置いた意味を失わせかねない）。第5に，任意性には疑いがあるものの，自白獲得方法が違法とまではいえない場合に，証拠能力を肯定することになりかねない。

　刑訴法319条1項が「……その他任意にされたものでない疑のある自白」と規定していることからすれば，任意性を自白の証拠能力の包括的基準と考えるのが素直である。そして，「自白（供述）を任意でなく行う」とは，供述を行うよう圧迫を受けて供述することであり，それは供述の自由の保障されない状況下で供述を行うことにほかならないから，黙秘権（供述の自由）侵害に着目

第4章 証 拠 法

する②説が，刑訴法規定の文理には最も親しむであろう。また，憲法38条が，黙秘権を保障する（1項）のと並べて自白法則を定めていることも，②説を支持すべき1つの根拠となろう。ただ，不任意自白の排除により黙秘権（供述の自由）保障を担保することに加え，その背後に虚偽排除の観点をも併せ考慮することも，あながち不当ではない。前述の通り，自白は一般的には信用性が高いものとされるが，虚偽である可能性が一切ないわけではもちろんない。そして，もし自白の虚偽を見過ごした――信用性の評価を誤った――場合には，自白の証拠価値の高さとも相まって，事実認定の正確性に対して大きな妨げとなる。そのため，誤判を防止するためには，（後述の補強法則のもとで自白一般につき補強証拠を要求するだけでなく）そもそも虚偽である可能性の高いタイプの自白はあらかじめ排除しておくことが考えられる。前述の自白強要の問題性も（少なくともその一部には），強要された自白は虚偽である可能性が高いため誤判を招き得るという点を含むとみるべきである。かくして，憲法38条2項・刑訴法319条1項が排除するのは，供述の自由を侵害するような状況，または虚偽自白をしようとする心理状態に陥らせるような状況でなされた自白と解するのが妥当である。

　(c) **判例の立場**　　自白法則の基準・根拠について，判例は伝統的には「任意性」を基準とし，かつ虚偽排除の観点を重視してきた。もっとも，学説では，他の類型はともかく「不当に長く抑留又は拘禁された後の自白」については，判例も早くから抑留・拘禁の違法・不当に着眼する立場を示してきたとされたり，さらに「約束による自白」や「偽計による自白」に関する判例（⇨441頁 ◁ 判例 4-12 ▷，443頁 ◁ 判例 4-13 ▷）についても，約束や偽計といった取調べ手法の違法性に着目した――違法排除説へと舵を切った――と捉える見解もある。しかし，◁ 判例 4-12 ▷ も ◁ 判例 4-13 ▷ も，依然「任意性」を基準としているのは明らかであるし，◁ 判例 4-13 ▷ は明示的に虚偽排除の観点を述べていることからすれば，判例を違法排除説に親和的とみるのは早計であろう。

(2) 自白と違法収集証拠排除法則

　自白と違法収集証拠排除法則（⇨416頁**第4節**。以下，排除法則という）との関係については，大きく3つの考え方がある。まず，憲法38条2項・刑訴法

438

319条1項の自白法則を（自白の「任意性」から脱却して）専ら違法排除の観点から捉え、それゆえ自白法則と排除法則とはその原理を共通にし、むしろ後者こそが一般的なルールであって、自白法則はその自白版すなわち特別規定だとする見解がある。自白の証拠能力の規制原理は違法排除のみということになるから、これを**違法排除一元説**とよぶことができる。しかし、このような立場は、法がとくに自白法則を設けた意味を実質的に失わせかねず、しかも319条1項の文言にも合わない。そこで、自白法則については任意性を基準に考え、その根拠としては虚偽排除と人権擁護（供述の自由の保障）の観点を併せて考慮するのが妥当である。しかし他方、専ら自白法則のもとでの任意性の点のみを自白の証拠能力の規制基準とし、自白に関して違法排除の観点を一切考慮しない（排除法則の適用を否定する）見解（**任意性一元説**）もまた疑問である。自白についても、証拠物と同じく、その獲得手段の違法・不当を理由に証拠能力を否定すべき場合があることは否めない。かくして、自白法則による任意性の点とは別個に、排除法則の適用を自白についても肯定する見解（**二元説**）が妥当である。これに対しては、排除法則の適用にあたり違法行為と当該証拠との間の因果関係が要求されるとして、自白の場合のそうした因果関係の有無とは、違法行為が供述をするという意思決定に影響を及ぼしたか否かであり、それは結局「任意性」の問題にほかならないから、自白法則とは別個に排除法則の適用を認める実益はないとの批判もあり得る。しかし、違法な行為（手続）が、取調べおよびそれによる自白と一定の関係を有するものの、供述者の意思決定に対して直接の影響（圧迫）を与えるものではなかった場合、たとえば被疑者の身体拘束手続に違法があるが、拘束中の取調べ自体にはとくに問題がないため自白の任意性を否定できないような場合に、排除法則のもとで、違法手続を契機に獲得された自白として排除することは考えられよう。

　下級審裁判例では、自白の獲得手段の違法を理由に証拠能力を否定するものは稀ではない。とくに東京高判平成14・9・4判時1808号144頁は、排除法則の適用によることを明言する。同判決は、自白法則については「任意性の判断」の問題だとしていることから、二元説の立場に立つものといえる（なお、同判決は、自白法則よりも排除法則の適用判断を先行させるべきだとするが、明文規定のある自白法則を先行させる考え方もあり得よう）。

第4章　証　拠　法

> **Column 4-10**　自白への排除法則適用の基準
>
> 　二元説であれ違法排除一元説であれ，違法排除の観点からの自白の排除を肯定する場合に，その基準はどのようなものであるべきか。証拠物に関する排除法則を肯定した判例（最判昭和53・9・7＝ **判例 4-9** 〔⇨ 421 頁〕）の示した基準——「令状主義の精神を没却するような重大な違法」——は，ここでも妥当すべきであろうか。とくに，「令状主義の精神の没却」の点に関しては，自白の場合，別件逮捕・勾留中の自白や無令状の実質逮捕中の自白などを除き，令状主義（の精神）には関係しない種類の違法が問題となることも多いであろう。取調べ自体の態様に違法がある場合（たとえば暴行など），任意同行後の取調べが任意捜査として許される限度を超えた場合などである。このような場合に違法排除の余地を否定するのは妥当でなく，したがって「令状主義の精神の没却」は重大な違法の例示と捉え，令状主義に関係しない（重大）違法の場合にも排除法則の適用を認めるべきである。また，「重大な」違法の点に関しても，仮に物証についてはそれが常に要求されるとする見解をとった場合に，自白についても同様に解すべきかは議論の余地がある。

(3)　自白の証拠能力が問題となる類型

　刑訴法 319 条 1 項が挙げる証拠能力を否定される自白の類型は，①「強制，拷問又は脅迫による自白」，②「不当に長く抑留又は拘禁された後の自白」，③「その他任意にされたものでない疑のある自白」である。前述の通り，任意性説によれば，①や②も，③の「不任意」自白の例示とみることになるが，いずれにせよ①や②に明示的に該当する自白は当然に証拠能力を否定される。しかし実際には，①や②に直ちに該当するとはいえないものの，任意性に疑いがあるのではないかが問題となる例が多いであろう。そして，③の不任意自白にあたるか否かの判断においては，①や②の類型に準じる事情が存するか否かのほか，自白法則の理論的根拠に照らした検討も重要である。すなわち，当該自白がなされた際の状況は，虚偽自白をしようとする心理状態に陥らせるようなものであったか（虚偽排除説），ないし供述の自由を害する——供述者に心理的圧迫を与える——ようなものであったか（人権擁護説），である。他方，違法排除説のもとでは，当該自白の得られた手続が違法性を帯びるものであったか否かが問題となる（なお，前述(2)の二元説においては，この点を，自白法則の適用判断とは別に検討することになる）。

　以下では，裁判例で扱われたことのある例を中心に，自白の証拠能力が問題

第5節　自白の証拠能力と証明力

となる具体的類型を検討するが，その際，便宜上，取調べそのものの態様の問題と，取調べに先行する（またはその前提となる）手続の問題とに大別する。加えて，派生的証拠や反復自白の問題も検討する。

(a) **取調べの態様と自白の証拠能力**　取調べにおいてあからさまな暴力が用いられたり，暴力とはいえなくとも一定の有形力が身体に対して行使されたときには，それが「拷問」や「強制」に当たればもちろん，拷問・強制には直ちに該当しないとしてもそれらに準じるとして，自白の任意性が否定されるべき場合があろう。判例では，暴力による肉体的苦痛を伴う取調べによる自白は任意によるものとは到底認められないとしたもの（最判昭和32・7・19刑集11巻7号1882頁），両手錠を施したままでの取調べでは任意の供述は期待できないと推定されるとしたもの（最判昭和38・9・13刑集17巻8号1703頁。ただし，片手錠の場合につき，最決昭和52・8・9刑集31巻5号821頁参照）がある。このような取調べ手法が用いられた場合，対象者は心身ともに圧迫を受け，供述の自由を害されたり，圧迫を逃れるため虚偽自白を行おうとする可能性が高い。加えて，この種の取調べは違法性を肯定できることも少なくないであろう。

次に，取調べにおいて有形力は行使されなくても，取調官の言葉や態度その他取調べの具体的状況によっては，「強制」や「脅迫」に当たるか，またはそれらに準じるとして，自白の任意性が否定されるべき場合もある。たとえば，取調べの態様が過度に威圧的，追及的な場合などである。理詰めによる取調べも，具体的な状況次第では，自白の任意性に疑いを生じさせるであろう（なお最大判昭和23・11・17刑集2巻12号1565頁参照）。これらの場合は，心理的圧迫による供述の自由の侵害の観点からの説明に比較的なじみやすいが，虚偽自白のおそれや取調べ態様の違法性が肯定され，その点から説明できる場合もあろう。

取調べの態様に関して，判例で任意性が否定された例として，「**約束による自白**」（利益誘導を伴う取調べによる自白）がある。

<判例 4-12>　**最判昭和41・7・1刑集20巻6号537頁**
【事実】Ｘは収賄事件の被疑者であるが，贈賄側のＹの弁護人Ａが，担当検察官と面談した際に改悛の情を示せば起訴猶予も十分考えられるとの内意を打ち明けられる等したため，即日Ａは留置中のＸに面接し，「改悛の情を示せ

441

第4章　証拠法

ば起訴猶予にしてやると〔検事が〕言っているから，真実貰ったものなら正直に述べたがよい」等と勧告したため，Ｘは自白するに至った。
【判旨】「本件のように，被疑者が，起訴不起訴の決定権をもつ検察官の，自白をすれば起訴猶予にする旨のことばを信じ，起訴猶予になることを期待してした自白は，任意性に疑いがあるものとして，証拠能力を欠くものと解するのが相当である。」（ただし，自白以外の証拠によって有罪と認定できるとした。）

　本判決は，自白内容の真実性を認めている（最終的に有罪認定できるとしている）にもかかわらず当該自白を排除していることから，虚偽排除説によったものではなく，人権擁護さらに違法排除の観点に立ったものだとみる学説もある。しかし，前述の通り，虚偽排除説は当該自白が真実であれば証拠能力を認めるというものではないし，また，本判決は明らかに「任意性」を問題にしており，自白獲得手段の違法性を論じてはいない。さらに，少なくとも検察官が被疑者に直接明確な不起訴の約束をしたわけでもない本件において，捜査機関による自白獲得手続が違法であった，あるいは供述の自由を害するほどの心理的圧迫があったと断言できるかは疑問である。結局，本件自白の排除は，虚偽排除の観点から説明するのが妥当であろう。一般に，取調べの対象者が，自白を行うのと引き換えに一定の利益供与——たとえば，起訴猶予，軽い罪での処分，量刑面での配慮，早期の釈放，余罪の処分での配慮等の刑事手続に関わる利益の供与や，飲食物・嗜好品の提供等の世俗的利益の供与——を受け得る旨提示された場合，その利益を得るために虚偽でもよいから自白をしようという心理状態に陥る危険が高く，その意味で，約束による自白の排除は，虚偽排除の観点からの説明に最も親しむ。ただし，そのような心理状態に陥る危険の高さは，提示される利益の具体的内容や，利益提示者と当該利益との関係，提示の態様，対象者の属性や身体・精神の状態等の相関によって異なり得る（本件のような，検察官による起訴猶予という利益の提示は，その提示の態様が間接的であっても，一般には虚偽自白への強い誘引になり得る）。他方，人権擁護説では，供述の自由を害するほどの強力な心理的圧迫があったかが問題となり，利益の内容やその提示の態様次第では，（利益供与の反面としての）不利益を回避するためには自白する以外に途がないという心理に陥ったとして，心理的圧迫を受けたといえる場合もあろうが，多くの場合，そこまでの圧迫を肯定するのは容易ではなかろう。利益供与の提

示が自白の誘引になる —— 自白を行う動機には影響する —— としても，自白するという最終的な判断自体は自由意思で行っているといえるかぎり，利益提示が直ちに供述の自由の侵害に当たるとはいえまい。また，自白と引き換えに何らかの利益供与の約束をすることが直ちに違法だといえるかも微妙であり，したがって違法排除の観点から説明するのも困難である。もっとも，違法薬物の提供など，およそその種の利益供与をすること自体が違法である場合は別である。また，提示される利益の内容が刑事上の処分に関わるものである場合は，一種の「司法取引」に当たり，司法取引はそれを明示的に認める法規定のもとで行うのでない限り許されないとする考え方に立てば，これをもって違法と評価する余地もあろう。

取調べの態様に関して，自白の任意性を否定したもう１つの判例として，「**偽計による自白**」の例がある。

〈**判例 4-13**〉**最大判昭和 45・11・25 刑集 24 巻 12 号 1670 頁**

【事実】けん銃等の所持について妻 Y との共謀等犯行への関与を否認している被疑者 X に対し，検察官が，実際は Y がそのような供述をしていないにもかかわらず，Y が本件犯行につき X と共謀したことを認めた旨告げて X を説得したところ，X が共謀を認めるに至った。次に検察官が，Y に対し，X が共謀を認めている旨告げて説得したところ，Y も共謀を認めた。

【判旨】「捜査官が被疑者を取り調べるにあたり偽計を用いて被疑者を錯誤に陥れ自白を獲得するような尋問方法を厳に避けるべきであることはいうまでもないところであるが，もしも偽計によって被疑者が心理的強制を受け，その結果虚偽の自白が誘発されるおそれのある場合には，右の自白はその任意性に疑いがあるものとして，証拠能力を否定すべきであ〔る〕」。本件では，検察官は上記のような偽計を用いたうえ，X が共謀を認めれば Y は処罰を免れるかもしれない旨暗示した疑いがあり，偽計によって被疑者が心理的強制を受け，虚偽の自白が誘発されるおそれのある疑いが濃厚であるから，X の自白は任意性に疑いがある。

本判決については，偽計を用いるという「尋問方法」の不当性に言及していることなどから，違法排除の観点を示したものとみる学説もある。すべての偽計を用いた取調べが直ちに違法であるとは言い難いとしても，少なくとも本件におけるいわゆる「切り違え尋問」のようなあからさまな偽計の場合は，信義則違反として違法の評価を与えることが可能であり，違法排除の観点に親しむ

443

面があるのは確かである。しかし，本判決自身は，本件の取調べ方法を違法と判断したわけではなく，むしろ，偽計により「被疑者が心理的強制を受け，その結果虚偽の自白が誘発されるおそれ」に着目している（ただし，本判決は，偽計の点のほか，共犯者の処分に関する利益の提示の点にも言及している）。もっとも，偽計の使用すなわち虚偽の事実を告げること自体が，なぜ心理的強制や虚偽自白の誘発の危険をもたらす場合があるといえるのかは，必ずしも明らかでない。一般的にいって，取調官が告げた事実が虚偽であった場合と真実であった場合とで，対象者の心理状態の面において，虚偽自白を行おうとする可能性にとくに差異があるわけではないし，心理的圧迫の有無・程度が異なるわけでもない。対象者が耳にする取調官の言葉は同じだからである。告げられた事実が虚偽だと分かっていたら自白しなかったという事情も，直ちに（「不任意」といえるほどの）供述の自由の侵害を意味するとはいえまい（虚偽事実の告知は自白を行う動機に影響したにとどまる）。無実の者が，たとえば事件の証拠状態について虚偽を告げられることによって心理に混乱を来し，あるいは自暴自棄となり，その意味で供述の自由を害されるといった説明も，必ずしも十分なものとは思われない。ただ，そのような証拠状態についての虚偽告知の場合は，対象者がそれに沿って（迎合して）供述すれば，それが虚偽自白である可能性は相対的に高いといえるから，そのかぎりで虚偽排除の観点からの説明は一応可能かもしれない。しかし，これが，本判決のいうような「心理的強制を受け……〔た〕結果」としての虚偽自白の誘発といえるかは疑問である。また，偽計の種類如何を問わず成り立ち得る説明でもない。

　以上のほか，取調べが比例原則のもとで許容される限度を超えて違法と評価される場合（⇨ 105 頁(2)）や，逮捕・勾留中の余罪取調べが限界を超えて違法とされる場合（ただし，余罪取調べの限界の有無・基準については見解が分かれる。⇨ 112 頁(2)）なども，それらの取調べにおいてなされた自白の証拠能力が争われ得る例であるが，その種の瑕疵が，直ちに自白の任意性に疑いを生じさせるわけでは必ずしもない。取調べの違法の原因事情が，対象者に心理的圧迫をもたらし，あるいは虚偽自白を行おうとする心理状態に陥らせる場合もあり得るものの（たとえば，取調べが限度を超えて連日連夜長時間にわたった場合など。なお，東京高判昭和 60・12・13 刑月 17 巻 12 号 1208 頁も参照），自白の任意性には影響し

444

ない場合もまた少なくないであろう。しかし，そのように自白の任意性を疑わしめるか否かの問題とは別に，上記のような取調べの違法がある場合には，そのこと自体を理由に，自白を排除する余地を認めるべきである（違法排除。宿泊を伴う任意取調べの違法の例として前掲東京高判平成 14・9・4 等，余罪取調べの違法の例として大阪高判昭和 59・4・19 高刑集 37 巻 1 号 98 頁，浦和地判平成 2・10・12 判時 1376 号 24 頁等。なお，前述 (2)〔⇨ 438 頁〕の二元説の立場では，自白法則ではなく排除法則の適用による）。

(b) **取調べに先行する手続の瑕疵と自白の証拠能力**　取調べそのものの態様にはとくに問題はないが，取調べに先行する手続，その他取調べと一定の関係を有する手続に瑕疵がある場合，そのような瑕疵ある手続が原因で，自白の任意性に疑いが生じることも考えられる。たとえば，319 条 1 項が例示する「不当に長く抑留又は拘禁された後の自白」についていえば，長期間にわたって身体拘束されているという状況自体が，心理的圧迫になり，あるいは虚偽自白を行ってでも釈放されたいという心理状態を生み，よって自白の任意性を疑わしめるといえる。また，身体拘束中の被疑者に対する糧食差入れを捜査機関が禁止した場合，そのことが，差入禁止中に行われる取調べの際の被疑者の心理状態に影響を及ぼし得る（なお，最判昭和 32・5・31 刑集 11 巻 5 号 1579 頁参照）。

　しかし他方，その種の手続の瑕疵は，自白の任意性に影響しない場合も少なくないと思われる（同じことは取調べ自体の瑕疵〔違法〕についてもいえるが，取調べ以外の手続の瑕疵については尚更であろう）。たとえば，令状主義違反の逮捕や実体的要件を満たさない逮捕などの違法な身体拘束の事実が，そうした拘束中に取調べを受ける被疑者の心理状態に直ちに影響を与えるわけでは必ずしもない（最判昭和 26・3・15 刑集 5 巻 4 号 535 頁は，拘禁が不法であってもその一事をもって直ちに拘禁中の供述が不任意のものであると速断することはできないとする）。不当な接見制限など，弁護人の援助を受ける権利が侵害された場合についても，そのことが常にその後（その間）の取調べでなされた自白の任意性に疑いを生じさせるとはいい得ないであろう（最判昭和 28・7・10 刑集 7 巻 7 号 1474 頁，最決平成元・1・23 判時 1301 号 155 頁）。また，被疑者の取調べにあたって黙秘権を告知しなかった場合につき，判例は，それが直ちにその取調べにおける自白の任意性を失わせるものではないとしている（最判昭和 25・11・21 刑集 4 巻 11 号

2359頁，最判昭和28・4・14刑集7巻4号841頁）。

　しかし，自白の任意性を疑わしめるか否かとは別に，その種の手続の瑕疵（違法）がある場合にはそれ自体を理由に，（その手続と密接な関係を有する取調べにおいてなされた）自白を排除する余地を認めるべきである（違法排除。二元説〔⇨438頁(2)〕のもとでは排除法則の適用による）。たとえば，令状主義に違反したり実体的要件を全く具備しないなど重大な違法のある身体拘束中になされた取調べによる自白は，このような見地からの排除を考慮すべき典型例である。下級審レベルの裁判例でも，身体拘束の要件を欠くことが一見明白であるときのように身体拘束の違法性が著しく，憲法および刑訴法の規定の精神を全く没却するほどに重大である場合には，その身体拘束中の供述がたとえ任意になされたとしても，証拠能力を否定すべきだとしたものがある（福岡高那覇支判昭和49・5・13刑月6巻5号533頁）。違法な別件逮捕・勾留中の取調べによる自白（⇨93頁(a)。金沢地七尾支判昭和44・6・3＝ 判例 1-6 〔⇨95頁〕，前掲浦和地判平成2・10・12等），違法な任意同行後の取調べによる自白についても，たとえ任意性が認められても，同様の見地からの排除を検討する必要がある。違法な接見制限の結果，実施された取調べでの自白や，黙秘権不告知に起因してなされた自白についても，同様に違法排除を考慮すべきである（もっとも，自白が黙秘権不告知に起因すると認められる場合は，任意性にも疑いが生じよう）。

　(c)　**不任意自白の派生的証拠の証拠能力**　　任意性に疑いのある自白に基づき（令状による捜索が実施されるなどして）証拠物が発見されたような場合，その種の派生的証拠の証拠能力は否定されるべきか。派生的証拠が発見されたことで自白は真実だと認められるような場合であっても，不任意自白自体については，319条1項が当然に排除を命じており，前述の通りたとえ虚偽排除説のもとでも証拠能力は否定される。しかし，派生的証拠の証拠能力に関しては，同項は何ら明言していない。また，人権擁護説（供述の自由，黙秘権保障の担保）の観点や虚偽排除の観点は，自白という証拠の特質に着目したものであり，証拠物等の派生的証拠それ自体に直ちに妥当するものではない。それゆえ，不任意自白の派生的証拠は証拠能力を否定されないとする見解にも一理ある。しかし，人権擁護説の観点からは，もし不任意自白は排除されても派生的証拠は許容され得ることになれば，取調べにおいて供述の自由が害される危険が残り，

446

不任意自白を排除する意味が損なわれかねないから，そのような取調べを抑止するために派生的証拠をも排除すべきだとの考え方もあり得る。虚偽排除の観点についても，仮に虚偽自白を招来し得るような取調べ手法を抑止することをも考慮する考え方に立てば，そうした抑止を実効あらしめるために派生的証拠も排除すべきとする余地はある。もっとも，これらの考え方をとる場合でも，あらゆる派生的証拠を排除するのではなく，不任意自白との因果性の程度や派生的証拠の重要性などを総合衡量して決することになろう。

　なお，不任意自白の派生的証拠につき，「毒樹の果実」論（⇨ 426 頁(b)）を適用し得るかという形で議論がなされることもある。毒樹の果実論はもともと違法収集証拠排除法則の派生原理として発展してきたから，必ずしも収集手続の違法を前提としない不任意自白には適用し得ないともいえそうである（当該自白の獲得手続に違法が認められる場合は別である）。しかし，前述の通り，排除法則および毒樹の果実論の基礎（の1つ）には違法捜査抑止論があるところ，上述のような，（違法ではないとしても）問題のある取調べ手法を抑止するという考え方は，これと共通する面がある。そうした考え方に立てば，ここで不任意自白を「毒樹」，その派生的証拠を「果実」と位置づけて論じることも可能であろう。

　(d)　**反復自白の証拠能力**　　いったん自白がなされた後に，再度同趣旨の自白がされた場合において，後者すなわち反復自白を証拠とするためには，それ自体が任意性を有する必要があることはいうまでもないが，前の自白が不任意自白である場合には，反復自白の任意性を検討するにあたり，同一人の再度の自白であることから，前の自白の不任意性との関係をも考慮する必要がある。たとえば，前の自白の不任意性をもたらした事情（心理的誘引・圧迫を引き起こした原因事情）が，反復自白を行った時点においてもなお残存しているか，逆に，反復自白の時点では，そのような心理的誘引・圧迫が何らかの事情により解消されたか，といった点である。こうした点の検討においては，具体的には，それぞれの取調べの主体や目的の異同，取調べの時間的間隔や場所的同一性如何，反復自白の際の取調官の言動（誘引・圧迫を解消するための特段の措置の有無），前の自白後の弁護人との接見の有無等を考慮することになろう。

　これとは別に，前の自白が違法な手段で獲得された場合には，反復自白の証

拠能力は，違法収集証拠の派生的証拠の問題（⇨ 426 頁(b)）として論じることも可能であろう。また，前の自白が不任意自白である場合にも，その派生的証拠の排除を認める立場（⇨ 446 頁(c)）に立てば，その問題の一種として論じることも考えられる。いずれの場合も，他の派生的証拠の場合と同様，第 1 次証拠（前の自白）との間の因果性が要求されるが，その有無・程度の判断の際，反復自白の場合には，一度自白したために爾後同じ供述を繰り返すという心理の点も考慮要素となり得る。

(4) 任意性の立証

(a) **任意性の挙証責任**　自白の任意性の挙証責任は，自白を証拠として提出する検察官側にある。すなわち，検察官は任意性の存在を積極的に立証しなければならない。このことは，「任意にされたものでない疑のある自白」を排除すべきとする 319 条 1 項の文言から明らかであるほか，証拠の証拠能力を基礎づける事実の挙証責任に関する一般的な考え方（⇨ 466 頁）によっても説明できる。

　もっとも，検察官は常に任意性を立証する必要があるわけではなく，被告人側が任意性を疑わせる事実を具体的に主張して争うのでないかぎり，その必要はない。つまり，被告人側に争点形成責任が課されるのである。

(b) **任意性の立証手段**　自白の任意性の立証手段としては，被告人質問や取調べにあたった捜査官の証人尋問が考えられる。しかし，具体的な取調べの状況について，被告人と捜査官の間で水掛け論に陥ることも少なくない。そこで，取調べ状況をより客観的に明らかにするため，留置人出入簿や取調べ状況報告書（捜査規範 182 条の 2）等の記録が用いられることもある（なお，規 198 条の 4 参照）。さらに，取調べの状況を録音・録画した記録を活用することも考えられる（なお，一定の場合に，検察官は，任意性立証のため取調べの録音・録画記録を証拠調べ請求する義務を負う。301 条の 2。⇨ 101 頁(4)，326 頁）。

3 自白の証明力

(1) 自白の信用性評価

　前述したように，自白の証明力（証拠価値と信用性）は抜群に高いものと一般

448

的に考えられてきた。しかしそれゆえにこそ，安易な証明力判断がなされる危険性もある。すべての自白が常に高度の信用性を備えているわけではなく，もし当該自白の信用性に問題があるにもかかわらずそれを見過ごした場合，その証拠価値の高さとも相まって，事実認定の正確性に対して大きな妨げとなる。そこで，自白の信用性については，その評価基準を明確化・客観化し，判断の正確性を担保すべきだと説かれることがある。自白の信用性評価にあたって考慮すべき事柄を類型化した「注意則」が提唱されるのもその一例である（たとえば，自白内容が経験則・論理則に反しないか，自白が明確性・具体性・迫真性を持っているか，いわゆる「秘密の暴露」すなわち犯人しか知り得ない事実の供述を含むか，自白内容が客観的事実ないし客観的証拠と符合するか，自白の時期や経緯，一貫性〔自白内容の変遷の有無・程度〕はどうか，自白の動機や原因，取調べ状況はどうか，自白をした者の属性はどうか）。

このような注意則は，事実認定者による自白の信用性評価を厳密に拘束するものではないが，信用性評価のあり方それ自体を適正化しようとする試みといえる。これに対し，次に述べる補強法則は，同じく自白の証明力に関わるものであるが，注意則とは異なり，法的拘束力を持つ規制であり，また，自白の証明力の評価のあり方それ自体を規制するものではなく，（自由心証による）証明力評価を経た自白に基づき（心証通りの）事実を認定することに対して一定の制限を課すものである。

(2) 補強法則

(a) **補強法則の意義**　憲法38条3項は，「何人も，自己に不利益な唯一の証拠が本人の自白である場合には，有罪とされ，又は刑罰を科せられない」と定め，刑訴法319条2項は，「被告人は，公判廷における自白であると否とを問わず，その自白が自己に不利益な唯一の証拠である場合には，有罪とされない」と規定する。本人の自白だけでは有罪とされないということは，有罪認定のためには自白以外に有罪を支える証拠（これを**補強証拠**という）が必要だということを意味する。そのため，これらの規定は（自白）**補強法則**とよばれる。

補強法則は，自白を事実認定の証拠としてよいかという証拠能力の問題に関するものではなく，自白の証明力に関する規制である。補強法則のもとでも自

白を有罪認定に供すること自体が禁止されるわけではなく，自白「だけで」有罪認定することが禁じられるのである。事実認定者が，自由心証（⇨ 457 頁(a)）により自白の証明力（証拠価値と信用性）を評価した結果，自白だけで有罪を認定できるだけの心証（確信）を抱いたとしても，その心証通りに有罪認定を行うことはできない。その意味で，補強法則は自由心証主義に対する例外ともいわれている。

　刑事裁判の場において実際に補強法則が適用されて無罪が言い渡されることは多くない。自白以外に有罪を支える証拠がないにもかかわらず検察官が公訴を提起することは，通常考えられないからである。もっとも，補強証拠と目された証拠が違法収集証拠であるとして排除されたために，有罪方向の証拠が自白だけとなった場合などには，補強法則が効果を発揮することになる。

　(b)　**補強法則の理論的根拠**　　補強法則の理論的根拠としては，一般には，自白強要の防止と誤判の防止とがいわれる（最判昭和 23・2・12 刑集 2 巻 2 号 80 頁，後掲最判昭和 24・4・7〔⇨ 453 頁〕等参照）。しかし，自白強要の危険への対処は基本的に自白法則（強要された自白の排除）の役割であり，補強法則の主たる存在理由は**誤判の防止**にあるというべきであろう。

　もっとも，そこでいう「誤判の防止」の意味については，若干の注意を要する。自白は一般的に信用性が疑わしい性質の証拠であり，したがってそれのみによる事実認定は誤判を生む危険が高く，そこで補強証拠により自白の信用性の低さを補うというのが補強法則の趣旨だと解すべきではない。むしろ，自白は一般的に信用性も証拠価値も抜群に高いと考えられてきた。しかしそれゆえにこそ，自白がある場合には，評価する側（事実認定者＝裁判所）としては自白を過信しがちになる。当該自白の信用性に問題がある場合であっても，それを看過してしまい，安易に自白に依拠して事実認定を行う危険が存するのである。しかも，自白の証拠価値の高さからすれば，それは事件の帰趨を左右し得るから，その信用性の評価を誤れば，もたらされる弊害は極めて大きい。さらに，裁判所は，本人が自白しているのであるから，それに依拠した有罪認定がもし誤っていたとしても，自業自得であると考えてしまいがちである。以上のような，裁判所による自白への過度の寄りかかり（**自白偏重**）による誤判の危険を，自白以外の他の証拠の存在を有罪認定の条件とすることによって制度的に防止

450

第5節　自白の証拠能力と証明力

しようというのが，補強証拠の趣旨だと解すべきである。

> **Column 4-11** 公判廷自白と憲法上の補強法則，有罪答弁制度
>
> 　憲法上，公判廷自白のみで有罪認定をすることは許されるか。刑訴法319条
> 2項は公判廷における自白か否かを問わないと明言しているから，公判廷自白
> のみによる有罪認定が違法であることは疑いない。しかし，憲法38条3項に
> は，刑訴法と異なり，そこでの「本人の自白」に公判廷での自白も含まれる旨
> の文言はない（他方，それを積極的に除外する文言もない）。判例は，公判廷自
> 白への憲法38条3項の適用を否定し，その理由として，①公判廷での自白は
> 自由な状態でなされ，不当な干渉がないから，自己の真意に反して真実でない
> 供述をすることはない，②公判廷での虚偽の自白については弁護人が直ちに訂
> 正させ得る，③裁判所が被告人の態度等から自白の真実性や任意性を自ら判断
> し得る，④裁判所は心証が得られるまで被告人を根掘り葉掘り質問できる，と
> いった点を挙げている（最大判昭和23・7・29刑集2巻9号1012頁等）。しかし，
> これに対しては，②の点は実効性があるか疑問である，④は職権主義・糾問主
> 義的な発想である，③も補強不要とするほどの論拠とは言い難い，①について
> は公判廷での自白の際にも不当な干渉がないとは言い切れず，またそもそも不
> 当な干渉の有無や自由な状態か否かに着目するのは憲法38条2項（自白法則）
> との混同ではないか，といった批判がある。補強法則の主たる趣旨が裁判所に
> よる自白偏重の防止にあるとすれば，公判外自白と公判廷自白との間で決定的
> な区別をすべき理由は乏しいように思われる。
>
> 　判例が公判廷自白への憲法38条3項の適用を否定したのは，いわゆる**有罪
> 答弁制度**（公判手続において被告人が公訴事実に対して有罪の答弁をし，裁判所が
> これを受理した場合には，公判での事実審理を行うことなく直ちに有罪とし，量刑
> 手続に移行する制度。アレインメント制度とよばれることもある）を刑訴法改正
> により導入する余地を憲法上残しておく意図があったためだともいわれる。適
> 用肯定説に立てば，有罪答弁も公判廷での自白として，それのみで有罪とする
> ことは同項によって禁じられるのではないかとの疑義が生じるからである。も
> っとも，適用肯定説に立ちつつ，有罪答弁制度の問題は同項の関知するところ
> ではないと解することも可能であろう。

(c)　**補強を要する範囲**　　有罪認定のために自白以外の証拠（補強証拠）が
必要であるといっても，犯罪事実のすべての要素について常に補強証拠が要求
されるわけではなく，このこと自体に争いはない。しかし，補強を要するのは
犯罪事実のうちどの範囲の事実についてなのか，また，そもそもそのように一
般的・類型的な形で補強を要する範囲を画するべきかについては，見解の対立
がある。

451

第4章　証拠法

　学説の多数は，補強証拠が必要なのは，犯罪事実を構成する諸要素のうち，客観的要素の重要部分（これを「罪体」とよぶ）であるとする（**形式説・罪体説**）。したがって，まず，犯罪の主観的要素は自白のみで認定してよいとされる。故意等の主観的要素についてまで自白以外の証拠が常に必要だとするのは，訴追側に対して酷に過ぎるからである。しかし，客観的要素のうち，補強を要する「重要部分」＝罪体に何が含まれるかについては，さらに見解が分かれる。①客観的な法益侵害の存在の事実のみを罪体と捉えるか，②加えてその法益侵害が何人かの犯罪行為に起因するものであるという事実をも含むか，③さらに当該被告人がその犯罪行為の行為者であるという事実（犯人性）まで含むか，といった対立があるが，多数の見解は，②の範囲までが罪体であるとする。たとえば殺人の事実についていえば，補強証拠があるのが①死体が存在するという点についてのみでは足らず，②それが他殺死体であるという点にまで補強が必要であるが，③当該被告人が殺害した死体であるという点については補強は不要であり，被告人の自白のみで認定してよいとする。①の範囲で補強があれば足りるとするのでは補強法則はほとんど無意味になる反面，③の範囲まで補強を要求するのは訴追側に対して酷に過ぎるからだという。しかし，これに対しては，②のおよそ犯罪行為によるものか否かの点で誤判をする危険はもともとさほど大きくはなく，むしろ③の被告人の犯人性の点においてこそ，自白のみでの認定による誤判の危険が存するのであって，この点につき補強不要とすることは補強法則の実効性を失わせてしまう，との有力な批判がある。

　以上の形式説は，補強を要する範囲を（範囲の広狭の対立はあるにせよ）あらかじめ形式的に画するものであるのに対し，そのような形式的な線引きをするのではなく，ともかく自白内容となっている事実の真実性を実質的に担保する証拠が存すれば補強ありとしてよいとする見解がある（**実質説**）。同説によれば，形式説のもとで罪体とされる部分につき自白以外の証拠がないにもかかわらず有罪認定し得る場合が，理論的には認められることになる。これに対しては，実質説の考え方では，自白の内容を前提としたうえで他の証拠による補強の有無を判断することになり，公判外自白の証拠調べ請求の時期を犯罪事実に関する他の証拠の取調べ後に限定している刑訴法301条と調和しない，との批判がある。しかし，補強の有無は，（同条に従った証拠調べの後）公判審理の最後に有

452

罪認定を行うのに先立ち判断すれば足りるから，必ずしも同条の存在が実質説に対する足枷になるわけではないように思われる。

そのほか，公判外自白に関しては形式説により，公判廷自白に関しては厳格に形式説による必要はなく実質説で足りるとする見解もある（**二分説**）。これは，実質説に対する批判の根拠として挙げられる301条は公判廷自白には関係がないこと，公判廷では裁判所が被告人の態度を直接観察してこれを勘案でき，また被告人に質問するなどして供述の真意を確かめ得ること等を理由とする。

判例は一般に実質説に立つといわれる。もっとも，具体的事案における判例の結論は，他の見解からも是認できることが少なくない。たとえば，最判昭和24・4・7刑集3巻4号489頁（贓物故買〔盗品有償譲受け〕事件における贓物性の知情の点に係る証拠が被告人の公判外自白以外になかった事案），最判昭和24・7・19刑集3巻8号1348頁（強盗事件における被告人の犯人性に係る証拠が被告人の公判廷自白以外になかった事案）および最大判昭和30・6・22刑集9巻8号1189頁（電車転覆致死事件における被告人の犯人性に係る証拠が被告人の公判廷自白および公判外自白以外になかった事案）については，形式説（後二者の判例との関係では形式説のうち上記多数説）によっても，有罪認定を是認した最高裁の結論を正当化できる。のみならず，上記最判昭和24・4・7が，自白以外の補強証拠により「すでに犯罪の客観的事実が認められ得る場合」には，「犯意とか知情とかいう犯罪の主観的部面については，自白が唯一の証拠であっても差支えない」と判示し，また，自動車の無免許運転罪に関する最判昭和42・12・21刑集21巻10号1476頁が，「運転行為のみならず，運転免許を受けていなかったという事実についても，……補強証拠……を要する」と一般的な形で判示しているのは，むしろ形式説的発想に親和的とさえいえる。その一方で，贓物故買（盗品有償譲受け）の事実についての被告人の公判廷自白は被害者の盗難被害届によって補強することができるとした最決昭和29・5・4刑集8巻5号627頁の結論は，形式説からは正当化し得ず，実質説から説明するほかない（ただし，この事案の自白は公判廷でのものであったから，二分説とはなお矛盾しないとの指摘もある）。

(d) **補強の程度**　補強証拠によってどの程度の証明がなされる必要があるかについても，見解の対立がある。**絶対説**は，自白と切り離して補強証拠だけ

で一応の証明がなされる程度の証明力を要求する。これに対し，**相対説**は，自白と補強証拠とが相まって全体として犯罪事実を認定できるのであれば足りるとする。相対説では，自白の証明力との相関で補強証拠に要求される証明力の程度が決まるから，当該自白の証明力が高ければ補強証拠の証明力は相対的に低くてもよいことになる。相対説に対しては，自白の内容およびその証明力を前提としたうえで他の証拠による補強の程度を判断することになり，補強の範囲に関する実質説と同様，301条と調和しないという批判があるほか，個々の自白の証明力如何と関わりなく適用される補強法則の本質と整合しないとの批判もある。もっとも，前者の批判に関しては，補強の程度の判断も最終的に有罪認定をする前に行えば足りるから，必ずしも301条が相対説の足枷になるわけではないと思われる。なお，以上のほか，公判外自白については絶対説，公判廷自白については相対説によるとする二分説などもある。

判例は一般に相対説に立つといわれる。前掲最判昭和24・4・7が「自白と補強証拠と相待って，犯罪構成要件たる事実を総体的に認定することができれば，それで十分事足る」と述べていることからすれば，そう解するのが自然であろう。

(e) **補強証拠の適格性**　補強証拠たり得るには，どのような証拠でなければならないか。まず，補強証拠も犯罪事実を認定するための証拠であるから，厳格な証明に要求される資格（証拠能力を備え，適式の証拠調べを経ること）を満たさなければならない。したがって，たとえば伝聞法則の適用も当然受ける。

さらに，自白だけで有罪とした場合の誤判を防止するのが補強法則の趣旨であるから，補強証拠は自白から独立した証拠でなければならない。それゆえ，被告人自身が反復して行った自白が相互に補強し合うと考えることはできない。被告人の自白が，たとえば捜査機関の取調べと公判など手続段階を異にして反復された場合であっても，補強証拠としての適格性は認められない（最判昭和25・7・12刑集4巻7号1298頁）。また，被告人以外の者の供述であっても，実質的に被告人の自白の繰り返しにすぎない場合には，補強証拠たり得ない。

もっとも，被告人自身の供述はすべて補強証拠たり得ないというわけではない。判例は，闇米売買の事案において，被告人が犯罪の嫌疑を受ける前にこれと関係なく自ら販売未収金関係を備忘のため闇米と配給米とを問わずその都度

記入していた書面につき，被告人の自白と目すべきではなく，公判廷自白に対する補強証拠たり得るとしている（最決昭和 32・11・2 刑集 11 巻 12 号 3047 頁）。

　共犯者の供述は，被告人の自白に対する補強証拠たり得るか。これについては，判例（最判昭和 23・7・19 刑集 2 巻 8 号 952 頁）・学説とも一般に肯定している。もっとも，取調べ過程において専ら本人の自白を基に共犯者の供述が誘導されたような場合（またその逆の場合）など，自白からの独立性を認め難いために補強証拠適格を否定すべき場合もあろう。また，補強証拠適格が肯定される場合でも，共犯者の供述は一般に責任転嫁や虚偽の巻き込みの危険が高いとされるから（これにつき後述(f)も参照），補強を要する範囲について犯人性の点をも含める見解に立つときには，当該共犯者供述がその点についての十分な補強となっているかは慎重に判断すべきである。

　(f)　共犯者供述に対する補強証拠の要否　　被告人 X が否認している場合に，共犯者とされる Y の「X と共に本件犯罪を行った」旨の供述のみで X を有罪と認定してよいか，すなわち，「共犯者供述」（Y 自身との関係では自白であるから「共犯者の自白」ともよばれる）に補強証拠は必要か。**補強必要説**は，一般に，憲法 38 条 3 項・刑訴法 319 条 2 項を共犯者供述についても類推適用し，その理由として，①自白強要の危険および誤判の危険の点では，本人の自白と共犯者の自白（供述）との間に本質的な差異はないこと，②共犯者 Y の供述は，とくに，自己の責任を免れたり軽減したりするため，真実に反して X に責任転嫁したり X を巻き込んだりするという点での虚偽の危険が大きいこと，③もし補強不要説に立てば，証拠が Y の供述しかない場合に，自白した Y は補強証拠がないので無罪となるのに，否認した X は有罪となるという不合理が生じること等を挙げる。

　他方，**補強不要説**も有力であり，その根拠として，①本人の自白と異なり共犯者供述に対しては裁判所も警戒の目で臨むであろうから，両者同列には論じ得ないこと，②仮に補強必要説に立っても，補強を要する範囲に X の犯人性の点を含めない（前述の形式説の多数）のであれば，Y による巻き込みや責任転嫁の危険は回避し得ないこと，③反対尋問を経ない証拠よりもそれを経た（反対尋問に耐えた）証拠の方が証明力が強いのであるから，X に Y を反対尋問する機会を与えたうえで Y の供述を X に対する証拠とするのであるかぎり，X

有罪・Y無罪となっても必ずしも不合理でないこと等が挙げられている。もっとも，補強不要説の論者も，共犯者供述のみによる有罪認定は通常は自由心証主義に反する不合理なもの（合理的心証主義違反，経験則違反）だとするから，両説の間で実際上の差異はさほど大きくないが，「常に」補強を必要とするか否かで違いがある。

判例では，かつては補強必要の立場を示すものもあったが，現在では補強を不要とする立場が確立している（最大判昭和33・5・28刑集12巻8号1718頁は，憲法38条3項は「証拠の証明力に対する自由心証主義に対する例外規定としてこれを厳格に解釈すべき」であるとして，共犯者自白への同項の適用を否定する）。

補強必要説の論拠のうち，自白（供述）強要の危険をいう点は，補強法則の主たる関心が自白強要の危険ではなく自白偏重による誤判の危険の点にあることに照らすと妥当でない。また，広い意味での誤判の危険という共通性はあるものの，本人自白の場合のそれは，証明力が高いと一般に考えられているがゆえの裁判所による「過信」のおそれの問題であるのに対し，共犯者供述の場合のそれは，主として責任転嫁や巻き込みの動機による虚偽供述のおそれであって，むしろそのような危険性（信用性の低さ）は一般に認識されているから，本人自白におけるのと同様の「過信」「偏重」の問題ではない。かくして，本人自白特有の危険性に着目して設けられた規定を，本質的性格の異なる共犯者供述に類推適用するのは疑問であり，自由心証主義の例外としての補強法則の適用範囲はやはり限定的に解すべきであろう。

なお，仮に補強必要説に立った場合，否認しているXを，共犯者とされるYおよびZの「Xと共に本件犯罪を行った」旨の供述のみで有罪とし得るか，言い換えれば，共犯者Yの供述に対してもう1人の共犯者Zの供述は補強証拠となり得るか——Y・Zの供述が相互に補強しあえるか——ということも議論になる。補強必要説の中でも，複数の共犯者の供述があっても責任転嫁や虚偽の巻き込みの問題は解消されないことを理由に，このような補強の仕方を認めない見解と，複数の共犯者の供述が一致すれば誤判の危険は薄らぐとしてこれを認める見解とに分かれている（なお最判昭和51・10・28刑集30巻9号1859頁参照）。

第6節　証拠の評価・心証の形成

第6節　証拠の評価・心証の形成

1 証拠評価・心証形成のあり方 ─────────────────

(1) 自由心証主義

(a) **自由心証主義の意義**　　刑事事件の公判において，裁判所（事実認定者）は，証拠に基づき，種々の事実の認定を行うが，それには無論，個々の証拠の証明力（広義）を評価判断することが前提となる。この証明力評価に関しては，刑訴法は形式的な規制を置いていない。すなわち刑訴法318条は，「証拠の証明力は，裁判官の自由な判断に委ねる」としている（裁判員62条にも同様の定めがある）。これを**自由心証主義**といい，法定証拠主義と対置される。**法定証拠主義**とは，証拠評価の方法をあらかじめ法定しておくものであり，これには，所定の証拠（たとえば自白）が存在すれば必ず事実を認定しなければならないとする積極的法定証拠主義と，所定の証拠がなければ事実を認定してはならないとする消極的法定証拠主義とがある。内外の歴史上，法定証拠主義を採用する法制度は少なからずみられたが，事実認定が裁判官の個人差に左右されないという利点がある一方で，形式的・画一的な規制は具体的妥当性を欠くことになる危険もあり，また，そこにいう所定の証拠とは自白が主であったため，自白を得るための拷問等を誘発するという問題もあった。そこで現行法は自由心証主義を採用し，証拠の評価（とそれに基づく事実の認定）を裁判官・裁判員（裁判所）の「自由」にゆだねたのであるが，これはいわば事実認定者たる人間の理性に強い信頼を置いたものといえよう。

(b) **自由心証主義の例外**　　もっとも，自由心証主義にも例外があるとされる。その1つが，補強法則（⇨449頁(2)），すなわち自白のみによる有罪認定を許さないとする憲法38条3項，刑訴法319条2項である。事実認定者が自由心証により自白の証明力を評価した結果，自白だけで有罪の心証に至ることもあり得るが，補強法則は，その心証通りに有罪認定することを許さないという意味で，自由心証主義の例外とされる。

　そのほか，公判期日における訴訟手続で公判調書に記載されたものは，公判

457

調書のみによって証明し得ると定める刑訴法 52 条は，証明に用い得る証拠を限定するとともに，公判調書に絶対的な証明力を付与したものと解されるから，自由心証主義の例外と位置づけられる。また，上訴審による破棄判決に下級審に対する拘束力を認めること（⇨ 528 頁）も，自由心証主義の例外とされることがある。

(2) 合理的心証主義

「自由」心証主義とはいっても，それは全くの「恣意」を許すものではなく，**経験則**や**論理則**による拘束は及ぶ。すなわち，自由心証とは，良心に従い，経験則・論理則に則って，合理的に証拠の証明力を評価・判断することを意味する。この点を捉え，「合理的心証主義」といわれることもある。経験則・論理則に則った合理的な心証形成は，いわば人間の理性への信頼を基礎とする自由心証主義に内在する規範といえよう。

なお，心証形成の合理性を制度的に担保する手段として，事実認定者の予断を排除するための各種制度（除斥・忌避・回避，起訴状一本主義等）や，裁判に理由を付すべきこと（44 条 1 項），上訴審において事実誤認を理由とする破棄があり得ること（382 条・411 条 3 号）などが挙げられることもある。

Column 4-12　疫学的証明

　疫学とは，疾病の発生を集団現象として大量的・統計的に観察することにより，発病に作用する因子を特定し，診断に役立たせたり，そうした因子を排除することによって疾病の発生・伝染を予防しようとする，医学の一分野である。このような疫学の手法を，刑事裁判上の証明の方法として用いることは許されるであろうか。判例には，疫学的証明が因果関係の立証・認定のために用いられた事案につき，「原判決は，疫学的証明があればすなわち裁判上の証明があったとしているのではなく，『疫学的証明ないし因果関係が，刑事裁判上の種々の客観的事実ないし証拠又は情況証拠によって裏付けられ，経験則に照らし合理的であると認むべき場合においては，刑事裁判上の証明があったものとして法的因果関係が成立する。』と判示し，本件各事実の因果関係の成立の認定にあたっても，右立場を貫き，疫学的な証明のほかに病理学的な証明などを用いることによって合理的な疑いをこえる確実なものとして事実を認定していることが認められるので，原判決の事実認定の方法に誤りはない」としたものがある（最決昭和 57・5・25 判時 1046 号 15 頁）。

第6節　証拠の評価・心証の形成

2 心証の程度——証明の水準

　自由心証主義のもとでも，ある事実を認定するのに必要な心証の程度まで全く自由というわけではない。たとえば，犯罪事実が存在しなかった可能性よりは存在した可能性のほうが高い，といった程度の心証で有罪認定をすることは許されず，犯罪事実の認定のためには，「**合理的疑いを超える証明（確信）**」が必要とされる（これは主に英米法に由来する表現である。なお，ドイツ法では「確実性と境を接する蓋然性」といった表現が用いられる）。判例も述べるように，「通常人なら誰でも疑を差挟まない程度に真実らしいとの確信」（最判昭和23・8・5刑集2巻9号1123頁），「反対事実の存在の可能性を許さないほどの確実性を志向したうえでの『犯罪の証明は十分』であるという確信的な判断」（最判昭和48・12・13判時725号104頁）が要求されるのであり，求められる証明（心証）の水準は極めて高い。刑罰というものの持つ利益侵害度の重大さにかんがみれば，刑罰賦課は犯罪事実の存在について高度の証明がなされてはじめて許されるというべきだからである（刑罰に関する謙抑主義）。

　もっとも，犯罪事実を認定することに「一抹の不安」があるというだけで，有罪認定をすることが禁じられるわけではない。刑事訴訟における証明は，過去の事実について証拠による推論を積み重ねて行うものであり，100パーセント確実に事実を推認できるものである必要はない。論理的証明，科学的証明ではなく「歴史的証明」（前掲最判昭23・8・5）といわれる所以である。

　最近の判例も，「刑事裁判における有罪の認定に当たっては，合理的な疑いを差し挟む余地のない程度の立証が必要である」と述べるとともに，「合理的な疑いを差し挟む余地がないというのは，反対事実が存在する疑いを全く残さない場合をいうものではなく，抽象的な可能性としては反対事実が存在するとの疑いをいれる余地があっても，健全な社会常識に照らして，その疑いに合理性がないと一般的に判断される場合には，有罪認定を可能とする趣旨である」としている（最決平成19・10・16刑集61巻7号677頁）。そして，同決定によれば，「このことは，直接証拠によって事実認定をすべき場合と，情況証拠によって事実認定をすべき場合とで，何ら異なるところはない」とされる。もっとも，最判平成22・4・27刑集64巻3号233頁は，情況証拠によって事実認定すべ

459

第4章 証 拠 法

き場合には，直接証拠による場合とで立証の程度に差はないものの，「直接証拠がないのであるから，情況証拠によって認められる間接事実中に，被告人が犯人でないとしたならば合理的に説明することができない（あるいは，少なくとも説明が極めて困難である）事実関係が含まれていることを要する」としている。

犯罪阻却事由についても（その不存在につき）合理的疑いを超える証明が必要であり，また犯罪事実以外の実体法的事実，たとえば刑の加重減免の事由や処罰条件についても同様の水準による証明が要求される。これに対し，証拠の証拠能力を基礎づける事実などの訴訟法的事実は，一般には，いわゆる「**証拠の優越**」すなわち当該事実が存在しない可能性よりは存在する可能性の方が高いという程度の心証でもって認定してよいが，訴訟条件などについては，処罰の実現のための不可欠な事由として犯罪事実に準じ，合理的疑いを超える証明を要求すべきであろう。なお，ほかに「疎明」という概念もあり（19条3項・206条1項・227条2項等参照），これは，ある事実につき一応確からしいという程度の心証を抱かせることを意味する（⇨ 353 頁(a)）。

3 挙証責任と推定

(1) 挙証責任の概念

(a) 実質的挙証責任 刑事訴訟において，裁判所（事実認定者）は，証拠に基づいて種々の事実を認定し，それに従って一定の法的効果に関する判断を下すことが求められる。前述の通り，証拠の評価とそれに基づく事実の認定は裁判官・裁判員の自由心証によるが，自由心証の働きによっては事実の存否（真偽）がいずれとも決しがたい場合がある。もちろん，そうした「真偽不明」の状態に陥るのを避けるべく，できるかぎり審理を尽くす必要がある（これを怠れば審理不尽として控訴理由になる）が，たとえ立証（証拠調べ）が尽くされた後でも，人間が証拠評価・事実認定を行う以上，時としてそのような心証状態に陥る場合があることは否定しがたい。しかし，心証がそのような状態だからといって，求められる法的効果に関する判断を行わないというわけにはいかない。このことは，終局裁判の場面（有罪・無罪の判決など）に限らず，中間的な判断の場面（たとえば証拠決定など）についても基本的に同様である。要するに，一定の法的効果（たとえば刑罰権）の発生如何を左右する事実（たとえば犯罪事

460

実）の存在・不存在が，自由心証のもとではいずれとも積極的には認定できない場合に，当該法的効果を認めるのか否かは，一義的に決せられる必要がある（なお，中世の欧州には，犯罪事実の確証がなくとも嫌疑が濃い場合に軽減された刑罰を科す「嫌疑刑」の制度があったが，現代においては認められない）。そして，これをいずれに決するにせよ，当事者の一方に対して不利益をもたらすことになる。このような不利益を受けるべき当事者の地位のことを，**挙証責任**という（「立証責任」「証明責任」ということもある。また，後述(b)の形式的・主観的挙証責任と区別して，**実質的挙証責任**，客観的挙証責任ともいわれる）。

　事実の存在・不存在がいずれとも認定できない場合に，裁判所がいかなる判断をすべきか，すなわち当事者のいずれに不利益な方向で判断を行うべきかは，裁判所がその都度恣意的に決めてよいものではなく，当該事実の性質に応じてあらかじめルールとして定まっている（そのルールを当事者の地位に引き写して言い表したのが，後述(2)の「挙証責任の所在」である）。ある事実につき「検察官（被告人）が挙証責任を負う」という表現は，そのようなルールにより，当該事実の存否不明の場合には裁判所が検察官（被告人）に不利益な判断をすべきとされることを意味する。そして，挙証責任を負う当事者がその「挙証責任を果たす」ということの意味は，当該事実につき裁判所に「真偽不明」状態を超えて積極的に自己側に有利な心証形成をさせることにほかならない。

　以上から分かるように，（実質的）挙証責任の概念の本質は，裁判所のための判定のルールである。無論，ある事実につき挙証責任を負う当事者は，通常は，当該事実について積極的な立証を行わないかぎり不利益な判断を受けることになるから，挙証責任概念は，抽象的には，その当事者に対してそうした立証の負担を負わせるという意味をも持つ。しかしそれは，当該事実が最終的に真偽不明となった場合にその当事者側に不利益な判断がなされなければならないという裁判所に向けられた判定ルールが存在することの反射にすぎない。

　なお，（実質的）挙証責任の概念は，当事者主義の訴訟構造のもとでのみ妥当するものではない。職権主義構造の場合でも，裁判所が最終的に真偽不明の心証状態に陥ることはあり得るから，その際の判定のルールとして挙証責任概念が必要となる。

(b)　形式的挙証責任（立証の負担）　　上述の通り，抽象的には，ある事実に

ついて（実質的）挙証責任を負う当事者が，当該事実について積極的な立証を行う —— 自己に不利益な判断を回避するため，当該事実につき「真偽不明」状態を超えて積極的に裁判所に心証形成させる活動を行う —— という負担を負う。しかし，立証の負担というものは，訴訟の進行に照らして具体的にみた場合には，（実質的）挙証責任を負う当事者のみに固定されるわけでは必ずしもない。挙証責任を負う当事者による立証活動が相当程度行われると，今度は相手方当事者が，自己に不利益な判断を避けるために，当該事実につき少なくとも「真偽不明」状態に持ち込むべく立証活動を行う必要が生じ得る。つまり，両当事者はそれぞれ，訴訟（証拠調べ）の進行を踏まえ，裁判所の心証状態も予測しながら，そのときどきにおいて，立証を行う必要があるかどうかを判断するのである。このような意味での立証の必要ないし負担をも「挙証責任」とよぶことがあるが，これは実質的挙証責任とは区別されるべきものである（**形式的挙証責任**，主観的挙証責任とよばれる。ただし，形式的ないし主観的挙証責任の語は多義的であり，上述の，実質的挙証責任を負う当事者が行うべき立証活動の抽象的負担，あるいは，裁判所と当事者の間で当事者がどの程度に訴訟追行の責任を負うかの問題を指して用いられることもある）。

　実質的挙証責任は，基本的にいずれか一方の当事者に固定されるものであるのに対し，形式的挙証責任は，訴訟の経過に応じて両当事者間を随時移動し得る。また，実質的挙証責任は，法的に不利益判断を受ける地位を意味するものであるから法的責任といってよいが，形式的挙証責任は，法的な責任ではなく，事実上の負担にすぎない。それゆえ，「挙証責任」の語を用いずに，端的に「**立証の負担**」などとよぶべきであるともいわれる。

(2)　挙証責任の所在

(a)　「疑わしきは被告人の利益に」　　ある事実について（実質的）挙証責任をいずれの当事者が負うか，すなわち当該事実の存否（真偽）が不明である場合にいずれの当事者に不利益な判断がなされるべきかは，当該事実の存否がその発生の条件となっているところの法的効果を欲するのがいずれの当事者であるかによって決まる。たとえば犯罪事実についていえば，その存在が刑罰権という法的効果の発生のための条件であり，それゆえその効果を欲する検察官が

犯罪事実の挙証責任を負う。被告人は犯罪事実の不存在を積極的に証明すべき責任を負わず，その存否が不明である —— 犯罪事実の存在が積極的に証明されない＝疑わしい —— 場合には，被告人の利益に，すなわち無罪の判断が下されなければならない。これを「**疑わしきは被告人の利益に**」(in dubio pro reo) の原則という（略して**利益原則**ともいう。なお，同原則は，犯罪事実に限らず，刑罰権を直接基礎づける他の諸事実にも適用される。⇨ 464 頁(b)）。同様に，犯罪事実が存否不明である場合に無罪の判断が下されるべきことを言い表す用語として，「**無罪の推定**」がある。検察官が犯罪事実の存在を積極的に証明しないかぎり，被告人は有罪とされず，たとえ犯罪事実の不存在が積極的に証明されなくても，無罪と推定されるのである（なお，「無罪の推定」の語は，このように検察官が犯罪事実の挙証責任を負うという意味のほか，被疑者・被告人は有罪が確定するまではできるかぎり一般市民と同様に扱われなければならないという，より広い一般的な意味でも用いられる。⇨ 18 頁(1)）。利益原則と無罪推定の原則は，必ずしも沿革を同じくするものではないが，いずれも犯罪事実についての検察官の挙証責任をその内容とするものとして，刑事訴訟における共通の基本原理を成している。刑訴法は 336 条において，「被告事件について犯罪の証明がないときは，判決で無罪の言渡をしなければならない」と定め，この原理を採用することを明らかにしている。

　もっとも，検察官が犯罪事実の挙証責任を負うことを，上述のように単に検察官の刑罰請求者（刑罰権という法的効果を欲する者）としての「原告」的地位に基づくものとしてのみ捉えるのでは必ずしも十分でない。利益原則も無罪推定原則も，より根底では，被告人に対する人権保障の原理としての性格を有するものであり，むしろその点にこそ両原則の本旨があるといってもよい。すなわち，刑罰というものの持つ利益侵害度の重大さにかんがみれば，刑罰の賦課は犯罪事実の存在が積極的に証明されてはじめて許されるのでなければならない。両原則は，このような思想 —— 刑罰賦課に対する慎重さの確保（謙抑主義）—— を基盤とするのであり，その意味で憲法の人権保障規定，とりわけ憲法 31 条，ひいては 13 条に根拠を置くものである（なお，ほかに，誤った有罪判決が一個人に甚大な害を集中させるのに対して，誤った無罪判決は社会全体に害を分散させるから，後者の誤判の方がましだということを，利益原則の根拠として挙げる見解もあ

る）。さらに，両原則のこうした人権保障原理としての性格に着目するならば，両原則の内容たる，犯罪事実についての挙証責任の所在の問題には，検察官の行うべき証明の水準の問題——有罪認定のためには犯罪事実について「合理的疑いを超える証明」がなされなければならないという原則（⇨ 459 頁 **2**）——も関連してこよう。検察官が犯罪事実の挙証責任を負うということと，その行うべき証明の水準如何とは，理論的には一応別個の問題というべきであるものの，両者は相まって，刑罰賦課の慎重確保の機能を果たすのである。

(b) **挙証責任の所在**——利益原則の適用範囲　利益原則は，刑罰権を直接基礎づける事実全般に及ぶ。ここで刑罰権を直接基礎づける事実とは，刑罰権の存否のみならず，その範囲を直接基礎づける事実をも含むものと解される。これらの事実——**実体法的事実**（実体法上の要件事実）——については，検察官が（実質的）挙証責任を負うのである。

　まず，構成要件該当事実など，犯罪成立の要件を成す事実は，当然実体法的事実に当たり，検察官がその挙証責任を負う。犯罪の客観的要素のみならず，故意・過失等の主観的要素も，犯罪体系論上これをどう位置づけるかにかかわらず，検察官が挙証責任を負う。もっとも，違法性阻却事由・責任阻却事由に該当する事実については，無論実体法的事実であるものの，検察官がその挙証責任を負う——すなわち，検察官が阻却事由の不存在を証明する責任を負う——とすることにはかつて異論もあった。現行法の当事者主義構造は「挙証責任の分配」を要請するとし，これら阻却事由の挙証責任は被告人が負う——被告人が阻却事由の存在を証明する責任を負う——べきだというのである。一見すると，犯罪成立の阻却を欲する被告人側が挙証責任を負うとするのは，自然な発想であるようにも思える。しかし，問題とされるべきは刑罰権の発生であり，それゆえ，これを欲する検察官が犯罪成立（阻却されないこと）の挙証責任を負うといわなければならない。阻却事由の挙証責任を被告人に負わせることは，犯罪の成否が不明であっても処罰を認めることを意味し，利益原則に正面から抵触する。そのような利益原則の例外を，少なくとも明文の規定もなしに認めるのは妥当でない。かくして，現在の通説は，阻却事由についても，あくまで実質的挙証責任を負うのは検察官だとする。もっとも，そのことは，検察官が常にあらゆる阻却事由の不存在を積極的に立証する必要があるということを意味する

464

第6節　証拠の評価・心証の形成

わけではない。有力な見解は，阻却事由たる事実の存在をうかがわせる「一応の証拠」が提出された場合にはじめて検察官がその事実の不存在を立証する必要が生じるとする。これによれば，裁判所は，そのような証拠が提出されない限り，構成要件該当事実を認定できれば犯罪成立肯定（有罪）の判断をしてよい（ただし，裁判所の心証如何によっては，阻却事由について職権で証拠調べを行う義務が生じる場合はあろう）。しかし，もしそのような証拠が提出され，かつ両当事者の攻防が尽くされたうえで，最終的に裁判所が当該阻却事由たる事実の存否不明の心証状態に至った場合には，あくまで検察官に不利益に，すなわち犯罪成立の証明がないので無罪の判断をしなければならない。被告人の側からいえば，阻却事由について，**証拠提出責任**は負うものの，実質的挙証責任を負うことはないのである。このほか，この見解に類似するが，必ずしも証拠の提出に限らず，たとえば陳述（291条4項，規198条）等によって，阻却事由の存否が争点化された場合にも，検察官が阻却事由の不存在を立証する必要が生じる──言い換えれば，被告人が負うのは**争点形成責任**である──とする見解も，最近では有力である。なお，これらの「証拠提出」ないし「争点形成」は，必ずしも被告人側が自ら行う必要はなく，たとえば検察官提出の証拠ないし検察官の陳述等から阻却事由の存在が窺われるという場合も含むとされる。

> **Column 4-13　証拠提出責任と説得責任**
>
> 「証拠提出責任」は，アメリカ法に由来する概念であり，本来は，陪審制を前提に，当事者が一応の証拠を提出しないかぎり，ある事実の存否について陪審による審理・判断を受け得ないということを意味する。わが国では，いささか文脈を異にするものの，本文で述べたように阻却事由等に関してこの概念が借用された。なお，陪審の審理を受けた場合に，最終的にいずれの当事者に有利な判断が行われるかは，「説得責任」を負う側の当事者がそれを果たしたか否か──当該事実の存否について十分な証拠によって陪審を説得できたか否か──による。説得責任は，実質的挙証責任とほぼ同じ内容の概念である。

　次に，処罰条件についても，検察官がその存在につき挙証責任を負うとするのが通説である。これは犯罪の成否には影響しないが，刑罰権の存否を直接左右するものであり，実体法的事実として利益原則の適用を受けるのである。また，法律上の刑の加重事由も，刑罰権の範囲を直接左右するものとして，検察官がその存在につき挙証責任を負う。法律上の刑の減軽・免除事由も，刑罰権

465

の範囲ないし存否を直接左右するものとして，検察官がその不存在につき挙証責任を負う。

以上の実体法的事実と異なり，**訴訟法的事実**（訴訟法上の要件事実）については，当然に利益原則の適用があるわけではない。この種の事実の存否がその発生の条件となっているところの法的効果（訴訟法上の効果）は，刑罰権とは異なり，検察官が欲するとは限らず，被告人が欲するものもあり得る。また，刑罰という重大な利益侵害の賦課を直接基礎づけるものではないから，人権保障原理としての利益原則の趣旨もここでは当然には妥当しない。かくして，訴訟法的事実については，一般には，それを主張して所定の法的効果を欲する当事者が挙証責任を負う。

たとえば，証拠の証拠能力を基礎づける事実（証拠能力の要件に該当する事実）は，当該証拠の採用を欲する者，すなわち証拠調べを請求する当事者（証拠提出者）が挙証責任を負う（なお，自白の任意性の挙証責任につき，⇨ 448 頁(a)）。被告人側提出証拠であれば，たとえそれが犯罪事実（不存在）の証明に用いられるものであっても，その証拠能力の要件事実の挙証責任は被告人が負う。このような証拠は広い意味では刑罰権存否の判断の基礎となり得るものであるが，その採否が直ちに刑罰権の存否を左右するわけではないから，利益原則の適用を受けない。

訴訟条件も，一般には訴訟法的事実と位置づけられ，そして，被告人がその欠缺を主張して公訴の無効を理由に形式裁判を求めるものと捉えるならば，被告人が訴訟条件不存在（形式裁判事由の存在）の挙証責任を負うようにも思われる。しかし，通説・判例（最判昭和 32・12・10 刑集 11 巻 13 号 3197 頁）は，訴訟条件の挙証責任は検察官が負うとしている。その理由としては，むしろ検察官の側が公訴の有効性を主張して実体審判の開始・遂行という訴訟手続上の効果を欲するものと捉えるべきこと，あるいは，訴訟条件は刑罰権実現のための不可欠の要素として実体法的事実に準じる —— それゆえ利益原則の準用がある —— と解すべきこと，が考えられる。ただし，検察官が挙証責任を負うとしても，一定の種類の訴訟条件については，その存否に関する争点形成があってはじめて検察官による立証の必要が生じると解すべきであろう（とくにいわゆる非典型的訴訟条件）。

宣告刑の基礎となる量刑事情（**情状事実**）については，刑罰権の具体的範囲に関わるから，被告人に不利な情状事実か有利なそれかを問わず，検察官が挙証責任を負う —— 被告人に不利な情状事実についてはその存在を，有利な情状事実については不存在を積極的に証明しなければならない —— とするのが学説上多数であるが，被告人に有利な情状事実は被告人が挙証責任を負うとする見解もある。他方，情状事実のうち，犯罪事実に属する情状（いわゆる「犯情」。これの挙証責任を検察官が負うことに争いはない）は別として，それ以外の情状（狭義の情状，一般情状）については，そもそも原則として挙証責任の概念自体が存在しない（必要でない）—— それゆえ利益原則も問題にならない —— とする見解もみられる。

間接事実は，たとえ犯罪事実を推認させるものであっても，それ自体が刑罰権を直接基礎づけるわけではない。しかし，犯罪事実（等の実体法的事実）を推認させる間接事実は，常に検察官が挙証責任を負い，個々の間接事実ごとに利益原則の適用があるとする見解が，学説上有力に主張されている。これによれば，有罪方向の積極的間接事実（の存在）はもとより，無罪方向の消極的間接事実（たとえばアリバイの事実）についても，検察官がその不存在を証明すべき責任を負うことになろう。他方で，個々の間接事実は，直接何らかの法的効果を生じさせるものではなく，主要事実の認定のための一材料とされるにすぎないから，その存否が不明の場合に裁判所が一義的な法的判断を迫られるわけでは必ずしもなく，したがってそもそも挙証責任の概念自体が必要でない —— それゆえ利益原則も問題にならない —— という考え方もあり得る。これによれば，結局，間接事実による犯罪事実の推認の過程において挙証責任概念・利益原則の適用があるのは，個々の間接事実レベルではなく，最終的な犯罪事実（主要事実）のレベルにおいてのみだということになろう。

(c) 挙証責任の転換　　上述のように，実体法的事実の挙証責任は検察官が負うのが原則であるが，性質上実体法的事実に属するにもかかわらず，一定の事実につき，その挙証責任が法律の規定によって被告人に負わされている場合がある。このような法規定を一般に「**挙証責任の転換**」規定とよぶ。たとえば，同時傷害の特例規定（刑 207 条），名誉毀損罪における真実性の証明の規定（刑 230 条の 2）などがこれに当たる（前者では，自己の暴行から傷害が生じなかったことについて，後者では，摘示事実が真実であることについて，被告人が証明する責任を

負う。前者につき，最決平成 28・3・24 刑集 70 巻 3 号 1 頁参照）。

　挙証責任転換規定は，利益原則に対する例外を認めるものであるため，違憲の疑いが生じるが，合憲性を認める立場でも，一般には次のような点がその条件とされている。すなわち，被告人が証明すべき事実（F）の反対事実（「not F」事実。上の例では，被告人の暴行が傷害を生じさせたこと，摘示事実が真実でないこと）を検察官が直接立証するのが通常困難であるため転換規定を設ける必要性が存することは当然の前提として，①そのような反対事実（not F）を，検察官が挙証責任を負うその他の事実から推認することが，通常は合理的であること（**合理的関連性**），②挙証責任を転換される事実（F）について，被告人が証明するのが容易であること（**便宜性・容易性**），③被告人が証明すべき事実の反対事実（not F）を除いても，なお犯罪としての可罰性が否定されないこと（**包摂性**），等である（ただし，このうち幾つを要求するかは見解によって異なる）。注意すべきは，たとえこうした条件を満たしたとしても，挙証責任転換規定は利益原則を満たすことになるわけではなく，あくまでその「例外」だということである。

　なお，挙証責任が転換される場合に，被告人側が行うべき証明の方法および水準については，検察官による犯罪事実の証明と同様，厳格な証明の方法による合理的疑いを超える程度の証明が必要だとする見解（名誉毀損罪の真実性の証明につき，東京高判昭和 59・7・18 高刑集 37 巻 2 号 360 頁），証明方法につき自由な証明でよいとする見解，証明の水準につき証拠の優越の程度で足りるとする見解などがある。

(3)　推　　定

(a)　推定の概念　　事実認定の過程において，ある事実（A）を認定したうえで，その事実からさらに別の事実（B）を認定する場合があるが，このような認定のプロセスを**推定**という（なお，A 事実を**前提事実**，B 事実を**推定事実**という）。推定には概ね 3 つの種類がある。まず，①**事実上の推定**とよばれるものであり，これは，間接事実から主要事実を推認する場合など，経験則に基づき自由心証によって行われる推認プロセスを指す。他方，法律の規定上，A 事実の存在を条件に B 事実を「推定する」旨定められている場合があり，そのよ

468

うな規定による推定を「法律上の推定」というが，これにはさらに，②**反証を許す法律上の推定**と③**反証を許さない法律上の推定**がある。ここでいう反証とは，推定事実の反対事実（「not B」の事実，B事実の不存在）の証明を意味する（なお，⇨349頁(d)も参照）。

③の推定の規定は，A事実が認定されれば当然にB事実が存在するものとみなす趣旨の規定，すなわち**擬制**（みなし）規定にほかならず，換言すると，実体法上の法律要件をB事実からA事実に置き換えるものである。また，①は，自由心証の働きによる推認を言い表したものにすぎず，その意義がとくに議論になるわけではない。以下で述べるのは，②の推定規定についてである。

(b) 反証（反対事実の証明）を許す法律上の推定規定の意義　②の推定規定（以下，単に「推定規定」という）の例としては，「人の健康に係る公害犯罪の処罰に関する法律」（公害罪法）5条や，いわゆる麻薬特例法14条などがあるが，この種の規定の意義について，学説では大きく2つの見解が対立している。

第1の見解は，推定事実（B事実）の存在について実質的挙証責任を負う当事者（たとえば検察官）が前提事実（A事実）を証明した場合には，推定事実の実質的挙証責任が相手方（被告人）に転換されるとする。本来，B事実の存否が不明であれば裁判所はB事実を認定できないところ，検察官がA事実を証明した場合，B事実の存否が不明であれば裁判所はむしろB事実を認定しなければならないという。このように前提事実から推定事実への推認が「強制」されるとするので，**義務的推定**ともいわれる。もっとも，相手方（被告人）が反対事実（B事実の不存在）を積極的に証明することは妨げられない。

この見解に対しては，推定事実が実体法的事実である場合には，その挙証責任の被告人への転換を認めることは利益原則に反するとの批判がある。また，前提事実から推定事実への推認を「強制」することになる点を捉えて，自由心証主義に反するとの批判もみられる。少なくとも，この見解が利益原則に抵触することは否定しがたく，それにもかかわらず（利益原則の例外として）推定規定の合憲性を認めるためには，前述の挙証責任転換規定の場合と同様の要件——必要性のほか，合理的関連性，便宜性，包摂性など——が満たされなければならないであろう。

第2の見解は，推定事実（の存在）につき実質的挙証責任を負う当事者（た

とえば検察官）が前提事実を証明した場合でも，実質的挙証責任は転換されないが，ただ，この場合，もし相手方（被告人）から推定事実の不存在を示す証拠が何ら提出されなければ，裁判所はそのような「証拠不提出という事情（態度）」を推定事実の認定のために考慮してよく，この点に推定規定の意義があるのだと説く。すなわち，本来であれば許されないやり方で（民事訴訟とは異なり，刑事訴訟における事実認定は，「弁論の全趣旨」を考慮して行うことは許されず，個々の具体的な「証拠」に基づかなければならないと解されている。民訴247条，刑訴317条参照。⇨352頁(1)），被告人に不利な事実認定が行われ得るのである。もっとも，裁判所は，被告人側から証拠が提出されない場合でも，必ず推定事実を認定「しなければならない」わけではなく，証拠不提出という事情を考慮して認定「してもよい」というにとどまる（この点を指して**許容的推定**ともいわれる）。そして，実質的挙証責任は転換されないから，前提事実が証明され，かつ被告人側の証拠不提出の場合であっても，裁判所の心証上あくまで推定事実の存否が不明であれば，推定事実の認定はなされ得ないのである。

　この見解のもとでは，実質的挙証責任は転換されないので，推定事実が実体法的事実の場合でも，利益原則との抵触はない。しかし，証拠不提出という事情（態度）を不利に考慮され得るという（通常の場合には負わない）負担を被告人に課す――すなわち，証拠裁判主義の例外を認める――のであるから，やはり無条件に推定規定の正当性を肯定すべきではない。その条件としては，挙証責任転換を認める場合の合憲性要件を参考にすれば，検察官が推定事実を立証するのが通常困難であることのほか，①前提事実から推定事実を推認するのが通常は合理的であること，②推定事実（の不存在）について被告人が証拠を提出するのが容易であること，③推定事実を除いても，前提事実だけでなお犯罪としての可罰性が否定されないこと，などが考えられる。

470

第5章 裁 判

第 1 節　裁判の意義・成立・構成
第 2 節　裁判の効力と執行

> *Outline*　「裁判」という語は，日常用語としては，裁判所で行われる審判手続全般を意味するものとして用いられるが，刑訴法上は，裁判機関（裁判所または裁判官）の意思表示を内容とする訴訟行為という限定された意味で用いられる。
>
> 　裁判は，裁判機関による意思の決定→表示（告知）という過程を経て「成立」し，それに対する不服申立期間の徒過等によって「確定」する。裁判が確定すると，一般に，上訴等の不服申立てをすることができなくなると同時に，執行が可能となり（執行力），その判断内容が後訴を拘束し（拘束力），同一事件について再度審理することができなくなる（一事不再理効）ものとされるが，裁判にこれらの「効力」が認められる根拠ないし趣旨をめぐっては，学説上，様々な議論がある。
>
> 　本章では，この裁判の手続および効力の内容および根拠について説明する。

第 1 節　裁判の意義・成立・構成

1 裁判の意義と種類

（1）裁判の意義

　裁判とは，裁判機関（裁判所または裁判官）の意思表示を内容とする訴訟行為をいう。有罪または無罪の判決のほか，免訴や公訴棄却の判決，あるいは，裁判長による訴訟指揮上の処分や裁判官による令状発付も裁判である。

(2) 裁判の種類

(a) **命令・決定・判決**　　裁判には，**命令・決定・判決**という 3 種類がある（43条）。この区別は，①裁判主体と②手続内容という 2 つの観点から説明される。すなわち，①判決および決定が裁判所による裁判であるのに対して，命令は裁判長・受命裁判官等の裁判官による裁判である。また，②判決は，原則として口頭弁論に基づくことを要するが（同条 1 項），決定および命令は，口頭弁論に基づくことを要しない（同条 2 項）。もっとも，決定または命令をするにあたっても，必要があれば，事実の取調べをすることができる（同条 3 項）。また，申立てにより公判廷でする決定または公判廷での申立てによって行う決定に際しては，原則として，訴訟関係人の陳述を聴かなければならない（規33条 1 項）。そのほか，決定および命令は，判事補が 1 人でこれをすることができ（45条），上訴を許さない場合には理由を付す必要はない（44条 2 項）。

　上訴の方法も，裁判の形式によって異なる。すなわち，判決は控訴・上告の，決定は抗告の，命令は（一定の制限内で）準抗告の対象となる（⇨ 512頁(1)）。

(b) **終局裁判・中間裁判**　　裁判は，当該審級を終結させるか否かにより，**終局裁判**と**中間裁判**（終局前の裁判）に区別される。終局裁判は，さらに，公訴事実の存否を認定したうえで言い渡すものであるか否かによって，**実体裁判**と**形式裁判**に区別される。管轄違いの判決，公訴棄却の決定・判決，免訴判決は形式裁判であり，有罪・無罪の判決は実体裁判である（⇨ 262頁(1)）。

2 裁判の手続と成立

(1) 裁判の手続

　裁判は，裁判機関による意思表示であるから，同機関による意思の決定およびその表示という経過を経る。

(a) **評議・評決**　　裁判機関による意思決定は，合議体の場合には，**評議・評決**によって行われる。評議は，裁判長が開き整理するが，原則として密行し，その内容については秘密を守らなければならない（裁75条）。合議体を構成する裁判官は，評議において意見を述べなければならない（同76条）。裁判官の意見が一致しないときは，原則として単純多数決によって決するが，意見が 3 説以上に分かれ，その説が各々過半数にならないときは，過半数になるまで被

告人に不利益な意見の数を順次利益な意見の数に加え，その中で最も利益な意見による（同77条1項・2項2号）。したがって，たとえば，量刑について，A裁判官は懲役3年，B裁判官は2年6月，C裁判官は2年というように意見が分かれたときには，Aの意見をBの意見に加え，過半数になったところでBの意見により懲役2年6月を言い渡すことになる。これに対して，A裁判官は窃盗で有罪，B裁判官は盗品無償譲受けで有罪，Cは無罪というように「罪となるべき事実」それ自体の認定について意見が分かれた場合にはどうすべきか。通説は，この場合には，「ある訴因につき被告人は有罪か」というかたちで評決を行い，結局，被告人を無罪とすべきだとする。

　裁判員裁判においても，裁判官の合議によるべき判断（法令解釈・訴訟手続等に関する判断）のための評議は裁判官のみで行うが，裁判員に評議の傍聴を許し，その意見を聴くこともできる（裁判員68条）。裁判員の関与する判断（事実の認定，法令の適用，刑の量定）のための評議には，裁判員も裁判官とともに出席し，意見を述べなければならない。裁判長は，裁判員に対して必要な法令に関する説明を丁寧に行うとともに，評議を分かりやすいものとなるように整理し，発言する機会を十分に設けるなど，裁判員がその職責を十分に果たすことができるよう配慮しなければならない（同66条）。裁判員の関与する判断は，裁判官および裁判員の双方の意見を含む合議体の員数の過半数の意見による。刑の量定について意見が分かれ，その説が各々，裁判官および裁判員の双方の意見を含む合議体の員数の過半数の意見にならないときは，その合議体の判断は，裁判官および裁判員の双方の意見を含む合議体の員数の過半数の意見になるまで被告人に最も不利な意見の数を順次利益な意見の数に加え，その中で最も利益な意見による（同67条）。裁判員は，評議の経過，各裁判官・裁判員の意見，その多少の数については，これを漏らしてはならない（同70条）。

　(b)　裁判の告知　　裁判機関による意思表示は，**告知**によって行われる。公判廷における裁判の告知は**宣告**により行われる（規34条）。裁判の宣告は裁判長が行う（規35条1項）。判決は，公判廷において宣告によって告知し（342条），その際には，主文および理由を朗読するか，主文を朗読すると同時に理由の要旨を告げなければならない（規35条）。これに対して，公判廷外における裁判の告知は，**裁判書の謄本の送達**により行うのが原則であるが（規34条），原本の

送達による場合（65条1項），謄本の送達も要しない場合（規14条・86条の2・191条1項・214条・269条等）等の例外も認められている。

　法律上，裁判の告知に，一定の手続的効果の発生が結びつけられている場合がある。たとえば，禁錮以上の刑に処する判決の宣告があったときは，保釈または勾留の執行停止は，その効力を失うと同時に（343条），勾留更新の制限および必要的保釈に関する規定は適用されなくなる（344条）。そのため，たとえば被告人が保釈されている場合に，実刑を言い渡す判決の宣告があったときには，新たに（裁量）保釈または勾留執行停止の決定がないかぎり，判決の確定を待つことなく刑事施設に収容される。反対に，無罪，免訴，刑の免除，刑の執行猶予，公訴棄却（338条4号の場合を除く），罰金または科料の裁判の告知があったときは，勾留状はその効力を失い（345条），裁判の確定前であっても被告人は釈放される。

> **Column 5-1**　**無罪判決後の勾留**
>
> 　第1審裁判所により無罪判決の宣告があったときには勾留状が失効し（345条），勾留されていた被告人はその確定を待つことなく釈放される。しかし，その後，検察官が控訴を申し立てた場合には，控訴審裁判所は被告人を再度勾留することができるか。このことは，とりわけ，無罪判決が，犯罪の証明がないことを理由として言い渡された場合に問題となる。
>
> 　判例は，このような場合でも，控訴審裁判所は，記録等の調査により，「無罪判決の理由の検討を経た上でもなお罪を犯したことを疑うに足りる相当な理由があると認めるときは，勾留の理由があり，かつ，控訴審における適正，迅速な審理のためにも勾留の必要性があると認める限り，その審理の段階を問わず，被告人を勾留することができ」るが（最決平成12・6・27刑集54巻5号461頁。なお，最決平成23・10・5刑集65巻7号977頁参照），「〔刑訴法〕60条1項にいう『被告人が罪を犯したことを疑うに足りる相当な理由』の有無の判断は，無罪判決の存在を十分に踏まえて慎重になされなければならず，嫌疑の程度としては，第1審段階におけるものよりも強いものが要求される」とする（最決平成19・12・13刑集61巻9号843頁）。

　(c)　裁判書の作成　　裁判をするときには，原則として**裁判書**を作成しなければならない。ただし，決定または命令を宣告する場合には，裁判書を作らないでこれを調書に記載させることができる（規53条）。判決についても，地方裁判所または簡易裁判所においては，上訴申立てがない場合には，裁判所書記

官に判決主文ならびに罪となるべき事実の要旨および適用した罰条を判決の宣告をした公判期日の調書の末尾に記載させることにより，判決書に代えることができるが（**調書判決**），判決宣告の日から 14 日以内でかつ判決確定前に判決書の謄本の請求があったときは，判決書を作成しなければならない（規 219 条）。

(2) 裁判の成立

裁判の成立は，**内部的成立**と**外部的成立**に分けて論じられる。

内部的成立とは，裁判機関の内部で裁判によって表示されるべき意思の決定がなされることをいう。裁判が内部的に成立すると，その後に裁判官が交替しても公判手続の更新を要しない（315 条但書参照。⇨ 341 頁(2)）。単独制裁判所による裁判は，裁判書が作成される場合にはその作成により，作成されない場合には裁判の告知により内部的に成立する。これに対して，合議制裁判所の裁判については，評議・評決により内部的に成立するとする見解と，単独制の場合同様，裁判書作成または裁判の告知により内部的に成立するとする見解が対立する。

裁判は，告知されることによって外部的に成立する。裁判が外部的に成立すると，自己拘束力が生じ，当該裁判機関は，原則としてこれを撤回または変更することができなくなる（ただし，決定については，刑訴法 423 条 2 項により，抗告の申立てを受けた原裁判所が再度の考案によりこれを更正することが認められる）。もっとも，判例は，判決について，宣告のための公判期日が終了するまでの間は，「いったん宣告した判決の内容を変更してあらためてこれを宣告することも，違法ではない」とする（最判昭和 51・11・4 刑集 30 巻 10 号 1887 頁）。

3 裁判の構成

(1) 主文と理由

裁判は，**主文**および**理由**によって構成される。主文においては，裁判の対象たる事項についての最終的結論が示され，理由においては，主文が導き出された過程・根拠が明示される。裁判には，原則として**理由**を付さなければならない（44 条）。こうすることによって，裁判機関の恣意的判断を防止すると同時に，裁判の正当性を示し，関係者がこれに対して上訴その他の不服を申し立て，

上訴審等が原裁判の当否を審査するための資料が提供されることになるのである。もっとも，例外的に，上訴を許さない決定・命令には，（428条2項の規定により異議申立てをすることができる決定を除いて）理由を付することを要しない（44条2項）。以下，有罪と無罪の判決の構成およびそれに付随する問題について，より具体的にみておくことにする。

(2) 有罪判決の構成

(a) **有罪判決の主文**　有罪判決の主文には，「被告人を懲役5年に処する」といった具体的な宣告刑のほか，未決勾留日数の本刑算入，労役場留置，刑の執行猶予・保護観察，没収・追徴，押収物の還付，仮納付，訴訟費用の負担等が示される。

(b) **有罪判決の理由**　裁判所は，有罪の言渡しをするには，①罪となるべき事実，②証拠の標目，③法令の適用，④当事者の主張に対する判断を示さなければならない（335条）。

すなわち，有罪判決の理由には，まず，①「罪となるべき事実」，言い換えれば，刑法が定める特定の犯罪構成要件に該当する具体的事実が示されなければならない。このことにより，裁判所が認定した事実が，被告人に刑事責任を生ぜしめる法律的・事実的理由が明示されることになる（⇨478頁(2)）。さらに，有罪判決には，②「罪となるべき事実」を認定する基礎となった証拠を特定する標題・種目および③当該事実が「罪となるべき」法令（実体法）上の根拠も明示されなければならない。

また，④当事者から，法律上犯罪の成立を妨げる理由または刑の加重減免の理由となる事実が主張されたときは，裁判所はこれに対する判断を示さなければならない。「法律上犯罪の成立を妨げる理由となる事実」とは，違法性阻却事由，責任阻却事由，処罰阻却事由等を意味し，構成要件事実の否認はこれには含まれないものとされる。「法律上刑の加重減免の理由となる事実」としては，累犯，中止未遂，心神耗弱，親族相盗等の必要的加重減免事由を示せば足りるとする見解と，自首，過剰防衛，過剰避難等の任意的減免事由も，法律上類型化されたものであるかぎり示すべきであるとする見解が対立するが，判例は，自首について，「法律上刑の加重減軽の理由となる事実」に当たらないと

する（最決昭和 32・7・18 刑集 11 巻 7 号 1880 頁）。

(c) **量刑理由**　　実務上，有罪判決には量刑（刑の量定）の理由が示される
ことも少なくないが，これは，法の明文上の要請ではない（⇨ 483 頁(4)）。

(3) 無罪判決の構成

無罪判決の主文は，どの訴因が無罪かが明らかになるように表示する。もっ
とも，単一の公訴事実の一部を認めなかったときは理由中でその旨を述べれば
足り，主文に表示する必要はない。

無罪判決の理由については，有罪判決のように具体的な記載事項に関する定
めはなく，「被告事件が罪とならないとき」または「被告事件について犯罪の
証明がないとき」のいずれに当たるかを示せば足りるとされる（336 条参照）。
もっとも，実務上は，検察官からの上訴の可能性があるためそのような判断に
至った推論の過程も示されるのが通例である。

4 罪責認定と刑の量定

(1) 罪責認定の方法と範囲

裁判所が，犯罪事実の存否および被告人の犯人性を認定することを**罪責認定**
という。有罪判決は，「被告事件について犯罪の証明があつたとき」に言い渡
されるが（333 条 1 項），ここに「証明」とは「合理的疑いを超える証明」を意
味する（⇨ 459 頁**2**）。

また，訴因制度のもとでは，審判対象は訴因により限定・画定される
（⇨ 220 頁(3)）。したがって，裁判所は，（少なくとも罪責認定においては）訴因外
の事情に立ち入って判決すべきではない（最大判平成 15・4・23 刑集 57 巻 4 号
467 頁参照）。すなわち，裁判所は，検察官が（合理的な訴追裁量の行使により）公
訴の対象から外した事実ないし事情については（⇨ 213 頁(2)，230 頁(4)），原則
として（量刑事情としてはともかく），「罪となるべき事実」として認定すべきで
はなく，また，認定する必要もない。判例にも，検察官が共犯者の存在に言及
することなく被告人が犯罪を行ったとの訴因で公訴を提起した場合において，
被告人 1 人の行為により犯罪構成要件が満たされたと認められるときは，裁判
所は，訴因通りに——すなわち，共犯者の存在を認定できる場合でもこれに言及する

ことなく——犯罪事実を認定することができるとしたものがある（最決平成21・7・21刑集63巻6号762頁）。他方，訴因内の事情について，裁判所がこれと異なる事実を認定することができるかについては，「訴因変更の要否」の問題との関係で述べたとおり，その事項ごとに検討する必要がある（⇨250頁**4**）。

(2) 「罪となるべき事実」の判示方法

　有罪判決において，裁判所による罪責認定の内容は，その理由中の「罪となるべき事実」として示される。この「罪となるべき事実」は，判決の対象事実を特定するとともに，それが，被告人に刑事責任を生ぜしめる法律的・事実的理由を示すものである（⇨476頁(b)）。したがって，「罪となるべき事実」としては，日時・場所・方法等（の「六何の原則」）により，少なくとも，①（とくに，被告人に対する別の刑事責任の追及・発生原因となるような）他の犯罪事実と区別（識別）することができ，かつ，②その事件に適用される刑罰法規が定める構成要件に該当する事実を，その該当性を判定するに足りる程度に具体的に示す必要がある。

(3) 概括的・択一的な判示・認定の可否

　(a) 概括的判示・認定　　判例は，「罪となるべき事実」を判示するには，「〔刑罰法令〕各本条の構成要件に該当すべき具体的事実を該構成要件に該当するか否かを判定するに足る程度に具体的に明白にし，かくしてその各本条を適用する事実上の根拠を確認し得られるようにするを以て足」り，「必ずしもそれ以上更にその構成要件の内容を一層精密に説示しなければならぬものではない」とする（最判昭和24・2・10刑集3巻2号155頁）。したがって，たとえば，殺人未遂について，被告人が被害者の身体を屋上から道路に落下させた手段・方法について，「有形力を行使して」とするのみで，それ以上具体的に摘示しなくても許される場合があり（最決昭和58・5・6刑集37巻4号375頁），また，殺人の「罪となるべき事実」について，「被告人は，Yと共謀の上，○○日午後8時ころから翌……日未明までの間に，△△市内又はその周辺に停車中の自動車内において，Y又は被告人あるいはその両名において，扼殺，絞殺又はこれに類する方法でAを殺害した」というように，その日時・場所・方法を概

括的に示すことも許される（最決平成13・4・11 = 〈判例 2-3〉〔⇨256頁〕）。また，過失犯については，「注意義務の範囲とこれに違反する行為，及び……行為と結果との間に因果関係の存在すること」は示されなければならないが，その「因果関係の発展は必ずしも一義的に確定されなければならないものではない」とする裁判例がある（秋田地判昭和37・4・24判タ131号166頁）。

　もっとも，有罪判決を言い渡すには，その前提として，この「罪となるべき事実」の存在について「合理的疑いを超える」証明がなければならないが，「罪となるべき事実」の日時・場所・方法等の特定があまりにも欠ける場合には，そのことから，そもそも当該事実を認定するに足りる十分な証明があったといえないとされることもあり得よう。

　この点に関連して，訴因制度のもとでは，「合理的疑いを超える証明」があったか否かは，（構成要件該当事実の存在についてというよりも，むしろ）審判対象たる訴因事実の存在について問題となる以上，同一の構成要件内であっても，異なる訴因間にまたがる「択一的認定」は許されないとする見解もある。これによれば，たとえば，過失運転致傷罪の訴因について，過失の態様が同罪の訴因の特定に不可欠な事項であるとすれば（⇨254頁(d)参照），AまたはBのいずれかの態様の過失があったことには疑いはないが，そのいずれであるかが不明である場合に，裁判所が，「AまたはBの過失により」という形で「罪となるべき事実」を認定をすることは許されないことになる。しかし，このような場合にも，過失（という構成要件該当事実）の存在自体の認定が許されないということになるかについては議論の余地があろう。

　なお，共犯関係に関して，被告人が犯罪の実行行為を行ったことは確実であるが，他人と共謀して行った点について（訴因として上程されてはいるが）疑いが残る場合の措置については議論がある。裁判例には，このような場合に，①「単独で又は○○と共謀の上」として，（実行）共同正犯と単独犯の択一的認定（・判示）をしたもの（東京高判平成4・10・14高刑集45巻3号66頁）や，②利益原則に従い，被告人に有利な方の事実を認定（・判示）すべきとするもの（札幌高判平成5・10・26判タ865号291頁），③（共謀の事実は証明されていない以上これを択一的にせよ認定することは許されず，また，その必要もないとして）「実行正犯」の一義的認定（・判示）をしたと解されるもの（東京高判平成10・6・8判タ

479

987 号 301 頁）等がある。実行行為者は，共謀の有無にかかわらず基本的犯罪の構成要件該当行為を行ったことに対する罪責を負うことに変わりはない（共謀の事実は量刑上考慮されるにすぎない）から，③の立場が妥当であろう。

(b) 択一的判示・認定 これに対して，被告人が，異なる犯罪構成要件にまたがる A 罪または B 罪のいずれかの犯罪事実を行ったことには疑いはないが，そのいずれであるかが不明であるという場合に，裁判所は，「被告人は，A または B のいずれかを犯した」旨認定ないし判示したうえで，そのうちの軽い方の罪で処断ないし量刑を行うことは許されるか。

有罪判決における「罪となるべき事実」については，訴因の場合と異なり（⇨ 232 頁(7)），予備的・択一的記載を認める規定は存在しない。また，「罪となるべき事実」を択一的に示すことは，「A または B」罪という新たな構成要件を創設して被告人を処罰することを意味し，罪刑法定主義に反しよう。さらに，たとえ結論としては軽い方の罪で処断ないし量刑するとしても，A 罪または B 罪のどちらであるかが不明であるにもかかわらず，「罪となるべき事実」として重い方の罪を（も）示すことは，「疑わしきは被告人の利益に」の原則（利益原則。⇨ 462 頁(a)）の観点からも問題であろう。したがって，裁判所は，有罪判決を言い渡すためには，いかなる犯罪構成要件に該当する事実が認定されるかを一義的に判示しなければならない（択一的判示〔明示的択一的認定〕の禁止）。

では，このような場合に，最初から軽い方の罪だけを認定して，これにより処断ないし量刑することは許されないか。この場合には，択一的「判示」は回避されるものの，実質的には，A 罪または B 罪のどちらであるかが不明であるにもかかわらず，有罪を言い渡すことに変わりはない。この意味でのいわゆる「（秘められた）**択一的認定**」の許否については，A 罪と B 罪の構成要件間の関係に応じて考える必要がある（なお，ここで問題とされるのは，あくまで異なる犯罪構成要件該当事実間での択一的認定〔狭義の択一的認定〕であり，同一の犯罪構成要件について，それに該当する事実を択一的に認定することが許されるか否かは，基本的に，上述(a)の概括的認定の問題として扱えば足りよう）。

まず，① A 罪と B 罪の構成要件が包含関係にある場合，たとえば，殺人の既遂か未遂のいずれかの犯罪事実が認められることに疑いはないが，そのいず

480

第1節　裁判の意義・成立・構成

れであるかが不明である場合に殺人未遂を認定したり，殺人か傷害致死のいずれかが認められることには疑いはないものの，殺意の有無について争いがあり，そのいずれであるかが不明である場合に，傷害致死を認定したりすることはできるか。この場合には，少なくとも未遂あるいは傷害致死の事実が認められることについて疑いはない（後者の例では，傷害致死を認定するためにはその事実自体が証明されれば足り，「殺意がなかったこと」が積極的に証明される必要はない）のであるから，利益原則に従い，軽い罪の事実を認定してよい（**予備的認定**）。

これに対して，②A罪とB罪の構成要件が包含関係にない場合，たとえば，被告人が，（単独で，特定の財物について）窃盗か盗品有償譲受けのいずれかを行ったことは確実であるが，そのいずれかが不明である場合に，被告人を有罪とすることができるか。この場合に，裁判所が（法定刑の上ではともかく，一般により重い罪と考えられている）窃盗により有罪を言い渡すことができないことには争いはないが，盗品有償譲受けにより有罪を言い渡すことができるか否かについては議論がある。これを肯定する見解は，被告人がいずれかの犯罪を犯したことは確実なのであるから，利益原則に従い，盗品有償譲受けにより有罪を言い渡すことが許されるとする。しかし，これに対しては，両罪の間には，論理的にどちらか一方でしかあり得ないという関係（論理的択一関係）は認められず，被告人が窃盗を犯したのではないとしても，そのことから，当然に同人が盗品有償譲受けを犯したことになるわけではない（それ以外の第三の可能性もあり得る）から，盗品有償譲受けの構成要件該当事実について別途合理的な疑いを超える証明がなされ，それ以外の第三の可能性が否定されないかぎり有罪とはできないとする見解や，「他人の財物を窃取し，または盗品を有償で譲り受けた」罪という新たな（合成的）構成要件を設定して被告人を処罰することになる点において罪刑法定主義に反するとの批判もある。

では，生死不明の被害者を遺棄した被告人に対して，裁判所は，（より重い罪である保護責任者遺棄罪を認めることはできないとしても）死体遺棄罪で有罪判決を言い渡すことができるか。次に紹介する裁判例は，これを肯定する。

┃◇**判例 5-1**◇ 札幌高判昭和61・3・24高刑集39巻1号8頁
┃【事実】Xは，ショベル・ローダによる除雪作業中，妻Vを誤って雪山に埋没
┃させたが，これに気づかず，後に雪中に埋もれたVを発見したものの，Vは

481

第5章 裁 判

呼び掛けにも全く答えず，身体も冷たく，心臓の鼓動も呼吸も全く感じられなかったという状態であったため，既に死亡しているものと思い，国道脇に交通事故を装って遺棄した。Xは，死体遺棄罪により起訴された。

【判旨】「……死亡推定時刻は，あくまでも死体解剖所見のみに基づく厳密な法医学的判断にとどまるから，刑事裁判における事実認定としては，同判断に加えて，行為時における具体的諸状況を総合し，社会通念と，被告人に対し死体遺棄罪という刑事責任を問い得るかどうかという法的観点をふまえて，Vが死亡したと認定できるか否かを考察すべきである。」

　本件において，「Vが生存していたとすれば，被告人は保護責任者遺棄罪を犯したことになるが，同罪〔は〕……死体遺棄罪より法定刑が重い罪である。本件では，Vは生きていたか死んでいたかのいずれか以外にはないところ，重い罪に当たる生存事実が確定できないのであるから，軽い罪である死体遺棄罪の成否を判断するに際し死亡事実が存在するものとみることも合理的な事実認定として許されてよいものと思われる。」

　しかし，裁判例の中には，これと同様の事案について，「現行刑事訴訟法上の挙証責任の法則に忠実である限り」，死体遺棄と保護責任者遺棄の「いずれか一方の訴因が成立することは間違いないものとして択一的に或いは被告人に有利な訴因につき有罪の認定をなす」ことは許されず，「両訴因につきいずれも証明が十分でないものとして無罪の言渡しをすべき」であるとしたものもある（大阪地判昭和46・9・9判時662号101頁）。

　学説上も，このような場合には，被告人がいずれかの犯罪を行ったことは確実である以上，検察官が両訴因を予備的または択一的に掲げているかぎり，被害者が生きていなかったとすれば死んでいた以外にない（すなわち，両罪の間には「論理的択一関係」が認められる）のであるから，利益原則に従い，被害者は死んでいた旨擬制することが許され，より軽い死体遺棄により有罪判決を言い渡すことができるとする見解もある。しかし，これに対しては，利益原則は，構成要件該当事実が証明不十分である場合にその犯罪で有罪とすることを禁ずるにすぎず，当該事実の不存在を積極的に認定することまでを要請するものではない（⇨462頁(a)）から，この場合も積極的に「死」の事実を認定することはできず，生死が不明である以上，人の生命・身体を保護法益とする保護責任者遺棄罪についてはもちろん，「死体」遺棄についても「合理的な疑いを超える」証明があったということ（すなわち，被害者が生きていたことの疑いを残しな

482

第1節　裁判の意義・成立・構成

がら，宗教的感情ないし死者に対する敬虔感情を保護法益とする「死体」遺棄罪の事実を認定すること）はできない，あるいは，罪刑法定主義に反して，「人または死体を遺棄した」罪という（保護法益を異にする異質な犯罪間の）合成的構成要件により被告人を処罰することになるとする見解もある。これによれば，このような場合には，被告人に無罪を言い渡さざるを得ない，あるいは，死体遺棄により有罪を言い渡すことが許されるとしても，それは，被害者が死亡した時点以降その死体を放置したことが認定されるためである（なお，生死不明の被害者の顔面を燃焼した行為について死体損壊罪を認定したものとして，東京高判昭和 62・7・30 判時 1246 号 143 頁参照）ということになろう。

(4)　量刑理由

　有罪判決が言い渡される場合には，**量刑（刑の量定）**が行われる。上述のように，有罪判決に量刑の理由を示すことは，法の明文の要請ではないが，実務上，とくに量刑を行うにあたって考慮すべき事情（**情状**）について争いのある事件に関しては，量刑理由が示されることも少なくない。

　量刑は，行為責任の原則を基礎としつつ，法定刑の範囲内で，犯罪の動機，目的，方法等，処罰の理由となる犯罪行為に直接に関係する事情（**犯情**）を考慮して行うが，その限度内において，被告人の再犯可能性，犯罪の社会的影響，被害者の処罰感情等の事情（**一般情状**）も考慮され得る。その際には，犯罪類型ごとの量刑傾向も目安とされる（最判平成 26・7・24 刑集 68 巻 6 号 925 頁参照）。なお，違法な捜査が行われたことを量刑事情として（刑を軽くする方向で）考慮することができるかについては議論がある。また，公訴事実として起訴されていない余罪については，被告人の性格，経歴および犯罪の動機，目的，方法等の情状を推知するための資料として用いることはできるが，実質上，余罪を処罰する趣旨で量刑の資料に考慮し，被告人を重く処罰することは許されない（最大判昭和 42・7・5 刑集 21 巻 6 号 748 頁）。

> ◁ **判例 5-2** ▷ **最大判昭和 41・7・13 刑集 20 巻 6 号 609 頁**
> 【**事実**】郵便局員であった X は，第 1 審において，自分が勤務する郵便局内で普通郵便物 4 通を窃取したとの事実により，懲役 1 年 6 月，執行猶予 5 年の有罪判決を言い渡された。検察官の量刑不当を理由とする控訴を受けて，第 2 審

483

第5章 裁　判

は，「被告人が本件以前にも約6ヶ月間多数回にわたり同様な犯行をかさね，それによって得た金員を飲酒，小使銭，生活費等に使用したことを考慮すれば……被告人に対しては実刑をもってのぞむことが相当である」として，原判決を破棄し，Xに懲役10月の実刑を言い渡した。

【判旨】「刑事裁判において，起訴された犯罪事実のほかに，起訴されていない犯罪事実をいわゆる余罪として認定し，実質上これを処罰する趣旨で量刑の資料に考慮し，これがため被告人を重く処罰することは許されないものと解すべきである。けだし，右のいわゆる余罪は，公訴事実として起訴されていない犯罪事実であるにかかわらず，右の趣旨でこれを認定考慮することは，刑事訴訟法の基本原理である不告不理の原則に反し，憲法31条にいう，法律に定める手続によらずして刑罰を科することになるのみならず，刑訴法317条に定める証拠裁判主義に反し，かつ，自白と補強証拠に関する憲法38条3項，刑訴法319条2項，3項の制約を免れることとなるおそれがあり，さらにその余罪が後日起訴されないという保障は法律上ないのであるから，若しその余罪について起訴され有罪の判決を受けた場合は，既に量刑上責任を問われた事実について再び刑事上の責任を問われることになり，憲法39条にも反することになるからである。

　　しかし，他面刑事裁判における量刑は，被告人の性格，経歴および犯罪の動機，目的，方法等すべての事情を考慮して，裁判所が法定刑の範囲内において，適当に決定すべきものであるから，その量刑のための一情状として，いわゆる余罪をも考慮することは，必ずしも禁ぜられるところではない……。」

第2節　裁判の効力と執行

1 裁判の確定とその効力

(1) 裁判の形式的確定と内容的確定

　裁判が，（再審等の非常救済手続は別として，上訴，抗告等の）通常の不服申立方法（⇨512頁**第7章**）では争い得なくなった状態のことを**形式的確定**という。裁判には，上訴，抗告等の不服申立てが許されるものと許されないものがあるが，(a)不服申立てが許される裁判は，不服申立期間の徒過，不服申立ての放棄・取下げ，不服申立てを棄却する裁判の確定によって，(b)不服申立てが許されない裁判は，その告知によって，形式的に確定することになる。裁判が形式的に確

484

定すると，その判断内容も動かし得なくなる。このことを，裁判の**内容的確定**（または**実質的確定**）という。

　裁判は，確定すると，①執行の対象となり得る裁判は執行可能な状態となり（**執行力**），②その判断内容が後訴を拘束し（**拘束力**），③同一事件について再訴が許されなくなる（**一事不再理効**）ものとされる。もっとも，その根拠ないし趣旨に関しては，大きく分けて2つの考え方がある。

　まず，従来の考え方によれば，これらの効力は，裁判の内容的確定に由来する効力（**内容的確定力**または**実質的確定力**）として位置づけられる。すなわち，裁判が確定してその判断内容が動かし得なくなると，当該裁判が執行可能な状態となると同時に（執行力），その内容が裁判所にとっての「真実」として扱われる。そのため，少なくとも当該事件については，後訴においてその判断内容と矛盾する判断をすることが許されなくなる（拘束力）。とくに当該事件について有罪・無罪の実体判決が確定した場合には，同一事件について再び訴追がなされたとしても，裁判所は，先の判断に拘束され，それと異なる判断をすることができないのであるから，その前提となる審理をすること自体が最初から否定されることになる（一事不再理効）。ここでは，執行力は裁判の内容的確定力の内部的効力として，拘束力および一事不再理効はその外部的効力として（このうち，一事不再理効はとくに実体裁判の内容的確定力，すなわち，**実体的確定力**の外部的効力として），位置づけられることになる。

　これに対して，現在では，少なくとも一事不再理効の根拠ないし趣旨については，これを，**二重の危険**の法理に求める見解が有力となっている。この見解によれば，実体裁判が確定した場合に，裁判所が当該事件について再び審理することが許されないのは，矛盾裁判の回避のためではなく，むしろ，同一事件によって被告人を複数回処罰することはもちろん，当該事件について複数回審判を行うこと自体も，被告人を新たな処罰の危険にさらし，訴追に伴う負担を負わせ，ひいては，同人を不安定な地位におくことになり，不当であることに求められる。この考え方のもとでは，一事不再理効は，裁判の（内容的確定の効果ではなく）形式的確定の効果（もしくは，裁判の「存在的効力」）として，あるいは，確定を待つまでもなく，被告人が実質的に有罪とされる危険ないし訴追に伴う負担を負ったことの効果として理解されることになる。

第5章　裁　判

さらに，最近では（一事不再理効だけでなく）拘束力についても，裁判の（内容的な効果ではなく）手続的効果として位置づける見解が有力となっている。この見解によれば，拘束力は，確定裁判により確認された事項が裁判所にとっての「真実」として扱われるということではなく，むしろ，当事者に十分に攻防の機会が与えられ，それに対する裁判所の公権的判断が確定したら，その後の訴訟においてこれと異なる主張・判断をすることを許さないことにより，問題の終局的・安定的解決を図るための制度として理解されることになる。

ところで，裁判の効力についてこのように異なる2つの説明がなされる背景には，基本的な「裁判」観の差異があることにも注意しなければならない。すなわち，前者の見解は，「裁判」は裁判所による「真実」発見の場であり，「真実」とは唯一無二のものであるから，裁判所がいったん「真実」を発見した以上，これと矛盾する判断は許されないとする考え方に基づくのに対して，後者の見解の背景には，「裁判」は当事者間の紛争解決の場であって，その決着は当事者がいかに攻防を尽くしたかという観点からつけられるという発想がある。現行刑訴法下で後者の考え方が有力となったのは，この見解が，訴因制度等の諸制度の基礎にある当事者主義の精神と馴染みやすかったからであろう。

(2)　執　行　力

裁判には執行の対象となるものとならないものとがあるが（⇨500頁**3**），執行の対象となる裁判は，原則として，確定することによってはじめて執行可能となる（たとえば，刑の執行は，有罪判決が確定してはじめて可能となる）。

もっとも，例外的に，**執行力**が裁判の確定を待たずに発生する場合もある。たとえば，決定および命令は，告知により直ちに執行力を生ずる。抗告および準抗告は，即時抗告を除いて，裁判の執行を停止する効力を有しないものとされているためである（424条・432条参照）。また，罰金等につき仮納付の裁判があった場合にも（348条），その金額の限度において有罪判決の確定を待たずに執行力が生ずる（494条参照）。

(3)　拘　束　力

(a)　**拘束力の概念と根拠**　　**拘束力**とは，同一事情のもとでは同一事項につ

486

き確定裁判と異なる判断をなし得ないとする効力をいう。したがって，確定裁判は，その前提となる事情それ自体に変更がある場合には後訴を拘束しないが，単なる新証拠の発見は事情の変更とはいえないものと考えられている。

確定裁判に拘束力が認められる根拠については，これを「矛盾裁判の防止」に求め，裁判の内容的確定に由来するものと理解するか（**具体的規範説**），それとも，検察官の「禁反言」に求め，裁判の形式的確定に由来するものと理解するか（**手続的効果説**）について議論がある（⇨ 484 頁(1)）。

(b) 拘束力の発生原因　拘束力は，一事不再理効とは異なり，裁判の種類を問わず認められる（後述のように，通説によれば，一事不再理効は実体裁判および免訴判決のみに認められる。⇨ 493 頁(a)）。すなわち，拘束力は，実体裁判にも形式裁判にも，また，中間裁判にも認められる（最決平成 12・9・27 刑集 54 巻 7 号 710 頁参照）。もっとも，実体裁判にはいずれにしても一事不再理効が認められるので，実際上，拘束力を論ずる意味はない。これに対して，その他の裁判については，拘束力の問題が前面に出てくることになる。

たとえば，親告罪について有効な告訴がなかったとして公訴棄却の判決が言い渡され，これが確定したときには，通説によれば，拘束力は形式裁判にも認められるため，ⓐ検察官が新たに有効な告訴を得て起訴する場合には，事情の変更が認められるため，裁判所は実体審判を行うことができるとしても，ⓑ検察官が実は告訴は存在していたとして再訴するような場合には，裁判所は先の公訴棄却の裁判の判断内容に拘束されるため，これを排斥するほかないことになる。

もっとも，次に掲げる事案のように，裁判所の職権調査が容易に及び得ないような事項について，被告人の積極的な偽装工作の結果，誤った形式裁判がなされたような場合にも，当該確定裁判に後の裁判に対する拘束力を認めることができるかについては，議論がある。

◁ **判例 5-3** ▷ 大阪地判昭和 49・5・2 刑月 6 巻 5 号 583 頁
【事実】 X は，第 1 審において複数の犯罪事実について有罪判決を言い渡され，これに対して控訴を申し立てたが，実刑判決の回避は困難と判断し，自らの死亡診断書を偽造し，これを内容虚偽の死亡届とともに戸籍係員に提出して，戸籍に不実の記載をさせたうえ，弁護人に，実弟等を介して X が死亡した旨連

第5章　裁　判

絡し，内容虚偽の除籍謄本を交付した。その結果，大阪高裁は，刑訴法339条
1項4号により公訴棄却の決定をし，同決定は即時抗告の申立てもなく確定し
た。しかし，その後偽装の事実が判明したため，検察官は同一の犯罪事実につ
いて改めて大阪地裁に起訴した。

【判旨】「公訴棄却の決定はいわゆる形式裁判であるから，その裁判が確定して
も再起訴は原則として妨げられないと解すべきであり，これは，刑事訴訟法
340条が例外的に，公訴取消による公訴棄却決定が確定したときに再起訴が妨
げられる旨規定していることに照らしても明らかである。このことは，被告人
死亡を理由とする公訴棄却決定が確定しているときも同様であり，まして，被
告人死亡の事実認定が内容虚偽の証拠に基づくものであったことが，新たに発
見された証拠によって明白になったような場合にまで，なおも，この公訴棄却
決定の示した判断が拘束性を保有して，後の再起訴を妨げるものとは，とうて
い解することはできない。本件において，大阪高等裁判所の公訴棄却決定が内
容虚偽の証拠に基づくものであり，それが新たに発見された証拠によって明白
になったことも，……明らかであり，何にもまして，死亡したとする被告人が
当法廷に立つに至ったこと，この事実に優る証拠はないのであるから，大阪高
等裁判所が公訴棄却決定で示した判断は当裁判所を拘束しないものと解するの
が相当である。」

　このような事案に関しては，事情の変更が認められない（死亡した被告人が生
き返ったわけではない）にもかかわらず，「事実認定が内容虚偽の証拠に基づく
ものであったことが，新たに発見された証拠によって明白になった」ことを理
由に拘束力を否定するのは拘束力制度それ自体の否定にほかならないとして，
拘束力を肯定する見解もある。しかし，これに対しては，確定裁判に拘束力が
認められる趣旨を検察官の「禁反言の原則」（ひとたび被告人に利益な判断が下さ
れた以上，訴追側は以後これと矛盾する主張をなし得ないとの原則）に求めたうえで，
本件のように重大な偽装工作を行った被告人には，拘束力の主張適格が欠ける
とする有力な見解もある。

　そのほか，（このような場合に，実際に被告人が生きているにもかかわらず，死亡し
ているとするのは不自然であるとし，）被告人死亡による公訴棄却の裁判（339条1
項4号）にかぎって拘束力を否定する見解として，同裁判は，被告人が死亡し
ている以上訴訟を続けても無意味だとして訴訟を打ち切るものであるという意
味で心神喪失を理由とする公判停止（314条）と同様の性質を持つのであり，
被告人が生きていた場合には再起訴を有効としても，それはいわば停止された

488

公判を再開するというだけで訴訟の蒸し返しの問題は生じないから拘束力は働かないとする説や，刑訴法339条1項各号が列挙する公訴棄却事由はいずれも事情の変更が予想されるものであり，4号もその例外ではないとして，同号を「被告人が死亡したことの証拠があるとき」という意味に解し，被告人が生きていたことが判明したときは「事情の変更」があった場合として，偽装工作の有無にかかわらず，同裁判には拘束力は認められないとする説もある。

(c) **拘束力が認められる事項の範囲**　確定裁判に含まれる判断事項のうち，後訴に対する拘束力が認められるのは，一般に，その理由中に明示され，かつ，主文と直接関係するか，もしくは，主文に必要不可欠な判断事項であるとされる。

判例は，訴因不特定を理由とする公訴棄却の判決について，その理由中，後訴を拘束するのは，当該起訴は実体審理を継続するのに十分な程度に訴因が特定されていないという判断（訴因不特定の判断）だけであり，同確定判決がこのような判断を導くための根拠の（5つのうちの，しかし主要な）1つとして挙げていた，起訴状記載の公訴事実によっては併合罪関係に立つ（建物の表示登記と保存登記に関する各公正証書原本不実記載・同行使）罪のいずれについて起訴がなされたのかが明らかでないという趣旨に解し得る部分（公訴事実不特定の判断）は，後訴を拘束しないとした（最決昭和56・7・14刑集35巻5号497頁）。しかし，これに対しては，拘束力が認められる趣旨が，「裁判所の判断が確定した以上，その後の同一当事者間の訴訟においてこれと異なる主張・判断をすることを許さないことにして被告人の地位の安定を図る」ということに求められるとすれば，確定裁判の主文を導くための直接の理由となる判断のみならず，主文を導くうえで必要不可欠な理由となる重要な判断についても拘束力を認めるべきであるとする批判がある（伊藤裁判官意見参照）。

この問題に関連して，形式裁判がその理由中に実体的判断を含んでいる場合に，その判断に拘束力を認める余地があるか否かも議論される。たとえば，被告人が窃盗の訴因で起訴されたが，審理の結果，その事実は認められず，（親告罪である）器物損壊を認定する余地を残すのみであることが判明したという場合に，検察官が窃盗の訴因に器物損壊の訴因を予備的に追加したものの，後者の訴因につき被害者から告訴が得られていないとして公訴が棄却され，その裁判が確定したとする（⇨283頁(ii)）。その後，検察官が改めて被告人を窃盗で

489

第5章 裁　判

起訴した場合に，先の公訴棄却の裁判中，窃盗の事実は認められないという判断は後訴を拘束するか（拘束力が認められるとすれば，新たに窃盗の事実が判明しても，裁判所は窃盗で有罪を言い渡すことはできなくなる）。この問題については，形式裁判はあくまで手続事項を判断するものであるから，上記判断は主文と関連する理由部分とはいえないとして拘束力を否定する見解と，形式裁判であっても，そこに至るために必須の実体的判断については，被告人側の防御の結果得られた判断であることを尊重して拘束力を認めてよいとする見解が対立する。

(d)　**拘束力が及ぶ範囲**　　上述の通り，実体裁判については一事不再理効が認められるので，同効力が及ぶ同一事件の範囲内では，拘束力を論じる意味はない（⇨ 487 頁(b)）。しかし，もし拘束力が同一事件の範囲を超えて（他事件にも）及び得るのであれば，実体裁判についても拘束力を論じる実益が生まれる。そこで，そもそも拘束力がいかなる範囲に及ぶのかについて検討しておく。

(i)　**人的（主観的）範囲**　　通説は，拘束力は当該裁判の当事者にのみ及ぶとする。これによれば，被告人を対象とする裁判については，その拘束力は当該被告人にのみ及び，共犯者等の事件には及ばない。

(ii)　**事実的（客観的）範囲**　　これに対して，確定裁判の拘束力が，同一被告人の他の事件に関する裁判にまで及ぶかについては議論がある。たとえば，わいせつ文書頒布罪について，当該文書がわいせつ文書に当たらないとして無罪判決を言い渡された被告人が，同判決の確定後に同一の文書を頒布したとして起訴された場合，裁判所はどうすべきか。他事件の裁判に対する拘束力を認めるとすれば，裁判所は，当該文書はわいせつ物に当たらないとの先の裁判の判断に拘束され，無罪を言い渡さなければならないことになろう。しかし，このように確定裁判の拘束力が他事件に関する判断にも及ぶことを一般的に認めるとすれば，当該文書がわいせつ物に当たるとする判断にも同様に拘束力を認めることになるが，その妥当性には疑問がある。

そこで，確定裁判に拘束力が認められる趣旨を検察官の禁反言の原則に求める見解は，このような場合には被告人に有利な方向において片面的に（すなわち，当該文書がわいせつ文書に当たらないという判断にのみ）拘束力を認めるべきであるとする。しかし，これに対しては，当該文書をわいせつ文書でないとする判断が客観的に不相当であり，同一の文書を頒布したとして起訴された他の多

490

くの者が有罪とされているような場合には，当該被告人に当該文書の頒布について免責特権を与えたに等しい結果を認めることになるが，それは不当であるとして，拘束力を否定する（ただし，違法性の錯誤ないし処罰の相当性の欠如という実体法的な解決の可能性を示唆する）有力な見解もある。

　他方，被告人が，過失運転致死罪で有罪判決を言い渡され，これが確定した後に，実は身代わり犯人であったとして犯人隠避罪で訴追された場合にはどうか。過失運転致死についての確定有罪判決に他事件についての裁判に対する拘束力を認める見解によれば，裁判所は，これと矛盾する判断をすることは許されないから，犯人隠避については無罪を言い渡さなければならないことになる。しかし，これに対しては，この無罪判決の確定後に，検察官が過失運転致死について再審で無罪判決を得たとしても，犯人隠避罪で被告人を訴追することができなくなるのは不都合であるとして，過失運転致死罪での有罪判決の他事件（犯人隠避）に対する拘束力を否定する（が，矛盾処罰を求める公訴は適正手続に反するものとして許されず，刑訴法 338 条 4 号によって棄却されるべきであるとする）見解もある。

　なお，いずれにしても，民刑分離を建前とするわが国の裁判制度においては，刑事裁判の拘束力は民事裁判には及ばない。

　(e)　**拘束力の内容**　　拘束力の内容が，同一事項について同一判断を繰り返させることにあるか（拘束力説），それとも同一事項についての判断を最初から禁止することにあるか（遮断効説）については議論がある。

2　一事不再理効

(1)　一事不再理の根拠

　憲法 39 条は，「何人も，……既に無罪とされた行為については，刑事上の責任を問はれない」，また「同一の犯罪について，重ねて刑事上の責任を問はれない」と定める。ここに「刑事上の責任を問はれない」とは，「処罰されない」というだけでなく，それ以前にそもそも「訴追を受けない」という意味も含むものと解される。また，刑訴法 337 条 1 号は，「確定判決を経たとき」には，「判決で免訴の言渡をしなければならない」と定め，既に確定判決を経た事件については，再度公訴権が行使されたとしても，免訴によって手続が打ち切ら

れることを予定している。

このように，一度審判がなされた事件については，再度これを審判の対象とすることが許されない（だけでなく，それを求める訴追も許されない）ことを，**一事不再理**という。一事不再理の根拠ないし趣旨については，主として，これを，①裁判の内容的確定に由来する効果として捉える見解（**内容的確定力説**）と，②**二重の危険**の法理に求める見解（**二重の危険説**）がある。

①内容的確定力説によれば，実体裁判が確定すると，当該事件についての実体的な事実ないし法律関係に関する判断内容が「真実」とされ，同一事件に関して新たに訴追がなされたとしても，裁判所はこれと矛盾する内容の判断を行うことはできないため，最初から，その前提となる実体審理を行うこと自体が許されなくなるとされる。

しかし，この説明に対しては，旧刑訴法下におけるように，裁判所の審判の権限・義務が「公訴事実の同一性」の全範囲に及ぶことを前提とするならばともかく，現行刑訴法が採用する訴因制度のもとでは，裁判所の実体審判は訴因に拘束され，その判断内容も訴因にしか及ばないから，一事不再理効がこれとの間に「公訴事実の同一性」が認められる事実のすべてに及ぶこと（⇨495頁(3)）を説明できないと批判される。たとえば，侵入盗の場合に，窃盗の事実について有罪または無罪の判決が確定すれば，一事不再理効はその手段たる（すなわち，窃盗の事実との間に「公訴事実の単一性」が認められる。⇨238頁**2**）住居侵入の事実にも及ぶものとされるが，このことは，確定判決によって示された窃盗の訴因についての判断内容が後の裁判を拘束することによっては説明できない。また，窃盗の訴因に対する無罪判決についても，訴因制度のもとでは，その内容は，（被告人の犯人性や領得行為の存在それ自体が否定されたような場合は別として，）窃盗は認められない（が，横領等の他の不法領得行為が認められる余地は残されている）という消極的な意味を持つにすぎないこともあり，この場合には，（窃盗が認められないことと，横領等の他の不法領得行為が認められることは必ずしも矛盾しないため）同一事件を改めて横領等の訴因で訴追することが許されないことを，無罪判決の判断内容の拘束力によって説明することはできない。

そこで，②二重の危険説は，一度有罪とされる危険にさらされ，刑事訴追に伴う負担を負った被告人は，二度と同じ危険・負担を負うことはないという法

理によって一事不再理を根拠づける。これによれば，一事不再理効は，当該公訴によって訴追の対象とされる可能性のあった事実全体に及ぶことになろう。この見解は，憲法39条および現行刑訴法が採用する諸制度の基礎にある当事者主義の発想とも馴染みやすいこともあり，通説となっている。もっとも，二重の危険の法理は，刑事手続に伴う負担を最小限度にとどめ，いつまでも不安定な状態に置かれないという被告人側の利益だけを考慮するものでなく，むしろ，このような利益と犯罪の訴追・処罰という国家側の利益の間の衡量論であることには注意が必要であろう。

> ### Column 5-2　公訴権消耗論
> 　一事不再理の根拠ないし趣旨については，事件の終局処理により公訴権が消耗するため，訴追側はもはや再訴ができなくなるとする説明もある（**公訴権消耗論**）。この説明は，一事不再理効を裁判確定の効果として位置づける点では内容的確定力説と共通するが，（裁判所ではなく）当事者の観点から同効力を捉える点，そして，（裁判内容に由来する効果ではなく）訴追が行われたという手続の効果とみる点において，二重の危険説とその基本的発想を共有するものということができる。

(2)　一事不再理効の発生原因・時期

　内容的確定力説のもとでは，一事不再理効は，実体裁判が確定することにより生ずる効力とされる。これに対し，通説である二重の危険説のもとでは，いかなる事由（裁判または手続）により，いかなる時点において被告人が有罪とされる危険にさらされ，訴追に伴う負担を負ったかという観点からその発生原因・時期が特定されることになる。そこで，以下では，二重の危険説を前提として，一事不再理効の発生原因・時期について検討しておく。

　(a)　一事不再理効の発生原因　　(i)　**実体裁判**　　実体裁判（有罪判決および無罪判決）が一事不再理効の発生原因となることについては，争いはない。有罪・無罪の実体裁判によって，公訴に対して正面から理由の有無の判断が示された以上は，その後再び同一事件に関して被告人を有罪とされる危険にさらし，同人に訴追に伴う負担を負わせることは許されないと解されるからである。

　なお，略式命令（⇨507頁**第2節**）も，正式裁判の請求期間の経過またはそ

493

第5章　裁　判

の請求の取下，正式裁判請求を棄却する裁判の確定により，確定判決と同一の効力を生ずるものとされている（470条）。

(ii)　**形式裁判**　　これに対して，通説は，形式裁判には一事不再理効を認めない。一般に，形式裁判は，訴訟条件，すなわち，実体的な事実ないし法律関係についての審判を行う前提となる条件が欠ける場合に手続を打ち切るものであり，被告人を有罪とされる危険にさらし，同人にその前提となる訴追に伴う負担を負わせるものではないからである。したがって，たとえば，検察官は，管轄違いの裁判があった場合には，当該事件を管轄裁判所に改めて起訴することができ，また，親告罪について告訴がないとして公訴棄却の判決があった場合にも，新たに告訴を得て起訴することができる。

　もっとも，同じ「形式裁判」に分類される裁判でも，免訴判決に一事不再理効を認めることができるかについては，学説上，議論がある。たとえば，被告人が侮辱罪で起訴されたが，行為後1年以上を経過しており時効が完成しているとして337条4号により免訴が言い渡され，これが確定した後に，検察官が，実は当該事件は名誉毀損罪に当たることが判明したとして（同罪の時効期間である3年以内に）起訴した場合，裁判所はどうすべきか。免訴判決に一事不再理効を認める通説によれば，裁判所は，337条1号により免訴を言い渡すことになるが，これに対しては，免訴も形式裁判である以上一事不再理効は認められず，この場合には裁判所は実体審判を行うべきであるとする有力な見解もある。

　Column 5-3　　**免訴判決の性質と一事不再理効**

　　免訴判決は，従来，一般に，「形式裁判」に分類されるにもかかわらず，一事不再理効の発生原因となるものとされてきた。これは，免訴が，他の形式裁判（公訴棄却・管轄違い）とは異なる特殊な性質を持つものと考えられてきたためである。

　　免訴判決の性質については，旧刑訴法下においては，犯罪によっていったん発生した刑罰権がその後一定の事情により消滅した場合に言い渡す裁判であるとする実体裁判説も主張されたが，現行法下においては，①「実体的訴訟条件（事件の実体に関係させることなく，また，ある程度まで事件の実体に立ち入ることなくその存否を判断することができないような訴訟条件）」を欠く場合に言い渡される「実体関係的形式裁判」であるとする説，②訴因に内在する訴訟追行の可能性ないし利益（訴因事実の存否について審判することが許される性質）がないとして言い渡す形式裁判であるとする説，③実体形成をせずに言い渡すとい

494

第2節　裁判の効力と執行

> う意味では公訴棄却等と同じ形式裁判であるが，刑罰権の存在を主張する公訴
> に対して理由なしとの判断をするという意味ではむしろ無罪判決と共通する本
> 案裁判であるとする説（形式的本案裁判説），④公訴棄却等と本質において違い
> のない純粋な形式裁判だとする説（形式裁判説）等，学説上，様々な見解が提
> 示されてきた。このうち，免訴判決の一事不再理効を否定するのは，④説のみ
> である。
> 　免訴判決は，刑訴法 183 条，254 条，435 条 6 号においては，有罪または無
> 罪の実体判決と同様に扱われる一方で，刑事補償法 25 条 1 項においては，公
> 訴棄却と同様に扱われている。このことからすれば，現行法上，免訴判決は，
> ③の意味での形式的本案裁判として位置づけられているとみることができよう。

　(iii)　その他の処分　　不起訴処分には，一事不再理効は認められない（最
判昭和 32・5・24 刑集 11 巻 5 号 1540 頁）。また，少年手続における審判不開始の
決定について，判例は，それが事案の罪とならないことを理由とするものであ
っても，その判断にいわゆる「既判力」（一事不再理効）が生ずることはなく，
また，憲法 39 条前段にいう「無罪とされた行為」にも当たらないとする（最
大判昭和 40・4・28 刑集 19 巻 3 号 240 頁）。

　(b)　**一事不再理効の発生時期**　　二重の危険が，当該事件について終局的処
理がなされたときに生ずるものであるとすれば，一事不再理効の発生時期は裁
判の確定時に求められることになろう。これに対して，一事不再理効が，被告
人が有罪とされる危険にさらされ，訴追の負担を負ったという「事実」の効果
であるとすれば，裁判が確定する前の段階でも，これを認める可能性が出てく
る。後者の立場からは，とりわけ，（立法論として）無罪判決に対する検察官上
訴を認めることの妥当性に疑念が提示される（⇨ 514 頁 **Column 7-1** ）。

(3)　一事不再理効が及ぶ範囲

　(a)　**人的範囲（主観的範囲）**　　一事不再理効は，訴追ないし判決を受けた被
告人に対してのみ生ずる。したがって，共犯者等の事件には及ばない。

　(b)　**事実的範囲（客観的範囲）**　　通説は，一事不再理効は，前訴の訴因事実
との間に「公訴事実の同一性」が認められる事実に及ぶものとする。被告人は，
訴因変更制度のもとでは，訴因事実との間に（広義の）公訴事実の同一性が認
められる事実については，同一訴訟内で訴追され，有罪とされる危険にさらさ

495

れる可能性があるからである（⇨ 238 頁(1)）。

　もっとも，これに対しては，一事不再理効が及ぶ事実の範囲の判断基準は，むしろ，同時訴追・審判が（法律上ないし制度上可能であったかではなく）事実上可能であったか否か，あるいは，訴追・審判が実際に及んでいたか否かに求めるべきであるとする見解もある。このような発想を徹底すれば，①前訴の訴因事実との間に公訴事実の同一性が認められない事実について一事不再理効が及ぼされる可能性が認められるだけでなく，②前訴の訴因事実との間に公訴事実の同一性が認められる事実であっても，同時審判の法律的・事実的可能性がなかった場合には，一事不再理効が及ばない場合もあり得るとされることになろう。

　実際，このような見解の中には，①の方向で，（前訴の訴因事実との間に公訴事実の同一性が認められない）余罪についても，前訴においてこれを処罰する趣旨で量刑の資料に考慮されていたような場合には，一事不再理効が及ぶことを認める一方で（大阪高判昭和 50・8・27 高刑集 28 巻 3 号 321 頁参照），②の方向で，前訴の訴因事実との間に公訴事実の同一性（ここでは，とくに単一性）が認められる事実であっても，それが，捜査機関が捜査を尽くしても判決前に発見できなかったようなものである場合には，一事不再理効が及ばないとするものもある。しかし，これらの見解に対しては，一事不再理効の判断に事実上の同時訴追・審判の可能性という確定困難な基準を持ち込み，被告人を不安定な地位に置くことになるとの批判がある（また，①の点については，そもそも余罪を実質的に処罰する趣旨で量刑の資料に考慮することは許されず〔⇨ 483 頁(4)〕，その違法については上訴の申立てが許される以上，被告人が上訴を申し立てなかったために判決が確定したような場合にまで当然に一事不再理の主張を許すべきではないとの指摘もある〔東京高判平成 12・12・5 東高刑時報 51 巻 1〜12 号 118 頁参照〕）。そこで，基本的には公訴事実同一性基準説に立って，②の方向での一事不再理の射程範囲の縮小を否定しつつ，①の方向で，併合罪の関係に立つ数罪でも，相互に密接しているため社会的観察上は 1 個の事象とみられ，同時捜査・同時立証が通常であるような事実（たとえば，強盗と銃砲等の不法所持，麻薬の所持と販売，過失運転致死傷と道交法違反，交通事故と救護・報告義務違反等）については一事不再理効を及ぼすべきであるとする有力な見解もある。

第2節　裁判の効力と執行

　他方，②の方向では，事情の変更があった場合，たとえば，科刑上一罪の一部が親告罪で告訴がなかったため，非親告罪について訴追・判決があった後，告訴を得て再起訴されたような場合や，傷害事件の被害者が判決確定後に死亡したとして傷害致死で再起訴されたような場合に，一事不再理を認めることができるかも問題となる。これらの場合には，事実上も法律上も訴追ないし審判の可能性がなかったのであるから，再訴追ないし審判が許されるという考え方もあり得るところであるが，通説は，被告人にはこれらの事実についても（抽象的な）処罰・訴追の危険が及んでいたとして一事不再理効を認める。

　(c)　**時間的範囲**　　公訴事実が同一ないし単一の事件が訴訟の前後にまたがって生じた場合に，どの時点の犯罪事実にまで一事不再理効が及ぶか。この問題は，たとえば，有罪判決が確定した後に，その訴因事実との間に常習一罪等の実体法上の一罪関係が認められる犯罪事実が起訴後に生じていたことが判明したような場合に生ずるが，二重の危険説からは，基本的に，前訴において当該事実に訴追ないし実体審判が及ぶ可能性があったか否かという観点から検討されることになろう。

　学説においては，一事不再理効は，起訴時までの犯罪事実にしか及ばないとする説，第1審弁論終結時までの事実に及ぶとする説，第1審判決時までの事実に及ぶとする説，判決確定時までの事実に及ぶとする説等が対立するが（京都地判平成12・2・24判タ1049号332頁参照），通説は，第1審判決言渡し時までは弁論再開の可能性があること（⇨341頁(3)），控訴申立理由として弁論終結後判決前に生じた事実を援用できること（⇨520頁(c)）等を考慮して，第1審判決時説を採るが，原則として第1審判決時説を採りつつ，控訴審裁判所が第1審判決を破棄し自判する場合には例外的に控訴審の判決言渡し時までの事実に一事不再理効が及ぶことを認める見解も有力である。

　(d)　**一事不再理効が及ぶか否かの判断方法**　　一事不再理効が認められるか否かが，訴訟条件たる免訴事由の有無（「確定判決を経た」といえるか否か）を問題とするものであるとすれば（337条1号），その判断は，（審判対象論における）訴因対象説によれば訴因を基準として，公訴事実対象説によれば裁判所の心証を基準として行われることになろう（⇨281頁(a)）。このことは，たとえば，次のような事案において問題となる。

497

第5章 裁 判

> <u>判例 5-4</u> 最判平成 15・10・7 刑集 57 巻 9 号 1002 頁
>
> 【事実】X は，単独あるいは共犯により，夜間，自動車用品店等への侵入盗を繰り返していたが，その一部の犯行（平成 11 年 1 月 22 日から 4 月 16 日までの間に犯したもの）については，(a)単純窃盗または建造物侵入・単純窃盗により懲役 1 年 2 月の有罪判決が言い渡され，これが確定していた。ところが，その後，(b)余罪に当たる平成 10 年 10 月 6 日ころから翌年 8 月 8 日ころまでの間の 22 件の窃盗事犯が，単純窃盗または建造物侵入・単純窃盗の訴因により起訴されるに至った。被告人側は，(a)の各行為と(b)の各行為との間には盗犯等ノ防止及処分ニ関スル法律 2 条にいう常習特殊窃盗一罪の関係が認められ，(a)事実についての確定判決の一事不再理効が(b)の各行為にも及び，被告人には免訴の言渡しがなされるべきである旨主張した。
>
> 【判旨】「常習特殊窃盗罪は，異なる機会に犯された別個の各窃盗行為を常習性の発露という面に着目して一罪としてとらえた上，刑罰を加重する趣旨の罪であって，常習性の発露という面を除けば，その余の面においては，同罪を構成する各窃盗行為相互間に本来的な結び付きはない。したがって，実体的には常習特殊窃盗罪を構成するとみられる窃盗行為についても，検察官は，立証の難易等諸般の事情を考慮し，常習性の発露という面を捨象した上，基本的な犯罪類型である単純窃盗罪として公訴を提起し得ることは，当然である。そして，実体的には常習特殊窃盗罪を構成するとみられる窃盗行為が単純窃盗罪として起訴され，確定判決があった後，確定判決前に犯された余罪の窃盗行為（実体的には確定判決を経由した窃盗行為と共に一つの常習特殊窃盗罪を構成するとみられるもの）が，前同様に単純窃盗罪として起訴された場合には，当該被告事件が確定判決を経たものとみるべきかどうかが，問題になるのである。
>
> 　この問題は，確定判決を経由した事件（以下「前訴」という。）の訴因及び確定判決後に起訴された確定判決前の行為に関する事件（以下「後訴」という。）の訴因が共に単純窃盗罪である場合において，両訴因間における公訴事実の単一性の有無を判断するに当たり，①両訴因に記載された事実のみを基礎として両者は併合罪関係にあり一罪を構成しないから公訴事実の単一性はないとすべきか，それとも，②いずれの訴因の記載内容にもなっていないところの犯行の常習性という要素について証拠により心証形成をし，両者は常習特殊窃盗として包括的一罪を構成するから公訴事実の単一性を肯定できるとして，前訴の確定判決の一事不再理効が後訴にも及ぶとすべきか，という問題であると考えられる。
>
> 　思うに，訴因制度を採用した現行刑訴法の下においては，少なくとも第一次的には訴因が審判の対象であると解されること，犯罪の証明なしとする無罪の確定判決も一事不再理効を有することに加え，前記のような常習特殊窃盗罪の性質や一罪を構成する行為の一部起訴も適法になし得ることなどにかんがみると，前訴の訴因と後訴の訴因との間の公訴事実の単一性についての判断は，基

第2節　裁判の効力と執行

本的には，前訴及び後訴の各訴因のみを基準としてこれらを比較対照すること
により行うのが相当である。本件においては，前訴及び後訴の訴因が共に単純
窃盗罪であって，両訴因を通じて常習性の発露という面は全く訴因として訴訟
手続に上程されておらず，両訴因の相互関係を検討するに当たり，常習性の発
露という要素を考慮すべき契機は存在しないのであるから，ここに常習特殊窃
盗罪による一罪という観点を持ち込むことは，相当でないというべきである。
そうすると，別個の機会に犯された単純窃盗罪に係る両訴因が公訴事実の単一
性を欠くことは明らかであるから，前訴の確定判決による一事不再理効は，後
訴には及ばないものといわざるを得ない。

　以上の点は，各単純窃盗罪と科刑上一罪の関係にある各建造物侵入罪が併せ
て起訴された場合についても，異なるものではない。

　なお，前訴の訴因が常習特殊窃盗罪又は常習累犯窃盗罪（以下，この両者を
併せて「常習窃盗罪」という）であり，後訴の訴因が余罪の単純窃盗罪である
場合や，逆に，前訴の訴因は単純窃盗罪であるが，後訴の訴因が余罪の常習窃
盗罪である場合には，両訴因の単純窃盗罪と常習窃盗罪とは一罪を構成するも
のではないけれども，両訴因の記載の比較のみからでも，両訴因の単純窃盗罪
と常習窃盗罪が実体的には常習窃盗罪の一罪ではないかと強くうかがわれるの
であるから，訴因自体において一方の単純窃盗罪が他方の常習窃盗罪と実体的
に一罪を構成するかどうかにつき検討すべき契機が存在する場合であるとして，
単純窃盗罪が常習性の発露として行われたか否かについて付随的に心証形成を
し，両訴因間の公訴事実の単一性の有無を判断すべきであるが（最判昭和
43・3・29刑集22巻3号153頁参照），本件は，これと異なり，前訴及び後訴
の各訴因が共に単純窃盗罪の場合であるから，前記のとおり，常習性の点につ
き実体に立ち入って判断するのは相当ではないというべきである。」

　最高裁は，一事不再理効が及ぶ事実の範囲の判断基準を公訴事実の同一性
（単一性）の有無に求める立場に立ったうえで，その判断は，「基本的には，前
訴及び後訴の各訴因のみを基準としてこれらを比較対照することにより」行う
べきであるとし，単純窃盗の訴因についての確定判決の一事不再理効は，同じ
く単純窃盗の——すなわち，前訴の訴因とは併合罪の関係に立つため，公訴事実の単
一性が認められない（⇨241頁(2)）——訴因による後訴には及ばないとした。

　他方で，最高裁は，傍論としてではあるが，前訴または後訴のいずれかの訴
因が常習窃盗罪である場合には，「訴因自体において一方の単純窃盗罪が他方
の常習窃盗罪と実体的に一罪を構成するかどうかにつき検討すべき契機が存在
する」以上，「単純窃盗罪が常習性の発露として行われたか否かについて付随

499

第5章 裁　判

的に心証形成をし，両訴因間の公訴事実の単一性の有無を判断すべきである」
としている。この判示に関しては，前訴または後訴の訴因のいずれかが常習窃
盗罪である場合には，両者ともに単純窃盗の訴因である場合とは異なり，単純
窃盗として訴追された罪が当該常習性の発露として行われたものであるとすれ
ば，それは，常習窃盗罪による加重処罰の対象ともされることになるから，改
めて（実質的に二重に）処罰される危険を被告人に負わせることを回避しなけれ
ばならないとの考慮に基づくものと解することができよう。

③ 裁判の執行

(1) 総　説

　裁判の**執行**とは，裁判の意思表示内容を国家権力により強制的に実現するこ
とをいう。たとえば，有罪判決による刑の執行のほか，追徴・訴訟費用等の刑
の付随処分の執行，過料・（保釈保証金の）没取・費用賠償等の刑以外の制裁処
分の執行，勾引・勾留・捜索・押収・鑑定留置等の強制処分ないし令状の執行
等がこれに当たる。これに対して，無罪判決や形式裁判等のように，その意思
表示内容の強制的実現を必要としない裁判は，執行の対象とはならない。また，
証拠決定の裁判等の内容の実現も，裁判機関自身の行為で足り，強制を要しな
いため，「施行」ないし「実施」とよばれ，執行とは区別される。

　裁判は，その確定後に執行されるのが原則であるが（471条），決定・命令は，
即時抗告およびこれに準ずる不服申立てが許される場合を除いて，執行停止の
決定がなされないかぎり告知後直ちに執行することができ（424条・432条参照），
罰金等についての仮納付の裁判も，確定を待つことなく直ちに執行することが
できる（348条）。他方，裁判によっては，裁判確定後であっても直ちに執行で
きないものもある（たとえば，訴訟費用の裁判〔483条・500条〕，労役場留置〔刑18
条5項〕・死刑の執行〔475条〕の場合）。

　裁判の執行は，その裁判をした裁判所に対応する検察庁の検察官が指揮する
のが原則であるが（472条1項），例外的に，裁判長・裁判官が指揮すべき場合
もある（70条・108条1項但書，検証，公判廷における捜索・押収，法廷警察権に基づ
く退廷命令等）。執行の指揮は，裁判書または裁判を記載した調書の謄本または
抄本を添えた書面（執行指揮書）により行うのが原則である（473条）。

500

(2) 刑の執行

(a) **総 説**　刑の執行は，裁判の執行の中でも最も重要なものであるので，以下，死刑，自由刑（懲役・禁錮・拘留），財産刑（罰金・科料）に分けてその手続を概観する。なお，過料・没取・訴訟費用・費用賠償・仮納付の裁判の執行は，財産刑の執行と同様に扱われる（490条）。

2個以上の主刑の執行を開始するにあたっては，罰金・科料のように併せて執行し得るものを除き，その重いものを先にする。ただし，検察官は，重い刑の執行を停止して，他の刑の執行をさせることもできる（474条）。

(b) **死刑の執行**　死刑の執行は，法務大臣の命令による。この命令は，判決確定後6ヵ月以内にするものとされるが，上訴権回復・再審の請求，非常上告，恩赦の出願もしくは申出がなされその手続が終了するまでの期間，および共同被告人であった者に対する判決が確定するまでの期間は，これに算入されない（475条）。法務大臣の命令があったときには，5日以内にその執行をしなければならない（476条）。ただし，死刑の言渡しを受けた者が心神喪失の状態にあるとき，または懐胎しているときは，法務大臣の命令によってその執行を停止する。死刑は，検察官・検察事務官・刑事施設の長またはその代理者の立会いのうえ，執行しなければならず，検察官または刑事施設の長の許可を受けた者以外は刑場に入ることはできない（477条）。

(c) **自由刑の執行**　自由刑確定者が拘禁されていないときは，検察官は執行のためこれを呼び出し，呼出しに応じないときは収容状を発する（484条）。収容状は，勾引状と同一の効力を有し（488条），その執行についても勾引状の執行に関する規定が準用される（489条）。

自由刑確定者が心神喪失状態にあるときは，検察官の指揮によってその状態が回復するまで刑の執行を停止する（480条）。この場合には，検察官は，その者を看護義務者または地方公共団体の長に引き渡し，病院その他適当な場所に入れさせなければならない（481条）。また，自由刑確定者について，①刑の執行によって著しく健康を害するとき，または生命を保つことのできないおそれがあるとき，②70歳以上であるとき，③受胎後150日以上であるとき，④出産後60日を経過しないとき，⑤刑の執行によって回復することのできない不利益を生ずるおそれがあるとき，⑥祖父母または父母が70歳以上または重病

もしくは不具で，他にこれを保護する親族がないとき，⑦子または孫が幼年で，他にこれを保護する親族がないとき，⑧その他重大な事由があるときには，検察官の指揮により刑の執行を停止することができる（482条）。

　(d)　**財産刑の執行**　　財産刑の裁判は，検察官の命令によって執行する。この命令は執行力のある債務名義と同一の効力を有し，その執行については，民事執行に関する法令の規定が準用されるが，執行前に裁判の送達をすることを要しない（490条）。

(3)　裁判の執行に関する申立て

　訴訟費用の負担を命ぜられた者が，貧困のためにこれを完納することができないときは，規則の定めるところにより，費用負担を命ずる裁判の確定後20日以内に，訴訟費用の全部または一部について，その裁判の執行の免除を求める申立て（**訴訟費用執行免除の申立て**）をすることができる（500条）。申立期間内，および，申立てがあったときはその申立てについての裁判が確定するまでは，費用負担を命ずる裁判の執行は停止される（483条）。

　また，刑の言渡しを受けた者は，裁判の解釈について疑いがあるときは，言渡しをした裁判所に裁判の解釈を求める申立て（**裁判の解釈の申立て**）をすることができる（501条）。

　裁判の執行を受ける者またはその法定代理人・保佐人は，執行に関して検察官のした処分を不当とするときは，言渡しをした裁判所に異議の申立て（**執行異議の申立て**）をすることができる（502条）。

第**6**章
簡易化された審判手続

第 1 節　簡易公判手続・即決裁判手続
第 2 節　略式手続

Outline　正式な公判手続による審判は，当事者の権利保障や手続の公正性の確保に配慮した内容となっているが，それだけに，刑事司法制度にとって，また，被告人にとっても，大きな負担となる面があることも否定できない。その意味で，あらゆる事件を一律に正式公判手続にゆだねることは現実的でも合理的でもない。そこで，法は，比較的軽微で，かつ，事実・法律関係に争いがない事件については，これを簡易・迅速に解決し，全体として刑事司法の負担を軽減するための手続を用意している。
　本章では，このような手続のうち，とくに，簡易公判手続，即決裁判手続および略式手続について解説する。

第 1 節　簡易公判手続・即決裁判手続

1 簡易公判手続

(1) 制度の概要と利用状況

　刑訴法は，一定の軽微な事件について，冒頭手続で被告人が有罪である旨の陳述を行うことを要件として，伝聞法則による証拠能力の制限を緩和し，証拠調べを簡略化した公判手続による審判を認めている（291 条の 2）。これを**簡易公判手続**という。

　この制度は，軽微な自白事件を簡易迅速に処理することにより，刑事司法を支える人的・物的資源を重大ないし複雑な事件に重点的に配分することを念頭に置いて 1953（昭和 28）年の刑訴法改正によって導入された。しかし，手続の

503

第6章　簡易化された審判手続

簡易化・迅速化が十分でなく、また、伝聞法則による証拠能力の制限緩和については、刑訴法326条の同意制度の積極的利用のもとで（⇨407頁　Column 4-6 ）、当事者にとっても同制度を選択する利点がそれほど認められない等の事情から、期待されたほどには利用されてこなかった。

(2) 簡易公判手続の内容

死刑、無期もしくは短期1年以上の懲役・禁錮に当たる事件（法定合議事件）以外の事件に関する公判廷での冒頭手続において、被告人が、起訴状記載の訴因について「有罪である旨の陳述」を行った場合には、裁判所は、検察官、被告人および弁護人の意見を聴いたうえで、簡易公判手続によって審判する旨の決定をすることができる（291条の2）。

簡易公判手続においては、刑訴法320条1項（伝聞証拠排除の原則。⇨370頁 **1** ）は適用されず、検察官、被告人または弁護人が証拠とすることに異議を述べた伝聞証拠のみが排除される（320条2項）。また、証拠調べについても、検察官の冒頭陳述（296条）、証拠調べの範囲・順序・方法の予定・変更（297条）、証拠調べ請求についての義務・制限（300条〜302条）、証拠調べの方式（304条〜307条）に関する規定の適用がなく、公判期日において適当と認める方法で行うことができる（307条の2）。

(3) 簡易公判手続決定の取消し

裁判所は、簡易公判手続によって審判をする旨の決定があった事件について、同手続によることができないものであり、またはこれによることが相当でないものであると認めるときは、その決定を取り消さなければならない（291条の3）。この場合には、公判手続を更新したうえで、正式公判手続によって審判することになる（⇨341頁(2)）。

2 即決裁判手続

(1) 即決裁判手続の導入

即決裁判手続とは、「争いのある事件とない事件を区別し、捜査・公判手続の合理化・効率化を図る」（司法制度改革審議会意見書）ため、争いのない明白か

504

つ軽微な事件について，迅速かつ簡易に審理および判決を行うことを目的として，2004（平成 16）年の刑訴法改正により導入された簡略化・迅速化された公判手続のことをいう（2006〔平成 18〕年 11 月施行）。同手続の制度設計は，簡易公判手続が十分に利用されてこなかったことに対する反省に基づいてなされている。また，2016（平成 28）年の刑訴法改正により，350 条の 2 ないし 15 に協議・合意制度に関する規定が新設されたことに伴い（⇨ 116 頁**5**），関連条文の（枝）番号が繰り下げられるとともに若干の改正が加えられている。

(2) 即決裁判手続の申立て

即決裁判手続の申立ては，検察官が，被疑者の同意を得たうえで，公訴の提起と同時に，書面によって行う。検察官は，被疑者が同意をするか否かを確認するにあたって，即決裁判手続を理解させるために必要な事項を説明し，通常の審判を受けることができる旨を告げなければならない。また，被疑者に弁護人があるときは，その同意または少なくとも意見の留保が必要となる。被疑者または弁護人が同意ないし意見の留保を行うときは，書面でその旨を明らかにしなければならない（350 条の 16）。意見の留保を行った弁護人に対しては，後に裁判所から同意をするかどうかについて確認が求められる（350 条の 20）。

死刑または無期もしくは短期 1 年以上の懲役もしくは禁錮に当たる事件は最初から申立ての対象から除外されているが，それ以外の事件についても，検察官は，事案が明白かつ軽微であること，証拠調べが速やかに終わると見込まれること等の事情を考慮して，相当と認めるときに限り，申立てを行うことができる（350 条の 16 第 1 項）。

(3) 即決裁判手続による審判の決定および審判

即決裁判手続の申立てがなされたときは，裁判長は，当事者の意見を聴いたうえで，できるだけ早い時期の公判期日を定めなければならない（350 条の 21）。冒頭手続において，起訴状記載の訴因について被告人が有罪である旨の陳述をしたときは，裁判所は，同手続によって審判する旨の決定を行う。ただし，被告人または弁護人の同意の撤回等があったときや，即決裁判手続によることが不可能または不相当であると判断されるときは，申立てを却下する（350 条の

22)。なお，2016（平成28）年の刑訴法改正により，同意の撤回等により申立てを却下する決定がなされた後，証拠調べが行われることなく公訴が取り消された場合には，検察官は，340条の規定（⇨214頁(3)）にかかわらず，同一事件についてさらに公訴を提起することができるものとされた（350条の26）。この改正の趣旨は，即決裁判手続申立ての対象事件につき，被告人側の同意の撤回等により通常の公判に移行する場合に備えてあらかじめ綿密な捜査をしておく必要を解消させることにより，同手続の利用を促進し，自白事件に関する捜査を合理化することに求められる。

　即決裁判手続においては，通常の公判よりも簡略で迅速な審判が行われる。すなわち，証拠調べは適当と認める方法で行うことができ，通常の証拠調べの手続に関する多くの規定の適用が除外される（350条の24）。また，原則として（当事者に異議がないかぎり），伝聞法則が適用されない（350条の27）。さらに，裁判所は，できるかぎり即日，すなわち，その日のうちに判決を言い渡すものとされ（350条の28），懲役または禁錮の言渡しをする場合には，その刑の執行猶予の言渡しをしなければならないものとされている（350条の29）。また，第1審裁判所の即決裁判手続による判決に対しては，当事者は，事実誤認を理由として控訴することができず，控訴裁判所も事実誤認を理由としてこれを破棄することはできない（403条の2）。この**上訴の制限**について，判例は，刑訴法403条の2第1項は「憲法32条に違反するものでない」とする（最判平成21・7・14刑集63巻6号623頁）。同様に，上告裁判所も，事実誤認を理由として原判決を（職権）破棄することはできない（413条の2）。

　このように，即決裁判手続により審判するためには，被告人が有罪である旨の陳述をする必要があり，また，同手続においては審判の簡略化に伴って被告人の権利が制約される面があるため，同人の出頭しないところで審判するのは相当ではない。そのため，通常の公判における被告人の出頭免除に関する規定（284条・285条。⇨299頁(a)）の適用は排除される（350条の24）。加えて，同手続においては，手続の簡易化・効率化によって被告人の手続的権利が不当に制約されることのないように，とくに弁護人の役割が重視されている。すなわち，被疑者が即決裁判手続によることについて同意をするかどうかを明らかにしようとする場合において，貧困その他の事由により弁護人を選任することができ

506

ない場合には，請求により，裁判官は弁護人を付さなければならず（350条の17），即決裁判手続の申立てがあった場合において，被告人に弁護人がないときは，裁判長は，できるかぎり速やかに職権で弁護人を付さなければならない（350条の18）。また，即決裁判手続の申立てがあった事件について弁護人がないときは，公判期日を開くことができない（350条の23）。

(4) 即決裁判手続による審判の決定の取消し

被告人・弁護人は，判決の言渡し前であれば，即決裁判手続によることについての同意を撤回することができる。同意が撤回された場合や，有罪の陳述が撤回された場合，その他即決裁判手続によることが不可能・不相当と認められる場合には，裁判所は即決裁判手続による審判の決定を取り消し，公判手続の更新を行ったうえで，通常の公判手続による審判に移行する（350条の25）。この場合の公判手続の更新は，原則として，証拠調べの手続を通常の手続および方式に則ってやり直すことによって行われるが，当事者に異議がないときはその手続を省略することができる（⇨ 341頁(2)）。

第2節　略式手続

(1) 制度の概要

簡易裁判所は，その管轄に属する軽微な事件について，**略式命令**により，100万円以下の罰金または科料を科すことができる（461条）。これを**略式手続**という。略式手続は，公判を開くことなく，書面（検察官が提出した資料）による非公開の審理により刑罰を科すことを可能とするものであるため，憲法が被告人に保障する「公開した公判廷で正常の公判手続によつて裁判される権利」を侵害するものであるか否かが問題となり得るが，判例は，（旧法下の略式手続について）その合憲性を認めている（最大決昭和23・7・29刑集2巻9号1115頁）。

統計的には，略式手続は，公判手続よりも圧倒的に利用頻度が高く（全事件の約8割が略式手続によって処理されている），刑事司法の負担軽減に役立っている。また，略式手続で扱われる事件の約9割が，交通事犯（道路交通法・自動車の保管場所の確保等に関する法律違反）および過失運転致死傷事件によって占められ

ているため，この手続は，事実上，「交通裁判」的な機能を担っている。

> **Column 6-1　在庁（待命）方式**
>
> 　略式手続においては，裁判所の審判手続が大幅に簡略化されるが，捜査から公訴の提起に至るまでの手続は通常の手続と変わりはない。すなわち，被疑者・被告人は，警察で取調べを受け，事件送致後，さらに，検察庁で取調べを受けた後，（略式）起訴され，裁判所から出される略式命令謄本を受け取って検察庁に罰金を納めるというように，手続が終了するまでに警察署・検察庁・裁判所に数回にわたり出頭しなければならないことになる。
>
> 　そこで，被疑者・被告人の便宜と効率的な事件処理を図るため，被疑者が逮捕・勾留されている場合や，在宅の被疑者でも呼出しに応じて検察庁に任意出頭する場合には，起訴状に「在庁」または「待命」と表示して略式命令の請求を行い，略式命令が発せられた時点で裁判所に同行して略式命令謄本を交付し，罰金・科料を仮納付させるところまでを一日のうちに済ませるという方式がとられることがある。これを「在庁（略式）方式」または「待命（略式）方式」——被疑者が逮捕・勾留中の場合をとくに「逮捕・勾留中在庁方式」，在宅の場合を「在宅在庁方式」——とよぶ。

> **Column 6-2　交通事件処理の迅速・簡易化**
>
> 　交通事件に関する簡易な裁判手続としては，「交通事件即決裁判手続」もある。1954（昭和29）年に交通事件即決裁判手続法により導入された制度で，簡易裁判所における簡易な手続で一定限度以下の罰金・科料を科すという点では略式手続と類似するが，対象事件が道路交通法違反事件に限定され，公開の法廷で，即日裁判が言い渡されるという点に特色がある。しかし，この制度は，手続の簡略化が不徹底で，道交法違反事件の激増に対応することができず，その後，いわゆる交通切符制度（1963〔昭和38〕年）や交通反則金制度（1967〔昭和42〕年）が導入され，在庁方式による略式手続の活用が目指される中で，昭和50年代半ば以降は全く利用されなくなった。
>
> 　交通事件については，「三者即日処理方式」も行われている。これは，交通違反者が，警察，検察庁，裁判所の三者が同一または近接した庁舎に集まった，いわゆる「交通裁判所」に出頭し，そこで，警察官による取調べ，事件送致，検察官による起訴・略式命令請求を経て，その日のうちに，裁判所から仮納付命令付の略式命令謄本を受け，罰金の仮納付を済ませるというものである（「三者即日処理方式」は，在庁〔略式〕方式を発展させた制度であるが，交通事件即決裁判が行われていた時期には同裁判にも利用されていた）。

第2節 略式手続

(2) 略式命令請求（略式起訴）

略式命令の請求は，区検察庁の検察官によって，公訴提起と同時に書面で行われる（462条1項）。この請求は，「公訴を提起し略式命令を請求する」と記載された起訴状を提出することによって行われるため（起訴状が略式命令請求書を兼ねることになる），「**略式起訴**」ともよばれる。略式命令の請求に際しては，検察官は，あらかじめ被疑者に対して略式手続を理解させるために必要な事項を説明し，通常の規定に従い審判を受けることができる旨を告げたうえ，略式手続によることについて異議がないか否かを確認し，このことを明らかにする書面を請求書に添付すると同時に（461条の2・462条2項，規288条），必要な書類および証拠物を簡易裁判所に差し出さなければならない（規289条）。その際，被告人との間に350条の2第1項の合意があるときには，合意内容書面も裁判所に差し出さなければならない（462条の2。⇨116頁 **5**）。

(3) 審 判 手 続

略式命令請求を受けた裁判所は，略式命令をすることが可能かつ相当であると認めるときは，請求のあった日から14日以内に（規290条1項），原則として検察官が提出した資料に基づいて略式命令を発し，被告人に告知する。略式命令には，罪となるべき事実，適用した法令，科すべき刑および付随処分，略式命令があった日から14日以内に正式裁判の請求をすることができる旨が記載される（464条）。請求があった日から4ヵ月以内に略式命令が被告人に告知されないときには，公訴の提起は遡ってその効力を失い，この場合には，裁判所は決定で公訴を棄却する（463条の2）。

(4) 通常手続への移行

①検察官が被疑者に対する説明の手続をせず，または被疑者の異議がない旨の書面を添付せずに略式命令の請求をしたとき，あるいは，②請求を受けた裁判所が，略式命令をすることが不可能または不相当であると思料するとき（たとえば，法定刑に罰金・科料が定められていない罪について請求があった場合，無罪，免訴，公訴棄却，管轄違い等を言い渡すべき場合，科刑権の範囲を超える刑を言い渡すべき場合や，事案が複雑であるため通常手続により審判すべき場合等）には，通常の

公判手続による審判がなされることになる（463条）。この場合には，裁判所は，直ちにその旨を検察官に通知する（同条3項）とともに，提出された資料を検察官に返還する（規293条）。

略式命令を受けた被告人または検察官は，その告知を受けた日から14日以内に，略式命令をした裁判所に対して，書面により，正式裁判を請求することができる（465条）。正式裁判の請求があったときは，裁判所はその旨を請求者の相手方に通知し（同条2項），提出された資料を検察官に返還する（規293条）。請求が適法であれば，裁判所は通常の規定に従って審判するが，反対に，法令上の方式に違反してなされた請求や請求権消滅後になされた請求は決定で棄却する（468条）。正式裁判の請求は，第1審判決があるまでは取り下げることができる（466条）。

正式裁判の請求期間の徒過，請求の取下げがあったとき，請求を棄却する裁判が確定したときには，略式命令が確定し，執行可能となる（470条）。他方，正式裁判の請求によって判決がなされたときは，略式命令はその効力を失うことになる（469条）。

(5) 略式手続における被告人の確定

略式手続は，書面審査により行われるため，通常の公判手続と異なり，人定質問等は行われない。そのため，同手続あるいはそれに先行する捜査の過程でXがYの住居・氏名等を冒用し，Yの氏名等が起訴状等に記載された場合には，実質的表示説を前提としても（⇨299頁(b)），その効力がX（冒用者）とY（被冒用者）のいずれに生ずるかがとくに問題となる。この問題に関しては，Xが身体を拘束されているか否かで分けて考えるのが便宜である。

まず，氏名等の冒用者Xの身体が拘束されていない場合には，裁判所は，検察官の意思も被告人の行動も確認できないため，略式命令の効力は，原則として，冒用者Xにではなく，起訴状・略式命令請求書にその氏名等が記載された被冒用者Yに生ずるものとするのが通説である（最決昭和50・5・30刑集29巻5号360頁参照）。しかし，これに対しては，X自身が在庁し，自ら略式命令謄本の交付を受けることになる（在宅）在庁方式の場合（⇨508頁 Column 6-1）はもちろん，そうでない場合にも，写真，指紋，調書等への署

510

名・押印等により検察官の意思を確認することが可能であれば，略式命令の効力は X に生ずるとする見解もある。他方，氏名等の冒用者 X の身体が拘束されている場合（「逮捕中・勾留中在庁略式方式」の場合。⇨ Column 6-1 ）については，検察官の X を訴追する意思は明らかであり，X 以外の者が指定日時場所に出頭して略式命令の告知を受けることはない以上，「特段の事由のない限り，起訴における被告人は被冒用者ではなくて冒用者である被逮捕者であり，この者が被告人として被冒用者名義の略式命令の謄本の交付を受けたときは，原則として略式命令の効力は冒用者である被逮捕者に生ずる」とする裁判例がある（大阪高決昭和 52・3・17 判時 850 号 13 頁）。

　もっとも，この問題については，①裁判の名宛人は誰か（裁判所は誰に対して裁判したのか）と②公訴提起の対象者は誰か（検察官は誰を起訴したのか）という問題を区別すべきだとし，(a)既に確定した略式命令の効力が誰に及ぶかが問題となるような場面では，①の観点からその名宛人は被冒用者 Y と解されるとしても，(b)略式手続中に被告人のくい違いが判明し，（通常手続に移行したうえで）起訴状の表示を Y から X に訂正することが許されるか否かが問題となるような場面では，②の観点から，（本来起訴されたのが実質的に冒用者 X であったと解されるような場合には）訂正が認められるとする見解もある（前掲大阪高決昭和 52・3・17 も，(b)の場面に関する裁判例であった）。

第 **7** 章

上　訴

第 1 節　上訴制度の概要
第 2 節　控　訴
第 3 節　上　告
第 4 節　抗告・準抗告

> *Outline*　裁判に違法・不当な点がある場合，その是正が必要となりうる。この是正に関わる制度にあって，中心的役割を果たすのが上訴制度である。上訴とは，未確定の裁判の取消し・変更を求め，上級審に不服を申し立てることをいう。上訴制度の意義は，上訴に応じて，実際に裁判が有する違法・不当な点の是正を図り，不服を申し立てた者等を救済することにあるのはもちろんのこと，それに加えて，事後的な是正を可能とすることで，是正されるべき違法・不当状態の発生を抑制することにもある。
>
> 　本章では，このような上訴制度につき，その概要（第 1 節）を確認したうえで，控訴（第 2 節），上告（第 3 節），抗告・準抗告（第 4 節）の順で詳細を見てゆく。

第 1 節　上訴制度の概要

1 上訴制度の意義・体系

（1）上訴制度の体系

　裁判所の行う裁判には判決と決定があり，それぞれについて異なる上訴の系列が用意されている。**判決に対する上訴には，控訴と上告がある。**控訴の対象は第 1 審の判決であり，控訴審は高等裁判所が管轄する。第 1 審裁判所が地方

512

裁判所と簡易裁判所のいずれであったかは問わない。これに対して，上告の対象は，高等裁判所が控訴審として下した判決であり，上告審は最高裁判所が管轄する。このように，第1審の判決には2回の上訴機会が用意されており，第1審を含めれば3回の審判機会が制度として認められている（「**三審制**」）。もっとも，高等裁判所が第1審であった場合や，地方裁判所等が第1審であっても，飛躍上告がなされる場合には，第1審の判決であっても上告の対象となるため，それ以上の上訴機会があるわけではない。

決定に対する上訴には，**抗告**がある。抗告は，高等裁判所が管轄を有する一般抗告と，最高裁判所が管轄を有する特別抗告とに分けられる。一般抗告の場合には，抗告裁判所がした決定につき上級審に再抗告を申し立てることは禁止されており，また特別抗告の場合には，もはや上級審がなく，いずれの場合にも，再抗告は考えられない。

なお，裁判官の行う命令に対する不服申立てには，**準抗告**がある。準抗告は，簡易裁判所の裁判官の命令に対しては地方裁判所が，またその他の裁判官の命令に対してはその裁判官の所属する裁判所が管轄を有する。そのため，準抗告は，かならずしも上級裁判所に対する不服申立てではなく，上訴にあたらないが，実質的にこれに準ずるものとして取り扱われる。

(2) その他の不服申立制度

刑訴法は，その他，捜査機関の処分に対する準抗告（430条），裁判長の処分等に関する当該裁判所に対する異議申立て（309条・428条），上告裁判所の判決に対する訂正の申立て（415条），等の不服申立制度を定めている。

2 上訴権とその行使

(1) 上 訴 権 者

上訴権は，基本的に，当事者である検察官または被告人にある（351条1項）。ただし，法は上訴権を有する者をほかにも定めている。まず，当事者以外でも決定を受けた者であれば，その者は抗告をすることができる（352条）。さらに，被告人の法定代理人もしくは保佐人，また原審における代理人もしくは弁護人も，被告人のため上訴することができる（353条・355条）。ただし，これらの

513

第7章　上　訴

上訴権者は被告人から独立して自らの上訴権を行使するものの，被告人のためのものであることから，被告人の明示した意思があるときには，それに反して行使することができない（356条）。

　ところで，弁護人の選任は原則として審級ごとに行われる（**審級代理の原則**。32条2項）。この原則からすれば，原審が終結した後もなお「原審における弁護人」が上訴権を有するのは例外である。このような例外が認められるのは，原審の状況を熟知している者に上訴を委ねることが被告人のためとなるからであろう。ただ，そうであれば，原判決宣告後，上訴申立てまでに選任された弁護人は，上記の趣旨に照らし「原審における弁護人」と同様には扱うことができないことになる。しかし，判例は，被告人が依頼した弁護人につき，「上訴をすることをも依頼したものと見るを相当とする」とし，その上訴申立てを許している（最大判昭和24・1・12刑集3巻1号20頁）。上訴申立てに際して法的知見を有する弁護士の助力を十分に受けることができないという困難を避けるためである。（上訴権を有しない親族などの）被告人以外の依頼による場合も同様である（最大判昭和63・2・17刑集42巻2号299頁）。

> **Column 7-1**　**検察官の上訴**
>
> 　わが国では検察官の不利益上訴，すなわち被告人にとって不利益となる裁判取消し・変更を求めての上訴を許している。これは，現行の上訴制度が，専ら被告人の具体的救済のための制度ではなく，裁判の違法・不当の是正という客観的目的のためのものでもあるからである。この点，旧刑訴法下にあった不利益再審を廃止し，利益再審のみとなった再審制度とは事情が異なる。
>
> 　このような検察官の上訴を制度として認めることには，まず憲法39条が定める二重の危険の禁止に照らし，いったん終結した訴訟手続を検察官が再開させるものであるとの批判がある。このような考え方に対して，判例は，従前否定的な態度を示しており「罪の有無に関する裁判を受ける危険……とは，同一の事件においては，訴訟手続の開始から終末に至るまでの1つの継続的状態と見るを相当とする。されば，1審の手続も控訴審の手続もまた，上告審のそれも同じ事件においては，継続せる1つの危険の各部分たるにすぎないのである」と説示している（最大判昭和25・9・27刑集4巻9号1805頁）。
>
> 　またこの点は別としても，より根本的に，本来，上訴は被告人の具体的救済を旨とすべきであるとの理念を掲げ（国際人権B規約14条5項を参照），検察官の不利益上訴を批判する見解は，現在でも少なくない。現行法下において検察官の不利益上訴の廃止を求めるまでには至らないものの，検察官上訴をどの

ように位置づけるかについての考え方が，控訴理由としての事実誤認の判断基準等，諸論点の検討において，影響を及ぼすこともあり得る。

(2) 上訴の利益

上訴権者であっても，**上訴の利益**がなければ上訴はできない。上訴制度の意義に照らし無意味な上訴を許さないためである。これを規定した明文はないが，不利益変更の禁止（402条）や，通常抗告についての原決定取消しの実益に関する定め（421条但書）などにその趣旨を見て取ることができる。利益の有無は，法律的・客観的利益を基準として判断される。たとえば，被告人が，無罪判決を下されたにもかかわらず有罪を求めたり，有罪の場合により重い刑罰を求めたりすることができないのはもちろん，免訴や公訴棄却の形式裁判により手続が打ち切られた場合にも，無罪を求めて控訴することはできない。

上訴の利益がない場合には，上訴の申立てが法令上の方式に違反したものとして，判決または決定により上訴は棄却される。

3 一部上訴

上訴は，裁判の一部に対してこれをすることができる。部分を限らないで上訴したときは，裁判の全部に対して上訴をしたものとみなす（357条）。刑事訴訟の構造の基調は当事者主義であり，上訴審にあってもそのことは変わらない。当事者が上訴する部分を摘示して上訴することができるとする一部上訴の制度も，その表れである。ただし，一部上訴の対象は，裁判の内容が可分であるものに限られる。可分か否かは，原則として主文の個数によって決まる。したがって，併合罪で，その全部あるいは一部が無罪とされた場合や，有罪とされた各部分につき別個の刑が言い渡されている場合は可分である。併合罪であっても，有罪の主文において1個の刑が言い渡された場合には不可分となる。

これに対して，たとえば，包括一罪や科刑上一罪のように公訴事実が単一である場合には，各部分がそれ自体訴因を構成するようなときでも，主文においては当然1つの刑が言い渡されるから，一部上訴の対象とならない。もっとも，理由中公訴事実の一部が実質的に無罪と判断されており，かつ被告人しか控訴していない場合，不可分だからといって上訴裁判所が無罪部分をも職権調査し，

515

第7章　上　訴

ときに実質的に破棄できるというのは適切でなかろう。この点につき，判例は，攻防対象論により解決を図っている（後述⇨524頁 判例 7-1 ）。

4 上訴権の発生・消滅・回復

　上訴権は，裁判が告知された日に発生し（358条），所定の提起期間内に上訴申立てがなければ消滅する。上訴提起期間の延長は認められない（56条2項）。また，提起期間内でも上訴の放棄がなされた場合や，いったん上訴の提起があっても，その取下げがなされた場合には，上訴権は消滅する（359条・360条。なお，放棄の手続について360条の3，規224条）。上訴の放棄または取下げをした者は，その事件について再び上訴をすることはできない。放棄・取下げに同意した被告人も同様である（361条）。ただし，死刑または無期懲役・禁固刑に処する判決については，そもそも上訴の放棄が許されない（360条の2。なお，死刑判決を受けた被告人による控訴の取下げにつき，最決平成7・6・28刑集49巻6号785頁を参照）。

　いったん消滅した上訴権は原則として回復することはない。ただし，上訴権者が上訴提起期間内に上訴をしなかった場合でも，自己または代人の責めに帰することができない事情により期間内に上訴の申立てができなかったときは，上訴権回復の請求をすることができる（362条。回復請求の手続等について363条～365条）。また，被告人が刑事施設にいる場合には，上訴の提起期間内に上訴の申立書を刑事施設の長またはその代理人に差し出すことによって，上訴提起期間内に上訴したものとみなされる（366条1項，規227条・228条）。

第2節　控　訴

1 控訴審の役割と構造

　控訴審は，被告事件それ自体を直接審理するのではなく，申立人の申し立てる変更・取消しの理由を中心に，**原判決の当否を事後的に審査すること**を主たる役割とする（**事後審査審**）。原判決が適法であり，また不当とはいえない場合，控訴を棄却し，原判決を維持する。それに対して，原判決が違法・不当なもの

516

第2節 控　訴

である場合には，原判決を破棄する。その上で，原判決破棄のときには，被告
事件について自ら有罪・無罪を判断（自判）するのではなく，差戻し・移送す
るのが原則である。自判は（基本的には）例外であり，破棄判断の基礎となっ
た証拠等から「直ちに」判決することができる場合に限られており（400条），
事件につき自判することを当初から目的とする審理は否定されている。

　このような事後審査審の構造のもと，その審査は，原則として，**判断基準時**
を原判決時とし，**判断資料**もその時点までのものに基づき行われる。もっとも，
刑訴法は双方の点で一定の例外を定めている（判断基準時については383条2号・
393条2項，判断資料については382条の2第1項・2項など）。また，明文で定める
例外だけで適切であるかには議論がある。とりわけ事実誤認や量刑不当という
控訴理由につき，裁判の客観的な正しさを求めようとすれば，裁判時の判断資
料のみに基づき審査することの合理性は限られたものとなろう（この点は，「事
実の取調べ」〔393条1項〕をめぐる解釈⇨525頁(b)を参照）。このような例外をどう
取り扱うかという問題は，現行法が事後審査審を採用した実質的な理由にも照
らし合わせて検討する必要がある。

> **Column 7-2**　**控訴審の構造**
>
> 　控訴審の構造は，理論上，①**事後審査審**，②**覆審**，③**続審**の3つに大別され
> る。①は前述の通りである。②覆審は，被告事件の審理を最初からやり直した
> うえで，新しい判決を下すという制度である。③続審は，第1審判決の直前の
> 状態に立ち戻り，第1審の審理および証拠資料に，控訴審で出てきた資料を加
> えて判決を下すという制度である。②・③はいずれも被告事件を直接対象とす
> る点で，①とは異なり，それ自体として事実審になじみやすい。②は旧刑訴法
> が，③は現行民訴法が採用している。これに対して，原判決の当否の審査を目
> 的とする①のもと，裁判時の事実，資料に基づくとする制度は，裁判が適法に
> なされたかを判断する法律審になじみやすい。
>
> 　では，事実誤認，量刑不当等を審査し，事実審としての性格を残す控訴審が，
> なぜ上記のような事後審査審的な構造を有するのか。その理由は主として次の
> 2つである。1つは，**法律審としての控訴審**という役割の追加である。上告審を
> 管轄する最高裁判所は，日本国憲法下，合憲性審査と法令解釈の統一という役
> 割を担う一方で，その負担を軽減するために，旧刑訴法下では専ら事実審の役
> 割を担ってきた控訴審が，法律審としての役割をも担うことになった。そのた
> め，法律審と結びつきの強い構造の採用が後押しされたのである。もう1つは，
> **第1審の充実**である。現行法は，事実認定につき厳格な証拠法則を設けるとと

517

もに，直接主義・口頭主義を柱としているが，仮に，覆審や続審のもと，第1
審と同じ証拠調べが許されれば，第1審での事実認定の意義が薄れる懸念があ
った。さらに，上記のような上告審と第1審の変化に伴う控訴審それ自体の過
剰負担を回避するということも，理由に加えてよい。

　本文中の構造をめぐる「例外」の問題は，本来法律審になじみやすい構造の
控訴審に，どのように事実審の役割を果たさせるかという課題の表れである。
従来，控訴理由の多くは事実誤認と量刑不当に占められており，控訴審は事実
審としての役割を果たすよう強く求められてきた。事後審査審の本質が原判決
当否の審査という点にあると解しつつも，裁判の客観的な正しさを求めるもの
であるとすれば，結局，事件それ自体の審理も避けられない。そのため，例外
を考える際にも，このような事態への対処が比較的素直に受け入れてきたとい
ってよい。実務では，現行刑訴法の定着に伴い，ほとんどの破棄事案で控訴審
が自判する運用がなされてきたが，このような運用も，まさに先のところを裏
づけるものである。理論的にも，事実誤認の判断方法や，事実の取調べの対象
となる資料の範囲といった問題もこのような運用にあわせて検討されてきたと
いってよい。

　これに対して，裁判員制度の導入以降，最高裁は，第1審における直接主
義・口頭主義が徹底された状況を踏まえ，近時，事後審査審としての控訴審と
いう構造的理解を強調する傾向にある（最判平成 24・2・13 刑集 66 巻 4 号 482
頁を参照）。事後審査審的な構造の採用理由との関係で，これまでの運用を見
直し，原則への回帰を示すものであるのか，またどの程度の広がりを有するの
かが注目される（⇨ 520 頁(c)）。

② 控訴の申立て

(1) 申立ての手続

　控訴の申立ては，原審である第1審裁判所に対して，申立書を差し出すこと
によって行われる（374 条）。控訴の提起期間は，第1審判決の告知された日か
ら 14 日である（373 条）。控訴の申立てを受けた第1審裁判所は，控訴の申立
てが明らかに控訴権の消滅後にされたものであるときは，決定でこれを棄却し
なければならない（375 条。なお，この決定に対しては，即時抗告をすることができ
る）。なお，控訴審の手続には，特別の定めがない限り，上訴に関する通則が
適用される。控訴の申立てについても，上記のほかは通則に従って行われる。

　検察官による控訴申立ては，通常，被告人の不利益を目的として行われるが，
「被告人のために」行われることに妨げがあるわけではない。これは，検察官

518

第2節 控 訴

が法の正当な適用を請求する者（検察4条）であることに基づく。したがって，検察官が，無罪を正当として，あるいは有罪判決における量刑の重いことを不服として控訴を申し立てることも許される。

(2) 申立ての効果

控訴の申立てがあると，原判決の確定が妨げられ，その執行は停止される（「停止の効力」）。さらに，第1審裁判所から，訴訟記録および証拠物が控訴裁判所に送付されると（規235条），事件は控訴審に係属する（「移審の効力」）。

3 控訴理由の明示

(1) 控訴趣意書の差出し

控訴申立てが受理されると，控訴申立人は一定の期間内に控訴趣意書を控訴裁判所に差し出さなければならない（376条1項）。差出期間は裁判所の規則に従って控訴裁判所が定める（規236条）。

控訴理由は，刑訴法が規定する事由でなければならず（384条。ただし，即決裁判手続の控訴理由の制限につき，403条の2），控訴趣意書には，どの理由に基づくのかが簡潔に明示されていなければならない（規240条）。また，控訴審裁判所がその調査を行うことができるよう，控訴趣意書には，刑訴法または裁判所の規則の定めるところにより，必要な疎明資料または検察官もしくは弁護人の保証書が添付される（376条2項）。これに対して，控訴の相手方は，裁判所から送達された控訴趣意書の謄本（規242条）を踏まえ，控訴趣意書に対する意見を記載した答弁書を提出することができる（規243条）。

(2) 控 訴 理 由

控訴理由は，(a)訴訟手続の法令違反，(b)法令適用の誤り，(c)事実誤認，(d)量刑不当，(e)再審事由その他，に分類される。

(a) 訴訟手続の法令違反　　訴訟手続の法令違反のうち，とくに重大な事由については，当該事由が認められただけで直ちに控訴理由となる（**絶対的控訴理由**）。①法律に従って判決裁判所を構成しなかったこと，②法令により判決に関与することができない裁判官が判決に関与したこと，③審判の公開に関す

519

る規定に違反したこと（以上，377条），④不法に管轄または管轄違いを認めたこと，⑤不法に公訴を受理し，またはこれを棄却したこと，⑥審判の請求を受けた事件について判決をせず，または審判の請求を受けない事件について判決をしたこと，⑦判決に理由を附せず，または理由にくいちがいがあること（以上，378条）が，これに当たる。①〜③については，控訴趣意書に，その存在の十分な証明をすることができる旨の保証書を添付し，④〜⑦については，訴訟記録および原裁判所において取り調べた証拠に現れている事実で，その存在を信ずるに足りるものを援用しなければならない。

　それ以外の訴訟手続の法令違反については，その違反が判決に影響を及ぼすことが明らかである場合にはじめて，控訴理由となる（379条。**相対的控訴理由**）。たとえば，証拠能力のない証拠を取り調べたことなどがこれに当たる。**審理不尽**も，職権証拠調べ義務違反や釈明義務違反等の法令違反に帰すことができる限りは，ここに含めてよい（これに対して，審理不尽の結果，証拠評価の誤りを生ずる場合には事実誤認となり得る）。この事由についても，控訴趣意書に，訴訟記録および原裁判所において取り調べた証拠に現れている事実で，その存在を信ずるに足りるものを援用する必要がある。

　(b)　法令適用の誤り　　法令違反のうち，訴訟手続に関するものが控訴理由となる場合については先のように別に定めがあることから，ここにいう「法令の適用」の誤りとは，専ら実体法規の違反を意味する。法令適用の誤りが，判決に影響を及ぼすことが明らかな場合に限り，控訴理由が認められる。控訴趣意書にも当該誤りとともに，その旨を示さなければならない（380条）。

　(c)　事実誤認　　原判決における事実の誤認も，その誤認が判決に影響を及ぼすことが明らかである場合に限り，控訴理由となる（382条）。この理由については，訴訟記録および原裁判所において取り調べた証拠に現れている事実を援用しなければならない。さらに，それ以外の事実であっても，「やむを得ない事由によって第1審の弁論終結前に取調を請求することができなかった証拠によって証明することのできる事実」，および「第1審の弁論終結後判決前に生じた事実」は控訴趣意書に援用できる。この場合には，控訴趣意書に疎明資料を添付しなければならない（382条の2）。

　誤認の対象となる事実は，実体法適用の前提となる事実である。それ以外の

520

第2節 控 訴

事実，たとえば，訴訟的事実はここにいう誤認の対象とならない。また，刑の量定という実体法の適用に関わる事実であっても，刑罰権の存否および範囲の基礎となるわけでない狭義の情状に関わる事実はここに含まれない。

　誤認とは，証拠の取捨選択またはその評価を誤ったため，認定すべきではない事実を認定したことを指す。その判断方法については，従来，第1審の判断に論理則・経験則違反があるかを基準とする立場（法則違反説）と，そのような違反がなくとも，なお控訴審の心証が異なる場合には事実誤認を認めてよいとする立場があるとされてきた（心証比較説または心証優位説）。もっとも，前者も控訴審が事件について心証形成することは否定していないし，後者も第1審と同様の心証形成ができるとまでは主張していない。その相違は，控訴審が形成した心証を第1審のそれと比較した後，どう事実誤認の有無を判断するかの点に関わるものと解される。近時最高裁は，裁判員裁判が示した無罪判決につき，次のように説示して事実誤認を認めている。「控訴審が第1審判決に事実誤認があるというためには，第1審判決の事実認定が論理則，経験則等に照らして不合理であることを具体的に示すことが必要であるというべきである。このことは，裁判員制度の導入を契機として，第1審において直接主義・口頭主義が徹底された状況においては，より強く妥当する」（最判平成24・2・13刑集66巻4号482頁）。この判断にあって重要であるのは，控訴審が第1審の事実認定を誤認とするにあたり，その「不合理」性を「具体的に示す」義務を負うという点である。論理則，経験則違反の摘示は，この説明責任を果たすための一要素にすぎない。そのため，前述の枠組みのもとであっても，この範疇におさまらないというだけで事実誤認の可能性が否定されることはないであろう。このことは，控訴審が果たすべき事実審としての機能を踏まえれば適切である。第1審判決が無罪でも有罪でも変わりはないが，有罪判決を事実誤認として破棄する場合には，どのように説明されようと合理的な疑いが残るのでは原判決を維持することができないのであるから，よりよく当てはまり得る（その後，最決平成25・4・16刑集67巻4号549頁，最決平成25・10・21刑集67巻7号755頁，最決平成26・3・10刑集68巻3号87頁，最判平成26・3・20刑集68巻3号499頁などの判断が示されている）。裁判員裁判以外の場合について，どのように取り扱われるべきであるかはなお明らかでないが，裁判員裁判の場合と区別される理

521

第7章 上　訴

由は乏しい（上告審について，⇨533 頁(b)を参照）。

　(d)　**量刑不当**　　刑の量定の不当を理由に控訴を申し立てる場合には，控訴趣意書に，訴訟記録および原裁判所において取り調べた証拠に現れている事実であって刑の量定が不当であることを信ずるに足りるものを援用しなければならない（381 条）。さらに，それ以外の事実であっても，事実誤認の場合と同様に，「やむを得ない事由によって第 1 審の弁論終結前に取調を請求することができなかった証拠によって証明することのできる事実」，および「第 1 審の弁論終結後判決前に生じた事実」は控訴趣意書に援用できる。この場合には，控訴趣意書に疎明資料を添付しなければならない（382 条の 2）。

　処断刑の範囲を超える刑が科された場合は法令適用の誤りに当たるため，ここにいう「不当」とは，処断刑の範囲内で具体的に宣告された刑の量定についてのものであり，原判決の刑の量定が当該事件の諸情状に照らして過大または過小であることをいう。その原因には，評価の誤りはもちろん，狭義の情状に関する事実誤認も含まれる。また，「不当」の評価の対象となる刑の量定には，刑期の長短のほか，刑種の選択，執行猶予の有無などが含まれる（なお，控訴審による量刑不当の判断は，最判平成 26・7・24 刑集 68 巻 6 号 925 頁等が前提とする量刑判断のプロセスを念頭において行われることになる）。

　(e)　**その他**　　①再審事由があること，②判決後の刑の廃止・変更または大赦があったことが控訴理由とされる。この場合，控訴趣意書に疎明資料を添付しなければならない（383 条）。

4　控訴審の審理

　控訴の審判については，刑訴法に特別の定めのある場合を除いては，第 1 審における公判に関する規定が準用される（404 条）。

(1)　審理の手続

　控訴裁判所は，公判の開廷ないしその準備に先立って，控訴の申立ておよび趣意書提出の手続の適法性を審査する。その結果，控訴の申立てが法令上の方式に違反し，または控訴権の消滅後にされたものであることが公判を経なくても明らかなときは，決定で控訴棄却をしなければならない（385 条 1 項。ただし，

522

規238条)。また，控訴趣意書について，提出期間の徒過，方式違反，理由の明白な不該当の場合も同様である（386条1項。なお，これらの棄却決定に対する不服申立てについては，385条2項・386条2項）。

控訴申立ておよび控訴趣意書の差出しに違法がない場合には，判決で控訴棄却または原判決破棄が示されなければならないため，公判審理を経ることが必要となる（43条1項）。裁判長は公判期日を指定し，検察官・弁護人・補佐人に通知しなければならない（404条・273条1項・3項）。被告人も召喚しなければならないが（404条・273条2項），被告人には原則として公判期日に出頭する義務がなく（390条本文），この召喚は出頭機会を与える意味を持つにとどまる。

公判期日には，検察官および弁護人が控訴趣意書に基いて弁論をしなければならない（389条）。被告人の出頭は自らの権利であり，前述のように原則として任意である。ただし，仮に被告人が出頭しても自ら弁論することはできず，被告人のための弁論は弁護人に委ねられる（388条）。これは，控訴審が法技術的に構成された控訴理由に関して原判決の当否を審査する審級であることから，職業的な法律家間の応酬に重点が置かれることに基づく。また，控訴裁判所は，控訴趣意書・答弁書を念頭に置いて，原審裁判所から送付された訴訟記録・証拠物を検討したうえで，公判期日に臨む。第1審の場合と異なり，起訴状一本主義は適用されていない。

公判期日には，事実の取調べも行われる。弁論に引き続いて行われることが多い。さらに，裁判所は，控訴趣意書に関して必要に応じて釈明を求めるほか，職権調査によって問題点を発見したときには，これを提示し，検察官・弁護人の意見を聴く。

(2) 控訴理由の調査

(a) **調査の範囲**　　控訴審は，当事者の申し立てた控訴理由を中心に原判決の当否を審査する。そのため，控訴裁判所は，控訴趣意書に包含された事項を調査しなければならない（392条1項。義務的調査）。もっとも，それ以外の事項であっても，控訴裁判所は控訴理由に当たる事由に関しては職権で調査することができる（同条2項。職権調査）。このような権限が認められているのは，被告人のために後見的機能と，法令の正当な適用を確保する機能を果たさせるた

めであると考えられる。しかしながら，刑事訴訟全体が当事者主義を基調としており，また控訴審それ自体も第1審の手続に準じている以上，職権調査の及ぶ範囲には自ずと限界があるというべきであろう。このことは，裁判員裁判（また公判前整理手続）の採用に伴いよりはっきりしてきたといってよいが（たとえば，最判平成21・10・16刑集63巻8号937頁，最判平成26・4・22刑集68巻4号730頁），考え方それ自体は，従来判例上展開されてきた**攻防対象論**の問題にすでに表れている。この問題は，一罪関係が認められる事実につき有罪判決が言い渡されているものの，その理由中で一部の訴因につき実質的に無罪であるとの判断が示されている場合，被告人側しか控訴していないにもかかわらず，控訴裁判所の職権調査が無罪部分にも及び得るかという形で議論されている（⇨ 判例 7-1）。判例は，また，上告審でも同じ枠組みの適用のあることを明らかにしている（最判昭和47・3・9刑集26巻2号102頁）。

> 判例 7-1 **最大決昭和46・3・24刑集25巻2号293頁**
> 【事実】第1審判決は，住居侵入，暴力行為等処罰法1条違反，傷害の訴因のうち，包括一罪の関係にある暴力行為等処罰法1条違反の一部およびこれと観念的競合の関係にある傷害について無罪とし，他は有罪とした。これに対して，被告人側は有罪部分に対し控訴し，他方検察官は控訴しなかった。控訴審判決は，職権調査により，無罪部分を事実誤認であるとしたうえで，全部について有罪を言い渡した。
> 【決定要旨】原判決破棄。「控訴審は，第1審と同じ立場で事件そのものを審理するのではなく，……当事者の訴訟活動を基礎として形成された第1審判決を対象とし，これに事後的な審査を加えるべきものなのである。そして，その事後審査も当事者の申し立てた控訴趣意を中心としてこれをなすのが建前であって，職権調査はあくまで補充的なものとして理解されなければならない。……本件公訴事実中第1審判決において有罪とされた部分と無罪とされた部分とは牽連犯ないし包括一罪を構成するものであるとしても，その各部分は，それぞれ1個の犯罪構成要件を充足しうるものであり，訴因としても独立しえたものなのである。そして，右のうち無罪とされた部分については，被告人から不服を申し立てる利益がなく，検察官からの控訴申立もないのであるから，当事者間においては攻防の対象からはずされたものとみることができる。このような部分について，それが理論上は控訴審に移審係属しているからといって，事後審たる控訴審が職権より調査を加え有罪の自判をすることは，……被告人に対し不意打ちを与えることであるから，前記のような現行刑事訴訟の基本構造，ことに現行控訴審の性格にかんがみるときは，職権の発動として許される限度

第 2 節 控　訴

をこえたものであって，違法なものといわなければならない」。

　検察官の控訴がない無罪部分が「**攻防の対象**」から外れる理由について，無罪部分が確定し，ゆえに移審しないことに求める見解も有力であったが，〈判例 7-1〉はこれを否定している。むしろ，その「現行刑事訴訟の基本構造」への言及からは，当事者である検察官自身が攻防の対象から無罪部分を外し，当該部分の訴追意思（または処罰意思）を放棄し，当該訴因につき訴訟追行を断念したことに，判例のような枠組みが示される理由が求められ得る（学説では，攻防対象論を実質的に訴因の縮小変更と捉え直すべきとの見解も有力である）。

　では，どのような場合に検察官の訴追意思の放棄が認められるのか。〈判例 7-1〉では，まず無罪部分が「訴因としても独立しえたもの」であることを前提に，包括一罪や科刑上一罪を構成する事実へのあてはめが念頭に置かれており，一部上訴は認められないものの訴因相互が並列的で独立性の高い場合には類型的に適用され得ることがうかがわれる（たとえば，前掲最判昭和47・3・9，最判昭和57・4・22判時1042号147頁。なお，最判平成16・2・16刑集58巻2号133頁）。それに対して，並列的とまではいかない場合には事情が異なる。判例には，過失犯の過失態様につき，非両立関係にある本位的訴因と予備的訴因が示された事例において，予備的訴因を有罪とした判決に被告人のみが控訴したような場合，なお本位的訴因が攻防の対象から外れていないとするものがある一方で（最決平成元・5・1刑集43巻5号323頁），賭博開帳図利の共同正犯が本位的訴因，同幇助犯が予備的訴因とされた事例につき，予備的訴因が有罪とされた場合には，もはや本位的訴因が攻防の対象でないとするものもあり（最決平成25・3・5刑集67巻3号267頁），その判断は事案ごとに具体的になされる（たとえば，原審において縮小認定された部分に限って上訴がなされた場合，もはや大なる事実は攻防の対象からは外れる。上訴された有罪部分の判断のために，大なる事実の職権調査はもはや不可避ではないからであろう。前掲最決平成25・3・5は縮小認定がなされた事例ではないが，前述のように帰結された理由は，裁判所が被告人の幇助犯を調査する分には，裁判所が被告人の正犯性にまで職権調査を及ぼさなくても結論を示すことができる具体的な事案であったことによると解され得る）。

　また，〈判例 7-1〉は事実認定を争点とする。無罪判決について判決宣告手

525

第7章　上　訴

続の無効がある等，訴訟手続の法令違反を理由に被告人が控訴を申し立てたような場合にまで先の枠組みが及ぶかは，疑問である。

(b)　**事実の取調べ**　　控訴理由の調査は，基本的に控訴趣意書・答弁書を念頭において，原審から送付された訴訟記録・証拠物を検討することによって行われる。しかし，これだけでは十分でない場合があり，控訴裁判所は，控訴理由の調査をするについて必要があるときは，当事者もしくは弁護人の請求によりまたは職権で，「事実の取調べ」をすることができる（393条1項）。

(i)　**取り調べうる「事実」**　　取調べの対象となる「事実」は，原則として，原判決以前のもので，その基礎になったものに限られる。ただし，例外がある。まず，原判決以降の事実であっても，①刑の廃止・変更または大赦（383条2号），ならびに②刑の量定に影響を及ぼすべき情状（393条2項）については，取り調べることができる（たとえば，被害の弁済や示談の不履行等の情状の変化や，犯罪事実自体の変動が生じた場合）。

また，原判決以前の事実であっても，その基礎にならなかったものは，やはり原則として取調べの対象とならないが，③やむを得ない事由によって第1審弁論終結前に取調べを請求することができなかった証拠によって証明することのできる事実であり，量刑不当・事実誤認の証明に不可欠なものについては，取調べが認められる（382条の2・393条1項但書を参照）。④再審事由にも，この例外が認められる（383条1号）。

(ii)　**取り調べうる「資料」**　　上記①〜④の場合，これらの事実の存否を確認するために，第1審で取り調べられなかった資料の取調べが刑訴法上予定されていると解される。とりわけ③の場合，393条1項但書は，「やむを得ない事由によって第1審の弁論終結前に取調を請求できなかった証拠によって証明することのできる事実」で，控訴申立ての理由があることを信ずるに足りることの疎明があったものにつき，事実の取調べを義務づけており，上記の「証拠」の取調べも当然に義務づけられることとなる（なお，「やむを得ない事由」は，一般に，第1審の弁論終結前には証人が国外にいた等，証拠調べがおよそ不可能である場合はもちろん，当該証拠の存在を知らなかったことに過失がない，または証拠調べの請求を不要とするのも無理がない場合など，取調請求のないことに責がない場合に認められるものと解される）。

526

では，上記①〜④以外の事実につき，第1審での取調べのない新たな資料を調べることができるか。判例は，393条1項本文を，「第1審判決以前に存在した事実に関する限り，第1審で取調ないし取調請求されていない新たな証拠につき，……控訴裁判所が第1審判決の当否を判断するにつき必要と認めるときは裁量によってその取調をすることができる旨定めていると解すべきである」とする（最決昭和59・9・20刑集38巻9号2810頁）。それ以前には否定的な見解も見られたが，これを明確に否定し，393条1項本文と但書との関係を端的に取調べの裁量と義務との対比として整理する。問題は，判例にいう新資料取調べの「必要」がどのような場合に認められるかである。刑訴法における第1審と控訴審の関係や，第1審における直接主義・口頭主義の徹底という考え方に照らして（⇨517頁 Column 7-2），第1審において取調べ請求しなかったことが「やむを得ない」ものであったか否か，および新資料の重要性の程度等を考慮して判断されるべきである（職権の場合はもちろん，当事者の請求による場合も，結局は同様であろう）。とりわけ，裁判員裁判の場合，またそうでなくとも公判前整理手続を経て公判に至ったような場合には，このことがより妥当する（なお，316条の32を参照）。

　　(iii)　**取調べ方法**　　事実の取調べは，判決の基礎となるので，口頭弁論に基づかなければならない。さらに，原判決破棄に至る場合のことを考えれば，第1審で「厳格な証明」を必要とする事実については，控訴審でも「厳格な証明」によるのが適切である。とくに，「厳格な証明」の対象となる事実については，証拠能力の制限に服する必要がある。

5 控訴審の裁判

(1) 控訴棄却

　適法な控訴申立ておよび控訴趣意書の差出しはあったものの，公判を経て，控訴理由に当たる事由がない場合には，判決で控訴が棄却される（396条）。

　控訴申立てや控訴趣意書差出しの違法を理由に控訴棄却する場合にも，公判を経たのちに，控訴申立てが法令上の方式に違反していること，もしくは控訴権消滅後にされたものであることが明らかになったときには，判決で控訴棄却がなされる（395条）。

(2) 原判決破棄

控訴理由に該当する事由が認められた場合には，控訴裁判所は判決で原判決を破棄しなければならない（397条1項）。また，当該事由がない場合でも，原判決後の刑の量定に影響を及ぼす情状について控訴審が職権調査をした結果（393条2項を参照），原判決を破棄しなければ明らかに正義に反すると認められるときには，原判決を破棄することができる（397条2項）。なお，被告人の利益のため原判決を破棄する場合につき，401条を参照。

(a) **差戻し・移送**　控訴裁判所は，不法に管轄違いを言い渡し，または公訴を棄却したことを理由として原判決を破棄するときは，事件を原裁判所に差し戻し（398条），不法に管轄を認めたことを理由として原判決を破棄するときは，判決で事件を管轄第1審裁判所に移送しなければならない（399条）。これら以外の理由によって原判決を破棄する場合には，原則として，事件を原裁判所に差し戻し，または原裁判所と同等の他の裁判所に移送しなければならない（400条）。

裁判所法4条によれば，上級審の裁判所の判決における判断は，その事件について下級審の裁判所を拘束することから，刑事訴訟にあっても，控訴裁判所の破棄判決は，差戻後の判断を拘束すると解される（**破棄判決の拘束力**）。このような拘束力が認められるのは，破棄判決が既に判断済みの問題について，控訴が繰り返されることを回避するためである。そのため，差戻しを受けた第1審裁判所が拘束されるのはもちろん，差戻審の判決に対し再び上訴があった場合には，破棄差戻しをした裁判所自身も拘束され，差戻審の判断が破棄判決の拘束力に従ったものである限り違法であると判断することはできない（上告裁判所の破棄判決について，最大判昭和25・10・25刑集4巻10号2134頁）。

拘束力は，控訴裁判所が既に示した事実上の判断と法律上の判断の双方に及ぶ。そして，いずれでも判断の基礎となった事情が異なれば，その効力を失う。差戻後の審理で新たな証拠が追加された場合などには，証拠状態が異なるがゆえに，また破棄判決後に法令変更があった場合には，前提となった法律状態が異なるがゆえに，破棄判決の拘束力は及ばない（なお，事実上の判断の結論を導くための理由づけの〔上告審における破棄判決の〕拘束力につき，最判昭和43・10・25刑集22巻11号961頁を参照）。

第2節 控 訴

(b) **自 判**　控訴裁判所は，「訴訟記録ならびに原裁判所および控訴裁判所において取調べた証拠によって」直ちに判決をすることができる状態に達した場合には，自ら判決すること（「自判」）ができる（400条但書）。もっとも，事後審査審という性格から，控訴審がはじめから自判を目的として取り調べることは許されず，自判は例外として位置づけられる。

　自判にあたり，新たな訴因の審理判決が必要なときには，「検察官から訴因変更の申出がある場合に，……原判決を破棄し自判しても被告人の実質的利益を害しないと認められるような場合においては，訴因変更を許すべきもの」とされる（最判昭和30・12・26刑集9巻14号3011頁。また，最決昭和42・5・25刑集21巻4号705頁を参照）。

　(c) **不利益変更の禁止**　「被告人が控訴をし，又は被告人のため控訴をした事件については，原判決の刑より重い刑を言渡すことができない」（**不利益変更の禁止**。402条）。相手方当事者である検察官がより重い刑を求めて控訴をしている場合は別として，被告人側だけが控訴した場合には，不利益となる量刑を控訴裁判所に禁ずる原則である。被告人が重い刑の言渡しを受けることをおそれて，原判決に不服があっても上訴を断念するという不都合を回避するという政策的な観点から説明されるほか，検察官がより重い刑を求めて控訴していない以上，裁判所が職権で被告人に不利益な審判を行うべきでないという当事者主義的な考え方のあらわれと解する立場も見られる。

　検察官が被告人の利益のために控訴した場合にも，不利益変更の禁止が適用されるか。判例は，検察官の控訴は，「公益」のために行うものであるから，たとえその申立理由が被告人にとって利益となるものである場合であっても，「被告人のため控訴をした事件」に当たらないと解している（最判昭和53・7・7刑集32巻5号1011頁）。

　どのような場合に，「より重い刑」を言い渡したことになるかは，刑法10条の規定のほか，「主文を全体として総合的に観察」し，「実質的に考察」を加えて判断される（最決昭和55・12・4刑集34巻7号499頁）。たとえば，懲役1年の刑を懲役1年6月・執行猶予3年・保護観察つきの刑に変更したり（前掲最決昭和55・12・4），懲役1年6月・罰金7000円の刑（未完納の場合，7000円を1日に換算した期間の労役留置）を懲役1年2月・罰金1万円の刑（未完納の場合，

529

第7章　上　訴

5000円を1日に換算した期間の労役留置）に変更したり（最決平成18・2・27刑集60巻2号240頁）することは，不利益変更には当たらないと判断されている。

なお，本原則は，控訴審が原判決を破棄し自判する場合に限らず，差戻し・移送後の第1審が裁判する場合にも適用されると解すべきである。

(3)　未決勾留日数の通算等

控訴提起期間中の未決勾留日数は，控訴申立て後の未決勾留日数を除き，全部本刑に通算される（495条1項）。控訴申立て後の未決勾留の日数は，検察官の控訴申立てがあったとき，またはそれ以外の申立ての場合は，控訴審において原判決が破棄されたときに本刑に通算される（同条2項）。原判決破棄後の未決勾留も，控訴中の未決勾留日数に準じて通算される（同条4項）。また，控訴により控訴審において生じた費用の補償については188条の4を参照。

第3節　上　告

1　上告審の役割と構造

上告審を管轄する最高裁判所の主たる役割は，合憲性審査と法令解釈の統一にある。そのため，上告審は原則として法律審の性格を有する（405条・406条）。その構造の点でも，より徹底した事後審査審を基本とする。もちろん，上告審は最終審であるため，当事者の具体的救済を図る事実審としての役割も期待されており，上告理由となっていない事実誤認や量刑不当等といった事由も，一定の場合に原判決の破棄事由となり得ることを認めている（411条）。しかし，それはなお限定的なものにとどまる。実際，原判決を破棄する場合にも，控訴審のように自判することは少ない。

2　上告の申立て・上告理由の明示等

上告審の手続には，刑訴法に特別の定めのある場合を除いて，上訴に関する通則が適用されるほか，控訴審に関する規定が準用される（414条）。

第3節 上　告

(1) 上告の申立て・上告理由の明示

　上告の申立ては，所定の期間内に申立書を控訴裁判所に差し出して行う（414条・373条・374条）。上告の申立てが明らかに上告権の消滅後にされたものであるときは，原審である控訴裁判所が，決定でこれを棄却しなければならない（414条・375条）。

　また，上告申立人は，上告裁判所が指定した日までに同裁判所に上告趣意書を差し出さなければならない（414条・376条）。上告趣意書には，上告理由が明示されていなければならない（407条）。

(2) 上　告　理　由

　高等裁判所がした第1審または第2審の判決に対しては，①憲法違反・憲法解釈の誤り，②判例違反に当たる事由のあることを理由として上告を申し立てることができる（405条）。

　①のうち，憲法違反とは，原判決の内容または原審の訴訟手続が憲法に反していること，また憲法解釈の誤りとは，原判決の理由中に示された憲法解釈が誤っていることをいう。

　②判例違反とは，まず原判決が最高裁判所の判例に相反する判断をしたことをいう（405条2号）。また，最高裁判所の判例がない場合に，大審院もしくは上告裁判所たる高等裁判所の判例，または刑訴法施行後の控訴裁判所たる高等裁判所の判例と相反する判断をしたことも，判例違反に当たる（同条3号）。判例とは，具体的事件に対し裁判所が示した結論的判断のみを指す。このような結論的判断を導かない一般的な法律論や仮定的に示された解釈等は傍論にとどまり，これと相反する判断をしても判例の違反とはならない。

(3) 「法令の解釈に関する重要な事項」──上告受理

　上記の上告理由がない場合にも，法令解釈の統一という最高裁判所の役割から，法令の解釈に関する重要な事項を含むものと認められる事件については，その判決確定前に限り，裁判所の規則の定めるところにより，自ら上告審としてその事件を受理することができる（406条）。そのため，刑訴規則では，①（狭義の）**上告受理の申立て**，②**飛躍上告**，③**移送上告**の各制度が設けられている。

531

①は，法令の解釈に関する重要事項を含むと認められる事件につき，上訴権者による上告受理の申立てを許す制度である（規257条～264条）。②では，高等裁判所以外の裁判所が言い渡した第1審判決につき，控訴審を経ずして最高裁に上告することが認められる（規254条・255条），③では，控訴審において憲法違反または憲法解釈の誤りのみが控訴理由となっている場合に，最高裁の許可を受けて事件を最高裁判所に移送することができる（規247条・248条）。

3 上告審の審理

上告裁判所は，まず，上告の申立ておよび趣意書提出の手続の適法性を審査する。その結果，上告の申立てが法令上の方式に違反，または上告権の消滅後になされたものであることが明らかであるときは，決定で上告棄却をしなければならない（414条・385条）。また上告趣意書の記載，差出しの方式等に違反があるときも同様である（414条・386条）。

その上で，上告裁判所は，上告趣意書に包含される事項を調査しなければならない（414条・392条1項）。また，それ以外の事項，すなわち，上告趣意書に記載されていないが，上告理由に当たる憲法違反・判例違反や，411条に定められる破棄事由についても職権で調査することができる（414条・392条2項・411条）。調査は，原則として，原判決および原審裁判所から送付された訴訟記録，上告趣意書，答弁書等を資料として行い，必要であれば事実の取調べを行うことができるものと解される（414条・393条を参照）。

上告裁判所が判決をする場合，刑訴法に特別の定めがあるときを除いては，公判を経なければならない（43条1項）。公判期日には，検察官および弁護人が弁論を行う。被告人が自ら弁論することはできず，出廷の権利もない。そのため，上告審の公判期日に被告人を召喚することは要しない（409条）。

ただし，上告裁判所が，上告趣意書その他の書類によって，上告理由がないことが明らかであると認めるときは，公判での弁論を経ないで，判決で上告棄却を行うことができる（408条）。そのため，上告審において公判が行われる場合には，弁論を経て原判決が破棄されることが多くなる。

第3節　上　告

4 上告審の裁判

(1) 上 告 棄 却

　上告審の調査の結果，上告理由がないと認められる場合には，弁論を経るか否かにかかわらず，判決で上告が棄却される（414条・396条，408条）。また，上告申立て，また上告趣意書の差出しの違法を理由に上告棄却する場合も，公判を経たのち，申立ての法令上の方式違反，上告権の消滅後の上告であると認められたときには，判決による（414条・395条）。

(2) 原判決破棄

　原判決破棄がなされた場合，自判，または差戻し・移送のいずれかが行われる（412条・413条）。控訴裁判所による破棄と同様に，自判の場合には不利益変更禁止の原則が，差戻し・移送の場合には，差戻し・移送後の審判に破棄判決の拘束力が及ぶ。差戻し・移送先は，原裁判所，またはそれと同等の他の裁判所だけではなく，第1審裁判所，またはそれと同等の他の裁判所のときもある。

　(a)　**上告理由に基づく破棄**　　405条の定める上告理由があるときには，上告裁判所は，判決で原判決を破棄しなければならない（410条1項本文）。ただし，判決に影響を及ぼさないことが明らかな場合は，この限りでない（同但書）。また，判例違反（405条2号・3号）のみがある場合には，上告裁判所がその判例を変更して原判決を維持するのを相当とするときにも，例外が認められる（410条2項）。

　(b)　**破棄事由に基づく破棄**　　また，上告申立ての理由がなく，上告受理等の対象となる事件に当たらない場合にも，次の事由があって，原判決を破棄しなければ著しく正義に反すると認めるときは，最高裁判所は判決で原判決を破棄することができる（411条）。すなわち，①判決に影響を及ぼすべき法令違反，②甚だしい量刑不当，③判決に影響を及ぼすべき重大な事実誤認，④再審事由，⑤判決後の刑の廃止・変更，大赦，である（なお，即決裁判手続によって判決をした事件に関する職権破棄の制限につき，413条の2）。

　いずれも，最終審としての最高裁判所の役割に期待したものである。そのため，②，③のように，法律審には本来なじみにくい事由も含まれている。とり

わけ③について，判例は，事実誤認の判断方法を「原判決の認定が論理則，経験則等に照らして不合理といえるかどうかの観点から行うべきである」とした上で，事案の特質に応じた慎重な判断を求めている（最判平成21・4・14刑集63巻4号331頁。また，最判平成28・3・18集刑319号269頁等は，「事実誤認の疑い」さえあればよく，原判決の事実認定に明らかな不合理があることまでは要求しない。なお，控訴審における事実誤認の判断については，⇨520頁(c)）。

　また，破棄事由による破棄は，「破棄しなければ著しく正義に反すると認めるとき」でなければできない。したがって，破棄事由があるだけでは，上告裁判所が原判決の破棄に至らないこともありうる（たとえば，最決昭和55・12・17＝ 判例 2-4 〔⇨276頁〕）。

5 訂正の判決等

　最高裁が最上級審である以上，その判決に対する上訴はもはやない。もっとも，上告裁判所が，その判決の内容に誤りのあることを発見したときは，検察官，被告人または弁護人の申立てにより，判決でこれを訂正することができる（415条1項）。訂正の申立ては，判決の宣告があった日から10日以内にこれをしなければならない（同条2項。ただし，期間延長につき，同条3項）。

　訂正の判決は，弁論を経ないでこれをすることができる（416条）。他方，訂正の判決をしないときは，速やかに決定で申立てが棄却される（417条）。

　以上のことから，上告裁判所の判決は，もはやこれに対し上訴できないにもかかわらず，訂正の申立ての期間が経過したとき，またはその期間内に申立てがあった場合には，訂正の判決ないし訂正申立ての棄却決定があったときに，確定する（418条）。

第4節　抗告・準抗告

1 抗　告

　抗告とは，裁判所のした決定につき，その変更または取消しを求める上訴をいう。抗告審を最高裁判所が管轄するかにより，抗告は一般抗告と特別抗告と

に区別される。

(1) 一般抗告
　一般抗告は，抗告のうち高等裁判所が管轄を有するものをいう。一般抗告には，通常抗告と即時抗告がある。

　(a)　**通常抗告**　　(i)　**概　観**　　通常抗告は，抗告の原則的な形態であると位置づけられる。申立ての期間に限定はなく，いつでもこれをすることができる（421条）。その対象となるのは，裁判所のした決定のうち，次の場合を除くものである。すなわち，①即時抗告をすることができる旨の規定がある場合と，②刑訴法に特別の定めのある場合である（419条）。

　①では，迅速な確定が求められるため，申立期間を定める即時抗告のみが不服申立ての手段とされるのである。

　②には，裁判所の管轄，または訴訟手続に関し判決前にした決定への対処がある（420条）。これらの決定については，その違法・不当が事件の審理に影響し，最終的に判決にも影響を及ぼすため，控訴または上告により不服を申し立てることができれば，そもそも一般抗告の対象とする必要がないのである。ただし，勾留，保釈，押収または押収物の還付に関する裁判所の決定，および鑑定のためにする留置に関する決定については，例外である（同条2項。ただし，同条3項）。

　　(ii)　**抗告の申立て・手続**　　抗告の申立て・手続は，とくに定めがない限り，上訴に関する通則に従う。

　まず，申立ては原決定をした裁判所に対して，申立書を差し出すことによって行う（423条1項）。通常抗告の場合，その申立てには，原決定の執行を停止する効力がなく，原裁判所の決定による執行停止がない限りそのまま執行される（424条）。

　抗告が行われた原裁判所は，抗告を理由があるものと認めるときは，抗告裁判所の裁判を待つまでもなく，決定を更正しなければならない。それに対して，原裁判所が，抗告の全部または一部を理由がないと認めるときは，申立書を受け取った日から3日以内に意見書を添えて，これを抗告裁判所に送付しなければならない（423条2項）。

第7章　上　訴

　抗告裁判所は，抗告が不適法であると認めるときは，決定で抗告を棄却する。適法な抗告であっても，抗告理由が認められなければ，決定で抗告を棄却する（426条1項）。抗告理由が認められるときには，決定で原決定を取り消し，必要があればさらに裁判をしなければならない（同条2項）。ここにいう裁判とは主として自判のことを指し，たとえば，保釈請求に基づく保釈または保釈請求却下の原決定取消し，さらに保釈請求却下または保釈決定などが考えられる。もっとも，差戻しの余地も否定されていないと解される（なお，抗告審の審査方法につき，最決平成26・11・18刑集68巻9号1020頁等を参照）。

　　(iii)　再抗告の禁止　　抗告裁判所の決定に対しては，抗告することはできない（427条）。419条にいう「特別の定のある場合」の1つである。

　(b)　即時抗告　　即時抗告は，迅速に確定する事案に対処するために設けられる。そのため，通常抗告とは異なり，提起期間は3日である（422条）。

　即時抗告は，規定のある場合に限って許される。その申立て・手続等は，通常抗告の場合とほぼ同じであるが，先に見たように提起期間が限られるほか，提起期間内およびその申立てがあったときは，原裁判所の決定の執行が停止する点で異なる（425条）。

　(c)　高等裁判所のした決定に対する抗告の禁止と異議申立て　　高等裁判所の決定に対しては，抗告をすることはできない（428条1項）。最高裁判所が，違憲判断と法令解釈の統一を主たる役割としていることから，一般抗告については，高等裁判所が最終審として位置づけられたためである。ただし，抗告に代わる制度として，高等裁判所に対する異議の申立てが設けられており（同条2項），再考を求めることができる。この異議申立てについては，抗告に関する規定が準用される（同条3項）。

(2)　特別抗告

　最高裁判所に対して特別に行う抗告をいう。その申立ては，刑訴法により不服を申し立てることができない決定または命令を対象とし，405条に規定する事由，すなわち憲法違反・判例違反のあることを理由とする場合に行うことができる（433条）。明文上411条の準用等は定められていないが，判例は，411条に規定する破棄事由のある場合にも特別抗告ができるとする（最決昭和26・

536

第4節 抗告・準抗告

4・13刑集5巻5号902頁)。

　不服を申し立てることができない決定または命令とは，たとえば，再抗告が禁じられる抗告裁判所の決定や，準抗告の定めのない裁判官の命令をあげることができる。訴訟手続に関し判決前にした決定または命令（420条）については，判決に対する上訴において不服を申し立てることができることから，「不服を申し立てることができない」ものには当たらないと判例でも解されているが，少なくともこの上訴によっては効果的な救済を期待しがたい場合等には，特別抗告の余地は否定できない（最決昭和36・5・9刑集15巻5号771頁を参照）。

　特別抗告の提起期間は5日間である（433条2項）。手続等は，とくに定めがある場合を除いては，通常抗告の場合に準ずる（434条・423条・424条・426条）。

② 準 抗 告

(1) 準抗告の意義

　抗告の対象とならない裁判官の命令や捜査機関の処分につき不服を申し立て，その取消しまたは変更を求めることをいう（429条・430条）。いずれも迅速・簡易の解決のための制度であるため，その対象となる命令や処分は，明文に列挙されたものに限定される。もっとも，裁判官の命令に対する準抗告と，捜査機関の処分に対する準抗告は，法的性格を異にする。

　(a) **裁判官の命令に対する準抗告**（429条）　簡易裁判所の裁判官がした命令に対しては管轄地方裁判所に，その他の裁判官がした命令に対しては，その裁判官所属の裁判所に行われる（同条1項）。簡易裁判所の裁判官がした命令を除いては，上級の裁判所への是正申立てではなく，狭義の上訴とはいえない。しかし，裁判による不利益について救済を図る制度である点で上訴と共通する。

　(b) **捜査機関による処分に対する準抗告**　捜査機関による一定の処分についても，準抗告を行うことができる（430条）。この制度は，裁判に対する不服申立てではなく，本来は行政処分に対する不服申立ての1つとして，行政事件訴訟に関する法令の規定の適用を受けるべきものである。しかし，刑訴法が，このような性格の不服申立てを刑事手続の一環としたのは，迅速・適正解決のためには，刑事手続とは独立の行政事件訴訟に委ねるよりも適切であるからである（同条3項）。

537

(2) 準抗告の手続

準抗告は，請求書を管轄裁判所に差し出すことによって行われる（431条）。準抗告裁判所は，裁判官の命令に対する準抗告の場合には合議体により（429条3項），捜査機関の処分に対する準抗告の場合は，1人の裁判官により（裁26条1項・35条）構成される。その他の点は，通常抗告に準じて行われる（刑訴432条）。

第8章

非常救済手続

第1節　再　審
第2節　非常上告

> *Outline*　いったん確定した裁判の変更は，法的安定性や，裁判制度の信頼性を損なうものであり，本来であれば回避されるべきである。しかし，確定裁判における重大な誤りや瑕疵が明らかな場合，確定裁判をそのままにしておいては，かえって裁判制度の信頼性が損なわれてしまう。とりわけ，確定裁判により，（かつての）被告人が不当な不利益を被っている場合には，その救済が図られなければならない。非常救済手続の意義は，裁判制度のもたらす法的安定性に優先させてでも，救済のために確定裁判を変更する点にある。このような非常救済手続として，わが国では，再審と非常上告という2つの制度が用意されている。再審制度は事実認定の誤りの是正を，非常上告制度は法令違反の是正を，それぞれ目的としている。

第1節　再　審

1　再審制度の意義

　再審制度の意義は，確定裁判における事実認定の誤りの是正にある。現行法は，有罪判決が確定した（かつての）被告人の救済に，この制度の役割を限定している（**利益再審**）。理論的には，無罪判決が確定した被告人に対してあらためて有罪を言い渡すという，不利益な方向での是正（**不利益再審**）も考えられる。旧刑訴法では利益再審のほか不利益再審も制度として認めていた。しかし，不利益再審は二重の危険の禁止（憲法39条）に抵触すると解されるため，現行法はこれを否定している。

539

第8章　非常救済手続

　再審の手続は，請求に基づき再審理由の有無を審理する手続（再審請求審理手続）と，再審開始決定の後に行われる事件それ自体についての公判審理（再審公判手続）の2段階からなる。再審請求審理手続において再審理由の存在が否定されれば，再審公判手続が開始されることはない。また，再審公判手続が行われる場合にも，再審請求審理手続を行った裁判体が自ら行うことはない。

2 再審請求審理手続

(1) 再審請求

　再審請求の対象は，「有罪の言渡をした確定判決」である（435条）。免訴判決の確定した被告人が，有罪判決が確定した場合と同様に，無罪を得るべく再審請求できるかにつき，判例は，再審の利益がないとしてこれを否定している（最判平成20・3・14刑集62巻3号185頁）。また，控訴棄却または上告棄却の判決が確定したため，その原審の有罪判決が確定した場合には，上訴審の棄却判決も再審請求の対象となるものの，この場合に認められる再審理由は，「有罪の言渡をした確定判決」の場合よりも制限されているほか，原審の確定判決に対して再審の請求をした事件について再審の判決があった後は，再審請求それ自体が許されなくなる（436条）。

　再審請求は，原判決をした（国法上の）裁判所がこれを管轄する（438条）。この請求をするには，その趣意書に原判決の謄本，証拠書類および証拠物を添えてこれを管轄裁判所に差し出さなければならない（規283条）。

　請求権者は，①検察官，②有罪の言渡しを受けた者，③有罪の言渡しを受けた者の法定代理人および保佐人，④有罪の言渡しを受けた者が死亡し，または心神喪失の状態にある場合には，その配偶者，直系の親族および兄弟姉妹である（439条）。請求権者には検察官も含まれるが，これは，検察官が「公益の代表者」として，「法の正当な適用」を求め，有罪の言渡しを受けた者の利益のために再審請求できるとしたものである。検察官以外の者が請求する場合には，弁護人を選任することができる（440条。なお，死刑確定者と，その再審請求に向けて選任された弁護人との秘密交通の保障について，最判平成25・12・10民集67巻9号1761頁を参照）。

　再審請求は，刑の執行が終わり，またはその執行を受けることがないように

540

なったときでも，これをすることができる（441条）。請求の時点でなお刑の執行が終わっていない場合には，請求の効力として刑の執行が直ちに停止されるわけではないが，管轄裁判所に対応する検察庁の検察官が，再審請求についての裁判があるまで刑の執行を停止することができる（442条）。原判決が死刑を言い渡すものである場合には，再審請求についての裁判が確定するまでの期間は，法務大臣の執行命令につき猶予が与えられる（475条）。

請求が法令上の方式に違反し，または請求権消滅後にされたものである場合には，決定で請求が棄却される（446条）。この決定に不服がある場合には，即時抗告をすることができる（450条）。

(2) 再審理由

刑訴法が定める再審理由は，①確定判決によって原判決の証拠が偽造，変造または虚偽であることが証明された場合（435条1号～5号），②新証拠が発見された場合（6号），③確定判決によって関与した裁判官などに職務犯罪のあったことが証明された場合（7号）の3つに大別される（なお，控訴および上告を棄却した確定判決に対する再審理由につき，436条を参照）。①，③は，いずれも確定判決により再審理由のあることが明らかになっており，その存否判断は簡明である。それに対して，②は再審請求審理手続の中で，裁判所に対しまさにその存否が明らかにされなければならず，その判断基準・方法が問われる。また，わが国では，実際の再審請求のほとんどは②を理由としたものであるため，6号の解釈が再審制度全体の帰趨を大きく左右することになる。

435条6号は，有罪の言渡しを受けた者に対して無罪もしくは免訴を言い渡し，刑の言渡しを受けた者に対して刑の免除を言い渡し，または原判決において認めた罪より軽い罪を認めるべき「明らかな証拠をあらたに発見した」ことを，再審理由とする。そのため，「明らかな証拠」（**証拠の明白性**）と，「あらたに発見した」こと（**証拠の新規性**）の意義が問われる。

(a) **証拠の新規性**　　再審は被告人の救済を目的とした制度である。しかし，裁判の確定の意義を考えれば，原判決の内容的確定力を害してでも救済を図るに足りる理由の備わっている必要がある。証拠の新規性は，このような救済の前提として，なお裁判所の証拠評価がなされていない資料のあることを求めた

ものである。

このような理解からは，あらたな証拠方法を発見した場合はもちろん，同一の証拠方法であっても，そこから得られる証拠資料があらたな場合にも証拠の新規性を認めることができる。たとえば，同一資料の鑑定であっても，鑑定結果が確定判決の基礎となったものとは異なる場合や，鑑定結果は同一であっても鑑定方法が異なる場合には，証拠の新規性を肯定しうる（なお，DNA 型鑑定に関する東京高決平成 21・6・23 判時 2057 号 168 頁）。

同様のことは，請求者にとって既知の事実であっても，新規性があるといってよいかという問題にも当てはまる。判例には，身代わり犯人自身が再審請求する場合には，「証拠をあらたに発見したとき」に該当しないとするものもあるが（最決昭和 29・10・19 刑集 8 巻 10 号 1610 頁），疑問である。身代わりとなったという事実は，裁判所の評価をなお経ていないものであることから，その新規性を否定すべきではないであろう（この点につき，身代わり犯人の事例ではないが，最決平成 21・12・14 集刑 299 号 1075 頁を参照）。

(b) 証拠の明白性　　証拠の新規性が求められるのと同様の理由から，証拠には明白性が必要である。その判断基準とその方法については，後掲最決昭和 50・5・20（以下，**白鳥決定**という）が大きな影響を有している。

> ◁ 判例 8-1 ▷ **最決昭和 50・5・20 刑集 29 巻 5 号 177 頁**
> **【事実】** 殺人の共謀共同正犯により懲役 20 年の刑が確定した事例において，かつて被告人だった X が，435 条 6 号を理由として再審を請求した。その際，確定判決において証拠とされた 2 つの弾丸につき，証拠価値なしと主張し，関連する実験結果等の鑑定書を援用している。札幌高裁は，新証拠である上記実験結果等によって弾丸の証拠価値が低下したことを認めつつも，証拠の明白性はないとして請求を棄却した。その後，この棄却決定に対する異議申立ても棄却されたため，X は最高裁に特別抗告した。
> **【決定要旨】** 抗告棄却。「435 条 6 号にいう『無罪を言い渡すべき明らかな証拠』とは，確定判決における事実認定につき合理的な疑いをいだかせ，その認定を覆すに足りる蓋然性のある証拠をいうものと解すべきであるが，右の明らかな証拠であるかどうかは，もし当の証拠が確定判決を下した裁判所の審理中に提出されていたとするならば，はたしてその確定判決においてなされたような事実認定に到達したであろうかどうかという観点から，当の証拠と他の全証拠と総合的に評価して判断すべきであり，この判断に際しても，再審開始のために

は確定判決における事実認定につき合理的な疑いを生ぜしめれば足りるという意味において，『疑わしいときは被告人の利益に』という刑事裁判における鉄則が適用されるものと解すべきである。」（「証拠弾丸の証拠価値の変動が他の証拠の信憑性にどのような影響を及ぼし，ひいては原判決の事実認定にどのような影響を及ぼすことになるかを検討する」とし，まず，①「原判決の有罪認定とその証拠関係の中で，証拠弾丸が有罪認定の証拠としてどのような位置を占め，裁判官の心証形成上どの程度の比重をもつものであるかを明らかにすることが必要である」とする。そのうえで，②「原判決の基礎となった証拠関係に占める証拠弾丸の位置という見地から全般的に考察するかぎり」，仮に当該弾丸の証拠価値が大幅に減退し，そのためにこれと直接に関わりを有する間接事実の認定に動揺を来すとしても，これによって直ちに原判決のその余の間接事実の認定，ひいては要証事実の認定に合理的な疑いが生じる関係にあるものでないとする。さらに，③「証拠弾丸の証拠価値の変動による他の証拠の信憑性への影響を厳密に審査」する「分析的」検討によっても，要証事実の認定が影響を受けることはないとしている）

　(ⅰ)　**明白性の判断基準**　　いかなる場合に証拠の明白性が認められるかにつき，白鳥決定は，確定判決の認定を覆すに足りる「蓋然性」でよいとしている。白鳥決定以前には「高度の蓋然性」を基準とする見解が有力であったが，同決定はこれを否定する。また，その判断に際して，「疑わしいときは被告人の利益に」原則の適用を確認している。この原則の適用にいかなる意味があるかについては，その後の最決昭和 51・10・12 刑集 30 巻 9 号 1673 頁（以下，**財田川決定**）が，「確定判決が認定した犯罪事実の不存在が確実であるとの心証を得ることを必要とするものではなく，確定判決における事実認定の正当性についての疑いが合理的な理由に基づくものであることを必要とし，かつ，これをもって足りる」と端的に説示したことから，少なくとも判例は，原判決に対する「疑い」に合理性が残るか否かの判断に関わって指摘したものと解すべきであろう。これを前提とすれば，証拠の明白性は，原判決に対しなお合理的な疑いが残ることに蓋然性がある場合に認められることになる（なお，この点につき，最決平成 9・1・28 判時 1592 号 40 頁）。

　(ⅱ)　**明白性の判断方法**　　白鳥決定は，新証拠と原判決の証拠とをあわせて総合評価すべきであるとの考え方（総合評価説）を明らかにし，専ら新証拠の証明力をもとに明白性の有無を判断しようとする考え方（単独評価説）を否定している。白鳥決定以前には，単独評価説が有力であり，裁判例にも，「再

第8章　非常救済手続

審請求人申立にかかる証拠のみによっても再審裁判所をして……有罪の認定を覆して無罪の認定をなすべき理由明白なりと肯首せしめるに足る」としたものが見られた（東京高決昭和32・3・12高刑特4巻6号123頁）。しかし，単独評価説のもとでは，明白性を満たすような証拠が存在することはまれであり，再審の可能性も閉ざされてきた。総合評価説の採用を明示した白鳥決定は，判断方法の点でも再審制度の運用を大きく転換させたといってよい。

Column 8-1　総合判断の方法

　総合評価は具体的にどのように行われるべきか。白鳥決定では，確定判決の審理中に新証拠が提出されたとして，なお同様の事実認定に到達しえたかという観点が決定的とされている。その限りで，原審が確定判決に至るまで形成した心証を引き継ぎ，これを前提として判断されているわけではない。また，端的な実体判断や再審公判での無罪判決の予測をしているわけでもない。確定判決の当否を再評価するという手法をとっていると確認してよいであろう。では，いかなる方法によりこの**再評価**はなされるのか。

　最高裁はこの過程をいくつかの段階に分けている。まず，確定判決の「有罪認定とその証拠関係」をもとに，どのような心証形成が行われたのかを提示する（ 判例 8-1 ①）。確定判決を支える有罪認定やその証拠関係（いわゆる**証拠構造**）を検討し，新証拠がその信憑性に直接的な影響を及ぼす証拠（また，この証拠により支えられている**立証命題**）がどのような位置を占め，裁判官の心証形成上どの程度の比重を持つものであるかを明らかにする。その上で，新証拠の及ぼす影響について「全般的考察」（前述②）と「分析的」検討（前述③）を行っている。全般的考察では，新証拠と直接的に関わる立証命題への影響に限定した考察を行っている。「分析的」検討では，このような立証命題を離れて，新証拠の影響を検討している。そして，最終的には，両者が「あいまって」明白性を認めるか否かの基礎となるとする。

　この白鳥決定が示した再評価の過程をどのように理解するかについては，見解が分かれている。たとえば，限定的再評価説では，白鳥決定に示される「全般的考察」の意義を強調し，新証拠の立証命題への影響に限って再評価が許されるとする。近時の判例でも，再評価において，新証拠と立証命題の関係を重視するとみられるものがあるが（たとえば，前掲最決平成9・1・28〔名張事件第5次請求〕，最決平成10・10・27刑集52巻7号363頁〔マルヨ事件〕を参照），限定的再評価説を採用したものと解する見解もある。このような見解に対して，学説には，このような限定的再評価説の意義は認めつつも，「全般的考察」は「分析的評価」のための前提にしかすぎず，なお立証命題の枠から離れた再評価の可能性が残されていると解するものがある（二段階説。なお，財田川決定

では，「全体的考察」に当たる過程が明示されており，原判決の証拠構造それ自体
がぜい弱な場合には例外的に「全体的考察」を経ずして，「分析的評価」ができる
ことを示した事例であるとされている）。他方，より端的に白鳥決定における総
合判断の意義を重視し，白鳥決定の示す判断過程を，①確定判決を支えた証拠
群の有機的関連の解明，②旧証拠の再評価，③新旧両証拠の総合評価，として
再構成しようと試みる見解も有力である。

(3) 請求審の審理

　請求審の審理は，差し出された趣意書や証拠書類等をもとに再審理由の有無
について行われる。

　必要であれば，事実の取調べをすることができる（43条3項）。その方法には，
当該事件や別件の訴訟記録の取寄せ，請求人その他関係者との面接，公務所等
照会，証人尋問，鑑定，捜索，押収，検証など，様々なものがある。また，受
命裁判官または受託裁判官にこれを行わせることもでき，その場合，これらの
裁判官には裁判所・裁判長と同一の権限が与えられる（445条）。

　審理の結果は決定として示されるため，その審理は口頭弁論に基づく必要は
ない（43条2項）。また，憲法82条の「対審」にも含まれない（最大決昭和42・
7・5刑集21巻6号764頁）。もっとも，請求をした者およびその相手方の意見は
聴かなければならない（規286条）。前述のように，435条6号の定める再審理
由の有無につき総合評価が求められるに至った現在において，対審ではないに
しても，当事者双方から意見聴取しながら審理を行うことの意義は大きく，ま
たほぼ避けがたいであろう。意見も聴かず，再審請求を棄却した事案につき，
原決定を取り消した裁判例も見られる（仙台高決昭和48・9・18刑月5巻9号1312
頁）。

(4) 請求審の裁判

　審理の結果，再審理由のないときは，決定でこれを棄却しなければならない
（447条1項）。この棄却決定があったときには，何人も，同一の理由によって，
さらに再審の請求をすることはできない（同条2項）。もっとも，新たな証拠資
料に基づく再審請求はなお許されるとの見解が一般的である。この棄却決定に
つき不服がある場合には，即時抗告が許される（450条）。

545

第8章　非常救済手続

　再審理由があるときには，再審開始の決定をしなければならない（448条1項）。再審開始の決定をしたときは，決定で刑の執行を停止することができる（同条2項）。また，開始決定に対しても即時抗告が許されている（450条）。

3 再審公判手続

(1) 公判審理

　再審開始の決定が確定した事件については，その審級に従い，さらに審判をしなければならない（451条1項）。第1審の確定判決に対する再審の場合には，第1審としてその手続に従い，また控訴棄却・上告棄却の確定判決に対する再審の場合には，それぞれ控訴審または上告審としてその手続に従って審判がなされる。

　ただし，非常救済手続である再審の特殊性にかんがみて，①死亡者または回復の見込みがない心神喪失者のために再審の請求がなされたとき，②有罪の言渡しを受けた者が，再審の判決がある前に死亡し，または心神喪失の状態に陥りその回復の見込みがないときにも，公判停止（314条1項本文），公訴棄却（339条1項4号）の各規定は適用されず，また，被告人の出頭がなくても審判をすることができる（451条2項・3項）。ただし，弁護人は出廷しなければ開廷は許されず，再審を請求した者が弁護人を選任しないときは，裁判長は，職権で弁護人を付さなければならない（同条3項但書・4項）。

(2) 再審の裁判

　再審公判の審理を終えた裁判所は事件につき新たに終局裁判を行う。この裁判においては，原判決の刑より重い刑を言い渡すことはできない（452条。不利益変更の禁止）。また，無罪の言渡しをしたときは，官報および新聞紙に掲載して，その判決を公示しなければならない（453条）。

第2節　非常上告

第2節　非常上告

1 非常上告制度の意義

　確定判決の審判に発見された法令違反についての非常救済手続として，非常上告制度がある。もっとも，再審とは異なり，非常上告は，被告人の利益を直接救済することを目的とするものではなく，法令の解釈・適用の統一をねらいとした制度である。

2 申立ての手続

　検事総長は，判決が確定した後その事件の審判が法令に違反したことを発見したときは，最高裁判所に非常上告することができる（454条）。申立者は検事総長に限定されるとともに，その管轄も，法令解釈・適用の統一をその主たる目的の1つとして創設された最高裁に限られている。ここに「事件の審判」とは，事件の審理と裁判を指す。したがって，判決ばかりでなく，判決に至るまでの訴訟手続をも含む。

　非常上告をするには，その理由を記載した申立書を最高裁に差し出さなければならない（455条）。

3 非常上告の審判

（1）　非常上告の審理

　非常上告の申立てがあったときには，必ず公判期日が開かれる。そして，公判期日には検察官は申立書に基づいて陳述をしなければならない（456条）。裁判所は，申立書に包含された事項に限り調査する（460条1項）。調査のための資料は，原則として原判決と申立書に限られ，それ以外に事実の取調べができるのは，「裁判所の管轄，公訴の受理及び訴訟手続に関して」のみである。また，この事実の取調べを行う場合には，受命裁判官または受託裁判官に行わせることもできる（同条2項）。

547

(2) 非常上告の裁判

非常上告に理由がないときは，判決でこれを棄却しなければならない（457条）。

非常上告に理由のあるときには，次のような判決が行われる。①原判決が法令に違反したときには，その違反した部分を破棄する（458条1号本文）。②訴訟手続が法令に違反したときは，その違反した手続を破棄する（同条2号）。

非常上告の本来の目的は，被告人の救済ではない。しかし，判決の効力を被告人に及ぼした場合，被告人にとって不利益な状態が生ずるときには，二重の危険の禁止との抵触が生じうる。そのため，非常上告に基づいてした判決の効力は原則として被告人に及ばないものとされている（459条）。他方で，原判決が被告人に不利益であるときは，裁判所は，原判決を破棄して，訴訟事件についてさらに判決をすることになっている（458条1号但書）。

事 項 索 引

あ

悪意の起訴 …………………………… 275
悪性格立証の禁止 ………………… 360
新しい強制処分説 ………………… 39
アレインメント ……………… 10, 451

い

異議申立て ………… 294, 335, 513, 536
意見陳述 ……………………… 336, 337
移 審 ………………………………… 519
移送上告 ……………………………… 531
移送処分 ……………………………… 206
1号書面 → 裁判官面前調書
一罪一逮捕一勾留の原則 …………… 88
一罪の一部訴追（起訴）…………… 213
一事不再理（効）……… 240, 485, 491
　──が及ぶ範囲 ………………… 495
　──の発生原因 ………………… 493
　──の発生時期 ………………… 495
一部上訴 ……………………………… 515
一致供述 ……………………………… 411
一般抗告 ……………………… 513, 535
一般司法警察職員 ……………… 29, 31
一般情状（狭義の情状）… 355, 467, 483
一般的指揮権 ………………………… 32
一般的指示権 ………………………… 32
一般的指定書 ………………………… 198
一般的指定制度 ……………………… 198
一般的承認 …………………………… 366
一般的探索 …………………………… 48
一般令状の禁止 ………………… 47, 124
違法収集証拠に対する同意 … 406, 431
違法収集証拠排除
　──の基準 ……………………… 418
　──の申立適格 ………………… 431
違法収集証拠排除法則 … 202, 416, 437
　自白と── …………………… 438, 446
違法性阻却事由 ………………… 356, 464
違法性の承継論 ……………………… 425
違法捜査 ……………………………… 201
　──に基づく起訴 ……………… 277

う

違法捜査抑止論 ……………………… 417
違法逮捕後の再逮捕 ………………… 92
違法な身体拘束中の取調べによる自白 … 446
違法な任意同行後の取調べによる自白 … 446
違法排除一元説 ……………………… 439
違法排除説 …………………………… 436
遺留物 ………………………………… 146
因果性（関連性）…………………… 428
員面調書 ……………………………… 389

疑わしきは被告人の利益に ………… 462
写 し ………………………………… 416

え

疫学的証明 …………………………… 458
エックス線 …………………………… 147
嚥下物 ………………………………… 161

お

押 収 …………………………… 119, 312
押収拒絶権 …………………………… 123
押収物の検証 ………………………… 151
押収目録 ……………………………… 130
乙号証 ………………………………… 324
おとり捜査 …………………… 35, 180
泳がせ捜査 …………………………… 184

か

概括的記載〔捜索差押令状の〕……… 125
概括的判示・認定 …………………… 478
該当性判断のための傍受 ……… 166, 169
回 避 ………………………… 296, 458
回復証拠 ……………………… 349, 411
外部的成立 …………………………… 475
外部的付随事情 ………………… 389, 394
会話（の）傍受 ………………… 162, 177
科学的証拠 …………………………… 364
科刑権の制限 ………………………… 263
かすがい現象 ………………………… 230
仮の分離 ……………………………… 339
簡易却下決定 ………………………… 296

549

事項索引

簡易公判手続 ······················ 352, 434, 503
簡易裁判所 ················· 16, 263, 294, 513
管　轄 ································· 263
──の調整 ······························· 264
管轄違い ······························· 266
監視つき移転 ··························· 185
官署としての裁判所 ····················· 15
間接事実 ··············· 348, 355, 460, 467
間接証拠 ······························· 348
官庁としての裁判所 ····················· 15
鑑　定 ···························· 152, 313
──に必要な処分 ················· 153, 313
──に必要な処分としての身体検査
··························· 149, 153, 313
鑑定受託者 ······················· 152, 398
鑑定書 ································ 398
鑑定嘱託 ······························· 152
鑑定処分許可状 ··················· 153, 313
鑑定人 ···························· 313, 398
鑑定人尋問 ··························· 334
鑑定留置 ······················· 152, 313
関連事件管轄 ························· 265
関連性 ································ 357
　自然的── ·········· 350, 357, 361, 365, 377
　法律的── ·········· 351, 357, 360, 365, 436

き

記憶喪失 ······························· 391
機会提供型 ··························· 180
偽計による自白 ······················· 443
期日間整理手続 ······················· 317
稀釈法理 ······························· 426
擬　制 ································ 469
擬制同意 ······························· 408
起　訴 ···························· 206, 210
　悪意の── ··························· 275
　違法捜査に基づく── ················· 277
　嫌疑不十分の── ····················· 273
　微罪── ··························· 275
　不──相当の── ····················· 274
　不平等── ··························· 275
起訴議決 ······························· 216
起訴後の勾留　→　被告人勾留
起訴後の捜査 ··························· 207
起訴後の余罪捜査と接見指定 ············· 201
起訴状 ································ 219

起訴状一本主義 ············ 14, 233, 458, 523
起訴状記載事項 ······················· 219
起訴状謄本の送達 ····················· 308
起訴状朗読 ··························· 323
起訴（訴追）独占主義 ··················· 211
起訴便宜（裁量）主義 ··················· 212
起訴変更主義 ························· 212
起訴猶予 ··············· 186, 206, 212
規範説〔違法収集証拠排除に関する〕······· 419
忌　避 ···························· 296, 458
基本的事実関係同一説 ··················· 241
義務的求釈明 ························· 231
義務的推定 ··························· 469
義務的保釈 ··························· 311
逆　送 ································ 218
客観義務（論） ··················· 17, 278
客観的挙証責任 ······················· 461
求　刑 ································ 336
糾問主義 ······························· 7
糾問的捜査観 ··························· 33
協議・合意制度 ············ 10, 116, 330
狭義の情状　→　一般情状
狭義の弁論手続 ······················· 336
供　述 ································ 370
　行為と一体化した── ················· 381
　自己矛盾── ·········· 380, 390, 393, 409
　心理状態の── ····················· 381
　伝聞── ······················· 373, 404
　犯行計画に関する── ················· 384
　利益に反する── ····················· 389
　臨終の── ··························· 389
供述過程 ······························· 370
供述書 ································ 387
供述証拠 ······················· 349, 370
　非── ································ 349
供述（代用）書面 ··············· 373, 387
供述調書 ··············· 100, 389, 391
供述の自由　→　黙秘権
供述不能 ··············· 389, 390, 391
供述録音 ······························· 413
供述録画（供述ビデオ） ················· 413
供述録取書 ··················· 100, 387
行政警察活動 ··························· 30
行政警察目的の任意同行 ················· 56
行政検視 ······························· 51
強制，拷問又は脅迫による自白 ······· 435, 440

550

事項索引

強制採血 ················· *161*
強制採尿 ··············· *38, 155*
強制処分 ·················· *38*
　新しい──説 ··············· *39*
強制処分法定主義 ········ *38, 44, 49, 135, 158,*
　　　　　　　　　　166, 173, 177, 181
強制捜査 ·················· *46*
強制連行 ·············· *107, 159*
共通性基準 ················ *244*
共同被告人
　──の公判外供述 ··········· *402*
　──の公判供述 ············· *377*
共犯者供述と補強法則 ········· *455*
共犯者の自白 ··············· *455*
共　謀 ············ *229, 384, 479*
業務上の秘密 ··············· *122*
業務文書 ················· *403*
協力要請 ················· *139*
虚偽排除説 ················ *436*
挙証責任 ············ *349, 354, 460*
　──の所在 ··············· *462*
　──の転換 ············ *467, 469*
　客観的── ··············· *461*
　形式的── ··············· *462*
　実質的── ··············· *460*
　主観的── ··············· *462*
許容的推定 ················ *470*
切り違え尋問 ··············· *443*
記録命令付差押え ········· *139, 312*
緊急差押え ················ *135*
緊急執行 ·················· *70*
緊急処分説 ················ *141*
緊急性 ···················· *37*
緊急逮捕 ·················· *73*
緊急配備検問 ··············· *64*
禁反言 ··················· *487*

く

具体的規範説〔確定裁判の拘束力に関する〕
················· *487*
具体的指揮権 ··············· *32*
具体的指定書 ··············· *198*
具体的防御説 ··············· *252*
区分事件（審判） ············ *340*
区分審理 ················· *339*

け

警戒検問 ·················· *64*
経験則 ············ *347, 458, 521, 534*
警察比例の原則 ·············· *55*
形式裁判 ············ *262, 472, 494*
形式裁判事由 ··············· *262*
形式説〔補強法則に関する〕 ····· *452*
形式的確定 ················ *484*
形式的挙証責任 ············· *462*
刑事裁判権 ················· *15*
刑事施設 ··············· *77, 82*
刑事実体法 ·················· *2*
刑事司法（制度） ·············· *1*
刑事責任 ··················· *2*
刑事訴訟法の法源 ············· *5*
刑事手続 ··················· *3*
刑事手続法 ·················· *3*
刑事免責制度 ··············· *330*
刑事和解 ················· *343*
係　属 ··················· *235*
継続審理 ················· *307*
刑の執行 ················· *501*
刑の廃止・変更 ········· *522, 526, 533*
刑の量定 → 量　刑
欠格事由 ················· *297*
結　審 ·············· *323, 337*
決　定 ··················· *472*
厳格な証明 ················ *352*
　──の要否 ··············· *354*
嫌疑刑 ··················· *461*
嫌疑なき起訴 ··············· *273*
嫌疑不十分の起訴 ············ *273*
現行犯逮捕 ················· *71*
現行犯人 ·················· *71*
検察官 ················· *16, 31*
検察官請求証拠開示 ········ *318, 319*
検察官送致 ············· *76, 203*
検察官同一体の原則 ··········· *17*
検察官面前調書（検面調書，2号書面）······ *391*
検察事務官 ·············· *18, 31*
検察審査員 ················ *215*
検察審査会 ················ *215*
検察庁 ··················· *17*
検　視 ···················· *50*
検事総長 ··············· *17, 547*

551

事項索引

検 証 ·····························147, 312
　——としての身体検査 ··············148, 312
　　押収物の—— ···················· 151
　　逮捕現場での—— ················ 150
検証調書 ························395, 396
検証令状（検証許可状）··············· 148
限定説
　——〔328 条に関する〕·············· 409
　——〔接見指定に関する〕············ 196
現場供述 ·························· 398
現場指示 ·························· 398
現場写真 ·························· 412
現場録音 ·························· 412
現場録画 ·························· 412
原判決破棄 ······················528, 533
憲法違反 ·························· 531
憲法解釈の誤り ···················· 531
検面調書 → 検察官面前調書
検 問 ···························· 63
権利の告知 ························ 323
権利保釈 ·························· 310

こ

合意〔協議・合意制度における〕·········· 117
合意書面〔伝聞例外としての〕············ 408
合意内容書面〔協議・合意制度における〕
　·····························117, 326
行為と一体化した供述 ················ 381
行為免責 ·························· 330
勾 引 ···························· 309
公開主義 ························286, 316
合議制（合議体）···················· 294
甲号証 ···························· 324
抗 告 ··························513, 534
　一般—— ·······················513, 535
　準—— ···· 77, 84, 135, 187, 194, 202, 513, 537
　即時—— ·······················535, 536
　通常—— ························ 535
　特別—— ····················513, 534, 536
抗告審 ·························· 534
交互尋問制 ·······················8, 333
公 訴 ···························· 210
　——の維持 ······················ 210
　——の提起 ······················ 210
公訴棄却 ·························· 270
公訴権 ···························· 210

公訴権消耗論 ······················ 493
公訴権濫用論 ······················202, 272
公訴時効 ·························· 267
　——の停止 ····················235, 240, 269
　——の廃止 ······················ 268
公訴事実 ·························· 220
　——の狭義の同一性 ··············241, 247
　——の単一性 ···················241, 247
　——の同一性 ···················· 238
公訴事実対象説 ···················· 222
公訴取消し ························ 214
公訴不可分の原則 ··················214, 222
控 訴 ··························512, 516
　——の申立て ···················· 518
控訴棄却 ·························· 527
控訴趣意書 ·······················519, 523
控訴審 ··························512, 516
　——の裁判 ······················ 527
　——の審理 ······················ 522
控訴理由 ·························· 519
　——の調査 ······················ 523
　——の明示 ······················ 519
　絶対的—— ······················ 519
　相対的—— ······················ 520
拘束力 ··························485, 486
　——が及ぶ範囲 ·················· 490
　——の内容 ······················ 491
　——の発生原因 ·················· 487
拘置所 ···························· 77, 82
公知の事実 ························ 356
交通検問 ·························· 64
交通事件即決裁判手続 ················ 508
高等裁判所 ·········· 16, 264, 295, 512, 513
　——のした決定に対する抗告の禁止 ··· 536
口頭主義 ························288, 518
口頭弁論 ·······················472, 527, 545
公判期日 ························291, 306
　——の指定・変更 ················ 308
公判期日外の証人尋問 ················ 331
公判準備 ·························· 306
公判請求 ·························· 206
公判前・期日間整理手続の結果顕出 ········ 320
公判前整理手続 ···················· 317
公判中心主義 ············ 12, 13, 208, 375
公判調書 ·························· 458
公判廷 ···························· 292

552

事項索引

公判廷自白と補強法則 ························ 451
公判手続 ······························· 291
　——の更新 ·························· 341
　——の停止 ····················· 237, 340
　簡易—— ····················· 352, 434, 503
攻防対象論 ······················ 516, 524
公務上の秘密 ························ 122
公務所等に対する照会 ·············· 115, 314
公務文書 ··························· 402
合理性説〔逮捕現場での無令状捜索・差押え
　に関する〕　→　相当説
合理的疑いを超える証明（確信）······· 459, 464
合理的関連性 ······················ 468, 469
合理的心証主義 ······················ 458
勾　留 ························· 78, 309
　——に対する準抗告 ················· 84
　——の執行停止 ················· 83, 309
　——の取消し ··················· 83, 309
　——の場所 ······················· 82
　——の必要 ······················· 80
　——の理由 ······················· 80
　一罪一逮捕一——の原則 ············· 88
　逮捕の違法と—— ··················· 86
　二重逮捕・—— ··················· 87
　被告人—— ······················· 309
　別件逮捕・—— ················ 93, 113
　無罪判決後の—— ··················· 474
勾留延長 ························· 82
勾留期間 ····················· 81, 310
　——の更新 ······················· 310
勾留質問 ····················· 79, 309
勾留状 ··························· 81
勾留請求 ························· 76, 78
勾留理由開示 ··················· 83, 309
呼気検査 ························· 20
国選被害者参加弁護士 ················· 306
国選弁護制度 ················· 23, 187, 303
国選弁護人 ················· 23, 189, 304
告　訴 ··························· 51
告訴期間 ························· 52
告訴権者 ························· 51
告訴不可分の原則 ··················· 52
告　発 ··························· 54
国法上の意義の裁判所 ················· 15
国家訴追主義 ······················ 211
固有管轄 ························· 263

固有権 ··························· 24
コントロールド・デリヴァリー ··············· 185
コンピュータ・電磁的記録媒体の差押え ···· 136

さ

再抗告の禁止 ······················ 536
最高裁判所 ············· 16, 264, 295, 513, 530
財産刑の執行 ······················ 502
最終弁論 ························· 337
再主尋問 ························· 333
再　審
　——の開始決定 ··················· 546
　——の裁判 ······················· 546
　——の請求 ······················· 540
再審公判手続 ··················· 540, 546
再審事由（理由）··········· 522, 526, 533, 541
再審制 ··························· 539
再審請求審理手続 ··················· 540
罪数評価 ····················· 230, 259
罪数変化 ························· 258
罪責認定 ····················· 292, 477
罪体説〔補強法則に関する〕··············· 452
再逮捕・再勾留の禁止 ················· 90
在宅在庁方式 ······················ 508
在庁（待命）方式 ··················· 508
裁定合議事件 ······················ 294
再伝聞 ····················· 388, 404
採尿のための強制連行 ················· 159
裁　判 ··························· 471
　——の解釈の申立て ················· 502
　——の確定 ······················· 484
　——の公開 ······················· 287
　——の構成 ······················· 475
　——の効力 ······················· 484
　——の告知 ······················· 473
　——の執行 ······················· 500
　——の執行に関する申立て ············· 502
　——の成立 ······················· 475
　——の宣告 ······················· 473
　——の理由 ··················· 458, 475
　形式—— ················· 262, 472, 494
　控訴審の—— ····················· 527
　再審の—— ······················· 546
　実体—— ····················· 472, 493
　終局—— ························· 472
　上告審の—— ····················· 533

553

事項索引

迅速な── ･････････････････ 289
中間── ････････････････････ 472
調書── ････････････････････ 408
裁判員
　──の資格要件 ･･･････････ 297
　──の職務権限・義務 ･････ 298
　──の選任手続 ･････････ 297
　補充── ･･････････････････ 295
裁判員候補者名簿 ･････････ 298
裁判員裁判対象事件 ･････ 102, 295
裁判員制度 ･････････････ 297
裁判員等選任手続 ･････ 298
裁判書 ･････････････････ 474
　──の謄本の送達 ･････ 473
裁判官 ･････････････････ 16
　受託── ･････････････ 15
　受任── ･････････････ 15
　受命── ･････････････ 15, 295
　陪席── ･････････････ 295
　補充── ･････････････ 295
裁判官面前調書（裁面調書, 1 号書面）･･････ 390
裁判所 ･････････････････ 14
　簡易── ･･････････ 16, 263, 294, 513
　官署としての── ･････ 15
　官庁としての── ･････ 15
　高等── ･･････ 16, 264, 295, 512, 513
　国法上の意義の── ･････ 15
　最高── ･･････ 16, 264, 295, 513, 530
　訴訟法上の意義の── ･････ 15
　地方── ･･････ 16, 263, 294, 512
裁判所書記官 ･････････････ 16
裁判所において顕著な事実 ･･ 357
裁判長 ･････････････････ 295
罪 名 ･････････････････ 125, 232
裁面調書　→　裁判官面前調書
裁量的求釈明 ･････････････ 231
裁量保釈 ･････････････････ 310
差押え ･････････････ 119, 312
　──の範囲 ･････････ 132
　記録命令付── ･･･････ 139, 312
　緊急── ･･･････････ 135
　コンピュータ・電磁的記録媒体の── ･･ 136
　電磁的記録媒体の──の執行方法 ･･ 139
　郵便物等の── ･･･････ 121
差押対象の特定・明示 ･････ 125
差戻し・移送 ･････････ 528, 533

3 号書面 ･････････････ 388
参考人取調べ ･････････ 114
三者即日処理方式 ･････ 508
三審制 ･････････････ 513

し

GPS 捜査 ･･････････････ 42, 179
時間的適用範囲 ･･･････････ 6
時機に後れた訴因変更 ･････ 249
識 別 ･････････････････ 223
識別説〔訴因の記載方法に関する〕･･････ 229
死刑の執行 ･･･････････ 501
事件処理 ･･･････････ 205
事件送致 ･･･････････ 203
事件単位の原則 ･･･････ 87, 112
事件の配付 ･･･････････ 307
時効期間 ･･･････････ 268
事後審査審 ･･･････････ 516, 517
事後通知〔通信傍受の〕･･･ 171
自己負罪拒否特権 ･････ 19
自己防御 ･･･････････ 22
自己矛盾供述 ･･･ 380, 390, 393, 409
指示説明 ･･･････････ 398
事実記載説 ･･･････････ 223, 251
事実誤認 ･･･ 458, 517, 520, 526, 533
事実上の推定 ･･･････ 468
事実審 ･･･････････ 517
事実認定 ･･･････････ 346
自 首 ･･･････････ 54
私人が収集した証拠 ･････ 432
事前準備手続 ･･･････ 314
事前全面開示論 ･･･････ 316
自然的関連性 ･･･ 350, 357, 361, 365, 377
自然的発言 ･･･････ 389
自然排尿 ･･･････････ 154
私選弁護人 ･･･ 23, 188, 304
示 談 ･･･････････ 343
実況見分 ･･･････････ 151
実況見分調書 ･･･････ 397
執行異議の申立て ･････ 502
執行力 ･･･････････ 485, 486
実質証拠 ･･･････････ 348
実質説〔補強法則に関する〕･･ 452
実質（的）逮捕 ･･･････ 107
実質的確定　→　内容の確定
実質的確定力　→　内容的確定力

事項索引

実質的挙証責任 ……………………… *460*
実体裁判 ……………………… *472, 493*
実体審判 ……………………… *262*
実体的確定力 ……………………… *485*
実体的真実主義 ……………………… *6, 11*
実体法的事実 ……………… *354, 460, 464*
指定弁護士 ……………………… *217*
自動車検問 ……………………… *63*
自　白 ……………………… *432*
　　──と違法収集証拠排除法則 ……… *438, 446*
　　──の証拠能力 ……………… *435*
　　──の信用性評価 ……………… *448*
　　──の任意性 ……………… *400, 435*
　　違法な身体拘束中の取調べによる── … *446*
　　違法な任意同行後の取調べによる── … *446*
　　偽計による── ……………… *443*
　　強制，拷問又は脅迫による── … *435, 440*
　　共犯者の── ……………… *455*
　　接見制限と── ……………… *445*
　　取調べの違法と── ……………… *444*
　　任意にされたものでない疑のある──
　　　　……………………… *435, 440*
　　不当に長く抑留又は拘禁された後の──
　　　　……………………… *435, 440, 445*
　　不任意── ……………… *435*
　　別件逮捕・勾留中の取調べによる── … *446*
　　本人の── ……………… *449*
　　黙秘権不告知と── ……………… *445*
　　約束による── ……………… *441*
自白強要 ……………………… *435*
自白排除法則 ……………………… *435*
自白偏重 ……………………… *435, 450*
自白法則 ……………………… *435*
自　判 ……………………… *529, 533*
事物管轄 ……………………… *263*
司法官憲 ……………………… *47, 68, 120*
司法警察員 ……………………… *31*
司法警察活動 ……………………… *30*
司法警察職員 ……………………… *29*
　　一般── ……………………… *29, 31*
　　特別── ……………………… *29, 31*
司法検視 ……………………… *51*
司法巡査 ……………………… *31*
司法取引 ……………………… *116, 443*
司法の無瑕性（廉潔性）論 ……………… *417*
氏名等の黙秘 ……………………… *21*

指紋・足型の採取 ……………………… *151*
写　真 ……………………… *412*
写真撮影 ……………… *39, 147, 151, 173*
　　捜索・差押えの際の── ……………… *135*
遮へい措置 ……………………… *332*
臭気選別 ……………………… *368*
終局裁判 ……………………… *472*
自由刑の執行 ……………………… *501*
自由交通権 ……………………… *193*
就職禁止事由 ……………………… *297*
自由心証主義 ……………………… *457*
　　──の例外 ……………… *450, 457*
従属代理権 ……………………… *24*
重大な違法 ……………… *420, 422, 440*
集中審理 ……………………… *307*
自由な証明 ……………………… *353*
主観的挙証責任 ……………………… *462*
縮小認定 ……………… *255, 282, 283*
宿泊を伴う取調べ ……………… *105, 445*
主尋問 ……………………… *333*
受託裁判官 ……………………… *15*
主張明示義務 ……………………… *318*
出頭義務 ……………………… *329*
出頭・滞留義務 ……………………… *110*
出頭命令 ……………………… *308*
受任裁判官 ……………………… *15*
主　文 ……………………… *475*
受命裁判官 ……………………… *15, 295*
主要事実 ……………………… *347*
準起訴手続　→　付審判手続
準現行犯人 ……………………… *72*
準限定説〔接見指定に関する〕 ……………… *196*
準抗告 ……………… *187, 202, 513, 537*
　　勾留に対する── ……………… *84*
　　写真撮影に対する── ……………… *135*
　　接見指定に対する── ……………… *194*
　　逮捕に対する── ……………… *77*
純粋補助事実説 ……………………… *410*
照　会　→　公務所等に対する照会
召　喚 ……………………… *308*
情況証拠 ……………………… *348*
　　──による事実認定 ……………… *459*
消極的真実主義 ……………………… *7*
消極的法定証拠主義 ……………………… *457*
証言義務 ……………………… *329*
証言拒絶権 ……………………… *329*

555

事項索引

証言拒否 ································· *391*
条件付き捜索差押令状 ·············· *158*
証言能力 ··························· *329*
証　拠
　——の許容性 ················· *350*
　——の厳選 ··················· *326*
　——の新規性 ················· *541*
　——の明白性 ··········· *541, 542*
　——の優越 ··················· *460*
証拠意見 ··························· *326*
証拠一覧表の交付 ················· *318*
証拠開示 ··························· *315*
　——の弊害防止策 ········· *319, 321*
　検察官請求—— ··········· *318, 319*
　争点関連—— ··············· *319*
　防御側請求—— ············· *319*
　類型—— ··············· *318, 319*
証拠開示命令 ····················· *320*
証拠価値 ··························· *351*
証拠許容の不相当 ··········· *423, 430*
証拠禁止 ·············· *351, 358, 360, 417*
証拠決定　→　証拠調べの決定
証拠構造 ··························· *544*
証拠裁判主義 ··············· *352, 470*
証拠収集後の違法 ················· *429*
証拠・証拠標目一覧表の提示命令 ···· *320*
証拠書類 ··················· *327, 350*
証拠調べ ··························· *324*
　——の許容性 ················· *327*
　——の決定（証拠決定） ······· *326*
　——の請求（証拠請求） ······· *324*
　——の請求の制限 ········· *320, 325*
　——の必要性・相当性 ····· *327, 358*
証拠資料 ··························· *347*
証拠請求　→　証拠調べの請求
証拠提出責任 ····················· *465*
証拠等関係カード ················· *325*
証拠能力 ··························· *350*
証拠能力付与説 ··················· *406*
証拠の優越 ······················· *460*
証拠排除 ··························· *350*
証拠物 ····················· *327, 350*
証拠物たる書面 ··········· *328, 350*
証拠不提出 ······················· *470*
証拠方法 ··························· *347*
証拠保全請求 ····················· *187*

上　告 ····················· *512, 530*
　——の申立て ················· *530*
上告棄却 ··························· *533*
上告趣意書 ················· *531, 532*
上告受理 ··························· *531*
上告審 ····················· *513, 530*
　——の裁判 ··················· *533*
　——の審理 ··················· *532*
上告理由 ··················· *531, 533*
　——の明示 ··················· *530*
情　状　→　量刑事情
上　訴 ··························· *512*
　——の制限 ··················· *506*
　——の利益 ··················· *515*
上訴権者 ··························· *513*
上訴権の発生・消滅・回復 ········ *516*
上訴審 ··························· *513*
承諾捜索 ··························· *119*
承　認 ····················· *400, 433*
証　人 ····················· *328, 350*
　——の義務 ··················· *329*
　——の権利 ··················· *329*
証人喚問権 ······················· *327*
証人尋問 ··················· *328, 372*
　公判期日外の—— ············· *331*
証人審問権 ················· *331, 376*
証人尋問権 ······················· *331*
証人尋問請求 ····················· *115*
証人適格 ··························· *328*
　被告人の—— ················· *328*
証人テスト ······················· *333*
証人等特定事項 ··················· *342*
証人保護 ··························· *331*
少年簡易送致 ····················· *205*
少年事件 ··················· *205, 218*
少年審判 ··························· *218*
証　明 ··························· *346*
　——の水準（程度） ······ *353, 459, 464*
　——の必要 ··················· *356*
　——の方法 ··············· *352, 353*
　厳格な—— ··················· *353*
　合理的な疑いを超える—— ······ *459, 464*
　自由な—— ··················· *353*
　適正な—— ··············· *353, 355*
証明責任 ··················· *354, 461*
証明力 ····················· *350, 457*

556

事項索引

——を争う機会 ················· 335
——を争うための証拠 ············· 409
使用免責 ····················· 330
将来犯罪 ····················· 34
——の捜査 ················ 34, 172
職務質問 ····················· 54
——のための停止 ··············· 56
——のための同行 ··············· 56
——の付随行為 ················· 57
所在地尋問 ··················· 331
所持品検査 ··················· 58
書　証 ····················· 350
除　斥 ················· 296, 458
職権（追行）主義 ··············· 8
職権尋問制 ··················· 333
職権追行主義 ················· 8
職権保釈 ····················· 311
処分通知制度 ················· 215
署名押印 ········· 100, 388, 410, 414
書類送検 ····················· 203
書類・物の授受 ··············· 191
——の禁止 ··················· 192
資力申告書 ··················· 189
審級管轄 ····················· 264
審級代理の原則 ·········· 23, 514
人権擁護説 ··················· 436
親告罪 ····················· 52
相対的—— ··················· 53
審査補助員 ··················· 216
真実義務 ····················· 24
心　証 ················· 346, 457
——の程度 ·············· 353, 459
心証基準説 ··················· 281
人　証 ····················· 350
人身保護手続 ················· 203
真　正 ················· 358, 396
迅速裁判違反 ·············· 278, 290
迅速な裁判 ··················· 289
身体検査 ····················· 148
鑑定に必要な処分としての——
················· 149, 153, 313
検証としての—— ········· 148, 312
身体検査令状 ················· 148
身体捜索 ················ 129, 149
診断書 ····················· 399
人定質問 ····················· 323

人的証拠 ····················· 349
真の分離 ····················· 339
審判対象限定・画定機能 ········· 221
審判対象論 ··················· 222
審判の分離・移送 ··············· 266
審判の併合 ··················· 265
尋　問 ····················· 350
鑑定人—— ··················· 334
再主—— ··················· 333
主—— ····················· 333
証人—— ·············· 328, 372
所在地—— ··················· 331
反対—— ·············· 333, 372
誘導—— ··················· 333
信用性 ················· 348, 351
信用性テスト ················· 371
心理状態の供述 ··············· 381
審理不尽 ················ 460, 520

す

推　定 ················· 356, 468
事実上の—— ················· 468
反証を許さない法律上の—— ····· 469
反証を許す法律上の—— ········· 469
推定事実 ····················· 468
推　認 ····· 348, 351, 359, 371, 378, 468

せ

請　求 ····················· 54
誠実義務 ····················· 24
正当な理由 ·············· 47, 120
責任者の立会い ··············· 129
責任阻却事由 ·············· 356, 464
積極的真実主義 ··············· 7
積極的法定証拠主義 ············· 457
接　見 ····················· 191
接見禁止 ····················· 192
接見交通 ····················· 191
弁護人以外の者との—— ········· 192
弁護人との—— ··············· 192
接見指定 ····················· 194
——に対する準抗告 ············· 194
——の内容 ··················· 200
——の方式 ··················· 198
——の要件 ··················· 196
起訴後の余罪捜査と—— ········· 201

557

事項索引

接見制限と自白 ··········· 445
絶対説〔補強法則に関する〕····· 453
絶対的控訴理由 ············ 519
絶対的特信性 ············· 389
折衷説〔自白法則に関する〕····· 436
説得責任 ················ 465
前 科 ··············· 235, 359
全件送致主義 ············· 218
全件送致の原則 ············ 204
宣誓義務 ················ 329
前提事実 ················ 468

そ

訴 因
　——に関する適法性維持の原則 ····· 281
　——の拘束力 ············ 253
　——の審判対象限定・画定機能 ···· 221
　——の訂正 ············· 232
　——の同一性 ············ 253
　——の特定・明示 ········· 220
　——の防御範囲指定機能 ······ 221
　——の補正 ············· 231
　——の予備的追加 ········· 238
　適法—— ·············· 280
　不適法—— ············· 280
訴因基準説 ·············· 281
訴因対象説 ·············· 222
訴因・罰条
　——の追加 ············· 237
　——の撤回 ············· 237
　——の予備的・択一的記載 ····· 232
訴因・罰条変更 ·········· 236, 260
　——の要否 ············· 250
訴因・罰条変更命令 ········· 260
　——の効力 ············· 261
訴因・罰条変更命令義務 ······· 261
訴因変更
　——の許否 ··········· 249, 280
　——の限界（可否）········ 238
　——の要否 ············· 250
　時機に後れた—— ········· 249
　上訴審における—— ········ 529
増強証拠 ·············· 349, 411
捜 査 ·················· 27
　——の意義 ············· 28
　——の相当性 ············ 37

——の端緒 ·············· 50
——の必要性 ············· 35
——の理由 ·············· 33
違法—— ··············· 201
おとり—— ·········· 35, 180
起訴後の—— ············· 207
糺問的——観 ············· 33
強制—— ··············· 46
将来犯罪の—— ········· 34, 172
弾劾的——観 ············· 33
独自—— ············ 32, 205
任意—— ··············· 46
補充—— ··············· 205
捜査機関 ················ 29
捜 索 ·············· 119, 312
　——の範囲 ············· 130
　逮捕する場合の被疑者の—— ···· 140
捜索・差押え
　——の際の写真撮影 ········ 135
　——の対象 ············· 120
　——の必要性 ············ 121
　逮捕現場での無令状—— ······ 139
　別件—— ·············· 134
　報道機関に対する—— ······· 122
　令状による—— ··········· 120
捜索差押令状（捜索差押許可状）····· 120, 123
　——の数 ·············· 126
　——の記載 ············· 124
　条件付き—— ············ 158
捜索対象の特定・明示 ········· 126
捜査構造論 ··············· 33
　訴訟的—— ·············· 33
捜査全般説〔接見指定に関する〕···· 196
捜査比例の原則　→　比例原則
相対説〔補強法則に関する〕····· 454
相対的控訴理由 ············ 520
相対的親告罪 ············· 53
相対的特信性 ············· 393
相対的排除論 ············· 418
争点及び証拠の整理手続 ······· 317
争点関連証拠開示 ··········· 319
争点形成責任 ·········· 448, 465
争点の明確化・顕在化 ········· 253
相当性〔326条の〕·········· 407
相当説（合理性説）〔逮捕現場での無令状捜索・差押えに関する〕········· 140

事項索引

相反性 …………………………………… 393
即時抗告 ………………………… 535, 536
続　審 …………………………………… 517
訴訟記録の閲覧・謄写 ………………… 343
訴訟指揮 ………………………………… 293
訴訟指揮権 ……………………………… 293
　——に基づく個別的開示命令 ……… 316
訴訟主体 …………………………………… 14
訴訟条件 ………………………………… 262
　——の追完 ……………… 231, 280, 281
　——の判断基準 ……………………… 281
訴訟書類・証拠物等の閲覧 …………… 316
訴訟的捜査構造論 ………………………… 33
訴訟手続の法令違反 …………………… 519
訴訟当事者 ………………………………… 14
訴訟能力 ………………………… 278, 301
訴訟費用執行免除の申立て …………… 502
訴訟法上の意義の裁判所 ………………… 15
訴訟法的事実 ……………… 354, 460, 466
訴追権 …………………………………… 211
訴追裁量 ………………………………… 213
　広義の—— …………………………… 214
即決裁判手続 … 189, 304, 352, 434, 504, 533
　——による審判 ……………………… 505
　——の申立て ………………… 206, 505
疎　明 …………………………… 353, 460
損害賠償命令制度 ………………… 26, 343
存在的効力 ……………………………… 485

た

第 1 審の充実 …………………… 517, 527
退去強制 ………………………………… 392
代行検視 …………………………………… 51
大　赦 …………………… 522, 526, 533
大正刑訴 …………………………………… 10
対　審 …………………………… 287, 545
対審構造 …………………………………… 13
退廷措置 ………………………………… 331
退廷命令 ………………………… 299, 408
逮　捕 …………………………………… 67
　——する場合 ………………………… 141
　——する場合の被疑者の捜索 ……… 140
　——に対する不服申立て ……………… 77
　——の違法と勾留 ……………………… 86
　——の現場 …………………………… 143
　——の必要 ……………………… 69, 72

　——の理由 ……………………………… 69
　緊急—— ………………………………… 73
　現行犯—— ……………………………… 71
　実質（的）—— …………………… 107
　通常—— ………………………………… 68
逮捕現場
　——での無令状検証 ………………… 150
　——での無令状捜索・差押え ……… 139
逮捕状 …………………………… 68, 74
　——の呈示 …………………………… 70
逮捕前置主義 …………………………… 85
逮捕（勾留）中在庁方式 ……………… 508
待命（略式）方式 ……………………… 508
対　面 …………………………………… 372
代用監獄（代用刑事施設）……………… 82
代理権 …………………………………… 24
択一的判示・認定 ……………………… 480
多重伝聞 ………………………………… 404
他の犯罪に関する通信の傍受 … 170, 172
単一性解消論 …………………………… 247
弾劾主義 …………………………………… 7
弾劾証拠 ………………… 349, 380, 409
弾劾的捜査観 ……………………………… 33
単独制（単独体）……………………… 294

ち

治罪法 …………………………………… 10
地方裁判所 …………… 16, 263, 294, 512
中間裁判 ………………………………… 472
中止処分 ………………………………… 206
抽象的防御説 …………………………… 252
調査義務 …………………………………… 24
調査裁判 ………………………………… 408
調書判決 ………………………………… 475
直接主義 ………………………… 288, 518
直接証拠 ………………………………… 347

つ

通常抗告 ………………………………… 535
通常逮捕 …………………………………… 68
通信（の）傍受 ………………………… 162
　他の犯罪に関する—— ………… 170, 172
通信傍受法 ……………………………… 167
通信履歴の保全要請 …………………… 139
通知事件制度 …………………………… 198
通　訳 …………………………… 152, 292

559

事項索引

付添人制度 …………………………… 332
罪となるべき事実 ………………… 221, 478

て

DNA型鑑定 ………………………… 366
ディヴァージョン ………………… 213
提示命令 …………………………… 327
提出命令 …………………………… 312
訂正の判決 ………………………… 534
訂正の申立て ……………………… 513
出入禁止 …………………………… 128
適正手続（デュー・プロセス）… 4, 11
適正手続論 ………………………… 417
適正な証明 …………………… 353, 355
適法訴因 …………………………… 280
手続打切り論 ……………… 202, 271
手続関係者 ………………………… 14
手続至上主義 ……………………… 12
手続的効果説〔確定裁判の拘束力に関する〕
………………………………… 487
手続的正義 …………………… 393, 417
手続法定主義 ……………………… 3
デュー・プロセス → 適正手続
展示 ……………………………… 328, 350
電磁的記録媒体の差押え ………… 136
　──の執行方法 ………………… 139
伝聞供述 …………………… 373, 404
伝聞証拠 …………………………… 373
伝聞法則 ……………… 14, 288, 370, 373
伝聞例外 …………………………… 386
電話検証 …………………………… 164

と

同意 ………………………………… 405
　違法収集証拠に対する── …… 406, 431
同意書面 …………………… 406, 407
同一性・単一性統合論 …………… 248
同一目的・直接利用 ……………… 425
同意傍受 …………………………… 177
同行命令 …………………………… 308
当事者 → 訴訟当事者
当事者公開主義 …………………… 316
当事者（追行）主義 …… 8, 12, 524
当事者処分権主義 ………………… 9
当事者対等主義 …………………… 9
当事者能力 ………………………… 301

当事者録音 ………………………… 177
同種前科 …………………………… 359
盗聴 ………………………………… 162
当番弁護士制度 …………………… 190
独自捜査 …………………… 32, 102, 205
毒樹の果実論 ……………… 426, 447
特信性（特信情況）…… 387, 389, 393, 401
特に信用すべき書面（特信書面）… 402
特別抗告 …………………… 513, 534, 536
特別司法警察職員 ………………… 29, 31
特別弁護人 ………………………… 23
独立源の法理 ……………………… 427
独立行為権 ………………………… 24
独立代理権 ………………………… 24
土地管轄 …………………………… 264
取調べ ……………………………… 98
　──と比例原則 …………… 108, 444
　──の違法と自白 ……………… 444
　──の可視化・適正化 ………… 100
　──の録音・録画 … 101, 326, 401, 448
　違法な身体拘束中の── ……… 446
　違法な任意同行後の── ……… 446
　参考人── ……………………… 114
　宿泊を伴う── ………… 105, 445
　任意── ………………………… 105
　被疑者── ……………………… 104
　被告人の── …………………… 208
　別件逮捕・勾留中の── ……… 446
　余罪── ………………… 112, 444
　理詰めによる── ……………… 441
取調受忍義務 ……………… 109, 198
取調べ状況報告書 ………… 101, 448

な

内部的成立 ………………………… 475
内容的（実質的）確定（力）…… 485
内容的確定力説 …………………… 492

に

二元説〔自白と違法収集証拠排除法則の関係
　に関する〕 → 検察官面前調書 439, 446
2号書面 → 検察官面前調書
二重起訴禁止 ……………… 235, 240
二重逮捕・勾留 …………………… 87
二重の危険説 ……………………… 492
二重の危険の禁止 ………… 485, 514, 539

事項索引

二段階防御説 ················ 253
二分説
　——〔おとり捜査に関する〕 ········· 180
　——〔補強法則に関する〕 ······ 453, 454
任意出頭 ···················· 104
任意処分 ···················· 39
任意性 ·············· 355, 400, 435
　——の挙証責任 ·············· 448
　——の調査 ················· 405
　——の立証 ················· 448
任意性一元説 ················· 439
任意性説 ···················· 436
任意捜査 ···················· 46
　——の原則 ················· 46
任意提出物 ·················· 146
任意的記載事項 ·········· 231, 253
任意的更新 ·················· 341
任意同行 ···················· 104
　行政警察目的の—— ··········· 56
任意取調べ ·················· 105
任意にされたものでない疑のある自白
·························· 435, 440
人　証 ······················ 350

は

排除決定 ···················· 335
排除法則 →　違法収集証拠排除法則
陪席裁判官 ·················· 295
破棄事由 ···················· 533
破棄判決の拘束力 ·········· 458, 528
場所的適用範囲 ··············· 6
派生的証拠 ·················· 426
　不任意自白の—— ············· 446
罰　条 ······················ 232
罰条同一説 ·················· 251
犯意誘発型 ·················· 180
判　決 ······················ 472
　——の宣告 ················· 337
犯行計画に関する供述 ··········· 384
犯行計画メモ ················· 384
犯行（被害）再現写真・ビデオ ······ 414
犯罪事実の要旨の告知 ··········· 76
犯罪被害者 ·················· 26
犯罪被害者・証人等関連情報の保護 ··· 342
犯罪被害者等基本計画 ··········· 26
犯罪被害者等基本法 ············ 26

犯罪被害者保護二法 ············ 26
反　証 ······················ 349
　——を許さない法律上の推定 ······ 469
　——を許す法律上の推定 ········· 469
犯　情 ·············· 355, 467, 483
反対尋問 ·············· 333, 372
反対尋問権放棄説 ·············· 406
反復自白 ···················· 447
判例違反 ···················· 531

ひ

被害再現写真・ビデオ　→　犯行再現写真・
　ビデオ
被害者参加制度 ··········· 26, 305
被害者参加人 ················ 306
　——のための国選弁護制度 ······· 306
被害者参加弁護士 ·············· 306
被害者等通知制度 ·············· 207
被害者特定事項 ·········· 322, 342
被害届 ··················· 50, 51
被疑者 ······················ 18
被疑者国選弁護 ··············· 188
被疑者国選弁護人 ·············· 189
被疑者取調べ ················· 104
非供述証拠 ·················· 349
非限定説〔328 条に関する〕 ······· 409
被告事件についての陳述 ·········· 323
被告人 ······················ 18
　——の確定 ············ 299, 510
　——の供述書・供述録取書 ······· 400
　——の出頭 ················· 299
　——の証人適格 ·············· 328
　——の取調べ ··············· 208
被告人勾留（起訴後の勾留） ········ 309
被告人質問 ·················· 334
微罪起訴 ···················· 275
微罪処分 ···················· 204
非常救済手続 ················· 539
非常上告 ···················· 547
必要性〔伝聞例外の要件としての〕 ···· 386
必要的記載事項 ·········· 231, 253
必要的更新 ·················· 341
必要的分離 ·················· 339
必要的弁護制度 ··············· 303
必要的保釈 ·················· 310
必要な処分 ···· 128, 132, 137, 144, 145, 148, 159

561

事項索引

ビデオカメラ監視 ･････････････････････ 35
ビデオ撮影 ･･････････････････････････ 173
ビデオリンク方式 ････････････････ 332, 391
非典型的訴訟条件論 ･････････････････ 271
非伝聞 ･･････････････････････････････ 377
人単位説 ････････････････････････････ 88
秘密交通権 ･･････････････････････････ 192
秘密の暴露 ･･････････････････････････ 449
秘密傍受 ････････････････････････････ 162
飛躍上告 ･･････････････････････ 513, 531
評 議 ･･･････････････････････････････ 472
評 決 ･･･････････････････････････････ 472
非両立性基準 ･･･････････････････････ 244
比例原則 ･･･ 35, 49, 57, 62, 69, 70, 80, 106, 108,
　　　　122, 129, 156, 163, 174, 177, 182

ふ

不可欠性
　──〔捜査行為の〕････････････････ 37
　──〔伝聞例外の要件としての〕････ 389
不可避的発見の法理 ･････････････････ 424
不起訴裁定書 ･･･････････････････････ 206
不起訴処分 ･･････････････ 206, 212, 214, 495
不起訴相当の起訴 ･･･････････････････ 274
武器対等 ････････････････････････････ 9
覆 審 ･･･････････････････････････････ 517
不告不理 ･･･････････････････････ 8, 211
不審事由 ････････････････････････････ 54
付審判手続（準起訴手続）･･･････････ 217
物 証 ･･･････････････････････････････ 350
物的証拠 ････････････････････････････ 349
不適格事由 ･････････････････････････ 297
不適法訴因 ･････････････････････････ 280
不当に長く抑留又は拘禁された後の自白
　･･･････････････････････････ 435, 440, 445
不任意自白 ･････････････････････････ 435
　──の派生的証拠 ･･･････････････ 446
不平等起訴 ･････････････････････････ 275
部分判決 ･･･････････････････････････ 339
不利益再審 ･････････････････････････ 539
不利益（な）事実の承認 ･･･････ 400, 433
不利益上訴 ･････････････････････････ 514
不利益推認の禁止 ･･･････････････････ 22
不利益変更の禁止 ･･･････････ 515, 529, 546
プレイン・ヴューの法理 ･･･････････ 135

へ

併合管轄 ････････････････････････････ 265
併合事件審判 ･･･････････････････････ 340
併用説
　──〔強制採尿・採血に関する〕･･･ 158, 161
　──〔自白法則に関する〕････････ 436
別件基準説 ･････････････････････････ 93
別件捜索・差押え ･･･････････････････ 134
別件逮捕・勾留 ･･･････････････ 93, 113
別件逮捕・勾留中の取調べによる自白 ･･･ 446
弁解の機会 ･････････････････････････ 76
弁解録取書 ･････････････････････････ 76
便宜性 ･････････････････････････ 468, 469
弁護義務 ････････････････････････････ 24
弁護士 ･･････････････････････････････ 23
弁護人 ･･･････････････････ 22, 187, 303
　──との接見交通 ･･･････････････ 192
　──の援助を受ける権利（弁護権）･･･ 22, 187
　──の選任 ･････････････････ 23, 188, 304
　国選── ･････････････････ 23, 189, 304
　私選── ･････････････････ 23, 188, 304
　特別── ･････････････････････ 23
弁護人以外の者との接見交通 ･･･････ 192
弁護人選任権（弁護人依頼権）･･････ 23, 187, 304
　──等の告知 ･･･････････ 76, 79, 308
弁護人選任届 ･･････････････････ 189, 304
弁護人選任の申出 ･･････････････ 189, 304
変死者 ･･････････････････････････････ 50
片面的構成説 ･･･････････････････････ 411
弁 論 ･･･････････････････ 323, 337, 523
　──の再開 ･････････････････････ 341
　──の分離 ･････････････････････ 338
　──の併合 ･････････････････････ 338
弁論手続〔狭義〕････････････････ 336

ほ

包括的代理権 ･･･････････････････････ 24
包括的黙秘権 ･･･････････････････ 19, 99
防御側請求証拠開示 ･･･････････ 319, 319
防御権 ･･････････････････････････････ 18
防御権説〔訴因の記載方法に関する〕･･･ 229
傍 受
　該当性判断のための── ･･････ 166, 169
　会話の── ･････････････････ 162, 177
　他の犯罪に関する通信の── ･････ 170, 172

562

事 項 索 引

通信の―― ················ 162
同意―― ················ 177
傍受記録 ················ 171
傍受の原記録 ················ 171
傍受令状 ················ 168
包摂性 ················ 468, 469
傍 聴 ················ 287
法廷警察 ················ 293
法廷警察権 ················ 294
法定合議事件 ················ 294
法定証拠主義 ················ 457
消極的―― ················ 457
積極的―― ················ 457
報道機関に対する捜索・差押え ················ 122
冒頭陳述 ················ 324
法務大臣 ················ 18
――の執行命令 ················ 541
法律構成説 ················ 223, 251
法律上の推定 ················ 469
法律審 ················ 517, 530
法律的関連性 ··········· 351, 357, 360, 365, 436
法律留保の原則 ················ 55
法令違反 ················ 533
法令適用の誤り ················ 520
補強証拠 ················ 449
――の適格性 ················ 454
補強の程度 ················ 453
補強法則 ················ 435, 449, 457
共犯者供述と―― ················ 455
公判廷自白と―― ················ 451
補強を要する範囲 ················ 451
保護処分 ················ 218
補佐人 ················ 25
保 釈 ················ 310
――の取消し ················ 312
義務的―― ················ 311
権利―― ················ 310
裁量―― ················ 310
職権―― ················ 311
必要的―― ················ 310
補充裁判員 ················ 295
補充裁判官 ················ 295
補充性 ················ 37, 166, 168, 183
補充捜査 ················ 205
保証金 ················ 310, 311
補助事実 ················ 348, 356, 411

補助証拠 ················ 348
ポリグラフ検査 ················ 20, 368
本件基準説 ················ 94
本 証 ················ 349
本人の自白 ················ 449
翻 訳 ················ 152

ま

麻酔分析 ················ 38

み

身柄送致 ················ 203
身代わり犯人 ················ 25, 301, 491, 542
未決勾留日数の通算 ················ 530
民刑分離 ················ 26, 343

む

無罪の推定 ················ 18, 463
無罪判決 ················ 477
――に対する検察官上訴 ················ 495
無罪判決後の勾留 ················ 474

め

命 令 ················ 472
メモの理論 ················ 403
面会接見 ················ 193
免 訴 ················ 266, 494

も

黙秘権 ················ 19, 98, 187, 436
――の告知 ················ 99
――不告知と自白 ················ 445

や

約束による自白 ················ 441

ゆ

有 罪
――の自認 ················ 433
――の陳述 ················ 433
――の答弁 ················ 10, 434, 451
有罪答弁制度 ················ 434, 451
有罪判決 ················ 476
誘導尋問 ················ 333
郵便物等の差押え ················ 121

563

事項索引

よ

要件事実	347
要旨の告知	327
要証事実	347, 378
余罪取調べ	112, 444
余事記載	235
予審	11
予断排除	233, 309
——の原則	234

り

利益原則	463, 469, 481
——の適用範囲	464
——の例外	468
利益再審	539
利益に反する供述	389
立証	346
立証事項	377
立証趣旨	325, 378, 415
——の拘束力	325
立証責任	461
立証の負担	462
理詰めによる取調べ	441
リモート・アクセス	139
略式手続	507
略式命令	507
略式命令請求（略式起訴）	206, 509
留置	67, 76
——の場所	77
留置施設	77, 82
留置場	77, 82

る

理由を示さない不選任の請求・決定	298
量刑（刑の量定）	292, 477, 483
量刑事情（情状）	355, 467, 483, 526
量刑不当	517, 522, 526, 533
量刑理由	477, 483
糧食差入れの禁止	445
領置	119, 146, 312
臨終の供述	389

る

類型証拠開示	318, 319
類似事実	
——による主観的要素の推認	363
——による犯人性の推認	360
——の立証の禁止	359

れ

令状	
——逮捕	68
——による捜索・差押え	120
——の呈示	127
令状主義	44, 46, 49, 68, 120, 141, 148, 163
——の精神	422, 440
——の例外	71, 74, 141

ろ

朗読	350
録音媒体	412
録音・録画〔取調べの〕	101, 326, 401, 448
録画媒体	412
論告	336
論理則	458, 521, 534

判例索引

* [百選○] は，井上正仁 = 大澤裕 = 川出敏裕編『刑事訴訟法判例百選〔第 10 版〕』の項目番号を示す。
* 〈 判 例 〉欄の頁番号は，太字で示した。

大審院・最高裁判所

大判昭和 10・3・28 刑集 14 巻 343 頁 ……………………………………………*357*

最判昭和 23・2・12 刑集 2 巻 2 号 80 頁 …………………………………………*450*

最判昭和 23・7・19 刑集 2 巻 8 号 952 頁 ………………………………………*455*

最大判昭和 23・7・29 刑集 2 巻 9 号 1012 頁［百選 A34］………………………*451*

最大判昭和 23・7・29 刑集 2 巻 9 号 1045 頁 …………………………………*327*

最大決昭和 23・7・29 刑集 2 巻 9 号 1115 頁 …………………………………*507*

最判昭和 23・8・5 刑集 2 巻 9 号 1123 頁 ………………………………………*459*

最大判昭和 23・11・17 刑集 2 巻 12 号 1565 頁 ………………………………*441*

最判昭和 23・12・24 刑集 2 巻 14 号 1883 頁 …………………………………*329*

最大判昭和 24・1・12 刑集 3 巻 1 号 20 頁 ……………………………………*514*

最判昭和 24・2・10 刑集 3 巻 2 号 155 頁 ………………………………………*478*

最判昭和 24・4・7 刑集 3 巻 4 号 489 頁 ………………………………*450, 453, 454*

最大判昭和 24・5・18 刑集 3 巻 6 号 789 頁 …………………………………*376*

最判昭和 24・7・19 刑集 3 巻 8 号 1348 頁 ……………………………………*453*

最判昭和 24・12・10 刑集 3 巻 12 号 1933 頁 …………………………………*275*

最判昭和 24・12・13 集刑 15 号 349 頁 …………………………………………*421*

最判昭和 25・6・30 刑集 4 巻 6 号 1146 頁 ……………………………………*244*

最判昭和 25・7・12 刑集 4 巻 7 号 1298 頁 ……………………………………*454*

最判昭和 25・9・21 刑集 4 巻 9 号 1728 頁 ……………………………………*241, 244*

最大判昭和 25・9・27 刑集 4 巻 9 号 1805 頁［百選 A46］……………………*514*

最大判昭和 25・10・25 刑集 4 巻 10 号 2134 頁 ………………………………*528*

最判昭和 25・11・21 刑集 4 巻 11 号 2359 頁 …………………………………*99, 445*

最判昭和 26・3・15 刑集 5 巻 4 号 535 頁 ………………………………………*445*

最決昭和 26・4・13 刑集 5 巻 5 号 902 頁 ………………………………………*536*

最判昭和 26・6・15 刑集 5 巻 7 号 1277 頁 ……………………………………*255*

最大判昭和 27・3・5 刑集 6 巻 3 号 351 頁 ……………………………………*233, 235*

最大判昭和 27・4・9 刑集 6 巻 4 号 584 頁 ……………………………………*391*

最判昭和 27・11・14 刑集 6 巻 10 号 1199 頁 …………………………………*339*

最判昭和 28・2・12 刑集 7 巻 2 号 204 頁 ………………………………………*355*

最決昭和 28・3・5 刑集 7 巻 3 号 482 頁 ………………………………………*184*

最判昭和 28・3・20 刑集 7 巻 3 号 597 頁 ………………………………………*284*

最判昭和 28・4・14 刑集 7 巻 4 号 841 頁 ………………………………………*99, 446*

最判昭和 28・5・8 刑集 7 巻 5 号 965 頁 ………………………………………*254*

最判昭和 28・7・10 刑集 7 巻 7 号 1474 頁 ……………………………………*445*

最決昭和 28・9・30 刑集 7 巻 9 号 1868 頁 ……………………………………*255*

最判昭和 28・10・15 刑集 7 巻 10 号 1934 頁［百選 A40］……………………*399*

最判昭和 28・11・10 刑集 7 巻 11 号 2089 頁 …………………………………*254*

判 例 索 引

最判昭和 29・1・21 刑集 8 巻 1 号 71 頁	254
最判昭和 29・3・2 刑集 8 巻 3 号 217 頁	259
最決昭和 29・5・4 刑集 8 巻 5 号 627 頁	453
最決昭和 29・5・14 刑集 8 巻 5 号 676 頁	241, 244
最決昭和 29・6・24 刑集 8 巻 6 号 977 頁	337
最決昭和 29・7・15 刑集 8 巻 7 号 1137 頁	57
最決昭和 29・7・29 刑集 8 巻 7 号 1217 頁	391
最決昭和 29・7・30 刑集 8 巻 7 号 1231 頁	302
最決昭和 29・10・19 刑集 8 巻 10 号 1610 頁	542
最判昭和 29・12・2 刑集 8 巻 12 号 1923 頁	403
最判昭和 29・12・17 刑集 8 巻 13 号 2147 頁	255
最大判昭和 30・6・22 刑集 9 巻 8 号 1189 頁 ［百選 A50］	453
最判昭和 30・9・13 刑集 9 巻 10 号 2059 頁	357
最決昭和 30・10・19 刑集 9 巻 11 号 2268 頁	255
最判昭和 30・11・29 刑集 9 巻 12 号 2524 頁 ［百選 A37］	395
最判昭和 30・12・9 刑集 9 巻 13 号 2699 頁 ◀ 判例 4-4 ▶	**381**
最大判昭和 30・12・14 刑集 9 巻 13 号 2760 頁 ［百選 A3］	75
最決昭和 30・12・26 刑集 9 巻 14 号 3011 頁	529
最判昭和 31・3・27 刑集 10 巻 3 号 387 頁	389
最判昭和 31・4・12 刑集 10 巻 4 号 540 頁	282
最判昭和 31・5・17 刑集 10 巻 5 号 685 頁	357
最判昭和 31・7・17 刑集 10 巻 7 号 1127 頁	294
最判昭和 32・1・22 刑集 11 巻 1 号 103 頁 ［百選 88］	405
最大判昭和 32・2・20 刑集 11 巻 2 号 802 頁	19, 21
最判昭和 32・5・24 刑集 11 巻 5 号 1540 頁	495
最判昭和 32・5・31 刑集 11 巻 5 号 1579 頁	445
最決昭和 32・7・18 刑集 11 巻 7 号 1880 頁	477
最判昭和 32・7・19 刑集 11 巻 7 号 1882 頁	441
最判昭和 32・7・25 刑集 11 巻 7 号 2025 頁	399
最決昭和 32・9・30 刑集 11 巻 9 号 2403 頁	394
最決昭和 32・11・2 刑集 11 巻 12 号 3047 頁 ［百選 A35］	455
最決昭和 32・12・10 刑集 11 巻 13 号 3197 頁	466
最判昭和 33・1・23 刑集 12 巻 1 号 34 頁	231
最判昭和 33・2・13 刑集 12 巻 2 号 218 頁 ［百選 A26］	327
最判昭和 33・2・21 刑集 12 巻 2 号 288 頁	247, 248
最大決昭和 33・2・26 刑集 12 巻 2 号 316 頁 ［百選 A32］	354
最判昭和 33・5・20 刑集 12 巻 7 号 1398 頁	234
最決昭和 33・5・27 刑集 12 巻 8 号 1665 頁	217
最大判昭和 33・5・28 刑集 12 巻 8 号 1718 頁 ［百選 A43］	229, 456
最大判昭和 33・7・29 刑集 12 巻 12 号 2776 頁 ［百選 A5］	47, 125
最判昭和 34・7・24 刑集 13 巻 8 号 1150 頁	254
最判昭和 34・12・11 刑集 13 巻 13 号 3195 頁	244
最決昭和 35・2・9 判時 219 号 34 頁	317
最判昭和 35・9・8 刑集 14 巻 11 号 1437 頁 ［百選 A39］	397
最決昭和 35・11・15 刑集 14 巻 13 号 1677 頁	260
最判昭和 36・3・9 刑集 15 巻 3 号 500 頁	393

566

判例索引

最決昭和 36・5・9 刑集 15 巻 5 号 771 頁 ··537

最判昭和 36・5・26 刑集 15 巻 5 号 893 頁 ··398

最大判昭和 36・6・7 刑集 15 巻 6 号 915 頁〈判例 1-12〉［百選 A7］ ········**142**, 143, 421

最判昭和 36・6・13 刑集 15 巻 6 号 961 頁 ··254

最決昭和 36・11・21 刑集 15 巻 10 号 1764 頁［百選 A16］ ······················208

最判昭和 37・5・2 刑集 16 巻 5 号 495 頁［百選 A10］ ···························21

最判昭和 37・7・3 民集 16 巻 7 号 1408 頁 ···82

最大判昭和 37・11・28 刑集 16 巻 11 号 1633 頁［百選 A17］ ··········221, 224, 227

最判昭和 38・9・13 刑集 17 巻 8 号 1703 頁［百選 A33］ ························441

最決昭和 38・10・17 刑集 17 巻 10 号 1795 頁 ·····································384

最決昭和 39・11・10 刑集 18 巻 9 号 547 頁 ··52

最決昭和 40・4・21 刑集 19 巻 3 号 166 頁 ···255

最大判昭和 40・4・28 刑集 19 巻 3 号 240 頁 ······································495

最大判昭和 40・4・28 刑集 19 巻 3 号 270 頁［百選 A23］ ···················254, 262

最決昭和 40・12・24 刑集 19 巻 9 号 827 頁 ··254

最判昭和 41・6・10 刑集 20 巻 5 号 365 頁 ···357

最判昭和 41・7・1 刑集 20 巻 6 号 537 頁〈判例 4-12〉［百選 70］ ············438, **441**

最大判昭和 41・7・13 刑集 20 巻 6 号 609 頁〈判例 5-2〉 ·······················**483**

最判昭和 41・7・21 刑集 20 巻 6 号 696 頁［百選 A15］ ·························278

最判昭和 41・7・26 刑集 20 巻 6 号 711 頁 ···254

最決昭和 41・7・26 刑集 20 巻 6 号 728 頁 ···201

最判昭和 41・11・22 刑集 20 巻 9 号 1035 頁 ······································363

最判昭和 42・5・25 刑集 21 巻 4 号 705 頁 ···529

最大判昭和 42・7・5 刑集 21 巻 6 号 748 頁 ·······································483

最大決昭和 42・7・5 刑集 21 巻 6 号 764 頁 ·······································545

最判昭和 42・8・31 刑集 21 巻 7 号 879 頁［百選 A22］ ·························249

最判昭和 42・12・21 刑集 21 巻 10 号 1476 頁［百選 77］ ·······················453

最決昭和 43・2・8 刑集 22 巻 2 号 55 頁 ·······································366, 368

最決昭和 43・10・25 刑集 22 巻 11 号 961 頁［百選 A51］ ······················528

最判昭和 43・11・26 刑集 22 巻 12 号 1352 頁 ·····································261

最決昭和 44・3・18 刑集 23 巻 3 号 153 頁［百選 A4］ ·······················122, 124

最決昭和 44・4・25 刑集 23 巻 4 号 248 頁［百選 A27］ ·····················293, 316

最決昭和 44・4・25 刑集 23 巻 4 号 275 頁 ···316

最決昭和 44・7・14 刑集 23 巻 8 号 1057 頁［百選 A28］ ························311

最判昭和 44・10・2 刑集 23 巻 10 号 1199 頁 ······································234

最大決昭和 44・11・26 刑集 23 巻 11 号 1490 頁 ···································122

最判昭和 44・12・5 刑集 23 巻 12 号 1583 頁 ······································278

最大判昭和 44・12・24 刑集 23 巻 12 号 1625 頁〈判例 1-16〉 ··············39, **175**

最大判昭和 45・11・25 刑集 24 巻 12 号 1670 頁〈判例 4-13〉［百選 71］ ·····435, 438, **443**

最大決昭和 46・3・24 刑集 25 巻 2 号 293 頁〈判例 7-1〉 ················516, **524**, 525

最判昭和 46・6・22 刑集 25 巻 4 号 588 頁［百選 A18］ ·························258

最判昭和 47・3・9 刑集 26 巻 2 号 102 頁 ······································524, 525

最判昭和 47・5・30 民集 26 巻 4 号 826 頁 ···269

最決昭和 47・7・25 刑集 26 巻 6 号 366 頁 ···241

最大判昭和 47・11・22 刑集 26 巻 9 号 554 頁 ·····································21

最大判昭和 47・12・20 刑集 26 巻 10 号 631 頁［百選 A31］ ··················289, 290

567

判例索引

最判昭和 48・3・15 刑集 27 巻 2 号 128 頁 …………………………………………*284*

最決昭和 48・10・8 刑集 27 巻 9 号 1415 頁［百選 A25］……………………………*296*

最判昭和 48・12・13 判時 725 号 104 頁 …………………………………………………*459*

最決昭和 49・4・1 刑集 28 巻 3 号 17 頁 …………………………………………………*218*

最決昭和 50・5・20 刑集 29 巻 5 号 177 頁◀ 判例 8-1 ▶［百選 A55］…………… ***542***, *543, 544, 545*

最決昭和 50・5・30 刑集 29 巻 5 号 360 頁 ……………………………………………*510*

最決昭和 51・3・16 刑集 30 巻 2 号 187 頁◀ 判例 1-1 ▶ ［百選 1］

……………………………………………………*38,* ***40****, 41, 42, 43, 44, 49, 106, 162*

最決昭和 51・10・12 刑集 30 巻 9 号 1673 頁［百選 A56］………………………… *543, 544*

最決昭和 51・10・28 刑集 30 巻 9 号 1859 頁［百選 78］……………………………*456*

最判昭和 51・11・4 刑集 30 巻 10 号 1887 頁 …………………………………………*475*

最判昭和 51・11・18 判時 837 号 104 頁◀ 判例 1-10 ▶ ［百選 21］………… ***133****, 134*

最決昭和 52・8・9 刑集 31 巻 5 号 821 頁 ………………………………………… *96, 441*

最決昭和 53・2・16 刑集 32 巻 1 号 47 頁［百選 A20］………………………… *232, 251*

最判昭和 53・3・6 刑集 32 巻 2 号 218 頁［百選 46 ①］…………………………*245*

最決昭和 53・6・20 刑集 32 巻 4 号 670 頁◀ 判例 1-3 ▶ ［百選 4］……… *54,* ***59****, 61, 62*

最決昭和 53・6・28 刑集 32 巻 4 号 724 頁 ……………………………………………*408*

最判昭和 53・7・7 刑集 32 巻 5 号 1011 頁 ……………………………………………*529*

最判昭和 53・7・10 民集 32 巻 5 号 820 頁 ……………………………………………*197*

最判昭和 53・9・7 刑集 32 巻 6 号 1672 頁◀ 判例 1-4 ▶◀ 判例 4-9 ▶ ［百選 90］

………………………………………… *5,* ***61****, 202, 417, 418, 420,* ***421****, 431, 440*

最決昭和 53・9・22 刑集 32 巻 6 号 1774 頁 ……………………………………………*57*

最判昭和 54・7・24 刑集 33 巻 5 号 416 頁［百選 A29］……………………………*305*

最決昭和 54・10・16 刑集 33 巻 6 号 633 頁［百選 A41］……………………………*405*

最決昭和 55・3・4 刑集 34 巻 3 号 89 頁［百選 A19］………………………………*254*

最決昭和 55・4・28 刑集 34 巻 3 号 178 頁［百選 35］………………………………*201*

最決昭和 55・5・12 刑集 34 巻 3 号 185 頁［百選 A13］……………………………*269*

最決昭和 55・9・22 刑集 34 巻 5 号 272 頁［百選 A1］…………………………… *64, 65*

最決昭和 55・10・23 刑集 34 巻 5 号 300 頁◀ 判例 1-13 ▶ ［百選 27］……… *46,* ***155***

最決昭和 55・12・4 刑集 34 巻 7 号 499 頁 ……………………………………………*529*

最決昭和 55・12・17 刑集 34 巻 7 号 672 頁◀ 判例 2-4 ▶ ［百選 38］…… *275,* ***276****, 534*

最決昭和 56・4・25 刑集 35 巻 3 号 116 頁◀ 判例 2-1 ▶ ［百選 43］…… ***225****, 226, 228*

最決昭和 56・7・14 刑集 35 巻 5 号 497 頁 ………………………………… *269, 270, 489*

最決昭和 56・11・20 刑集 35 巻 8 号 797 頁 ……………………………………………*177*

最判昭和 57・4・22 判時 1042 号 147 頁 ………………………………………………*525*

最判昭和 57・5・25 判時 1046 号 15 頁 ………………………………………………*458*

最決昭和 57・8・27 刑集 36 巻 6 号 726 頁 ……………………………………………*77*

最決昭和 57・12・17 刑集 36 巻 12 号 1022 頁［百選 A36］…………………………*390*

最判昭和 58・5・6 刑集 37 巻 4 号 375 頁［百選 A44］………………………………*478*

最決昭和 58・6・30 刑集 37 巻 5 号 592 頁 ……………………………………………*395*

最決昭和 58・7・12 刑集 37 巻 6 号 791 頁 ……………………………………………*427*

最判昭和 58・9・6 刑集 37 巻 7 号 930 頁［百選 47］………………………………*261*

最判昭和 58・12・13 刑集 37 巻 10 号 1581 頁 …………………………………………*251*

最決昭和 59・1・27 刑集 38 巻 1 号 136 頁 ………………………………………… *214, 230*

最決昭和 59・2・29 刑集 38 巻 3 号 479 頁◀ 判例 1-7 ▶ ［百選 6］………… ***105****, 107, 108*

最判昭和 59・3・27 刑集 38 巻 5 号 2037 頁 ……………………………………………*21*

568

判例索引

最決昭和 59・9・20 刑集 38 巻 9 号 2810 頁［百選 A49］ ‥‥‥‥‥‥‥‥‥‥‥‥‥‥ *527*

最決昭和 59・12・21 刑集 38 巻 12 号 3071 頁◀判例 4-7▶［百選 89］‥‥‥‥‥‥‥‥‥‥ **413**

最決昭和 60・11・29 刑集 39 巻 7 号 532 頁［百選 50］‥‥‥‥‥‥‥‥‥‥‥‥‥‥‥‥‥ *300*

最判昭和 61・2・14 刑集 40 巻 1 号 48 頁 ‥‥‥‥‥‥‥‥‥‥‥‥‥‥‥‥‥‥‥‥‥‥‥‥ *175*

最判昭和 61・4・25 刑集 40 巻 3 号 215 頁［百選 91］‥‥‥‥‥‥‥‥‥‥‥ *425, 426, 428*

最決昭和 62・3・3 刑集 41 巻 2 号 60 頁◀判例 4-3▶［百選 65］‥‥‥‥‥‥‥‥‥ *366,* **368**

最大判昭和 63・2・17 刑集 42 巻 2 号 299 頁 ‥‥‥‥‥‥‥‥‥‥‥‥‥‥‥‥‥‥‥‥‥ *514*

最決昭和 63・2・29 刑集 42 巻 2 号 314 頁［百選 42］‥‥‥‥‥‥‥‥‥‥‥‥‥‥‥‥‥ *269*

最決昭和 63・9・16 刑集 42 巻 7 号 1051 頁 ‥‥‥‥‥‥‥‥‥‥‥‥‥‥‥‥‥‥‥‥‥‥ *428*

最決昭和 63・10・24 刑集 42 巻 8 号 1079 頁 ‥‥‥‥‥‥‥‥‥‥‥‥‥‥‥‥‥‥‥‥‥ *258*

最決昭和 63・10・25 刑集 42 巻 8 号 1100 頁◀判例 2-2▶［百選 46②］‥‥‥‥‥ *245,* **246**

最決平成元・1・23 判時 1301 号 155 頁［百選 74］‥‥‥‥‥‥‥‥‥‥‥‥‥‥‥‥‥‥ *445*

最決平成元・1・30 刑集 43 巻 1 号 19 頁 ‥‥‥‥‥‥‥‥‥‥‥‥‥‥‥‥‥‥‥‥‥‥‥‥ *122*

最大判平成元・3・8 民集 43 巻 2 号 89 頁 ‥‥‥‥‥‥‥‥‥‥‥‥‥‥‥‥‥‥‥‥‥‥‥ *287*

最決平成元・5・1 刑集 43 巻 5 号 323 頁 ‥‥‥‥‥‥‥‥‥‥‥‥‥‥‥‥‥‥‥‥‥‥‥‥ *525*

最判平成元・6・29 民集 43 巻 6 号 664 頁 ‥‥‥‥‥‥‥‥‥‥‥‥‥‥‥‥‥‥‥‥‥‥‥ *274*

最決平成元・7・4 刑集 43 巻 7 号 581 頁［百選 7］‥‥‥‥‥‥‥‥‥‥‥‥‥‥‥‥‥‥ *108*

最決平成 2・6・27 刑集 44 巻 4 号 385 頁［百選 32］‥‥‥‥‥‥‥‥‥‥‥‥‥ *136, 147*

最決平成 2・7・9 刑集 44 巻 5 号 421 頁［百選 18］‥‥‥‥‥‥‥‥‥‥‥‥‥‥‥‥‥ *122*

最判平成 2・12・7 判時 1373 号 143 頁 ‥‥‥‥‥‥‥‥‥‥‥‥‥‥‥‥‥‥‥‥‥‥‥‥ *282*

最判平成 3・5・10 民集 45 巻 5 号 919 頁 ‥‥‥‥‥‥‥‥‥‥‥‥‥‥‥‥‥‥‥‥ *197, 200*

最判平成 3・5・31 判時 1390 号 33 頁 ‥‥‥‥‥‥‥‥‥‥‥‥‥‥‥‥‥‥‥‥‥ *199, 200*

最決平成 5・7・19 刑集 47 巻 7 号 3 頁 ‥‥‥‥‥‥‥‥‥‥‥‥‥‥‥‥‥‥‥‥‥‥‥‥‥ *84*

最決平成 5・10・19 刑集 47 巻 8 号 67 頁 ‥‥‥‥‥‥‥‥‥‥‥‥‥‥‥‥‥‥‥‥‥‥‥ *189*

最決平成 6・9・8 刑集 48 巻 6 号 263 頁◀判例 1-9▶［百選 19］‥‥‥‥‥‥‥‥‥‥ **131**

最決平成 6・9・16 刑集 48 巻 6 号 420 頁◀判例 1-14▶［百選 2, 28］‥‥‥‥‥‥ *57,* **159**

最大判平成 7・2・22 刑集 49 巻 2 号 1 頁［百選 66］‥‥‥‥‥‥‥‥‥‥‥‥‥‥‥‥‥ *330*

最決平成 7・2・28 刑集 49 巻 2 号 481 頁◀判例 3-1▶［百選 51］‥‥‥‥‥‥‥‥‥ **302**

最決平成 7・3・27 刑集 49 巻 3 号 525 頁［百選 52］‥‥‥‥‥‥‥‥‥‥‥‥‥‥‥‥ *304*

最決平成 7・4・12 刑集 49 巻 4 号 609 頁 ‥‥‥‥‥‥‥‥‥‥‥‥‥‥‥‥‥‥‥‥‥‥‥ *83*

最決平成 7・5・30 刑集 49 巻 5 号 703 頁 ‥‥‥‥‥‥‥‥‥‥‥‥‥‥‥‥‥‥‥ *62, 428*

最判平成 7・6・20 刑集 49 巻 6 号 741 頁◀判例 4-5▶［百選 81］‥‥‥‥‥‥‥ *376,* **392**

最決平成 7・6・28 刑集 49 巻 6 号 785 頁 ‥‥‥‥‥‥‥‥‥‥‥‥‥‥‥‥‥‥‥ *302, 516*

最決平成 8・1・29 刑集 50 巻 1 号 1 頁◀判例 1-5▶［百選 12, 25］‥‥‥‥‥‥ **73,** *146*

最決平成 8・10・18 LEX/DB28080113 ‥‥‥‥‥‥‥‥‥‥‥‥‥‥‥‥‥‥‥‥‥‥‥‥ *183*

最決平成 8・10・29 刑集 50 巻 9 号 683 頁◀判例 4-11▶‥‥‥‥‥‥‥‥‥‥‥‥‥ **430**

最決平成 9・1・28 判時 1592 号 40 頁 ‥‥‥‥‥‥‥‥‥‥‥‥‥‥‥‥‥‥‥‥‥ *543, 544*

最判平成 9・1・30 刑集 51 巻 1 号 335 頁［百選 A9］‥‥‥‥‥‥‥‥‥‥‥‥‥‥‥‥‥ *20*

最判平成 10・3・12 刑集 52 巻 2 号 17 頁 ‥‥‥‥‥‥‥‥‥‥‥‥‥‥‥‥‥‥‥‥‥‥‥ *302*

最判平成 10・5・1 刑集 52 巻 4 号 275 頁◀判例 1-11▶［百選 22］‥‥‥‥‥‥‥‥ **137**

最決平成 10・10・27 刑集 52 巻 7 号 363 頁 ‥‥‥‥‥‥‥‥‥‥‥‥‥‥‥‥‥‥‥‥‥ *544*

最大判平成 11・3・24 民集 53 巻 3 号 514 頁◀判例 1-18▶［百選 33］

　　　　　　　　　　　‥‥‥‥‥‥‥ *110, 188, 193, 194,* **195,** *197, 198, 200*

最決平成 11・12・16 刑集 53 巻 9 号 1327 頁◀判例 1-15▶［百選 31］‥‥‥ *41, 42, 46,* **164**

最判平成 12・6・13 民集 54 巻 5 号 1635 頁［百選 34］‥‥‥‥‥‥‥‥‥‥‥‥‥‥ *201*

最決平成 12・6・27 刑集 54 巻 5 号 461 頁 ‥‥‥‥‥‥‥‥‥‥‥‥‥‥‥‥‥‥‥‥‥‥ *474*

569

判 例 索 引

最決平成 12・7・12 刑集 54 巻 6 号 513 頁 ·· *177*

最決平成 12・7・17 刑集 54 巻 6 号 550 頁 ◆判例 4-2 ▷ ［百選 63］ ··········· *364, 366,* **367**

最決平成 12・9・27 刑集 54 巻 7 号 710 頁 ·· *487*

最決平成 12・10・31 刑集 54 巻 8 号 735 頁 ··· *389*

最決平成 13・2・7 判時 1737 号 148 頁 ·· *201*

最決平成 13・4・11 刑集 55 巻 3 号 127 頁 ◆判例 2-3 ▷ ［百選 45］

··· *221, 227, 229, 255,* **256***, 258, 479*

最決平成 14・7・18 刑集 56 巻 6 号 307 頁 ··· *228*

最決平成 14・10・4 刑集 56 巻 8 号 507 頁 ◆判例 1-8 ▷ ［百選 A6］ ··········· **127***, 129*

最判平成 15・2・14 刑集 57 巻 2 号 121 頁 ◆判例 4-10 ▷ ［百選 92］ ····· *424,* **428***, 430*

最大判平成 15・4・23 刑集 57 巻 4 号 467 頁 ［百選 39］ ····························· *230, 477*

最決平成 15・5・26 刑集 57 巻 5 号 620 頁 ［百選 3］ ································· *58, 61*

最判平成 15・10・7 刑集 57 巻 9 号 1002 頁 ◆判例 5-4 ▷ ［百選 97］ ······· *230, 247,* **498**

最決平成 15・11・26 刑集 57 巻 10 号 1057 頁 ··· *389*

最判平成 16・2・16 刑集 58 巻 2 号 133 頁 ··· *525*

最決平成 16・7・12 刑集 58 巻 5 号 333 頁 ◆判例 1-17 ▷ ［百選 10］ ········ *35, 180,* **182**

最判平成 16・9・7 判時 1878 号 88 頁 ·· *199*

最判平成 17・4・14 刑集 59 巻 3 号 259 頁 ［百選 67］ ································· *332*

最判平成 17・4・19 民集 59 巻 3 号 563 頁 ［百選 A11］ ······························ *193*

最決平成 17・9・27 刑集 59 巻 7 号 753 頁 ◆判例 4-8 ▷ ［百選 83］ ····· *378, 398,* **415**

最決平成 17・10・12 刑集 59 巻 8 号 1425 頁 ··· *230*

最決平成 17・11・29 刑集 59 巻 9 号 1847 頁 ［百選 53］ ······························· *24*

最決平成 18・2・27 刑集 60 巻 2 号 240 頁 ··· *530*

最判平成 18・11・7 刑集 60 巻 9 号 561 頁 ◆判例 4-6 ▷ ［百選 87］ ················ **410**

最決平成 18・11・20 刑集 60 巻 9 号 696 頁 ［百選 A14］ ·························· *247, 270*

最決平成 18・12・8 刑集 60 巻 10 号 837 頁 ··· *388*

最決平成 19・2・8 刑集 61 巻 1 号 1 頁 ［百選 20］ ···································· *132*

最決平成 19・10・16 刑集 61 巻 7 号 677 頁 ［百選 60］ ······························· *459*

最決平成 19・12・13 刑集 61 巻 9 号 843 頁 ［百選 96］ ······························· *474*

最決平成 19・12・25 刑集 61 巻 9 号 895 頁 ··· *320*

最判平成 20・3・14 刑集 62 巻 3 号 185 頁 ··· *540*

最決平成 20・4・15 刑集 62 巻 5 号 1398 頁 ［百選 8］ ······················· *147, 176*

最決平成 20・6・25 刑集 62 巻 6 号 1886 頁 ··· *320*

最決平成 20・8・27 刑集 62 巻 7 号 2702 頁 ［百選 84］ ······················· *397, 399*

最決平成 20・9・30 刑集 62 巻 8 号 2753 頁 ［百選 54］ ······························· *320*

最判平成 21・4・14 刑集 63 巻 4 号 331 頁 ［百選 69］ ································· *534*

最判平成 21・7・14 刑集 63 巻 6 号 623 頁 ［百選 59］ ································· *506*

最決平成 21・7・16 刑集 63 巻 6 号 641 頁 ··· *281*

最決平成 21・7・21 刑集 63 巻 6 号 762 頁 ··· *478*

最決平成 21・9・28 刑集 63 巻 7 号 868 頁 ［百選 29］ ························· *41, 147*

最判平成 21・10・16 刑集 63 巻 8 号 937 頁 ··· *524*

最決平成 21・10・20 刑集 63 巻 8 号 1052 頁 ··· *270*

最決平成 21・12・14 集刑 299 号 1075 頁 ··· *542*

最決平成 22・2・17 集刑 300 号 71 頁 ·· *247*

最判平成 22・4・27 刑集 64 巻 3 号 233 頁 ［百選 61］ ································· *459*

最決平成 23・9・14 刑集 65 巻 6 号 949 頁 ［百選 68］ ································· *334*

570

判例索引

最決平成 23・10・5 刑集 65 巻 7 号 977 頁 ･････････････････････････････････････ *474*

最判平成 23・10・20 刑集 65 巻 7 号 999 頁［百選 82］･･･････････････････････ *389*

最大判平成 23・11・16 民集 65 巻 8 号 1285 頁［百選 49］････････････････････ *297*

最判平成 24・2・13 刑集 66 巻 4 号 482 頁［百選 100］･･････････････････ *518, 521*

最決平成 24・2・29 刑集 66 巻 4 号 589 頁 ･･･････････････････････････････････ *258*

最決平成 24・5・10 刑集 66 巻 7 号 663 頁 ･･･････････････････････････････････ *189*

最判平成 24・9・7 刑集 66 巻 9 号 907 頁 ◀ 判例 4-1 ▶ ［百選 62］･･････ *359, 360, **361**, 362, 363*

最決平成 25・2・20 刑集 67 巻 2 号 1 頁 ･･････････････････････････････････ *361, 363*

最決平成 25・2・26 刑集 67 巻 2 号 143 頁 ･･･････････････････････････････････ *334*

最決平成 25・3・5 刑集 67 巻 3 号 267 頁［百選 99］･･･････････････････････ *525*

最決平成 25・3・18 刑集 67 巻 3 号 325 頁［百選 55］･･･････････････････････ *319*

最決平成 25・4・16 刑集 67 巻 4 号 549 頁 ･･････････････････････････････････ *521*

最決平成 25・10・21 刑集 67 巻 7 号 755 頁 ･････････････････････････････････ *521*

最判平成 25・12・10 民集 67 巻 9 号 1761 頁 ･･･････････････････････････････ *540*

最決平成 26・3・10 刑集 68 巻 3 号 87 頁 ･･･････････････････････････････････ *521*

最決平成 26・3・17 刑集 68 巻 3 号 368 頁［百選 44］･･･････････････････ *221, 230*

最決平成 26・3・20 刑集 68 巻 3 号 499 頁 ･････････････････････････････････ *521*

最決平成 26・4・22 刑集 68 巻 4 号 730 頁 ･････････････････････････････････ *524*

最判平成 26・7・24 刑集 68 巻 6 号 925 頁［百選 94］･･･････････････････ *483, 522*

最決平成 26・11・17 判時 2245 号 129 頁［百選 13］･･･････････････････････ *80*

最決平成 26・11・18 刑集 68 巻 9 号 1020 頁［百選 A54］･･････････････････ *536*

最決平成 27・3・10 刑集 69 巻 2 号 219 頁 ････････････････････････････････ *340*

最決平成 27・5・25 刑集 69 巻 4 号 636 頁［百選 57］･･･････････････････････ *321*

最判平成 27・12・3 刑集 69 巻 8 号 815 頁［百選 41］･･･････････････････････ *268*

最判平成 28・3・18 集刑 319 号 269 頁 ･･･････････････････････････････････ *534*

最決平成 28・3・24 刑集 70 巻 3 号 1 頁 ･･････････････････････････････････ *468*

最判平成 28・12・19 刑集 70 巻 8 号 865 頁 ･･････････････････････････････ *303*

最大判平成 29・3・15 刑集 71 巻 3 号 13 頁 ◀ 判例 1-2 ▶ ［百選 30］･･････ ***42**, 44, 46, 48, 179*

高等裁判所

札幌高判昭和 25・6・8 判特 10 号 149 頁 ･･････････････････････････････････ *300*

大阪高判昭和 27・7・18 高刑集 5 巻 7 号 1170 頁 ････････････････････････ *328*

東京高判昭和 31・12・15 高刑集 9 巻 11 号 1242 頁 ･･････････････････････ *395*

東京高決昭和 32・3・12 高刑特 4 巻 6 号 123 頁 ････････････････････････ *544*

大阪高判昭和 38・9・6 高刑集 16 巻 7 号 526 頁 ････････････････････････ *66*

東京高判昭和 40・7・8 高刑集 18 巻 5 号 491 頁 ････････････････････････ *245*

福岡高決昭和 42・3・24 高刑集 20 巻 2 号 114 頁 ･･････････････････････ *89*

東京高判昭和 42・7・26 高刑集 20 巻 4 号 471 頁 ････････････････････････ *366*

大阪高判昭和 43・7・25 判時 525 号 3 頁 ･･････････････････････････････ *208*

東京高判昭和 44・6・20 高刑集 22 巻 3 号 352 頁［百選 23］････････････ *143*

東京高判昭和 46・3・8 高刑集 24 巻 1 号 183 頁 ････････････････････････ *146*

東京高判昭和 46・10・20 判時 657 号 93 頁 ････････････････････････････ *329*

仙台高判昭和 47・1・25 刑月 4 巻 1 号 14 頁［百選 A8］････････････････ *161*

東京高判昭和 47・10・13 刑月 4 巻 10 号 1651 頁 ･･････････････････････ *127*

仙台高決昭和 48・9・18 刑月 5 巻 9 号 1312 頁 ････････････････････････ *545*

福岡高那覇支判昭和 49・5・13 刑月 6 巻 5 号 533 頁 ･･････････････････ *446*

判例索引

東京高判昭和 49・9・30 刑月 6 巻 9 号 960 頁 ··56, 57
東京高判昭和 49・11・26 高刑集 27 巻 7 号 653 頁 ·······································155
大阪高判昭和 50・8・27 高刑集 28 巻 3 号 321 頁 ·······································496
福岡高那覇支判昭和 51・4・5 判タ 345 号 321 頁 [百選 A21] ····················250
大阪高決昭和 52・3・17 判時 850 号 13 頁 ··511
東京高判昭和 52・6・14 高刑集 30 巻 3 号 341 頁 ·······································276
東京高判昭和 52・12・20 高刑集 30 巻 4 号 423 頁 [百選 A24] ··················259
東京高判昭和 53・3・29 刑月 10 巻 3 号 233 頁 ······································96, 112
東京高判昭和 54・8・14 刑月 11 巻 7 = 8 号 787 頁 [百選 14] ·····················87
東京高判昭和 55・2・1 判時 960 号 8 頁 ···365, 366
大阪高判昭和 56・11・24 判タ 464 号 170 頁 ···249
広島高判昭和 56・11・26 判時 1047 号 162 頁 [百選 26] ····························134
東京高判昭和 58・7・13 高刑集 36 巻 2 号 86 頁 [百選 A42] ······················416
大阪高判昭和 59・4・19 高刑集 37 巻 1 号 98 頁 ···································113, 445
東京高判昭和 59・7・18 高刑集 37 巻 2 号 360 頁 ·······································468
東京高判昭和 60・12・13 刑月 17 巻 12 号 1208 頁 ·····································444
大阪高判昭和 60・12・18 判時 1201 号 93 頁 [百選 A2] ······························72
大阪高判昭和 61・1・31 判タ 608 号 141 頁 ···250
札幌高判昭和 61・3・24 高刑集 39 巻 1 号 8 頁 ◁ 判例 5-1 ▷ [百選 93] ············**481**
東京高判昭和 62・7・30 判時 1246 号 143 頁 ···483
東京高判昭和 63・4・1 判時 1278 号 152 頁 ···35
東京高判平成 2・8・29 判時 1374 号 136 頁 ···159
大阪高判平成 3・11・6 判タ 796 号 264 頁 ···138
東京高判平成 4・10・14 高刑集 45 巻 3 号 66 頁 ···479
札幌高判平成 5・10・26 判タ 865 号 291 頁 ···479
大阪高判平成 6・4・20 高刑集 47 巻 1 号 1 頁 ··129
東京高判平成 6・5・11 高刑集 47 巻 2 号 237 頁 ···132
東京高判平成 8・5・9 高刑集 49 巻 2 号 181 頁 ·····································364, 366
東京高判平成 10・6・8 判タ 987 号 301 頁 ···479
東京高判平成 12・12・5 東高刑時報 51 巻 1～12 号 118 頁 ·························496
札幌高判平成 14・3・19 判時 1803 号 147 頁 ··20, 22
東京高判平成 14・9・4 判時 1808 号 144 頁 [百選 73] ·························439, 445
東京高判平成 20・10・16 高刑集 61 巻 4 号 1 頁 ···392
東京高判平成 20・11・18 判タ 1301 号 307 頁 [百選 56] ···························321
東京高決平成 21・6・23 判時 2057 号 168 頁 ··367, 542
東京高判平成 22・1・26 判タ 1326 号 280 頁 ···355
東京高判平成 22・5・27 高刑集 63 巻 1 号 8 頁 [百選 80] ··························392
福岡高判平成 23・7・1 判時 2127 号 9 頁 [百選 36] ··································192
東京高判平成 26・3・13 判タ 1406 号 281 頁 ···397
東京高判平成 28・8・23 高刑集 69 巻 1 号 16 頁 ··155

地方裁判所

大阪地決昭和 35・12・5 判時 248 号 35 頁 ···86
秋田地判昭和 37・4・24 判タ 131 号 166 頁 ···479
東京地判昭和 38・11・28 下民集 14 巻 11 号 2336 頁 ·····································24
横浜地決昭和 42・2・2 下刑集 9 巻 2 号 161 頁 ···88

判例索引

鳥取地決昭和 42・3・7 下刑集 9 巻 3 号 375 頁 ……………………………… *199*

金沢地七尾支判昭和 44・6・3 刑月 1 巻 6 号 657 頁 〈 判例 1-6 〉 ……………… ***95**, 446*

京都地決昭和 44・11・5 判時 629 号 103 頁 [百選 11] ……………………… *87*

大阪地判昭和 46・9・9 判時 662 号 101 頁 ………………………………………… *482*

東京地決昭和 47・4・4 刑月 4 巻 4 号 891 頁 [百選 15] ………………………… *92*

大阪地判昭和 49・5・2 刑月 6 巻 5 号 583 頁 〈 判例 5-3 〉 [百選 98] ………… ***487***

東京地決昭和 49・12・9 刑月 6 巻 12 号 1270 頁 ………………………………… *112*

東京地決昭和 50・1・29 判時 766 号 25 頁 ……………………………………… *208*

富山地決昭和 54・7・26 判時 946 号 137 頁 [百選 5] ……………………… *87, 107*

東京地決昭和 55・8・13 判時 972 号 136 頁 …………………………………… *107*

東京地判昭和 58・9・30 判時 1091 号 159 頁 [百選 48] ……………………… *283*

浦和地判平成 2・10・12 判時 1376 号 24 頁 [百選 16] ……… *97, 112, 445, 446*

千葉地判平成 3・3・29 判時 1384 号 141 頁 …………………………………… *178*

東京地決平成 10・2・27 判時 1637 号 152 頁 ………………………………… *138*

大阪地判平成 10・4・16 判タ 992 号 283 頁 ………………………………… *250*

京都地判平成 12・2・24 判タ 1049 号 332 頁 ………………………………… *497*

福岡地判平成 12・6・29 判タ 1085 号 308 頁 ………………………………… *114*

東京地決平成 12・11・13 判タ 1067 号 283 頁 ……………………………… *97*

福岡地判平成 15・6・24 判時 1845 号 158 頁 ………………………………… *209*

東京地判平成 17・6・2 判時 1930 号 174 頁 ………………………………… *176*

東京地判平成 18・6・29 刑集 66 巻 12 号 1627 頁 ………………………… *179, 185*

東京地判平成 20・5・22 判時 2027 号 160 頁 ………………………………… *260*

東京地判平成 21・6・9 判タ 1313 号 164 頁 ………………………………… *127*

東京地決平成 22・2・25 判タ 1320 号 282 頁 ………………………………… *87*

宇都宮地判平成 22・3・26 判時 2084 号 157 頁 ……………………………… *367*

刑事訴訟法〔第2版〕

2012年12月25日　初　版第1刷発行
2018年2月25日　第2版第1刷発行
2022年8月30日　第2版第11刷発行

著者　宇藤　崇
　　　松田岳士
　　　堀江慎司

発行者　江草貞治

発行所　株式会社　有斐閣
　　　　郵便番号 101-0051
　　　　東京都千代田区神田神保町 2-17
　　　　http://www.yuhikaku.co.jp/

印刷・大日本法令印刷株式会社／製本・大口製本印刷株式会社
© 2018, T. Uto, T. Matsuda, S. Horie.
Printed in Japan
落丁・乱丁本はお取替えいたします。
★定価はカバーに表示してあります。
ISBN 978-4-641-17933-2

[JCOPY] 本書の無断複写（コピー）は、著作権法上での例外を除き、禁じられています。複写される場合は、そのつど事前に（一社）出版者著作権管理機構（電話03-5244-5088、FAX03-5244-5089、e-mail:info@jcopy.or.jp）の許諾を得てください。